DAAD
Lektoren-Handapparat

Grundlagen hypermedialer Lernsysteme

Theorie – Didaktik – Design

von
Prof. Dr. Rolf Schulmeister
Universität Hamburg

3., korrigierte Auflage

Oldenbourg Verlag München Wien

Die Deutsche Bibliothek - CIP-Einheitsaufnahme

Schulmeister, Rolf:
Grundlagen hypermedialer Lernsysteme : Theorie – Didaktik – Design /
von Rolf Schulmeister. – 3., korrigierte Aufl.. – München ; Wien :
Oldenbourg, 2002
  ISBN 3-486-25864-8

© 2002 Oldenbourg Wissenschaftsverlag GmbH
Rosenheimer Straße 145, D-81671 München
Telefon: (089) 45051-0
www.oldenbourg-verlag.de

Lektorat: Irmela Wedler
Herstellung: Rainer Hartl
Umschlagkonzeption: Kraxenberger Kommunikationshaus, München
Gedruckt auf säure- und chlorfreiem Papier
Druck: Grafik + Druck, München
Bindung: R. Oldenbourg Graphische Betriebe Binderei GmbH

Inhalt

KAPITEL 1

Einleitung

Hyperlearning – Eine Extremposition

Man kann den Einsatz von Multimedia in der Schule natürlich so begründen: »Many a student has been frustrated by a professor who simply did not know how to teach« [Jones (1992), 2]. Sollte es das Ziel von Multimedia sein, den Lehrer zu ersetzen? Soll Multimedia den perfekten Lehrer abgeben, die perfekte didaktische Strategie anbieten? Kann Multimedia dies überhaupt? Oder würde man mit solchen Ansprüchen Multimedia überfrachten?

Auch für Elshout (1992) scheint eine ähnliche Zielrichtung im Hintergrund eine Rolle zu spielen, wenn er die traditionelle Schulausbildung wie folgt kritisiert: »It seems that formal education lets you get away with a great amount of half digested knowledge« (15). Soll es demnach zur Aufgabe von Multimedia gehören, einen Beitrag zur Vermeidung halbverdauten Wissens zu leisten?

Sicher kann man viel Kritik an der Erziehung in der Schule und der Ausbildung in der Hochschule üben. Man könnte die Kritik aber auch mit der Folgerung verbinden, Lehrer und Hochschullehrer didaktisch besser zu schulen und die Lehrbefähigung intensiver zu prüfen, bevor man jemanden zum Lehrer oder zum Professor ernennt. Die Kritik am Bestehenden ist jedenfalls kein hinreichender Grund für die Einführung von Multimedia als neuer Lehrform oder neuer Lernmethodik. Im Gegenteil, wenn man sich manche der heute angebotenen Multimedia-Programme anschaut, könnte man dazu neigen, Winn (1989) zuzustimmen, der im Blick auf Lernprogramme, die Lehrer imitieren, sagt: »good teachers are presently better than machines at making decisions and at instructing« (44).

Hyperlearning Oder kann man so argumentieren wie Perelman (1992) in seinem Buch mit dem programmatischen Titel »School's Out«, der mit der Einführung des sogenannten »Hyperlearning« die Schulen schließen will, weil sie zu kostspielige Institutionen sind (106). Perelman betrachtet die Institution Schule aus ökonomischem Blickwinkel als arbeitsintensiven Industriezweig mit geringer Produktivität (98). Aus der Perspektive der modernen Kommunikations- und Informationstechnologien erscheint ihm Schule als archaische Produktionsform mit steigenden Lohnkosten, während die moderne Kommunikationstechnologie immer effektiver wird. Für Perelman entscheidet über die Existenz der

Schule nicht die wissenschaftliche oder pädagogische Reflexion, sondern schlicht der Kostenverfall für technologische Produkte im Spiel der Kräfte der freien Marktwirtschaft: »The time has come to insist on the real free enterprise restructuring of the education sector that will deliver lots more bang for lots fewer bucks« (114).

Perelman reagiert auf die Bedeutung, die Multimedia in seinen Augen hat: »The establishment of multimedia will have as profound an impact on all future communications as the invention of writing had on human language« (39). Ob diese Einschätzung von Multimedia als zweiter Gutenbergscher Revolution realistisch ist, wird sich im Lauf dieses Buches herausstellen. Meine konservativere Prognose wird jedenfalls nicht zu dem Schluß kommen, zu dem Perelman gelangt: »In the wake of the HL revolution, the technology called 'school' and the social institution commonly thought of as 'education' will be as obsolete and ultimately extinct as the dinosaurs« (50).

Perelman prägt für die Kombination von Multimedia oder Hypermedia und Lernen den schlagkräftigen Begriff »Hyperlearning«: »It is not a single device or process, but a universe of new technologies that both process and enhance intelligence. The hyper in hyperlearning refers not merely to the extraordinary speed and scope of new information technology, but to an unprecedented degree of connectedness of knowledge, experience, media, and brains – both human and nonhuman« (23). Perelman ist fasziniert von der Attraktivität der neuen Medien bei Jugendlichen. Als Indizien führt er immer wieder Beispiele an, die in der aktuellen Berichterstattung in den Medien einen gewissen Raum einnehmen. Aber solche Versuche existieren noch nicht sehr lange und solche Erfahrungen sind deshalb nicht geeignet, seine Thesen zu stützen. Was wird passieren, wenn die neuen technologischen Möglichkeiten erst Alltag sind und eine Generation bereits damit aufgewachsen ist? Nehmen Schüler diese Technik dann nicht mit derselben Selbstverständlichkeit hin, mit der sie heute Bücher lesen oder fernsehen?

Hyperlearning gilt bei Perelman als Revolution. Nicht unbescheiden, weitet er die Bedeutung von Hyperlearning auf den sozialen und politischen Sektor aus: »The hyperlearning revolution demands a political reformation. And that requires completely new thinking about the nature of learning in a radically changed future that now sits on our doorstep« (24). Er sieht zwar auch die Gefahr des Informationsüberflusses und kennt, zumindest in diesem Punkt, auch den Unterschied von Information und Lernen, aber für Perelman besteht der Schlüssel für die Bewältigung des Informationsüberflusses in dem Potential der künstlichen Intelligenz, in die er große Hoffnungen setzt.

Hat er recht? Wird die künstliche Intelligenz diesen raschen Aufschwung nehmen? Oder wird die Forschung noch auf prinzipielle Grenzen der KI stoßen? Warum hat Perelman sich nicht mit den Argumenten anderer bekannter Vertreter der Hypermedia-Branche auseinandergesetzt, z.B. mit Landauer (1991), der die alternative These aufstellt: »the theory of human cognition is now and may forever be too weak to be seen as the main engine driving HCI« (61). Warum unterstellt Perelman, daß das riesige Netzwerk von Hyperlearning – wenn es denn zustandekommt (noch stehen proprietäre Rechte der Copyright-Besitzer dem entgegen und machen Multimedia teurer als die von Perelman als zu teuer gebrandmarkte Schulausbildung) – automatisch alle Menschen zum Lernen bringt? Da wo Perelman es angezeigt sieht, nimmt er Konzepte der kognitiven Psychologie zuhilfe, um seine Position zu begründen, aber er übersieht, daß dieselbe kognitive Psychologie auch die Faktoren erforscht hat, die Lernen behindern, und die bedeutsame Rolle des Lehrers als Modell und der Interaktion in der peer-group als Sozialisationsinstanz herausgestellt hat. Schule und Lehrer geben Perelman jedenfalls nicht ohne weiteres nach. Perelman scheint den Widerstand der Lehrer ähnlich einzuschätzen wie den Kampf der Lokomotivführer, trotz Elektrifizierung einen zweiten Mann auf der Lok zu belassen: »In a feckless spasm of self-preservation the National Education Association proclaims the use of information technology for learning, without a teacher, as a heresy. NEA aims to legally prohibit the implementation of distance learning or computer-based instruction without a featherbedded union teacher present and in control« (116).

Internationale Rangvergleiche

Befürworter des computerunterstützten Lernens ziehen gern internationale Rangvergleiche von Schulleistungen heran, um einen verstärkten Einsatz neuer Technologien in Schulen zu fordern. Im internationalen Rangvergleich zum Schulerfolg rangieren die USA hinter Ländern wie Canada, England, Frankreich, Ungarn etc., die mit Computern nicht in dem Maße gesegnet sind wie amerikanische Schulen. Aber ist es gerechtfertigt, alle Hoffnungen darauf zu setzen, daß die schlechte Position amerikanischer Schüler im internationalen Vergleich durch die Computertechnologie verbessert werden könnte? Aus internationalen Vergleichsstudien gewinnt Schrage (1994) die Erkenntnis: »Computers are irrelevant to the quality of education [...] Not one of the countries with higher performing students relies on computer technology in any way, shape, or form. Somehow, the students in Italy, Taiwan, and so forth manage to do well without being connected to a multimedia Intel chip or wired to an Apple-generated mathematics simulation«.

Positive Evaluationsergebnisse zum Computerlernen führt Schrage ausschließlich auf den Hawthorne- oder Neuigkeitseffekt zurück, auf die »new attention being paid to the students that has made the difference«. Völlig konträr zu Perelman kommt er zu der Forderung, die Computer aus den Schulen zu verbannen: »If we really cared about a successful public school system–which we clearly do not–we would forbid computers in the school and force educators, parents, taxpayers, and teachers to face reality. We can't profitably computerize our problems away«. Er warnt zugleich vor einer Computerisierung von Inhalten, die nicht technischer Art sind. Was die bisherigen Erfahrungen mit dem Computerlernen betrifft, muß man Schrage Recht geben: Der Erfolg der Autorensysteme war gleich Null. Der Erfolg der interaktiven Bildplattensysteme ist ausgeblieben. Nach einer Langzeituntersuchung im Jahre 1988 am Beispiel von 40 größeren Bildplattenprojekten hätten über die Hälfte der Teilnehmer den weiteren Gebrauch der Systeme eingestellt. Gayeski (1992) führt dies unmittelbar auf die Qualität der Programme zurück.

Alles auf das Lernen mit Computern in Netzen zu setzen, hieße Lernen, Denken und Kommunikation auf Inhalte und Prozesse abzustellen, die computerisierbar und auf diesem Wege kommunizierbar sind. Nur auf Technologie setzende Ansätze wie der von Perelman übersehen die hermeneutischen Aspekte des Wissenserwerbs. Daß noch andere Dimensionen der Persönlichkeit wie Motivation, Kreativität und Sozialbilität zur Entwicklung der Lernfähigkeit beitragen, darf nicht übersehen werden, ebenso nicht die Komponente des Modellernens, die einen Lehrer benötigt. Wie in den noch zu diskutierenden Evaluationsstudien zum Computerlernen noch deutlich werden wird, ist die entscheidende Variable für den Lernerfolg nicht das Programm, sondern der Lehrer, der Schüler für die Arbeit mit dem Programm begeistern kann.

Der Schlüssel ist der Lehrer | Eine weitere Prämisse steckt in der Argumentation Perelmans, mit der er sich leider in seinem ganzen Buch nicht beschäftigt: Er scheint unbegrenztes Vertrauen in die Qualität der Hyperlearning-Produkte zu haben. Wie ich in diesem Buch zeigen werde, sind aber auch auf diesem Gebiet Sonne und Schatten verteilt. Man kann heute die Zahl der Programme noch gut überblicken, die Lehrer in Schulen vernünftig einsetzen können. Die entscheidende Rolle des Lehrers, im Guten wie im Bösen, betont Fosnot (1992): »I have seen well-designed materials and instructional environments […] totally misused by teachers who meant well but who held strongly to objectivist and transmission beliefs […] I've also seen the reverse, like the teacher described previously, who taught a very stimulating and enriched unit with simple materials. The key is the teacher« (175).

Ein Beispiel für den stimulierenden Umgang mit einfachen Programmen zur Bereicherung des Lernens schildert Nix (1990). Er zieht den Computer zur Unterstützung des Lernens heran, nicht als Selbstzweck, sondern für Ziele, die weit über das hinausgehen, was Computer je verstehen und beherrschen werden: »The focus of our paradigm is on how the child can use the technology in an expressive way. The focus is not on the technology itself. The goal is to enable the child to be creative and self-expressive using the computer, but in areas that are not intrinsically related to computeristic concepts, and that cannot be expressed computeristically« (149). Multimedia ist ein neues Medium und eine neue Kommunikationstechnologie. Die Begründung für das Lernen mit Multimedia ist der Aspekt des Lernens und Unterrichts, den man als Bereicherung des Lernens bezeichnen könnte. Multimedia in den normalen Unterricht zu integrieren – und nicht Multimedia als Alternative zum Unterricht – darin dürfte die eigentliche Herausforderung an die Designer von Lernprogrammen bestehen. Vielleicht kann man die pädagogischen Funktionen von Multimedia auf folgenden Kern reduzieren:

- Der gleichzeitige Zugang zu einer Vielzahl an Quellen und unterschiedlichen Informationssorten (Daten, Texte, Bilder, Filme) wird erleichtert.

- Das Quellenstudium, das heute zu Lasten der Studierenden geht, wird entfrachtet; es wird Zeit eingespart, die für ein effektiveres Studium genutzt werden kann.

- Der Informationsreichtum führt auch zur Konfrontation mit einer Vielfalt von Meinungen; dies kann die Nachdenklichkeit anregen, die Reflexion fördern und pluralistische Sichtweisen provozieren.

- Kognitive Werkzeuge sind kreative Extensionen für die intellektuelle Arbeit und bieten verstärkt Gelegenheit zu kognitiven Konstruktionen.

Fragen über Fragen Ist das alles? Oder gibt es pädagogisch-didaktische Begründungen für positive Lerneffekte von Multimedia? Ist Lernen mit Multimedia ein anderes Lernen? Ist die Qualität des Lernens mit Multimedia eine andere? Darf oder muß man sogar behaupten, daß Lernen effektiver wird und sowohl die Menge als auch die Qualität des Gelernten steigt? Generalisierende Antworten auf diese Fragen gelten sicher nicht unter allen Bedingungen. Es ist deshalb plausibel, daß man genau fragen muß: Wann und unter welchen Voraussetzungen, mit welchen Programmen, in welchen Fächern und in welcher Gestalt ist Multimedia eine Bereicherung, eine wertvolle Ergänzung zum Unterricht, ein wertvolles Werkzeug zum Studium?

Hodges und Sasnett (1993) kommen trotz der hervorragenden Technik von *Athena* und den mit *Athena* entwickelten, ideenreichen Anwendungen zu der ernüchternden Einschätzung: »This approach of combining theory with experience does not bring anything fundamentally new to the science of pedagogy — teachers have always taught both aspects of knowledge. What is new is the packaging, which holds the potential for a major advance in students' interaction with ideas« (32). Wir werden uns am Ende des Buches fragen müssen, ob Hodges und Sasnett Recht haben mit der Behauptung, daß es nur die Aufmachung, die Verpackung, oder – mit einem modernen Begriff – das »Marketing« ist, das Multimedia in unseren Augen als etwas Neues erscheinen läßt. Im Zentrum dieses Buches soll die Frage stehen, die Mayes (1992a) als Kritik an der Literatur zu Multimedia formuliert hat: »While most of the current literature is about how to achieve multimedia solutions, there has been little work on the even more fundamental issues of why and when multimedia techniques would be of benefit« (3).

Nachrichtenbörse

USA   Die besondere Bedeutung der Computertechnologie für Schulen und Hochschulen und Kommunikation in Netzwerken in den USA ist durch einen außergewöhnlichen Vorgang international bekannt geworden: Der »Information Highway« oder die Infobahn hat im letzten Präsidenten-Wahlkampf von Bill Clinton und Al Gore eine bedeutsame Rolle gespielt. Ihre Pläne für eine Erneuerung der »National Information Infrastructure« zielen darauf, bis zum Jahre 2000 alle Schulen, Hochschulen, Bibliotheken und Krankenhäuser zu vernetzen. Es handelt sich dabei nicht um Träume von Technik-Freaks: Riehm und Wingert (1995) weisen auf die klaren sozialpolitischen Ziele der Demokraten hin, die hinter diesen technologischen Perspektiven stehen. Nun ist es keineswegs so, daß es zu diesen Plänen keine Vorarbeiten gegeben hätte. In den USA befassen sich sogar Congress-Committees mit dem Thema »Educational Technology: Computer-Based Instruction« in offiziellen Hearings, so gibt es z.B. ein »Subcommittee on Technology and Competitiveness of the Committee on Science, Space, and Technology« oder ein »Computer Science and Telecommunications Board« im Repräsentantenhaus. Letzteres hat sich bereits 1988 zum »National Challenge in Computer Science and Technology« geäußert. Zu den wichtigen Vorreitern gehört auch das Council der 57 State School Officers [CCSSO (1994)], das in einer Resolution 1991 den Einsatz von Computern innerhalb und außerhalb der Schulzeiten empfohlen hat [Ely/Minor (1994)].

Die »National Aeronautics and Space Administration« (NASA) hat Multimedia in ihr Scientific and Technical Information Program (STIP) einbezogen [Kuhn (1991)]. STIP betrachtet Multimedia als Chance zur Bewältigung der rasant steigenden wissenschaftlich-technischen Information. Dafür muß eine Infrastruktur geschaffen werden. Konsequenterweise plant das »U.S. Government Printing Office« (GPO), sich von einer staatlichen Druckerei in eine Institution zur Distribution von Multimedia-Produkten und -Diensten zu transformieren [Kelley (1992)]. Auch die Industrie beeilt sich, Multimedia einzuführen. Cantwell (1993) berichtet beispielsweise über Union Pacific's Pläne für eine interne Ausbildung ihrer Kräfte mit Multimedia [s.a. Tuttle (1992)]; Zemke (1991) berichtet über den Einsatz interaktiver Videotrainings bei Shell.

Politische Initiativen   Solche Initiativen sind nun keineswegs nur auf die USA beschränkt. In der zweiten Hälfte der 80er Jahre haben fast alle Industrienationen Förderungsprogramme für die Hardware- und Softwarebeschaffung in Schulen und Hochschulen aufgelegt:

Dänemark   Das Undervisningsministeriet (1994) von Dänemark hat eine Initiative für ein Technologie unterstütztes Lernen gebildet und zur Gründung einer Elektronischen Universität aufgefordert [Ringsted (1992)].

Norwegen   Norwegen beschloß 1984 ein Aktionsprogramm: Ein Fünfjahres-Programm im Umfang von 11.3 Mill. Kronen mit einer Pflichtausbildung in Computertechnologie. Von 300 Interessenten wurden 8 Schulen für den Versuch ausgewählt. Rust und Dalin (1985) geben einen Erfahrungsbericht nach Ablauf der fünf Jahre [s.a. Wennevold (1987) und Welle-Strand (1991)]. Man ist sogar so weit gegangen, Standardsoftware für Benutzerschnittstellen, für Simulationen, für die graphische Pascal-Programmierung und für interaktive Literatur selbst zu entwickeln [vgl. Haugen (1992)].

Niederlande In den Niederlanden wurde 1984 das 4-Jahres-Projekt INSP zur Förderung der Coursewareentwicklung im Umfang von 250 Mill. Gulden eingeleitet, dem ein Jahr später das Programm NIVO folgte, mit dem für 69 Mill. Gulden Hardware für Schulen besorgt werden sollte. Van der Mast et al (1989) berichten über die Ausführung und Auswirkungen der beiden Programme.

Großbritannien Großbritannien hat bereits Anfang der 80er Jahre eine Kommission für die Einführung neuer Technologien in den Hochschulen eingerichtet [Gardner/Darby (1990)]. Zugleich wurden Institutionen wie die »Computers in Teaching Initiative« (CTI) etabliert, die den effektiven Einsatz von Computern im Unterricht der Hochschulen begleiten und beraten sollen. Boyd-Barrett (1990) beschreibt die Britische Schulpolitik als klares Beispiel für eine »State-Directed Innovation«.

Deutschland Die Bundesrepublik Deutschland beabsichtigte mit dem 1985 angelaufenen CIP-Programm (Computer-Investitionsprogramm) die Hochschulen in die Lage zu versetzen, Lehre mit Computern zu betreiben. Es wurden von 1987 bis 1992 für 291.7 Mill. DM neue Rechner beschafft, das sind etwa 1120 Pools mit 17.824 Computerarbeitsplätzen für Studenten. Im Rahmen eines zweiten Investitionsprogramms, des WAP-Programms (Wissenschaftler-ArbeitsPlätze), wurden bis 1994 für 144.9 Mill. DM insgesamt 567 Cluster mit 5300 Computern beschafft.

Australien Hammond (1994) berichtet über die in Australien eingesetzte Kommission CAUT zur Vergabe von Drittmitteln für die Entwicklung von Software für die Universitäre Lehre.

Was kann nun ein solches Szenario besagen, das diese politischen Initiativen zeichnen? Könnten die an diesen Entscheidungen beteiligten Politiker dem Mythos von Perelman aufgesessen sein? Wenn man Schrage (1994) Glauben schenken darf, ist dies der Fall. Oder ist doch etwas dran an Thesen, die eine Effektivierung von Lehren und Lernen durch Multimedia und Netzwerkkommunikation behaupten? Vermutlich sind diese Fragen pauschal weder mit Ja noch mit Nein zu beantworten. Dieses Buch soll vorwiegend den theoretischen Hintergrund von Multimedia aus einer psychologisch-pädagogischen Perspektive beleuchten und dabei – auch im Hinblick auf solche Fragen – Relativierungen erarbeiten und zu einer differenzierten Argumentation beitragen.

Einschränkungen und Warnungen

Es gibt viele hervorragende Bücher auf dem Gebiet Multimedia und Hypermedia und speziell zum Hypertext-Konzept. Ich sehe keinen Sinn darin, eines dieser Bücher noch einmal zu schreiben. Deshalb wird dieses Buch folgende Themen nicht behandeln:

· Es enthält keine Darstellung von Hardware-Konfigurationen für Multimedia und technischen Spezifikationen von Multimedia-Daten [Steinmetz (1993)].

- Es erläutert keine der gängigen Standards für Videoübertragung und Video-kompression, der Austauschformate für Multimedia oder der Architektur von Multimedia [Maybury (1993)] inklusive objektorientierter Programmierspra-chen [Gibbs/Tsichritzis (1994); Furht (1994), Koegel Buford (1994c) und Fox (1991)].

- Es berührt auch nicht die Datenbank-Aspekte in Hypermedia-Systemen, die technischen oder programmiertechnischen Fragen des Indizierens, der auto-matischen Generierung von Hypertexten aus Texten bzw. der Konversion von Texten in Hypertext oder der automatischen Generierung von grafischen Dia-grammen aus Knoten. Als zu spezielles Thema betrachte ich auch die auto-matische Generierung von Präsentationsdesigns.

- Es befaßt sich auch nicht mit den aktuellen technischen Möglichkeiten und den zukünftigen Entwicklungen für digitales Audio [Strawn (1994)], digita-les Video [Luther (1994b)], Audio- und Videounterstützung in Netzwerken [Sen (1994)], Video-Conferencing und System-Software [dazu s. die Bei-träge in Herrtwich (1992) und in Koegel Buford (1994a)].

- Ich möchte auch nicht das technische Spezifikationsniveau der Beiträge zum Thema »Network and Operating Support for Digital Audio and Video« an-streben, das die Beiträge im Sammelband von Herrtwich (1992) erreichen.

- Es steigt auch nicht so in die Tiefe des Hypertext-Konzepts ein wie die her-vorragenden Bücher von Kuhlen (1991), Nielsen (1990a) oder Nielsen (1995b).

- Es bietet auch keine ausführliche Darstellung der multimedialen Möglichkei-ten in Video-Konferenzen, im World Wide Web [Nielsen (1995b)], im Inter-net, für Video-on-demand, für Tele-Teaching, Fernstudium, Tele-Shopping [Riehm /Wingert (1995)].

- Es bietet keinen Überblick über Entwicklungen von Betriebssystemen und System-Schnittstellen, die sich für spezielle Multimedia-Anwendungen als günstig erweisen werden (z.B. OpenDoc, OLE, QuickTimeVR).

Es gibt eine Reihe von wissenschaftlichen Fragestellungen, deren Verfolgung im Rahmen dieses Buches zu Multimedia sicher sehr interessant wäre, die aber leider ausgespart werden müssen. Dazu zählen beispielsweise:

- Das in den USA und England diskutierte Problem der »computer literacy«.

- Die für die Hypertext-Entwicklung interessanten Forschungen zum Schreib-prozeß: Kreatives Schreiben, Kollaboratives Schreiben [Christmann (1989); Bolter (1991)].

- Die Erweiterungen der Multimedia-Ansätze in Richtung auf kollaboratives Arbeiten [Teufel/Sauter et al (1995)], Unterstützung von Management-Auf-gaben, von Entscheidungsprozessen und Argumentationen.

- Die Vielzahl spezieller Anwendungen für Behinderte, für »at-risk« Studen-ten, für Senioren und für die berufliche Weiterbildung.

Caveats Schließlich sind weitere Caveats angebracht:

· Wo von Schülern die Rede ist, sind auch immer Studierende gemeint, und umgekehrt. Die meisten Ideen, die in diesem Buch aufgegriffen werden, und die didaktischen und lerntheoretischen Begründungen, die zu ihrer Analyse herangezogen werden, sind nicht altersspezifisch, sondern bieten Anregungen für Lernende aller Art und jeden Alters.

· Wo von Benutzern, Lernenden, Studenten, Schülern, Lehrern, Hochschullehrern und anderen Personengruppen die Rede ist, sind geschlechtsneutrale linguistische Termini gemeint, die beide bekannten Geschlechter der menschlichen Gattung einschließen. Ich möchte die Lesbarkeit dieses Buches nicht durch Doppelung der Begriffe oder durch artifizielle Kombinationen männlicher und weiblicher Endungen beeinträchtigen.

· Man wird in diesem Buch unschwer entdecken, was die Amerikaner einen »bias« zu nennen pflegen. Diese Voreinstellung (zum Leben, zur Pädagogik, zu Theorien und Methoden) kann und will ich nicht vermeiden, werde aber versuchen, sie dem Leser durch Argumentation plausibel zu machen.

Ich habe einer Reihe von Personen zu danken, die mich zu diesem Buch ermuntert und mich bei der Arbeit an dem Buch unterstützt haben, die in intensiven Diskussionen wesentliche Thesen des Buches mit mir diskutiert haben und die durch ihre neugierigen Fragen, motivierenden Anregungen und kritischen Anforderungen in den vergangenen 10 Jahren mich zu einer intensiveren Auseinandersetzung mit den in diesem Buch diskutierten Theorien überhaupt erst angeregt haben. Ich möchte ihnen allen danken, ohne einzelne Personen hervorzuheben, um nicht in die Gefahr zu geraten, den einen oder anderen unter ihnen zu vergessen.

KAPITEL 2

Multimedia – Eine Definition

Mehrere willkürliche Versuche

Multimedia begann, als das erste Klavier ins Stummfilmkino geschoben wurde. Seither wurde Multimedia, wie der Begriff zu sagen scheint, ausschließlich als Kombination verschiedener Medien definiert:

- als Kombination von Text und Bild (Standbild, Animation, Film)
- als Kombination von Text und Ton (Musik, Sprache)
- als Kombination von Text, Bild und Ton.

Selbst Wissenschaftler, deren Name für Multimedia schlechthin steht, und die zum großen Teil für Entwicklungen auf diesem Gebiet verantwortlich sind, nehmen die Definition von Multimedia auf die leichte Schulter. Für Negroponte (1995) ist Multimedia nichts anderes als eine Datenmischung auf digitaler Basis: »bits commingle effortlessly. They start to get mixed up and can be used and reused together or separately. The mixing of audio, video, and data is called multimedia; it sounds complicated, but is nothing more than commingled bits« (18). Ähnlich definiert Feldman (1994) Multimedia: »Multimedia is the seamless integration of data, text, images of all kinds and sound within a single, digital information environment« (4). Nach dieser Definition wäre es fraglich, ob interaktive Bildplatten-Systeme zu Multimedia zu zählen sind.

Datentechnische Kriterien und Digitalisierung

Diese beiden Definitionen stützen sich vorwiegend auf hardwaretechnische oder datentechnische Kriterien. Danach meint Multimedia lediglich die Kombination digitaler Daten durch einen Computer oder die technische Integration vorher separater Datenträger auf einem digitalen Datenträger, z.B. einer CD-ROM. Bei einer solchen Definition bleiben folgende Fragen ungeklärt: Ab wann können wir von Multimedia sprechen? Schon bei der Parallelisierung analoger und digitaler Quellen wie bei der Bildplatte mit zwei Monitoren, die gemeinsam von einem Computer gesteuert werden? Oder erst ab der Integration analoger und digitaler Medien wie bei dem Overlay des Videosignals auf einem einzigen Computer-Monitor? Oder schließlich erst dann, wenn auch die ursprünglich analoge Quelle digitalisiert in einer gemeinsamen Trägerumgebung vorliegt? Die bloße Digitalisierung kann kein gültiger Maßstab für Multimedia sein, denn selbst wenn mehrere Medien nur noch in digitaler Form vorliegen, kann es sein, daß die Interaktion derart eingeschränkt ist, daß das neue

Medium sich nicht wesentlich von einem Videofilm unterscheidet, den wohl keiner als Multimedia bezeichnen würde.

Benutzerperspektive: Multisensorische Rezeption

Mehrere Definitionen, die sich von den bisher erwähnten in nichts unterscheiden, zitiert Galbreath (1992). Seine eigene Definition zählt selbst zu diesem Typ: »It is a combination of hardware, software, and storage technologies incorporated to provide a multisensory information environment« (16). Zwei neue Elemente enthält diese Definition: Dem Aspekt der Datenmischung fügt Galbreath den Aspekt der multisensorischen Rezeption dieser Daten hinzu, für ihn konstituiert sich Multimedia erst in der Wahrnehmungsperspektive des Benutzers. Und er spricht von einem »information environment«. Der Begriff der Information bleibt jedoch hier wie bei allen Autoren, von denen er in Anspruch genommen wird, unerklärt. Nach dieser Definition ist der Film bislang das technisch beste Multimedia-Medium, bietet er doch flüssige Bildbewegungen mit natürlichem Ton und hinterläßt einen nachhaltigem Sinneseindruck auf den Betrachter. Bei Galbreath bleibt nun wieder offen, ob man Multimedia eher im Sinne von »multiple media« auffassen sollte und ob die gemeinsame digitale Grundlage überhaupt eine Rolle spielt.

Information und Botschaft

Genau das aber ist für Grimes und Potel (1991) das entscheidende Kriterium. Sie kritisieren, daß die Medien »physically collocated, but not integrated« (49) sind. Grimes und Potel betrachten nicht nur die physikalische Konstitution der Daten, sondern sehen das aus der Kombination entstandene Produkt als ein neues Gesamtgebilde an: »Multimedia creates new information by its ability to juxtapose data that were not otherwise adjacent« (50). Angesichts der Tatsache, daß nur wenige Anwendungen diesem Gestaltungsanspruch genügen, kommen sie zu der provokanten Aussage: »We see a parallel between doing multimedia work today and making a film in 1923«. Dennoch halten sie an ihrem Anspruch fest: »Well-integrated multimedia ensure a presentation with a wholeness that delivers a strong, clear message« (51). Sie liefern selbst das beste Argument für die Unterscheidung von multiplen Medien und Multimedia: Eine auf Papier gedruckte Multimedia-Anwendung stellt keine Multimedia-Anwendung mehr dar. Bei der Definition von Multimedia spielt sowohl die Integration der Medien als auch die Software eine Rolle: »Denn Multimedialität bedeutet ja nicht nur, daß Fotos, Videos und Töne auf einer CD-ROM zusammenkommen; es muß schon einen verbindlichen Gesamtzusammenhang ergeben. Nur die sinnvolle Kombination, die einen Inhalt unterstützt, hat einen Reiz« [Bräuer zitiert nach Riehm/Wingert (1995), 146]. Das Ziel dieser Integration wird von Grimes und Potel als »message« bezeichnet. Wenn wir softwaretechnische Aspekte mit in die Definition von Multimedia einbeziehen, wird die Kombination verschiedener Medien also zu einer Informationsumgebung mit einer »message«, einer Botschaft an den Benutzer.

Rechnergesteuerte Verarbeitung

»Nicht jede Kombination von Medien rechtfertigt die Verwendung des Begriffs Multimedia« (16), warnt Steinmetz (1993). Sein Augenmerk liegt ebenfalls nur auf dem Aspekt der Datenkombination (17). Für ihn ist Multimedia nur dann gegeben, wenn diskrete und kontinuierliche Daten kombiniert werden: »Ein Multimedia-System ist durch die rechnergesteuerte, integrierte Erzeugung, Manipulation, Darstellung, Speicherung und Kommunikation von unabhängigen Informationen gekennzeichnet, die in mindestens einem kontinuierlichen (zeitabhängigen) und einem diskreten (zeitunabhängigen) Medium kodiert sind« (19). Diese Definition betont ein drittes Element neben dem Datentyp und der sensorischen Rezeption: Die Steuerung und Verarbeitung der Daten durch den Rechner. Allerdings ist der in dieser Definition enthaltene Begriff der Information problematisch: Er enthält keine Angaben über den Bezug der Informationen zueinander, lediglich über ihre hardware- und softwaretechnische Kombinierbarkeit. Danach sind Begriffe wie multiple Medien und Multimedia noch nicht hinlänglich unterschieden. Zudem ist zu fragen, warum nicht auch ausschließlich diskrete Medien Multimedia sein dürfen, warum z.B. ein elektronisches Buch mit Text und Grafik (ohne Ton oder mit ausschaltbarem Ton) oder ein KIOSK-System mit Standbildern (ohne Animationen) nicht als multimediales Medium bezeichnet werden sollten.

Symbolische Ausdrucksformen Obwohl für viele Autoren offenbar die technische Spezifikation von Datentypen im Vordergrund steht, kann man nicht übersehen, daß damit letztlich unterschiedliche Informationssorten gemeint sind, denn Multimedia »involves more than the simple addition of new data types – simultaneous integration of a wide range of symbolic modes into a coherent framework is taking place« [Hodges/ Sasnett (1993), 3]. Aus der Sicht des Multimedia-Entwicklers sind die Medien symbolische Modi der Information. Hodges und Sasnett ergänzen die Perspektive des Entwicklers durch die Perspektive des Benutzers: Aus seiner Sicht gelten die verschiedenen Kanäle als »modes of expression« (9), als unterschiedliche symbolische Ausdrucksformen.

Information Der Begriff Information wird von vielen Autoren im Sinne fester Einheiten von Daten gebraucht, die zwischen Computer und Benutzer nach dem Modell eines schlichten Transports vom Sender zum Empfänger übertragen werden. Eine solche Konzeption übersieht, daß Information und Wissen erst durch die Handlungen des Benutzers aktiv und erst in der Interpretation des Lernenden relevant werden. Zur Modellierung dieses Prozesses gehören deshalb auch die Konstruktionen und Rekonstruktionen des Multimedia-Benutzers. Dieses Argument weist darauf hin, daß unsere Vorstellung von Multimedia offenbar auch die Interaktion des Benutzers mit dem Programm umfaßt: »Multimedia systems are not primarily defined by their data structures, but by the nature of their communication« [Mayes (1992a), 3]. Ganz in diesem Sinne bezeichnet Parkes (1992) den Ausdruck 'Interaktive Bildplatte' als »unfortunate misnomer« (97), weil die Interaktivität ein Konzept für das Verhalten des Benutzers sei und nicht eine Eigenschaft, die dem Bildplattensystem als solchem eigne.

Interaktivität Einen Aspekt der Kombination eigenständiger Medien übersehen alle bisher erwähnten Definitionen: Durch die Digitalisierung und die Rechnermanipulation wird die Sequenzialität der verschiedenen Medien aufgehoben, ihre Reihenfolge kann willkürlich manipuliert, und sie können aufgrund der Integration im Computer über eine Benutzerschnittstelle interaktiv zugänglich gemacht werden. Dies weist der Interaktivität zwischen Benutzer und System eine hervorgehobene Rolle zu: »Interaction is implicit in all multimedia. If the intended experience were passive, then closed-captioned television and subtitled movies would fit the definition of video, audio, and data combined« [Negroponte (1995), 70]. Ohne diesen Aspekt der Interaktion ist die Definition von Multimedia unzureichend. Wir sollten von Multimedia stets als von einem interaktiven Medium sprechen.

Es werden also völlig unterschiedliche Kategorien zur Klassifikation herangezogen: Informationstechnische Kategorien (Multimedia besteht aus Dokumenten, Multimedia besteht aus Datentypen), Kategorien der Softwaretechnik (Multimedia besteht aus Datenbanken und Netz-Strukturen), Kategorien der Hardwaretechnik (Multimedia ist eine Kombination von Computer und Bildplatte). Mal werden informationstheoretische Aspekte angedeutet (Informationsumwelt, Botschaft), mal wird der Benutzer als Kriterium mit in die Definition einbezogen (Wahrnehmung, Interaktivität, Multisensorik). Aus der Kritik dieser Definitionen haben sich bisher folgende Kriterien für Multimedia herausgestellt:

· die Daten von verschiedenen Medien treten integriert auf

· die Daten werden vom Rechner verarbeitet und manipuliert

· für den Benutzer ist Multimedia ein multisensorischer Eindruck, eine multiple Repräsentation von interpretierbaren Informationen

· entscheidend für die Unterscheidung von sequentiellen multiplen Medien und Multimedia ist die Interaktion des Benutzers mit der Software

· die von Multimedia präsentierten Informationen sind symbolische Ausdrucksformen, symbolisches Wissen, das seinen Wert erst im interpretierenden Zugriff des Benutzers gewinnt; Multimedia-Informationen sind Anlässe für eigene kognitive Konstruktionen.

Wenn wir all diese Aspekte einer Definition zusammennehmen und dabei einige noch etwas schärfer fassen, nämlich daß es sich bei den Daten um multiple Repräsentationen interpretierbarer Informationen handelt und daß der Zugang zu diesen Informationen für den Benutzer durch den Computer nur mediiert wird, so ergibt sich daraus, daß Multimedia als eine »interaktive Form des Umgangs mit symbolischem Wissen in einer computergestützten Interaktion« betrachtet werden muß.

Hypermedia   Eine spezielle Problematik für die Definition von Multimedia ergibt sich, wenn die Autoren vom Hypertext-Konzept herkommen. Yankelovich, Haan et al (1988) betrachten Hypermedia als Hypertext mit multimedialen Zusätzen: »Hypermedia is simply an extension of hypertext that incorporates other media in addition to text« (81). Mayes (1992a) schließt sich dieser Vorstellung an:

»The latter refers to hypertext-like systems, characterized by their data access structures and differing from hypertext only in their use of other media, usually graphics or video« (3). Hypertext ist für diese Autoren ein Nur-Text-System, während Hypermedia – im Unterschied zu Hypertext – mehrere Medien integriert. Damit bliebe aber das Verhältnis von Hypermedia zu Multimedia ungeklärt.

Umgekehrt gehen Autoren vor, die primär von Multimedia herkommen. Für sie inkorporiert Hypermedia – im Unterschied zu Multimedia – das grundlegende Konstruktionsprinzip von Hypertext: »Ein Hypermedia-System beinhaltet die nicht-lineare Verkettung von Informationen, die im strengen Sinn in mindestens einem kontinuierlichen und einem diskreten Medium vorliegen« [Steinmetz (1993), 357]. Kuhlen (1991) sieht es ähnlich: »Mit der Bezeichnung 'Hypertext' [...] werden zur Zeit eher die methodischen Probleme bei der Entlinearisierung von Text bzw. der entlinearisierten Darstellung von Wissen angesprochen, während der Ausdruck 'Hypermedia' sofort die technische Bandbreite der zum Einsatz kommenden Medien assoziieren läßt« (14).

Woodhead (1991) bezeichnet Hypertext als einen Subset von Hypermedia und Hypermedia als einen Subset von Multimedia (3). Danach wäre Multimedia die alles umfassende Bezeichnung, und es gäbe keinen Hypertext, der nicht zugleich auch die Eigenschaft hätte, multimedial zu sein. Das ist aber offensichtlich nicht der Fall, denn sonst könnte man Hypertext nicht als Nur-Text-System begreifen. Hypermedia ist vielmehr ein Subset von Hypertext, das sich dadurch auszeichnet, daß es nicht nur Text, sondern auch Bild- und Tonkomponenten umfaßt [Hammond (1989)].

Nielsen (1990a) geht den umgekehrten Weg und fragt sich, wann ein Multimedia-System zu einem Hypertext-System wird: »The fact that a system is multimedia-based does not make it hypertext [...] Only when users interactively take control of a set of dynamic links among units of information does a system get to be hypertext. It has been said that the difference between multimedia and hypermedia is similar to that between watching a travel film and being a tourist yourself« (10). Danach ist ein spezieller Subset von Multimedia zugleich Hypertext, und das entscheidende Kriterium ist die Interaktivität. Fassen wir beide Argumente zusammen, so gelangen wir zu folgender Definition: Hypermedia ist ein Subset von Hypertext, und Hypermedia ist zugleich ein Subset von Multimedia. Vermutlich ist es besser, Multimedia und Hypertext als zwei unabhängige Entitäten mit einer Schnittmenge zu betrachten, die man als Hypermedia bezeichnen könnte.

Neudefinition der Multimedia-Architektur

Mit den für die Berührung durch die Maus sensiblen Textstellen fing Hypertext an. Als die ersten Animationsprogramme aufkamen, wurde ein ähnliches Prinzip für die Grafik realisiert: Die Maus brachte die Bilder zum Laufen, brachte Figuren zum Sprechen, Hypertext wurde zu Hypermedia. In der objektorientierten Welt der Computerprogramme sind Texte, Knöpfe, Bildelemente, Inhaltskomponenten und Komponenten der Benutzerschnittstelle in einer Hinsicht gleich: Es sind alles Objekte, die durch Berührung ein Skript und dadurch eine Handlung auslösen oder eine Botschaft (message) an andere Objekte senden können. Dieses Prinzip gilt sogar für digitale Filme: Neuere Versionen digitaler Filme – z.B. Apples *QuickTimeVR* – realisieren ebenfalls das objektorientierte Prinzip. Sie sind per Mausbewegung navigierbar, und sie verfügen über sensible Flächen, die bei Mauskontakt entweder Informationen herausgeben oder zu anderen Filmen verzweigen. Produkte, die mit dieser Technik arbeiten, bezeichnet man als »augmented reality«, als angereicherte Wirklichkeit im Vergleich zur »virtual reality«, der künstlichen Wirklichkeit [Bederson/Druin (1995)], da sie die physische Welt in Form von Video repräsentieren, reale Räume begehbar machen und dieser Realität Informationen hinzufügen, z.B. in Form von überlagerter dreisimensionaler Grafik als »Annotation der Realität« [Feiner, MacIntyre et al (1993), 53], während virtuelle Realität die begehbaren Räume als Animationen komplett künstlich generiert.

Objektorientierung   Man kann diese Beschreibung als das Ergebnis moderner, objektorientierter Programmierung verstehen, das zunächst nichts mit Multimedia zu tun hat. In der Tat aber zeigt diese fortgeschrittenste Variante der Programmierung nur besonders deutlich, was relativ früh bereits in Multimedia angelegt und angestrebt wurde. Zu Zeiten, als man noch eine Bildplatte mit einem Programm kombinieren wollte, leider aber das Programm auf dem einen Monitor und das Video auf dem zweiten Monitor erschien, war genau die Integration von Film und Programm auf einem einzigen Monitor und die Steuerung des Films durch Manipulation von Bildelementen im Film das eigentliche Ziel der Entwickler. Man bezeichnete diese Technologie damals, Mitte der 80er Jahre, noch als »Interactive Videodisc«, als interaktive Bildplatten-Technologie, und man sprach noch nicht von Multimedia, meinte aber Multimedia. Ich möchte die Definition von Multimedia im folgenden Abschnitt aus dem fortgeschrittensten Stand der Entwicklung herleiten und mit der objektorientierten Denkweise eine Neudefinition von Multimedia und Hypermedia versuchen.

Der Multimedia-Raum

Umgebung   Die Architektur eines Multimedia-Systems besteht aus einer Umgebung, die mehr umfassen kann als nur das Programm im Rechner, z.B. die Klasse, den Lehrer, den Unterricht und die Exkursion. Wir sprechen von einer Arbeits- oder einer Lernumgebung und meinen damit zugleich den institutionellen, sozialen und kommunikativen Kontext, in dem ein Multimedia-Programm eingesetzt wird, während das Multimedia-System im engeren Sinne das Programm im Rechner meint. Auch dieses ist wieder eine Umgebung mit einem speziellen thematischen Kontext. Diese Umgebung besteht aus einem visuellen *Darstellungsraum* mit grafischen Objekten auf dem Bildschirm des Rechners, einem *Bedeutungsraum* mit multimedialen Objekten und Botschaften und einem *Ereignisraum* von Benutzerhandlungen und Programmabläufen (Benutzer, Lerner, Interaktivität, Dialog).

Raum:
Darstellungsraum
Bedeutungsraum
Ereignisraum

Umgebung ist ein Begriff, der häufig bei Multimedia-Anwendungen und in der konstruktivistischen Lerntheorie auftritt, »information space« ist ein Begriff, der überwiegend in der Hypertext-Literatur und in der Literatur zu Netzwerken oder grafischen Datenbanken [Caplinger (1986)] anzutreffen ist. Ich werde dafür im folgenden den Begriff »Raum« wählen, wobei ich mich in der Wahl dieses Begriffs an der beispielhaften Realisierung des Multimedia-Konzepts in *AthenaMuse* orientiere, in dem jede Anwendung räumliche Strukturen besitzt [Hodges/Sasnett (1993), 60ff.]. Während die meisten Multimedia-Anwendungen heute noch zweidimensional mit statischen Flächen in den x,y-Koordinaten des Bildschirms arbeiten, wird in *AthenaMuse* dreidimensional und dynamisch konstruiert. Ich sagte, der Multimedia-Raum besteht aus einem Darstellungsraum, einem Bedeutungsraum und einem Ereignisraum: Eine ganz ähnliche Unterscheidung treffen Fischer und Mandl (1990). Sie unterscheiden die Oberflächenstruktur des Hypermediums, seine darunterliegenden relationalen und assoziativen Strukturen und die subjektive Struktur, die der Benutzer hinzufügt. Ich werde darauf noch zurückkommen.

Darstellungsraum

Der *Darstellungsraum* ist eine Repräsentationsschicht, die im allgemeinen als grafische Benutzerschnittstelle bezeichnet wird. Dieser Darstellungsraum kann mimetische Qualitäten (Isomorphie, Repräsentation von realen Objekten, die Welt, das Territorium, die Szene) besitzen, er verweist auf einen Bedeutungsraum, eine Tiefenstruktur, seine Objekte können durch symbolische Formen abstrakte Entitäten repräsentieren oder rein grafische Merkmale ohne Semantik sein. Der Multimedia-Darstellungsraum weist eine spatiale (Raum, Lokalität) und/oder eine temporale Dimension (Bewegung, Zeit, Story) auf. Man könnte ihn auch als Mikrowelt (microworld) bezeichnen [s. aber Microworld-Definitionen, auf die an späterer Stelle eingegangen wird]. Soweit sehe ich die Unterscheidung von Darstellungs- und Bedeutungsraum durchaus in Übereinstimmung mit der Unterscheidung von Dillenbourg und Mendelsohn (1992), die den Interaktionsraum intelligenter Programme in einen Darstellungsraum und einen Aktionsraum unterteilen und Paare von Darstellung und Aktion jeweils als Mikrowelten bezeichnen. Das »Mapping«, die Korrespondenz physikalischer und mentaler Repräsentationsformen ist dabei durchaus eine anspruchsvolle und schwierige Aufgabe.

Bedeutungsraum

Der *Bedeutungsraum* erscheint im Darstellungsraum als Metapher der Repräsentation für abstrakte oder konkrete Welten, für den Sinngehalt der Repräsentation. Aus der Sicht des Lernenden kann er auch imaginative, kreative oder soziale, politische und psychologische Dimensionen annehmen. Unterstellte semantische Relationen sind Symbolik, Funktionalität, Diskontinuität, Isomorphie etc. Die Amerikaner, die wenig Scheu haben, bekannte Bilder in neuen Kontexten zu verwenden, haben für Hypertext- oder Netzwerk-Strukturen den Begriff »rhizome« benutzt [Rhizom, dt. Wurzelstock, z.B. Burnett (1992)]. In der Tat hat die Multimedia-Architektur etwas von einem Rhizom, einem Wurzelstock, der unterirdisch wächst und an dessen Verdickungen die eigentlichen Früchte auftreten, während die Pflanze oberirdisch lediglich Blätter und Blüten präsentiert: Der Bedeutungsraum enthält die Pläne und Intentionen seines Designers, er enthält implizit auch Lernpläne und Lernziele für die Benutzer, er besteht zugleich aus den Konstruktionen und Interpretationen, aus der Kreativität und Phantasie der Benutzer. Ähnliches meint wohl Green (1991), der zwischen den Oberflächenphänomenen der Benutzerschnittstelle und deren kognitiven Dimensionen unterscheidet. Er kritisiert die Vernachlässigung der kognitiven Dimension in der Forschung zum Human-Computer-Interface (HCI): »Most HCI evaluations and descriptions focus on the surface features: they treat rendering, not structure. Indeed, this goes so far that under the guise of 'cognitive modelling' HCI researchers have generated a crop of papers about how fast can the mouse be moved to a menu item or to a button [...] Typically, no mention is made of parsing, conversational analysis, determinants of strategy, or many other central cognitive concerns« (298). Ob es sich bei den von Green erwähnten alternativen Phänomenen aber um die kognitiven Dimensionen handelt, welche die Interpretationen des Benutzers ausmachen, das wage ich zu bezweifeln. Green wählt typisch psychologische Kriterien für Benutzerverhalten: *Viscosity, Hidden Dependencies, Premature Commitment, Perceptual Cueing, Role-expressiveness.* Hier fehlen, wenn man den Bedeutungsraum als Informationsraum oder als Raum symbolischer Ausdrucksformen auffaßt, wiederum ganze Welten von Kriterien.

Mayes, Kibby et al (1990) unterscheiden zwischen Multimedia-Präsentationen und Multimedia-Schnittstellen. Erst die Kommunikation zwischen Lerner und System mache den Wert der Multimedia-Umgebung aus. Eine solche Annahme erklärt auch die gravierende Differenz zwischen Präsentationen und interaktiven Multimedia-Programmen für Lehre und Forschung, wie sie in diesem Buch getrennt behandelt werden. De Hoog, de Jong et al (1991) gehen einen Schritt weiter. Sie differenzieren im »space of interface« [vgl. den Begriff des »design space of interfaces« bei Frohlich (1992)], im Schnittstellen-Raum, die Modi *Konversation* und *Modell* und weisen ihnen jeweils unterschiedliche Benutzerinteraktionen als Input- und Output-Bedingungen zu.

Ereignisraum

Der Ereignisraum wird häufig als Schnittstelle oder Lernumgebung bezeichnet. Diese Begriffe werden zumeist als austauschbare Kategorien behandelt [Nesher (1989), 188]. Sie bezeichnen isomorphe oder homomorphe Umgebungen für Wissenseinheiten, die zwischen natürlicher Umgebung und formalen Repräsentationen in der Mathematik variieren können, deren Funktion illustrierend oder exemplifizierend sein kann. Die Beziehungen zwischen beiden Umgebungen wird durch Korrespondenzregeln gewährleistet. Dahinter steht die Annahme, daß Wissen bereichsspezifisch ist, während Intelligenz bereichsunabhängig ist. Zur Differenzierung von bisherigen Ansätzen bezeichne ich die Schnittstelle als Ereignisraum, in dem die Interaktion des Benutzers mit Multimedia-Objekten stattfindet. Daraus ergeben sich zwei Dimensionen, die des Benutzers bzw. Lerners und die der Interaktion bzw. der Kommunikation mit dem Programm. Den *Lerner* werde ich in einem eigenen Kapitelabschnitt (»Die Rolle des Lerners im Multimedia-System«) behandeln, die *Interaktion* ebenfalls (»Interaktivität multimedialer Systeme«). An dieser Stelle soll nur die Unterscheidung eingeführt werden, die uns die spätere Analyse erspart.

Der Ereignisraum ist programmiertechnisch gesehen nichts anderes ein Ereigniszyklus, ein »event cycle«, der auf low-level Aktionen wartet und darauf reagiert. Diese technische Schicht der Interaktion interessiert mich in diesem Buch nicht. Der Ereignisraum hat sowohl spatiale als auch temporale Aspekte. Wenn Allinson (1992b) Navigation als »activity of moving through an information space« (287) definiert und diese Navigation als »a sequence of purely physical events« bezeichnet, dann ist genau dies damit gemeint, daß der Ereignisraum aus programmtechnischer und computertechnischer Sicht eine physikalische Intervention ist, die aber auf höherer Ebene die Navigation im Informationsraum ermöglicht. Derartige Kategorien erinnern an die Klassifizierung des Computers als physikalische, logische und abstrakte Maschine [Winograd/Flores (1987)].

Bedeutungsraum   Der Ereignisraum bietet den Zugang zu einer Welt der Daten, Informationen bzw. zu der semantischen Ebene, dem *Bedeutungsraum*. In letzterem wird die physikalische Interaktion zur semantischen Interpretation, dem bedeutungsvollen, von den Inhalten bestimmten und von Intentionen und Zielen gesteuerten »Navigieren«, dem bekannten »Browsing«. Diese Dimension des Multimedia-Raums interessiert mich vor allem. Die Interaktion ist entscheidend für die Verbindung von Darstellungsraum und Bedeutungsraum, ohne sie wird keine Information oder besser, keine Bedeutung, transportiert. Erst in der Interaktion realisiert sich die Bedeutung der Multimedia-Objekte im interpretativen Akt des Benutzers. Roth (1997) weist daraufhin, daß »Computer Systeme sind, die – bisher zumindest – ausschließlich syntaktische Operationen durchführen, deren Bedeutungen aber erst durch den menschlichen Benutzer konstituiert werden.« (28) Wenn aber die Bedeutung der Multimedia-Objekte sich erst in der kommunikativen Interaktion des Benutzers mit dem Programm erschließt, dann kommt der didaktisch-methodischen Gestaltung dieser Interaktion entscheidende Bedeutung zu. Dies besagt nicht nur etwas über die Relevanz der Interaktion in Multimedia, sondern öffnet den Ereignisraum für pädagogische Intentionen, Interventionen und Interpretationen. Der Ereignisraum ist also für den Benutzer immer zugleich ein Lernraum.

Die Multimedia-Objekte

Ein Multimedia-Objekt gehört sowohl zum Darstellungsraum als auch zum Bedeutungsraum und zum Ereignisraum. Folglich besteht es aus einem interaktiv manipulierbaren Oberflächenobjekt (Vordergrund, Repräsentation), das auf Handlungen reagiert und über Methoden verfügt, die bei entsprechenden Aktionen ausgelöst werden, und einer semantischen Tiefenstruktur, die aus den vom Autor oder Benutzer zugeschriebenen Qualitäten besteht. Etwa ähnliches meint wohl auch McAleese (1992), der das Oberflächenwissen, das im Hypertext-Netz verteilt ist, von dem Tiefenwissen, das in den Knoten repräsentiert wird, unterscheidet (14).

Objekte in Multimedia sind visuelle oder akustische Objekte, die Gegenständliches oder Abstraktes repräsentieren. Die wissenschaftliche Fassung dieser Objekte variiert entsprechend dem Blickwinkel, aus dem heraus sie betrachtet werden. Ich gebe nur zwei Beispiele von vielen, um anzudeuten, daß derartige Versionen schnell so speziell werden, daß sie uns in diesem Zusammenhang kaum noch etwas sagen können:

- Aus der Sicht der objektorientierten Programmierung [Steinmetz (1993)] besteht der Typ Multimedia-Objekt aus 'compound multimedia objects' (CMO), die sich wiederum aus CMOs und 'basic multimedia objects' zusammensetzen (498). Medien lassen sich nach Steinmetz im Sinne der objektorientierten Terminologie als Klassen begreifen (491ff.); auch kommunikationsspezifische Metaphern betrachtet er als Klassen.

- Bornman und von Solms (1993) bedienen sich der Terminologie der künstlichen Intelligenz, um Multimedia-Objekte zu charakterisieren: Multimedia besteht aus »frames« und »slots«, und die Objekte verfügen über eine Vererbung von Merkmalen (264). Die Frames können hierarchisch und taxonomisch geordnet sein und Klassen und Superklassen bilden. Die Relationen werden durch Attribute oder Operationen und Prozeduren gebildet.

Oberfläche der Multimedia-Objekte

Die Oberfläche der Multimedia-Objekte gehört zum Darstellungsraum. Sie besteht in der Regel aus grafischen Repräsentationen von Tiefenobjekten wie Text, Zahlen, Grafik, Ton, Musik, Bild und Film, aber auch von Relationen und Prozeduren. Die Oberflächen-Objekte verfügen über eigene Eigenschaften und Methoden (z.B. sich bewegende Icons), die sich von den Eigenschaften und Methoden der von ihnen repräsentierten Objekte unterscheiden können.

Die Objekte im Darstellungsraum sind in der Regel Textobjekte oder Knopf-Objekte (button), aber auch graphische Objekte wie Diagramme und Bilder, seltener kommen Pfade und Polygone vor [Casey (1992)]. Zur Oberflächenstruktur gehören grafische Objekte wie Felder, Cursor, Buttons, Icons, Etiketten, Bilder, Diagramme und Karten. Ihre grafische Gestalt besitzt häufig eine besondere Funktionalität für die Benutzernavigation. Knöpfe können eingebettet (embedded) sein oder als separate visuelle Einheiten existieren, sie können

Etiketten (label) besitzen oder als kleine Abbilder (icon) vorkommen: »If the intended meaning of a button is expressed graphically, we speak of an icon« [Irler/Barbieri (1990), 264]. Irler und Barbieri bezeichnen die in Hypermedia-Anwendungen häufig benutzten Schrift-Buttons als »intrusive«, als aufdringlich, und sprechen sich bei Hypertext-Anwendungen eher für »embedded menus« aus [vgl. Koved/Shneiderman (1986)]. Vacherand-Revel und Bessière (1992) betrachten grafische Repräsentationen als besonders günstige Umgebungen für das entdeckende Lernen (62).

Tiefenstruktur der Multimedia-Objekte

Die Objekte im Darstellungsraum verweisen auf Objekte in der Tiefenstruktur, auf *Medien*. Medien können Text, Bild und Ton sein (vom Computer aus betrachtet) oder Sprache (Text, digitalisierte Lautsprache, Sprachsynthese), Musik (synthetisch, audio), Bild (Grafik, Photo, Video, Visualisierung). Der Begriff Medium kann aber auch viel weiter gefaßt werden: Text kann alphanumerische und numerische Daten umfassen und Textdesign-Formen, wie z.B. eine Tabelle mit Daten. Bilder können nicht-manipulierbare Gestalten oder grafische, manipulierbare Objekte sein. So kann ein Rechenblatt ein Medium sein, aber ebenso kann die Interaktion zwischen den Werten in einer Tabelle und ihrer Repräsentation in einer Punktwolke (Scatterplot) ein Medium sein. Eine Karte oder ein Fenster ist eine logisch distinkte Informationseinheit; ein Knopf repräsentiert eine Aktion, die einen Wechsel der aktuell dargestellten Information bewirkt. Die Inhaltskomponente der aktuellen Informationseinheit kann Text, Bild, Ton, Sprache oder Programmcode sein. Legget, Schnase et al (1990) unterscheiden »information elements« und »abstractions« und betrachten Karten und Ordner, Rahmen, Dokumente, Artikel und Enzyklopädien bereits als Abstraktionen.

Medien

Medien können unterschieden werden nach dem Grad der Interaktivität, den sie erlauben: Lineare Medien, Feedback-Medien, adaptive Medien, kommunikative Medien [Jaspers (1991)]. Medien können statisch und dynamisch sein [Vacherand-Revel/Bessière (1992)]. Text, Zahlen und Grafik sind statisch. Animationen, Lautsprache, Musik und Video führen eine dynamische, temporale Dimension ein. Zeit existiert in Multimedia in zwei Formen, als Sequenz und als Echtzeit. Schließlich können Medien nach der kognitiv relevanten Charakteristik ihrer jeweiligen Technologie, der Art ihres Symbolsystems und ihrer Verarbeitungskapazität differenziert werden [Kozma (1991)]. In diesem Sinne äußern Blattner und Greenberg (1992) sich zur Funktion nicht-sprachlicher Töne und unterscheiden als Funktionen der Musik: »absolute, programmatic, social and ritual, modifying behaviour, and communication of messages« (134). In ähnlicher Weise beschreibt Horton (1993) die visuellen Repräsentationen von 14 Sprachfiguren.

Multimedia-Objekte in der Oberflächenstruktur stehen in bestimmter Relation zueinander, die als Nebeneinander, Untereinander, Parallelisierung, Juxtapositionierung, Hierarchisierung und Sukzession (temporale Relation) gemeint sein kann. In der Tiefenstruktur gehen die Objekte andere Relationen ein, die man als Demonstration, Veranschaulichung, Kommentar, Beispiel, Beleg, Kausalität, Indiz, Narration, Argumentation, etc. bezeichnen könnte. Hypertext-Systeme, die sich sog. »typisierter« Links bedienen, versuchen die Textverknüpfungen mit derartigen Bedeutungen zu belegen, soz. einen Aspekt des Bedeutungsraumes in den Darstellungsraum hineinzuholen [z.B. Hannemann/Thüring 1992].

Die Unterscheidung von Oberfläche, Bedeutung und Methode wirft möglicherweise ein anderes Licht auf das Argument von Parkes (1992), daß ein Multimedia-System nur etwas über die Speicherung des Materials wisse, aber nichts über seinen Inhalt (98). Das mag für die Objekte als einzelne gelten, also für den Film, das Tonobjekt, den Text, die selbst nichts über ihre Bedeutung wissen, aber nicht für das System als ganzes, das mit seiner Struktur genau diese Bedeutung herstellen und repräsentieren soll. Die Unterscheidung ist aber ein deutlicher Hinweis auf die Relevanz der Unterstützung von multiplen Repräsentationen für das Lernen. Da Lernende im Umgang mit dem Computer eigene Repräsentationen und Interpretationen generieren, ist es sinnvoll, diesen Prozeß durch multiple Repräsentationen zu unterstützen.

Nur durch Betrachtung der Oberflächenstruktur kann man nicht zwischen verschiedenen Typen von Multimedia- oder Hypermedia-Anwendungen differenzieren. Hierfür ist die Gestalt der gerichteten Graphen in der Tiefenstruktur ausschlaggebend. Sind die Objekte untereinander in Form von Knoten (nodes) und Kanten (links) vernetzt, so sprechen wir von Hypermedia. Links bestehen aus den eigentlichen Links und den »link anchors«, den Ankern. Anker können als Knöpfe, als modifizierter Cursor oder als markierter Text (mark-up text) repräsentiert werden.

Die Relationen könnten auch als einfaches oder eingefärbtes Petri-Netz, als Generalisierung existierender Hypertext-Konzepte mit einfachen gerichteten Graphen oder konkurrierenden Pfaden modelliert werden: »A Hypertext consists of a Petri net representing the document's linked structure, several sets of human-consumable components (contents, windows, and buttons), and two collections of mappings, termed projections, between the Petri net, the human-consumables, and the design mechanisms« [Stotts/Furuta (1989), 7; Stotts/Furuta (1988); Stotts/Furuta (1990)]. Die Struktur der gerichteten Graphen entscheidet über den vorliegenden Typus der Multimedia- bzw. Hypermedia-Anwendung:

KIOSK-Systeme   · KIOSK-Systeme (Kapitel 9) enthalten lediglich Produktlisten (Inhaltsverzeichnis und Index), möglicherweise geordnet nach Produktsorten, und fächern sich dann sternförmig auf. Von den letzten Elementen des Sterns gehen keine weiteren Knoten mehr ab, so daß der Benutzer den beschrittenen Graphen wieder rückwärts navigieren muß.

Guided Tours
- Guided Tours (Kapitel 9) können schon komplexere Graphen aufweisen, die auch mal ringförmig verlaufen können, in der Regel jedoch eine ähnliche Struktur haben wie KIOSK-Systeme, nämlich eine klare Folge sequentieller Knoten, die in Sackgassen führen, aus denen der Benutzer den Graphen wieder rückverfolgen muß.

Hypertexte
- Hypertexte (Kapitel 7) hingegen müssen nicht nach dem Prinzip sequentiell benachbarter Knoten strukturiert sein, sondern können beliebige Verweisstrukturen verwirklichen.

Elektronische Bücher
- Das ist bei elektronischen Büchern (Kapitel 8) anders, die Hypertext auf der Basis der traditionellen Buchform konstituieren und zu diesem Zweck die Vielfalt möglicher Konnektionen wieder einschränken.

Funktion von Bildern
Zur Funktion von Bildern in Texten und Lernprogrammen existiert eine eigene Forschung. Issing und Haack (1985) unterscheiden Abbildungen, Analogie-Bilder und logische Bilder. Sie postulieren eine Langzeitwirkung bildhafter Codierungsformen (115). Bilder sind Schemata, Skripte und mentale Modelle [Weidenmann (1994)]. Sie dienen

- dem Ausdruck persönlicher Erfahrung

- zur Lernkontrolle

- zur Veranschaulichung von Unanschaulichem

- als Ersatz für Realität.

Funktion des Tons
Ton kann in Multimedia auf die Oberflächenschicht beschränkt bleiben, keine semantische Funktion haben und trotzdem wichtig für die Akzeptanz der Anwendung sein. Dies illustriert Chadwick (1992) mit einem Experiment im New Mexico Museum of Natural History: Man hatte bei einem dort ausgestellten Multimedia-System eine Woche lang einfach den Audio-Ausgang abgekoppelt. Es wurde festgestellt, daß die Quote der Besucher rapide sank, die das Programm von Beginn bis Ende durchliefen. Diese Wirkung träfe vermutlich nicht ein, wenn Text und Ton redundant wären. Um diese Frage zu prüfen, testeten Barron und Atkins (1994), welchen Einfluß Text- und Audio-Redundanz (die Doppelung von Information durch zwei Medien) hat und kamen zu dem Schluß, daß die Doppelung keinen Einfluß auf den Lernerfolg hat. Multiple Medien, schlicht gedoppelte Medien, hätten demnach keine besondere Wirkung. Die Funktionalität von gesprochener Sprache muß auf eine spezifische Situation treffen, die Rolle der Medien in Multimedia muß in der differenzierenden Funktion der Medien gesehen werden.

Methoden der Multimedia-Objekte
Die Methoden von Multimedia-Objekten sind autoren-gesetzte, konstante oder benutzer-definierte, temporäre Methoden, mit denen die Objekte auf automatische oder benutzer-generierte Ereignisse reagieren. Die Manipulationsformen können indirekte und direkte, symbolische und manuelle Interaktionen sein. Die Kanäle, auf denen Objekte Informationen transportieren, können auditive und visuelle sein. Auf Interaktionen reagierende Objekte tauschen Botschaften

oder Mitteilungen mit anderen Objekten aus. Häufig existiert eine Objekthierarchie, an der sich die Vermittlung der Information orientiert, wie beispielsweise bei *HyperCard*, das prüft, ob eine Mitteilung direkt ausgeführt, an ein anderes Objekt auf derselben Karte gerichtet wird, an die Karte selbst, an den Stack und schließlich an *HyperCard* selbst oder gar von dort aus an ein bestimmtes Objekt in einem anderen Stack. Dafür einige Beispiele:

· Der Knopf >Weiter< blättert um zur nächsten Karte. Er löst dabei ein Skript aus, das einen visuellen Effekt und einen Sound vorführt, ein Feld unsichtbar und ein anderes sichtbar macht.

· Der Knopf >Spielen< ruft einen Film auf und spielt ihn ab.

· Der Knopf >Noten< spielt ein Musikstück von der CD.

· Der Knopf >Berechne< schickt eine Mitteilung an eine andere Karte, holt von dieser Karte Daten ab, setzt diese Daten in einen unsichtbaren Behälter, eine Variable, ein, ruft dann ein Skript vom Stack auf, das aus diesen Daten statistische Kennzahlen berechnet und setzt das Ergebnis in ein oder mehrere Felder auf der Ausgangskarte ein.

Objekte im Sinne der Multimedia-Konfiguration sind auch die an den Computer angeschlossenen Geräte, die für Input oder Output zuständig sind. Schlüssigere Definitionen dieser Klassen von Objekten im Licht des objektorientierten Paradigmas finden sich bei Steinmetz (1993) und Gibbs und Tsichritzis (1994).

Sinndimension   Die technische Kombination der Medien ist eine notwendige, aber keine hinreichende Bedingung für die Definition des Begriffs Hypermedia. Ich benutze lieber den Begriff der Integration, der technischen und datentechnischen Integration, aber auch der Integration der Schichten des Multimedia-Raums. Wenn wir die Unterscheidung von Repräsentations- und Bedeutungsschicht nicht lediglich formal auffassen, dann muß zur Kombination oder Integration von Medien im Multimedia-System auch eine *Sinndimension für das Lernen* gehören: Eine Multimedia-Anwendung sollte eine Funktionalität für das Lernen aufweisen, sie muß einen Sinn, einen Mehrwert für das Lernen ergeben. Den Mehrwert können wahrnehmungs- und lernpsychologische Faktoren bilden, z.B. mehrere Kanäle beim Lernen aktualisieren, abstrakte Sachverhalte visualisieren, die Kodierung von Informationen über mehrere Sinne verankern, Prozesse und Vorgänge dynamisch darstellen. Der Mehrwert kann aber auch in den von der Multimedia-Umgebung angeregten kognitiven Konstruktionen und Interpretationen des Lernenden bestehen, in der geistigen Auseinandersetzung mit den vorgestellten Inhalten. Dazu gehört auch die Kontextualität, die Einordnung des Inhalts in den weiteren Kontext von Umwelt, Gesellschaft und Geschichte und deren Interpretation durch den Lernenden. Dann erst wird der von Barrett (1992) geprägte Begriff »Sociomedia« verständlich. Ich möchte einige Beispiele für den Sinnbezug der Medien erwähnen, auf die ich später noch näher eingehen werde, um zu erläutern, was ich unter der Sinndimension von Multimedia verstehe:

SimNerv

In *SimNerv* kann man Bilder von Fröschen ansehen und ihr Gequake anhören. Das findet in einem Programm statt, das Studierenden der Medizin ein virtuelles Labor anbietet, in dem sie physiologische Experimente mit Froschnerven durchführen können, für die glücklicherweise keine Frösche mehr getötet werden müssen. Das Labor und die Frösche sind separate Teile der Anwendung, die keinen konkreten Bezug zueinander haben. Der Sinn ihrer Kombination liegt in der Begründung für das artifizielle Labor, er soll die Substitution der Froschexperimente durch das künstliche Labor motivieren.

Lexikon für Computerbegriffe mit Gebärden

Das »Lexikon für Computerbegriffe mit Gebärden«, auf das ich in Kapitel 8 näher eingehen werde, integriert in einer Hypertext-Umgebung Lexikontexte zu Computerbegriffen mit den korrespondierenden Gebärden Gehörloser in Form von Filmen. Der Benutzer kann sowohl nach bestimmten Begriffen als auch nach bestimmten Merkmalen von Gebärden suchen, was in Buchform nicht zu realisieren gewesen wäre.

Beethovens Neunte Symphonie

Ein Programm zu einer Audio-CD erschließt Beethovens Neunte Symphonie (The Voyager Company) auf zwei verschiedene Weisen: In dem einen Modus greifen die musikwissenschaftliche Interpretationen auf beliebige Musikstellen zu, in dem anderen Modus erscheinen die Erklärungen synchron zum Ablauf der Musik. Auf diese Weise wird Interaktivität in etwas hineinbracht, das sonst nur sequentiell erlebbar ist.

Das Gestaltproblem

Im ersten Fall dient Multimedia der Motivierung einer Simulation als Surrogat für ein Realexperiment, also der Begründung einer Lernform, im zweiten Fall realisiert Multimedia den willkürlichen Zugriff auf eine visuelle Sprache, die sonst schlecht zu lernen wäre, im dritten Fall macht Multimedia ein serielles Medium interaktiv erlebbar und vernetzt es mit Interpretationen. Abschließend möchte ich noch auf einen speziellen Aspekt der Integration der Medien, das Gestaltproblem der Integration, eingehen: Sollte man nur solche Kombinationen von Medien akzeptieren, die ein neues Ganzes, eine Gestalt, ergeben, wie in den eben erwähnten Beispielen, oder kann Multimedia auch solche Kombinationen von Medien umfassen, die in luxuriöser oder gar überflüssiger Weise kombiniert werden? Kann man eine sinnvolle Unterscheidung treffen zwischen notwendigen und nicht-notwendigen Kombinationen? Ein Lernprogramm zum Film sollte auf den Film, ein Lernprogramm zur Musik auf das Musikstück zugreifen können. Aber muß ein Lexikon zur Filmgeschichte unbedingt 10 Sekunden-Ausschnitte aus dem Film zeigen? Muß ein Lexikon zur Musikgeschichte eine Rille von jeder Platte anspielen? Mit anderen Worten: Sollte die Integration der Medien eine Funktionalität aufweisen, die über das Selbstverständliche hinausreicht, die dem Gegenstand eine zusätzliche Bedeutungsdimension verleiht, um Multimedia zu konstituieren? Häufig handelt es sich bei den auf dem Markt angebotenen Multimedia-Anwendungen doch nur um die Wiederherstellung einer 'natürlichen' (Multi-)Medialität auf einer neuen technischen Ebene. In vielen Fällen reicht das, was Multimedia erreicht, nicht über das hinaus, was in einem guten Unterricht mit Lehrer und mehreren nicht-integrierten Medien immer schon stattgefunden hat. Mit dieser Problematik habe ich etwas angesprochen, das mit der Definition von Multimedia zwar nichts zu tun hat, aber mit einer sozialen Kritik an Multimedia als technischem Trend und Marktphänomen. Vermutlich lassen sich diese Dimensionen des Notwendigen und Zusätzlichen im Einzelfall schlecht auseinanderhalten. Als Anregung für Multimedia-Anwendungen, die das Lernen von Schülern und Studierenden bereichern sollen, kann dieser Hinweis aber vielleicht nützlich sein.

Die Rolle des Lerners im Multimedia-System

Alty (1991) kritisiert die ausschließliche Akzentuierung der technologischen Perspektive auf Multimedia, den Media-Mix, aus der Sicht der Abnehmer: »Whether users actually want to do this is never questioned« (32). Alty betont die benutzerzentrierte Perspektive und zitiert zustimmend Elsom-Cook (1991): »The effort in developing the technology has not been matched by a similar concern with the pedagogy [...] At present it is an article of good faith that multimedia is a good thing for education and training. There is no evidence that multimedia enhances learning, or makes it more cost effective«. Ob diese Einschätzung zutreffend ist, darauf werde ich am Schluß dieses Buches im Kapitel zur Evaluation näher eingehen. An dieser Stelle interessiert mich die in diesen Aussagen demonstrierte Sicht aus dem Blickwinkel des Benutzers. Den Ereignisraum auf die Dimension einer Schnittstelle oder eines Interfaces zu reduzieren, hieße die Bedeutung des Lerners und der Interaktion zu verkennen. In diesem Abschnitt befasse ich mich mit der Rolle des Lerners und des Dialogs. Im nächsten Abschnitt beleuchte ich besondere Aspekte der Interaktion.

ABB. 1
Tetraeder-Modell
nach Fischer/Mandl
(1990)

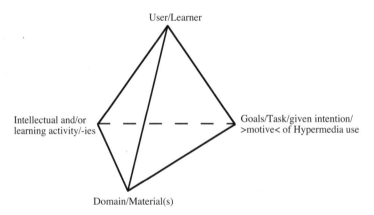

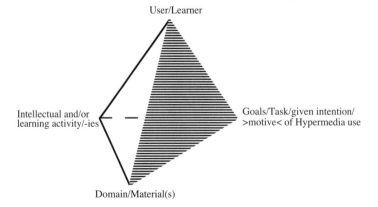

Tetraeder-Modell von Fischer und Mandl (1990)

Einer der wenigen Ansätze, die den Lerner mit in die Modellierung der Multi-media-Architektur hereinnehmen, ist das Tetraeder-Modell von Fischer und Mandl (1990), das folgende Dimensionen unterscheidet:

- den Benutzer/Lernenden
- die intellektuellen und/oder Lernaktivität(en)
- die Wissensbasis/Material(ien) und
- die Ziele/Aufgaben/Absichten/Motive für die Benutzung von Hypermedia.

Sie besprechen nacheinander die vier Dreiecksbeziehungen oder Interaktionen, die sich durch Betrachtung der Flächen des Tetraeders ergeben:

1. die Interaktion von Lerner x Ziel x Wissensbasis
2. die Interaktion von Lerner x Ziel x Lernaktivität
3. die Interaktion von Lerner x Wissensbasis x Lernaktivität
4. die Interaktion von Lernaktivität x Ziel x Wissensbasis.

Ich halte normalerweise nicht viel von grafischen Modellen, weil sie die Schwierigkeiten in den Beziehungen zwischen den einzelnen Kategorien mehr verhüllen als aufdecken. In diesem Fall jedoch kann ich das Modell sehr gut als heuristischen Hinweis auf die notwendige Diskussion um die Lernerrolle in Hypermedia akzeptieren. Es sieht einen systemischen Platz für die Rolle des Lerners vor und betont die Intentionen und Vorstellungen, die der Lerner in das Lernen mit Hypermedia einbringt. Die Lernerrolle bezieht sich sowohl auf das Wissengebiet als auch auf die gesetzten Lernziele (Interaktion 1). Das Modell weist auf Ziele und Vorstellungen des Lerners hin, die seine eigene Lernfähig-keit betreffen (Interaktion 2). Und es deutet auf die Interaktion zwischen Ler-ner und Hypermedia-Objekt hin, die durch Lernaktivitäten mediiert wird (In-teraktion 3). Schließlich benennt es die »klassische« Ebene der Instruktions-theorien, die Beziehung zwischen Wissensobjekt, Lernziel und Lernmethode (Interaktion 4).

Fischer und Mandl bezeichnen Hypermedia als 'virtuelle Medien', weil sie aus »subsources«, aus Teilobjekten, bestehen, deren Gestalt und Bedeutung erst durch einen Akt der Interpretation existent würden. Dieser Hinweis auf die Wahrnehmungs- und Interpretationsleistungen des Lernenden, der das Bedeu-tungsobjekt Hypermedia durch seine eigenen kognitiven Konstruktionen erst synthetisiert, erscheint mir sehr wichtig. Das Hypermedia-Konstrukt ist eine abstrakte Entität, solange es unabhängig vom Benutzer existiert. Ob man des-halb, wie Fischer und Mandl es vorschlagen, eine »Psychophysik« von Hyper-media entwickeln sollte (weil man in der Psychophysik zwischen dem objekti-ven Reiz und seiner subjektiven Perzeption unterscheidet, eine Unterschei-dung, die erkenntnistheoretisch problematisch ist, wenn man der Theorie von Maturana und Varela (1987) folgt, nach der es eine objektive Realität unabhän-gig vom Erkennenden nicht gibt), oder ob es hinreichend ist, wenn man diesen

Aspekt als Benutzerdialog oder als Lerner-Interaktion bezeichnet und entsprechend modelliert, damit möchte ich mich an dieser Stelle nicht auseinandersetzen. Der Hinweis deutet jedenfalls auf die gemeinsame epistemologische Charakteristik aller Kulturobjekte, er betrifft gleichermaßen jedes nicht gelesene Buch, jedes nicht betrachtete Bild und jede nicht gespielte Schallplatte. Auch diese »schlummernden« Objekte werden erst »wach« durch die Interpretation des von Fischer und Mandl als 'fuzzy entity' bezeichneten Lesers, Betrachters oder Zuhörers. In diesem Sinne wären alle kulturellen Objekte, die erst durch Interpretation erschlossen werden, virtuelle Objekte.

Die Bedeutungsschicht des Hypermedia-Objekts ist also eine Objektschicht, die sich erst in der Interpretation herstellt. Sie deshalb als 'abstrakte Entität' zu bezeichnen, womit man den uninterpretierten Objekten den Status 'objektiver Strukturen' zuweist, halte ich zumindest für mißverständlich. Den Objekten kommt außerhalb der Interpretationen des Betrachters keine Objektivität zu, eine Tatsache, auf die uns bereits die Neurobiologie hinweist: »Die Bedeutung von Signalen hängt überhaupt nicht von der Beschaffenheit der Signale ab, sondern von den Bedingungen, unter denen sie beim Empfänger aufgenommen werden. *Es ist der Empfänger, der Bedeutung konstituiert.*« [Roth (1997), 106ff.] Die Bindung des Hypermedia-Objekts an den Benutzer verweist auf die sozial-hermeneutischen Dimensionen der Interaktion mit Programmen und auf die Notwendigkeit, den Ereignisraum auch als pädagogischen Raum zu fassen und zu modellieren (wobei ich hier nicht den »Pädagogik«-Begriff meine, der dem Konzept von Lernen als Instruktion zugrundeliegt).

Lerner-Modellierung · Zu einem ähnlichen Schluß gelangen Winograd und Flores (1987) in ihrer Analyse von Expertensystemen. Da es ihrer Ansicht nach unmöglich sei, das Wissen von Experten in der Wissenskomponente von Expertensystemen zu modellieren, wäre es sinnvoll, das Wissensmodell in Multimedia-Systemen durch eine Benutzer-Modellierung bzw. Lerner-Modellierung zu komplettieren und den Multimedia-Dialog mit den Methoden des Dialog-Designs unter Zuhilfenahme lernpsychologischer Theorien als Benutzermodell in Form von Absichten, Plänen und Strategien zu modellieren. Leider aber ist der Stand der Forschung auf diesem Gebiet nicht sehr weit [Fischer/Mandl (1990), XXIV]. Card, Moran et al (1983), die den interaktiven Dialog des Lerners mit dem Computer als GOMS-Modell konzipieren (»Goals, Operators, Methods for achieving goals, and Selection rules for choosing among competing methods for goals«), haben mit der Trias von Zielen, Methoden und Operatoren ein Modell geschaffen, das m.E. nur für die technische Dimension von Benutzerinteraktionen geeignet ist, die für den Computer nur als diskrete Ereignisse erscheinen [McIlvenny (1990)]. Eine Extension des Modells um linguistische Sprechakte, soziologische Dimensionen des Rollenwechsels und der Macht oder die Dimension kommunikativen Handelns scheint mir nicht möglich und auch kein sinnvoller Weg zu sein.

Interaktionsanalyse

Die Benutzermodellierung in Mensch-Maschine-Dialogen [Kobsa (1985); Bratman (1987)] betrachtet den Dialog nicht unter Aspekten des Lernens, sondern eher als funktionale Interaktion mit einem technologischen Artefakt. Die Ansätze zur Lernermodellierung für IT-Systeme analysieren den Lernprozeß nicht als Interaktion des Benutzers mit dem Programm, sondern lediglich als kognitives Modell im Hinblick auf den jeweiligen Objektbereich.[1] Die Handlungstheorie der Sprache befaßt sich (noch) nicht mit den linguistisch reduzierten Handlungen eines Sprechers mit einem technischen Interaktionspartner wie dem Computer [Rehbein (1977)]. Die Ansätze der Konversationsanalyse schließlich, selbst wenn die Autoren als Adressaten die Informatik wählen wie Wooffitt (1990), haben einen ausgesprochen soziologischen Fokus und bieten keinen Ansatz für eine Auseinandersetzung mit dem interpretativen Dialog eines Lernenden mit einem Multimedia-Programm [s. die Beiträge im Sammelband von Luff und Gilbert et al (1990)]. Eine der wenigen Ausnahmen sind Schank und Abelson (1977), die den Dialog mit dem Computer in Form von *scripts*, *plans* und *goals* konzipieren. Dialogsysteme lassen sich danach als Szenario auffassen, in dem bestimmte Sprachspiele ablaufen. Der Benutzer wird durch Orientierungswissen und Handlungswissen modelliert. Die Handlungen des Akteurs werden als Intentionen, Pläne und praktisches Argumentieren beschrieben [Bratman (1987)], also als intentionale Handlungen mit einem auf funktionale Interaktionen restringierten »Dialogpartner«, wobei klar sein müßte, daß der Begriff intentionales Handeln hier nur in der eingeschränkten Bedeutung von instrumentellen Intentionen gemeint sein kann.

Mensch-Computer Interaktion als instrumentelles Handeln

Das Modell von Schanck und Abelson ist aber darauf angewiesen, mit einer relativ begrenzten Domäne (Wissensgebiet, engl. Domain) und möglichst vollständigen Skripten für die Interaktion rechnen zu können [s. die Kritik von Minsky (1992) am 'Verstehen' in Skripten]. Dies genau ist in der menschlichen Kommunikation nicht möglich, die in der Lage ist, jederzeit die einer Kommunikation unterliegenden Annahmen zu klären und in einen Diskurs überzugehen, wobei die Klärung zu weiteren Annahmen führen kann, die wiederum geklärt werden müssen usw. Diesen infiniten Regreß oder die Metakommunikation kann ein Computerprogramm nicht führen. Es muß von einem »fixed set of assumptions« ausgehen [Suchman (1987), 61]. Die Benutzerhandlungen werden durch das Design des Programms eingeschränkt, wobei das Design »assumes, however, that it is the correspondence of the system's plan to the user's purposes that enables interaction« (100). Diese Korrespondenzunterstellung nimmt den Raum für interpretative Akte weg, die notwendig wären, denn »no action can fully provide for its own interpretation« (67). Die Analyse der Mensch-Computer Interaktion mit Plänen und Zielen ist die Analyse einer zielgerichteten Aktion oder eines Planungsmodells für zweckrationales Handeln. Eine Konsensbildung über Aussagen und Handlungsorientie-

---

1. Überblicke über Benutzermodellierung in IT-Systemen finden sich bei Murray (1988), Nielsen (1990), Diaper und Addison (1991), Dillenbourg und Self (1992a).

rungen oder gar die Problematisierung des Geltungsbereichs von Propositionen ist nicht möglich. Eine solche Bestimmung der Mensch-Computer Interaktion als instrumentelles Handeln befindet sich durchaus in Übereinstimmung mit dem kommunikationstheoretischen Ansatz von Habermas (1981) und seiner Unterscheidung von instrumentellem, strategischem und kommunikativem Handeln (367ff.). In zweckrationalen Domänen ist kein auf Verständigung angelegtes Handeln möglich (384ff.).

Ein Gutteil des Lernens – auch des Lernens mit dem Computer – findet im Dialog statt, und dieses interaktive Lernen ist vermutlich der wirkungsvollste und nachhaltigste Faktor des Lernens, aber es ist keine Theorie oder kein Modell des Dialogs mit dem Computer und dem Lernprogramm in Sicht [Forrester (1991)], noch weniger eine Konzeption des dialogischen interaktiven Lernens.

Mensch-Programm Interaktion

Eine weitere Dimension scheint mir in den meisten Überlegungen zur Computer-Mensch Interaktion stets unberücksichtigt geblieben zu sein. Die meisten Modellierungen gehen nach meinem Verständnis viel zu sehr von der Konversation oder Interaktion mit dem Computer als Maschine oder als Werkzeug aus. Aber gerade wenn wir uns mit Multimedia befassen, interessiert uns weniger die Mensch-Computer Interaktion als vielmehr die Mensch-Programm Interaktion. Wenn Software in der Benutzermodellierung eine Rolle spielt, dann handelt es sich in der Regel um das System, um Werkzeugprogramme oder um Textverarbeitung. Hingegen dürfte der Blick auf Multimedia-Anwendungen, die für den Lernenden den »Konversationspartner« bilden, den Computer als Maschine oder sein System unsichtbar hinter die Anwendung zurücktreten lassen. Eine solche Sichtweise dürfte neue Perspektiven eröffnen, obwohl es auch in diesem Fall nicht um kommunikatives Handeln gehen kann, weil das Programm nicht der Partner sein kann, mit dem ein Aushandeln von Situationsdefinitionen möglich ist, und der Benutzer des Programms der einzige Handelnde ist, der die für kommunikatives Handeln nötigen Interpretationsleistungen erbringen kann.

Konstruktivismus und Computer

Für Maturana und Varela (1987) sind Handlungen mit dem Computer lediglich instruierende Interaktionen mit strukturdeterminierten Einheiten (107), die einem schlichten Input-Output-Modell genügen, während sie bereits für das Nervensystem eine eigene Dynamik interner Relationen verlangen (184ff.). Die Vorstellung, daß der Computer (heute noch) eine Maschine ist und daß die Kommunikation mit dem Computer anderen Gesetzmäßigkeiten als die Kommunikation von Menschen untereinander gehorcht, ist weit verbreitet und hat zur Reduktion der Betrachtungsweise der Interaktion als maschinelle Kommunikation, Befehlssprache oder Instruktion geführt.

Im Grunde aber ist die Gesamtkonfiguration etwas komplexer, die wir beim Lernen mit Computern antreffen. Neuere Positionen der Konstruktivisten (auf den Konstruktivismus gehe ich ausführlich auch in den Kapiteln 3, 5 und 6 ein) zur Mensch-Maschine-Interaktion lassen die Absicht erkennen, Erkenntnisse der Psychologie und Ethnologie über die menschliche Kommunikation als »shared understanding« auf die Mensch-Maschine Interaktion anzuwenden [Suchman (1987)]: »The initial observation is that interaction between people and machines requires essentially the same interpretive work that characterizes interaction between people, but with fundamentally different resources available to the participants« (180). Der Computer ist Teil der Erfahrungswelt von Lernenden, und er ist zugleich das Medium für ein Lernprogramm, in das sein Autor bestimmte Absichten investiert hat, Absichten, die sich auf das Lernen des Lernenden richten, und die mit ihm mehr oder weniger »kommunizieren« sollen, sich ihm mindestens »vermitteln« sollen. Der Computer ist dadurch nicht mehr bloßes Werkzeug, sondern ein 'kulturell situiertes Objekt', wie Winograd und Flores (1987) betonen: »An understanding of what a computer really does is an understanding of the social and political situation in which it is designed, built, purchased, installed, and used« (84). Radikal-konstruktivistische Ansätze gehen vom sozialen Eingebettetsein des Computers aus und schließen deshalb die Anwendung des Paradigmas kommunikativer Handlungen auf die Interaktion mit Computern und deren Konzipierung als Diskursmodell nicht mehr aus (wobei zu beachten ist, daß viele Informatiker den Begriff »Diskurs« nicht im kommunikationstheoretischen Sinne, sondern austauschbar mit technischem Dialog benutzen).

Hermeneutik

Die immer wieder in Diskussionen gestellte Frage, ob der Computer »intelligent« ist, mag man noch mit Winograd und Flores mit Blick auf die abendländische hermeneutische Tradition der Textinterpretation [oder mit dem Verweis auf den aktuellen Stand der Computertechnologie] verneinen und für irrelevant halten. Die Verneinung betrifft den Apparat, die physikalische Hardware, von der wir das mit dem Gerät betriebene Programm, die Software, unterscheiden müssen [s. den deutlichen Hinweis auf diese Differenz bei Brown (1985), 200]. Die davon zu unterscheidende Frage jedoch, ob beim Lernen mit einem Lernprogramm, z.B. einem Hypertext oder einem elektronischen Buch, hermeneutisches Verstehen eine Rolle spielt, kann schlechthin nicht anders beantwortet werden als wäre die Frage auf das Lesen von Büchern bezogen. Der Computer hat sich vom bloßen Werkzeug, das man mit Befehlen veranlassen konnte, bestimmte Aktionen auszuführen, zu einem Gerät gemausert, das dem Benutzer kulturelle Inhalte in Form von Texten, Bildern und Videos präsentiert. Selbstverständlich ist der Umgang mit multimedialen Informationen in die hermeneutische Tradition des Lesens einzuordnen.

Mensch-Software Dyade

Die Frage jedoch, ob Multimedia, das durch Filme und Animationen Bücher teilweise »lebendig« machen kann, dieser Form des Lesens neue Dimensionen hinzufügt, ist wiederum nicht so leicht zu beantworten. Sicher macht Multimedia aus der asymmetrischen Beziehung Leser-Buch nicht plötzlich eine symmetrische, reziproke Beziehung, keinen kommunikativen Diskurs, auch wenn das betreffende Multimedia-Programm als »interaktiv« bezeichnet werden könnte. Nickerson (1987) diskutiert diese Frage nicht auf einer kommunikationstheoretischen Ebene, sondern pragmatisch anhand von 16 Kriterien, die für ihn Konversation auszeichnen, z.B. Bidirektionalität, wechselseitige Initiative, Präsenz, gemeinsamer situationaler Kontext und gleichberechtigter Status der Partner, wobei er zu der Folgerung gelangt: »The model that seems appropriate for this view of person-computer interaction is that of an individual making use of a sophisticated tool and not that of one person conversing with another« (691).

Diese Sichtweise ist noch ganz von dem Werkzeugparadigma des Computers bestimmt. Nach dem, was ich eben über den Paradigmenwechsel vom Werkzeug hin zum Kulturträger Computer gesagt habe, dürfte die Antwort heute etwas anders ausfallen: Der Benutzer setzt sich interpretierend mit den Inhalten und Bedeutungen auseinander, die ihm die Software des Multimedia-Autors anzubieten hat. Dennoch dürften die Dimensionen, die Multimedia dem Buch hinzufügt, auf ganz anderen Ebenen liegen, nämlich auf wahrnehmungspsychologischen, motivationspsychologischen und kognitionspsychologischen Ebenen, aber eben nicht auf der methodologischen Ebene, auf der wir über zweckrationales vs. kommunikatives Handeln bzw. über symmetrische vs. asymmetrische Kommunikation, über Urteile und die Geltung von Normen entscheiden [vgl. Penrose (1994), 397]. Im Hinblick auf diese Funktionen kann man vom Computer als einem Kommunikationswerkzeug, einem »communication facilitator«, reden [Brown (1985), 199]. Dann bliebe klar, daß weder der Computer noch das Multimedia-Programm »verstehen«. Sie verstehen nur eindeutige, diskrete Handlungen, sie interpretieren nicht die Inhalte der symbolischen Interaktion. Insofern liegt selbst dann, wenn wir die Interaktion nicht unter dem Blickwinkel der Mensch-Computer Dyade, sondern der Mensch-Software Dyade betrachten, keine Beziehung vom Menschen zu einem »Partner« vor [Floyd (1990)].

Mentale Modelle   Zur Definition von Multimedia gehören also die dialogische, interaktionelle Komponente des Multimedia-Systems und die Interpretationen und Manipulationen der Multimedia-Objekte durch den Lernenden. Der Lernende löst Ereignisse aus, indem er Multimedia-Objekte manipuliert. Eine Vertrautheit mit den Methoden, die Multimedia-Objekte in der Repräsentationsschicht auslösen, ist vorausgesetzt (leichte Bedienbarkeit als Ziel der Multimedia-Designer). Dabei benutzt der Lernende Hypothesen über die Methoden, die in der Tiefenstruktur von den Objekten ausgelöst werden. Deshalb möchten die Designer von Lernprogrammen zu gern an die mentalen Modelle, an die Interpretationen des Lernenden von Multimedia-Objekten herankommen, um sie im Design bereits antizipieren bzw. 'harmonisieren' [Vacherand-Revel/Bessière (1992), 60] zu können. Aber alle Versuche, Benutzermodelle zu entwickeln, sind bisher auf relativ niedrigen Interaktionsniveaus steckengeblieben.

Interpretationen   Die eigenen Interpretationen, aber auch die eigenen Lernstrategien der Lernenden fließen in diese Hypothesenbildung ein und beeinflussen die Strategien der Interaktion mit dem jeweiligen System und die Bevorzugung bestimmter Systeme bei alternativer und freier Auswahl sowie die Wahrnehmung der Strukturen des Multimedia-Produkts: »The user's goal or intentions add partial structure to the hypermedium by overlaying expectations onto the hypermedium and its data, a structure which guides the user's browsing« [Fischer/Mandl (1990), XXI].

Individuelle Lernstile Aber auch dieser Aspekt der Interaktion zählt zu den unterbelichteten Aspekten der Forschung zur Gestaltung der Dialogkomponente oder der Lernermodelle. Wenig Berücksichtigung haben beispielsweise die Forschungen zu kognitiven Lernstilen und Lernstrategien bei Studierenden erfahren[2]. Auch Veenman, Elshout et al (1992) weisen auf die wichtige Interaktion von Lernfähigkeit und Lernstil oder Lernmethode und ihre Bedeutung als Prädiktoren für den Lernerfolg hin. Diese Forschungen haben zur Beschreibung von individuellen Lernstilen und Lernstrategien geführt [Schulmeister (1983)], die faktische Unterschiede im Lernverhalten von Studierenden (*deep processing* vs. *surface processing*; *holist* vs. *serialist*) erklären können, wobei nach Laurillard (1979) allerdings zu berücksichtigen wäre, daß die deskriptiven Dichotomien von Lernstilen nicht individuelle Lernstile, sondern kontext-abhängige Variablen sind. Sie verglich das Lernverhalten von Studenten über mehrere Aufgaben hinweg, in denen an die Lernenden unterschiedliche Anforderungen gestellt wurden. Deren Protokolle wurden mit der Methode von Marton und Saljö analysiert, wobei die Übereinstimmung der Evaluatoren 77% betrug. Ihre Untersuchung kam zu dem Ergebnis, daß die Studierenden zu unterschiedlichen Lernstilen bei unterschiedlichen Aufgaben greifen, und sie folgert daraus, daß die charakteristischen Stile »context-dependent, rather than student-dependent« (407) seien. Selbst die Strategie, die Studierende für die Aufgabenbearbeitung wählen, ist offenbar abhängig von ihrer Interpretation der Umgebung.

Es gibt bislang nur wenige Studien, die Lernstil-Konzepte im Zusammenhang mit den Effekten von Multimedia-Programmen untersucht haben und einen empirischen Beitrag zu der eben geführten Diskussion liefern könnten. Einige dieser Untersuchungen will ich im folgenden kurz referieren (weitere werden im Kapitel zur Evaluation und in den Kapiteln, die sich mit der Evaluation der intelligenten tutoriellen Systeme und der Hypertext-Systeme befassen, referiert), wobei ich jetzt nicht auf die Problematik eingehen will, welche Art von Lernstil-Konstrukten den Untersuchungen zugrundegelegt wurden:

Shute, Woltz et al (1989) testeten Lernstil-Differenzen am Beispiel eines ITS (Intelligentes Tutorielles System, s. Kap. 6). Sie fanden gravierende Unterschiede. An ihrer Untersuchung ist interessant, daß sich die Attitüden im Lauf der Zeit änderten, ohne daß die tutorielle Komponente in der Lage war, darauf Rücksicht zu nehmen.

---

2. Entwistle (1976b), Entwistle/Entwistle et al (1993), Entwistle/Hounsell (1975), Hounsell (1983), Pask (1976), Marton/Saljö (1976a), Marton/Saljö (1976b), Marton (1983), Marton/Hounsell et al (1984).

Cordell (1991) untersuchte Studierende mit einem Lernstil-Inventar (nach Kolb) und analysierte ihren Umgang mit einem Tutorial, das einmal linear angelegt war, und zum anderen mit Verzweigungen arbeitete. Leider wird das Tutorial in ihrem Aufsatz nicht beschrieben, so daß die unabhängige Variable dieser Studie vom Leser nicht eingeschätzt werden kann. Unterschiede in den Lernstilen erwiesen sich als nicht bedeutsam, die methodische Variable linear vs. verzweigend produzierte jedoch deutliche Differenzen in den Posttests. Das mag daran liegen, daß die didaktische Anlage des Lernmaterials nicht geeignet war, alle Lernstile des Kolb-Inventars anzusprechen (dies kann wegen der fehlenden Information nicht überprüft werden).

Yung-Bin (1992) untersuchte den Effekt von Lernstilen und instruktioneller Beratung am Beispiel eines Programms zur DNA und Proteinsynthese. Die Ergebnisse deuteten darauf hin, daß die Leistung im Posttest, der Zeitbedarf und die Häufigkeit der Auswahl eingebetteter Information von der Interaktion zwischen Lernstilen und Instruktionsstrategien betroffen war. Der Vergleich zwischen aktiven und passiven Lernern führte zu dem Ergebnis, daß aktive Lerner signifikant mehr Zeit für die Aufgaben opferten, sich mehr Informationen ansahen und bessere Ergebnisse im Abschlußtest hatten.

Stanton und Baber (1992) untersuchten Studierende mit dem Embedded Figures Test auf Feldabhängigkeit vs. Feldunabhängigkeit und ließen sie mit verschiedenen Trainingsprogrammen lernen, einem Top-down-Modell und einem nicht-linearen Trainingsmodul. Der Test war so angelegt, daß das Lernresultat keine Rolle spielte. Es ging also nicht darum, welche Gruppe besser lernte, sondern ob die gebildeten Gruppen anders lernten. Diese Hypothese wurde zwar bestätigt, aber Stanton und Baber stellen am Ende selbst die These zur Diskussion, daß das Konzept der Lernstile »may well be an artifact produced by the learners' intelligent adaptation to fluctuating circumstances« (164). Ihr Verdacht wird dadurch erregt, daß »every study of this type emerges with another set of learning styles«. In der Tat ist dieser Hinweis auf den mageren und unsicheren Stand der Forschung in diesem Bereich der Lernstile ernst zu nehmen. Viele der als Vergleichsmaßstab herangezogenen Lernstilskalen sind bislang weder theoretisch begründet noch empirisch ausreichend validiert.

Allinson (1992a) untersuchte Studierende mit Entwistles Studieninventar auf verschiedene Dimensionen hin (deep processing vs. surface processing, serialist vs. holist strategy) und bildete zwei Gruppen: high reproducing und high meaning. Sie transferierte den *Hitch-Hiker's Guide* zu *HyperCard* und führte mit zwei verschiedenen Versionen ein Experiment durch. Die erste Version war für die Übungsphase, die zweite für die Lernphase. Der einzige Unterschied, der sich zwischen den Gruppen ergab, betraf die Einschätzung des Schwierigkeitsgrads: Die reproduzierenden Lerner schätzten den Schwierigkeitsgrad höher ein. Interessant war aber die Untersuchung der automatisch mitgeschriebenen Protokolle. Es ergaben sich signifikante Unterschiede hinsichtlich der Benutzung des Index und des Tour-Modus. Die Analyse der Navigation deutete auf Unterschiede bei der Navigation hin, obwohl die Differenzen nicht signifikant waren: »It appears that subjects in Group 1 do conform to the expected pattern, that is showing a preference for a linear and structured presentation of the materials. Subjects in Group 2 indicated a tendency to utilise the less well structured hypertext navigation« (69). Eine Analyse nach vier Phasen der Interaktion mit dem Material deutete auf funktionale Unterschiede im Gebrauch der einzelnen Werkzeuge: So nahm die Benutzung der Tour-Methode am Ende ab, während die Benutzung der Karte zunahm.

Lee und Lehman (1993) verglichen aktive und passive Lerner in ihrem Umgang mit zwei Typen von Hypermedia: Mit und ohne Instruktionshinweise. Während sich die Lernstilvariablen nicht signifikant unterschieden, ergaben die Instruktionsbedingungen deutliche Unterschiede: Sowohl die passiven als auch die neutralen Lerner erzielten bessere Ergebnisse mit der Variante mit Instruktionshinweisen, während sich bei den aktiven Lernern die Unterschiede der beiden Methoden als nicht relevant erwiesen.

Yoder (1994) verglich in einer Studie Lernende mit reflektierend-beobachtendem Lernstil (n=16) und aktiv-experimentierendem Lernstil (n=42) und kam zu dem Schluß, daß die ersteren besser mit normalem Video lernten, während die zweiten besser mit interaktivem Video lernten.

Zur Definition von Multimedia gehören auch die Absichten und Pläne, die der Designer des Produkts in die Gestaltung der Umgebung investiert hat und die eventuell in der Interpretation des Benutzers aktualisiert werden. Zur Definition der multimedialen Gesamtumgebung gehört aber auch der Lehrer, wenn das System in einer vom Lehrer moderierten Situation eingesetzt wird. Nach Heywood-Everett (1991) schlagen die dominanten Interaktionsstile der Lehrer und der Schulumgebung auch auf den Einsatz der Computer im Unterricht durch. Goodyear (1992) beschreibt die Lehrerrolle im Multimedia-System durch folgende Aktivitäten als eine Form der »knowledge communication«:

· »selecting appropriate software

· planning its integration with other learning activities

· watching over the learners' use of a program

· using the learners' activity at the computer as a window onto their thinking and cognitive development

· summarising, and helping learners reflect on their experiences using the program

· arbitrating disputes and managing the allocations of computer time between learners« (391ff.).

Interaktivität multimedialer Systeme

Interaktionen mit dem Computer sind speziell mediierte Handlungen. Handlungen bestehen aus Interpunktionen, die eine Syntax und eine Semantik besitzen. Aus der Computertechnik heraus betrachtet, sind die Benutzer-Handlungen Interrupts anderer Prozesse, z.B. des Event Cycle oder einer Programmprozedur. Es ist wichtig, den physikalischen oder technischen Aspekt der Interaktion vom symbolischen Aspekt der Interaktion zu unterscheiden [Dillon (1990), 186].

Die Interaktion des Benutzers mit dem Computer durch Hardware-Aktionen sind in der Regel Mausklicks, also diskrete Aktionen. Giardina (1992) unterscheidet folgende Arten der Interaktivität offenbar nach dem Grad der Eigentätigkeit des Lernenden:

· Klicken-und-Zeigen

- Notizen in Hypertext-Systemen (Rucksack)
- Objekte kreiieren und animieren
- Wirkungsgefüge konstruieren
- produktiv arbeiten.

Singer (1993) betrachtet bereits Selektionen mit der Maus unter dem Gesichtspunkt ihrer Analogie zu Funktionen der natürlichen Sprache, als Anapher, Deiktik, und Ellipse. Aber selbst wenn man den Maushandlungen eine Art Interaktionsgrammatik unterlegen könnte, so haben die Handlungen eines Benutzers ikonischer Benutzerschnittstellen mit enaktivem Charakter aus der Sicht des Kommunikationstheoretikers einen ausgesprochen fragmentarisierten Charakter: Ein Klick hier, ein Klick dort, eine kurze Texteingabe, etc. Die Interaktion des Menschen mit dem Computer wird häufig in Analogie zur menschlichen Kommunikation betrachtet. Dies wird deutlich vor dem Hintergrund der Analyse der Bedeutungen, die Interaktion und Kommunikation unter verschiedenen Blickwinkeln der Mensch-Maschine Kommunikation bzw. der sozialen Interaktion annehmen bei Herrmann (1986). Floyd (1990) ergänzt diesen Aspekt um eine Analyse der unpassenden Metaphern, mit denen die Tatsache, daß es eben nicht um soziale Interaktion geht, verschleiert wird.

Aus softwaretechnischer Sicht werden Interaktionen als Form der Informationssuche oder Dateneingabe betrachtet werden. Diese Charakterisierung ist trivial, sie sagt nichts aus, weil die intentionalen und interpretativen Akte des Benutzers, die den Bit-Handlungen zugrundeliegen, in einer derart technischen Beschreibung der Interaktion nicht erfaßt werden. Diese bilden die eigentlichen Interaktionen. Auch hier begegnen wir wieder der Unterscheidung von Vorder- und Hintergrund oder Oberfläche und Tiefenstruktur wie bei der Multimedia-Architektur und den Multimedia-Objekten.

Die Aufgabe des Designers von Multimedia besteht darin, die Interaktionssemantik des Benutzers mit der Interaktionssyntax des Programms in Deckung zu bringen. Das sogenannte »Human-Computer Interface« ist letztlich nichts anderes als eine räumlich-lokale und temporale Organisationsform für den Austausch solcher syntaktischen Elemente. Diesen Typus direkter Manipulation [Shneiderman (1983)] bereits als eine Form der Konversation [Brennan (1990)] oder als »communicative dialogue« [Dillon (1990), 186] zu betrachten, reduziert die Begriffe Kommunikation und Konversation auf ihre technisch-instrumentalen oder zweckrationalen Dimensionen. Wie beliebig mit Begriffen wie Kommunikation und Interaktion in der Literatur umgegangen wird, zeigen Kearsley und Frost (1985), die drei Ebenen der Interaktivität bei Bildplattensystemen unterscheiden: Eine Bildplatte ohne Programm, eine Bildplatte mit integriertem Programm und eine Bildplatte mit Computerprogramm – das meint Interaktion zwischen System, Hard- und Software, nicht aber zwischen Programm und Benutzer.

Interaktivität | Interaktivität kennzeichnet den wesentlichen Unterschied zwischen einem computerunterstützten Lernprogramm und einem Film: »The first benefit is great interactivity« [Kay (1991), 106]. Interaktivität ist nicht nur eine objekthafte Eigenschaft des Multimedia-Systems, sondern diese Eigenschaft ist zugleich für das Erleben des Benutzers entscheidend: »the design of interactivity in multimedia systems, including the choice of user interface, fundamentally affects the experience of using them« [Feldman (1994), 8]. Auch wenn Feldman anerkennt, daß Interaktivität »one of the most obviously unique features« von Multimedia sei (9), so warnt er doch davor, die Bedeutung dieser Eigenschaft zu überschätzen. Interaktivität, nach Feldman, »has become a largely unquestioned gospel [...] often has just the opposite effect [...] becomes too much like hard work and makes users switch off, mentally and physically [...] can be too demanding for some people's taste«. Die unterschiedliche Einschätzung der Funktion und Bedeutung der Interaktivität ist vor allem darauf zurückzuführen, daß Interaktivität für Feldman vor allem auf einer technischen Ebene definiert ist. Wenn mit dem Konzept der Interaktivität aber nur Aktionen gemeint sind wie »the mechanical link or the ability to search for images on the videodisc using a computer« [Giardina (1992), 52], dann kann Interaktion einem Benutzer schon bald zuviel werden. Für Giardina ist die bisherige Diskussion um Interaktivität »too closely identified with the technological features of the 'tool'« (62). Giardina unterscheidet die physikalische Interaktivität von der kognitiven Interaktivität. Sobald man diese Unterscheidung trifft, spielen für die Interaktion der Inhalt und die Objekte im Programm eine gewichtigere Rolle als die manuelle Betätigung. Für Giardina tritt dadurch der Lerner mit seiner Motivation in den Vordergrund, was nach Konsequenzen für die Dialogqualität der Interaktion in Programmen verlangt (56). Viel weiter in der Bestimmung von Interaktivität als zur Forderung nach unmittelbarer Kontrolle visueller, oraler und schriftlicher Information gelangt Giardina nicht, weil er bei einer wahrnehmungspsychologischen Definition »kognitiver Interaktion« stehenbleibt und keine kommunikationstheoretischen Ansätze hinzuzieht, dies wird deutlicher bei Baumgartner und Payr (1994), wenn sie das Interface als grenzüberschreitendes Symbolsystem bezeichnen (113ff.).

Mayes, Dolphin et al (1989) betonen, daß die Forschung bislang keinen Nachweis für die Wirksamkeit der typischen Multimedia-Komponenten erbracht hat. Der lebendige Eindruck, den Multimedia beim Benutzer hinterlasse, sei keine Eigenschaft des Systems als solchem, sondern sei auf die Interaktion zurückzuführen: »The impact will always depend on an interaction with user characteristics«. Clark (1983) und Clark und Craig (1992) heben ebenfalls den Gesichtspunkt der hohen Interaktivität in ihren Metaanalysen zum computergestützten Lernen hervor: Wenn beim Vergleich unterschiedlicher Medien tatsächlich Unterschiede gemessen würden, was selten der Fall ist, dann dürften sie eher auf die gewählte Methode als auf das Medium zurückzuführen sein, was beim computer-mediierten Unterricht auf den Faktor der Interaktion hindeuten würde. Auch Gloor (1990) betrachtet als Vorteile von Computer-Lernprogrammen vor allem mit der Interaktion in Zusammenhang stehende Eigenschaften: Erhöhte Interaktion mit dem Schüler, Individualisierung, flexibler Einsatz, erhöhte Motivation, direktes Feedback, einfache Kontrolle der Schülerleistung, Kontrolle durch den Schüler (198ff.). Was Multimedia von allen anderen Medien unterscheidet, ist offenbar der hohe Grad der Interaktion, sofern er von den Programmdesignern genutzt wird. Borsook (1991) argumentiert, daß das beste Unterscheidungsmerkmal für Multimedia ihr Potential für Interaktivität sei. Lernsysteme sollten nach seiner Ansicht, so weit wie möglich den Reichtum und die Flexibilität menschlicher Interaktion nachahmen und Computer und Lernende zu Partnern machen. Als Bedingungen erfolgreicher Interaktion nennen Borsook und Higgenbotham-Wheat (1991) die Unmittelbarkeit des Antwortverhaltens, den nicht-sequentiellen Zugriff auf Information, die Adaptabilität, das Feedback, Optionen, bidirektionale Kommunikation und die Korngröße (Größe der Einheiten, s. Kap. 7) der Interaktion (12ff.). Gentner (1992) ist der anhaltenden Motivation von Jugendlichen, die im Umgang mit Computerspielen sogar anstrengende Arbeit auf sich nehmen, nur um ein Abenteuer lösen zu können, durch eine Analyse von Programmen nachgegangen. Seine These besagt, daß für die Motivation der Jugendlichen eine Mischung von Lernerkontrolle und externer Kontrolle ausschlaggebend sei.

Dillenbourg und Mendelsohn (1992) bezeichnen die Relation von intelligenten Lernumgebungen und Lernern als Interaktionsraum. Diese Sichtweise, die weitgehend mit den von mir weiter oben eingeführten Unterscheidungen der verschiedenen Räume in Multimedia übereinstimmt, legt den Akzent weniger auf die internen Repräsentationen von Wissen auf Seiten des Lerners oder des Computers, sondern vielmehr auf die Interaktionen der Akteure. Den Interaktionsraum unterscheiden sie in den Repräsentations- oder Darstellungsraum und den Aktionsraum, wobei Paare von Darstellungen und Aktionen jeweils eigene Mikrowelten konstituieren.

Reaktive, coaktive und proaktive Interaktion

Rhodes und Azbell (1985) unterscheiden drei Formen des Designs von Interaktivität in Lernumgebungen: Reaktives, Coaktives und Proaktives Design. Das reaktive Design entstammt dem behavioristischen Reiz-Reaktions-Paradigma, während proaktives Design dem Lerner eine aktiv konstruierende Rolle zuweist. Die Unterscheidung wird aufgegriffen und modifiziert von Thompson und Jorgensen (1989). Sie plazieren ein interaktives Modell zwischen die Pole des reaktiven und proaktiven Designs, ein Modell, das dem Lerner Browsing und Selektionen ermöglicht oder ein Verhalten erlaubt, wie es bei einem idealen Tutor auftritt. Diese Begriffe werden von Lucas (1992) auf dem Hintergrund von Lerntheorien interpretiert. Auch Schwier (1992) greift diese Begrifflichkeit auf, weist das Hardware-basierte Konzept von »Schichten der Interaktion« zurück, das in der Literatur zum interaktiven Video dominierte [z.B. Kearsley/Frost (1985)], und beschreibt die Mensch-Maschine Interaktion als eine Taxonomie der *Lerner-Medien Interaktion*. Diese basiert auf dem Typ kognitiver Betätigung der Lernenden. Interaktion wird auf drei Ebenen unterschiedlicher Qualität beschrieben:

Reaktive Interaktion | Eine reaktive Interaktion ist eine Antwort auf präsentierte Stimuli, z.B. eine Antwort auf eine gestellte Frage.

Proaktive Interaktion | Proaktive Interaktion betont die Konstruktion und generierende Aktivitäten des Lernenden. Die Handlungen des Lernenden gehen über die Auswahl vorhandener Informationen und die Antwort auf vorhandene Strukturen hinaus und generieren einzigartige Konstruktionen und Elaborationen jenseits der vom Designer eingerichteten Regeln.

Wechselseitige Interaktion | Wechselseitige Interaktion findet in Designs mit künstlicher Intelligenz oder virtueller Realität statt, in denen Lerner und System sich wechselseitig anpassen können.

Reaktive, proaktive und wechselseitige Interaktivität werden auf fünf funktionalen Ebenen durch folgende Transaktionen beschrieben: *confirmation*, *pacing*, *navigation*, *inquiry* und *elaboration*. Eine wichtige Implikation dieser Beschreibung betrifft die Lernerkontrolle: Auf dem reaktiven Niveau behält der Entwickler eine vollständige Kontrolle über den Inhalt, seine Präsentation, Abfolge und die Übungsniveaus. Auf den höheren Niveaus geht die Kontrolle stärker in die Hände des Benutzers über [vgl. Schwier (1993a), Schwier (1993b)]. Eine gewisse Ähnlichkeit zu dieser Kategorisierung der Interaktionsdimensionen besitzt die Unterscheidung von Midoro, Olimpo et al (1991), die ebenfalls drei Dimensionen des Interaktionsraumes kennen und darauf eine Klassifikation von Lernprogrammen aufbauen: Adaptivität, Reaktivität und Navigabilität.

ABB. 2
Klassifikation von
Lernprogrammen
[Midoro/Olimpo et al
(1991), 181]

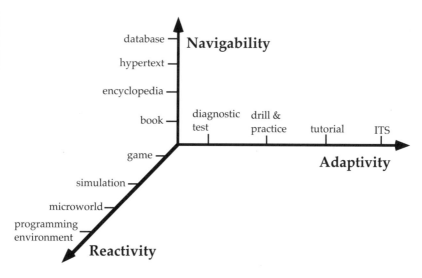

Interaktion ist nicht nur durch die technische Dimension des Designs, sondern auch durch die Dimensionen des Inhalts und des didaktischen Typs der Software determiniert, teilweise aber auch unabhängig davon. Selbst in einem Lexikon oder elektronischem Vokabelheft läßt sich Interaktivität anders als durch bloße Auswahl eines Begriffs realisieren. Dies demonstriert in schöner Weise der Entwurf eines benutzereigenen Lexikons von Ferm, Kindborg et al (1987). Der Lerneffekt des passiven Blätterns oder der mechanischen Verfolgung von Hypertext-Verknüpfungen wird nicht besonders hoch eingeschätzt: »A reasonable interpretation of the evaluations, however, might be that such a system promotes effective learning only in so far as the users are engaged in actively making their own connections at the conceptual level« [Mayes/Kibby et al (1990), 229]. Wishart und Canter (1988) plädieren für eine Klassifikation der Software nach dem Typ der Software und dem Grad der Einbeziehung des Benutzers. Welche Konsequenzen ein solcher Ansatz hat, der den Inhalt der Anwendung mit in die Charakterisierung der Interaktion einbezieht, deutet Laurel (1989) an, wenn sie die Interaktion mit digitalen Filmen als *narrativ, navigational* oder *dramatisch* klassifiziert.

Giardina (1992) weist auf das Spektrum an Interaktionsformen hin, das durch die didaktischen Vorstellungen der Designer bestimmt wird. Zwar erlebe man immer wieder ein Design, in dem »a particular learning framework is imposed on individuals, based on the erroneous notion that the designer-expert is in the best position to prescribe effective teaching« (54), aber im Prinzip würde Multimedia ein Design mit einer bidirektionalen Interaktivität ermöglichen. Giardina betont, daß zu dieser Form der Kommunikation vor allem die Kontrolle und Manipulation gehört, die ein Individuum über seine Lernumgebung und über die Objekte darin ausüben kann [vgl. La Follette (1993)].

Interaktivität versus Instruktion

Jaspers (1991) beklagt, daß es trotz der Popularität des Interaktionskonzepts in der wissenschaftlichen Literatur nicht viel zu diesem Thema gäbe (22), und fordert als Reaktion auf Merrill und dessen Konzept instruktionaler Transaktionen eine neue Definition von Instruktion und eine konzise Beschreibung von Interaktion (21). Diese solle die Entwicklung berücksichtigen, die in westlichen Ländern Schule gemacht habe und die dadurch charakterisiert sei, daß der Lernende sich immer mehr von der Kontrolle durch die Schule, den Lehrer oder den Instruktionsdesigner emanzipiere: »We must conclude that the point is not: interaction yes or no. The point is: more or less. All the named characteristics of interactivity are gradients« (22). Er bezeichnet den Ausdruck »instructional delivery« als eine »contradictio in terminis«: »Thus, what we definitely need is a new definition of instruction. Or even more so, a concept that replaces the instruction concept. It is evident that this substitution will make reference to the concept of interactivity«. Ob man das Ziel nun als Neudefinition der Instruktion oder als eine Verschiebung der Emphase von der Instruktion auf das Lernen bezeichnet, wie es die Konstruktivisten tun, ist im Prinzip egal. Die zweite Version scheint mir klarer zu sein, weil sie die klassische Bedeutung von Instruktion beläßt, aber den prinzipiellen Gegensatz verdeutlicht, den der Wechsel der Perspektive zum Lernenden impliziert.

Reziprozität und Symmetrie der Kommunikation

Jaspers beschreibt die phänomenologische Ebene der Interaktion unter Gesichtspunkten des Informationsaustausches und des Managements von Information. Er unterscheidet die Einleitung des Dialogs, das Setzen von Zielen, die

Unterbrechungen, die Verständigung über das Thema, die Aufforderung zur Rückmeldung, den Abbruch des Dialogs etc., und stellt fest:»There is equality in all or in a certain number of aspects« (22). Die Reziprozität und Symmetrie der Kommunikation ist das, was den wirklichen Dialog von den künstlichen Dialogen der Programme unterscheidet. Ich kann mich mit dem Programm nicht über das Thema verständigen, das vom Autor vorgegeben ist, ich kann das Programm nicht veranlassen, den Stil der Interaktion zu wechseln und in eine Metakommunikation einzutreten. Die Reziprozität der Kommunikation wird in der *Mensch-Programm Interaktion* verletzt. Von daher sagt Jaspers zu Recht:»In fact, we would prefer to reserve the attribute of interactivity for systems in which each partner has the occasion to influence the common stream of events, including the operations of the other partner« (22ff.). Das scheinen Stebler, Reusser et al (1994) ähnlich zu sehen, wenn sie formulieren:»Den Zusatz 'interaktiv' erhalten jene Lehr-Lern-Umgebungen, in denen Kooperation und Diskurs im Zentrum stehen«. Was wir benötigen, ist demnach ein kooperativer Diskurs, oder griffiger mit Perelman (1992) formuliert:»The focus is on learning as an action that is 'done by,' not 'done to,' the actor« (23). Wichtig ist die Auseinandersetzung mit den Inhalten im Sinne dessen, was Stebler, Reusser et al als»gründliches Verstehen« bezeichnen, mit der Einschränkung, daß dieser Diskurs nicht mit dem Programm, sondern allein im Kopf des Lernenden oder in der Kooperation mit anderen Lernenden und Lehrenden geführt werden kann.

Sanktionsfreiheit der Interaktion   Auf ein weiteres Phänomen, das bei der Interaktion mit dem Computer und einem Lernprogramm eine bedeutsame Rolle spielt, möchte ich abschließend hinweisen: Im Allgemeinen wird übersehen, daß die Interaktion mit einem Programm sich dadurch auszeichnet, daß sie frei von Bewertungen und ohne soziale Konsequenzen ist. Handlungen lassen sich sogar widerrufen, ohne Spuren zu hinterlassen – ganz im Gegensatz zur sozialen Interaktion. Selbst dann, wenn ein Lernprogramm Bewertungen abgibt, kann ich diese für mich behalten und kann sie bei einer Wiederholung vermeiden. In der Mensch-zu-Mensch Interaktion ist nichts widerrufbar, ein einmal gemachter Fehler oder Eindruck ist nicht löschbar. Die *Sanktionsfreiheit der Interaktion* mit einem Computer oder Programm ist für das lernende Subjekt vielleicht der wichtigste Aspekt. Die Vermutung liegt nahe, daß der Computer deshalb eine so große Attraktivität bei Jugendlichen besitzt, weil er permanentes Feedback gibt, aber ohne die Bewertung, die personalem Feedback durch den Lehrer eigen ist. Dafür sprechen Untersuchungsergebnisse von Rheinberg (1985), der jugendliche Hacker über die Gründe für ihre stundenlange Aktivität am Computer befragt hat. Dafür spricht die Beobachtung von Twidale (1993), daß die Studierenden beim Lernen mit einem tutoriellen System deshalb so viele Fehler machten, um tutorielle Rückmeldung zu erhalten. Die Interaktion Jugendlicher mit dem Computer funktioniert offenbar deshalb angstfrei, weil man ungestraft Fehler machen darf:»Man kann nämlich vermuten, daß der Rechner eines der wenigen Leistungsfelder ist, in dem Mißerfolgsorientierte nicht abgeschreckt sind« [Rheinberg (1985), 98].

Diese These widerspricht keineswegs der Beobachtung, daß Computerbenutzer in der Regel möglichst kurze Antwortzeiten und unmittelbare Rückmeldungen wünschen. Im Gegenteil, kurze und häufige Rückmeldungen, die den Lernenden zur freiwilligen Korrektur eines Verhaltens bringen, aber ansonsten ohne Folgen (z.b. ohne schlechte Noten, moralische Urteile) bleiben, machen das Medium beliebt. Reinhardt (1995) zitiert Schank, der als Kern des Computerlernens die Problematik bezeichnet, daß »people need to be able to experiment without fear of embarrassment and with experts looking over their shoulders« (70). Hier schließt sich der Kreis der Argumentation vom Thema *Interaktion* hin zu den Themen des *Feedback* und der *Lernerkontrolle*, die ich in einem der folgenden Kapitel ansprechen werde.

Welche Schlußfolgerungen für die Gestaltung von Multimedia-Programmen können wir aus den referierten Überlegungen ziehen?

· Man sollte die Interaktionsmöglichkeiten der Programme intensivieren;

· Feedback muß unmittelbar erfolgen, besonders bei Fehlern [Larkin/Chabay (1989), 162], damit die Lernenden über ihren Fehler informiert werden und ihn korrigieren können;

· Man sollte einen freien Umgang mit interaktiven Programmen ermöglichen.

Strukturen in Multimedia-Programmen

Ein wichtiges Element des Multimedia-Designs stellen grafische und strukturelle Komponenten dar, die dem Multimedia-Produkt ein unverwechselbares Aussehen verleihen. Von den vielen Gestaltungselementen, die in Multimedia zur Anwendung kommen, möchte ich im folgenden vier behandeln, die m.E. in besonderem Maße dazu beigetragen haben, Multimedia als eigene Gattung zu etablieren: Das Konzept der Mikrowelten, die Metaphern, die Multimodalität der Benutzerschnittstelle und die Komponenten der Navigation.

Mikrowelten in Multimedia

Mikrowelten sind geschlossene artifizielle Umgebungen mit eigenen Regeln. Ferguson (1992) führt das Konzept der Mikrowelten auf Papert (1980) zurück (38ff.). Es stammt wohl bereits von Minsky und Papert (1972) [s. Minsky (1981) und (1992)]. Paperts Logo und Turtletalk gelten als autonome, aber beschränkte Umgebungen, in denen bestimmte Gesetze ausprobiert, mit vielfältigen Perspektivwechseln gearbeitet und Objekte konstruiert werden können. Squires und McDougall (1986) geben eine rein operationale Definition von Mikrowelten, die von der Grundlage einer Programmiersprache ausgeht. Dabei klammern sie das Isomorphie-Problem aus. Mellar und Bliss (1993) vergleichen die Definitionen von Mikrowelten bei Papert, diSessa und Lawler. Allen gemeinsam ist, daß sie das zu lernende Wissen in der Mikrowelt »verstecken« und den Schülern Gelegenheit geben, »es wieder auszugraben«. Mikrowelten sind explorative Lernumgebungen: »Within a Logo curriculum, a microworld may well be conceived of as a play area that gives students a chance to experiment with concepts that do not otherwise exist in the world in that combination« (109). Mikrowelten sind also Kunstwelten, abstrakte Welten, in denen freie Kombinationen möglicher und unmöglicher Konzepte erlaubt sind. Mellar und Bliss weisen einschränkend darauf hin, daß Logo zu einer Zeit entstand, in der Computergrafik sich in den Anfängen befand, und daß heute weitaus bessere Grafikprogramme existieren, so daß dieser Teil des Interesses an Logo entfallen dürfte. Da die Einheiten des Wissens, die in Logo gelernt werden, in der Regel kleiner sind als das, was in der Realität zu lernen ist, bliebe nur der Effekt des explorativen Lernens. Dann müßte man aber auch die Frage stellen, ob in Logo erlerntes Explorieren Transferqualität besitzt.

Was allgemein unter Mikrowelten verstanden wird, sind kleinere beschränkte Umgebungen in Physik und Mathematik, z.B. ein- oder zweidimensionale Bewegungen in idealen Räumen [White/Horwitz (1990)], die Turtle-Graphik in Logo usw. [s.a. Bodendorf (1990), 116], die »yoked microworlds«, die grafische und arithmetische Informationen koppeln [Resnick/Johnson (1988)], die Mikrowelt im Arithmetik-Lernprogramm ARI-LAB von Bottino und Chiappini et al (1994), der Geldtauschapparat im Programm *Coinland* [Hamburger/Lodgher (1992)]. Viele dieser Mikrowelten gehen wie Papert von einer konstruktivistischen Auffassung vom Lernen als Konstruieren aus. Logo ist vielleicht die reinste Vorstellung einer solchen Mikrowelt, dadurch aber auch zugleich die formalste und abstrakteste. Ein etwas komplexeres Beispiel hat Rieber (1992) entwickelt, das Programm »Space Shuttle Commander«, eine Software mit einer Mikrowelt zu Newtons Bewegungsgesetzen.

Kritik am Mikrowelt-Konzept kommt von Vertretern des Konstruktivismus, denen Mikrowelten zu artifiziell sind: »In many articles, we have found that people like to describe LOGO as a learning environment. Based on our conception of learning environments, we consider LOGO as a programming language, we do not think LOGO is a learning environment« [Chiou (1992), 9].

Mikrowelt als narrative Struktur In jüngster Zeit wird der Begriff Mikrowelt häufig metaphorisch für bildhafte geschlossene Umgebungen mit eigenen Regeln benutzt, z.B. für die virtuelle Bibliothek, das virtuelle Museum, eine erfundene Landschaft, ein fiktives Theater, eine Raumstation, eine Stadt. Für solche Umgebungen werden häufig Karten für geographische Territorien, Gebäude-Lagepläne u.ä. gewählt. Würde man jede Form artifizieller Umgebungen als Mikrowelt bezeichnen, verliert der Begriff seinen speziellen Sinn, denn bei diesen bildhaften Umgebungen spielen die Aspekte der Geschlossenheit und der Simulation, die zum Mikrowelt-Konzept gehören, keine Rolle mehr. Im Grunde kann man diese figurativen Umgebungen in Multimedia eher als eine *narrative Struktur* der Multimedia-Programme betrachten, mit denen die in Multimedia-Programmen gern benutzten Metaphern homogen zusammengehalten werden und die zugleich als Basis für die Steuerung der Navigation dienen können. Typische Beispiele sind das Gebäude im Rätselspiel »7th Guest«, in dessen einzelnen Räumen jeweils ein kniffliges Rätsel zu lösen ist, das Raumschiff im Abenteuerspiel »Spaceship Warlock« oder die Kommandozentrale in Stephen Hawkings »Eine kurze Geschichte der Zeit«. Derartige Umgebungen erzählen dem Benutzer etwas, sie enthalten zumeist eine Geschichte, die sie interessant machen soll und die als Rahmen um die einzelnen Teile des Programms gespannt werden kann. Deshalb habe ich sie als narratives Strukturelement bezeichnet. Ihrer zweite wichtige Funktion ist die der Navigation: Eine solche artifizielle Umgebung bietet auf natürliche Weise eine Beschränkung der Navigation an, ohne die Multimedia-Umgebung auf ein schlichtes KIOSK-System (s. Kapitel 9) zu reduzieren.

Mikrowelten:
Metaphern
oder Mythen?

Man könnte solche erweiterten Mikrowelt-Konzepte als *Mythen* bezeichnen. Mythen sind nämlich die Urform des Narrativen. Barker (1992b) jedoch hat eine andere Deutung der Begriffe gewählt. Er trifft die Unterscheidung zwischen Metaphern und Mythen wie folgt: Metaphern und Mythen sind nach ihm durch den Grad an Generalität unterschieden, der ihnen eignet:»A metaphor is a very general design concept whereas a myth is specific to an particular application« (87). Metaphern stellen nach Meinung Barkers Repräsentationen bereit für das, was Barker als das Prinzip des Surrogats in Multimedia bezeichnet: Fiktive Wanderungen, artifizielle Labore, Rollenspiel und simulierter Sport (85). In diesem Sinne urteilt er, die meistgebrauchte Metapher sei die Metapher der Reise [McKnight/Dillon et al (1992), 82; s.a. Hammond/Allinson (1987)]. Diese Spezifität in der Deutung von Metaphern, Mythen und Surrogaten würde ich gern wieder zurücknehmen, Mythen als das Allgemeinere, als die narrative Umgebung in Multimedia, und Metaphern als das Speziellere, als Repräsentation für einzelne Objekte, Ideen und Prozesse innerhalb der Mythen betrachten.

Metaphern in Multimedia

Es fällt auf, daß sich Multimedia-Programme einer Vielzahl von Metaphern bedienen. Das fängt bereits bei den Betriebssystemen an, die ihren Ursprung vom Star Interface von Xerox herleiten [Smith/Irby et al (1982)] und die ihren Inhalt als Aktenkoffer, Papierkorb und in Fenstern darstellen: »A famous metaphor is the desktop – initiated by Apple« [Späth (1992), 44]. Und das endet bei Umgebungen wie »Book House«, einem auf der Basis einer kognitiven Aufgabenanalyse konstruierten Benutzersystem für Literatur, das sogar Metaphern für Literatursorten und Suchstrategien (nach Thema, Leseniveau) einführt [Pejtersen (1989); Nielsen (1995), 115ff.]. Metaphern sind gedacht als ein Mittel, um mentale Modelle der Benutzer mit dem Modell des Programms in Deckung zu bringen und über diese Korrespondenz die Interaktion zu regulieren [zur Analogie s. Gentner/Stevens (1983)]. Notwendig geklärt werden müßte die

Rolle isomorpher und teil-isomorpher Analogien für Realworld-Phänomene [Streitz (1988)], ebenso die Annahme, daß »Analogies between the real world of an hyperdocument and the real world or a scientific theory which is to be studied, facilitate for the users, as long as a good metaphor is chosen, the construction of a mental model« [Oliveira (1992), 6]. Eine erweiterte Interpretation der Bedeutung der Metaphern in Hypermedia-Umgebungen müßte die Deutung der Metapher bei Lakoff und Johnson (1980) berücksichtigen, als Reflex der Tatsache, daß menschliche Denkprozesse weitgehend metaphorisch sind [grundlegend zur Metapher aus linguistischer Sicht: Ortony (1991)].

Metaphern dienen in Multimedia-Umgebungen auch der räumlich-lokalen und temporalen Orientierung des Lernenden. Metaphern sollen einen sinnstiftenden Zusammenhang für die Vielfalt von Informationen in der Multimedia-Anwendung herstellen und die Navigation der Lernenden erleichtern. Sie bilden sozusagen einen symbolhaften Repräsentationsrahmen für das, was sonst in der Computerwelt »Benutzerschnittstelle« heißt [s. Carroll/Mack (1988)] und sich heute in der Regel in die Metapher der Schreibtischoberfläche, des Desktops, kleidet. Wie wichtig es hierfür ist, wirklich passende Vorstellungen für die zu repräsentierende Welt zu finden, zeigt ein von Jacques, Nonnecke et al (1993) diskutiertes Beispiel, eine CD-ROM zu Shakespeares Leben und Zeit mit dem Stück *XIIth Night*, das sein gesamtes Design auf der Welt des Globe-Theaters aufbaut. Jacques und Nonnecke kritisieren die Anwendung als ein Beispiel für die falsche Nutzung einer Metapher, die nur zur Verwirrung führt: »First, the spatial arrangement of seats in a theatre have very little to do with the substance of the play (or in this case, the content). Second, apart from belonging to a particular section (in the sense of the content), a particular seat could not be identified with any particular piece of content. Third, the author did not employ any of the usual cues for seat-finding in a theatre in the navigation tool« (233).

Ein solches Beispiel macht deutlich: Die Metaphorik muß mit Inhalt und Gegenstand korrespondieren. Ich nenne im folgenden einige Beispiele für Metaphern, die in Multimedia-Anwendungen gewählt wurden, um anzudeuten, welch breites Feld für das Design der Benutzerschnittstelle in Multimedia mit dem Gestaltungselement Metapher oder Mythos gegeben ist:

Metaphern des lokalen Raumes

Als Topographie-Metaphern dienen die Landkarte (»From Alice to Ocean«, Magnum Design), das Naturschutzgebiet, die Stadt, das Gebäude: Die *ECODisc* (BBC) loziert in einem virtuellen Landschaftsschutzgebiet eine Surrogatreise; die Stadt-Metapher wird von de Moura Guimarães und Dias (1992) als Szenario für den virtuellen Computer gewählt; ein Zoo gibt den Hintergrund für ein Arithmetik-Lernprogramm ab, ein Kloster wird wie in Ecos »Der Name der Rose« zur Einführung in das Mittelalter genutzt, Shakespeares Dramen werden vorgestellt am Bild des Globe-Theatre; Landkarten kommen in Fieldings *Joseph Andrews* [Delany/Gilbert (1991)] und im *Perseus*-Projekt [Crane/Mylonas (1991)] vor; Frau/Midoro et al (1992) nutzen die Metapher des Museums für etwas ganz anderes, nämlich ein Programm mit interaktiver Bildplatte zum Thema »Erdbeben«; der Atlas des menschlichen Körpers fungiert als Zugang zur Humanmedizin (A.D.A.M.); Metaphern des Museums treten in Anwendungen auf, die einen geordneten Zugang zu Kollektionen anbieten wollen.

Metaphern des temporalen Raumes Der Karriereweg Marvin Minskys wird in der CD zu seinem Buch »The Society of Mind« (The Voyager Company) als Karte seiner biographischen Stationen dargestellt; der Bau der Berliner Mauer wird an einem Kalender der letzten sieben Tage vor dem Bau aufgehängt (»Seven Days in August«, Warner New Media); die Geschichte des Golfkrieges, »Desert Storm« (Time/Warner) ist über eine Zeitleiste arrangiert; die europäische Kulturgeschichte des Hypertext-Programms »Culture 1.0« bietet verschiedene Formen von Zeitleisten.

ABB. 3 Marvin Minskys Lebenslauf als Timeline (aus »The Society of Mind«)

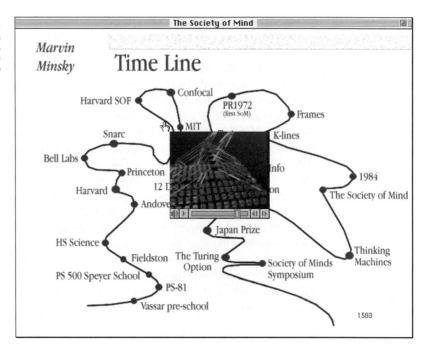

Biographiemetapher »Beethovens Neunte« wurde von Robert Winter an einer Biographie von Beethoven aufgezogen, die Bildplatte zu van Gogh orientiert sich am Lebensweg van Goghs (beide The Voyager Company).

Metaphern der Reise Reisemetaphern erscheinen mit Vorliebe in Kinderbüchern, z.B. in dem berühmt gewordenen elektronischen Kinderbuch »Where in the World is Carmen San Diego?« (Brøderbund Software). Gelegentlich verschmelzen Reise- und Abenteuer-Metapher.

Abenteuermetapher Ein Französisch-Kurs wird strukturiert wie ein Abenteuer in Paris, oder man kann in einem Comic »Französisch lernen mit Asterix«.

Metaphern persönlicher Führer Persönliche Führer (Guides, Agenten, Tutoren) oder historische Persönlichkeiten (»Seven Days in August«, Warner New Media) dienen der Vorstellung geschichtlicher Ereignisse. Den Touristenführer beschreiben Fairchild, Meredith et al (1989).

Buchmetaphern Das *Expanded Book Toolkit* (Voyager Company) generiert automatisch Hypertext-Bücher aus Textdateien. Es sind bereits einige solcher elektronischen Bücher erschienen; denkbar ist die Entwicklung von Einführungen in das Studium einiger Fächer, der Werke Shakespeares [Friedlander (1991)], Goethes und anderer [vgl. die Metapher »annotated edition« bei Landow und Delany (1991), 32]. Metaphern des Buches werden teilweise auch für Zwecke genutzt, die nichts mit Büchern zu tun haben, z.B. als Einführung in die Welt des Mittelalters.

Lexikonmetapher

Ein wenig von der Buchmetapher unterscheidet sich die Lexikonmetapher: Als Beispiel nenne ich mein »Lexikon für Computerbegriffe mit Gebärden«, dessen Inhalte ausschließlich über den Index oder über den vernetzten Text aufgerufen werden [Schulmeister (1993a)]. Landow und Delany erwähnen die »citation index«-Metapher.

Metaphern virtueller Instrumente

Ein Kompaß dient als Navigationsinstrument in der ECODisc (BBC); ein Würfel, der »building block« als Symbol für die Modularität der künstlichen Intelligenz, funktioniert als dreifaches Menü im Buch »The Society of Mind« von Marvin Minsky; ein Photographiekursus wird mit einer simulierten Kamera ausgeführt (Beispiel von AuthorWare).

Komplexe Systeme haben typischerweise mehrere Metaphern, die nicht immer denselben Bildbereich abdecken, sondern teilweise unverbunden nebeneinander existieren. Hammond und Allinson (1987) versuchen in ihrer »travel holiday metaphor« mehrere solche Teilmetaphern konsistent aufeinander abzustimmen: Die alleinige Reise, die Reise mit Reiseführer, die Landkarte, den Index. Sie evaluieren den Gebrauch der verschiedenen Metaphern durch die Lernenden hinsichtlich Verständlichkeit, Nützlichkeit und Navigation und kommen dabei zu positiven Resultaten.

Metaphern unterscheiden sich nach Geltungsbereich und Niveau. Nach Hammond und Allison bezieht sich der Geltungsbereich einer Metapher auf die Zahl der Konzepte, welche die Metapher anspricht, während das Niveau den Wissentyp oder den Abstraktionsgrad des Wissens bezeichnet. Nach ihnen hat das Niveau vier Aspekte: die Aufgabe, semantische, lexikalische und physikalische Information (78). Alle vier sind in Metaphern nicht voll zur Deckung zu bringen: »the boundaries of the mappings between the metaphor and the system are fuzzy«. Hutchins (1991) [Original 1987] unterscheidet drei Sorten von Metaphern: Aktivitätsmetaphern, die bei der Strukturierung von komplexeren Handlungen nützlich sind, Metaphern für den Interaktionsmodus, die den Kommunikationsmodus zwischen Benutzer und Computer regulieren helfen, und Metaphern des Aufgabenbereichs, die das Verständnis von Aufgaben erleichtern sollen.

Es ist eine ausgesprochene Kultur von Design-Metaphern im Entstehen [Evenson/Rheinfrank et al (1989)]. Bodendorf (1990) beschreibt Metaphern des Buches, der Bibliothek, der Reise oder Führung, den Kompaß, den Film, Karten, Netze und Annotationen (128ff.). Chiou (1992) beschreibt die Buchmetapher, die Metapher des Klassenraumes und die Metapher des Lernkabinetts, eines Raumes mit Lernressourcen. Für Barker und Giller (1991) ist das elektronische Buch »essentially a metaphor – one which is based on people's perception of traditional paper-based books«. Gaver (1986) beschreibt Metaphern für Audio, sog. Earcons, die differenzierte Sachverhalte (z.B. Länge der Meldung, Art der Meldung und Quelle der Meldung) auch differenziert (z.B. Richtung und Lautstärke der Tonsignale) darstellen sollen [s. Blattner/Greenberg (1992); Blattner/Sumikawa et al (1989)]. Gibbs und Tsichritzis (1994) nennen auch Metaphern für die technisch-strukturellen Aspekte von Multimedia, für das Dokument, den Film, das Netz, das Skript oder den Schaltplan. Es gibt sogar Metaphern für Autorenumgebungen, d.h. Metaphern, die für den Autor vorhanden sind, solange die Software entwickelt wird, die aber später für den Benutzer nicht mehr erkennbar ist, z.B. das Theater oder das Filmstudio in *Macromedia Director*, die Werkzeugbox und andere Werkzeuge in ORGUE [Vacherand-Revel/Bessière (1992), 73ff.]. Hofmann, Langendörfer et al (1991) offerieren sogar bereits spezielle Richtlinien für das Layout von Icons und Links in Fenstern mit Diagrammen (442ff.). Horton (1993) greift für das Design gar auf die Poetik von Aristoteles zurück und unterscheidet Icons nach inhärenten Metaphern: Vergleich, *Antithese* (Gegensätze), *Metonymie* (Hervorhebung eines Merkmals), *Synekdoche* (pars-pro-toto), *Litotes* (doppelte Negation), *Totems*, *Hyperbole* (Übertreibung), *Euphemismus*, *Synästhetische Analogie*, *Oxymoron* (selbstwidersprechender Ausdruck), *Paradox*, *Antonomasie* (Name für Eigenschaft und umgekehrt), *Double-Entendre* (zwei Bedeutungen) und *Personifikation*.

Medium, Medialität oder Modalität

Mayes (1992a) unterscheidet *Medium*, *Modus* und *Modalität*: »A mode in the interactive sense may simply be a dimension of dialogue. Thus the use of a menu might be said to be one kind of mode of interaction, direct manipulation of icons another. Another view would be that a mode is defined by the nature of the information being handled. The modality of an interaction can refer either to the particular sensory system the user is engaging: audition, vision, touch; or it also may refer either to the essentially spatial or verbal nature of the information. A medium, on the other hand, can be any of these, or none. It may be used to refer to the nature of the communication technology« (2). In ähnlicher Weise unterscheidet Alty (1991) zwischen Modus, Kanal, Medium und Stil, wobei er Modus in Systemmodus und Kommunikationsmodus unterteilt (38).

Medien und Inputmethoden

Zunächst zu den Medien. Bei ihnen ist noch eine Ungleichgewichtigkeit in der Nutzung für Multimedia festzustellen: »The use of sound as a display medium has been comparatively neglected« [Mayes (1992a), 3]. »With the advent of multimedia, however, has come a realization that the haptic channel and the audio channel have been neglected as HCI media« (6). Der Ton (Sprache und Musik) wird heute in der Regel nicht mehr vernachlässigt (mind. bei der Ausgabe, noch nicht bei der Eingabe, z.B. Spracherkennung), Mayes' Aussage gilt aber noch für den haptischen Kanal. Aber auch hier sind Applikationen absehbar: Man arbeitet an Inputmethoden, die neben der Bewegungsrichtung des Cursors, Joysticks oder Datenhandschuhs auch Druckstärken registrieren und an das Programm weitergeben oder gar virtuelle Druckstärken des Programms an den Benutzer rückmelden können. Es werden Inputmethoden erforscht, die eigene Eindrücke des Computers an das Programm weiterreichen können: Gebärdenerkennung, Gestenerkennung, Bewegungsverfolgung, Lippenlesen, Objektdetektion, Bildanalyse. Jüngste Forschungen zum Bildverstehen [Hirata/ Hara et al (1993)] verfolgen das Ziel, das Programm sowohl den Benutzer und seine Handlungen als auch die Umgebung des Benutzers erkennen zu lassen. Die fortgeschrittensten Beiträge zu diesem Thema finden sich in den Proceedings zum »International Workshop on Automatic Face- and Gesture-Recognition« [Bichsel (1995)]. Während die Gebärdenerkennung Gehörlose an zukünftigen Entwicklungen der Schnittstelle teilhaben ließe, würde ein natürlichsprachliches Interface sie ausschließen [Schulmeister (1993c)].

Ob der visuelle Modus einen Vorteil gegenüber dem auditiven Modus besitzt oder umgekehrt, ist von so vielen verschiedenen Faktoren abhängig [einige werden bei Mayes (1992a, 7ff.), diskutiert], daß sich Empfehlungen kaum generell formulieren lassen. Ein Ratschlag bleibt: Möglichst viele Medien redundant benutzen und dem Benutzer die Wahl des Mediums überlassen [Bork (1992), 10]. Zu beachten ist allerdings, daß eine volle Redundanz der Medien nicht immer Vorteile zeitigt, wie die Experimente mit redundantem digitalem Audio von Barron und Kysilka (1993) und Barron und Atkins (1994) demonstrieren. Redundanz betrachtet Edwards (1992) vor allem als ein gutes Mittel der Adaptation an Benutzer, speziell zur Unterstützung von Behinderten: »This is one use of information technology which should not be neglected. Many forms of disability affect people's ability to communicate, but that handicap can be reduced very often by the use of technology which can be adapted to match the users' abilities« (145).

Ein spezielles Medium des Computers sind Animationen, eine Mischform zwischen Standbild und Film. Park und Hopkins (1994) empfehlen den Einsatz dynamischer Animationen im Hinblick auf sechs didaktische Funktionen:

1. Demonstration sequentieller Abläufe beim Lernen von Prozeduren;

2. Simulation kausaler Modelle komplexer Verhaltenssysteme;

3. explizite Repräsentation unsichtbarer Funktionen und unsichtbaren Verhaltens;

4. Illustration einer Aufgabe, die verbal nur schwer zu beschreiben ist;

5. visuelle Analogie für abstrakte und symbolische Konzepte;

6. Mittel, um die Aufmerksamkeit für bestimmte Aufgaben zu erhalten.

Modalität Es besteht eine gewisse Korrespondenz zwischen Medialität und Modalität: Beispielsweise ist ein reines textuelles Medium in der Regel unimodal, d.h. es läßt nur eine Interaktionsform zu, nämlich Lesen, während in multimedialen Umgebungen auch multimodale Interaktionsformen vorkommen.

Deiktische Modalität und multimodale Benutzerschnittstellen behandeln Hanne (1992) und Neal und Shapiro (1994), letztere am Beispiel der militärischen

Anwendung CUBRICON. Die Interaktion mit dem System demonstriert ein fortgeschrittenes Stadium interaktiver Benutzerschnittstellen: »A user communicates with the CUBRICON system using natural language and gestures (pointing via a mouse device). Typically, the user speaks to the system, but keyboard input is just as acceptable. The use of pointing combined with natural language forms a very efficient means of expressing a definite reference. This enables a person to use a demonstrative pronoun as a determiner in a noun phrase and simultaneously point to an entity on the graphics display to form a succinct reference. Thus, a person would be able to say 'This SAM' (surface-to-air missile system) and point to an object on the display to disambiguate which of several SAM systems is meant« (417). Weimer und Ganapathy (1992) berichten über ein System, das deiktische Gesten mit Spracherkennung kombiniert. Hanne und Bullinger (1992) referieren über gestische Benutzerschnittstellen mit Handschrifterkennung, mit der Hiragana-Zeichen in Editoren für Japanisch und Chinesisch gezeichnet werden können.

Ein besonderer Aspekt der Modalität besteht darin, den Computer mit natürlicher Sprache anzusprechen. Apple bietet für das Macintosh-System 7.5 eine solche Schnittstelle an. Wie aber am Beispiel von CUBRICON zu erkennen ist, ist eine Kombination von natürlicher Sprache und Deiktik günstiger (effektiver) als ein rein sprachliches Interface: »The alternative, using natural language only, would be to say something like 'the SAM system at 10.35 degrees longitude and 49.75 degrees of latitude' or 'the SAM system just outside of Kleinburg'« (418). Ich neige deshalb dazu, der Schlußfolgerung Hannes zuzustimmen: »The most natural means of communication between people is not necessarily the most 'natural' one between human and computer« [Hanne (1992), 160]. Es erscheint zweckmäßiger, mit dem Kunstwesen Computer per direkter Manipulation von Objekten und möglicherweise über Gesten zu kommunizieren als mit der natürlichen Sprache [s. aber Brennan (1990)]. Buxton (1990) bezeichnet nonverbale Methoden mehrhändiger Interaktion als die »natürliche« Sprache der Interaktion mit einem Computer. Der Grund dafür mag in dem Argument von Shneiderman (1986) liegen: »People are different from computers, and human-human interaction is not necessarily an appropriate model for human operation of computers«.

Komponenten der Navigation

Ein wichtiger struktureller Aspekt neben Mikrowelten, Medien und Metaphern ist das sogenannte Browsing oder die Navigation, klassisch als »Benutzerführung« bezeichnet. Die Benutzung eines Hypertext-Systems wird als »Browsing« oder als Navigation, als »navigation through complex information spaces« [McKnight, Dillon et al (1991), 65ff.] oder als »navigating large information spaces« [Nielsen (1990a), 133ff.] bezeichnet. Der Begriff Browsing (ursprünglich engl. »Grasen von Vieh«) ist schon zu Zeiten des Buchlesens eine

Metapher gewesen, was die deutsche Übersetzung »im Buch blättern« nicht wiedergibt. Hypertext-Systeme verketten Texte, die sich auf unterschiedlichen Seiten eines Buches oder Karten eines Datenbanksystems befinden. Angesichts der Vielfalt möglicher Verkettungen, denen der Benutzer folgen kann, stellt Navigation eine besonders schwierige Aufgabe für den Designer von Multimedia-Anwendungen dar.

'Lost in Hyperspace' Das Thema der Navigation wird bei den meisten Hypermedia-Autoren in enger Verbindung mit der von Conklin (1987a) aufgestellten These diskutiert, daß der Benutzer angesichts der Vielfalt der Informationen im Interaktionsraum »verlorengehen« könne, ein Risiko, das mit dem Schlagwort »lost in hyperspace« umschrieben wurde [Edwards/Hardman (1989)]. Die These taucht wie ein Bibelwort in vielen Untersuchungen auf. Zählt sie zu den pädagogischen Mythen, die sich um Multimedia ranken? Die meisten Autoren schließen daraus, daß es nötig sei, transparente Methoden der Navigation zu entwickeln. Ich meine, daß aus der Art, wie dieses Thema immer wieder vorgebracht wird, deutlich zu erkennen ist, daß die These vom Verlorengehen für die meisten Autoren als Rechtfertigung für die Einführung strikterer Navigationsformen dient. Mir scheint, daß das Thema deshalb enge Berührung mit der Frage der Lernerkontrolle aufweist, auf die ich noch näher eingehen werde.

Am kräftigsten bezweifelt Bernstein (1991a), daß das Phänomen des 'lost in Hyperspace' feststünde: Teils sei es auf frühe Anwendungen von Hypertext zurückzuführen, teils auf Fehler des Autors oder auf Mängel im Interface-Design. Er erwähnt Beispiele, in denen die Autoren bewußt mit dem Mittel der Desorientierung gespielt haben (290), und kann darin ein positives Lernerlebnis entdecken: »mild disorientation« can excite readers, increasing their concentration, intensity, and engagement« (295). Wie immer man den Grad einer milden Desorientierung definieren und programmtechnisch umsetzen mag – ich stimme seinem Wunsch nach aufregenderen Anwendungen zu: »The complete absence of orientational challenges is dull and uncomfortable. A boring hypertext is every bit as bad as a confusing one« [vgl. Hannemann/Thüring (1995), 37]. Auch Mayes, Kibby et al (1990) meinen, daß es unter ganz bestimmten Umständen, z.B. beim entdeckenden Lernen, sinnvoll sein kann, ein gewisses Maß an Desorientierung zu bieten: »disorientation in conceptual space is a necessary prerequisite for depth of learning«. Auch »serendipity« sei ein Weg, den Lernenden zu führen (234).

Serendipity Die Alternativhypothese zum »lost in hyperspace« wird als »serendipity«, »the gift of making delightful discoveries by pure accident« (Webster's Dictionary), bezeichnet: »Zuweilen geschieht es, daß man auf der Suche nach einer bestimmten Information von einer anderen Information so 'beschlagnahmt' wird, daß über deren aktueller Dominanz das ursprüngliche Ziel irrelevant oder vergessen wird. Dies bezeichnet man als 'Serendipity-Effekt'« [Kuhlen (1991), 129]. Kuhlen sieht im Serendipity-Effekt eine Analogie zum explorativen Lernen. Auch Mayes, Kibby et al (1990) argumentieren: Ein wenig verlorengehen schade nichts, es fördere das explorative Verhalten [s.a. Macleod (1992), 21].

Desorientierung Kahn und Landow (1992) greifen in ihrer vergleichenden Evaluation von drei Hypertexten das von vielen Autoren erwähnte Problem der Desorientierung auf und stellen zunächst die Begriffe richtig: »In general authors writing about hypertext seem to mean confuse and specifically lose bearings when they use the term, and this usage derives from the commonplace application of spatial metaphors to describe the reader's behavior in a hypertext environment« (64). Dann stellen sie klar, daß die Verwirrung des Lesers ein Produkt des Designs ist und nichts mit den Materialien des Hypertext-Systems zu tun hat. Und schließlich weisen sie auf eine Lernerfahrung hin, die viele Lehrer und Hochschullehrer gemacht haben, nämlich daß die Studierenden häufig etwas als Desorientierung erleben (oder gar nur als solche ausgeben), wenn sie die Logik eines Sachverhalts nicht verstanden haben. Kahn und Landow erleben derartige Kommentare von Autoren als »massive, monolithic problem that these authors pay little or no attention to how people actually cope with this experience« (65) und setzen dem entgegen »expert users of hypertext do not always find the experience of disorientation to be either stressful or paralyzing«. Sie erwähnen Beispiele aus der klassischen Literatur, in denen Desorientierung beabsichtigt ist, die von Anfängern als störend, von Experten aber als lustvoll empfunden wird. Letzteres bezeichnen sie als »serendipity«. Abschließend betonen sie nochmals, daß Desorientierung »arises both in the normal act of reading difficult material and in poorly designed systems« (76).

Die eine Quelle des »lost in hyperspace« ist, da stimme ich Landow zu, das gelungene oder mangelhafte Navigationskonzept der Software. Eine Desorientierung durch Navigationsmängel ist, auch darin ist Landow zuzustimmen, eher eine Konfusion als ein Sich-Verlieren. Ob es darüberhinaus ein Navigationsproblem gibt, das dem Hypertext-Konzept inhärent ist, wage ich zu bezweifeln. Ich zähle diese Hypothese zu den pädagogischen Mythen um Multimedia.

Einer der eifrigsten Verfechter dieser These ist Hammond, der mit seiner Idee der Didaktisierung der Navigation schon etliche Aufsätze bestritten hat. Ein Blick auf seine Schriften könnte klären, warum sich der pädagogische Mythos gebildet hat. Für Hammond dient die Berufung auf diese anscheinend plausible Hypothese ausschließlich der Begründung für die von ihm verfolgte Didaktisierung des in seinen Augen offenbar zu freizügigen Hypertexts.

Daß die »lost in hyperspace«-Hypothese vielleicht mehr mit der Angst des Lehrers zu tun hat, die Kontrolle über den Unterricht abgeben zu müssen, als mit der Struktur von Hypertexten an sich, zeigt ein Beispiel im Bericht von Veen (1995) über vier Lehrer, die neu mit der Aufgabe konfrontiert wurden, Computer im Unterricht einzusetzen. Einer dieser Lehrer, der Geographie-Lehrer, setzte Computer gern und häufig zur Unterstützung und Illustrierung seiner Vorträge ein, »he fitted the computer seamlessly into his expository teaching style« (175). Er fühlte sich jedoch gezwungen, einen besonderen Vorbereitungsaufwand zu betreiben, wenn es ins Computerlabor ging: »He wanted to keep control over the students' learning process. Students received precise instructions on every step they had to make as 'he did not want them to get lost in the courseware.' He was surprised to find out that students were motivated and quickly found their own way in the software«. Manchmal wird die Fähigkeit der Schüler zur selbständigen Navigation durch die Dominanz des expositorischen Unterrichts durch mangelndes Vertrauen des Lehrers in ihre Navigationsfähigkeiten negativ beeinträchtigt. In dem Fall scheint alles gut gegangen zu sein. Die Schüler haben dem Lehrer demonstriert, daß sie besser sind als in der Erwartung des Lehrers.

Segmentierung und Kontextualisierung

Ein zweites Problem, das eng mit der Navigation verbunden ist, ist die *Segmentierung* der Lerneinheiten in Multimedia-Anwendungen oder die Atomisierung des Textes in Dokumente oder Texteinheiten in Hypertext-Systemen. Solche segmentierten Teile von Informationseinheiten werden als »chunks« bezeichnet. Die Segmentierung ist ein notwendiges Strukturprinzip, um die Verknüpfung der Einheiten zu realisieren. Man geht normalerweise von der Maxime aus: »Je kleiner, desto besser«. Wenn aber die Chunks sehr klein sind, kann es zu einem hohen Grad an Atomisierung kommen. Ob diese Atomisierung dem Benutzer auffällt, ist nun wieder weitgehend davon abhängig, ob die Struktur der Navigation unvermittelt auf der Struktur der Informationseinheiten »aufsitzt« oder davon weitgehend unabhängig ist. Das Design der Navigation ist eine Methode, dem Eindruck der Atomisierung entgegenzuwirken. Eine weitere Methode, einer Atomisierung zu begegnen, ist die *Kontextualisierung* der Informationseinheiten [Kuhlen (1991)]. *Intermedia* ist nach Ansicht von Kuhlen eines der Beispiele, bei dem die Kontextualisierung gut gelungen zu sein scheint: »Die oft an Hypertext kritisierte Atomisierung der einzelnen Einheiten (Verlust von Kontext) wird durch intensive Kontextualisierung ins Gegenteil verkehrt« (200).

Maps und Graphen

Ein Mittel, die Navigation zu unterstützen, sind Karten (»maps«, Diagramme) für Inhaltsverzeichnisse, die auch die logische Struktur der Argumentation repräsentieren oder die Struktur der Verknüpfungen der Texteinheiten abbilden, die geographische Informationen darstellen oder chronologische Daten grafisch verbinden. Maps sind Abbildungen der Realität; sie enthalten grafische Symbole und verbale Notationen und physikalische oder logische Relationen zwischen Objekten. Maps sind geeignet, die Relationen zwischen Objekten einer Multimedia-Umgebung so abzubilden, daß sich eine semantische Beziehung zur realen Umgebung des abgebildeten Systems ergibt, eine Situierung der Objekte im multimedialen Bedeutungsraum. Heute noch ist die Interaktion in Hypertext- und Hypermedia-Systemen in der Regel auf eindimensionale (Text, Buttons) oder zweidimensionale (Maps) Objekte und fest vorgesehene Verbindungen beschränkt. Es ist zu erwarten, daß die Dreidimensionalität der Hypermedia-Objekte über kurz oder lang zur Einführung von mehrdimensionalen offenen Suchräumen mit physikalischen Objekten als Knoten und sog.

»dynamic query filters« führen wird [Ahlberg/Shneiderman (1994)]. Ein System, das Maps als dreidimensionale Repräsentationen großer Datenbanken konstruiert, ist *SemNet* [Fairchild/Poltrock (1986); Fairchild/Poltrock et al (1988)]. Spatial ausgelegte Hypertext-Knoten bietet das Hypertext-Werkzeug *Aquanet* [Marshall/Halasz et al (1991); Marshall/Rogers (1992); Marshall/Shipman (1993)]. Ein System, das Inhalte als dreidimensionale Kegel, sog. *Cone Trees*, darstellt, wird von Robertson, Mackinlay et al (1991) und Robertson, Card et al (1993) beschrieben: Ihr Hauptziel ist die Vergrößerung des Workspaces über den Bildschirm hinaus; dies wird erreicht durch den virtuellen Arbeitsraum und durch Raum-Metaphern, visuelle Abstraktionen wie Wände mit Boxen und Baumdiagramm-artige Visualisierungen hierarchischer Verzeichnisse sowie durch semiautonome Agenten. Für die Orientierung in solchen Räumen ist die Animation wichtig: Sie reduziert die kognitive Last und bewahrt die Objektkonsistenz. Ganz in diesem Sinne hat Apple Computer 1996 eine Interface-Technologie für das *World Wide Web* vorgelegt, die Adressen im Internet als schwimmende Inseln in einem dreidimensionalen Raum darstellt, in dem der Benutzer per Mausbewegung navigieren kann wie in einem der typischen Weltraumspiele.

Graphengebilde oder Baumdiagramme werden als grafische Darstellungen der Argumentationsstrukturen in Expertensystemen oder ITS gewählt, z.B. für das Expertensystem GUIDON-Watch [Richer/Clancey (1985)]. *Intermedia* und *NoteCards* können automatisch zweidimensionale grafische Diagramme der Struktur der jeweiligen Hypertext-Anwendung generieren. Browser (wie in Smalltalk) und Maps (alphabetisch, hierarchisch, Netzstrukturen, Petri-Netze) hingegen sind bevorzugte Darstellungsformen für Hypertext-Systeme. Ob Browser oder Map entscheidet sich von der Breite und Tiefe des Systems her. Bei kleinen Systemen sind grafische Maps nützlich, bei großen Netzstrukturen sind eher Browser angebracht. Jonassen und Beissner et al (1993) beschreiben in ihrem Buch das gesamte Repertoire an grafischen Methoden der Wissensrepräsentation und der Navigation.

Natürlich ist die Annahme nicht unbefragt zu unterstellen, daß derartige Navigationshilfen kognitiv besser seien, intuitiver oder natürlicher. Auch dies ist wieder Untersuchungsgegenstand der Forschung. Hinter den Versuchen, solche Karten für die Navigation bereitzustellen, stehen – häufig unausgesprochen – mehrere Hypothesen:

Kognitive Navigation	Wissensstrukturrepräsentationen unterstützen die Bildung kognitiver Konzepte für die Navigation.
Semantische Navigation	Die Benutzung von verbalen Etiketten und von Icons unterstützt eine Navigation, die sich weniger auf die äußeren Merkmale der Struktur, sondern stärker auf die semantischen Gehalte beispielsweise eines Textes konzentriert.
Geomantische Navigation	Der Einsatz von geographischen Karten und anderen spatialen Methoden führt dazu, die Informationen in einer zweiten räumlichen Dimension zu verankern.

Chronomantische
Navigation

Timelines, Datenleisten und andere chronologische Ordnungsprinzipien verleihen der Information eine historische Dimension.

Kognitive
Navigation

Was meint *kognitive Navigation*? Der Sprachgebrauch »Kognitive Karten« für grafische Navigationsinstrumente scheint bei vielen Multimedia-Autoren lediglich auf alltagssprachlichem Niveau gebraucht zu werden. Der Frage gehen McKnight, Dillon et al (1991) gründlicher nach (65ff.). Sie betonen, daß wir stets über Schemata oder Modelle der uns umgebenden Welt verfügen, die uns jederzeit eine Navigation ermöglichen. Ihre Überlegungen beruhen auf den Modellen von van Dijk (1980) und van Dijk und Kintsch (1983), die Makro- oder Superstrukturen funktionaler Kategorien postulieren, mit denen Propositionen in Texten verstanden werden. Die Funktion derartiger Referenzrahmen für Orientierungswissen halten McKnight, Dillon et al jedoch unter manchen Gegebenheiten für beschränkt. Sie befassen sich deshalb intensiver mit der Funktion, derartige kognitive Konzepte durch Programme zu lernen.

Die Hypothese der kognitiven Navigation wird von Forschern untersucht, die sich mit Fragen der Wissensrepräsentation (»cognitive mapping«) auseinandersetzen [Giardina (1992), 55ff.; Jüngst/Strittmatter (1995)]. Green (1991) untersucht kognitive Dimensionen von Strukturdiagrammen für die Darstellung von Buchstrukturen, Musiknotationen und Dokumentstrukturen. Woodhead (1991) neigt dazu, kognitive Abbildungen nur als Abbildung kausaler Relationen zu verstehen (139ff.).

Semantische
Navigation

Was meint *semantische Navigation?* Zunächst ist McKnight, Dillon et al (1991) zuzustimmen, die feststellen: »One aspect of the whole navigation issue that often appears to be overlooked in the hypertext literature is that of the semantic space of a text or electronic document« (85). Ihre Definition der semantischen Navigation verweist auf die inhaltliche Interpretation von Bedeutungsgehalten der Anwendung: »In other words, to what extent does a user or reader need to find his way about the argument that an author creates as opposed to, or distinct from, navigating through the structure of the information?« Offenbar begegnen wir hier wieder der bereits getroffenen Unterscheidung von Oberflächen- und Tiefenstruktur bzw. Repräsentations- und Bedeutungsschicht: Auf der Oberfläche der Multimedia-Anwendung richtet sich die Navigation nach den externen Repräsentationsformen. Diese äußere Form der Navigation korrespondiert jedoch mit kognitiven Prinzipien (z.B. Orientierungswissen) oder semantischen Aspekten. Korrespondenz muß dabei nicht bedeuten, daß die Konzepte der beiden Ebenen einander entsprechen, da der Benutzer intern mit eigenen Konstrukten und Interpretationen arbeiten kann und Assimilationen und Akkomodationen erst bei Perturbationen einschalten wird. Diskrepanzen können vom Lernenden nur in der aktiven Auseinandersetzung mit dem Material überwunden werden.

Die meisten Hypertextsysteme, die sich grafischer Diagramme bedienen, differenzieren die Knoten-Darstellung nicht nach dem Typus der Verknüpfung, obwohl es prinzipiell möglich wäre, Relationen von Objekten mit Attributen zu versehen und ähnliche Links in Aggregaten zu repräsentieren: »However, maps rarely go as far as allocating term weightings or Bayesian probabilities as used in inference nets« (141). Ich gehe darauf näher im Kapitel zu Hypertext-Systemen ein.

Die Navigation mit Icons, Picons und Micons kann als Form einer semantischen Navigation betrachtet werden. Damit ist gemeint, daß man den Bedeutungsgehalt der Navigationsschritte des Benutzers durch solche Informationen erhöhen möchte. So wurden beispielsweise im »Elastic Charles« Hyperfilm-Kombinationen von Aufnahmen des Charles River über sog. micons (i.e. moving icons) realisiert [Brøndmo/Davenport (1990); zur *AthenaMuse*-Videoarchitektur Michon (1992)]. Der Wunsch nach inhaltsvolleren Formen der Navigation führt umgekehrt zur Überlegung, ob man semantisch irrelevante Sprünge verhindern sollte [Macleod (1992)].

Das Beispiel vom »Elastic Charles« führt mich zu der Bemerkung, daß besonders der Einsatz von digitalem Video in Hypermedia-Umgebungen zu einer stärkeren objektorientierten Navigation aus Bildinformationen heraus führen wird. Notwendige Voraussetzung hierfür ist die Verknüpfung von Bildern oder Filmen ohne den Zwischenträger Text. Dies erfordert Bilderkennungsalgorithmen, die in der Lage sein müßten, Ähnlichkeiten in Bildern zu erkennen [Hirata/Hara et al (1993)]. Dabei ist noch nicht klar, welche kognitiven oder semantischen Aspekte eine solche Form der Navigation impliziert.

Geomantische
Navigation

Die *geomantische Navigation* mit Kompaß, Landkarte, Lageplan, Gebäudegrundriß soll etwas unterstützen, was man als eine »konzeptuelle Geographie« des Wissens, als kognitives »Territorium« bezeichnen könnte. Solchen Vorstellungen versuchen Medyckyj-Scott und Blades (1991) auf die Spur zu kommen, die kognitive Repräsentationen das Raumes im Design und bei der Benutzung geographischer Informationssysteme untersuchen, oder Hofmann, Langendörfer et al (1991), die das Prinzip der Lokalität in Hypertext studieren. Sie unterscheiden den ein-Karten-Blick, den globalen Karten-Überblick und das von ihnen für CONCORDE gewählte Prinzip der Lokalität mit der räumlichen Metapher lokal benachbarter Karten. Benachbarte Karten sind solche Karten, deren Relation durch einen aktuellen Interessenfokus definiert sind. Daß sich hierarchisch oberhalb der Maps wieder Strukturen bilden lassen, z.B. Cluster mit Clustering-Techniken, um Überblicke über das Gesamtsystem zu bilden, schlagen Mukherjea, Foley et al (1994) vor. Andere Möglichkeiten bieten *Fish-eye views* [Furnas (1986)], beispielhaft realisiert im *CERN Diorama*, das mit *AthenaMuse* entwickelt wurde [Hodges/Sasnett (1993)]. Ein Sonderproblem stellt die Navigation in lautsprachlichen Umgebungen (digitalen Tonbandaufzeichnungen) dar. Um nach speziellen Aspekten suchen zu können, muß der Benutzer noch Text eingeben [Arons (1991)]. Auch hier sind elegantere Formen denkbar wie z.B. Sound-Dateien mit Untertitelungen, die auf Sucherabfragen sensitiv reagieren, oder Lautspracherkennung.

Evaluation
der Navigation Evaluationsstudien zur Navigation mit Karten haben bis heute keine eindeutigen Ergebnisse gezeigt. So kommen Jonassen und Wang (1992) zu dem Ergebnis, daß ein grafischer Browser, der die Wissensstruktur repräsentiert und die Typisierungen der Verknüpfungen demonstriert, bei der Wissensrezeption nicht den Erwerb strukturellen Wissens verbessert. Bei aktiver Wissenskonstruktion jedoch wurde ein deutlicher Lernerfolg festgestellt. Bei Nelson (1992) wurden Wissenstrukturrepräsentationen in drei Gruppen eingesetzt: Die erste Gruppe benutzte die Wissenskarten beim Lesen, die zweite konstruierte eine Wissensrepräsentation ohne Feedback, die dritte konstruierte eine Wissensrepräsentation mit Feedback. Bei allen drei Gruppen wurde ein bedeutsamer Lernzuwachs festgestellt. Die erste Gruppe schnitt allerdings im Posttest besser ab, vermutlich weil die anderen beiden Gruppen mit der zusätzlichen Aufgabe, Karten zu konstruieren, im Versuch zu stark abgelenkt waren. In allen Untersuchungen zur kognitiven und semantischen Navigation wird jedoch die Geltung der Korrespondenzhypothese zwischen Kognition und Navigationsstruktur nicht problematisiert, die infragegestellt wird durch die Interpretationsleistung der Lernenden, worauf ich jetzt mehrfach hingewiesen habe. Auch McKnight, Dillon et al (1991) betonen, daß Versuche zu kurz greifen, mit Hilfe informationstheoretischer Modelle des Gedächtnisses oder Problemlösens die kognitive Verarbeitung grafischer Navigationsmittel zu erklären, weil die beiden Strukturen einander nicht entsprechen müssen: »The claim that a simple, non-hierarchical associative net, or web, is an ideal or natural model for hypertext because it mimics human memory must be seen as inadequate« (98). Weiteres zur Navigation in Multimedia-Systemen findet sich vor allem im Kapitel zur Navigation in Hypertext-Systemen.

Klassifikation von Software-Typen

Gibbs und Tsichritzis (1994) klassifizieren folgende Typen von Multimedia-Anwendungen:

- Interaktive Bildplatten-Anwendungen
- Elektronische Spiele
- Hypermedia-Browser
- Multimedia-Präsentationen
- Multimedia-Autorensysteme
- Multimedia-Mail-Systeme
- Desktop Video-Systeme
- Desktop Conferencing-Systeme
- Multimedia Services
- Multimedia-Betriebssysteme

- Multimedia-Produktionswerkzeuge (9ff.)

Hier ist alles versammelt, was mit Multimedia direkt oder vermittelt zu tun hat. Sie würfeln Betriebssysteme, Hardwareaspekte (Bildplatte, Desktop Video, Desktop Conferencing), Inhalts- und Funktionsaspekte (Spiele, Präsentationen, Browser) und Werkzeuge (Autorensysteme, Mail, Conferencing) sowie Infrastruktur-Aspekte (Services) bunt durcheinander. Außerdem schlagen sie vor, Multimedia-Applikationen nach der Art der Komposition, Synchronisation, Interaktion und Datenbankintegration zu klassifizieren, wobei sie unter Komposition folgende Merkmale verstehen:

- Mechanisms
- Spatial composition
- Temporal composition
- Semantic composition
- Procedural composition
- Component-based composition (252ff.)

Gloor (1990, 198ff.) unterscheidet vier Kategorien von Multimedia-Programmen, eindeutig im Blick auf die didaktische Konstruktion der Anwendungen: Drill & Practice, Tutorials, Lernspiele und Simulationen. Bodendorf (1990, 48ff.) unterscheidet Programme nach ihren Interaktionsmethoden in Hilfe (Lernen durch Hinweis), passiver Tutor (selbstgesteuertes Lernen), Training (Lernen durch Übung), aktiver Tutor (angeleitetes Lernen), Simulation (entdeckendes Lernen), Spiel (unterhaltendes Lernen), Problemlösung (learning by doing), intelligenter Dialog (sokratisches Lernen). Ferguson (1992) unterscheidet Multimedia-Lernformen auf einer Skala nach dem Grad der Lernkontrolle, den die Programme zulassen, in Drill & Practice, Tutorials, Parameter-Based Simulations, Micro Discovery Activities, ITSs, Microworlds, Programming Environments, Application Tools (34). Das Kriterium der Lernkontrolle als Parameter für eine Skalierung von Lernmethoden ist nicht neu (s. Kapitel 2). Man kann Multimedia-Anwendungen entweder nach didaktischen Konstruktionsprinzipien oder nach dem Grad der Lernerkontrolle klassifizieren [Schulmeister (1989)]. Ich möchte folgende Typen von Multimedia-Lernprogrammen unterscheiden, wobei das Unterscheidungskriterium ein einheitliches lerntheoretisches ist, nämlich der Grad der Interaktionsfreiheit, über die der Lernende gegenüber dem Programm verfügt, vs. dem Grad an Kontrolle, die das Programm über den Lernenden ausübt, und wobei der Akzent auf *Lern*programm liegt, d.h. alle Werkzeuge, Dienstprogramme etc. ausgeschlossen sind:

- Drill & Practice-Programme (s. Kapitel 4)
- Courseware (s. Kapitel 4)
- Präsentationen
- Kiosk-Systeme (s. Kapitel 9)

• Guided Tours (s. Kapitel 9)

• Electronic Books (s. Kapitel 8)

• Hypertext-Systeme (s. Kapitel 7)

• Simulationen (s. Kapitel 11)

• Interaktive Programme (s. Kapitel 10)

Ich will die einzelnen Kategorien an dieser Stelle gar nicht eingehend erläutern, weil sie in den verschiedenen Kapiteln dieses Buches ausführlich besprochen werden. Dennoch sind einige erläuternde Anmerkungen angebracht: Drill & Practice-Programme verdanken ihre Herkunft dem behavioristischen Modell, das mit kleinen Lernschritten und frequentem Feedback arbeitet. Der Softwaretypus, der als Courseware bezeichnet wird, stammt von diesem Modell ab, hat das behavioristische Konzept aber aufgegeben. Courseware arbeitet aber zumeist mit Frames, mit fest umrissenen Lerneinheiten, die vom Lernenden nicht zu beeinflussen sind. KIOSK-Systeme und Guided Tours sind ebenfalls frame-based, bieten dem Lernenden jedoch mehr Möglichkeiten der eigenen Navigation. Da sie im Grunde restringierte Hypertext-Formen sind, bieten sie wiederum nicht so viel Lernfreiheit wie ein Hypertext. Hypertext-Systeme ermöglichen den aktiven Umgang mit Informationen, nicht jedoch die Konstruktion eigener Hypertexte. Ein solcher Softwaretyp wird als kognitives Werkzeug bezeichnet und gehört in die Klasse der interaktiven Programme, die von Programmierumgebungen bis hin zur Arbeit mit allen möglichen Programmen reichen. Simulationen werden häufig wegen ihrer distinktiven Charakteristik als eigene Kategorie genannt; sie schwanken zwischen der Simulation von biologischen Systemen, physikalischen Gesetzen, mathematischen oder abstrakten Modellen (modellierte Ökologiesysteme oder Wirtschaftsmodelle) und der Simulation von Maschinen (Autos, Schiffen, Flugzeugen), den sog. Simulatoren. Simulationsprogramme gehören zum Typ der interaktiven Lernprogramme, auch wenn Maschinen-Simulatoren unabhängig von ihrer Machart häufig zu Drill & Practice-Zwecken eingesetzt werden.

Ähnlichkeit mit der hier vorgelegten Skala haben die Ansätze zur Beschreibung der Lernerkontrolle von Merrill (1980), Laurillard (1987) und Depover und Quintin (1992):

• Laurillard (1987) hat die interessante Unterscheidung von *didaktischem Modell* und *Kommunikationsmodell* eingeführt. Im didaktischen Modell habe der Lehrer die Kontrolle über Lerninhalt und Lernmethode, im Kommunikationsmodell der Lernende. Sie differenziert vier Dimensionen der Lernerkontrolle (Zugang zur Domain, Kontrolle über Übungen, Art des Feedback, Zielbegründung), die sie den Programmsorten vom klassischen CAL-Programm bis zu intelligenten Simulationen zuordnet. Das klassische CAL-Programm und das Tutorial böten Studierenden den geringsten Zugang zur Domain, kaum operationale Manipulationen auf der Domain, ausschließlich extrinsisches Feedback und ein geringes Maß an transparenter Zielbegründung.

IT-Systeme böten einen direkten Zugang zur Domain, operationale Kontrolle über Wissen und Übungen, intrinsisches und extrinsisches Feedback und transparente Ziele. Simulationen würden einen Kompromiß zwischen konventionellen und intelligenten Systemen darstellen.

- Depover und Quintin führen weitere Differenzierungen für Lernerkontrolle ein. So beschreiben Depover und Quintin Lernerkontrolle als ein Kontinuum, wobei sie in Übereinstimmung mit Merrill die *Kontrolle über den Inhalt* von der *Kontrolle über die Strategie* unterscheiden [vgl. La Follette (1993)].

- Lowyck und Elen (1993) betrachten Programme vom Instruktionalismus bis zum Konstruktivismus als auf einer Skala der *Selbstregulierung* des Lernenden angesiedelt (214ff.).

- Schwier (1993a) und (1993b) stellt ein Klassifikationsschema für Multimedia-Interaktion auf, das auf dem Grad an Kontrolle und dem Typ der kognitiven Aktivität basiert, die Lernende in *präskriptiven, demokratischen* und *kybernetischen Lernumgebungen* erfahren. Schwier unterscheidet im Rückgriff auf Rhodes und Azbell (1985) reaktive, proaktive und wechselseitig interaktive Niveaus der Interaktion. Mit dem jeweiligen Niveau der Interaktion variiert auch der Grad der Lernerkontrolle, der sich auf folgende Aspekte beziehen mag: Den Inhalt der Instruktion, den Lernkontext, die Präsentationsmethode, optionale Inhalte, die Präsentationssequenz, den Umfang der Übung, das Schwierigkeitsniveau und das Niveau der Beratung.

Ich habe den Eindruck, daß derartige Differenzierungen die einfache Aufgabe der Klassifikation von Programmtypen eher überfordern als ihr nützen. Dieser Eindruck wird bestätigt, wenn ich den Versuch von Jonassen (1985) betrachte, der ein Modell für das Design interaktiver Lektionen in Form eines Würfels mit 6 x 4 x 4 Kategorien entwirft, dessen drei Dimensionen er als *Interaktivität, interne Adaptivität* und *externe Adaptivität* bezeichnet, wobei er für jede der drei Dimensionen noch eine aufsteigende Skala bildet. Dieses Modell gehört für mich, ganz im Gegensatz zu dem erwähnten Tetraeder-Modell von Fischer und Mandl, zu den weniger überzeugenden Versuchen, mit grafischen Modellen Plausibilität erzeugen zu wollen [s.a. den Versuch von Baumgartner/Payr (1994)].

Softwaresysteme, die als Grundlage für Multimedia dienen, sind im wesentlichen die Autorensysteme, das breite Feld der Courseware, Programme aus dem Instruktionsdesign, intelligente tutorielle Systeme und Hypertext (neben Datenbanken, Werkzeugen und Kommunikationsprogrammen). Diese Grundtypen von Systemen, auf denen Multimedia aufbauen kann, werde ich – nach einer kurzen Einführung in Lerntheorien im nächsten Kapitel – in diesem Buch beschreiben, um ihre didaktischen und gestalterischen Vor- und Nachteile diskutieren zu können. Das folgende Diagramm stellt die Entwicklung der verschiedenen Richtungen und ihre Verbindungen untereinander dar:

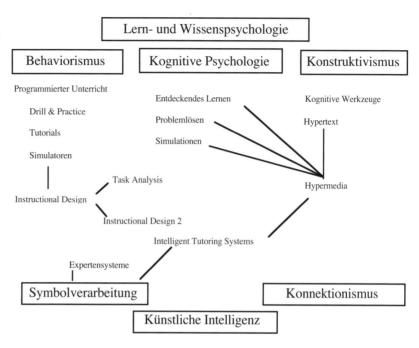

ABB. 4
Entwicklung der
Multimedia-Systeme

KAPITEL 3

Theorien des Lernens

Epistemologische Theorie der Kognition

Die kognitive Psychologie, die auf die Theorien Jean Piagets und Jerome S. Bruners zurückgeht, geht im Gegensatz zum Behaviorismus[3] und seinem Theorem der gepaarten Assoziationen davon aus, daß Lernen auf kognitiven Strukturen beruht und durch kognitive Konzepte ständig mediiert wird. Piagets Theorie der genetischen Epistemologie ist eine tief in der biologischen Evolution gründende Vorstellung von der Anpassung des Organismus an die Umwelt. Die ontogenetische Entwicklung des Individuums wird durch Austauschprozesse mit der Umwelt reguliert, die Piaget als »Akkomodation« und »Assimilation« bezeichnet, als die Anpassung der erworbenen kognitiven Konzepte an neue pragmatische Gegebenheiten und als die Hereinnahme externer Objekte und Zustände in die inneren Strukturen des Individuums unter Modifikation der vorhandenen kognitiven Strukturen. Ziel der Assimilations- und Akkomodationsprozesse ist die Überwindung von Perturbationen in der Begegnung mit der Umwelt und die Herstellung eines neuen Equilibriums.

Die epistemologische Theorie der Kognition hat zwei pädagogisch-methodische Konzepte begründet: Das *entdeckende Lernen* [Bruner (1961)] und das Lernen mit *Mikrowelten* [Papert (1980)]. Und sie bildet zugleich die psychologisch-philosophische Grundlage für den *Konstruktivismus* [s. die Beiträge in den Sammelbänden von Forman/Pufall (1988) und Beilin/Pufall (1992); s.a. Varela (1990); Smith (1993)]. Auf das Konzept der Mikrowelten war ich im vorigen Kapitel bereits kurz eingegangen. Es bleibt mir, an dieser Stelle etwas zum entdeckenden Lernen nachzuholen. Den Konstruktivismus werde ich im nächsten Abschnitt eingehender behandeln.

Entdeckendes Lernen   Aus der kognitiven Psychologie heraus hat sich das Modell des »Entdeckenden Lernens« entwickelt: Für das entdeckende Lernen stehen der an der Heuristik menschlichen Denkens orientierte Erkenntnisprozeß, der konzeptgeleitete Denkprozeß und das konstruktive Problemlösen im Vordergrund. Lernmaterialien nach dem Frage-Antwort-Schema bieten den Lernenden nach Ansicht der kognitiven Psychologie viel zu wenig Spielraum, ihre vorhandenen kognitiven

---

3. Auf den Behaviorismus gehe ich im nächsten Kapitel näher ein.

Konzepte zu aktivieren und neue zu entwickeln. Aufgaben, die dem Suchen, Probieren und Explorieren weiten Raum geben, sowie die Simulation kognitiver Prozesse sind hierfür schon eher geeignet. Auf jeden Fall ist für ein solches Lernen – bezogen auf das Lernen mit Computern – die Freiheit des Lernenden wichtig, Wege und Strategien im Umgang mit Programmen selbst wählen zu können. Jacobs (1992), der die Geschichtslosigkeit in der Pädagogik beklagt, bietet eine historische Darstellung des entdeckenden Lernens von Sokrates bis heute. Er möchte damit eine Kontinuität der Vorstellung vom entdeckenden Lernen im Geschichtlichen herstellen.

Einen Überblick über Untersuchungen zum entdeckenden Lernen gibt Heller (1990). Sie gibt deutlich zu erkennen, daß entdeckendes Lernen kein Patentrezept ist, sondern daß der Erfolg des entdeckenden Lernens von vielen Faktoren abhängig ist: Studierende aus gehobenen sozio-ökonomischen Schichten und aus städtischen Umgebungen scheinen eher davon zu profitieren, ebenso selbstsichere, kompetente Lerner, während mißerfolgsängstliche Studierende eher vom angeleiteten Lernen profitieren. Heller stellt jedoch auch fest, daß die These von der motivierenden Wirkung des entdeckenden Lernens weitgehend bestätigt worden ist. Neuere Einzelstudien sind u.a.

* die Studie von Wilson und Tally (1991), die 10 Multimedia-Programme auf ihre Eignung für das entdeckende Lernen hin untersuchten, und
* die Studie von Wolfe (1992), der entdeckendes Lernen durch studenten-generierte Experimente in der Statistik fördern will, um die Studierenden mit Statistik und experimentellen Methoden vertraut zu machen und ihr empirisches Denken zu fördern.

Wie bei allen empirischen Studien gibt es nicht nur positive Ergebnisse:

* Hsu und Chapelle et al (1993) untersuchten explorative Lernprozesse in einer Lernumgebung, in der ein Computer die Absichten der Lernenden interpretiert. Die Versuchspersonen explorierten die Lernumgebung routiniert, aber nicht kreativ.
* Swan (1989) kommt in einem Experiment mit LOGO zu der Schlußfolgerung, daß Instruktion und Programmieren mit LOGO dem konkreten Manipulieren in Lernsituationen entdeckenden Lernens hinsichtlich des Lehrens und Lernens von Problemlösungsverhalten überlegen sei.

Entdeckendes Lernen unterteilt Ferguson (1992) in »parameter-based simulations« und »micro discovery activities« (35ff.). Die parametervariierenden Simulationen behandle ich in Kapitel 11, auf Mikroaktivitäten, die Entdecken ermöglichen, weise ich an verschiedenen Stellen dieses Buches hin. Die Möglichkeit, entdeckendes Lernen in ganz unterschiedlichen Umgebungen zu praktizieren, verweist darauf, daß entdeckendes Lernen weniger eine Lernmethode ist, sondern vielmehr eine pädagogische Einstellung mit partiellen methodischen Konsequenzen, die sich quer durch alle Gattungen computerunterstütz-ter Lernsoftware ziehen.

Konstruktivistisch an Piagets Theorie ist die Vorstellung, daß das Individuum die kognitiven Konzepte selbst generiert, daß das Individuum Wissen nur im Austausch mit der Umwelt erwirbt und daß die Austauschprozesse nur tempo-rär ein Equilibrium erreichen, so daß Assimilation und Akkomodation die Ent-wicklung der Kognition beim Individuum stets vorantreiben. Die Vorstellung dieser Prozesse bildet den Motor für die kognitive Entwicklung und für das selbsttätige Lernen des Individuums. Kognition organisiert die Welt, indem sie sich selbst organisiert. So betrachtete Piaget sogar die mentalen Operationen, die in mathematischen Lernprozessen impliziert sind, als Produkte spontaner Rekonstruktion. Das Kind selbst generiert Konzepte wie Reversibilität, Transi-tivität, Rekursion, Reziprozität von Relationen, Klasseninklusion, die Erhal-tung numerischer Mengen und die Organisation räumlicher Referenzen.

Das Prinzip der Generativität der Kognition, das diesem Konzept eignet, kann nicht häufig genug betont werden. Es bildet eine der wesentlichen Grundlagen für den Konstruktivismus. Und es stellt eines der Hauptargumente gegen die Annahme der Kognitivisten dar, daß man kognitive Konzepte wie Lernzielka-taloge definieren und zur Grundlage instruktionaler Systeme machen könne.

Der Konstruktivismus

Der Konstruktivismus ist keine Theorie des Seins, formuliert keine Aussagen über die Existenz der Dinge an sich, sondern ist eine Theorie der Genese des Wissens von den Dingen, eine genetische Erkenntnistheorie. Für den Kon-struktivismus ist Wissen kein Abbild der externen Realität, sondern eine Funk-tion des Erkenntnisprozesses. Die alternative erkenntnistheoretische Position, daß die Welt aus Objekten und die Kognition aus korrespondierenden Reprä-sentationen dieser Objekte besteht (Korrespondenz- oder Identitätshypothese), die im Gehirn als Objekte gespeichert werden, wird als Objektivismus be-zeichnet [Lakoff/Johnson (1980), 186ff.]. Der Konstruktivismus betont im Ge-gensatz zum Objektivismus die aktive Interpretation des erkennenden Sub-jekts, den Prozeß der aktuellen Konstruktion von Bedeutung, in dem »jeder Akt des Erkennens eine Welt hervorbringt« [Maturana/Varela (1987), 31].

Der Konstruktivismus strebt wie Piaget eine genetische Epistemologie an, die sich mit der Formation und Bedeutung des Wissens auseinandersetzt. Die Be-deutung des Wissens liegt für den Konstruktivismus nur in der Funktion des Wissens begründet [Clancey (1992)]. Wichtig zur Unterscheidung von anderen kognitivistischen Ansätzen ist, daß Wissen im Akt des Erkennens konstruiert wird, es existiert nicht unabhängig vom erkennenden Subjekt, wird dynamisch generiert und nicht fest gespeichert und kann deswegen auch nicht einfach an jemand anderen ohne eigene Rekonstruktion »übermittelt« werden [Papert (1992), 142]. Repräsentationen sind ständig neuinterpretierte Darstellungsformen des Erkannten, keine statischen, erstarrten Symbole, d.h. aber auch, daß es immer mehrere Möglichkeiten der Konstruktion gibt. Wichtig wird deshalb der Prozeß der aktiven Auseinandersetzung mit Aufgaben: »This means that the learning of complex, unfamiliar or counterintuitive models in science requires a kind of learning by doing and by construction and criticism rather than by listening alone« [Clement (1989), 377]. Nicht die Aufstellung von Lernzielen und Katalogen mit kognitiven Konzepten ist wichtig, sondern die Rückbindung an die Kontextgebundenheit der Lerninhalte.

Diese Charakterisierungen bringen den Konstruktivismus in die Nähe eines erkenntnistheoretischen Subjektivismus, ein potentieller Vorwurf, gegen den von Glasersfeld (1995) sich vorsichtshalber gleich zu Beginn seines Buches zur Wehr setzt: »Some critics say that the emphasis on subjectivity is tantamount to solipsism [...] others claim that the constructivist approach is absurd, because it disregards the role of society [...] Both objections are unwarranted« (1). Derartige Kritiken verkennen die Zirkularität der Erkenntnissituation, deren Beschreibung eines der wesentlichen Ziele von Maturana und Varela (1987) ist. Da wir beim Erkennen weder die Existenz einer von uns unabhängigen, objektiven Welt schlicht voraussetzen können noch in einen subjektiven Relativismus verfallen wollen, folgern sie: »Wir müssen auf einem Grat wandern und vermeiden, in eines der Extreme – das repräsentationistische (Objektivismus) oder das solipsistische (Idealismus) – zu verfallen«. Auch Lakoff und Johnson (1980) nehmen zu diesem Vorwurf Stellung und bezeichnen Objektivismus und Subjektivismus als Mythen, die es zu untersuchen und zu verstehen gelte, wobei dem Mythos des Objektivismus eine besondere Stellung zukomme: »The myth of objectivism is particularly insidious in this way. Not only does it purport not to be a myth, but it makes both myths and metaphors object of belittlement and scorn« (186).

Konstruktivismus und Piaget | Die Grundlagen des Konstruktivismus finden sich einerseits bei Piaget[4]. Die Theorie des Wissens in der genetischen Epistemologie Piagets betont die Genese der Kognition in der aktiven Auseinandersetzung des erkennenden Subjekts mit der Umwelt. Pädagogische Ideen des Konstruktivismus, wie z.B. das Bild vom »child as scientist«, gehen unmittelbar auf das bei Piaget durchgängig aufzufindende Prinzip zurück, daß das Kind sein Wissen durch eigene konstruierende Aktivität in tätiger Auseinandersetzung mit der Umwelt erwirbt [Brown/Palincsar (1989), 396ff.]. Brown und Palincsar sind zwei der wenigen amerikanischen Forscher, die Piaget nicht als einseitigen Kognitivisten mißver-

---

4. Entwistle/Entwistle et al (1993); s. auch Prenzel/Mandl (1993), 316, die auch näher auf die Bedeutung von Kontext als »contextualized knowledge« (318) eingehen; s.a. Resnick/Klopfer (1989), 3. Der Rückgriff auf Piaget wird auch in fast sämtlichen Beiträge im Band von Forman und Pufall (1988) deutlich. diSibio (1982) versucht, eine konstruktive Theorie des Gedächtnisses im Rückgriff auf Bartlett (1932) und Piaget und Inhelder (1973) zu entwickeln.

stehen und die gemeinsamen Wurzeln von Piaget und Wygotski betonen, die in der sozialen Genese des individuellen Verstehens gründen: »In fact, Vygotsky and Piaget, who are usually blamed for the extremes, acknowledged both social and individual learning in their theories, although each chose to focus primarily on one« (396).

Konstruktivismus
und Hermeneutik

Die Grundlagen des Konstruktivismus, vor allem die erkenntnistheoretischen, finden sich andererseits in der Hermeneutik und im symbolischen Interaktionismus, z.B. bei Mead. Bereits der französische Strukturalismus und der symbolische Interaktionismus teilten sich die Vorstellung, das Wissen nicht aus einem Satz abstrakter Strukturen besteht, die intern gespeichert werden, sondern aus aktuellen Konstruktionen. Der Objektivismus-Vorwurf, der psychologischen Kognitivisten und Instruktionalisten von Konstruktivisten gemacht wird, stammt bereits aus der erkenntnistheoretischen Diskussion um die analytische Philosophie. Habermas (1968) hat darauf hingewiesen, daß die Bedingungen instrumentellen und kommunikativen Handelns zugleich die Bedingungen möglicher Erkenntnis sind: »sie legen den Sinn der Geltung nomologischer beziehungsweise hermeneutischer Aussagen fest. Die Einbettung von Erkenntnisprozessen in Lebenszusammenhänge macht auf die Rolle erkenntnisleitender Interessen aufmerksam: ein Lebenszusammenhang ist ein Interessenzusammenhang« (260). Die Ausweitung der Erkenntnistheorie auf die Gesellschaftskritik eröffnet weite Dimensionen. Der Objektivismus wird in dieser Perspektive zum Ausdruck der gesellschaftlichen Verfaßtheit des Wissens, mit der sich die Soziologie des Wissens befaßt: »Objectivism has been firmly embedded in the norms and rituals of academic culture and its transmission« [Esland (1971)]. Einer der wenigen konstruktivistischen Ansätze der Informatik, der bewußt die hermeneutische Tradition (in diesem Fall Gadamer und Heidegger) in seine Theoriebildung einbezieht, ist der Ansatz von Winograd und Flores (1987) in ihrem bekannten Buch »Understanding Computers and Cognition«.

Diese Bestimmungen des Erkenntnisprozesses sind für den Lernprozeß konstitutiv. Lernen entwickelt sich aus Handeln, Handeln vollzieht sich in sozialen Situationen, Denken und Kognition sind demzufolge situativ. Oder mit den schlagkräftig formulierten Sätzen von Maturana und Varela: »Jedes Tun ist Erkennen, und jedes Erkennen ist Tun«. Für den Lernprozeß bedeutet dies, daß das Augenmerk darauf gelegt werden muß, daß Kognition in situ geschieht, kontextuell gebunden oder »situiert« ist. Für Forman und Pufall (1988) zählen deshalb epistemischer Konflikt, Selbstreflexion und Selbstregulation zu den entscheidenden Merkmalen konstruktivistischer Erkenntnistheorie. Dafür hat sich die plastische Bezeichnung »situated knowledge« [Resnick (1989)] oder »situated cognition« [Greeno (1988); Brown/Collins et al (1989)] bzw. »situated learning« [Young (1993)] eingebürgert. Das jüngste Konzept der »knowledge negotiation« könnte geeignet sein, das Konzept der situierten Kognition um eine kommunikative Dimension zu erweitern, hätten die Autoren [Moyse/

Elsom-Cook (1992)] dem Konzept nicht eine rationalistisch restringierte Fassung gegeben.

Was meint Situated Cognition?

Stucky (1992) stellt fest, daß der Begriff 'situated' in derart vielen, völlig unvereinbaren Zusammenhängen auftaucht, daß es schon zu einem Dissens »in the situated ranks« gekommen sei: »But to some, all this looks like old hat. The claim made by the situated crowd often seems merely to be that interpretation, whether of language or action, depends on context. And that claim is, in many intellectual circles, hardly a new one« (27). Es ist deshalb nötig und wichtig, das Konzept der situierten Kognition näher zu begründen, um einerseits die Fälle vorschneller Berufung auf das Konzept von den wenigen echten konstruktivistischen Ansätzen unterscheiden zu können und andererseits zu verhindern, daß diese Idee allzu rasch beiseite gelegt wird. Wenden wir uns einigen Erklärungsversuchen von Vertretern der situierten Kognition zu.

Stucky, die den laxen Umgang mit dem Begriff situierte Kognition kritisiert, versucht sich selbst mit folgender Erklärung: »It's not just that agents (whether human or computational) depend on the surrounding context in a variety of ways [...] but rather that people rely on the context to do part of the work. They actively use aspects of the surrounding situation to calculate and support action in ways that suggest that they are not representing all relevant aspects of the situation at hand« (28). Erkennen findet nicht nur in einem Kontext statt, sondern mit Elementen des Kontextes. In dieser Frage stimmt Stucky mit Lave (1988) überein. Für Lave ist Kognition ein soziales Phänomen: »The point is not so much that arrangements of knowledge in the head correspond in a complicated way to the social world outside the head, but that they are socially organised in such a fashion as to be invisible. Cognition observed in everyday practice is distributed – stretched over, not divided among – mind, body activity and culturally organised settings (which include other actors)« (1).

Eine etwas einfachere Erklärung situierter Kognition ist bereits jedem Linguisten und Sprachphilosophen geläufig: Ein Sprecher repräsentiert in seinen Äußerungen gar nicht alles, was zum kognitiven und sprachlichen Verstehen notwendig ist. Die Bedeutung sämtlicher Referenzen von ich, er, sie, hier, dort, etc. kann aus einem ganz weiten Kontext oder einer sehr privaten Beziehung hervorgehen und nur in der Situation und nur von ganz bestimmten Konversationspartnern verstanden werden. Würden solche Aussagen maschinell übersetzt werden, würde der Kontext eliminiert werden, und es müßte jegliche Bedeutung verlorengehen. Nur der Partner, der im selben Kontext steht oder die benötigte Beziehung zum Sprecher besitzt, kann diese Äußerungen »verstehen«, wobei er/sie erhebliche Interpretationsleistungen erbringen muß. Bereits an diesem einfachen Beispiel wird deutlich: Sprache und Kognition sind »kontex-

tuell situiert«. Der Hinweis auf die maschinelle Übersetzung deutet zugleich
an, daß der Ausweg, den sich Instruktionsdesigner einfallen lassen könnten,
einfach mehr Kontext in Programme zu integrieren, um das Verstehen zu sichern, zum Scheitern verurteilt sein würde.

»Situated Cognition« ist entstanden aus der Auseinandersetzung der Psychologie mit Maturana [Knuth/Cunningham (1993)]. Maturana und Varela (1987)
behaupten, daß Menschen strukturdeterminierte, autopoetische Wesen sind, die
autonom und rekursiv organisiert sind, aber auf Perturbationen der Umwelt mit
der Konstruktion idiosynkratischer Konzepte antworten. Eine ihrer wichtigsten
Aussagen ist: »Alles Wissen ist konstruiert«. Lebewesen sind nach Maturana
und Varela informationell geschlossene Systeme, d.h. sie nehmen Informationen nicht wie objektive Gegebenheiten, sondern nur nach eigenen Regeln
durch Interpretation auf. Für die Konstruktivisten ergibt sich daraus der wichtige Hinweis auf die Geltung multipler Perspektiven beim Erkennen und Lernen.
Zugleich sind Lebewesen nicht unabhängig von der Umwelt, sondern strukturell gekoppelt, und betreiben den Austausch mit der Umwelt über symbolisches Handeln. Hier befinden sich Maturana und Varela in Übereinstimmung
mit Piaget, dessen Hauptthema die Genese der Kognition aus dem Handeln ist,
und mit Erkenntnistheoretikern, deren Interesse auf die Funktion des kommunikativen Handelns gerichtet ist (z.B. Habermas). Für Maturana ist Erkennen
eine effektive Handlung und jedes Handeln ist ein Erkennen.

Knuth und Cunningham sehen als Konsequenz eines solchen Ansatzes, daß es
nicht gilt, das Individuum zu ändern, sondern die Umwelt, in der das Individuum handelt. Die Prinzipien, die sie für die Gestaltung von Lernumwelten aus
Maturanas Theorie ableiten, lauten in Kurzform: »social coupling through language« und »network of conversation and dialogue«. Stebler, Reusser et al
(1994) meinen, daß 'situated cognition' seine Wurzeln in der Kontextgebundenheit des Denkens habe, »auf die Duncker (1974) mit seinem Begriff der
'funktionalen Gebundenheit' hingewiesen hat« (230). Wenn die soziale Gebundenheit des Individuums durch symbolische Interaktionen erfolgt, dann hat
die situierte Kognition es notwendig mit dem zu tun, was die hermeneutische
Tradition als »Verstehen« bezeichnet. Nun darf man ruhig resignieren und sich
von dem mühseligen Geschäft der Definition zurückziehen, wenn Stebler et al
formulieren: »Verstehen ist ein vielschichtiges und facettenreiches Phänomen,
für das bis anhin eine verbindliche Definition fehlt«. Als solche Facetten listen
sie folgende auf: »Je nach theoretischer Ausrichtung bedeutet Verstehen beispielsweise Einsicht in Sachzusammenhänge (Wertheimer, 1945/1964), pro-
duktives Denken (Duncker, 1974), Integration von Zusammengehörigem (Dewey, 1910, 1951), operatorische Beweglichkeit (Aebli, 1951), Assimilation
neuer Inhalte an bestehende Strukturen (Piaget, 1947/1976), Begriffsbildung
(Aebli, 1980, 1981) oder Problemlösen (Reusser, 1984)« (228).

Verstehen und Hermeneutik Die Vertreter der These von der situierten Kognition haben sich erstaunlicherweise mit dem Problem des Verstehens in der hermeneutischen Tradition nicht

auseinandergesetzt. Trotzdem soll hier der Versuch gemacht werden, eine Verbindung herzustellen. Situierte Kognition ist eine Entgegensetzung zum zweckrationalen Mißverständnis von Kognition. Verstehen hat eine phylogenetische und eine ontogenetische Seite: Ich bin als Verstehender Teil einer Geschichte der Menschheit (phylogenetisch), und mein Erkennen ist geprägt und verstellt von dieser Zugehörigkeit zur Geschichte. Gleichzeitig bin ich ein Individuum in der Entwicklung und ständig darauf angewiesen, meine unvollständigen Kognitionen zu erweitern und zu entfalten (ontogenetisch). Ich verstehe als Fünfjähriger anders, als ich es als Zwölfjähriger oder Zwanzigjähriger tun würde. Verstehen heißt deshalb, Geschichte mitzudenken, um diese Geprägtheit einholen zu können:»Gemäss diesen theoretischen Erörterungen erfolgt eine wirksame Informationsaufnahme in tätiger Auseinandersetzung mit einem Lerngegenstand (aktiv) in einem bestimmten Kontext (situativ), gemeinsam mit anderen (interaktiv). Dabei werden neue Informationen mit bereits vorhandenen verknüpft (kumulativ) und Strukturen aufgebaut (konstruktiv). Lernen ist dann am erfolgreichsten, wenn der Schüler das Ziel kennt, auf das er hinarbeitet (zielgerichtet), und sein Vorgehen kompetent überwacht und steuert (selbstreguliert)« [Stebler/Reusser et al (1994), 231].

Konstruktivismus und Lernumwelten

Die pädagogischen Folgerungen aus dieser grundsätzlichen Bestimmung des Erkenntnisvorgangs durch die Konstruktivisten müssen sich konsequenterweise darauf beziehen, die Autonomie des Individuums und seine idiosynkratischen Prozesse zu respektieren und stärker zu beachten. Dies kann nicht dadurch geschehen, daß Instruktion objektives Wissen und einheitliche Methoden vorgibt, sondern durch die Entwicklung von Lernumwelten, in denen kognitive Lernprozesse in handelnder Auseinandersetzung mit der Umwelt stattfinden können. Aus dem Konstruktivismus sind einige interessante didaktische Konzepte von und für Lernumwelten entstanden, so z.B.

- die Idee des »cognitive apprenticeship«, die Collins, Brown et al (1989) bekannt gemacht haben [s.a. Brown/Collins et al (1991)],
- die »communities of practice« von Brown, Collins et al (1989) oder
- das »reciprocal teaching« von Brown und Campione (1990),
- das »intentional learning« von Bereiter und Scardamalia (1989) und Scardamalia und Bereiter (1992),
- die »knowledge-building communities«, Scardamalia und Bereiter (1992), sowie schließlich
- die alles umspannende Idee der »legitimate peripheral participation« von Lave und Wenger (1991).

Durch die Idee der situierten Kognition kommt es zu einer Art Renaissance des sozialen Lernens, einer Neuauflage der kontextbezogenen, kooperativen und kommunikativen Lernsituationen. Eine der Hauptaufgaben des Lehrers ist es deshalb, Situationen herauszufinden, die Lernen stimulieren und neue Konzepte und Prozeduren entstehen lassen. Ob man sein Augenmerk dabei auf Situationen erfolgreichen Lernens richtet, wie es Pea (1992) vorschlägt (314), dabei vor allem auf solche Situationen, die außerhalb der schulischen Umgebung entstehen, oder gerade auf Situationen nicht-erfolgreichen Lernens, möchte ich unbeantwortet lassen. Im Konstruktivismus stehen jedenfalls auf einmal ganz andere Aspekte des Lernens im Mittelpunkt als in den letzten 20 Jahren:

- das Alltagswissen der Lernenden
- die bevorzugten Lernstrategien der Lernenden
- der individuelle Wissensstand des einzelnen
- eine generische Theorie des Wissenserwerbs
- die Aneignung neuer und die Modifikation bereits erworbener kognitiver Konzepte, der Konzeptwechsel
- die wissensbildenden Kräfte von Lerngemeinschaften
- Situationen der Lehrlingsausbildung und Praxis.

Bezüglich der Entwicklung von Lernprogrammen sind zwei Konsequenzen des konstruktivistischen Ansatzes besonders bemerkenswert:
- die Betonung alternativer Lernsituationen oder Lernumgebungen
- die Entwicklung alternativer Designprozesse.

Die Betonung alternativer Lernumgebungen

Brown (1985) macht deutlich, daß die konstruktivistische Pädagogik auch im Bereich des Computerlernens neue Lernsituationen fordert. Er möchte den Schwerpunkt des Interesses von den Lernergebnissen auf die Lernprozesse verschieben. Fünf Mittel scheinen ihm dabei wichtig zu sein: (1) »empowering learning environments«, um die Kreativität zu fördern, (2) »games«, um die Motivation anzusprechen, (3) kognitive Werkzeuge, um die Repräsentation und das Verstehen kognitiver Prozesse zu fördern, (4) Werkzeuge zur Unterstützung des Schreibens und Argumentierens und (5) Programme, die das Denken der Schüler spiegeln und sie bei der Reflexion ihrer eigenen Denkprozesse unterstützen. Ganz ähnliche Konzepte hat Papert entworfen, von den ersten Versuchen mit Mikrowelten aus Turtletalk in Logo über die computergestützten Legomaschinen bis hin zu umfassenden Schulprojekten wie dem »Project Headlight« [Harel/Papert 1991a]. Auch für Papert steht der Entwurf kreativer und anregender Lernumgebungen im Vordergrund seines pädagogischen Bemühens [Harel/Papert 1991b]. Dennoch gibt es Unterschiede. Papert betont sie durch die Wahl des Begriffs »Constructionism« statt Konstruktivismus. Ihm kommt es vor allem auf Lernsituationen an, die aktives Konstruieren erlauben, obwohl alle seine Schilderungen pädagogischer Wirklichkeit zeigen, wie sehr er den Lernprozeß ebenfalls als situiert in der sozialen Umgebung betrachtet.

Konzept der Lernumwelten

Das Konzept der Lernumwelten verdeutlicht den Sprung von den klassischen Lerntheorien oder Taxonomien Gagnés oder Merrills zum Konstruktivismus: Brown fragt nicht in erster Linie nach neuen Instruktionsmodellen oder weiteren Präskriptionen und Präsentationen, sondern nach alternativen Lernumgebungen. Der Begriff »learning environment«, *Lernumgebung*, wird aktuell [Duffy/Lowyck et al (1993)]. Das Nachdenken über Lernumgebungen führt zu einer Renaissance der Methoden des Problemlösens und entdeckenden Lernens. Ein vielzitiertes Beispiel in diesem Zusammenhang ist die Jasper Series der Cognition and Technology Group at Vanderbilt [CTGV (1992) und CTGV (1993)], obwohl es sich nicht um Computerprogramme handelt, sondern um Videofilme [s.a. Spiro/Feltovich et al (1991b); Cooper (1993)].

Erziehung und Unterricht können in der konstruktivistischen Perspektive nicht davon ausgehen, daß alle Lernenden die Ziele der Instruktion unverändert in sich aufsaugen, sondern sind von der Maxime bestimmt, daß die lernenden Individuen autonome Subjekte sind, die auf die Wahrnehmung von Perturbationen in der Umwelt mit der Generierung idiosynkratischer Konzepte reagieren. Es ist dabei zu beachten, daß der Konstruktivismus nicht etwa keine Aufgabe mehr in der Planung von Unterricht sieht, sondern als seine vornehmste Aufgabe die Erfindung und Gestaltung von anregenden Lernumwelten betrachtet, die Lernenden die Freiheit eröffnen, ihre eigenen Konstruktionen zu schaffen. Es handelt sich schon um eine Design-Aufgabe, wenn auch eine andere als im Instruktionsdesign: »The ideas underlying constructivism suggest that we shift from designing learning environments that instruct to designing environments that influence the structure of autopoetic unities in ways that conserve organization and adaptation« [Knuth/Cunningham (1993), 167].

diSessa (1992) bezeichnet die Beschreibungen alternativer Lernumgebungen und Lernkonzepte im Konstruktivismus wie z.B. den Ausdruck »child as scientist« oder »child as designer/builder« (Papert, Minsky) als »images« (19ff.), womit ihr methodologischer Status einigermaßen genau umschrieben ist: Es handelt sich vorläufig noch um Metaphern für Lernen, um Bilder, die handlungsanleitenden Charakter haben, aber noch nicht um Theorien des Lernens. diSessa prägt dafür auch den Begriff der »activity« und möchte zu einer Theorie der Aktivität vorstoßen.

Jasper Series

Die Cognition and Technology Group at Vanderbilt, die eine bekannte Videofilm-Serie entwickelt hat, die Jasper Series, bedient sich der Hypertext-Terminologie, um ihre Theorie zu beschreiben: Ihre Filme bieten semantisch reiche »anchors«, die einen »macrocontext« konstruieren. Diese präsentieren bedeutungshaltige authentische Probleme, die es zu lösen gilt. Wichtig ist ihnen die Lernaktivität selbst (generative learning), eingebunden in Kommunikation und Kooperation (16) und der bedeutungshaltige Problemlösungskontext (anchored instruction), der Elemente des »apprenticeship learning« enthält (17) und exploratives Vorgehen ermöglicht.

Taliesin Projekt

Smith und Westhoff (1992) beschreiben das *Taliesin* Projekt, dessen Ziele weit über ein Programm hinausweisen und den institutionellen Kontext berühren: (1) Curriculumrevision mit dem Ziel, die Segmentierung der Fächer zu überwinden, und interdisziplinären Blockunterricht einzuführen, (2) Entwicklung eines Hypermedia-Systems mit Protokollierung, Kommunikation, Netzanschluß, Applikationen, (3) Entwicklung von Werkzeugen für Lektionen-Design.

Ein wichtiges Merkmal dieser Lernumwelten ist, daß es soziale Lernumwelten sind, in denen Menschen mit symbolischen Zeichensystemen in Verbindung treten. Aus diesem Gedanken heraus entwickeln sich drei Ansätze für die Differenzierung von Lernumwelten und für ihre Konstruktion:

• Das Lernen als Lehrlingsverhältnis (cognitive apprenticeship)

• das Lernen als kommunikatives Handeln in Wissensgemeinschaften (knowledge communities)

• das Lernen mit kognitionsfördernden Werkzeugen (cognitive tools).

Cognitive Apprenticeship

Die Betonung beim Konzept des »cognitive apprenticeship« [Collins/Brown et al (1989); Brown/Collins et al (1991)] liegt auf einem Lernen, das eingebettet ist in einen sozialen Kontext, an dem Meister und Lehrling gleichermaßen teilhaben: »apprenticeship embeds the learning of skills and knowledge in their social and functional context« (454). Elemente der Lehrlingsausbildung, die den Autoren vorschweben, sind die Beobachtung des Meisters durch den Lehrling mit dem Ziel, ein Modell zu bilden (modeling), der eigene Übungsprozeß des Lehrlings mit Beratung durch den Meister (coaching) und die allmähliche Rücknahme der tutoriellen Aktivität (fading). Stebler und Reusser et al (1994) wählen für cognitive apprenticeship den deutschen Begriff »Berufslehre«, was wohl nicht ganz zutreffend ist, wenn man an all die Beschreibungen von cognitive apprenticeship denkt, die Lave und Wenger (1991) in ethnographischen Studien in Afrika gewonnen haben.

Die Prozesse, die in der Lehrlingsausbildung praktisch vollzogen werden, finden in diesem Fall in den Köpfen der Beteiligten statt, also kognitiv, wobei ein wichtiges Element darin besteht, die kognitiven Prozesse zu externalisieren [Lajoie/Lesgold (1992)]. Damit schließt sich der Kreis zurück zur Hypothese der situierten Kognition. Cognitive apprenticeship werden viele Vorteile zugeschrieben: Beobachtung und eigene praktische Ausführung (Externalisierung) bestimmter Fertigkeiten sollen die Entstehung des kognitiven Modells unterstützen; das kognitive Modell soll eine interpretative Struktur bereitstellen, damit Rückmeldung, Hinweise und Korrekturen auf fruchtbaren Boden fallen, wodurch sich wiederum die autonome Fähigkeit der Reflexion entwickeln soll.

Die flüchtige Schilderung des Konzepts lehrt bereits: Konstruktivistisches Lernen geht weit über das hinaus, was Computer beherrschen oder verstehen können [Nix (1990)]. Seine Beispiele, in denen Kinder mit Computerhilfe Video-

Editing betreiben und moderne narrative Stories schreiben, belegen diese These: »The computer is decentered enabling technology for experiences whose significance transcends computeristic ideas. The children work together. What they work on is relevant to their own feelings and thoughts. Their work consists of creating something. The computer could not know what they were doing« (160).

Wissensgemeinschaften

Das kooperative Lernen, das interaktive Lernen und die Lerngemeinschaften (»communities«) werden vom Konstruktivismus mit neuer Aufmerksamkeit bedacht [Newman (1992)]. Dies hat zu tun mit der Vorstellung einer »distributed cognition«, für die sich Konstruktivisten auf Wygotski berufen. Brown und Palincsar (1989) geben einen Überblick über anthropologische, kulturelle und soziale Wurzeln der Kognitionsentwicklung in kooperativen Settings, über »shared expertise«, »expert scaffolding«, die Rolle von Konflikten, die Funktion sokratischer Dialoge, das Konzept des reziproken Lehrens von Verstehen, das inzidentelle Lernen usw. (397ff.). Ich kann darauf im einzelnen gar nicht eingehen, aber an einem Beispiel möchte ich die Idee illustrieren.

CSILE   Scardamalia und Bereiter (1992) schildern CSILE (Computer Supported Intentional Learning Environment), eine Familie genereller Entwicklungstools, vernetzter Hypermedia-Programme, die nicht auf ein Wissensgebiet beschränkt sind, sondern im gesamten Curriculum Anwendung finden sollen, und deren Ziel die kooperative Konstruktion von Wissen durch Schüler innerhalb und außerhalb des Unterrichts ist. Theoretische Grundlage für CSILE ist das Konzept des intentionalen Lernens [Bereiter/Scardamalia (1989)], der Versuch, Schüler absichtsvoll auf bestimmte Ziele hin lernen zu lassen. CSILE bietet dafür eine interaktive Umgebung an, zu der eine gemeinsame Datenbank, eine sog. »community database«, und mehrere »knowledge-building environments« gehören: *Home, Explanation, How-it-Works, Data Exploration, Meanings, Expert, Documents*. Mit diesen Instrumenten können die Schüler eine Wissensbildungs-Gemeinschaft formieren, in der sie selbst Verantwortung für das eigene Lernen übernehmen. Das Konzept hat viele Berührungspunkte mit anderen pädagogischen Konzepten wie dem entdeckenden Lernen, dem problemorientierten Lernen oder dem projektorientierten Lernen.

Zu den Design-Prinzipien von CSILE zählen:

Objektifikation   Wissen als Objekt behandeln, das kritisiert, modifiziert, verglichen und in Beziehung gesetzt werden kann

Fortschritt   Wissenskonstruktionen müssen zu einem Ziel führen und der Fortschritt muß dem Schüler deutlich gemacht werden

Synthese   Unterstützung von Repräsentationen höherer Ordnung

Folgen   Handeln muß Folgen haben, z.B. Rückmeldung

Beitrag   der Eigenbeitrag jedes Schülers muß als Beitrag zur gemeinsamen Datenbank betrachtet werden

Befruchtung   Benutzer kommen in Kontakt mit anderen Gebieten, Themen, Ideen

Sozialisation   Auch die sozialen Aspekte von Schule sollen ins System integriert werden.

Bereiter und Scardamalia beschreiben zwei verschiedene Methoden des Einsatzes von CSILE, einmal als »independent research model« und ein anderes Mal als »collaborative knowledge-building model«. Im ersten Fall wird die Software individuell für die eigene Lernarbeit benutzt. Der individualisierte Einsatz von CSILE ist nicht ohne Nutzen: Die Studierenden schreiben viel, nutzen viele Quellen und lernen viele Begriffe hinzu. Im zweiten Fall planen die Lernenden ihren Lernprozeß gemeinsam, arbeiten kooperativ und kommentieren sich gegenseitig. Die Autoren folgern, daß das zweite Modell das Potential der neuen Medien für die Wissensbildung effektiver nutzen würde (229). Sie kommen in der vergleichenden Evaluation zu dem Schluß, daß sich das kooperative Modell gegenüber dem individualisierten Modell als überlegen erwiesen habe: »These results suggest that a Collaborative Knowledge-Building model of communal database use does indeed foster more exploratory and collaborative uses of the database, leading to a higher quality of knowledge development« (240).

Ein ähnliches Modell ist der »MultiMedia Works Club« von Allen (1992). Er vertritt ein deutlich anthropologisch begründetes Konzept, sein Akzent liegt auf der Konstruktion einer Umgebung und nicht auf den speziellen, lehrer-geplanten oder domain-spezifischen Lernprozessen. Eine formelle Evaluation wurde noch nicht durchgeführt, aber viele Indikatoren für Teilnahme, Begeisterung, Erfolg von Produktionen werden berichtet.

Kommunikation in Netzwerken   Der Akzent, den der Konstruktivismus auf Lernsituationen und Lernumgebungen legt, paßt zu der wachsenden Rolle der Kommunikation in Netzwerken: »Computers and computer networks provide a beautiful opportunity for subcultures to form and grow independent of geography but dependent on shared beliefs, interests, etc.« [Brown (1985), 183]. Brown bezeichnet den Computer deshalb als »communication facilitator« (184). Campione, Brown et al (1992) schildern ein Experiment mit Netzwerken und Hypertext-Software in drei Schulen: Es sind deutliche Fortschritte in Lesen und Schreiben und Zuwachs an Wissen festzustellen. Die Einbettung der Technologie in die normale Lernumgebung und die Möglichkeit der Kooperation durch die Vernetzung erscheinen ihnen als entscheidende Faktoren für den Erfolg. Brown und Campione (1990) experimentieren dabei mit der Methode des reziproken Lehrens und Lernens, d.h. die Lehrerrolle wird reihum abwechselnd von den Schülern ausgeübt. Gegenstand der Experimente von Brown und Campione ist das Verstehen von Texten, also ein hermeneutischer Themenbereich, der bei den meisten Systemen im Instruktionsdesign oder bei intelligenten tutoriellen Systemen nicht ins Blickfeld gerät. Eine ganz andere Richtung verfolgen das »Lab De-

sign Project« und weitere Projekte von Honebein, Duffy et al (1993): Sie dienen vorrangig zum Einleben in die Rolle des Forschers, zur Entwicklung von
»research skills«. Ähnliche Experimente mit Netzwerken sind das STF (Strate-
gic Teaching Framework) und die *Hypermedia Library* der Indiana University,
Ill. [Jones/Knuth et al (1993)]. Levin, Reil et al (1985) berichten von Projekten,
die sie mit Schülern mehrerer Länder im Netzwerk durchgeführt haben. Ihre
Hoffnung besteht darin, daß der Reichtum an Informationen auch die Unterschiede verdeutlicht, mit denen Individuen Fakten interpretieren. Pluralistische
Sichtweisen fördern und die kollaborative Natur des Wissen transparent machen sind zwei der Gründe, weshalb Konstruktivisten sich für die Kommunikation in Netzwerken interessieren [Wolf (1988)].

Kommunikation
und Bedeutung

Lernen im Kontext und Lernen in Wissensbildungs-Gemeinschaften setzen immer schon Kommunikation voraus. Einer der wenigen Konstruktivisten, die der
Kommunikation besondere Aufmerksamkeit widmen, ist Pea (1992). Er betont
besonders den Aspekt des Lernens durch Konversation und Sprachspiele im
Diskurs, vereint mit kognitiven Lernprozessen beim Problemlösen. Pea bettet
das physikalische Simulationsprogramm *Optics Dynagrams Project* in Klas-
sengespräche ein. Es werden bewußt andere Aktivitätsformen hinzugenommen, die Kooperation und Kommunikation betonen. Pea bezeichnet dies als
»augmenting the learning conversations«. Die Schüler konstruieren mit Hilfe
des 2D Optik-Programms interaktiv physikalische »Szenen«, die im Simulator
berechnet werden. Das Ergebnis, als Diagramm dargestellt, bietet den Anreiz
für die Diskussion in Kleingruppen mit dem Lehrer als Tutor. Peas Gesamtsystem weist wohl das umfassendste Kompendium konstruktivistischer Lernide-
en auf, das mir unter die Augen gekommen ist: »authentic activity from a community of practice, in-situ role modelling of appropriate activity for a practitio-
ner in the community of practice, and learners' legitimate peripheral participation in that community; opportunities for use of concepts and skills that allow
for social meaning repair and negotiation; and the keystone activity of collaborative sense-making through narration – to provide reasonable causal stories
that account for some event with a set of explanatory constructs« (340).

Es überrascht, daß nur so wenige Vertreter des Konstruktivismus, die alle die
Relevanz der »negotiation of meaning« betonen, sich intensiver um den Akt
des kommunikativen Aushandelns von Bedeutungen selbst kümmern. Das
Konzept der sozialen Wissensbildungsgemeinschaften greift ja genau an der
richtigen Stelle ein, der Einbettung der Wissensbildung in kommunikatives
Handeln. Die Konsequenzen, die sich aus der Idee der Konstruktion von Bedeutung im Akt des Erkennens, aus der situierten Kognition und der Kontextgebundenheit der Erkenntnisprozesse für die Kommunikation in konstruktivistischen Lernumwelten ergeben, haben bisher kaum eine kommunikationstheo-
retische Deutung erfahren. Welche Rolle Kommunikation und Diskurs in Wissensbildungs-Gemeinschaften spielen, ist bedauerlicherweise noch nicht beschrieben worden. Ich sage bedauerlicherweise, weil sich in der Informatik-Li-
teratur ein völlig restringierter Gebrauch der Begriffe Kommunikation oder

Diskurs (als 'Diskurs' von Benutzer und Maschine) durchgesetzt hat, der die Bedeutung dieser Begriffe eindimensional besetzt hält.

Stebler, Reusser et al (1994) stellen nach einem Überblick über konstruktivistische Experimente zum Lernen in Wissensbildungs-Gemeinschaften mehrere Thesen zum interaktiven Lernen in Lernumgebungen auf. Sie behaupten, daß derartige Konzepte

- die Integration von intuitivem und formalem Wissen fördern
- prozess- und zielorientiertes Lernen fördern
- den Wissensaufbau in Lernpartnerschaften und Kommunikationsgemeinschaften fördern
- Voraussetzungen für Transfer schaffen.

Kognitive Werkzeuge

Das Thema der kognitiven Werkzeuge kann ich an dieser Stelle aussparen, da ich es ausführlicher in einem eigenen Kapitel behandeln werde (Kapitel 10).

Die Betonung alternativer Designprozesse

Ein entscheidender Unterschied zur herkömmlichen Softwareentwicklung besteht im Konstruktivismus darin, daß es nicht ausreicht, den realen Gebrauch von Lernprogrammen, ihren pädagogischen Einsatz, im Labor zu konzipieren, sondern bereits bei ihrer Entwicklung alternativ zu verfahren [Clancey (1993)]. Es reicht nicht aus, beim Design an den Endbenutzer bloß zu denken und ihn und seine Umgebung mit zu modellieren, in der Annahme, daß durch dieses Design vorhersagbare Wirkungen ausgeübt werden, sondern es erweist sich als notwendig, die Gemeinschaft der Lernenden in den Designprozeß einzubeziehen. In Übereinstimmung mit sozio-technischen Theorien spricht Clancey von »partizipatorischem Design«. Aus der Erfahrung heraus, daß im Betrieb selbst entwickelte Programme einen größeren Erfolg hätten als extern gekaufte, sieht auch Gayeski (1992) die Lösung im partizipatorischen Design. Anlaß für Clancey, diesen Weg zu gehen, war die Erfahrung, daß seine früher entwickelten Programme effektiv nicht genutzt wurden:»After more than a decade, I felt that I could no longer continue saying that I was developing instructional programs for medicine because not a single program I worked on was in routine use (not even Mycin)« (7).

Was sich als gemeinsamer Nenner und schlagkräftiges Konzept herausbildet, ist das Konzept der Umgebung, des Environment, das Beziehungen zwischen Personen, Kooperation und Kommunikation umfaßt. Die Bedeutung dieser Beispiele erschöpft sich nicht in ihrer Stellung innerhalb des Konstruktivismus: »There seems good reason to believe that these lines of work represent early versions of what we will recognize a decade from now as a major new line of development in cognitive theory as a whole and in instructional theory in particular« [Resnick (1989), 11]. Eine kritische Frage bleibt: Ist diese Renaissance der Lernumgebung, der Lerngemeinschaften und der situierten Kognition etwas Dauerhaftes oder eine Mode-Erscheinung? Heute erscheinen einem solche Versuche neu, Schüler und Studierende machen gerne mit. Was aber passiert, wenn der Gang in die Umwelt seit der Kindheit zum Alltag gehört? Treten dann dieselben Lernprobleme wieder auf, die heute in der traditionellen Schule auftreten? Diese Frage kann man auch an die aktuellen Trends zur Vernetzung und zum Kommunizieren in Netzwerken [Pea/Gomez (1992)] richten, die heute zunehmend positiv eingeschätzt werden.

Pseudo- oder Partial-Theorien des Lernens

Neben diesen großen Lerntheorien gibt es viele Konzepte kleinerer Reichweite, die sich als kognitive Theorien, teilweise sogar als Lerntheorien bezeichnen, und die aus ganz unterschiedlichen, mal wahrnehmungs- und motivationspsychologischen, mal informationstheoretischen Richtungen kommen. Ich mache es an dieser Stelle einmal so, wie es in der amerikanischen Literatur zur Informatik Usus ist, in der am Anfang des Aufsatzes ein bis zwei Passagen mit »name dropping« stehen:

· Nicht oder nur flüchtig behandeln kann ich in diesem Buch informationstheoretische Ansätze: z.B. die Physical Symbol System Hypothesis [Newell/Simon (1976)], die Schemata-Theorie [Rumelhart/Norman (1978); Rumelhart (1980)], Produktionssysteme [Anderson (1983)], PDP (Parallel Distributed Programming) und den Konnektionismus [McClelland/Rumelhart (1986)], Diskriminationslernen [Langley (1987)], ACT* (Adaptive Control of Thought) [Anderson (1983)], Propositionen und Deklarationen [Kintsch/van Dijk (1978)], Regeln und Prozeduren, SOAR [Laird/Rosenbloom et al (1986)], Maschinelles Lernen, Learning by Chunking [Rosenbloom/Newell (1987)], Theory of Mental Models [Johnson-Laird (1983); Gentner/Stevens (1983)].

· Nicht behandeln kann ich ebenfalls folgende psychologische Ansätze: z.B. die Theorie der Kognitiven Dissonanz [Festinger (1968)], die Theorie des Kognitiven Konflikts [Dreyfus/Jungwirth et al (1990)], die Theorie der Kognitiven Komplexität [Schroder/Driver et al (1967); Mandl/Huber (1978)], die Theorie der Kognitiven Flexibilität [Spiro/Coulson et al (1988)], die Dual-Coding Theory [Paivio (1978)] und NLP (neurolinguistische Programmierung) [O'Connor/Seymour (1993)].

· Schließlich gibt es eine Reihe von Vorstellungen zu Denkprozessen, die ich nicht berühren werde, z.B. Informal Reasoning [Voss (1988)]; Abductive Reasoning [Ross/Shank (1993)]; Nicht-lineares Denken, Purple People [Tenny (1992)] und Laterales Denken [De Bono (1976)].

Ich will und muß diese Hypothesen in diesem Buch nicht behandeln, weil sie

· – wie die informationstheoretischen Ansätze – meines Erachtens nichts zum Thema des Lernens mit Multimedia beitragen bzw. sich auf Ebenen des Lernens beziehen, z.B. auf diskrete Systeme oder Probleme der künstlichen Intelligenz, die in diesem Zusammenhang nur implizit durch die besprochenen Lernsysteme (Instructional Design, Intelligente Tutorielle Systeme, Expertensysteme) Thema sind und dort kurz erwähnt werden,

· – wie die psychologischen Ansätze – einen viel zu kleinen Phänomenbereich erklären. Deshalb gehe ich im folgenden nur kurz auf die psychologisch-kognitiven Theorien ein, auf die sich Autoren zum computergestützten Lernen häufiger als ihre Grundlage berufen.

»Cognitive science is overflowing with theories. There are theories of decay, encoding, retention, and retrieval; theories of analogy, composition, deduction, discrimination, generalization, and induction; theories of insight, planning, restructuring, and search; and so on. But there is more unity than this diversity suggests" [Ohlsson (1990), 563]. Die Aufzählung ist einseitig, Ohlsson spart genau die beiden genetisch-epistemologischen Kognitionstheorien aus, die ich in diesem Kapitel behandelt habe, Piaget und die Konstruktivisten. Der Rest der »Cognitive Science« gilt Ohlsson als Standardtheorie der Kognition: »The Standard Theory is the first theory in the history of psychology to apply with formal precision to such a wide range of phenomena« (569). Was Ohlsson mit der großen Reichweite der Standardtheorie meint, sind Beispiele von Rubiks Würfel bis zur medizinischen Diagnose – eine recht einseitige Auswahl aus dem Kosmos kognitiver Problemstellungen. Auf die Cognitive Science, insbesondere die *Physical Symbol System Hypothesis* [Newell/Simon (1976)], die Ohlsson für die Begründung seiner Position heranzieht und die eine Abbildung von symbolischen Stukturen oder Symbolverarbeitungsprozessen mit dem Ziel der Simulation menschlicher Denkprozesse und Sprachproduktion anstrebt, werde ich im Kapitel zum Instruktionsdesign näher eingehen. Die Nutzung dieser Modelle für die Gestaltung des angeleiteten oder selbständigen Lernens von Menschen aber ist problematisch. Diese Problematik wird in den nachfolgenden Kapiteln mehrfach unter dem Stichwort der »Korrespondenzhypothese« angesprochen werden. Auf konnektionistische Ansätze, die eine eindrucksvolle und sinnvolle Verwendung auf Gebieten des subsymbolischen, maschinellen Lernens, der Erkennung von Sehen, Handschrift und Sprache finden, gehe ich im Kapitel zu Hypertext-Systemen ein. Konnektionistische Modelle sind Hypothesen über das 'missing link' zwischen neuronalen Strukturen des Gehirns und Gedächtnisses und dem beobachtbaren Verhalten mit dem Ziel, zu funktionsfähigen Modellen zu gelangen, die eventuell quasi-menschliche Leistungen erbringen können. Das ist legitim und sinnvoll. Aber diese Theorien stellen problematische Instrumente in den Händen des Didaktikers dar beim Versuch, Instruktion, tutorielle Systeme und Multimedia für das Lernen von Menschen zu entwickeln, weil sie bei der Applikation auf reale Lernprozesse zu Hypothesen über Mechanismen des Gedächtnisses und menschliche Kognition und damit zur Reifizierung mentaler Prozesse werden.

Bei den psychologischen Hypothesen handelt es sich im Grunde nicht um Theorien, schon gar nicht um Lerntheorien, sondern um Einzeltheoreme oder Splitterhypothesen zum Lernen. In der psychologischen Literatur ist eine Inflation des Theoriebegriffs eingetreten: Jedes halbwegs systematisierbare Konzept wird der wissenschaftlichen Öffentlichkeit als Theorie präsentiert, auch wenn es nur einen isolierten kleinen Aspekt des komplexen Lernprozesses erfaßt. Man könnte diese Ansätze deshalb auch als Pseudo-Theorien oder als Partial-Theorien bezeichnen. Die Autoren dieser Pseudo-Theorien blenden weite Phänomenbereiche des Lernens, andere Lernmethoden und andere Bedingungen der Lernumgebung aus und basieren die Prüfung ihrer Theorien entweder auf Testverfahren oder artifiziellen Lernsituationen. Deshalb sind die Ergebnisse auch nicht generalisierbar hinsichtlich Lernumgebung, Lernertypen, Lernstoff und Transfer des Gelernten. Die Berufung auf solche Pseudo- oder Partial-Theorien bei der Entwicklung konkreter Lernumgebungen würde zu einer Fragmentarisierung des Lernens führen, wie viele Beispiele belegen, die sich auf diese Ansätze berufen.

Pseudo-Theorien kennen bestenfalls Elemente des Lernprozesses (Lernstrategien, Lehrstrategien, Einstellungen). Solchen Partialtheorien gegenüber gilt jedoch in besonderem Maße die Warnung, die Entwistle, Entwistle et al (1993) gegenüber kognitionspsychologischen Theorien generell für angebracht halten: »However, it is important not to locate implications for instructional design solely within this new generation of cognitive theory. It is essential to keep an appropriate historical perspective, which sees a continuing tradition from both philosophers and psychologists to avoid the narrow view of human learning espoused by another powerful tradition of theorists« (331ff.). Entwistle und Entwistle et al greifen ihrerseits auf Kohler zurück, den sie als Repräsentanten des Problemlösens betrachten, und auf Piaget, den sie als Vorläufer der Konstruktivisten ansehen, sowie auf Bruner und Ausubel.

Dual-coding Theorie

Die Dual-coding Theorie [Paivio (1978)] postuliert, daß es zwei voneinander unabhängige kognitive Kodierungsmechanismen für die Aufnahme und Verarbeitung verbaler und visueller Informationen gäbe. Während Sprache sequentiell generiert und rezipiert würde (aber bereits bei dieser Teilhypothese ließen sich aus Sicht der Linguistik Einwände formulieren, wie Forschungen zur Gebärdensprache beweisen), steht nach Paivio (1978) die Bildinformation simultan zur Verfügung [vgl. Paivio (1983)]. Animationen dienen nach Rieber und Kini (1991) der Unterstützung des Dual Coding. Die Hypothese der separaten kognitiven Verarbeitung visueller und verbaler Informationen ist bestritten worden, nicht aber die Möglichkeit, daß sequentielle (nicht verbale) und räumliche (nicht visuelle) Daten kognitiv anders prozediert werden, wie Clark und Craig (1992) annehmen. Die Dual Coding Theorie wird verständlicherweise von vielen Multimedia-Designern zur Begründung für die Integration mehrerer Medien herangezogen und spielt deshalb in vielen Evaluationsstudien zu interaktiven Bildplattensystemen eine Rolle.

Theorie der kogniti-
ven Flexibilität
Die Theorie der Kognitiven Flexibilität [Spiro/Coulson et al (1988)] bezeichnet die Fähigkeit, die vorhandenen Wissenstrukturen in Reaktion auf veränderte Situationen und Bedingungen spontan zu restrukturieren, sowohl innerhalb eines bestimmten Wissensbereichs als auch Wissensgebiete übergreifend. Spiro et al gehen davon aus, daß es Wissensbereiche gibt, die so komplex sind, daß sie nicht mehr mit einfachen Regeln erfaßt werden können und die sie als »ill-structured domains« bezeichnen.

Spiro und Jehng (1990) entwickeln ihre Vorstellung von der kognitiven Flexibilität anhand der Wittgensteinschen Metapher einer mehrfach durchkreuzten Landschaft: »We use the metaphor to form the basis of a general theory of learning, instruction, and knowledge representation. One learns by criss-crossing conceptual landscapes; instruction involves the provision of learning materials that channel multidimensional landscape explorations under the active initiative of the learner (as well as providing expert guidance and commentary to help the learner to derive maximum benefit from his or her explorations); and knowledge representations reflect the criss-crossing that occurred during learning« (170). Es entsteht eine netzartige semantische Struktur. Um kognitive Flexibilität fördern zu können, muß Wissen in vielfältigen Weisen dargestellt und in Form komplexer Schemata und Szenarien präsentiert werden.

Spiro und Jehng stellen eine enge Verbindung ihrer Flexibilitätstheorie zum Hypertext-Konzept her und illustrieren diese an einem Programm mit Bildplatte zum Film *Citizen Kane*. Spiro, Feltovich et al (1991a) und Spiro, Feltovich et al (1991b) ordnen ihre Flexibilitätshypothese in den Konstruktivismus ein. An der Reaktion von Instruktionalisten, die den Konstruktivismus eigentlich ablehnen, aber diesen Ansatz noch gerade akzeptieren können [Reigeluth (1991)], ist zu erkennen, daß die Theorie kognitiver Flexibilität kein wirklich konstruktivistischer Ansatz ist [s.a. Schell/Hartman (1992); Jonassen (1992c)]. Man fragt sich, ob eine solche bildhafte Beschreibung mehr als eine bloße Metapher ist und wie tragfähig sie überhaupt sein kann. Auf ihren Theoriecharakter und das methodologisch fragwürdige Konstrukt der »ill-structured domains« werde ich später noch zurückkommen (Kapitel 7). Um eine Theorie des Lernens handelt es sich gewiß nicht.

Weitere Partial-Theorien des Lernens sind die aus der Pädagogik bekannten Unterscheidungen des deduktiven vs. induktiven Lernens oder des beiläufigen (inzidentellen) vs. intentionalen Lernens [Bock/Kirberg et al (1992); Strittmatter/Dörr et al (1988)]. In welche Schwierigkeiten solche Unterscheidungen führen, wird an Diskussionen über exemplarisches Lernen, »explanation-based generalization« oder »case-based learning« deutlich. Die Unterscheidungen sind aus heuristischer Perspektive betrachtet interessant und als Pauschalbezeichnungen für globale Lehrorientierungen hilfreich, aber in Lernsituationen nicht mehr trennscharf, da in realen Lernprozessen deduktive und induktive, inzidentelle und intentionale Prozesse stets gemischt vorkommen. Als Kriterium für die Typisierung von Transfer-Trainingsmethoden zieht Clark (1992) die Unterscheidung von deduktivem vs. induktivem Lernen heran.

Einige dieser Theorien (cognitive flexibility theory, information processing theory, case based reasoning, generative learning, semantic networks, dual coding theory) und ihre Relation zum Hypermedia-Konzept besprechen Borsook und Higgenbotham-Wheat (1992). Jacobson und Spiro (1994) unternehmen den Versuch, diese Theorien in einem »Contextual Analysis Framework« für technologische Lernumgebungen zu kompilieren. Goodyear, Njoo et al (1991) unternehmen den Versuch, einen allgemeinen Rahmen für lerntheoretische Ansätze zu bilden, speziell mit Blick auf Simulationen bzw. auf kognitive Lernprozesse in explorativen Lernumgebungen. Beide Versuche bestehen darin, einen allgemeinen Rahmen zu entwerfen, in dem den verschiedenen Theorien ein bestimmter Stellenwert zugewiesen werden kann. Ob ein solches Unternehmen methodologisch sinnvoll ist, müßte allerdings zunächst metatheoretisch geklärt werden. Ein interessanter Versuch einer metatheoretischen Diskussion zu diesen Lerntheorien ist die Aufbereitung von Lerntheorien in Form eines Hypertextes [Kearsley (1993)]. Seine TIP Datenbank (Theory Into Practice) von 45 Lerntheorien, 18 Konzepten und 17 Lernbereichen, mit *HyperTIES* erstellt, zeigt einen relativ geringen Grad innerer Verknüpfung unter den Theorien, Konzepten und Lernbereichen. Dies widerspricht der Hoffnung von Snelbecker (1983), daß eine Synthese der Instruktionstheorien möglich sei.

Anscheinend beziehen sich neue Ansätze nicht allzu gern auf ältere, so daß keine historische Entwicklung zustandekommt. Viele Pseudotheorien kreisen nur um ein ganz spezielles Phänomen. Eine derartige Departmentalisierung der Theorie hat keine sinnvolle wissenschaftliche Funktion, aber vermutlich eine soziale Motivation: Es handelt sich offenbar um Tendenzen zur Besetzung von Nischen zwecks Bildung wissenschaftlicher Schulen.

Ausblick auf die weiteren Kapitel

Eine Lerntheorie hatte ich in diesem Kapitel nicht angesprochen, den Behaviorismus. Das werde ich im nächsten Kapitel gleich nachholen, das sich mit der Geschichte der Autorensysteme befaßt und deren Transformation zur modernen Courseware. Heute sind die modernen Autorensysteme und die Courseware auch zu Entwicklungsumgebungen für Multimedia geworden. In den weiteren Kapitel des Buches werde ich die Entwicklung der Instruktionstheorie und das Instruktionsdesigns, die intelligenten tutoriellen Systeme und die Hypertext-Systeme behandeln. Die folgende Zeittafel vermittelt einen Überblick über die Hauptvertreter und die wissenschaftlichen Meilensteine der Richtungen, die zu den Grundlagen von Multimedia beigetragen haben:

	1950	1960	1970	1980	1990
Hypertext	Bush 1945	Engelbart NLS/Augment 1963	Nelson Xanadu 1974	Hyperties 1983; NoteCards 1984; Intermedia 1985; HyperCard 1986	
Kognition / Konstruktivismus / **Piaget 1936**		Bruner 1961/1966	Bandura 1971; Piaget/Inhelder 1973	Papert 1980; Maturana/Varela 1980	Clancey 1989; Scardamalia/Bereiter 1989; Winograd/Flores 1987; Brown/Campione 1990
Künstliche Intelligenz		Miller/Galanter/Pribram 1969; Weizenbaum 1966	Norman/Rumelhart 1970; Newell/Simon 1972; Schank/Abelson 1977	Card/Moran/Newell 1983; Anderson 1983	McClelland/Rumelhart 1986; Lakoff 1987; Riesbeck/Schank 1989
Instruktionsdesign / **Intelligente Tutorielle Systeme**	Bloom 1956	Miller/Galanter/Pribram 1960; Ausubel 1963; Gagné 1965	Carbonell 1970; Scandura 1973; Brown/Burton 1974	Merrill 1980; Clancey 1983; Reigeluth 1983; Anderson/Reiser 1985	Merrill u.a. 1990
Autorensysteme	Skinner 1954/58	PLATO 1960; TICCIT	TAIGA	Leiblum 1986	SHIVA 1990

ABB. 5
Zeittafel wissenschaftlicher Richtungen

Nach den drei großen Entwicklungsrichtungen Autorensysteme, Instruktionsdesign, intelligente tutorielle Systeme und Hypertext werde ich auf eine Reihe von anwendungsnahen Formen von Multimedia eingehen: Elektronische Bücher, Präsentationen und KIOSK-Systeme, interaktive Lernprogramme, kognitive Werkzeuge, Modellierungsprogramme und Simulationen. Schließlich wird sich ein Kapitel ausgiebig mit der Evaluation all dieser Systeme und Anwendungen befassen, obwohl in den Kapiteln zu den einzelnen Lernsystem-Typen jeweils ein Unterkapitel auf die Ergebnisse der Evaluationen zu diesen Systemen eingehen wird.

KAPITEL 4

CAL, CAI, ICAI, CUU, CBT, PU, PI, oder was?

Autorensysteme und Courseware

Autorensysteme haben ihre Vorgeschichte im Programmierten Unterricht[5]. Die ersten Programme zum Programmierten Unterricht versuchten, die Theorie von Skinner (1958) zum operanten Konditionieren in Lernprogramme umzusetzen. Der Behaviorismus in seiner ursprünglichen Variante (das »klassische Konditionieren« von Pawlow) ging davon aus, daß auf bestimmte Reize (Stimuli=S) bestimmte Verhaltensreaktionen (Response=R) erfolgen und daß sich solche S-R-Verbindungen zu Ketten aneinanderreihen (gepaarte Assoziationen) und in dieser Form habitualisiert werden können, besonders dann, wenn auf erwünschte (richtige) Reaktionen entsprechende Belohnungen folgen, während unerwünschte Reaktionen unbelohnt bleiben und dadurch gelöscht werden. Skinner (1954) geht im Gegensatz zum einfachen behavioristischen Modell davon aus, daß Verhalten nicht nur reaktiv ist, sondern auch spontan auftreten kann. Er bezeichnet solches Verhalten als »operant«. Die Auftretenswahrscheinlichkeit operanten Verhaltens kann seiner Theorie nach durch geeignete »Verstärker« konditioniert werden. Der Behaviorismus Skinners baute Lernen auf dem Prinzip der intermittierenden Verstärkung auf. Der Lehrstoff wurde in kleinste Einheiten eingeteilt, sog. »frames«. Nach jeder Einheit wurde vom Lernenden eine Antwort verlangt, die mit der richtigen oder gewünschten Anwort verglichen wurde:

Ein Satz Frames, um Drittkläßlern das Buchstabieren von *manufacture* beizubringen [Skinner 1958]

1. Manufacture means to make or build. Chair factories manufacture chairs. Copy the word here:

   — — — — — — — — — — —

2. Part of the word is like part of the word factory. Both parts come from an old word meaning make or build.

---

5. Zur Geschichte der frühen Lernmaschinen vor der Programmierten Instruktion, s. Niemiec/Walberg (1989) und Lumsdaine/Glaser (1960), letzterer mit Abbildungen früher Lernmaschinen und einer annotierten Bibliographie der Literatur vor 1960, und Glaser (1965); zu den lerntheoretischen Grundlagen des Behaviorismus s. McKeachie (1967); Fraser (1989); Kulik/Kulik (1989); Baumgartner/Payr (1994) 100ff.

m a n u __ __ __ __ u r e

3. Part of the word is like part of the word manual. Both parts come from an old word for hand. Many things used to be made by hand.

__ __ __ __ f a c t u r e

4. The same letter goes in both spaces:

m __ n u f __ c t u r e

5. The same letter goes in both spaces:

m a n __ f a c t __ r e

6. Chair facturies __ __ __ __ __ __ __ __ __ __ __ chairs.

Bei richtigen Antworten erfolgte die Verstärkung. Fehler mußten vermieden werden, da negative Rückmeldung unerwünscht war. Deshalb waren die kleinsten Lernschritte häufig mit Hilfen begleitet und stark suggestiv, wie das folgende Beispiel zeigt:

<table>
<tr><td>Ausschnitt aus einem maschinellen Physik-Programm für Schüler [Skinner 1958]</td><td colspan="2">**Sentence to be completed**</td><td>**Word to be supplied**</td></tr>
<tr><td></td><td>1.</td><td>The important parts of a flashlight are the battery and the bulb. When we "turn on" a flashlight, we close a switch which connects the battery with the _____ .</td><td>bulb</td></tr>
<tr><td></td><td>2.</td><td>When we turn on a flashlight, an electric current flows through the fine wire in the _____ and causes it to grow hot.</td><td>bulb</td></tr>
<tr><td></td><td>3.</td><td>When the hot wire glows brightly, we say that it gives off or sends out heat and _____ .</td><td>light</td></tr>
<tr><td></td><td>4.</td><td>The fine wire in the bulb is called filament. The bulb "lights up" when the filament is heated by the passage of a(n) _____ current.</td><td>electric</td></tr>
<tr><td></td><td>5.</td><td>When a weak battery produces little current, the fine wire, or _____ , does not get very hot.</td><td>filament</td></tr>
<tr><td></td><td>6.</td><td>A filament which is less hot sends out or gives off _____ light.</td><td>less</td></tr>
<tr><td></td><td>7.</td><td>"Emit" means "send out" The amount of light sent out or "emitted," by a filament depends on how _____ the filament is.</td><td>hot</td></tr>
<tr><td></td><td>8.</td><td>The higher the temperature of the filament the _____ the light emitted by it.</td><td>brighter</td></tr>
<tr><td></td><td>9.</td><td>If a flashlight battery is weak, the _____ in the bulb may still glow, but with only a dull red color.</td><td>filament</td></tr>
<tr><td></td><td>10.</td><td>The light from a very hot filament is colored yellow or white. The light from a filament which is not very hot is colored _____ .</td><td>red</td></tr>
<tr><td></td><td>11.</td><td>A blacksmith or other metal worker sometimes makes sure that a bar of iron is heated to a "cherry red" before hammering it into shape. He uses the _____ of light emitted by the bar to tell how hot it is.</td><td>color</td></tr>
<tr><td></td><td>12.</td><td>Both the color and the amount of light depend on the _____ of the emitting filament or bar.</td><td>temperature</td></tr>
</table>

13. An object which emits light because it is hot is called "incandescent."
    A flashlight is an incandescent source of _____ .   light

14. A neon tube emits light but remains cool. It is, therefore, not an
    incandescent _____ of light.   source

15. A candle flame is hot. It is a(n) _____ source of light.   incandescent

16. The hot wick of a candle gives off small pieces or particles
    of carbon which burn in the flame. Before or while burning,
    the hot particles send out, or _____ , light.   emit

17. A long candlewick produces a flame in which oxygen does not
    reach all the carbon particles. Without oxygen the particles cannot
    burn. Particles which do not burn rise above the flame as _____ .   smoke

18. We can show that there are particles of carbon in a candle flame,
    even when it is not smoking, by holding a piece of metal in the
    flame. The metal cools some of the particles before they burn, and
    the unburned carbon _____ collect on the metal as soot.   particles

19. The particles of carbon in soot or smoke no longer emit light
    because they are _____ then when they were in the flame.   cooler, colder

20. The reddish part of a candle flame has the same color as the
    filament in a flashlight with a weak battery. We might guess
    that the yellow or white parts of a candle flame are
    _____ than the reddish part.   hotter

21. "Putting out" an incandescent electric light means turning off
    the current so that the filament grows too _____ to emit light.   cold, cool

22. Setting fire to the wick of an oil lamp is called _____
    the lamp.   lighting

23. The sun is our principal _____ of light, as well as of heat.   source

24. The sun is not only very bright but very hot. It is a powerful
    _____ source of light.   incandescent

25. Light is a form of energy. In "emitting light" an object changes
    or "converts," one form of _____ into another.   energy

26. The electrical energy supplied by the battery in a flashlight
    is converted to _____ and _____ .   light, heat

27. If we leave a flashlight on, all the energy stored in the battery
    will finally be changed or _____ into heat and light.   converted

28. The light from a candle flame comes from the _____
    released by chemical changes as the candle burns.   energy

29. A nearly "dead" battery may make a flashlight bulb warm to the
    touch, but the filament may still not be hot enough to emit light —
    in other words, the filament will not be _____ at that
    temperature.   incandescent

30. Objects, such as a filament, carbon particles, or iron bars,
    become incandescent when heated to about 800 degrees
    Celsius. At that temperature they begin to _____ _____ .   emit light

31. When raised to any temperature above 800 degrees Celsius, an
object such as an iron bar will emit light. Although the bar may melt
or vaporize, its particles will be _____ no matter how hot
they get.   incandescent

32. About 800 degrees Celsius is the lower limit of the temperature
at which particles emit light. There is no upper limit of the
_____ at which emission of light occurs.   temperature

Skinner behauptete, daß derart konstruierte Lernprogramme die Verstärkung
sehr viel besser dosieren könnten als Menschen und deshalb besser als Arbeits-
bücher und sogar geeignet seien, den Lehrer zu ersetzen. Allerdings werde eine
hohe Zahl von Verstärkungen benötigt, für das Lernen der einfachen Arithmetik etwa 25.000 [Skinner (1958), 204]. Ähnliche Behauptungen wiederholt fast
30 Jahre später noch Gropper (1983). Autorensysteme nannte man Programme,
die es Autoren erleichtern sollten, Lernprogramme in diesem Sinne zu »schreiben«. Wie wenig die Autorensysteme selbst im Grunde diesem Modell folgten,
das sie lediglich in metaphorischer Weise reklamierten, und wie falsch die
Analogisierung von Feedback und Verstärkung ist, weist Fischer (1985) detailliert nach (69ff.).

Aus diesem Modell des Verhaltens- oder Lernprozesses heraus hat Skinner ein
Modell des Lehr-Lernverhaltens entwickelt, das als »Programmierte Instruktion« in den 60er und Anfang der 70er Jahre zunächst eine große Verbreitung zu
finden schien, dann aber rasch von der Bildfläche verschwand. Die U.S. Army
war an Drill & Practice-Programmen sehr interessiert und förderte den Auf-
stieg Skinners [Niemiec/Walberg (1989)]. Für bestimmte Trainingszwecke gibt
es nach wie vor sinnvolle Einsatzmöglichkeiten für das Drill & Practice-Prin-
zip, und deshalb gibt es heute nach wie vor eine Forschung zu dem Thema
[z.B. Vazquez-Abad/LaFleur (1990)]. Auch der Ansatz, erlernbare »skills« zu
unterscheiden und in »subskills« zu unterteilen, von denen einige per Drill trai-
nierbar sind, bedient sich dieser Technik [z.B. Salisbury (1990)].

Lineare und verzweigende Programme

Die ersten Anfänge der Autorensysteme waren lineare Programme, die eine
vorgefertigte Übung stur nach der anderen präsentierten, »einfache elektronische Textdarbietungen oder Übungsprogramme, die eine Frage vorgaben, die
Reaktion des Lernenden als 'richtig' oder 'falsch' bewerteten und dann zur
nächsten Frage übergingen« [Mandl/Hron (1990), 18; Lesgold (1988)]. Weil
sie vom Lernenden eine Reaktion verlangten, bezeichnet Jonassen (1985) sie
bereits als interaktive Programme. Die Ablehnung der Rigidität dieser linearen
Programme, verbunden mit der Absicht, die Individualisierung der Programmierten Instruktion weiter voranzutreiben, führte zur Entwicklung von Programmen, die nach Bedarf in Subprogramme verzweigen konnten [Niemiec/
Walberg (1989)], ein erster Schritt in Richtung auf adaptive Systeme, wie Jonassen (1985) meint. Aber auch verzweigende Programme konnten nach Ansicht einiger Autoren keinen Boden gewinnen, zum einen, weil es den Autoren
unmöglich wurde, die kombinatorische Explosion der Verzweigungen noch

sinnvoll zu kontrollieren, vor allem aber, weil die Verzweigungen im Programm den behavioristischen Charakter der Programmierten Instruktion nicht grundsätzlich veränderten, »das vorherrschende Paradigma, das die Forschung auf äußeres, beobachtbares Lernverhalten beschränkte, ohne die interne Repräsentation des Wissens [...] zu berücksichtigen« [Mandl/Hron (1990)].

Autorensysteme Durch Hinzufügung einfacher Programmiersprachen und der Möglichkeit zu Verzweigungen entstanden die Autorensysteme[6]. Autorensysteme versuchten zunächst nichts anderes, als die Arbeitsweise der Lernmaschinen des Programmierten Unterrichts der 50er und 60er Jahre zu imitieren, d.h. jener Umblättermaschinen, die auf einer Art Microfiche-Bildschirm Texte präsentierten und Fragen zu diesen Texten stellten, die von den Lernenden über eine Spezialtastatur mit einer geringen Anzahl von Knöpfen beantwortet werden konnten. Die Autorensysteme folgten diesem Muster. Streitz (1985) beklagt die einfache Übertragung von Modellen der 60er Jahre auf die Autorensysteme der 80er: »Hier würde man sich eine sehr viel benutzerfreundlichere Gestaltung wünschen, die Flexibilität und die Verwirklichung kreativer Ideen bei der Gestaltung von computer aided instruction gestattet« (57). Die Lernziele dieser Programme lagen zumeist im Bereich der Fakten- und Wissensvermittlung. Sie präsentierten dem Lernenden kurze Texte und multiple-choice Fragen (Fragen mit vorgegebenen falschen und richtigen Antworten).

Generative Programme Es lassen sich Autorensysteme unterscheiden, die wie im Programmierten Unterricht vorgefertigte Frames abspielen, von solchen Autorensystemen, die Aufgaben ad hoc generieren, sog. generative Programme [O'Shea/Self (1983)], und auf diese Weise besser auf die Situation des Lernenden reagieren können. Moderne Autorensysteme haben sich teilweise von dem strengen Schema des Urtypus gelöst und gestatten einen etwas freieren Umgang mit dem präsentierten Lernmaterial, d.h. sie müssen eine Übung nicht zwangsweise mit einer Abfrage des Lernenden und einer logischen Prüfung seiner Antwort beenden. Für die offeneren Systeme hat sich der Begriff der »Courseware« gefunden.

---

6. Einen frühen historischen Rückblick über die CAI-Entwicklung und die Studien zu CAI vornehmlich in den USA und in England geben Chambers und Sprecher (1980). Der Bericht nimmt auch zu den Prognosen für die 90er Jahre Stellung. Er endet mit Empfehlungen, deren erste die Forderung nach einer »nationwide, standard high-level CAI language« ist (340). Spätere Berichte finden sich bei Park, Perez et al (1987) und Niemiec und Walberg (1989). McDermott Hannafin und Mitzel (1990) weisen in ihrem Überblick über Autorenwerkzeuge auf die Universitäten in den USA hin, an denen in größerem Maßstab solche Systeme installiert wurde. Zu den Kriterien, nach denen Autorensysteme sich unterscheiden können, s. Hunka (1989). Schamda (1989) vergleicht 12 Autorensysteme: Aristoteles, EasyTeach, Etas, Maccao, Mavis, Miclol, Pcd3, PCInterpret, SEF, Taiga, TenCore, Topic. Die überprüften Kriterien sind (bereits für 1989?) deutlich angestaubt, teilweise völlig überholt und vermutlich nicht einmal mehr historisch interessant: So registriert Schamda beispielsweise, ob eine Farbdarstellung, ein Unterstreichen von Text oder die Generierung einer Grafik aus dem Zeichensatz in den evaluierten Autorensystemen möglich sind.

PLATO und TICCIT   Die beiden Autorensysteme, die in größeren Clustern in den USA installiert und die beide von der von der National Science Foundation of America initiiert oder gefördert wurden, waren PLATO (Programmiersprache Tutor, Vertrieb: Control Data Corporation) und TICCIT (Time-shared Interactive Computer Controlled Instructional Television; Programmiersprache ADAPT; Vertrieb: Mitre Corporation). TICCIT wurde von der National Science Foundation of America (NSF) für eine Periode von 5 Jahren für über 10 Millionen Dollar eingerichtet. PLATO begann bereits 1960, wurde später aber auch von der NSF unterstützt [Ford (1987); zu den Kosten vgl. Shlechter (1988); s.a. Price (1989)]. Beide Systeme basierten auf Computernetzen mit Terminals. Beide wurden vom Educational Testing Service evaluiert.

»Für diese Art der computerunterstützten Unterweisung in den 60er und 70er Jahren mit Großrechnern war PLATO (Programmed Logic for Automatic Teaching Operation) in den USA das am weitesten verbreitete Lehrsystem, dessen Entwicklung bereits 1960 am Computer-based Education Research Laboratory (CERL) der University of Illinois in Urbana-Champaign begann [...] Auf dem Campus stehen heute 400 Terminals für Studenten und Dozenten zur Verfügung. Insgesamt sind am PLATO-Netzwerk in den USA 1300 Terminals angeschlossen. Mehr als 10 000 Stunden computerunterstützter Unterricht sind heute verfügbar und ausgetestet für über 100 Fachgebiete. Die meisten Unterrichtseinheiten wurden für die Ausbildung in Informatik entwickelt. Die Herstellungskosten für eine evaluierte Unterrichtsstunde belaufen sich auf bis zu 20 000 US-Dollar« [Cyranek (1990), 121]. Es ist erstaunlich, daß ein solches System überhaupt realisiert werden konnte, denn die PLATO-Mainframes kosteten $3.000.000, und allein die Leitungskosten betrugen $2.500 im Monat [s. Tuttle (1992), 172].

Ein TICCIT-Server diente bis zu 128 Terminals, die über Tastaturen mit speziellen Tasten für Hilfe, Beispiel etc. und über einen Farbfernseher verfügten, ein PLATO-Großrechner konnte hingegen bis zu 1.000 Terminals bedienen. Ein ähnliches System ist WISE (Interactive System for Education vom World Institute for Computer Assisted Teaching, WICAT). Heute existieren bestimmt mehrere Hunderte solcher Systeme für Mikrocomputer. Kearsley, Hunter et al (1983a) und Kearsley, Hunter et al (1983b) erwähnen weitere Beispiele von Großinstallationen von Autorensystemen.

PLATO   PLATO wurde vom Educational Testing Service fünf Jahre in 162 Klassen und fünf Schulfächern evaluiert. Einen technisch orientierten Bericht über den Einsatz von PLATO an der University of Illinois geben Bitzer und Skaperdas (1970). Eine Kritik, die sich didaktisch geriert, dann aber doch ausschließlich auf technische Aspekte eingeht, hat damals Castle (1970) formuliert. Die Faszination durch die technischen Daten (Zahl der Terminals, Responsezeiten etc.) schien anfangs überwältigend zu sein. Für PLATO gab es keine einheitliche Lernprogramm-Entwicklung. Jeder Lehrer konnte im Prinzip mit Hilfe der Autorensprache TUTOR Anwendungen entwickeln. Für TICCIT hingegen wurde einheitlich Software nach den Vorgaben der Component Display Theory von Merrill entwickelt. O'Shea und Self (1983) gehen auf die sich daraus ergebenden Unterschiede, aber auch auf die sonstigen Gestaltungsunterschiede zwischen den beiden Systemen näher ein. In seinem zusammenfassenden Bericht über die PLATO-Entwicklung kommt Alderman (1978) zu der Aussage: »a significant positive achievement effect was found for PLATO vs. traditional classroom procedures in the area of mathematics. No further significant achievement effects were found for any other subjects either in favor of PLATO or in favor of the regular classroom«. Die geringen positiven Effekte beschränken sich offenbar auf bestimmte Fächer und vor allem auf die Nutzung von CAI als zusätzlichem Medium im Unterricht, eine Einsatzform, die Chambers und Sprecher (1980) als »adjunct CAI« bezeichnen. In Fällen, in denen CAI als Ersatz für traditionellen Unterricht eingesetzt wurden (»substitute CAI«), sieht es anders aus: »completed rates for the mathematics course dropped considerably below the traditional classroom, and student attitudes toward the CAI mathematics course were not positive« (336).

Gerade zu dem einzigen Bereich, in dem positive Effekte beim Einsatz von PLATO festgestellt wurden, dem Mathematikunterricht, liegt ein ausführlicher, qualitativer und formativer Evaluationsbericht von Stake (1991) vor, die von den Erfahrungen berichtet, die im Verlauf eines zweijährigen Projekts mit Schülern und Lehrern gemacht wurden. Einer der Gesichtspunkte, die aus diesem Bericht hervorgehen, ist die Funktion der als Spiele arrangierten Übungen und der Rückmeldung in PLATO. So äußert eine befragte Schülerin beispielsweise: »It's the games that I like and also the things PLATO writes on top...« (87). Ein weiterer in der Evaluation gewonnener Gesichtspunkt betrifft die Bedeutung der Lehrerrolle im Gesamtkontext des Versuchs: »PLATO reacted to many responses but could not cope with the problems in the way that Ms. Hamilton [die Lehrerin, R.S.] did« (107). Die Schüler waren mit dem Programm nicht allein, die Lehrer konnten stets helfen und beraten, was anscheinend auch ausgiebig getan wurde. Ein dritter Gesichtspunkt illustriert deutlich die Komplexität der Lernprozesse bei Beteiligung affektiver und sozialisierender Faktoren, die im Programm weder angeregt noch behandelt wurden, sondern deren Thematisierung der normalen Interaktion in der Klasse überantwortet wurde.

Aus diesen Gründen kann man einerseits zu Recht annehmen, daß ein Lernen mit Autorensystemen, das in dieser Weise in die Institution Schule eingepaßt wird, kein individualisiertes Lernen in dem Sinne ist, in dem ursprünglich behavioristische Ansätze es intendiert hatten. Andererseits sind aber die Möglichkeiten dieser Programme beschränkt. Mit ihren Mitteln lassen sich bestimmte komplexe Ziele nicht mehr ansteuern. So z.B. berichten Smith und Pohland (1991) im selben Band über Erfahrungen aus einem ähnlichen Versuch, der in einer anderen Schulregion durchgeführt wurde. Der Bericht weist deutlich auf die Diskrepanz zwischen dem Unterricht mit dem Computer und dem Klassenunterricht in Mathematik hin: »I wondered how closely the drills that they were taking correspond to what they were doing in class. Apparently it is not very close. Ruth told me that the day's classroom lesson was on 'writing mathematical sentences'. The drills, however, were all simple addition and subtraction problems« (24). Selbst die Schüler haben demnach die Diskrepanz zwischen dem Programm und dem Unterricht empfunden.

TICCIT   TICCIT ist teilweise ein Sonderfall, insofern dieses System auf der Basis der Component Display Theory von Merrill konzipiert wurde [Merrill (1980)]. Damit gehört das
Programm eigentlich bereits zu den im nächsten Kapitel besprochenen Programmen,
die auf der Basis des Instruktionsdesigns entwickelt wurden [ich werde darauf zurück-
kommen]. TICCIT präsentiert die zu lernenden Konzepte, Prozeduren oder Prinzipien
jeweils in drei Modi: als Regel, als Beispiel und als Übung. Zu den Übungen gibt das
System Rückmeldungen mit Erklärungen. Der Lernende kann Schwierigkeitsgrade für
Regeln, Beispiele und Übungen wählen und zu allen drei Modi Hilfe anfordern. Eine
durch mehrere Bildschirmabbildungen illustrierte Darstellung von TICCIT findet sich
bei Merrill (1980).

Eine sehr große Verbreitung sollen die speziell für den Unterricht in Mathematik vom Institute for Mathematical Studies in the Social Sciences der Stanford
University entwickelten Programme [Suppes/Morningstar (1972)] erfahren haben [Kearsley/Hunter et al (1983a), 91]. Es handelt sich ausschließlich um
Drill & Practice-Programme und um Tutorials [Suppes/Morningstar (1970)].

Das amerikanische Militär ist in der gesamten Geschichte der Lernsysteme ein
stabilisierender Faktor gewesen. Forschungen und Evaluationen zu Lernsystemen sind am U.S. Army Research Institute, Alexandria, VA [Perez/Gregory et
al (1993)] und am U.S. Air Force Armstrong Laboratory, Brooks Air Force Base, TX [Muraida/Spector (1992)] durchgeführt worden. CBT-Systeme wie
TICCIT und PLATO wurden in großem Maßstab auch bei der Armee eingeführt und evaluiert, ebenso wie zehn Jahre später instruktionelle Systeme und
intelligente tutorielle Systeme in größerem Maßstab ausprobiert wurden, z.B.
mit ASAT (Automated Systems Approach to Training) [Perez/Gregory et al
(1993)]. Shlechter (1988) befaßt sich mit der Evaluation von CBT-Systemen
aus der militärischen Perspektive. Zentrale Argumente für den Einsatz von
CBT sind aus Sicht der Armee eine vermutete Kosteneinsparung für Trainer
und eine angeblich nachgewiesene Zeitersparnis für die Auszubildenden.
Shlechter referiert viele Studien zum Einsatz von CBT in der Armee und weist
dabei auf die Inkonsistenz der Ergebnisse und die fehlenden Replikationsmög-
lichkeiten hin.

TAIGA   TAIGA (Twente Advanced Interactive Graphic Authoring system) ist eine holländische
Entwicklung auf dem Gebiet der Autorensysteme für PCs und hat, zumindest in Holland, eine vergleichbare Verbreitung gefunden wie PLATO in den USA. TAIGA schien
erst 1988 eine erste Vollendungsstufe erreicht zu haben [Bosch (1988)]. TAIGA besteht
aus mehr oder minder unabhängigen Subsystemen, organisiert in einer hierarchischen
Struktur in drei Ebenen, jeweils mit einem eigenen Editor. Ebene 1 dient der Strukturierung der Kursinhalte durch einen Moduleditor; Ebene 2 dient der Strukturierung der instruktionalen Interaktionen mit einem Episoden-Editor, und Ebene 3 gestaltet die Kursinhalte mit einem Text- und Grafik-Editor. Externe Programme können ins Lernprogramm eingebunden werden. TAIGA besteht aus vier Subsystemen, die (1) der Bearbeitung von Lernprogrammen dienen, (2) den Zugang der Studierenden zur Software
regeln, (3) den Zugang zu anderen Systemen und Datenbanken regeln und (4) die Protokolle von den Interaktionen der Lernenden anlegen [s. Pilot (1988)].

SHIVA   Mit enormen Mitteln von der Europäischen Gemeinschaft wurde erst Anfang der 90er
Jahre die Entwicklung des Autorensystems SHIVA gefördert, das Multimedia und ein

intelligentes tutorielles System miteinander koppeln soll. SHIVA ist entstanden als Kombination eines französischen Autorensystems (ORGUE) mit einem englischen tutoriellen Autorenwerkzeug (ECAL), das eine adaptive Instruktion gestattet [O'Malley/ Baker et al (1991)]. Danach ist SHIVA kein simples Autorensystem mehr, sondern eine Multimedia-Umgebung, die neben ORGUE als Frame-Editor und PSAUME als grafischem Editor für die Lektionen noch über verschiedene Editoren für Bild, Grafik und Ton und eine Simulationsschnittstelle verfügt und mit ECAL auch noch einen speziellen Editor für adaptive tutorielle Prozesse integriert [Elsom-Cook/O'Malley (1990)]. ECAL steht für »Extended Computer Assisted Learning« und war von seinen Autoren als Huckepack-Aufsatz auf Autorensystemen gedacht, als »experiment in ITS minimalism«. Als Hybridsystem könnte SHIVA sowohl im Kapitel über Autorensysteme als auch im Kapitel über intelligente tutorielle Systeme behandelt werden, obwohl es von der Funktion her schon als Autorensystem intendiert ist.

Ich frage mich, warum die Entwickler von SHIVA die Entscheidung getroffen haben, das Gesamtsystem mit eigenen Editoren für Bild und Ton auszustatten. Für diese Funktionen existieren erheblich leistungsfähigere Varianten, die kommerziell erhältlich sind und deren Produkte über gängige Austauschformate einfach zu importieren sind, ein Prinzip, auf das sich selbst kommerzielle Autorensysteme wie *AuthorWare* oder *Macromedia Director* verlassen. Vermutlich wird SHIVA längst durch die Evolution der Betriebssysteme (integrierte Komponenten für die Synchronisation von zeitabhängigen Prozessen, für Spracherkennung und Sprachsynthese), der kommerziellen Autorensysteme und der Entwicklung neuer Standards (z.B. für die Kompression digitalisierter Filme, navigierbare Filmformate, plattformübergreifende Bildformate, Kompressionsmethoden) überholt sein, wenn die ersten Anwendungen mit dem hybriden Autorenwerkzeug entwickelt werden könnten.

Erwartungen und Prognosen

Ein Problem der Autorensysteme sind die Entwicklungskosten. Zunächst hatte man erwartet, daß sich die Entwicklungskosten durch wiederholten Einsatz der Programme amortisieren würden. Aber schon 1980 war absehbar, daß die Übernahme fertiger Unterrichtseinheiten durch die Lehrer ein unüberwindbares Problem darstellen würde: »The single most critical issue in CAI today is the development and sharing of quality CAI materials« [Chambers/Sprecher (1980), 338]. Angesichts des Entwicklungsaufwands und der Kosten für CAI-Einheiten wäre eine größere Verbreitung notwendig, aber »the available courseware is difficult to share and, in many cases, protected by copyright if of significant value«. Chambers und Sprecher erinnern daran, daß viele Prognosen der computerunterstützten Instruktion eine glänzende Zukunft vorausgesagt hatten, und daß die Carnegie Commission 1977 schon für das Jahr 1980 eine breite Akzeptanz und eine Masse an Produkten prognostizierte, »however, widespread acceptance and use of CAI has not yet occurred« (339).

Trotzdem kommen Kearsley, Hunter et al (1983a) und (1983b) in ihrem Überblick über mehr als 50 Systeme für den computergestützten Unterricht von 1959 bis 1982 zu einer positiven Einschätzung der Entwicklung: »There is ample evidence that computers can make instruction more efficient or effective« (90), obwohl zwei andere ihrer Schlußfolgerungen deutlich machen, daß dieser angebliche Erfolg offenbar nicht das Ergebnis wissenschaftlicher Anstrengungen sein kann, sondern auf andere Faktoren zurückzuführen sein muß:

· »We know relatively little about how to individualize instruction«

- »We do not have a good understanding of the effects of instructional variables such as graphics, speech, motion, or humor«.

Noch 1986 bietet Leiblum (1986) einen förmlichen Überblick über den Stand der Autorensysteme in der Computer-Assisted Learning (CAL) Gruppe an der Universität von Nijmegen in seinem Aufsatz »A Decade of CAL at a Dutch University«, und präsentiert eine Liste von 31 Projekten, von denen 10 regelmäßig in Gebrauch, 13 nicht fertig oder bereits erledigt und 8 noch in der Entwicklung sind. Die Entwickler in Nijmegen haben es mit dem System *Planit* gehalten und sind später zu *TenCore* gewechselt. Aber nur elf der in der Liste aufgeführten Programme werden mit *Planit*, nur zwei mit *TenCore* entwickelt. Bei den meisten Anwendungen handelt es sich um Tutorials. Aber Leiblum geht davon aus, daß Simulationen zunehmen würden.

Noch 1988 präsentiert Hawkridge (1988) einen enthusiastischen Überblick. Er ist davon überzeugt, daß der Erfolg von CBT unausweichlich ist: »Our research of the last two years has led me to predict that more than half of the large and medium-sized companies in Britain and the United States will be using CBT in some form, for some of their training, before the year 2000« (41), obwohl er zugeben muß, daß »80 percent of the CBT material we have seen is poorly designed«. Auch Poppen und Poppen (1988) sind überzeugt von den Stärken des behavioristischen Ansatzes und wollen Elemente davon in moderne CAL-Programme übernehmen.

Im gleichen Jahr sprechen Euler und Twardy (1988) vom Mißerfolg bzw. der Stagnation bei der Durchsetzung von CBT[7]. Den Mißerfolg führen sie sowohl auf die technische Unreife der Systeme zurück als auch auf den »lack of didactic imagination which alone can guarantee quality or ensure acceptance that had killed off computer-assisted learning« (91). Aber bereits 1990 spricht Euler (1990) schon wieder von einer »Renaissance des CUL« (computerunterstütztes Lernen) und einer »Auferstehung des CUL« (179) und schreibt ihr emphatisch die folgenden drei wichtigen Eigenschaften zu (184ff.):

- »CUL beinhaltet besondere Möglichkeiten der Präsentation von Lerninhalten und fördert so deren Anschaulichkeit!«
- »CUL besitzt besondere Möglichkeiten der Motivierung des Lerners!«
- »CUL ermöglicht eine Individualisierung des Lernens!«

Allerdings fügt er in seinem abschließenden Urteil einschränkend hinzu, daß die Verwirklichung dieser Ziele ganz entscheidend an die »didaktische Phantasie des Autors« (187) gebunden ist: »Letztlich ist CUL nur bei solchen Pädagogen gut aufgehoben, die auch ohne Computer gute Pädagogen sind!« (188)

---

7. Zum Niedergang des Programmierten Unterrichts in der Bundesrepublik vgl. Gorny (1982), 346ff. und die dort zitierten Positionen.

Den Mangel didaktischer Phantasie beklagt ebenfalls Nissan (1989) und belegt die Klage mit der Beobachtung und dem Urteil, »that CAI and ICAI systems as they are today usually with a boring interface, based on text only interaction, or possibly even with poorly designed graphics, may prove even detrimental, didactically, just like dull teaching« (68).

McDermott Hannafin und Mitzel (1990) sammeln in ihrem Überblick folgende Negativpunkte: Die Entwicklung der Lektionen war zu aufwendig, die aus pädagogischer Perspektive notwendigen Anforderungen an Lektionen wurden zugunsten der leichteren Realisierbarkeit geopfert, es gab erhebliche Probleme bei der Programmierung, die Rolle der beteiligten Informatiker wurde überschätzt und es mangelte an effektiven Autorenwerkzeugen. An zukünftige Autorensysteme stellen sie die Forderung, offen zu sein und ein lernerzentriertes Design zu ermöglichen.

Die Struktur von Autorensystemen

Der Begriff Autorensystem sollte dem Käufer suggerieren, daß sich mit diesen Systemen auf leichte Weise Lernprogramme entwickeln lassen. Schon der Begriff »Autor« suggeriert, daß man Lernprogramme »schreiben« kann, ohne über Programmierkenntnisse verfügen zu müssen. Der Benutzer eines Autorensystems muß – jedenfalls nach der Idealvorstellung dieses Programmtyps – lediglich sein Fachwissen in Form von Fragen und von vorhersehbaren richtigen und falschen Antworten eingeben, und das Autorensystem erstellt automatisch ein Lernprogramm. Das Autorensystem fungiert in diesem Fall als Programmgenerator. Bekommt der Lernende das Programm in die Hand, wird der Autorenteil ausgeblendet und das Autorensystem fungiert als reine Präsentationsmaschine.

Der relativ geringe Schwierigkeitsgrad bei der Benutzung von Autorensystemen resultiert daraus, daß der Autor keine Programmierkenntnisse besitzen muß. Dies wird dadurch möglich, daß das Autorensystem einen festen Algorithmus vorgibt, nach dem die Übungen ablaufen müssen. Einfachheit wird folglich mit Einschränkungen in der Leistung bezahlt (leistungsfähigere Autorensysteme bedienen sich deshalb wieder einer vereinfachten Programmiersprache). Trotz dieser attraktiven Benutzerphilosophie ist das Rezept nicht aufgegangen. Daß Lehrer die angebotenen Autorensysteme nicht nutzten, haben Rode und Poirot (1989) in einer Befragung von 200 texanischen Lehrern nachgewiesen. Obwohl die Lehrer bereits länger im Beruf waren und eine einschlägige Ausbildung besaßen, hatten nur 16% der Mathematiklehrer bzw. 11% der übrigen Lehrer schon mal ein Lernprogramm geschrieben (195).

Die Erwartung von Lehrern an Autorensysteme, die auf dem Computergebiet überwiegend Laien sind, stimmt aber mit deren Propaganda überein. Lehrer richten ihre Erwartungen nicht an die Originalität, Leistungsfähigkeit oder Wertschätzung der didaktischen Konzeption von Autorenprogrammen, sondern darauf, mit Hilfe von Autorensystemen leicht Software für Unterrichtszwecke (»Teachware«) entwickeln zu können. In der Befragung von Rode und Poirot steht »ease of editing« ganz an der Spitze der Rangskala (196). Diese Erwartungshaltung verliert leicht aus den Augen, daß die geringe Schwierigkeit bei der Entwicklung der Lernmaterialien mit der restringierten didaktischen Konzeption der resultierenden Teachware teuer erkauft wird [vgl. Voogt (1990), der die Kriterien von Lehrern für die Auswahl von Programmen in der Physik untersuchte].

Trotz der Ansprüche von CAI, mit leicht beherrschbaren Programmiersprachen jedermann zu ermöglichen, Autor von CAI-Lektionen zu sein, mußte man zu dem Schluß kommen, daß die Vorstellung vom autonomen Dozenten als Autoren von Lehr-Lern-Software eine Fiktion war: »The notion that computer-based materials can be produced by anybody, completely by themselves, is an archaic concept« [Bork (1979), 20]. Die Entwicklungsprobleme bei CAI stecken einerseits in der Aufbereitung des Stoffes (Lernziele, Segmentierung, Rückmeldung), andererseits in den Programmiersprachen. Streitz (1985) weist zudem daraufhin, daß selbst »die Autorensprache immer noch sehr an dem programmed instruction–Schema orientiert ist« (57).

Taylorisierung

Wegen der geringen Anforderungen an System- oder Programmierkenntnisse wird leicht übersehen, daß Autorensysteme aufgrund der Orientierung am behavioristischen Lernmodell vom schreibenden Hochschullehrer erwarten, daß er mindestens den Mechanismus beherrscht, den Stoff in kleinste Schritte zu unterteilen, die kleinsten Schritte folgerichtig aufeinander aufzubauen und bei Erfolg oder Mißerfolg des Lernenden die passenden Rückmeldungen (Feedback oder Verstärkung) vorzusehen. Der jeweils nächste Schritt muß so auf dem vorhergehenden aufbauen, daß der Student nicht wegen zu großer Lücken oder Sprünge mitten im Programm steckenbleibt. Die vom Lerner erwarteten gedanklichen Schritte dürfen nicht zu groß sein, da sonst Lücken im sequentiellen Aufbau des Stoffes bzw. in der gedanklichen Gliederung entstehen können. Autorenprogramme sind daher ständig in Gefahr, der Suggestivität und Trivialität anheimzufallen. Die Auswahlantworten dürfen nicht unsinnig sein und müssen mit Stoff und Frage in engem Zusammenhang stehen. Durch diese Zergliederung des Lernprozesses kommt eine Art »Taylorisierung« des Lerninhalts und Lernprozesses zustande. Unmittelbare Verstärkung und Korrektur sind notwendig, um die Motivation des Lernenden aufrecht zu erhalten.

Diese methodisch-didaktischen Aspekte bei der Arbeit mit Autorensystemen sind – zumindest wenn man der behavioristischen Theorie folgt – nicht trivial, sie werden allerdings nur allzuleicht vom Lehrer unterschätzt, der sich für Autorensysteme vor allem wegen der scheinbaren Erleichterung bei der Entwicklung von Lerneinheiten entscheidet. Der zeitliche Aufwand für die Erstellung einigermaßen qualifizierter Produkte ist entsprechend hoch. So berichtet Ottmann (1987), »daß man für eine Kontaktstunde Unterricht etwa 80 bis 120 Stunden in das Erstellen der Lektion investieren muß« (65). Mir scheint diese Schätzung noch am unteren Rand zu liegen. Von Chambers und Sprecher (1980) werden Entwicklungszeiten zwischen 50 bis 500 Stunden pro Stunde Programmzeit angegeben (337).

Antwortanalyse Bei der Beurteilung der Qualität der Autorensysteme spielt eine wichtige Rolle, welche Modalitäten das System dem Lernprogramm-Entwickler in punkto Fragenauswahl, Frage-Antworttypen, Evaluationstypen (Antwortanalyse) und Verzweigungsformen zur Verfügung stellt [Fankhänel/Schlageter et al (1988)]. Die Fragenauswahl kann seriell, zufällig oder nach gemischten Formen erfolgen. An Frage-Antworttypen werden im allgemeinen unterschieden:

· Ja/Nein (Richtig/Falsch)

· Multiple Choice

· Lückentext

· Freie Antwort und

· Abarten dieser Grundformen.

Zumeist werden vorgegebene Formen des Antwortens vorgesehen, um die Eingabe unter Kontrolle zu halten und die Überprüfung zu erleichtern, z.B. Knöpfe, Menüs, Dialoge. Kritisch ist die Antwortanalyse bei freien Texteingaben. Die eingegebene Antwort wird in der Regel nur auf Gleichheit bzw. Exaktheit bzw. auf Synonyme geprüft. Ein Sinnverstehen der Lerner-Eingabe ist nicht möglich, allerhöchstens eine Fehlertoleranz bei Rechtschreibungsfehlern. Dieser Punkt ist ganz entscheidend für die methodologische und lerntheoretische Beurteilung der Autorensysteme. Da sie den Lernfortschritt abhängig machen von der Prüfung der Antwort, spielt es absolut keine Rolle, wie 'sokratisch' oder scheinbar offen und liberal Fragen an den Lernenden formuliert werden, denn die Prüfung auf Richtigkeit muß in jedem Fall gemäß den beschriebenen Korrektheitsformen durchgeführt werden.

Die Übung, wie sie dem Lernenden dann auf dem Bildschirm gegenübertritt, besteht im wesentlichen aus einer Folge nacheinander ablaufender Vorgaben (Input), Fragen und einer Reihe vorgegebener Antworten, aus denen der Lernende eine oder mehrere auswählen und ankreuzen kann. Entsprechend der Antwort des Lernenden setzen dann die vorgeplanten Mechanismen des Übungsprogramms ein, z.B. Bestätigung der Richtigkeit und Präsentation der nächsten Frage oder Wiederholung der letzten Frage und Einblendung eines Beratungstextes, Kommentars usw. Darüber hinaus führt das Konzept des »corrective teaching«, das auf Diagnosemodellen beruht [Boulet/Lavoie et al (1989)], die eine Abweichung zwischen Erwartung und Realisierung ermitteln.

Es gibt sinnvolle Anwendungen für Drill & Practice Programme, z.B. bei den häufigen repetitiven Prozessen beim Fremdsprachenlernen oder beim Erlernen der Bedienung von Maschinen. Hier kann durch eine Wissenskomponente mit Regeln und diagnostischen Prozeduren viel von der negativen Auswirkung des Drill & Practice-Ansatzes aufgehoben werden. Man sehe sich nur das Beispiel eines Trainers für sprachliche Artikel bei Kurup, Greer et al (1992) an, der vom Studierenden die Auswahl des richtigen Artikels und einer korrespondierenden Regel verlangt. Aber selbst wenn die Lektionen scheinbar als grafisches »Abenteuer« in Form einer animierten Bildsequenz ablaufen, nimmt letzten Endes das Programm eine Evaluierung der Lernerhandlungen nach dem richtig/falsch-Prinzip vor und verzweigt wieder zur Ausgangsfrage, falls falsche Antworten vorkommen. Im eigentlichen Lernteil des Lernprogramms bleibt also die Grundstruktur des Programmierten Lernens gewahrt.

Es besteht keine Möglichkeit, den Ablauf eines durch Autorensysteme erzeugten Lernprogramms dem Denken des Lernenden anzupassen. Der Lernprozeß wird in kleinste Schritte zerteilt, die nacheinander in strenger Folge absolviert werden müssen. Lernende haben deshalb häufig das Gefühl, in einer Zwangsjacke zu stecken, weil durch die strikt sequentielle Anordnung subjektive Assoziationen behindert, vorauseilende Gedanken zwecklos, Gedanken zum Ziel des Ganzen indirekt untersagt und Schlußfolgerungen, die auf das Ende einer Problemstellung hinzielen, schlicht abgebogen werden. Wenn die Programme nur halbwegs dem multiple-choice Muster folgen und den Feedback-Mechanismus implementieren, dann kann man davon ausgehen, daß unterhalb der ansprechenden Oberfläche die behavioristische Grundlage der Autorensysteme [Bodendorf (1990)] durch den Zwang zur Taylorisierung des Lernguts und zur Zuspitzung des Lernganges auf die Frage-Antwort-Struktur sowie durch die Überprüfung der Antwort wiederhergestellt wird [vgl. Streitz (1985), 57]. Zudem ist die Effizienz dieser Lernsysteme [s. den Überblick bei Kulik, Kulik et al (1980a)] nicht so groß wie die Erwartungen, die ihnen in dieser Hinsicht entgegengebracht werden: »Interessanterweise werden ihr [der computer-unterstützten Unterrichtung, R.S.] nur kurzfristige Effekte zugeschrieben, die zudem noch verdächtig sind, vom Hawthorne-Effekt des 'Neuen' überlagert zu sein« [Fischer (1985), 69].

Didaktische Studien, die auf die notwendige Differenzierung nach Lernertypen hinweisen [z.B. Goldman (1972), Pask/Scott (1972)], können erklären, warum nach einiger Zeit der Neugier auf das neue Medium, ein Unwillen bei Lernenden heranwächst, mehr Programme dieser Art zu benutzen: Mögen derartige Lernprogramme für Studenten, die vorwiegend sequentiell lernen, noch gerade angemessen sein, so sind diese Programme völlig ungeeignet für holistisch orientierte Denker, die über ein heuristisch fundiertes kognitives Problemlösungsverhalten verfügen. Zudem muß die Einbettung der kognitiven Lernstrategien in soziale Kontexte und motivationale Bedingungen bedacht werden.

Courseware und Multimedia

Die simple Struktur von Autorensystemen wird durch die Einbeziehung von Animationen und Simulationen zu verbessern gesucht [Ottmann (1987), 64]. Es gibt mehrere Versuche, Autorensysteme auf Expertensystemen aufzusetzen, so z.b. die *Eurobench Workstation* [Stratil (1989)]. Bei diesen Versuchen wird häufig eine natürlich-sprachliche Benutzerschnittstelle angestrebt [zu solchen Systemen aus psychologischer Sicht Spada und Opwis (1985), (14ff.)], und es wird das Ziel verfolgt, freie Antworten mit feineren Evaluationsinstrumenten zu analysieren und Programme mit komplexeren Verzweigungs- und Beratungsstrategien reagieren zu lassen. In diesen Fällen wird allerdings auch der Entwicklungsaufwand für den Lehrenden wieder höher [Anderson/Boyle et al (1984)]. Aber sofern man daran festhält, die Reaktionen des Lernenden zu überprüfen und die Fortsetzung des Programms von dieser Prüfung abhängig zu machen, ändert sich am behavioristischen Grundmuster trotz aller Differenzierung nichts. Selbst wenn computergestützte Lernprogramme wie die offene Courseware einige der gröbsten Fehler der Programmierten Instruktion zu vermeiden suchen, bleiben die Wurzeln des Behaviorismus noch erkennbar: »Interactive instruction (computer-assisted instruction, interactive video) is often an extension of programmed instruction developed in the behavioral psychology era« [Merrill/Li et al (1992a), 15].

Courseware   Heute hat man den Evaluationsmechanismus der Autorensysteme in der Regel aufgegeben und erhält so freiere Systeme für die Entwicklung von Courseware. Die unter freier Verwendung von Autorensystemen wie etwa *Macromedia Director* oder *AuthorWare* entwickelten Lernprogramme, die keiner speziellen methodischen Richtung verpflichtet sind, haben im Grunde mehr pädagogische Erfolge erzielt als die strikten Autorenprogramme. Für diesen Programmtyp hat sich der Begriff Courseware eingebürgert: »Tutorial courseware is basically a mis-application of the programmed learning model of instructional design« [Jonassen (1988b), 152]. Der im Amerikanischen gebräuchliche Begriff ist allerdings mehr eine Warenkategorie als ein wissenschaftlicher Begriff: Er wird heute weitgehend mit CAI und CBT gleichgesetzt, wobei sich darunter Tutorien, Drill & Practice-Programme, Simulationen und Multimedia-Programme verbergen können. Trotzdem gibt es immer wieder Versuche, Unterschiede durch Definitionen zu klären. So versuchen sich Christensen und Bodey (1990) am Unterschied von Courseware und computergestützter Instruktion (CAI). So schildert Bodendorf (1990) z.B. den Übergang vom Programmierten Unterricht zum entdeckenden Lernen (28ff.). Den Übergang von der Courseware als computergestützter Instruktion und dem audiovisuellen Lernen hin zu multimedialen Lernumgebungen beschreibt Allen (1994). Eine frühe Erwähnung des Begriffs Multimedia im Zusammenhang mit Courseware findet sich bei Briggs, Campeau et al (1967). Bonner (1987) beschreibt den Übergang von der rahmenbasierten Courseware zu den Expertensystemen und intelligenten tutoriellen Systemen. Weitere Entwicklungen diskutiere ich zusammen mit dem Instruktionsdesign und den intelligenten tutoriellen Systemen. Einige Jahre wurde als eigene Gattung über das sog. Interaktive Video diskutiert. Die interaktive Bildplattentechnik ist aber im Grunde nichts anderes als eine Ergänzung der frame-basierten Courseware durch eine Bildplatte. Einen Überblick über Evaluationen zu interaktiven Bildplattensystemen gibt es bei Kearsley und Frost (1985). 1984 existierten zwar bereits über 200 Bildplatten im Ausbildungsbereich (7), aber aus dem Bericht geht deutlich hervor, daß gute interaktive Bildplatten-Courseware auch 1985 noch rar war.

Die wachsende Nachfrage nach Courseware im Vergleich zur Nachfrage nach Produkten der Programmierten Instruktion mag darauf zurückzuführen sein, daß die Ziele der Courseware erheblich breiter sind: »The most familiar and pervasive uses of computers in education are the often derided, scorned, and ridiculed drill and practice and the tutorial modes« [Nix (1990), 145]. Es gibt sogar Programme zu derart schwierigen Themen wie z.B. dem Erlernen von praktischen Fähigkeiten bei Sozialarbeitern [Seabury/Maple (1993)], dem Erlernen der wissenschaftlichen Argumentation [Bork (1993)], dem Erwerb der Fähigkeit, zuhören zu können [Cronin (1993)] und der Verbesserung von Kommunikationsfähigkeiten [McKenzie (1993)]. Die Anwendungen der Courseware decken fast alle Schulfächer, Ausbildungszweige und wissenschaftlichen Studiengänge ab. Wir finden Courseware in der Rechtswissenschaft, der Physik [Bork (1980); Richards (1992); Glover (1989)], der Kunstgeschichte, der Sozialarbeit [Seabury/Maple (1993)], im Fremdsprachenunterricht, in der Biologie [Hall/Thorogood et al (1989); Huang/Aloi (1991); Kramer (1991)], in der Medizinausbildung [McCracken/Spurgeon (1991); Guy/Frisby (1992)], in der Pharmazie [McKenzie (1993)], im Bibliothekswesen [Bourne (1990)], usw.

Programmkategorien   Innerhalb des computergestützten Lernens werden im allgemeinen folgende Programmformen unterschieden: *drill & practice*, *tutorial*, *games*, *simulation* und *problem-solving* [Chambers/Sprecher (1980)]. O'Shea und Self (1983) unterscheiden insgesamt 11 verschiedene Softwaretypen: Lineare Programme, verzweigende Programme, generatives computerunterstütztes Lernen, mathematische Lernmodelle, TICCIT, PLATO, Simulationen, Spiele, Problemlösen, emanzipatorische Modi, Dialogsysteme. Man erkennt sofort, daß die Kategorisierung nicht nach einheitlichen Prinzipien erfolgt: Praktische Autorensysteme (PLATO, TICCIT) stehen gleichrangig neben Anwendungsgattungen (Spiele und Simulationen) und Unterscheidungen von Programmsorten innerhalb des Programmierten Lernens (lineare vs. verzweigende Programme). Eine Vorstellung von der Verbreitung der Gattungen gibt Schaefermeyer (1990): »as of 1985, about 50% of the software developed to that time had been drill and practice; tutorials accounted for about 19%, games about 12%, and simulations about 5%« [nach Bialo/Erickson (1985)]. Er kritisiert, daß »much of the present computer instruction is about computers rather than with them« (15).

Feedback

Erste Studien zum Programmierten Unterricht zeigten das Konzept als erfolgreich. Wiederholungsstudien zum Programmierten Unterricht zeigen, daß der Erfolg abflachte. Ist der Grund dafür die Programmkontrolle, die Schematik des Feedback? Fischer (1985) unterscheidet »Treffer-Feedback« von »Fehler-Feedback« (69) und betont, daß viele Systeme explizites Fehler-Feedback einführten. »Möglicherweise beruht hierin der Grund für das Scheitern der frühen CUU: Durch die Einführung von Fehler-Feedback konnte der Informationswert des Feedback nicht etwa erhöht werden, es stiegen lediglich die bestrafenden, aversiven Kontingenzen« (69).

Motivation
und Feedback

Es sind zwei Quellen des Feedback zu unterscheiden: Die Rückmeldung zur Aufgabe, die nach Skinner vorwiegend der Motivierung des Lernenden dienen soll, und die Rückmeldung zu Aktionen innerhalb der Benutzerschnittstelle. Die erstere scheint langfristig keinen besonderen Erfolg zu zeitigen: »Nach längerfristigem CUU-Einsatz werden Klagen über Langeweile laut; Lehrer berichten über sinkende Schülermotivation. Überraschenderweise sind CUU-Methoden also gerade dort schwach, wo sie nach Skinner besonders effizient sein sollten: im Bereich der Motivierung« [Fischer (1985), 69]. Die letztere ist möglicherweise für einen Teil der Attraktivität des Computers bei Jugendlichen verantwortlich. Fischer kritisiert die Analogisierung von Skinners operantem Konditionieren mit dem Feedback von Programmen (70).

Informatives
Feedback

Cohen (1985) sieht selbst in der Courseware noch die Spuren des behavioristischen Feedback-Konzepts: »One of my major sources of disappointment in a CBI program is the use of feedback [...] A reason for this might be that most instructional designers of today come from a predominantly operant psychology background, where behavioral theory and programmed instruction have dictated the approach« (33). Dabei gibt es seiner Ansicht nach andere Möglichkeiten, denn mit dem Übergang vom Behaviorismus zum Kognitivismus habe zugleich ein Wechsel vom unmittelbaren Feedback auf eine korrekte Stimulus-Response-Bindung zu einem informativen Feedback stattgefunden, das Fehler aufspüren und dem Lernenden melden soll.

Fischer (1985) warnt jedoch, gerade im Hinblick auf das von Cohen in den Vordergrund gerückte informative Feedback, »daß wir bei noch so sachlicher Rückmeldung damit rechnen müssen, daß sie nicht immer nur als Information, sondern immer zugleich als 'belohnend/bestrafend', also affektiv gedeutet wird«. Intelligente tutorielle Systeme, die Feedback einseitig als informative Rückmeldung verstehen, können hier grundlegende Fehler machen: »Insofern könnte eine jeweils vereinseitigende Akzentuierung von 'Information' vs. 'Verstärkung' sich bei der Gestaltung von Rückmeldungskomponenten so nachteilig auswirken, wie weiland die ausschließliche Begründung des CUU im Skinnerianismus« (81).

Implizites und
explizites Feedback

Fischer und Mandl (1988) unterscheiden wie Cohen zwischen den Feedback-Konzepten im Behaviorismus und im Kognitivismus: Im Behaviorismus charakterisieren sie Feedback als konditionierte Verbindung von Verhalten und Belohnung, im Kognitivismus habe Feedback die Bedeutung einer informativen Rückmeldung zum Verhalten mit Bezug auf das zu erreichende Ziel angenommen. Sie kritisieren am Behaviorismus, daß das Prinzip der Konditionierung den Informationsgehalt der Rückmeldung vernachlässigt habe. Sie kritisieren am Kognitivismus, daß er die affektiven und motivationalen Begleitprozesse der Rückmeldung vernachlässige (190). Sie interessieren sich für die Frage, warum es trotz ausgiebigen Feedbacks immer wieder zu negativen Nebeneffekten der Rückmeldung kommt. Feedback kann eine implizite (»covert«) und eine explizite (»overt«) Komponente haben. Fischer und Mandl weisen darauf hin, daß selbst Expertensysteme, die kein explizites Feedback vorsehen, ein implizites Feedback (»covert self-feedback«) abgeben, besonders dann, wenn sie über diagnostische Fähigkeiten verfügen (194), und daß selbst tutorielle Systeme, die Feedback aus motivationspsychologischen Gründen bewußt vorsichtig dosieren, Rückmeldung zum Fehlverhalten geben: »At present according to our knowledge, no empirical study has been done on the possible punishing or demotivating effects of a bug-diagnose series in a BUGGY system or has examined the possible lowered diagnostic power of a WEST architecture« (195). Sie warnen vor den Folgen, die unkontrolliertes Feedback in diagnostizierenden Systemen haben kann: »covert feedback may be of more harm than instrumental use to the learner […] might impede and prevent learning rather than assist it« (195ff.).

Es scheint ihnen geboten, implizites Feedback durch explizite Formen aufzufangen und zu kontrollieren. In KAVIS II, einem interaktiven Bildplattensystem zur Struktur von Pflanzenzellen, haben Fischer und Mandl versucht, die Feedback-Komponenten hinsichtlich möglicher Effekte auf das Lernen in unterschiedlichen Lernphasen stark zu differenzieren: Zu Beginn soll das Feedback nicht auf die Fehlermeldung ausgerichtet sein, sondern Hilfe als Information in audiovisueller Form zum Inhalt geben, während in fortgeschrittenen Lernphasen das Feedback aus korrektiven 'metakognitiven' Hilfen und direkten Hinweisen zum Lerninhalt mit dem Ziel der Selbstkorrektur bestehen soll. Natürliches Feedback kann auch positive Folgen haben, wie die Untersuchung von Park und Gittelman (1992) zeigt, bei der eine Gruppe von Studierenden natürliches Feedback erhielt, eine andere explizite Hilfe und sich zwischen beiden Gruppen kein Unterschied ergab: »This suggests that intentionally mediated feedback may not be necessary if the student receives natural feedback directly from the system« (36). Dieses Ergebnis mag als ein Plädoyer für interaktive Programme angesehen werden, die eine direkte Manipulation grafischer Objekte ermöglichen, aus der sich die Rückmeldung von selbst ergibt.

Die Fragen, die man an den Einsatz von Feedback in Lernprogrammen richten kann, können gar nicht differenziert genug gestellt werden. Die Untersuchung von Park und Gittelman verweist z.B. darauf, daß visuelles Feedback in animierter Form einem Feedback in statischer Form überlegen sein kann. Möglicherweise muß die Wirkung von Feedback auch noch nach Lernertypen variiert werden oder nach unmittelbarem, verzögerten oder am Ende der Sitzung erfolgtem Feedback [Cohen (1985)]. Pridemore und Klein (1991) variierten »elaboration feedback« und »verification feedback«. Im Elaborationsmodus erhielten die Studierenden die korrekte Antwort und eine Erklärung nach jeder Frage, im Verifikationsmodus nur den Hinweis, ob ihre Antwort korrekt oder falsch war. Das elaborierte Feedback erwies sich als überlegen.

Wonach die bisher besprochenen Untersuchungen nicht gefragt haben, ist, welche Form des Feedback eigentlich Lernende für sich selbst bevorzugen würden, wenn sie die Wahl hätten. Dieser Frage ist van der Linden (1994) nachgegangen. Sie untersuchte mit einem klassischen Drill & Practice-Programm zum Fremdsprachenlernen die Wirkung des korrektiven Feedbacks. Die Interaktionen der 23 Studierenden wurden komplett aufgezeichnet, und zusätzlich wurden Protokolle lauten Denkens analysiert. Sie stellte drei Strategien der Lernenden fest: Knapp die Hälfte der Studierenden folgten der »optimalen« Sequenz »response–feedback–retrial«, einige ließen sich nur die korrekte Antwort zeigen und gingen schnell zur nächsten Übung über, wieder andere achteten weder auf das Feedback noch auf die korrekte Antwort. Die Interviews bestätigen den Eindruck, den die Autorin aus der Analyse gewann: Die ehrgeizigen Studenten machen die optimale Folge konsequent durch, die ungeduldigen Studenten folgen der dritten Strategie [s. aber Sales/Williams (1988)].

Sanktionsfreiheit | Warum sind nicht alle Lernenden ungeduldig? Warum reagieren sie nicht negativ auf das permanente Feedback? Für die Antwort auf diese Frage ist bereits Weizenbaums ELIZA [Weizenbaum (1966)] ein gutes Beispiel: Der Computer wird trotz Rückmeldedichte nicht als Kontrolle empfunden. Sobald aber das Feedback den Hauch der Kontrolle oder Korrektur annimmt, weicht der Lernende zurück. Fischer und Mandl weisen nachdrücklich auf den ungewollten Bestrafungseffekt hin, den Feedback auslösen kann. Dies führt uns zurück auf das Kriterium der *Sanktionsfreiheit*, das ich in Kapitel 2 zu den für den Erfolg von Computerprogrammen bei Jugendlichen verantwortlichen Faktoren zählte.

Design-Richtlinien für Courseware

Design-Richtlinien werden nicht nur an dieser Stelle besprochen, sondern auch in den Kapiteln zu Hypertext und elektronischen Büchern, jeweils bezogen auf den dort diskutierten Softwaretypus. An dieser Stelle beschränke ich mich darauf, drei Studien zu zitieren, die Design-Richtlinien für Multimedia formuliert haben, wobei ich die Problematik, die solchen Richtlinien-Katalogen anhaftet, gar nicht weiter diskutieren will, nämlich ihre Vagheit, ihre subjektive Erfahrungsgebundenheit und ihren geringen Grad an Operationalisierbarkeit.

Cates (1992) stellt 15 Richtlinien für das Design von Hypermedia auf:

Match current curricular emphasis

Match current teaching practice

Match current instructional time restraints

Provide the capability of tailoring the product to meet specific teacher needs

Make the database easily accessible for use as a research toll

Make the database expandable

Design the product so that it helps learners develop their inquiry skills

Encourage learners to think about what they know and what they are learning

Design a 'user-friendly' learning environment

Think of a videodisc as more than just a full-motion repository

Include video segments that make effective use of the medium

Be careful to use good writing and correct spelling and punctuation

Make the product interactive in meaningful ways

Emphasize context, not just isolated facts

Provide print materials that are at least as valuable as the multimedia database.

Schaefermeyer (1990) führt 16 Design-Richtlinien für Courseware auf:

»Design of learning activities should include:

– Specifying the target audience

– Specifying entry level learner competencies

– Stating objectives behaviorally (performance)

– Informing the learners of objectives

– Determining the range and scope of the content to adequately achieve intents

– Employing content learning in the instructional approach

– Using appropriate vocabulary for the targeted learner

– Stating instructions clearly

Identify the curriculum role used: Adjunct, mainline, or management

Identify mode of instruction to be employed which will best achieve the objective: Drill and practice, tutorial, game, simulation, problem solving

Use of branching

Make the program menu driven

Format instructional text for screen display

Embed graphics into the content

Use cues and/or prompts

Grant user control to learner

Employ teacher management of instruction

Use feedback appropriately

Use random generation

Consider classroom and instructional time

Provide instructional teacher's manual and student manuals

Use technical design that allows for quick response and quick loading

Provide for evaluation monitoring« (10).

Mayes (1992a) führt Richtlinien für die Repräsentation in Multimedia-Systemen an: Das mentale Modell solle eine realistische oder dynamische Form der Entsprechung im Design finden, man solle eine graphische oder auditive Realisierungsform wählen, dieser wiederum müssen die I/O Modalitäten angepaßt sein, ebenso den Lernzielen. Zwei oder mehr Medien, die den gleichen Rezeptionskanal oder die gleiche kognitive Verarbeitungskapazität beanspruchen, sollten nicht gleichzeitig ablaufen, und die Modalität sollte häufig wechseln (15).

Ich lasse diese Kataloge von Empfehlungen unkommentiert stehen und betrachte es als Aufgabe des Lesers, sich damit auseinanderzusetzen. Mir fällt zu solchen »Design Guidelines« nicht viel ein, wie ich offen eingestehen muß.

KAPITEL 5

Verwaltetes Lernen

Modelle des Instruktionsdesigns (ID)

Die Instruktionstheorie oder das Instruktionsdesign sind historische Antworten auf den Behaviorismus: Sie entstanden bereits in den 60er Jahren[8] und hatten das Ziel, höhere Lernziele als das assoziative Lernen zu erreichen, Lernziele kognitiv zu definieren und diese Lernziele auch mit anderen Methoden zu fördern. Die Kritik am Programmierten Unterricht und seinen beschränkten Verzweigungsmöglichkeiten führte zur Vorstellung, eine effektivere Form der Individualisierung durch stärkere Variation von Methoden zu erreichen. Ein Nebenziel – immer noch angeregt durch die Autorensysteme – spielte dabei eine Rolle, nämlich durch Deduktion aus Lernzielen und Methodenvorschriften zu einer Automatisierung der Produktion von Lerneinheiten zu gelangen.

Bruner und die ASCD
Möglicherweise ist Bruner (1966) nicht nur verantwortlich für die Popularisierung des entdeckenden Lernens, sondern, da er mit seinem Buch »Toward a Theory of Instruction« einen ersten Ansatz zu einer Theorie der Instruktion geliefert hat, auch verantwortlich für den Wechsel von den Lerntheorien zu den Instruktionstheorien, den die psychologische Forschung in den USA und die Association for Supervision and Curriculum Development (ASCD) ab 1965 vollzogen haben [Snelbecker (1983), 445], obwohl Bruner nur die pädagogischen Konsequenzen der Kognitionspsychologie beleuchten, nicht aber einen neuen Theorieansatz begründen wollte. Als eigentliche Begründer der Instruktionstheorie werden aber in der Regel Gagné, Ausubel und Scandura betrachtet. Seels (1989) gibt einen detaillierten historischen Überblick über die Entwicklung der Instruktionspsychologie und präsentiert eine Zeittafel der Jahre 1954 bis 1980.

Gagné
Als erste Instruktionstheorie mit nachhaltigen praktischen Auswirkungen gilt Gagnés Werk »Conditions of Learning und Events of Instruction« [Gagné

---

8. Andrews und Goodson (1980) bieten einen hervorragenden Überblick über Entwicklungen im Instruktionsdesign, die bereits zwischen 1973 und 1978 stattgefunden haben (3). Sie vergleichen tabellarisch insgesamt 40 Modelle für Instruktionsdesign, die in unterschiedlicher Gewichtung deskriptive, präskriptive, prädiktive und/oder explanatorische Aspekte aufweisen, und schreiben einigen dieser Modelle explanative Fähigkeiten zu, sofern sie auf Lerntheorien aufbauen. Sie tun dies, obwohl sie selbst auf den Gegensatz der Begriffe Modell und Theorie explizit hinweisen.

(1965)]. Sein Modell der Instruktion, häufig als Instructional Systems Development (ISD) bezeichnet [Merrill, Li et al (1990a), 9], war historisch betrachtet nichts anderes als der Versuch, die existierenden Lerntheorien in eine Relation zueinander zu bringen und jeder ihren eigenen relativen Stellenwert in Bezug auf unterschiedliche Lernzielbereiche zuzumessen, wobei er den behavioristischen Ansätzen Thorndikes und Skinners ihren angemessenen Platz zuwies. Snelbecker (1983) betont den eklektischen Charakter dieses Ansatzes und die Tatsache, daß Gagné erhebliches Gewicht auf die behavioristischen Theorien legte: »This is a comprehensive and somewhat eclectic theory in that it draws from many aspects of psychology learning theory, although its major knowledge base is the more traditional behavioral theories with comparatively little influence from contemporary cognitive psychology theory« (457). Auch Case und Bereiter (1984) betonen den behavioristischen Ausgangspunkt, von dem aus Gagné seine Forschungen begonnen hat.

Trotz seiner Herkunft von der Lerntheorie wird bei Gagné eine deutliche Hinwendung zur Instruktion erkennbar [Snelbecker (1983)]: »Though the basis for classifying educational tasks is explicitly derived from certain specified aspects of learning research and theory, this theory is oriented more towards instructional events than merely towards changes presumed to be occurring inside the students« (457ff.). Gagné baut im Hauptteil seines Ansatzes auf Blooms Taxonomie der Lernziele auf und integriert in seinem Ansatz die bis dahin entwickelten Lerntheorien vom Behaviorismus bis zum Kognitivismus. Er unterscheidet intellektuelle Fähigkeiten, kognitive Strategien, verbale Information, Einstellungen und motorische Fähigkeiten, wobei der Bereich der niederen Fähigkeiten deutlich ausdifferenzierter auftritt als der Bereich der höheren kognitiven Fähigkeiten: »There is some tendency for the Gagné theory to emphasize comparatively low-level to moderately high-level educational goals« (458). Jedem dieser Zielbereiche weist Gagné spezielle »instructional events« und einen spezifischen Geltungsbereich zu, den assoziativen Lernprinzipien ebenso wie den höheren, komplexeren Lernvorgängen, die quasi eine aufsteigende Stufenleiter bilden [Scandura (1983), 226; Reiser/Gagné (1982), 507]. Das Ergebnis – häufig als Taxonomie bezeichnet – könnte man aus methodologischer Sicht als eine Art kategorielles Raster für verschiedene Theorien bezeichnen oder als nicht-deterministisches Regelwerk für pragmatische Unterrichtsentscheidungen. Gagnés Modell ist gar nicht soweit operationalisiert, daß es keine Interpretationsspielräume mehr böte. Die praktische Entscheidung und die Verantwortung für die Umsetzung bleibt beim Lehrer. Der heuristische Wert, den solche Kategorienraster besitzen, sei unbestritten, aber die Sammlung von Ansätzen, die Gagné hier unter einem Dach vereint, ist doch zu heterogen und eklektisch, um eine Theorie bilden zu können.

Gagné, Briggs et al (1979) bauen diesen Ansatz zu einem Gebäude aus, das sie als *Instruktionstheorie* bezeichnen [Aronson/Briggs (1983)]. Den fünf Typen von Lernereignissen wird jeweils eine Dimension Vorwissen als interne Bedingung und eine Dimension Lernumgebung als externe Bedingung zugewiesen, und es wird der Lehrprozeß als Sequenz von Instruktionsereignissen konstruiert: Erlangen der Aufmerksamkeit, Information des Lernenden über die Lernziele, Erinnern der Lernvoraussetzungen, Präsentation neuer Informationen, Beratung des Lernenden, Demonstration neuer Fähigkeiten und Übung, Rückmeldung, Überprüfung der Performanz, Erweiterung und Transfer. Gagnés Ansatz ist auch in den 80er Jahren weiterverfolgt worden, z.B. im Planungskonzept für Instruktionsdesign von Roblyer (1988). Eine Ergänzung des Modells von Wager und Gagné (1988) betrifft die Einbeziehung der Unterscheidung von Phasen des Lernvorgangs beim Lernen mit Computern: Zielfindung, Prototyping, Programmieren, Evaluation jeweils mit einem Revisionszyklus.

Das Motiv für Gagné und den Instruktionalismus, nach der Phase der Kritik am assoziativen Lernen des Behaviorismus und am Programmierten Unterricht eine Instruktionstheorie zu entwickeln, bestand im wesentlichen darin, die Atomisierung des Lernens durch Stimulus-Response-Verbindungen und den daraus resultierenden Taylorismus der Programmierten Instruktion zu vermeiden sowie die Planung computergestützter Lerneinheiten durch verschiedene Unterrichtsmethoden didaktisch variabel zu gestalten. Das Vorhaben der Instruktionstheorie oder des »Instructional Design«, die Technik der Autorensysteme durch Konstruktionsprinzipien, deren Grundlagen in den 60er Jahren durch Ausubel, Gagné und Scandura entwickelt wurden, auf eine variablere Grundlage zu stellen, schien nötig und sinnvoll zu sein: »The problem is that most of our current attempts to use computers for instruction are too simplistic to have significant effects on learning. We need much more sophisticated instructional software to really help people learn via computers. More specifically, we need to be able to incorporate the kind of teaching strategies and subject matter knowledge possessed by good teachers into our programs« [Kearsley (1987), v]. Dabei dachte man vornehmlich an eine Differenzierung der Programme in den Lernzielen, Methoden und didaktischen Strategien.

Viele Forscher haben nicht nur die Herkunft des Instruktionalismus aus dem Behaviorismus erwähnt, sondern auch die Tatsache, daß der Instruktionalismus sich von der technologischen Basis der computergestützten Instruktion nicht völlig loskoppeln konnte und damit einige Merkmale des Behaviorismus übernahm. Das betont z.B. auch Winn (1990): »Instructional designers generally acknowledge the behavioral origins of their field« (54). Das betonen auch Park, Perez et al (1987): »The early paradigm of instructional systems development (ISD) was strongly influenced by a behavioristic approach to learning« (14). Die enge Verwandschaft von Behaviorismus und Instruktionalismus sehen Lowyck und Elen (1992) vor allem in zwei Punkten, in der generellen Orientierung auf Lernen als Verhalten und der Übernahme von behavioristischen Lernprinzipien (assoziatives Lernen und Feedback): »Both the behavioristic origins and the general systems theory strongly influenced the outlook of ID [...]. While in ID the design parameters are selected from a behavioristic framework, the process is structured in line with general systems theory« (131). Die Orientierung des Konzepts in Richtung auf eine Systemtheorie, von Weidenmann (1993) als »einseitiger Effektivitäts- und Optimierungs-Impetus« (6) bezeichnet, läßt ID den Sprung von einem behavioristischen zu einem zweckrationalen Unterrichtskonzept nehmen (4).

Scandura   Scanduras »Structural Learning Theory« (SLT) [Scandura (1973)] befaßt sich mit der Selektion von Unterrichtsmethoden und der Sequenzierung der Inhalte über Regeln. Voraussetzung ist eine Strukturanalyse des Inhalts, um aus Beispielen die Regeln herauszufinden, die gelernt werden sollen (Scandura behandelt Regeln wie Lernziele). Inhalt wird bei Scandura nur in Form von Regeln repräsentiert. Auch der Lernende wird ausschließlich in Form von Regeln höherer oder niederer Ordnung und einigen Universalien wie Verarbeitungskapazität und Geschwindigkeit repräsentiert [Scandura/Scandura (1988)]. Sowohl die Diagnostik als auch die Instruktion basiert auf diesen Regeln. Wissen und Entscheidungen im System werden deterministisch behandelt, d.h. Regeln sind entweder unbestimmt oder verfügbar/nicht-verfügbar. Regelbasierte Systeme sind nach Meinung Scanduras besser geeignet, Lernprogramme zu steuern, die mit einem hohen Grad an Variabilität rechnen und Aufgaben ad hoc generieren wollen. Scandura und Scandura (1988) wollen die CBT-Autorensysteme mit »fixed content« durch generative Autorensysteme ablösen, »in which content is generated dynamically« (347). Scanduras Ansatz, den er selbst als Lerntheorie bezeichnet, fällt etwas aus den Instruktionstheorien heraus und entwickelt sich bereits in die Richtung algorithmischer Lernsysteme [Landa (1983)] und intelligenter tutorieller Systeme, wie es sein eigener Prototyp, der *MicroTutor*, demonstriert. Scanduras Theorie scheint besonders für den individualisierten Unterricht, also auch für den Unterricht mit Computerprogrammen, und für das Lernen algorithmisierbarer Inhalte geeignet zu sein.

Als Beispiel für ein Programm, das auf der Grundlage der Structural Learning Theory entwickelt wurde, demonstrieren die Scanduras den *MicroTutor II Arithmetic Tutor* für den Apple II von Intelligent Micro Systems (1982) [Scandura/Scandura (1988)] und das Autorensystem PRODOC. Der Tutor für Arithmetik kann analysieren, was ein Schüler weiß oder nicht weiß, und er kann entscheiden, was der Schüler als optimale Lernsequenz benötigt, um sein Wissen zu verbessern, wobei die Aufgaben nicht aus einem festen Speicher abgerufen, sondern generiert werden. Die Diagnose von Regeln und die Instruktion für Regeln sind strikt getrennt, was die Autoren noch als eine der »major conceptual limitations« (353) ihres Ansatzes betrachten. Als weitere Beschränkung führen sie an, daß der Tutor bei der Instruktion auf einzelne Regeln beschränkt ist und deshalb nicht auf Regeln höherer Ordnung ausgeweitet werden kann. Diese Beschränkungen führen zu der Einschätzung, daß »the basic design of the system reflected the Structural Learning Theory in only general terms. Consequently many features were fortuitous and opportunistic«.

Anderson

Andersons ACT* (Adaptive Control of Thought), [Anderson (1983)] ist eine Architektur für ein Produktionsmodell, das die menschliche Kognition simulieren soll. Die ACT-Theorie geht davon aus, daß das Langzeitgedächtnis ein Netz untereinander verbundener Propositionen darstellt. Der Lerner fügt dem Netz ständig neue Propositionen hinzu. Jede neue Proposition geht eine schwache Verbindung ein, die nur eine geringe Wahrscheinlichkeit besitzt, bei Bedarf aktiviert werden zu können. Nur wenn der Lerner multiple Propositionen enkodiert, die partiell redundant sind, erhöht er die Wahrscheinlichkeit, diese erinnern zu können.

»Originally inspired by S–R association principles, this theory currently is based on productions (condition-action pairs). Even today, however, it retains such S–R constructs as 'strength,' 'spreading activation,' and 'probability'« [Scandura/Scandura (1988), 374ff.]. Auch Glaser (1990) betont, daß die Instruktionsstrategien in Andersons ACT* stark an Skinnersche Prinzipien erinnern. Die enge Beobachtung des Lernenden durch den Tutor, das unmittelbare Feedback und andere Strategien des Systems seien fast identisch mit behavioristischen Prinzipien des Programmierten Lernens. Andersons LISP-Tutor [Anderson/Reiser (1985)], eine praktische Umsetzung seiner Theorie, sind entsprechende Kritiken entgegengebracht worden. Sein auch als *Elaborationshypothese* bezeichnetes Modell wird als theoretisch-methodische Grundlage von vielen Anwendungen sowohl auf dem Gebiet des Instruktionsdesigns als auch der intelligenten tutoriellen Systeme in Anspruch genommen. Das Modell geht von der Prämisse aus, daß Lerner während des Lesens ihre Gedanken elaborieren müssen, um größere Chancen zu haben, das Gelesene zu verstehen.

ABB. 6
Pascal-Tutor
Anderson (1993).

Die vier Abbildungen illustrieren den Ablauf einer Sitzung mit dem Pascal-Tutor.

Links oben befindet sich das Aufgabenfenster, rechts oben erkennt man eine Fortschrittsanzeige, rechts in der Mitte können Ressourcen geladen werden, rechts unten gibt es gelegentlich Hinweise, und links unten schreibt der Student sein Programm

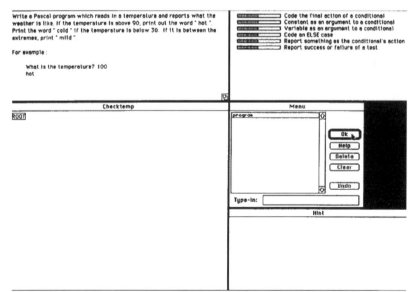

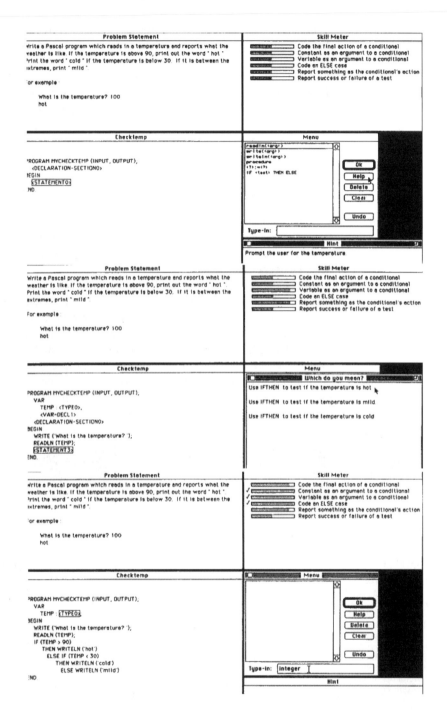

Merrill   Merrills »Component Display Theory« [Merrill (1983)] entnimmt die Grundlagen dem Modell Gagnés [Merrill, Li et al (1990a), 9; Snelbecker (1983),

464]. Merrill versucht, mit der Component Display Theory (CDT) die Operationalisierungsebene, die Gagnés Modell fehlt, nachzuholen und Unterrichtsentscheidungen direkt ableitbar zu machen. CDT ist ebenso wie Gagnés Klassifikation auf Instruktion generell bezogen und nicht nur für den computergestützten Unterricht konzipiert. Merrill (1987) wendet seinen Ansatz speziell auf computergestütztes Lernen an und spricht seither vom 'Instructional Design der zweiten Generation' oder ID$_2$ [Merrill, Li et al (1990b)].

Component Display Theory · CDT trennt Inhalte von Performanz. CDT kennt vier kognitive Komponenten von Lerninhalten: Fakten, Konzepte, Prozeduren und Prinzipien. CDT zielt nicht auf eine Sequenzierung des Lehrvorgangs wie Gagné, unterscheidet aber vier Formen instruktionaler Handlungen, die Merrill als »presentation forms« bezeichnet: *Primary presentation forms, secondary presentation forms, process displays* und *procedural displays*. Zu den primären Präsentationsformen zählt Merrill das Lehren durch Vorgabe von Regeln, Beispielen, durch Wiederholung und Übung. Gelegentlich benutzt Merrill den Begriff Transaktion (dazu später), der aber häufig austauschbar mit dem Begriff Präsentationsform verwendet wird. Die Absicht bleibt dieselbe: Unterrichtsentscheidungen zu automatisieren, Transaktionen vom Autorenprogramm selbst wählen zu lassen oder dem Autor vorzuschlagen.

Durch weitere Untergliederungen wird die Taxonomie von CDT umfangreicher als die Gagnés. CDT formt eine zweidimensionale Klassifikationsmatrix von Inhalten und Performanz, basierend auf Korrespondenzregeln für die Lehrmethoden-Zielrelation, die folgende Kategorien unterscheidet: *find, use, remember* versus *fact, concept, procedure, principle*. Außerdem bietet CDT eine zweidimensionale Matrix primärer Präsentationsformen mit folgender Untergliederung: *tell* oder *expository, question* oder *inquisitory* versus *generality, instance*. Schließlich gibt es noch eine Matrix sekundärer Präsentationsformen mit folgender Untergliederung: *primary presentation forms* versus *type of elaboration (context, prerequisite, mnemonic, mathemagenic help, representation, feedback)*. Den instruktionalen Kern bildet ein Satz Vorschriften für die Relationierung von Zielen und Methoden. Trotz der vielen merkwürdigen Begriffe und Klassifikationen führt die Component Display Theory in intellektuell seichtes Gewässer [Stone in einer Kritik an Merrill (1987b), 10].

ID Expert · Wie das Gesamtsystem in der Praxis funktionieren soll, demonstriert Merrill mit dem für das Army Research Institute entwickelten Programm *ID Expert*, das automatisch Unterrichtsentscheidungen generieren soll. Realisiert wurde *ID Expert 1.0* auf einer Vax und *ID Expert 2.0* auf einem Macintosh mit *Nexpert* und *HyperCard*. Das Programm beginnt mit einer Aufgabenanalyse und repräsentiert das Wissen in separaten Frames für Inhalte, Kursorganisation, Strategien und Transaktionen. Transaktionen beschreiben Merrill und Li (1989) in einer Matrix von Funktionen (*Overview, Presentation new, Remediation (old), Practice (early), Practice (late), Review, Assess/dlg.*) und Transaktionstypen (*Synthesis, Summary, Exposition, Conversational Tutorial, Compare and Contrast, Edit*), wobei den Zellen jeweils ein »certainty factor« zwischen +1.0 und -1.0 zugewiesen wird. Mit anderen Worten: Nach vorgegebenen Wahrscheinlichkeitswerten werden von *ID Expert* die verschiedenen Methoden für die Lerneinheiten ausgewählt. In der ersten Version wurde die Menge der Dialoge kritisiert, mit denen *ID Expert* das benötigte Wissen vom Designer abfragte [Jones (1992)]: »However, in a second implementation, using Nexpert and HyperCard on a Macintosh, some of the overwhelming detail exhibited within the first has disappeared« (10).

Die Relationen zwischen Zielbereichen, Verhaltensformen und Präsentationsformen sind präskriptiv gemeint. Sie bestehen im Grunde aus einer Klassifikation pragmatischer Erfahrungssätze. Ein Theoriestatus muß CDT abgesprochen werden. Gegen einen kritischen Einwand dieser Art scheint sich Merrill bewußt von vornherein absichern zu wollen, wenn er sagt: »Component Display Theory (CDT) is not a method but rather a theory about those components that comprise every instructional presentation« [Merrill (1988c), 61]. Demgegenüber muß eingewendet werden, daß das Resultat von CDT Handlungsanweisungen in Matrizenform sind, und eben keine Theorie. Warum sollte eine präskriptiv gemeinte Entscheidungsmatrix CDT den Status einer Theorie verleihen? Es zeigt sich an diesem Beispiel, worauf ich bei der weiteren Darstellung des Instruktionsdesigns noch öfter hinweisen muß, wie leichtfertig in der Forschung mit dem Theoriebegriff umgegangen wird.

Reigeluth   Reigeluth (1979) beschreibt Lernsysteme – ebenfalls in Anlehnung an Gagné – durch Instruktionsziele, Instruktionsbedingungen und Instruktionsmethoden. Zu letzteren zählt er auch Lernerkontroll-Strategien [Chung/Reigeluth (1992)]. Reigeluth (1992) unterscheidet zwischen deskriptiven Lerntheorien und präskriptiven Instruktionstheorien. Letztere würden, behauptet er, mehr Aufmerksamkeit den generischen Fähigkeiten, Denk- und Problemlösungsfähigkeiten, den Lernstrategien und der Metakognition widmen.

Elaboration Theory   Reigeluth und Stein (1983) versuchen mit der *Elaboration Theory* eine Ausweitung der CDT von Merrill auf eine Makroebene. Für die Mikroebene der Gestaltung kleinerer Lerneinheiten verweisen sie auf Merrills CDT. Die Elaborationstheorie unterscheidet Konzepte, Prinzipien und Prozeduren. Im wesentlichen besteht das Modell aus einer Darstellung des sog. Zoom-Linsen-Effekts, einer Ausfaltung des Merrillschen Elaborationsmodus oder, wie Snelbecker (1983) meint, einer Extension der Epitome, des Ausubelschen »advanced organizer« (467). Der Zoom-Linsen-Effekt beschreibt das Fortschreiten vom Einfachen zum Komplexen, beginnend mit der Epitome und fortsetzend mit Erweiterungen dieser komprimierten Idee, wobei dieser Prozeß differenziert wird nach den drei Lernzielebenen Konzept, Prinzip und Prozedur. Es handelt sich bei der Elaborationstheorie um eine didaktisch-methodische Metapher, die man als Zoom-Prinzip oder Lupenblick, als Makroüberblick und Mikroeinblick, als Einblenden und Ausblenden, Zentrieren und Dezentrieren u.ä. bezeichnen könnte, also im Grunde um ein einfaches methodisches Rezept, das allerdings durch die Differenzierungen im Endeffekt relativ komplex wird. Trotzdem sei mir das Wortspiel gestattet: Den Zoom-Linsen Effekt und die Elaboration zur Theorie zu erklären, macht aus der Epitome ein Epitaph.

Reigeluth betätigt sich als Synthetisator auf dem Gebiet der auseinanderstrebenden Instruktionstheorien, wie der Versuch einer Zusammenfassung von Vertretern des Instruktionsdesigns mit seiner Tagung von 1983 belegt, auf die ich weiter unten eingehen werde. Reigeluth (1992) betont die Wichtigkeit der Instruktionstheorie, die von den ITS-Ansätzen immer übersehen werde (52). Als Lerntypen hebt er hervor: »(1) memorizing information, (2) understanding relationships, (3) applying skills, and (4) applying generic skills« (54). Er versucht zu einer Synthese der existierenden Ansätze vorzudringen und vergleicht die Taxonomien von Bloom, Ausubel, Merrill und Gagné, wobei er allerdings auch nicht über die Feststellung vager Ähnlichkeiten hinausgelangt, weil der methodologische Charakter der Kategorien anderes gar nicht zuläßt:

TAB. 1
Taxonomien von
Bloom, Ausubel,
Gagné und Merrill

Bloom	Ausubel	Gagné	Merrill
knowledge	rote learning	verbal information	remember verbatim
comprehension	meaningful verbal learning	verbal information (2)	remember paraphrased
application		intellectual skills	use-a-generality
analysis synthesis evaluation		cognitive strategies	find-a-generality

Die Realisierung von Instruktionssystemen stellt Reigeluth sich idealerweise als Expertensystem vor, muß allerdings feststellen: »But our knowledge database is woefully inadequate in this area«. Die Anwendung von Expertensystemen muß m.E. nicht an der Wissensbasis scheitern, sondern sie scheitert am Stand der Instruktionstheorie, die von ihrer Entstehung her methodologisch nicht in der Lage ist, eine der Voraussetzungen von Expertensystemen zu erfüllen, nämlich ihre instruktionalen Präskriptionen in Form von wenn-dann Aussagen zu fassen.

Versuch einer
Synthese

Reigeluth hat 1983 mit einer Tagung den Versuch unternommen, die bis dahin existierenden ID-Systeme (Gagné, Scandura, Landa, Merrill, Reigeluth) zu dokumentieren [Reigeluth (1983)]. Snelbecker (1983) beleuchtet in seinem zusammenfassenden Beitrag die *geschichtliche Perspektive*, mit der die Instruktionalisten auf dieser Tagung rechneten: »Phase I would involve presentations of new principles, theories, statements about instruction. Phase II would involve comparing current ideas and trying to see how available theories compare and contrast with each other. It would appear that in instructional psychology– as well as in other sectors of social-science theory construction–we invest all of our time in Phase I and almost ignore Phase II« (455). Reigeluth merkt an dieser Stelle an, daß der Zweck der Tagung der Übergang zu Phase II sei. Fünf Jahre später werden gleichzeitig mehrere Beiträge in der Absicht veröffentlicht, Instruktionstheorien mit IT-Systemen zusammenzuführen, die einer instruktionalen Komponente in ihren Lerner- und Tutormodellen bedürfen [Park/ Seidel (1987); Merrill (1988a); Scandura (1988); Tennyson/Rasch (1988)]. Interessant ist ein Vergleich der Bände von Reigeluth (1983) und von Jonassen (1988a). Fünf Jahre nach Reigeluth unternimmt Jonassen mit seinem Sammelband einen ähnlichen Versuch wie Reigeluth, allerdings mit dem Unterschied, daß in diesem Band bereits neben den Ansätzen von Gagné und Merrill aus dem Bereich Instruktionsdesign auch solche Ansätze vertreten sind, die eine Integration von individuellen Lernerstrategien (Jonassen) und intelligenten tutoriellen Systemen (Tennyson, Mackay, Kearsley) anstreben [auch in diesem Band darf Keller mit seiner Motivationspsychologie wieder das Schlußlicht bilden].

1991 folgt dann in der Zeitschrift *Educational Technology* eine sich über mehrere Nummern hin erstreckende Auseinandersetzung der Instruktionalisten mit den Konstruktivisten, die angesichts der bei Merrill und Reigeluth deutlich spürbaren Emotionalität wie ein »letztes Gefecht« wirkt (ich werde darauf am Ende dieses Kapitels näher eingehen). Seitdem ist von den Instruktionalisten kaum noch etwas zu vernehmen, obwohl Reigeluth (1992) noch 1992 formuliert: »and hopefully we will see much progress over the next decade«. Ich kann mich des Eindrucks nicht erwehren, daß alle Beiträge zum Instruktionsdesign, die nach 1988 erschienen sind, nichts Neues gebracht haben. Die Aufsätze von Merrill beispielsweise sind lediglich Replikationen früherer Arbeiten, deren Wiederholung wie ein Marketing-Versuch wirkt, um die Richtung zu popularisieren. Die seitdem erschienenen Tagungsbände, z.B. der von Scanlon und O'Shea (1992), vereinen stets Ansätze aus den verschiedensten Bereichen. Der Instruktionalismus scheint sich überholt zu haben, sein Erfolg in der Praxis des Unterrichts ist, nach Aussage von VanLehn (1992), der selbst auf diesem Gebiet gearbeitet hat, ausgeblieben: »Although such work has profoundly changed our image of competence and intelligence, and that change has begun to seep into the educational system, it is fairly clear now that the resulting programs/theories have not had as much direct effect on education and training as could be desired« (24). Das Instruktionsdesign ist gleich von drei Seiten in die Zange genommen worden: Erstens von den IT-Systemen, deren Vertreter, wie J.S. Brown und Clancey, ab 1988 partiell konstruktivistische Postulate vertreten, zweitens von den Konstruktivisten, die seit Papert (1980) mit dem Mikrowelt-Ansatz experimentieren und seit Rogoff und Lave (1984) über situierte Kognition reflektieren und sozial-kommunikative Lernumwelten entwerfen, und drittens von der Popularität der Hypermedia-Systeme, deren Potential ab 1987 von *Athena*, *Intermedia* und *HyperCard* so spektakulär demonstriert wurde, und die heute weitgehend den kommerziellen Markt und die internationalen Netzwerke beherrschen.

Weiterentwicklung der Instruktionstheorie (ID2)

Merrill, Li et al (1990a) kritisieren die Unzulänglichkeiten des Instruktionsdesigns der ersten Generation (ID_1) und prägen den Begriff des »Second Generation Instructional Design« (ID_2). Sie kritisieren am Instruktionsdesign der ersten Generation [s.a. Merrill, Li et al (1990b)] folgende Defizite:

- ID_1 konzentriere sich auf isolierte Skill-Komponenten und kenne keine dynamischen, komplexen Einheiten

- ID_1 verfüge nur über begrenzte Präskriptionen für den Wissenserwerb

- ID_1 besitze nur begrenzte Präskriptionen für die Kursorganisation

- ID_1-Theorien seien geschlossene Systeme

- ID_1 integriere keine Phasen der Instruktion

- ID_1 lehre nur Stückwerk, nicht aber ein integriertes Ganzes

- ID_1 sei häufig passiv und nicht interaktiv

- ID_1-Präsentationen würden von kleinen Komponenten her konstruiert

- ID_1 sei zu arbeitsintensiv.

Mit diesem Katalog haben Merrill, Li et al in der Tat viele Kritikpunkte am Instruktionsdesign aufgegriffen, die geringe Komplexität der Ziele, das passive Lernmodell, den Aufbau von den kleinen zu den großen Zielen, ohne allerdings den Ansatz der Instruktion als solcher mit ihren Präskriptionen darüber aufzugeben. Als Modifikation schlagen sie ID_2 vor [Merrill, Li et al (1991); Merrill, Li et al (1992)], das Instruktionsdesign der zweiten Generation, das über Komponenten verfügen soll, die mit Hilfe einer Wissensbasis, dem Einsatz von Expertensystemen sowie eines Tutors Lernziele unmittelbar in Unterrichtsmethoden umsetzen, um die erstrebte Arbeitsersparnis zu erbringen:

- Eine Datenbank mit theoretischem Wissen zum Instruktionsdesign

- Eine Methode für die Präsentation des Wissensbereichs, das Knowledge Acquisition and Analysis System (KAAS)

- Eine Sammlung von Mini-Expertensystemen

- Eine Bibliothek von Transaktionen für die Instruktion, das Transaction Library and Transaction Configuration System (TCS)

- Einen intelligenten Berater, der in einem dynamischen Dialogmodus mit wechselnder Initiative arbeitet (IADV)

- Und weitere fünf Werkzeuge.

Transaktionen   Bei der Ausweitung des Ansatzes entwickelt Merrill die Methode der instruktionalen Transaktionen [Merrill, Li et al (1992)]. Transaktionen sind instruktionale Algorithmen von Ziel-Methoden-Interaktionen, die komplexer sind als die einfachen Interaktionen der Programmierten Instruktion [Merrill (1991), 50]. Während in ID_1 der Begriff *Präsentation* dominant war, wird in ID_2 der Begriff *Transaktion* zentral. Eine Präsentation in ID_1 ist das Verfahren, das auf dem Bildschirm die instruktionalen Vorschriften umsetzt. ID_2 hat einen weiteren Geltungsbereich, ist nicht auf Lernprogramme beschränkt, sondern strebt an, eine allgemeine Instruktionstheorie zu sein. Eine Transaktion ist eine besondere Form der Interaktion mit einem Lernenden, sie ist charakterisiert als wechselseitiger dynamischer Austausch zwischen dem Instruktionsystem und dem Lernenden. Die *Transaction Theory* [Merrill, Li et al (1990c)] beschreibt Transaktion als eine »particular instructional interaction with a student. A transaction is characterized as a mutual, dynamic, real-time give-and-take between the instructional system and the student in which there is an exchange of information. Transactions include the entire range of instructional interactions including: one-way transmission of information (e.g. video, lecture, or document, which are not very good transactions because they lack interaction), discussions [...]« (9). Das ist trotz der Verbosität eine der typischen Definitionen, die scheinbar plausibel wirken, in Wirklichkeit aber an Unterbestimmtheit leiden. Der Kommentar von Jaspers (1991) weist auf den Mißbrauch hin, den Merrill mit dem Begriff Interaktion treibt: »There is an inconsistency here that cannot be overlooked. We sense the AECT- and the Gagné-type of thinking behind this interaction-talk. It is still the teacher who is in focus« (21ff.).

Eine Transaktionsklasse ist ein Element einer Transaktionsschale. Transaktions-Sets sind einander ähnliche Transaktionsschalen. Eine Transaktion enthält ein »mentales« Modell und eine ihm zugeordnete Lern-Aktivität, die zusammen als »enterprise« bezeichnet werden (17ff.). Komplexe Prozesse wie Autofahren, ein Spreadsheet benutzen etc. sind Enterprises. Merrill, Li und Jones unterscheiden folgende Klassen von Transaktionen (22ff.): Component transactions (3 Rahmen und 3 Transaktionen): *identify for entity frames, execute for activity frames, interpret for process frames*, Abstraction transactions (5 Klassen): *judge, classify, decide, generalize, transfer*, Association transactions (5 Klassen): *propagate, analogize, substitute, design, discover*. Am Beispiel eines Trainingsprogramms für Flugzeugwartung werden mögliche Enterprises und dazugehörige mentale Modelle aufgezählt. Alle Transaktionen müssen folgende Methoden beherrschen: Wissensselektion, Wissenssequenzierung, Management der Instruktion und Ausgabe der Instruktion (20).

Einen Theoriestatus kann das von Merrill als Transaktionstheorie bezeichnete ID_2 m.E. nicht beanspruchen, ID_2 ist eher eine Methode: Transaktionen sind komplexe Methoden, die Wissen, Fähigkeiten und Interaktionsmöglichkeiten vereinen. Eine Transaktionsschale besteht wie bei Autorensystemen aus einer Autorenumgebung und einer Runtime-Umgebung. Die Autorenumgebung besteht aus einem Wissenserwerbssystem und einem Konfigurationssystem für Transaktionen. Damit scheint sich das System für die Entwicklung von Courseware zu eignen [Li/Merrill (1990)]. Das Wissenserwerbssystem bedient sich eines Experten für den Fachinhalt und speichert sein Wissen in einer Wissensbasis. Das Konfigurationssystem für die Transaktionen verfügt über Parameter, mit denen der Typ der Interaktion kontrolliert werden kann.

Ist das »Instruktionale Design der zweiten Generation« wirklich etwas Neues? Handelt es sich, wie Weidenmann (1993) annimmt, um »eine Art Synthese«, um »eine pragmatische Zwischenposition« (12) zwischen Instruktionsdesign und Konstruktivismus? Das Ziel von ID$_2$ ist nach Merrill u.a. auch die Integration des konstruktivistischen Ansatzes bei gleichzeitiger Zurückweisung angeblich »radikaler« konstruktivistischer Konsequenzen [Merrill, Li et al (1990c); Merrill (1991)]. Ich komme zu einer anderen Einschätzung als Weidenmann: Merrill deutet die konstruktivistischen Konzepte um und verzerrt sie bis zur Unkenntlichkeit. Gleichzeitig hält er am Instruktionsdesign im eigentlichen Kern, den Präskriptionen von Methoden aus Zielen, fest. Die Lernziele bleiben objektivistisch und reduktionistisch. Es geht ihm nach wie vor um den Erwerb einer »certain kind of knowledge or skill«. Die Kontextbezogenheit des Lernens wird nur äußerlich zum Lernprogramm hinzugenommen, die Inanspruchnahme des Begriffs »situated cognition« hat den Status von verkleideten Aufgaben der Mathematik. Für Verstehen und Interpretation gibt es nach wie vor keinen Raum in ID$_2$.

Mangelnder Erfolg   ID-Systeme haben sich in der Praxis bisher nicht durchsetzen können. Dick (1991), in Reaktion auf Kritik am schlechten Zustand des Bildungswesens in den USA, gesteht ein, daß ID in den Schulen keinen Eingang gefunden hat: »It should be noted that instructional designers cannot be blamed for poor student performance because designers have had almost no part in shaping the American public school curriculum! Nearly all advances made by designers, aside from those carrying computers, have been rejected by the schools over the last 20 years« (43). Es ist wohl etwas einseitig, ausschließlich den Schulen die Schuld am Zustand von ID in die Schuhe zu schieben. Die Gründe für den geringen Erfolg sind vermutlich auch nicht in den Kosten der ID-Systeme zu suchen, wie einige Autoren vermuten, sondern in der Konstruktion der Ansätze selbst. ID-Systeme sind aufgrund der Gebundenheit an die Ziel-Methoden-Matrix nicht so frei wie Courseware. Sie sind in der Gestaltung ausnehmend beschränkt. Locatis und Park (1992) bezweifeln zudem die Leistungsfähigkeit der automatischen Konstruktion von Lerneinheiten im Instruktionsdesign. Im Vergleich dazu erscheinen ihnen konventionelle CBT-Autorensysteme als gar nicht so schlecht, wie es von Instruktionalisten immer behauptet würde. Gloor (1990) betrachtet den Reifegrad der ID-Systeme selbst als verantwortlich für den geringen Durchsetzungsgrad: »Die in solchen Systemen zu realisierenden Konzepte sind viel zu komplex, als dass sie bis heute vollständig verstanden oder gar realisiert worden sind. Auch ein System wie IDE stellt erst einen ersten Schritt in diese Richtung dar, bis erste ausgereifte Systeme erscheinen werden, wird es gemäss dem momentanen Stand des Wissens noch mindestens fünf bis zehn Jahre dauern« (225).

Beispiele aus dem Instruktionsdesign

Ausgangspunkt für das Instruktionsdesign ist die Kritik an der rigiden Struktur des Programmierten Unterrichts: »Most CBT authoring systems have a frame-based architecture«, kritisieren Li und Merrill (1990) und vergleichen damit die Architektur nicht-instruktionaler Programme, die auf Algorithmen basieren [s.a. Merrill, Li et al (1991)]. Sie wollen zu Systemen gelangen, die den instruktionalen Teil des Programms von dem Inhalt trennen und in der Methodenwahl für Präsentationen variabel verfahren. Auf diese Weise würden sich die Inhalte eines Lernprogramms leichter austauschen und modifizieren lassen, ohne daß die Konstruktion des Gesamtprogramms geändert werden müßte. Den nächsten Schritt stellen Programme dar, die Aufgaben nicht fest speichern, sondern ad hoc generieren [Park/Perez et al (1987)], wobei anfangs mit Zufallsgeneratoren, später mit AI-Techniken gearbeitet wurde. Die Implementation von Merrills Component Display Theory erfolgte im Autorensystem TICCIT [Merrill (1980); Merrill (1988c)]. Merrill illustriert seine Ausführungen zu CDT mit einigen durch TICCIT generierten Bildschirmen. Ich zeige einige (nach Originalen nachgezeichnete) Bildschirme aus »English Grammar«, um dem Leser zu verdeutlichen, wie das Ergebnis der Generatoren im Instruktionsdesign aussieht und warum meine Kritik so deutlich ausfällt [s.a. Merrill (1983); Merrill (1987); die Rechtschreibfehler in den Abbildungen sind nicht meine].

ABB. 7
Regelerläuterung in
TICCIT,
Abb. nach Merrill
(1980)

```
Here is the general rule
for grammar-referent agreement.

A pronoun agrees in number
with its REFERENT. Singular
referents take singular
pronouns. Plural referents
take plural pronouns.
Singulaar referents which
have no sex indicated take
the generic pronouns him/he/his.

RULE          page 1 / 1
```

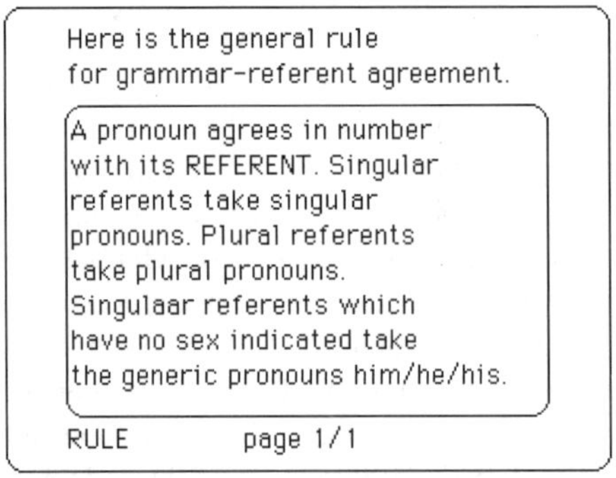

ABB. 8
Beispiel aus
TICCIT,
Abb. nach Merrill
(1980)

```
In the passage below, the pronoun in green
agrees with its referent in light blue.


Neither John nor Henry brought his
coat to the ball game.



This can be reviewed in lesson 4.2


EXAMP          1 easy page 1/1
```

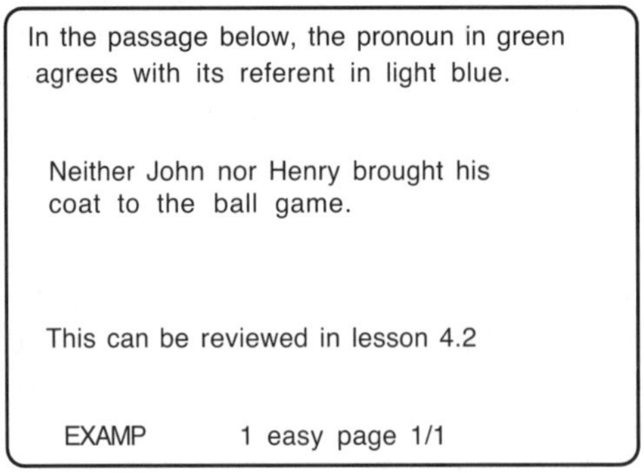

Was die Abbildungen aus TICCIT von Programmierter Instruktion unterscheidet, läßt sich nicht allein von den Abbildungen her beurteilen: Die erste Abbildung präsentiert die Erklärung der Regeln, die zweite Abbildung ein Beispiel und die dritte eine Übung. Alle drei Bildschirmseiten zeigen nur Text und arbeiten ausschließlich mit einem Frage-Antwort-Schema und dem Mechanismus des Umblätterns. Aber wie diese 'presentation frames' generiert wurden, das macht den Unterschied zur Programmierten Instruktion aus, obwohl es m.E. entscheidender ist, wie sie dem Lernenden gegenübertreten, denn aus deren Sicht spielt der Unterschied zur Programmierten Instruktion keine Rolle (lediglich den kleinen, daß auf multiple-choice Fragen verzichtet wurde).

ABB. 9
Übung aus TICCIT, Abb. nach Merrill (1980)

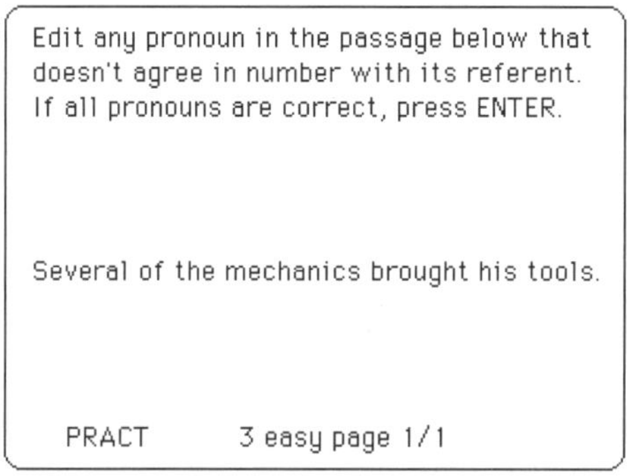

Edit any pronoun in the passage below that doesn't agree in number with its referent.
If all pronouns are correct, press ENTER.
Several of the mechanics brought his tools.
PRACT
3 easy page 1/1

Zum Vergleich gebe ich eine Übung aus einem Sprachlernprogramm von Grießhaber (1992) wieder, das Bilder präsentiert, Lernende auffordert, zu diesen Bildern Sätze zu bilden, das mit einem Mikrofon als Inputquelle arbeitet und das die so eingegebenen Sätze auf Korrektheit testet.

ABB. 10
Programm von Grießhaber (1992)

Ja, das Buch gehört mir
OPERN-FÜHRER
L
abbrechen
von vorn
prüfen
Resultat
Einstellung
Hilfe

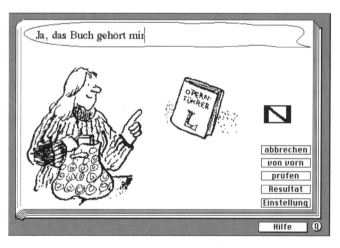

Das ebenfalls in TICCIT entwickelte Programm *Algebra* besitzt schon einen differenzierter gestalteten Bildschirmaufbau. Aber auch *Algebra* ist nach demselben Lernschema gestaltet.

ABB. 11
Bildschirm
aus *Algebra*

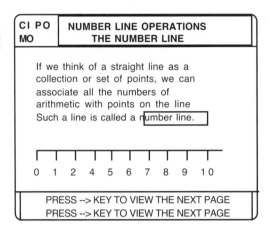

Zum Vergleich zwei Abbildungen aus *Mathematical MacTutor* von der Universität St. Andrews, Fife, in Schottland, einem Tutorial zu Algebra, Analysis und Geometrie, das auf dem Konzept des entdeckenden Lernens fußt. *Mathematical MacTutor* bietet ungewöhnliche Übungen, deren mathematischer Gehalt gar nicht auf den ersten Blick zu entdecken ist, weil es sich um knifflige Rätsel handelt: Escher-Bilder, Tangram-Figuren, Schachprobleme und mehrere Editoren für dreidimensionale Körper. Der Studierende soll die Aufgaben explorieren. Zusätzlich bietet *Mathematical MacTutor* historische Exkurse zum geschichtlichen Hintergrund für die präsentierten Problemstellungen an.

ABB. 12
Dreidimensionale
Körper aus Mathematical MacTutor

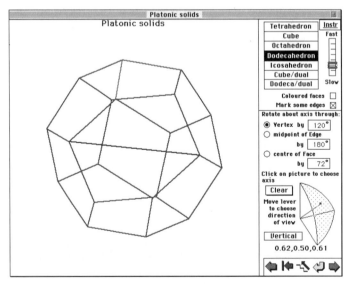

Die zwei- und dreidimensionalen Körper in *Mathematical MacTutor* sind sowohl über die Instrumente rechts in der Abbildung als auch direkt manipulierbar. Werte, Parameter und Diagramme sind bidirektional interaktiv. Deshalb eignet sich das Programm hervorragend für ein entdeckendes Lernen.

ABB. 13
Dreiecke im Kreis:
Übung aus MacTutor

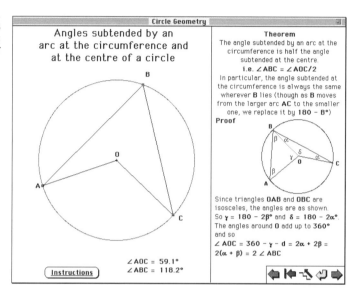

Zum Abschluß zwei Abbildungen aus dem Programm »Poetic Meter« von Merrill.

ABB. 14
Poetic Meter
von Merrill

ABB. 15
Poetic Meter
von Merrill

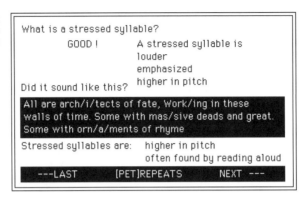

Erwähnenswert ist hier – neben der Darstellung mit inverser Schrift –, daß das Programm mit Tonausgabe arbeitet (Merrill bezeichnet es als »sound reinforced example«). Selbst hier ist der Mechanismus von Frage & Antwort pro Bildschirm deutlich erkennbar. Die Zeilen werden nacheinander eingeblendet und repräsentieren didaktische Schritte im Programm. Das Wort »GOOD !« erscheint nur bei erfolgreicher Antwort. Ich kann beim besten Willen nicht erkennen, was diese Form didaktischer Differenzierung in der pädagogischen Konsequenz vom behavioristischen Modell des Lernens durch Verstärkung unterscheiden soll.

Merrill zeigt noch weitere Beispiele, darunter auch ein naturwissenschaftliches Programm mit umrißförmig nachgebildeten Laborinstrumenten. Aber auch hier ist die Grafik nicht interaktiv, sondern der Frage-Antwort-Mechanismus derselbe, der ausschließlich mit Tastendruck beantwortet werden kann. Gegen Ende seiner Ausführungen bemüht Merrill ganz andere Programme, um anzudeuten, daß die Instruktion mit interaktiver Grafik ein wünschenswertes Ziel ist: Das *Pinball Construction Set* von Bill Budge und ein Laboratoriums-Konstruktions-Set, einem Vorläufer von *LabView*. Damit verläßt Merrill aber seine eigenen Grundlagen im Instruktionsdesign und tritt ins Gebiet der hochinteraktiven, objektorientierten Software über. Diese Programme arbeiten ausschließlich mit direkter Manipulation, nicht mit Frage-Antwort-Mechanismen, sie fordern Konstruktionen, die nicht an Präsentationsrahmen oder Transaktionen gebunden sind, und sie enthalten »Intelligenz« nur in dem Sinne, daß sie wissen, wie die vom Benutzer zusammengesteckten Labor-Module funktionieren, aber nicht in dem Sinne, daß sie den Benutzer aus einer Bibliothek von Transaktionen heraus automatisch »instruieren«. Ich kann mir keinen Weg vorstellen, wie Merrill von seinen Programmen zu diesen hochinteraktiven konstruktiven Programmen gelangen will, ohne die Grundlage des Instruktionsdesigns zu verlassen, und frage mich, warum er sie anführt.

IDE (Instructional Design Environment)

IDE von XeroxPARC ist als Extension von *NoteCards* entstanden [Russell/Moran et al (1988)]: IDE enthält als Autorensystem Komponenten für Kurs-Design, Kurs-Entwicklung, Kurs-Änderungen. Problem Constraints können eingegeben werden. Der Designer in IDE wird als Subject Matter Expert (SME) bezeichnet. Die Lektionen bestehen aus einer Wissensstruktur und Instruktionseinheiten. Nach dem Design stellt IDE zwei Analyse-Instrumente zur Verfügung: Tracer und Checker. Die Einheiten (Instructional Units) bestehen aus drei verschiedenen, zusammenarbeitenden Regelsätzen: Strategie-Regeln, Pädagogik-Regeln und Taktik-Regeln. IDE übergibt die Wissensstruktur, die Instruktionsregeln und die Instruktionseinheiten an den IDE-Interpreter. Der IDE-Interpreter setzt sich aus vier Komponenten zusammen: dem Instruktionalen Problemlöser, einem Programm für die Auswahl der Instruktionseinheiten, einem Programm für die Anwendung der Instruktionseinheiten und einem Programm zur Aktualisierung des Lernermodells (MOS-Updater). IDE verwendet drei Wissensbasen: die Wissensstruktur, eine Liste zur Lernergeschichte und das Lernermodell (MOS). Der Aufsatz von Russell (1988) zu IDE ist besonders interessant, weil er im Anhang einige Regeln und die Beschreibungssprache des IDE-Interpreters im Klartext zitiert [s.a. Pirolli/Russell (1990); Gloor (1990), 218ff.].

MAIS (Minnesota Adaptive Instructional System)

MAIS, das Minnesota Adaptive Instructional System [Tennyson/Christensen (1988); Tennyson (1993)] strebt eine Erweiterung des Instruktionsdesign in zwei Aspekten an: Tennyson will höherwertige Lernziele und die dafür benötigten Lernmethoden einbinden und zu diesem Zweck eine direkte Korrespondenz von Lernmethoden und Lerntheorien herstellen. Tennyson unterscheidet neben deklarativem Wissen und prozeduralen Fähigkeiten auch kontextuelles Wissen, kognitive Strategien und kreative Prozesse. Er möchte dafür entsprechende Lernmethoden vorsehen (Simulationen, Fallstudien und kooperatives Lernen), und er will eine direkte Verbindung von Lerntheorien und Instruktion herstellen, wobei er mit Lerntheorien die kognitive Komplexitätshypothese und den Konstruktivismus meint. Dieser hybride Ansatz bringt Tennyson aus dem Eklektizismus-Vorwurf, der den Instruktionsmodellen gemacht wurde, natürlich nicht heraus, im Gegenteil, wenn man die funktionalistische Transformation der Ziele näher betrachtet, die konstruktivistische Ideen durch die Integration in ein solches System erfahren, kann man nur von Instrumentalisierung sprechen, aber nicht von Integration. MAIS verfügt bereits über eine Komponente, die das Lernverhalten der Schüler beobachtet, und eine tutorielle Methode, die darauf reagiert. MAIS wird deshalb von Wenger (1987) als adaptives Autorensystem in die Grauzone zwischen CAI und Intelligenten Tutoriellen Systemen eingeordnet (12).

IDioM

Das unter HyperCard entwickelte *IDioM*-System [Gustafson/Reeves (1990)] unterscheidet sieben Funktionen (Analyse, Design, Entwicklung, Evaluation, Implementation, Produktion, Management) und dazugehörige Aktivitäten.

AIDA

Die U.S. Army ist auch auf dem Gebiet des Instruktionsdesigns recht aktiv gewesen [Perez/Gregory et al (1993)]. Muraida und Spector (1992) diskutieren Folgerungen aus dem AIDA-Projekt (Advanced Instructional Design Advisor) der U.S. Air Force, das ein automatisches Design von technischen Trainingsmaterialien zum Ziel hatte. AIDA nutzt Instruktionsstrategien, die in einigen Dimensionen variiert werden können, z.B. im Grad der Lernerkontrolle, im Grad des qualitativen Feedbacks in Übungsphasen.

ISAAC

McAleese und Ching (1993) stellen ISAAC vor, einen Advisor, basierend auf dem Gagné-Briggs Modell für Instruktion.

Besonders absurd erscheinen mir Anwendungen, die mit Hilfe des Instruktionsdesign entwickelt worden sind und deren Gegenstand wiederum das Instruktionsdesign selbst ist, die sich also quasi mit sich selbst beschäftigen, z.B. das Programm von Cook und Kazlauskas (1993), die damit Produktionsrichtlinien für computergestütztes Training entwickeln wollen, und das Programm *IByD* von Urdan, Blumenfeld et al (1992), ein System, das den Unterricht im Instruktionsdesign mit der Methode des Instruktionsdesigns durchführen soll.

Winn (1987) unterscheidet die ID-Ansätze nach dem Grad ihrer Adaptivität:

- Systeme, die über keine adaptiven Strukturen verfügen. In ihnen ist die Ziel-Methoden-Relation fest verdrahtet, die Verzweigungen erfolgen zu fest vorgesehenen Stellen und Lösungen;
- Systeme, die nicht nur vorgefertigte Lösungen (Ziel-Methoden-Relation) enthalten, sondern Strategien aufgrund ihrer eigenen instruktionalen Prinzipien wählen und daraus Produktionsregeln bilden können;
- Systeme, die ihre eigenen Produktionsregeln verändern, soz. hinzulernen können (66ff.).

Die Systeme ohne adaptive Mechanismen zeigen nach Winn ein »relatively low level of sophistication, where often only the difficulty of problems is varied [...] the outcomes of instructional decisions made by the system are branched to parts of the program that act in pre-determined ways« (66). Die Systeme mit modifizierbaren Produktionsregeln setzen voraus, daß die Expertise des Experten im Programm eingebaut ist.

Wilson und Cole (1991) vergleichen neun Programme zum Instruktionsdesign, die sich in der Akzentuierung von Problemlösen vs. Skill-Training, detaillierte vs. breite kognitive Aufgabenanalyse, Lerner- vs. Programmkontrolle und fehler-einschränkende vs. fehler-getriebene Instruktion unterscheiden. Wilson und Jonassen (1990/91) vergleichen 18 ID-Systeme miteinander und versuchen sie danach zu typisieren, welchem Designmodell sie folgen: ID-Umgebungen, die wie CAD/CAM-Werkzeuge funktionieren, Expertensysteme, die als Berater fungieren, CASE-Tools, die fertigen Code für die Anwendung generieren, und Hybrid-Modelle.

Ein Überblick über die mit den Mitteln des Instruktionsdesigns real umgesetzten Programme hinterläßt einen enttäuschenden Eindruck. Die Programme zeichnen sich negativ durch einen schmalen Lernzielbereich, geringe Methodenvarianz und starre Instruktionsdesigns aus. Wenn man die sich ständig wiederholenden Beispiele aus dem Bereich der Kleinkognition betrachtet, beginnt man sich zu fragen, wo denn der behauptete »dramatic increase in the sophistication of computer-based expertise and diagnostic capabilities« [Lepper/Chabay (1988), 243] geblieben ist.

Soll ich mich damit zufrieden geben, Unterrichtsmaterialien zu entwickeln, mit denen ich lernen kann, Batterien an Birnen anzuschließen [Psillos/Koumaras (1992)], das Borgen von links bei der Subtraktion zu üben [VanLehn (1988)], Scheiben mit variabler Kraft zu schieben [Plötzner/Spada (1992)],

Gewichte an massenlosen Fäden aufzuhängen, Punkte in der Mikrowelt eines Koordinatenkreuzes wandern zu lassen [White/Horwitz (1990)], das Problem zu lösen, welchen Pfad eine Kugel nach Verlassen einer Spirale einschlägt, auf welchem Weg zwei Boote einen Fluß bei unterschiedlicher Strömung kreuzen, welchen Weg ein Ball nimmt, wenn er vom Kliff geworfen wird [White (1992)], *PacMan* in einem Labyrinth zu steuern oder Mrs. Fisher's Möbel nach Anweisung korrekt zu plazieren [de Corte/Verschaffel et al (1992)], die sattsam bekannte Problematik der Auswahl von Medien zu lösen [Seel (1992)], mit 60 Aufgaben zur Superposition von zwei Bewegungen herumzuspielen [Mandl/Bollwahn et al (1990)], Geschwindigkeit und Bewegungsrichtung in einem Graphen unterzubringen [diSessa (1992)], Programmierprobleme in LISP zu bearbeiten [Linn/Katz et al (1992)] oder gar BASIC-Statements der Qualität LET X = A zu formulieren [Mayer (1992)]?

Ich stimme dem Fazit von Cohen (1985) uneingeschränkt zu:

- »The resulting programs are frequently boring intellectual exercises of the designers, and lack the motivational force of good classroom instruction« (33).

- »Few programs fully utilize the new technologies' capabilities, and most programs do not come close to emulating a personalized, interactive, dynamic educational experience« (36).

Methodologie der Instruktion

Instruktionsdesign (ID) bezeichnet sich als zugehörig zu den kognitivistischen Theorien: Es ist aber deutlich erkennbar, daß das konzeptionelle Modell in der Regel Klassifikationsschemata für Objekte nach dem Muster biologischer Taxonomien mit zusätzlichen kausalen, probabilistischen bzw. korrelationalen Relationen zwischen Handlungen umfaßt, aber keine kognitiven Konzepte im Sinne der kognitiven Psychologie. Instruktionsdesign hat nach Reigeluth das Ziel, Konzepte zu definieren und Prinzipien aufzustellen. Ihre Konzepte stellen nach Reigeluth Klassifikationsschemata dar, die häufig hierarchisch, als Inklusionsniveaus und in Form von Baumdiagrammen organisiert sind. Solche Klassifikationen sind willkürlich, charakterisieren Phänomene auf viele alternative Weisen und haben unterschiedliche Grade prädiktiver Nützlichkeit.

Die Inanspruchnahme der Klassifikationen von Bloom, Gagné und Ausubel in fast allen Ansätzen des Instruktionsdesigns macht für den methodologisch Interessierten deutlich, daß die Kategorien und Unterscheidungen eher einen heuristischen als einen explanativen Wert haben. »Most current 'instructional theories' consist largely of taxonomies and techniques« [Scandura (1983), 217]. Im Grunde handelt es sich auch nicht, wie schon bei der Lernzielliste Blooms oder der Liste von Lernbedingungen bei Gagné, um Taxonomien, sondern um Kollektionen begrifflicher Codes, um Listen, deren Kategorien nicht überschneidungsfrei, nicht gleichabständig und nicht vollständig sind. Die Herkunft der Kategorien selbst ist arbiträr und wird selten theoretisch begründet. Es sind, wie Scandura betont, »subject matter characteristics«. Etwas anderes können Instruktionsziele eigentlich auch per definitionem nicht sein, weil die Konzepte, auf die sie sich beziehen, aus sachlogischen Einteilungen des Lehrstoffes bzw. wissenschaftsimmanenten Unterscheidungen von Inhalten hervorgehen, nicht aber durch Analyse kognitiver Konzepte der Lernenden gewonnen werden.

Prädiktion und Theoriestatus

ID umfaßt Angaben zu Lernmethoden, zu Bedingungen des Lernens und zu den Lernergebnissen, die auf einer globalen Ebene in Effektivität, Effizienz und Attraktivität unterschieden werden. Unter Bedingungen des Lernens werden Faktoren oder Variablen verstanden, die die Effizienz der gewählten Methoden beeinflussen. Das Ziel der Instruktionstheorie besteht darin, Klassifikationen mit einem hohen Grad prädiktiver Nützlichkeit zu schaffen. Die *Prädiktion* dient den Instruktionalisten immer wieder als entscheidendes Argument dafür, warum es sich bei den Klassifikationen um eine Theorie handeln soll. So bezeichnet Reigeluth (1983b) den Dreischritt der »conditions, methods, outcome« deshalb als *Theorie*, weil ID Aussagen über das Wirkungsgefüge anstrebe (21). Instruktionalisten deklarieren ihre Klassifikationen als implizite Aussagen zur Wirksamkeit der dahinterstehenden Methoden im Bezug auf bestimmte Lernziele. Das Instruktionsdesign ist vornehmlich daran interessiert, optimale Methoden für das Erreichen bestimmter Lernziele vorzuschlagen. »ID theories are thus prescriptive and pragmatic and, not surprisingly, show an eclectic character« [van Berkum/de Jong (1991), 323]. Eine solche Charakterisierung läßt den Theoriestatus des Instruktionsdesigns problematisch erscheinen, was ein reflektierter Vertreter des Instruktionalismus wie Scandura (1983) unumwunden eingesteht: »In most cases, they only minimally satisfy the requirements of good theory, completeness, cohesiveness, parsimony, precision, and operationality« (217). Die meisten Instruktionalisten neigen jedoch dazu, den Klassifikationen einen höheren Wert zuzusprechen.

Deskriptive Theorien formulieren ebenfalls Wirkungszusammenhänge, aber auf der Basis von beobachteten Daten als Generalisierung der Beobachtungen. Bei ihnen ist die Distanz zum rationalistischen Modell der Theorie als Satz von Gesetzesaussagen nicht so groß wie im Fall der präskriptiven Klassifikationen. Bei ihnen ist auch die Problematik der Subjektivität geringer. Im ID-System spielt der Prozeß der Entscheidung eine Rolle [Seel (1992)]. Seel kritisiert die Qualität der ID-Systeme, weil sie nicht über die Fähigkeit verfügen, Präskriptionen auf der Basis der Entscheidungstheorie rational zustande zu bringen. Aber er geht nicht soweit, dieses Defizit auf die methodologische Problematik der Nicht-Theoretisierbarkeit praktischer Entscheidungen aus präskriptiven Vorgaben zurückzuführen, weil er das Instruktionsdesign durch entscheidungstheoretische Fundierung gegen arbiträre Entscheidungen immun machen will: »Merrill's expert system and the IDE of Russel et al. do work, but with regard to decision-making as a process of problem solving they lack a comprehensive and generalizable basis for decision theory. One way to improve this situation is to use the prescriptive decision theory (PDT)« (65). Als Beispiel wählt er das klassische Thema der Medienselektion (76ff.), eines der wenigen Beispiele, an dem das Entscheidungsproblem vollständig exerzierbar ist. Würde der Instruktionalismus den Ansprüchen Seels gerecht werden können, müßte man ihn in die analytische Wissenschaftstradition einreihen, die Winograd und Flores (1987) als rationalistische Tradition (14ff.) bezeichnet haben, stünde einer solchen Zuordnung nicht die erwähnte Nicht-Theoretisierbarkeit praktischer Entscheidungen entgegen.

Lerntheorien sind per definitionem deskriptiv, Instruktionstheorien per definitionem präskriptiv. Allgemein gilt, daß Sätze einer deskriptiven Theorie sich nicht in eine präskriptive Sätze übersetzen lassen [Habermas (1970), 24]. Instruktionsdesign, das nicht präskriptiv wäre, ergäbe aber gar keinen Sinn:»Instructional theory MUST be prescriptive« [Scandura (1983), 216; vgl. Landa (1983a)]. Scandura reserviert die Eigenschaft, explanativ zu sein, für deskriptive Ansätze und nimmt für sich selbst jeden Anspruch zurück, eine Theorie entwickeln zu wollen:»Indeed, the Structural Learning Theory is not really a theory at all«. Das Argument scheint Reigeluth bewußt zu sein, wenn er defensiv zum Theorieproblem Stellung bezieht:»People also use the term theory in different ways. But an instructional-design theory […] is usually thought of as a set of principles that are systematically integrated and are means to explain and predict instructional phenomena« (21). Reicht eine solche Bestimmung, ein Satz von Prinzipien zu sein, die systematisch integriert werden, aus, um die Inanspruchnahme eines Theoriestatus zu rechtfertigen?

Instruktionstheorien sollen nach Reigeluth erklären und vorschreiben. Aber was sollen sie erklären? Paradoxerweise sollen sie den Effekt erklären, den sie selbst vorschreiben! Die von der Instruktionstheorie angestrebten Aussagen über Wirkungen haben kein explanatives Potential. Methoden und Bedingungen sind Mittel zum Ziel, die Wirkungsaussagen sind schlichte Mittel-Zweck-Relationen, und das Hauptgewicht im Instruktionsdesign liegt auf der Systematik der Wirkungsbehauptungen. Das wird besonders deutlich an der von Merrill als »Transaktionstheorie« bezeichneten Ziel-Mittel-Matrix, die nicht einmal zweckrationalen Status beanspruchen kann. Reigeluth (1983b) ist klar, daß die Wirkungsaussagen nicht deterministisch sind, er bezeichnet den Zusammenhang zwischen Instruktionsvorschriften und Lerneffekten als probabilistisch. Trotzdem scheint er ihnen einen methodologischen Status zuweisen zu wollen, der physikalischen Prognosen ähnlich ist. Winn (1990) hat darauf hingewiesen, daß diese Charakterisierung ein Validitätsproblem beinhalte. Sind die Relationen zwischen Vorschriften und Effekten nicht valide, wird Instruktion zu Versuch und Irrtum:»Without the validity, making decisions about instructional methods would have to rely on trial and error, which Merrill (1975) has pointed out is not an efficient way to do instructional design« (64).

Deskriptives,
Nomologisches und
Präskriptives Wissen

Landa (1983a) unterscheidet Propositionen in deskriptiven Theorien mit der Form von wenn-dann Ausagen, von Propositionen in präskriptiven Theorien, mit der Form »in order to …, do this«. Und er macht deutlich, daß Propositionen der letzteren Art nicht durch Transformation aus wenn-dann Regeln gewonnen werden können (60). Die Problematik ist besonders gut an der von Landa eingeführten Unterscheidung algorithmischer und heuristischer Regeln zu erkennen (58). Instruktionen der Art »suche ein analoges Problem« oder »versuche das Problem in kleinere Probleme zu unterteilen« sind heuristische Hinweise an den Lernenden in Problemlösungsprozessen. Sie helfen dem Lernenden, erklären aber nichts. Wenn aber Heuristiken als Instruktionen in ID vorkommen können, dann dürfte klar sein, daß der explanative Gehalt von ID gering ist. Aber selbst mit wenn-dann Aussagen treten bei Instruktionalisten immer wieder methodologische Probleme auf. Nicht ohne Grund werden zur Illustration bei fast allen Autoren immer wieder Aussagen aus der Physik gewählt. Doch selbst mit diesem relativ gut nomologisierbaren Wissen demonstrieren sie problematische Argumentationen: Ist eine wenn-dann Aussage wie »wenn Wasser heißer als 100° C wird, dann verdampft es« ein Gesetz oder gar bereits eine Theorie? Zunächst einmal handelt es sich bei dem Phänomen um eine Beobachtung und Messung. Zur Theorie wird die Beobachtung erst, wenn ich derartige Beobachtungen verallgemeinere und so etwas wie ein Gesetz des Siedepunkts formuliere. Würde man die präskribierten »outcomes«, also die Lernergebnisse, als das Erklärte bezeichnen, hätte man einen tautologischen Zusammenhang errichtet. Mit demselben Recht könnte ich behaupten, die Polizei erkläre den Verkehr mit einer Verkehrsfluß-Theorie, wenn sie in einer Straße Schilder zur Geschwindigkeitsbeschränkung mit der Zahl »30« aufstellt, wobei das Explanierte das Geschwindigkeitsverhalten der Verkehrsteilnehmer sei. Diese folgen aber nur der simplen Vorschrift (oder auch nicht).

Deduktion
und Präskription

Im engeren Sinne wird unter Theorie in der Wissenschaftstheorie eine deduktive Theorie verstanden, ein System von Definitionen und Aussagen, aus deren Prämissen und Axiomen wieder andere Aussagen abgeleitet werden können. Ziel dieser deduktiven Theorien ist es, reale Phänomene zu ordnen, Relationen zu erklären, Hypothesen zu ermöglichen und Effekte zu prognostizieren. Das System ihrer Aussagen muß der Bedingung der Widerspruchsfreiheit genügen. Erklärung, Prognose und Widerspruchsfreiheit sind im strengen Sinne in sozialwissenschaftlichen Theorien nicht möglich, dort dienen Theorien oft nur der Beschreibung und Ordnung von Phänomenen und der Kommunikation über Phänomene. »The social sciences are in a much worse position with respect to explanatory power than are the physical sciences« [Pylyshyn (1991), 40]. Trotzdem sind präskriptive Ansätze noch theorieschwächer als sozialwissenschaftliche Theorien. Im Gegensatz zu den deskriptiven Theorien der Sozialwissenschaftler, die sich auf empirischen Wege ihrer Objekte vergewissern, scheint mir Reigeluths präskriptive Theorie diese Stufe der Theoriebildung zu überspringen. Präskriptive Ansätze enthalten keine explikativen Funktionen mehr, sondern Ziel-Mittel-Relationen, die sie als präskriptive Funktionen umdeuten, wobei bei den meisten instruktionalen Klassifikationen die Ziel-Mittel-

Relation noch sehr wenig ausgeprägt ist. Man kann daran vielleicht ablesen, daß Instruktionalisten gern über eine zweckrationale Wissenschaft verfügt hätten. Nur leider genügt weder das Wissen, mit dem sie es zu tun haben, noch der konstruierte Wirkungszusammenhang von Präskription und Lernergebnis einem solchen Wissenschaftsanspruch. Pylyshyn spottet hier: »explanations of everyday naturally occurring events may have a character not unlike that of folk psychology« (41). Im Grunde handelt es sich bei den Klassifikationen also nicht um Theorien, sondern um Methoden im Sinne von mehr oder minder direkt umsetzbaren Erfahrungssätzen oder pragmatischen Handlungsvorschriften. Und ihr Wert für die Praxis ergibt sich erst dann, wenn sie als kollektive Interpretationsschemata akzeptiert worden sind, wobei darin genau ihr Problem bestehen könnte, denn sie könnten zur Ideologie werden, wie Pylyshyn betont: »When 'theories' do tell you what to do – especially in the social sciences – you can be sure that it is for reasons other than their fundamental truth« (43). Es geht bei der Instruktion um Praxis und um Entscheidungen für eine Praxis, nicht um die Erklärung der Praxis. Praktische Fragen aber sind wissenschaftlich nicht entscheidbar, sondern an einen Diskurs über Normen gebunden [Habermas (1970), 24].

Instruktion als Programm
Im »theoretischen Modell« von ID beginnt das Instruktionsmodell mit der Definition von Lernzielen. Es folgt eine Phase der Selektion von geeigneten Methoden. Lowyck und Elen (1992) weisen darauf hin, daß Lehrer und Designer in der Realität kaum diesem Modell folgen, daß in der Regel bereits Bündel von Zielen und Methoden in den Designprozeß eingehen und der erste Entwurf bereits fast alles enthält, was im folgenden Prozeß dann ausdifferenziert, modifiziert und revidiert wird. ID versteht sich nicht als allgemeine normative Theorie sozialer Interaktion im Unterricht, sondern das Ziel der Modellentwicklung ist die Deduktion von Regeln oder Algorithmen des Unterrichtens. *Instruktion* ist eine Vorschrift oder ein *Programm* für die Gestaltung des Unterrichts [Landa (1983a), 57], wobei dies nur mit der Einschränkung gilt, daß sowohl zwischen Lerntheorien und ID als auch zwischen ID und Lernprogrammen oder Lernpraxis prinzipiell kein Deduktionsverhältnis möglich ist. Winn (1989) weist zudem darauf hin, daß präskriptiv nicht meinen könnte, die gefundenen Prinzipien der deskriptiven »Theorie« seien durch Präskiptionen bruchlos in Instruktion umzusetzen (41). Die Kategorien von ID streben selbst an, einerseits möglichst generell zu sein, was zur Konsequenz hätte, daß sie nicht mehr operationalisierbar sein können, andererseits so konkret zu sein, daß sie als Handlungsanweisungen dienen könnten, was das System auf algorithmische Ebene herunterschrauben müßte. VanLehn (1992) spricht in diesem Zusammenhang von einem »unavoidable tradeoff between the generality of learning theories and their utility to educators« (24). Man kann demnach auf einer methodologischen Ebene die Absicht der Instruktionalisten als Willen verstehen, zu einer zweckrationalen Theorie der Instruktion vorzustoßen, wobei es ihnen aber, da sie mit eklektischen begrifflichen Codes und Methoden arbeiten, nur gelingt, eine Art pragmatisch-normatives *Programm* zu verwirklichen. Selbst, wenn es ihnen gelänge, die Prädiktion als zweckrationales Mo-

dell zu etablieren, gelte: »Erfahrungswissenschaftliche Prognosen über eine in der Regel zu erwartende Kovarianz bestimmter empirischer Größen gestatten bei gegebenen Zwecken eine Rationalisierung der Mittelwahl. Die Zwecksetzung selbst hingegen beruht auf einer Annahme von Normen und bleibt wissenschaftlich unkontrollierbar« [Habermas (1970), 24]. Auch zweckrationales und strategisches Handeln sind nur Grenzfälle kommunikativen Handelns, das im Normalfall am kommunizierbaren Sinn orientiert ist.

Im Sinne einer zweckrationalen Methodologie kann man die Aussage von Ohlsson (1992) interpretieren: »The most stringent test of an instructional design is that it can be implemented on a computer. If the instructional design is clearly stated, then it should be programmable. If it is based on a learning theory and that theory is accurate, then the design should be sufficient to produce learning« (73). Wenn die Bedingungen, die das Instruktionsdesign erfüllen muß, so definiert sind, daß der Beweis für die Erfüllung der Bedingungen ihre Programmierbarkeit und Testbarkeit sind, dann muß aber gleichzeitig ein Mißverständnis von dem vorliegen, was Lerntheorie heißen könnte: Es kann keine Lerntheorie geben, die Wert wäre, Lerntheorie genannt zu werden, und die gleichzeitig derart operationalisierbar wäre, daß aus ihr direkte Unterrichtsentscheidungen abgeleitet werden könnten. Man sollte bei dem Begriff Instruktionsdesign bleiben, da es sich bei ID eben nur um ein *Programm* oder einen *Handlungsentwurf* für den Unterricht handelt.

Die Realisation einer Theorie als Praxis bedeutet einen Bruch, ihre Transformation auf Programmebene kann nie eine direkte Umsetzung eines Modells sein, denn »programs are not theories« [McCalla (1992a)]. Programme sind eine unter mehreren möglichen Realisierungen eines Modells, allenfalls ein Indiz, aber kein Beweis für das Funktionieren der Theorie: »While they are precise and unambiguous, programs do not specify a semantics for the theory that they are encoding« (113). Da die Programmiersprachen, in denen die Programme geschrieben seien, selbst keine formale Semantik besitzen, seien »theories built on top of them are built on something akin to quicksand«. Der deduktive Ansatz erfährt sozusagen einen Bruch in der konkreten Implementation. Damit sind die konkreten Instruktionsvorschläge aber nicht länger gültige Repräsentanten allgemeiner Lerntheorien. Streng genommen, müßte man sagen, es handelt sich bei den beiden Ebenen um zwei verschiedene Dinge. VanLehn plädiert deshalb für »task specific theories« (26).

Explanation und Prognose

Das Dilemma mit dem Theoriestatus haben alle präskriptiven Ansätze. Sie stellen eine Vorschrift auf, und wenn die Lernenden der Handlungsanweisung folgen, wird die Präskription zur Prognose und die benennende Kategorie zur Explanation. Wenn es aber so etwas wie eine präskriptive Theorie nicht geben kann, worin besteht dann die Alternative? Ich will den Kategorienschemata des instruktionellen Designs ihren Wert ja nicht absprechen, auch nicht den Handlungsvorschriften, in die teilweise viel Erfahrung eingegangen ist. Ihr Sinn kann nur nicht darin bestehen, Theorie zu sein und als solche geronnene Erfahrung zur Ideologie zu werden, sondern sie gewinnen erst Sinn in der kommunikativen Rückbindung an gesellschaftliche Reflexionsprozesse. Wenn die Deduktion nicht zum Dezisionismus werden soll, muß der Zusammenhang zwischen Entscheidungen und Normen durch Reflexion eingeholt werden, und zwar durch Subjekte, die dem Zusammenhang, den sie reflektieren, durch den Akt der Reflexion selbst angehören [Habermas (1970)]. Diese Dimension fehlt völlig im Instruktionalismus etwa von Merrill, der seine Entscheidungstabellen und die darin enthaltenen »certainty factors« gar nicht zur Diskussion stellt. Auch Pylyshyn betont, daß es ihm in seiner Kritik nicht um den Wert oder Unwert einzelner praktischer Ideen ginge, sondern um den methodologischen Anspruch: »There is no denying that some people have important and valuable insights, both into human nature and into the design of technologies. But we should not confuse wisdom and insightfulness with having a scientific theory« (42). Winn (1989) geht noch einen Schritt weiter und verlangt, die Idee des Instruktionsdesigns als solche aufzugeben: »Indeed, the very idea that instruction can be designed in the first place must be abandoned unless one subscribes to the belief that how students will react to instruction can be predicted with reasonable accuracy. Instructional design thus construed depends on the learner being largely reactive to instruction, clearly a behavioral position« (40).

Methodologie-
Ansprüche

Am deutlichsten wird das methodologische Dilemma des Instruktionsdesigns bei Jacobson und Spiro. Jacobson (1994) entwirft ein »framework« für die Passung von Theorien zu Design, das er als »Theory-To-Design Framework« bezeichnet. Im gemeinsamen Aufsatz mit Spiro [Jacobson/Spiro (1994)] wird daraus ein »cognitively based Contextual Analysis Framework«, das die Typisierung und Klassifikation von Formen computergestützten Unterrichts zum Ziel hat. Das Rahmenwerk kennt als Kriterium 1 die von Spiro bekannte Unterscheidung von Inhalten als »well-structured« und »ill-structured«, fügt als zweites Kriterium den Lernstand des Lernenden (Anfänger, Fortgeschrittener) hinzu und betrachtet ihre Kombination in unterschiedlichen Lernumgebungen. Daraus entstehende Konstellationen bezeichnen sie als TBLEs (Types of Technology-Based Learning Environments). Hier wird die Willkür solcher Klassifikationen besonders augenfällig. Warum das Konstrukt der »ill-structured domains« eines von drei zentralen Kriterien darstellen soll, ist nicht einsichtig. Warum der Lernstand und nicht die Lernvoraussetzungen, die Lernstile oder die Einstellungen der Lernenden und ihre Motivation als zweites Kriterium dienen, warum nicht die Interaktionsformen ein drittes Kriterium bilden usw., das bleibt unbegründet. Seel (1992), der die methodischen Komponenten für Entscheidungen in ID-Systemen verbessern will, greift gleich zu einer »Prescriptive Decision Theory«. Noch absurder wird es, wenn der Vorschlag, mit Hilfe von Buttons verschiedene Mitteilungskonserven auszulösen, die anstelle eines natürlich-sprachlichen Tutors mit dem computer-basierten Tutor interagieren, ein Vorschlag, der aus Roger Schanks Gruppe kommt [Schank/Jona (1991); Looi (1994)], als »Button Theory« in den Rang einer Theorie erhoben wird.

In derselben Weise geht Reigeluth bei dem Versuch vor, Merkmale von Simulationen zu klassifizieren [Reigeluth/Schwartz (1989)]. Basierend auf einer extensiven Untersuchung von Simulationen und der Literatur zu Simulationen (beide werden im Aufsatz weder referiert, noch werden Quellen angegeben) schlagen sie vor, Simulationen bestünden aus einem Szenario, einem darunterliegenden Modell und einem Overlay für die Instruktion, wobei sie sich im Aufsatz auf den letzteren Aspekt konzentrieren. Hier unterscheiden sie drei Typen von Simulationen: *Procedural simulations*, *process simulations* und *causal simulations*. Beim Lernen mit Simulationen unterscheiden sie drei Phasen: *acquire*, *apply* und *assessment* (hier scheint Anderson durch). Das Lernen in diesen Phasen kann durch Eigenschaften der Simulationen unterstützt werden, die sie als *generality*, *example*, *practice*, *feedback* und *help* (hier scheinen Gagné und Merrill durch) bezeichnen. Als weitere Eigenschaft typisieren sie die Repräsentationsform von Simulationen mit Bruner als enaktiv, ikonisch, visuell oder verbal symbolisch. Diese Aspekte und Unterscheidungen, eklektisch der Literatur entnommen und zu einer Matrix zusammengestellt, kommentieren Reigeluth und Schwartz anschließend mit Empfehlungen zum Design von Simulationen und bezeichnen das ganze als präskriptive Theorie für das Design computergestützter Simulationen.

Defizite von Instruktionstheorien

Man muß drei Bereiche näher betrachten, wenn man wissen will, welche Leistungen das Instruktionsdesign einerseits anbieten kann und welche prinzipiellen Grenzen andererseits für ID bestehen: Restriktionen in der Wissensrepräsentation, Präferenzen bei didaktischen Methoden und das Bild, das die Instruktionstheorie implizit vom Lerner und vom Lernprozeß zeichnet.

Restriktionen im Wissensbereich

Das Wissensmodell im Instruktionsdesign ist auf mehrere Weisen beschränkt: Durch die Art der Lernziele, durch die Methodik der Lernzielfindung und durch die deduktive Methodik des Designs von Lerneinheiten.

Korrespondenz-hypothese

Das Instruktionsdesign zielt auf ein Training von kognitiven Fähigkeiten, von deklarativem und prozeduralem Wissen, wobei einige Anwendungen sich auf deklaratives Wissen beschränken, andere auf prozedurales. Für ID spielt die Vorstellung vom Gedächtnis als einem Speichersystem eine wichtige Rolle, wobei unterschiedliche Speicher für deklaratives und prozedurales Wissen angenommen werden [Tennyson/Rasch (1988)]. Die Geltung der Annahme, daß definiertes Wissen direkt gespeichert wird, die sog. Korrespondenzhypothese, ist vom Konstruktivismus bestritten [Clancey (1989)] und im Buch von Carroll

(1990) »The Nuremberg Funnel« (Nürnberger Trichter) einer eingehenden Kritik unterzogen worden.

Objektivismus | Im wesentlichen kennen ID-Systeme nur deklaratives und prozedurales Wissen. Hinsichtlich des kognitionstheoretischen Anspruchs existiert nur eine Programmatik [Tennyson/Rasch (1988)]. Allerdings wird der Begriff der Kognition inzwischen derart weit gebraucht, etwa im Sinne der Bloomschen kognitiven Lernziele, daß auch der Sprachgebrauch der Instruktionalisten darunter fallen kann. Aber im Grunde handelt es sich bei den Wissensorten im Instruktionsdesign nur um eine Klassifikation von Aufgaben und Tätigkeiten und nach wie vor um beobachtbares Verhalten wie im Behaviorismus: »Current cognitive theory is mainly a theory about cognitive skills. Consequently, its instructional implications pertain mainly to skill training« [Ohlsson (1992), 73]. Ohlsson meint, daß man diesen Zustand des Instruktionsdesigns mit dem Hinweis auf den Stand der Kognitionspsychologie entschuldigen könne, schränkt aber ein: »This response is correct, but I nevertheless believe that it does not capture the essence of the current situation. In this chapter I argue that our current theory of human cognition – using the term theory in a broad sense – is *inherently* incapable of producing a revolution in the design of instruction. The reason is, briefly put, that our current theory is a theory of action, rather than a theory of knowledge, in spite of claims to the contrary. Consequently its instructional implications pertain to learning how to act, to skill training. But skill training is, in general, not problematic. Parents, teachers, coaches, and trade masters know how to teach skills« [Ohlsson (1990), 562]. Der Objektivismus des Instruktionsmodells verletzt die kognitionspsychologische Hypothese, daß Lernen zugleich immer eine Veränderung der vorhandenen kognitiven Konzepte impliziert. Wildman (1981) hat schon früh darauf hingewiesen, daß man sich Lernen eigentlich in Form reziproker, kognitiver Assimilations- und Akkomodationsprozesse vorstellen müsse, während jedoch viele Modelle davon ausgingen, daß neues Wissen an altes Wissen lediglich »angehängt« oder an ihm »verankert« werde (16).[9]

Der Anspruch, so etwas wie metakognitive Ziele einzubeziehen, die für Problemlöseprozesse, entdeckendes Lernen und kreative, konstruktive Prozesse benötigt werden, ist bei Merrill oder Tennyson immer präsent, aber eben nur als Anspruch. Betrachtet man sich einmal genauer, was Tennyson unter kontextuellem Wissen versteht, wird deutlich, welche Instrumentalisierung im Rahmen des Instruktionsdesigns dieser Begriff erfährt: Tennyson und Rasch (1988) definieren kontextuelles Wissen als ein Wissen, das »focuses on the learner's acquisition of the organization and accessibility of a knowledge base

---

9. Hinsichtlich dieses Punktes ist der Konnektionismus weiter als die hier besprochenen Ansätze der physikalischen Symbolsystem-Hypothese oder symbolischen Informationsverarbeitung, wie man dem Versuch von Varela (1990) entnehmen kann, das Prinzip der Emergenz aus dem Konstruktivismus mit den parallelverarbeitenden und sich selbst modifizierenden, neuronalen Netzen des Konnektionismus zu vereinen (58ff.).

for a particular domain« (375). Es handelt sich bei dem sog. kontextuellen Wissen also mehr um Rahmenbedingungen des deklarativen und prozessualen Wissens der Domäne als um das, was der Konstruktivismus als »situated knowledge« bezeichnet. Kontextuelles Wissen im Sinne von Tennyson ist wiederum objektivierbares Wissen, analysierbar, definierbar und speicherbar und hat nichts mit dem sozialen Eingebettetsein der spontanen kognitiven Konstruktionen von Lernern zu tun.

Das Instruktionsmodell betrifft nur Skills, nicht aber Einstellungen. Ein offenes Problem ist die Verbindung von Instruktion und Motivation. Psychologische Faktoren wie Ausweichen, Abweichen, Unlust, Lust auf Abwechslung u.a. sind in Instruktionsmodellen nicht enthalten: »psychological processes that mediate between stimuli and responses are still often ignored« [Winn (1990), 64]. Selbst hier gibt es Ansätze, die dies lösen wollen: Okey und Santiago (1991) erörtern, wie Kellers motivationale Konstrukte in Gagnés Inventar integriert werden könnten. Auch Lernvoraussetzungen und individuelle Differenzen von Lernern finden im Instruktionsdesign keine Berücksichtigung. Der Grund liegt, wie Winn (1993) betont, in der »unmanageable complexity of a prescriptive theory of individual differences« (197). Nach Winn ist die Einführung der Lernerkontrolle im Instruktionsdesign vorwiegend durch die Schwierigkeit motiviert, eine Adaptivität des Programms an die individuellen Unterschiede herzustellen. Trotzdem kommt er zu der Erkenntnis, daß »none of the approaches instructional designers have taken to dealing with individual differences has really worked« (198).

Task Analyse   Die Konzepte, Regeln und Prozeduren für die Instruktion werden durch Inhaltsanalysen und Aufgabenanalysen gewonnen und in Form von Lernzielen konzeptioniert. Die Bedeutung des Begriffs Kognition für die Ziele des Instruktionsdesigns ist im Zusammenhang damit zu sehen, daß die Ziele durch eine Aufgabenanalyse (task analysis) und nicht (wie bei Piaget) durch eine auf einer Theorie der Kognition basierenden Analyse von Denk- und Lernprozessen gewonnen werden. Varela (1990) beklagt, daß die Theorie Piagets »überhaupt keinen Eingang in kognitivistische Orthodoxie gefunden« habe (20). Von daher muß ID im wesentlichen als »predominantly applied behaviorally-oriented learning paradigm« betrachtet werden [Tennyson/Rasch (1988), 369]. Die Task Analysis macht sich die behavioristische Annahme zunutze, daß Lernergebnisse beobachtbares Verhalten sein müssen: »Task analysis has subsequently evolved into a sophisticated technique that identifies extended sequences and hierarchies of behaviors […] It has even been extended to embrace cognitive theory […] It still carries with it, however, a reductionist approach to instructional decision-making which, while not antithetical to some aspects of cognitive theory, is sometimes problematic« [Winn (1990), 55]. Der Vorgang ist zeitaufwendig und mühselig. Dies mag eine Erklärung dafür sein, warum man sich bisher überwiegend an klar überschaubaren und begrenzten Themen wie z.B. der einfachen Arithmetik oder der Newtonschen Physik aufgehalten hat. Ursprünglich bestand wohl die Hoffnung, daß man auf diese Weise kleinen

Bausteinen auf die Spur kommen könnte, die sich in Art der Popperschen pie-cemeal-Technologie sukzessive zu allgemeineren Fähigkeiten zusammenset-zen ließen. Diese Erwartung ist aber inzwischen der Erkenntnis gewichen, daß die an einem Aufgabengebiet gewonnenen Fähigkeiten an die jeweilige Wissendomäne gebunden bleiben.

Das Instruktionsdesign vertritt einen deduktiven Ansatz: Der Designprozeß verläuft von den Lernzielen über die Lehr-Methoden zu den Lernprozessen. In einem solchen Deduktionsansatz werden bereits beim Findungsprozeß von Lernzielen und bei der Operationalisierung von Lernzielen unlösbare Proble-me sichtbar. In einigen Fällen wird der Findungsprozeß noch als rein empi-risch-analytischer Prozeß gedacht, der aber auf diesem Wege nicht lösbar ist [Flechsig (1971)]. Eine empirische Lernzielfindung ist ohne normative Anteile nicht denkbar. Die aus den gefundenen Lernzielen zu entwickelnden Operatio-nalisierungen sind rein deduktiv nicht herstellbar [zu Alternativen vgl. Meyer (1972)]. Nötig wäre deshalb eine Umdeutung von Lernzielen als heuristische Methoden in einem hermeneutisch-sozialen Vorgang. Dies ist aber im Rahmen des Instruktionsdesigns nicht vorstellbar.

Die Aufgaben der Schule und der Universitäten sind erheblich komplexer, als daß sich aus derartigen Ansätzen Hoffnung schöpfen ließe. Die Wissenschaft hat bereits öfter den Fehler gemacht, so lange zu taylorisieren und zu sammeln, bis ein Paradigmen-Wechsel alles über den Haufen warf. Die Kognitionspsy-chologie hatte gegenüber dem Behaviorismus einen Paradigmen-Wechsel als Hinwendung zu eher ganzheitlichen Vorstellungen eingeläutet. Die Instruktio-nalisten sind nun in die Gefahr gekommen, einen ähnlichen Weg der Zersplit-terung einzuschlagen. Ich betrachte den Konstruktivismus als eine klare Reak-tion auf diesen Zustand, als einen Versuch, erneut einen ganzheitlichen Stand-punkt dem Lernen gegenüber einzunehmen.

Reduktion der didaktischen Methoden

Ein methodologisches Problem im Instruktionsdesign besteht hinsichtlich der Zuordnung von Lernzielen zu Methoden, deren Relation deduktiv-linear ge-dacht ist. Intendiert sind im Grunde deterministische Systeme, die bestimmten Lernzielen direkt bestimmte Methoden zuordnen, aber hier gilt, daß »our de-sign procedures do not always allow us to determine, with any degree of ef-ficiency, the optimal course for action« [Winn (1987), 61]. Ungenauigkeit hat für den Positivisten nur den Grund, daß noch nicht alle Prinzipien entdeckt worden sind [Winn (1987)], während man aus methodologischer Sicht die fun-damentale Diskrepanz zwischen allgemeinen Kriterien und ihrer praktischen Umsetzung akzeptieren müßte. Die Transformation allgemeiner Prinzipien in Praxis kann bestenfalls probabilistischen Charakter annehmen. Von kognitiven Lernzielen und didaktischen Methoden kann auf das Lernergebnis nicht mit absoluter Sicherheit, sondern nur mit einer gewissen Wahrscheinlichkeit geschlossen werden. Da die Deduktion nicht gelingt, behelfen sich Merrill und Li (1989) in *ID Expert* mit Wahrscheinlichkeitstabellen. Diese Modifikation ändert jedoch nichts am Determinismus des Modells, denn selbst dann ist das Instruktionsdesign immanent darauf angewiesen, die Effektivität und Validität seiner Methodik durch probabilistische Annahmen über die gemachten Präskriptionen zu legitimieren [Reigeluth (1983b)].

Winn (1987) stellt fest, daß im Vergleich zu den Naturwissenschaften Präskriptionen im Instruktionsdesign erheblich schwächer sind: »we note the suggestion that our design procedures cannot effect the degree of optimization that is typical in the harder sciences, that our prescriptive theory is incomplete, non-deterministic and lacks predictive validity« (63). Und er folgert daraus, daß das Streben nach Perfektion und Präzision in den Ansätzen des Instruktionsdesigns verlorene Liebesmühe bleiben wird: »it is the very nature of prescriptive theories to be non-deterministic [...] it will never become foolproof« (65). Für Winn ist Instruktionsdesign auf dieser Basis nicht sinnvoll, er plädiert für einen grundlegenden Wechsel des Konzepts: »However, attention to those aspects of cognitive theory that we have examined leads to the conclusion that further changes to thinking and actions of instruction designers are necessary« (1990, 63).

Expositorisches
Lehren

Instruktionstheorien sind präskriptiv [Lowyck/Elen (1993)] und streben im Grunde eine möglichst hohe prädiktive Validität an. Instruktion wird dadurch zu einem expositorischen Lehrmodell, das »heavily depends on the assumption that student's reactions can be anticipated and controlled« (218). Selbst wenn die Instruktionalisten ihre ursprünglich behavioristische Grundlage verlassen zu haben glauben, steckt in ihnen noch der behavioristische Ansatz, der Lehren als Induktion und den Lernenden als Reagierenden versteht, sowie die Annahme, daß man das Ganze gelernt hat, wenn man die Teile des Ganzen identifiziert und gelernt hat [Winn (1990); vgl. Bonner (1988)].

Ich frage mich, wie es zur Dominanz eines solchen Wissenschaftsmodells bei den Instruktionalisten kommen konnte. Mit der Einführung des Computers als Mittel der Instruktion hat sich das Medium gewandelt, nicht aber offenbar das Bedürfnis zur regelgeleiteten, deduktiven Konstruktion von Lernen aus einer Lernzieldomäne heraus. Mit der Freiheit des Pädagogen ist es im Instruktionsdesign nicht weit her. Das Bedürfnis nach Planung und Sicherheit überwiegt. Ist der Instruktionalismus aus dem Bedürfnis heraus entstanden, den viel zu offenen Entscheidungsraum hermeneutischer Prozesse einzuschränken? Nähert sich der Instruktionalismus letzten Endes nicht doch wieder der Kontrolle, die behavioristische Autorensysteme über den Lernenden hatten?

Das grundlegende Modell ist der lehrerzentrierte, expositorische Ansatz. Selbst wenn Lernerkontrolle ein ganz zentrales Thema im Instruktionsdesign ist [s. Merrill (1980); Chung/Reigeluth (1992)], sieht die Realität oft anders aus:

»Often the student is denied control of the interaction« [Lippert (1989), 11].
Der expositorische Ansatz unterstellt, daß die optimale Struktur des Lernens
der Struktur des zu lernenden Gegenstands entspricht. Wenn diese Annahme
stimmt, dann hat der Designer von Lehrsoftware gar keine andere Wahl, als die
Struktur des Gegenstandsbereichs vorzugeben: »The designer who makes decisions on the basis of cognitive theory assumes that the thought processes of
the student will be as logical as the instruction itself. As Streibel (1986) puts it,
in a different context, in order to learn from a machine, the student has to think
like a machine« [Winn (1990), 53].

Instruktion als funktionalistische Sozialisation Ganz in diesem Sinne beschreiben Jones, Li und Merrill (1990) die Auffassung, die das Instruktionsdesign vom Lernen hat, als eine Art Nürnberger
Trichtermodell, wobei interessant ist, daß sie bewußt die Absicht des Instrukti-
onsdesigners als *Indoktrination* zeichnen (als Verbot, eine eigene Interpretation
zu haben). Sie formulieren damit – *nicht* in selbstkritischer Absicht – das Herr-
schaftsproblem der Pädagogik, es geht ihnen um die Akzeptanz kodifizierten
Wissens und gesellschaftlich eingefrorener Bedeutungen: »The philosophical
question of the nature of meaning can be safely ignored. Instruction, in large
measure, communicates *accepted meaning.* The developer of instruction explicitly desires *that the learner adopt the meaning* intended by the developer, *and
not reach a separate and personal interpretation of that meaning.* Although
being able to reach such personal interpretation is an important part of being
educated, most instruction, particularly most uses of automated instruction,
concerns *transferring, as effectively and efficiently as possible, determined in-
terpretations*« (12) [Hervorhebung, R.S]. Diese Auffassung, die sowohl eine
Reifizierung der Inhalte als auch ein passives Lernerbild impliziert, ist
verständlicherweise von den Konstruktivisten heftig angegriffen worden. Man
kann in dieser Haltung des Instruktionalismus eine Übereinstimmung mit
funktionalistischen Gesellschafts- und Sozialisationsvorstellungen entdecken,
die konstruktivistische Kulturanthropologen wie Lave wie folgt charakterisieren: »functional theory treats processes of socialization (including learning in
school) as passive, and culture as a pool of information transmitted from one
generation to the next, accurately, with verisimilitude« (8).

Kann man diesen, das (Lern)Verhalten vorschreibenden, 'behavioristischen'
Ansatz [Case/Bereiter (1984)] kompatibel mit kognitiven Theorien machen
[s.a. Andrews/Goodson (1980)]? Lowyck und Elen (1992) unterscheiden Ansätze, die eine Deduktion von präskriptiven Lernvorschriften aus deskriptiven
kognitionspsychologischen Prinzipien anstreben, von solchen, die eine Transformation von deskriptiven kognitiven Strukturen in Lernvorschriften nicht für
möglich halten. Sie bilden Instruktionsmodelle auf drei Skalen ab, dem Grad
des Übergangs von der Deskription zur Präskription, dem Grad der Annähe-
rung an den Konstruktivismus und dem Grad der Kompatibilität mit kognitiven
Lerntheorien. Den Grad der Kompatibilität zwischen kognitiven Lerntheorien
und dem Instruktionsdesign sowie die daraus resultierenden Unterschiede zwischen Instruktionsmodellen diskutieren sie unter folgenden Kriterien: *Transla-*

tion (wie unmittelbar werden Ziele in Vorschriften umgesetzt), *Adaptation* (Grad der Lernerkontrolle), *Separation* (Lernen vs. Instruktion), *Rekonzeptualisierung* (aktives Lernen durch kognitive Fundierung) und *Revolution* (völlige Inkompatibilität zwischen Kognitionspsychologie und Instruktionalismus). Während Wildman für eine »cohesive theory of learning« plädiert, die den Instruktionstheorien unterlegt werden müsse [s.a. Wildman/Burton (1981)], sprechen Lowyck und Elen sich für eine Rekonzeptualisierung der Instruktion aus (220): »Not an integration but a complete reconceptualization of I.D. is needed, which implies (1) selection of cognitive design parameters, (2) construction of a suitable development process and (3) adequate instrumentation of the selected parameters« (218). Sie geben allerdings zu, daß es fraglich ist, ob diese Position zu neuen ID-Modellen führt oder nicht doch zu ganz anderen Konzepten wie etwa den konstruktivistischen Lernumwelten.

Einen Ausweg aus dem präskriptiven Instruktionsmodell sehen einige Designer in der Verbindung von Instruktionsdesign mit Lernermodellen, wie sie im nächsten Kapitel beschrieben werden, die sich mit der Strategie der flexiblen Antwort an Bedürfnisse des Lerners adaptieren können und ihm deshalb die Lernerkontrolle übergeben könnten, aber Hammond (1989) weist daraufhin, daß gut begründete Lernsysteme nicht unbedingt auf expliziten Modellen des aktuellen Wissensstands des Lernenden und seiner Abweichung von dem Wissen des Experten aufgebaut sein müssen. Die Verwendung eines Lernermodells habe sogar ganz bestimmte Nachteile: »The requirement that the instructional dialogue should be driven by an explicit model of the student's state of knowledge places extreme constraints on the freedom that the learner can enjoy« (171). Wenn man den Gedanken der Instruktionalisten ernst nehmen würde, so würde die theorieorientierte Instruktion, wie sie die automatischen Designprogramme anstreben, neben einer Theorie der Ziele und einer Theorie des Lernenden auch eine Theorie des Lehrers benötigen. Aber das Instruktionsdesign hat sich bisher im wesentlichen auf den ersten Aspekt beschränkt.[10]

Eine weitere Problematik neben der Deduktionsproblematik ist der immanente Zwang dieser Systeme zum Vollständigkeitslernen oder mastery learning, d.h. zum vollständigen Lernen aller Konzepte und Ableitungen der durch Task Analyse gewonnenen Lernziele. Am Beispiel einer Studie zur Wahrnehmung von Benutzerschnittstellen finden Mayes, Draper et al (1988) aber heraus, daß Lernende nur die Merkmale der Benutzerschnittstelle behalten, die ihnen eine Wiedererkennung und die Erledigung bestimmter Aufgaben ermöglichen, während sie andere Faktoren wieder schnell aus dem Gedächtnis verbannen: »It seems that the necessary information is picked up, used, and discarded; it is

---

10. Eine ganz andere Alternative vertritt der vom Human Interface Design herkommende Carroll (1990), die sog. minimalistische Instruktion als Strategie für Trainingdesigns, die drei Komponenten aufweisen soll: "(1) allowing learners to start immediately on meaningfully realistic tasks, (2) reducing the amount of reading and other passive activity in training, and (3) helping to make errors and error recovery less traumatic and more pedagogically productive." (7)

not learned in the sense that commands are learned. More exactly, users retain only enough information for recognition, not the much greater amount required for recall« [Mayes (1992b), 9/10]. Wenn es demnach ausreicht, nur essentielle Informationen zu behalten, um zukünftige Probleme lösen zu können, dann ist das Prinzip des Vollständigkeitslernen auf der falschen Ebene angesiedelt.

Ein ähnliches Problem dürfte die Sequentialität der rahmenbasierten Instruktionssysteme für kognitivistische Vorstellungen vom Konzeptlernen darstellen. Es gibt Anhaltspunkte dafür, daß beim Konzeptlernen viele Prozesse parallel ablaufen. Ein Indiz dafür mögen die Ergebnisse von Ranzijn (1991) sein, der zeigt, daß beim Lernen koordinierter natürlicher Konzepte eine simultane Präsentation bessere Lernerfolge zeitigt. Selbst bei natürlichen sequentiellen Konzepten ergibt sein Experiment bessere Ergebnisse für die simultane Methode. Die Simultaneität ermöglicht den Vergleich: »By comparing and contrasting expository examples of coordinate concepts, the student develops more elaborate and complete conceptual knowledge« (417). Eine solche Einsicht dürfte doch eher für vernetzte Systeme im Sinne des Konnektionismus oder der Hypertext-Systeme sprechen.

Deskriptive Konzepte selbstregulierten Lernens gelangen zu völlig anderen Charakterisierungen des Lernprozesses, hier spielen ganz andere Beschreibungsbegriffe eine Rolle als in den lernzielorientierten Taxonomien von Konditionen des Lernens und Lernergebnissen, z.B. Herausforderung, Konfrontation, Überraschung, Rätsel. Vermunt und van Rijswijk (1988), die Prozesse und Regulationen im selbstregulierten Lernen beschreiben, stellen allerdings zu ihrer Überraschung fest, daß die Studierenden mit zunehmendem Alter offenbar nicht »weiser« oder selbst-regulierter, sondern extern-regulierter und reproduktionsorientierter werden. Das mag natürlich gerade eine Auswirkung des in ihrer Lernumwelt überwiegenden Angebots an expositorischer Instruktion und reproduktiven Lernsituationen sein.

Konfundierung des Lernbegriffs

Substitution des
biologischen
Lernbegriffs durch
den institutionellen

Wie restriktiv der Lernbegriff im Instruktionsdesign ist, zeigt sich selbst bei einem methodologisch so reflektierten Vertreter wie Landa (1983a) an der willkürlichen Unterscheidung von Kognition und Lernen und von Verstehen und Lernen: »Cognitive processes (and operations as their components) and learning are, however, not synonymous. When a person performs some operation (say, on a sentence) *in order just to understand it,* his or her operations are cognitive, but not learning. But when the person performs the same operations on a text *in order to learn it* (i.e., when some cognitive operations function as means of learning), then they become learning operations« (64) [Hervorhebung, R.S.]. Für Landa sind dieselben Operationen mal Lernen und mal »nur«

Verstehen. Was Lernen ist und was Verstehen, entscheidet die Absicht. Danach gäbe es ein Verstehen ohne Lernen. Was für ein seltsamer Begriff von Verstehen! Diese Entgegensetzung von Lernen und Verstehen fußt auf einem Werkzeugmodell von Kognition: Man wendet eine fertige Operation auf etwas an, in der Absicht es zu verstehen oder es zu lernen. Ich setze die folgende These dagegen: Objektiv betrachtet finden Lernen und Verstehen mit jeder Aktion des tätigen Subjekts unabhängig vom Bewußtsein des Lernenden Subjekts statt, inzidentelles Lernen und Verstehen lassen sich gar nicht vermeiden, ein Verstehen kann nicht ohne assimilatorische und akkomodatorische Modifikationen eigener Kognitionen geschehen, obwohl derselbe Prozeß aus der Perspektive des lernenden Subjekts absichtsvolles Lernen oder bloße Tätigkeit sein kann! Wenn wir Maturanas Vorstellung mit der von Landa konfrontieren, wird deutlich, inwiefern bei Instruktionalisten eine Reifizierung des Lernbegriffs vorliegt, eine Reduktion von Lernen auf intentionale, geplante und vom Lehrer induzierte Lernprozesse, also eine Substitution des biologischen Lernbegriffs durch den institutionellen.

Objektivierung der Kognition

Auch bezüglich des Begriffs »Konzept« (d.h. kognitives Konzept) liegt eine ähnliche Reifikation bei den Instruktionalisten vor. Landa (1983) beschreibt folgendes Beispiel: »But a person who may have a mental image of an isosceles triangle and may be able to draw it on paper may not be aware of its characteristic features and may not be able to answer the question, 'What is an isosceles triangle?' by describing its characteristic features. This means that he or she has an image of it but does not have its concept« (167). Dieses Beispiel ist etwas komplizierter zu analysieren. Das Kind verfügt nicht über eine symbolische Repräsentation des kognitiven Konzepts, es ist aber durchaus zu kognitiven Operationen in einer konkret-anschaulichen Form fähig. Für die Beobachtung Landas gibt es viele Beispiele bei Piaget und Bruner. Aber welche Schlüsse ziehen Instruktionalisten daraus? Landa behauptet, die betreffende Person habe kein Konzept, nur ein »image«! Instruktionsdesign unterstellt also offenbar, daß erst die formale Version des Konzepts überhaupt ein Konzept sei und es deshalb gelte, die formale Version zu lernen. Diese Einschränkung des Konzeptbegriffs konfundiert den Lernprozeß durch das Lernziel: Das instruktionalistische Lernziel wird zum Objekt verdinglicht, das es zu lernen gelte, das vorhandene »image« hingegen als irrelevant vernachlässigt. Duffy und Bednar (1991) betonen dem objektivistischen Standpunkt gegenüber, daß es beim konstruktivistischen Lernen »no prespecification of content to learn« geben könne (14), und daß ebenso die Erwartung der Instruktionalisten, »that each learner will take the same thing away from the learning experience« nicht zuträfe. Authentische Lernprozesse vertragen die Vorstellung nicht, daß es gilt, eine ganz spezifische Bedeutung zu übernehmen oder lediglich ein vorhandenes Konzept auf einen gegebenen Sachverhalt wie ein Werkzeug anzuwenden.

Winn (1987) betont, daß sowohl im Instruktionsdesign als auch vom Lehrer im realen Unterricht Entscheidungen gefällt werden. Ein großer Unterschied zwischen Instruktionsdesign und dem realen Unterricht besteht aber darin, daß der

Lehrer zwar einen Instruktionsplan hat, jederzeit aber über die Möglichkeit verfügt, ad hoc neue Entscheidungen zu treffen: »The great difference between them lies in when those decisions are made [...] In teaching, while instructional decisions are often made during lesson-planning, it is highly likely that decisions will also be made on the spot by the teacher« (59). Es gibt viele Untersuchungen zu Unterrichtsentscheidungen von Lehrern, die das Alltagswissen und die verborgenen Entscheidungsprozesse analysieren, um sie für eine Imitation durch ID-Systeme aufbereiten zu können. Wildman (1981), der noch daran denkt, daß es gelingen könnte, derartige Funktionen von Lehrern als Moderatoren in Instruktionsdesigns zu konzeptualisieren, betont: »designers must be familiar with the reciprocal processes of assimilation and accommodation and arrange to provide support when they occur« (16). Lehrerverhalten geht aber weit darüber hinaus: Der Lehrer analysiert nicht nur den kognitiven Stand der Schüler, sondern auch die psychologischen Faktoren der Situation, die Motivation der Schüler. Er wählt daraufhin Strategien, die ID-Programmen nicht zur Verfügung stehen, Analogien aus ganz anderen Bereichen, bildliche Transformationen, narrative Illustrationen und andere Medien. Der Lehrer greift in der Regel mehr auf die Erfahrungen der Schüler zurück als auf ihr Wissen. Die Varianz, über die ein Lehrer verfügt, ist stets größer als die einer Datenbank oder einer in Form von Regeln geschriebenen Wissensbasis.

Von der Instruktion zum Lernen

Der Wechsel von der Instruktion zum Lernen steht auf der Tagesordnung. Wildman (1981) formuliert ihn relativ früh: »I will suggest a second way to see the nature of the impact of cognitive theory on design work is to consider what must be done to incorporate the notion of learning as change in cognitive structure« (17). Wildman hegt noch eine Hoffnung auf eine Verwirklichung dieser Idee innerhalb des Instruktionsdesigns. Dies liegt aber im wesentlichen daran, daß Wildman ebenso wie Merrill von einem reifizierten Konzeptbegriff ausgeht, der Kognition als Kategorien einer Disziplin betrachtet, die durch eine Aufgabenanalyse zu erfassen und entsprechend zu vermitteln seien.

Lernerkontrolle vs. Programmkontrolle

Ich behandle die Problematik der Lernerkontrolle an dieser Stelle im Kapitel zum Instruktionsdesign, weil aufgrund der Herkunft des Instruktionalismus vom Behaviorismus und der klaren Ausrichtung der Instruktion vom Designer auf den Lerner sich die Frage nach der Bedeutung der Lernerkontrolle hier am heftigsten stellt, wie die relativ frühe Diskussion dieser Frage durch Merrill (1980) zeigt, während die anderen in diesem Buch erörterten Softwaretypen in ihrem Design ein erheblich höheres Ausmaß an Lernerkontrolle verwirklichen. Um an späteren Stellen nicht immer wieder auf diese Thematik eingehen zu müssen, behandle ich sie an dieser Stelle gleich allgemein.

Unter Lernerkontrolle im computergestützten Lernen wird die Kontrolle des
Lernenden über die Auswahl und über die Sequenzierung der Inhalte bzw.
Übungen verstanden. Merrill (1980) unterscheidet zusätzlich eine Lernerkon-
trolle, die sich auf die Wahl der Strategie (z.B. des Schwierigkeitsgrads, der
Beispiele) bezieht. Irrigerweise wird häufig auch die Selbstbestimmung der
Lernenden in punkto Zeitbedarf für die Übungen mitgemeint, das, was in der
Literatur ansonsten als »self-paced study« abgehandelt wird [Merrill (1980)].
Chung und Reigeluth (1992) differenzieren Lernerkontrolle in Kontrolle über
den Inhalt, die Sequenz, die Lerngeschwindigkeit, das Display bzw. die Strategie, den internen Prozeß und die Beratungsstrategie. Es gibt sehr viele Untersuchungen zur Lernerkontrolle. Bei den meisten Untersuchungen wird jedoch
die jeweilige Umgebung, die getestet wurde, nicht dargestellt. Dies ist aber insofern unbedingt nötig, weil Lernerkontrolle je nach Umgebung (Courseware,
Instruktionsdesign, intelligente tutorielle Systeme, Hypertext, Simulation) völlig andere Bedeutungen annehmen kann.

**Lernerkontrolle in
Autorensystemen**
Merrill hat den Versuch unternommen, Lernerkontrolle in TICCIT einzubauen.
Die Lernerkontrolle in TICCIT war bereits äußerlich an den 15 Lernerkontroll-
Tasten auf der Tastatur zu erkennen: ATT'N, EXIT, REPEAT, GO, SKIP,
BACK, OBJ'TIVE, MAP, ADVICE, HELP, HARD, EASY, RULE, EXAMP-
LE, PRACTICE. Mit Hilfe der Tasten konnten die Schüler zur nächsten Übung
wechseln, zur letzten Übung zurückkehren, eine Übung überspringen, den
Schwierigkeitsgrad auswählen, die Art des Displays auswählen (Regel, Beispiel, Übung), Hilfe und Beratung anfordern. Mit anderen Worten: Innerhalb
der rahmenbasierten Architektur von TICCIT konnten die Schüler mindestens
die Navigation selbständig bewerkstelligen, über Maps ihre Position innerhalb
einer Lektion oder Lerneinheit einsehen und eine Lektion oder Übung selektieren, den Schwierigkeitsgrad in drei Stufen an eigene Lernvoraussetzungen anpassen und Hilfe anfordern. Merrill weist ausdrücklich darauf hin, daß das
Ausmaß, in dem diese Kontrollmöglichkeiten von den Lernenden genutzt würden und effektiv seien, von dem Grad an interner Kontrolle über kognitive
Strategien abhängig sei, über die der Lernende verfüge (89), so daß eine unge-
zielte Nutzung dieser Methoden bei einigen Schülern durchaus zu einem Lei-
stungsabfall beitragen könne. Im Prinzip seien vier bewußte Kontrollstrategien
möglich: Selektion von Inhalten, Selektion von Displays, bewußte Kognition
und Metakognition. Unter bewußter Kognition versteht Merrill solche Denkstrategien, die der Schüler relativ bewußt wählt, um eine Übung besser lernen
zu können, z.B. Wiederholen, eine bildliche Darstellung anfordern, ein Beispiel geben lassen, eine Analogie herstellen usw. Unter Metakognition versteht
Merrill die kognitive Lernfähigkeit selbst, das »Wie« des Lernens. Jeder Schüler arbeite intern mit Modellen des Lernens, die nicht denen der Instruktion
entsprechen müßten.

Es dürfte an diesem Beispiel deutlich geworden sein, daß Lernerkontrolle im
Instruktionsdesign eine beschränkte Selektion von Darstellungsvarianten innerhalb der rahmenbasierten Struktur eines Instruktionssystems meint. Auf die

internen kognitiven Prozesse der Schüler selbst kann TICCIT keinen Einfluß nehmen. Es dürfte auch aus dem Beispiel deutlich geworden sein, daß *Adaptivität* im Sinne individueller Anpassung für das Instruktionsdesign nur über den Umweg der Lernerkontrolle und nur in beschränktem Umfang möglich ist. Die Adaptivität ist der eigentliche Sinn für die Einführung der Lernerkontrolle im Instruktionsdesign, weil die Fülle der individuellen Differenzen in Lernvoraussetzungen und Einstellungen vom Instruktionsdesign nicht in die prädiktiven Prinzipien aufgenommen werden kann [Winn (1993), 196].

Warum Lernerkontrolle?

Es gibt pädagogische Begründungen für eine verstärkte Lenkung des Lerners (= Programmkontrolle), und es gibt ebenso pädagogische Begründungen für die stärkere Kontrolle des Lerners über das Programm (= Lernerkontrolle). Ich stelle an dieser Stelle einige Meinungen unkommentiert einander gegenüber, um im darauffolgenden Abschnitt dann Evaluationsstudien zu diesem Thema zu referieren.

Für mehr Lernerkontrolle plädieren Depover und Quintin (1992). Sie führen zwei Gründe für die Verstärkung der Lernerkontrolle an:

· Erstens vermuten sie einen positiven Effekt der Lernerkontrolle auf kognitive Lernziele:»the notion that control by the student (in part or completely) would lead to induced benefits such as the development of certain metacognitive skills is now commonly accepted« (236). Allerdings nehmen sie an, daß metakognitive Fähigkeiten sich nicht spontan nur aufgrund der Lernerkontrolle bilden, sondern daß zusätzliche strukturierende Elemente bereitgestellt werden müssen.

· Zweitens machen sie die offenbare Schwäche der Künstlichen Intelligenz aus, ein effektives Lernermodell für intelligente tutorielle Systeme mit adaptiven Strategien zu entwickeln, und sehen eine Möglichkeit, zu größerer Adaptivität zu kommen, in einer gleichmäßigeren Verteilung von Lerner- und Programmkontrolle:»This inability to discern learner characteristics, in addition to the difficulty in arriving to a format of the field being taught that is sufficiently flexible to permit a real adaptive tutorial (Clancey, 1987) have lead certain authors to propose intelligent instructional models where the control is distributed between the system and the learner« (236).

Es gibt keine offenen Argumente gegen Lernerkontrolle, es gibt nur Argumentationen für und wider das Maß an Lernerkontrolle. Depover und Quintin machen den Grad an Lernerkontrolle abhängig von Variablen wie dem Alter, dem Vorwissen, dem Lernfortschritt, der Komplexität des Materials und der Vertrautheit mit dem Gegenstand (237). Die Gegenseite bleibt bei der Argumentation für ein geringeres Maß an Lernerkontrolle immanent in ihrem jeweiligen

System. So begründet McCalla (1992b) beispielsweise die Notwendigkeit der Forderung nach Lernermodellen mit dem Ziel der Individualisierung. Für ihn sei Lernerkontrolle deshalb nur dann möglich, wenn er über ein Lernermodell verfüge: »Without detailed knowledge of what students actually do, it is impossible to allow the student any control« (112). Er demonstriert deutlich das Bedürfnis nach Führung des Studenten, dem er nur dann die Kontrolle über das Programm übergeben will, wenn das Programm genau weiß, wo sich der Lernende befindet. Genau diese programmkontrollierte Form der Lernerkontrolle aber kann vernünftigerweise nicht mehr als Lernerkontrolle verstanden werden. Es handelt sich eher um eine adaptive Instruktionsstrategie, die eine wesentlich raffiniertere Form der Programmkontrolle darstellt als sie die Programmkontrolle behavioristischer Prägung je bieten konnte.

Auch Schwarzmalerei vor den Folgen der Lernerkontrolle gibt Auskunft über die Motive, die Lernerkontrolle einzuschränken: »There is an inherent danger in the provision of more flexibility, more power and more features in tutors and environments for novices. This is that the load on the student for learning about the system itself is out of proportion compared to the learning load associated with the target programming skills. As windows proliferate and mouse sensitive icons litter the screen the student can become overwhelmed« [du Boulay (1992), 196]. Welch Fehlurteil! Ausgerechnet die ikonischen Schnittstellen, die es bereits vierjährigen Kindern ermöglicht haben, aktiv mit animierten elektronischen Büchern auf Computern zu spielen, werden als Grund dafür angeführt, warum man Schüler stärker unter Kontrolle nehmen müsse.

Sind die Hypothesen von Depover und Quintin berechtigt? Oder bedeutet Lernerkontrolle ein Übermaß an Vertrauen in Lernende (McCalla) oder eine Überforderung für Lernende (du Boulay)? Dies sind die Fragen, die sich hier stellen. Es ist nicht leicht, darauf Antworten zu finden, selbst dann nicht, wenn wir die Studien und Sekundäranalysen zur Lernerkontrolle eingehend studieren. Dazu spielen zu viele intermittierende Variablen eine Rolle: Die Funktionalität der Lernerkontrolle ist abhängig vom Anspruch, den die Lernumgebung an den Lerner stellt, von den Erwartungen, die Studierende der Institution unterstellen, vom Erfahrungsstand des Lerners und von der Form der intendierten Aufgabe oder Lernsituation.

Untersuchungen zur Lernerkontrolle

Einfach die Programmkontrolle durch die Lernerkontrolle zu ersetzen, den Fokus der Interaktion vom Instruktionssystem auf den Lernenden zu verlagern, scheint nicht den erwarteten Erfolg zu bringen. Borsook und Higgenbotham-Wheat (1991) meinen, daß ihr Überblick über Studien zu der Problematik gezeigt habe: Mehr Lernerkontrolle »results in disappointing performance« (13).

Möglicherweise ist Lernerkontrolle nicht für alle Lernenden und unter allen Bedingungen positiv?

In manchen Studien treten unerwünschte Interaktionen zwischen Programm und Intervention auf, in anderen entspricht die Prüfbedingung nicht den experimentellen Effekten:

So stellen Lee und Wong (1989) fest, daß Studierende unter Lernerkontrolle zwar mehr Beispiele angehen, also aktiver sind, aber in Punkto Genauigkeit im Posttest weniger erfolgreich sind als Studierende unter der Bedingung der Programmkontrolle. Sie führen die Differenz darauf zurück, daß die Lernerkontrolle eine undisziplinierte Sequenzierung der Aufgaben ermöglichte, also etwas ermöglichte, das für die Prüfbedingung »Genauigkeit« sachunangemessen war.

Milheim (1990) studierte die Effekte von Lernerkontrolle und eigener Zeiteinteilung bei 99 Studierenden mit einer interaktiven Videoübung zur Photographie. Lernerkontrolle hieß in diesem Fall Kontrolle über die Lernsequenz und über die Zeiteinteilung, bei Programmkontrolle wurde ebenfalls zwischen vorgegebener Zeit und selbstbestimmter Zeit unterschieden. Milheim wählte ein 2x2x2 Varianzdesign. Die Lernerkontrolle bezüglich der Zeiteinteilung erwies sich als signifikant für das Lernziel, die anderen Bedingungen ergaben keine Unterschiede.

Arnone und Grabowski (1991) evaluierten Variationen der Lernerkontrolle mit einem interaktiven Bildplattenprogramm zur Kunsterziehung und ihre Wirkung auf das Neugierverhalten von Kindern. Das Programm simulierte einen Besuch im Everson Museum in Syracuse, New York. 103 Erst- und Zweitklässler wurden auf drei Experimentalbedingungen (Programmkontrolle, Lernerkontrolle, Lernerkontrolle mit Beratung) und eine Kontrollgruppe verteilt. Der Posttest erhob Lernerfolg und Neugier. Die Kinder der Bedingung Lernerkontrolle mit Beratung erzielten die besten Ergebnisse im Leistungstest, sie zeigten auch die höheren Werte auf den Skalen für Neugier.

Hasselerharm und Leemkuil (1990) vergleichen drei verschiedene Konditionen miteinander: LC (Lernerkontrolle mit optionaler Beratung), PC (nicht-adaptive Programmkontrolle) und APC (adaptive Programmkontrolle) in Relation zu Vorwissen und dem kognitiven Stil Feldunabhängigkeit vs Feldabhängigkeit. Die Kondition APC war insgesamt am erfolgreichsten, die Kondition LC erwies sich als nicht erfolgreich bei schlechteren Lernern. Vorwissen und Typ der Übung hatten großen Einfluß auf den Lernerfolg in LC. Trotzdem bewerteten die LC-Studierenden ihr System wesentlich positiver als die Studierenden in den beiden Kontrollgruppen. Die Autoren sehen eine mögliche Erklärung darin, daß die Studierenden nicht über genügend Erfahrung in der Variation ihres eigenen Lernens verfügten. Sie empfehlen mehr Freiheit für Lerner in CAI, aber unter der Voraussetzung von mehr Training in Selbstregulation. Für schwächere Studenten werden allerdings keine LC-Systeme empfohlen (78).

Sekundäranalysen
Die Sekundäranalyse von Steinberg (1977) zu Lernerkontrollstudien in der computergestützten Instruktion bis 1977 und die ergänzende Sekundäranalyse von Steinberg (1989) zu Untersuchungen aus den Jahren 1977 bis 1988 kommen zu negativen Ergebnissen die Effektivität der Lernerkontrolle betreffend. In der Sekundäranalyse von 1977 kam sie zu dem Ergebnis: »for the most part, students learned less when given control over instructional sequence. High performers in the subject area were most likely to be skillful managers of instruc-

tion. Students were not very proficient at selecting exercises at appropriate difficulty levels [...] The motivational benefits of learner control were not accompanied by better performance. Learner control sometimes resulted in greater task engagement and better attitudes, but not necessarily in greater achievement«. Nun muß der historische Ausgangspunkt dieser Untersuchung berücksichtigt werden: Welche Art von Programmen konnte vor 1977 vorliegen? Wie wurden damals die motivationalen, kognitiven und affektiven Variablen kontrolliert? In welchen Instruktionsdesigns wurden die Studien durchgeführt? etc. Steinbergs neuere Sekundäranalyse von Studien zu interaktiven Bildplattensystemen versucht, ein Jahrzehnt später, diese Ungenauigkeiten zu vermeiden. Doch ihr Fazit bleibt dasselbe: »Students do not perform as well under learner control as under adaptive computer control« (118). Während die Ergebnisse früher Studien noch darin begründet sein konnten, daß sie es verabsäumten, psychologische Faktoren des Lernprozesses einzubeziehen, war dies bei den neueren Studien nicht mehr der Fall. Aber auch hier lassen sich kritische Einwände formulieren:

· Nicht vergleichbar ist die didaktische Qualität der untersuchten Lernumgebungen. So äußerten sich die Vpn zu der in einem Versuch angebotenen Hilfe z.B. wie folgt: »Some said either that the computer help was too much of a crutch while others commented that it took away the challenge!« (120)

· In einigen Fällen ist – angesichts der Trivialität der Aufgaben – die Trennung in Gruppen ohne und mit Lernerkontrolle absurd, und man kann deshalb nicht von einer echten Versuchsbedingung »Lernerkontrolle« sprechen.

· In wieder anderen Fällen wird zusätzliches tutorielles Feedback in die Kontrollgruppe eingebracht, nicht aber in die Versuchsgruppe, wodurch u.U. eine stärkere Variable die Wirkung der schwächeren aufhebt.

Zudem ist die Auswahl der referierten Studien und Steinbergs qualitatives Vorgehen möglicherweise stark selektiv. Gay, Trumbull et al (1988) kommen in ihrem Literaturüberblick zur computergestützten Video-Instruktion hingegen zu klaren positiven Ergebnissen für die Lernerkontrolle. Ebenfalls zu einer eher positiven Einschätzung tendiert Ambrose (1991), der Studien zur Lernerkontrolle in Hypermedia-Systemen referiert: Die Lernerkontrolle scheint Vorteile zu haben, sie ist als Einbeziehung der Benutzer möglich.

Meta-Analysen Die quantitative Meta-Analyse von McNeil und Nelson (1991) über Untersuchungen zum interaktiven Video (IV) seit 1978 gelangt allerdings wieder zu ähnlichen Ergebnissen wie Steinberg. Die Meta-Analyse umfaßte unter den 63 in die Untersuchung aufgenommen Studien auch einige Studien (26,2%), die Variablen der Lernerkontrolle überprüften. In Studien, die den Versuchspersonen keine Kontrolle über die Sequenz anboten, schien der Lerneffekt größer zu sein als in Studien mit Lernerkontrolle. Die Autoren konstruieren daraus ein Argument für gelenktes Lernen: »This may be further evidence that IV is best accomplished when it is guided and structured as opposed to being entirely under the control of the learner« (5).

Dies sind nur wenige Beispiele für viele Untersuchungen zu der Frage der Lernerkontrolle. Viele kommen zu negativen, ebenso viele zu positiven Ergebnissen. Die Schwächen dieser Untersuchungen bestehen in folgenden Defiziten:

- Es werden völlig unterschiedliche Lernumgebungen in den Experimenten eingesetzt, über die zumeist nur durch den Sprachgebrauch der Studie etwas zu erahnen ist: Aufgaben, Übungen, Tutorials, IT-Systeme, KIOSK-Systeme, Hypertext-Systeme. Meist werden die für das Experiment eingesetzten Lernprogramme nicht mitgeschildert. Damit wird auch nicht nachvollziehbar, was genau hier als Lerner- und was als Programmkontrolle gegolten hat. Zudem kann der Effekt der Qualität des Programms auf die Leistungsvariablen im Posttest nicht kontrolliert werden. Ergeben sich keine signifikanten Differenzen in der Leistung, kann dies auch an der dominanten Wirkung eines guten Programms liegen (am Neuigkeitseffekt) oder dem stärkeren Effekt einer intermittierenden Variable. Die Meta-Analysen enthalten für die meisten dieser Variablen gar keine Daten [McNeil/Nelson (1991), 5].

- In der Regel werden keine psychologischen Variablen kontrolliert, obwohl die wenigen Studien, die Lernstile nach Entwistle oder Kolb oder Variablen wie Feldabhängigkeit und Leistungsfähigkeit kontrollieren, sofort differenzierte Ergebnisse hinsichtlich Substrichproben ergeben. Das Fehlen dieser Variablen in den Untersuchungen und in den Meta-Analysen kann für den hohen Anteil unaufgeklärter Varianz verantwortlich sein, der von einigen Studien berichtet wird [McNeil/Nelson (1991), 5].

- Merkwürdigerweise werden zumeist Anfänger für solche Untersuchungen ausgewählt, als gelte es die Frage der Lernerkontrolle auf jungfräulichem Boden zu untersuchen. Dabei wäre es manchmal sinnvoll, Gewöhnungsprobleme von Anfängern auszuschalten, indem man erfahrene Benutzer oder gar berufstätige Praktiker für solche Experimente auswählt.

- Nicht untersucht wurde, ob das Bewußtsein der Versuchspersonen, unter welcher Bedingung der Lerner-Programmkontrolle sie arbeiten, einen entscheidenden Unterschied für die Ergebnisse ausmacht. Untersuchungen zur Navigation in Hypermedia-Umgebungen, die teilweise recht nahe am Problem der Lernerkontrolle sind, haben nämlich entscheidende Hinweise auf die Rolle der »awareness« gegeben [z.B. Trumbull/Gay et al (1992)].

Welche Rolle spielt die Lernerkontrolle, wenn sie Studierenden bewußt ist? Dieser Frage sind Kinzie, Sullivan et al (1992) nachgegangen. Sie untersuchten die Effekte von Lerner- und Programmkontrolle bei 81 Schülern und 83 Schülerinnen der 9. Klassen. Die Schüler wurden außerdem gebeten, die Methode bei einer Fortsetzungssitzung selbst zu wählen. Das Experiment wurde mit einem Posttest abgeschlossen. Die Programmkontrolle zeitigte mehr Erfolg bei den Schülern, die Lernerkontrolle einen nicht-signifikanten Vorteil bei den Schülerinnen. Ein Ergebnis jedoch war eindeutig: Der Anteil der Schüler, die für die zweite Sitzung erneut die Methode der Lernerkontrolle für sich wählten, war eindeutig höher.

Self-paced study   Wenig zum Thema der Lernerkontrolle haben die drei nächsten Untersuchungen beizutragen, die sich mit »pacing« oder »self-paced study« auseinandersetzen. Merrill (1980) hatte ausdrücklich diese Themen aus dem Bereich der Lernerkontrolle ausgeklammert. Dennoch seien sie hier zitiert, um auf Nebenaspekte der Problematik hinzuweisen, die für die Gesamtbeurteilung wichtig sind:

Smith (1990) experimentierte mit erzwungenen Pausen bei einem interaktiven Bildplattensystem. Die Ergebnisse zeigen, daß erzwungene Pausen an strategischen Stellen den Lernerfolg bei einigen Studierenden verbessern können, ohne die Lernerfolge anderer Studierender zu verschlechtern.

Hicken, Sullivan et al (1992) variierten das Thema Lernerkontrolle vs. Programmkontrolle, indem sie den Studierenden der Bedingung Programmkontrolle die Möglichkeit eröffneten, optionale Übungen zu überspringen, und den Studierenden der Bedingung Lernerkontrolle, zu einem Pflichtkern an Übungen optionale Übungen zusätzlich anzuwählen. Die erste Bedingung (passive Abwahl) erwies sich als überlegen über die zweite (aktive Hinzuwahl). Mir scheint aber, daß durch die Art der Bedingung nicht mehr auf das Problem Lerner- versus Programmkontrolle rückgeschlossen werden kann.

Hoelscher (1990) untersuchte Jurastudenten mit einem interaktiven Video-Programm. Alle erhielten Instruktionen und Aufgaben. Eine Gruppe erhielt zusätzlich eine Liste von Fallösungsstrategien. Die Studierenden wurden immer in Paaren einer der beiden Bedingungen zugeteilt. Nach 90 Minuten mußten sie drei Kriterien für eine Klage formulieren. Der Versuch wurde auch mit Methoden der teilnehmenden Beobachtung begleitet, die Studenten wurden interviewt und mußten einen Fragebogen beantworten. Die Ergebnisse zeigen, daß die Paare, die zusätzlich die Liste mit den Lösungsstrategien erhalten hatten, am Ende bessere Klagen formulierten. Die Untersuchung hat insofern wenig mit Lernerkontrolle zu tun, als aus ihr deutlich wird, daß es um fehlende metakognitive Informationen bzw. Fähigkeiten geht, die eigentlich integraler Bestandteil des Programms sein müßten. Das müssen die Studierenden auch gespürt haben, denn 70% der nicht-gelenkten Paare verlangten zusätzliche Instruktionen, aber nur 40% der gelenkten Paare. Die Bezeichnung der Versuchsgruppen als »gelenkt« und »nicht-gelenkt« ist insofern irreführend. Der Hinweis, den uns diese Untersuchung auf die Relevanz der didaktischen Anlage der Lernmaterialien gibt, ist aber ansonsten interessant.

Diskussion

Chung und Reigeluth (1992) formulieren instruktionale Präskriptionen für sechs Methoden der Lernerkontrolle. Speziell für Hypermedia Systeme sehen sie folgende Richtlinien für die Lernerkontrolle vor: 1. Führung für schwache Lerner (Festlegung eines Pfads, Guided Tour), 2. Grafische Browser, 3. Audit Trails, 4. Standards für die Bildschirmgestaltung, 5. Lerner-eigene konzeptuelle Verknüpfungen. Lernerkontrolle bei Chung und Reigeluth reicht weit hinein in das Design: Sie behandeln im Grunde allgemeine Richtlinien für Multimedia wie z.B. die unbegrenzte Möglichkeit, Aktionen zu widerrufen, das Angebot von Hilfen, die Benutzung gängiger Metaphern. Ihre Absicht ist durchsichtig: Unter Lernerkontrolle rangiert bei ihnen die Sicherung des Systems gegen schwache, unerfahrene, verirrte und sonstige nicht-optimale Lerner. Hier wird die Lernerkontrolle wieder zur Lernkontrolle, d.h. die Kontrolle des Lerners über das System wird substituiert durch die Kontrolle des Systems über den Lerner. Entsprechend lautet ihr Motto »Effective and efficiant guidance« (18).

Auch Jonassen (1992b) behauptet: »My bias is that hypertext needs to be structured in such a way as to facilitate the acquisition, integration, and synthesis of knowledge« (125). Was versteht Jonassen unter Strukturierung eines Hypertexts? Ist das Resultat der Strukturierung dann noch ein Hypertext? Widerspricht Jonassen sich nicht selbst, wenn er behauptet: »A central hypothesis of this paper is that hypertext is a technology that can effectively facilitate learning, because its access and information structures *closely resemble the learning process*« (127, Hervorhebung, R.S.). Wenn Hypertext in seiner originären Struktur bereits mit der Struktur von Lernprozessen korrespondiert, warum muß ich dann noch Hypertext strukturieren? [auf diese Korrespondenzhypothese werde ich im Kapitel zu Hypertext näher eingehen]. Widerspricht sich Jonassen nicht, wenn kurz darauf behauptet, daß diese Korrespondenz doch nicht vorhanden ist, sondern erst hergestellt werden muß? »Hypertexts that are designed to facilitate learning should reflect models of learning«. Welche Modelle des Lernens meint Jonassen? Er bleibt uns eine Antwort schuldig. Wenn die erste These stimmt, wäre Hypertext bereits kompatibel zum Lernprozeß. Wenn die zweite These stimmt, müßte man Hypertext erst kompatibel machen.

Die Prinzipien, die Jonassen gern in transformierten Hypertexten verwirklicht sehen möchte, sind Begriffe aus seinem (bei Anderson entlehnten) Modell von Instruktionsdesign: *Accretion*, *Restructuring*, *Tuning* und *Sequence*. Hinter diesen Prinzipien stehen Vorstellungen vom Lernen, die Hypertext teilweise entgegengesetzt sind: Die Restrukturierung von kognitiven Konzepten verläuft in einer interpretativen Auseinandersetzung mit der Komplexheit von Hypertext und nicht auf Druck eines Metaphern-Knopfs, die Verfeinerung von Schemata geschieht durch Lernerfahrung und nicht durch speziell darauf zielende Übungen. Was Jonassen zur Restrukturierung sagt, verdient m.E. jedoch Beachtung: Die Prozese der Restrukturierung von Wissen sind nicht invariant. Die Assimilation neuer Informationen und Konzepte geschieht gleichzeitig mit der Akkomodation der vorhandenen Konzepte an neue Situationen und Informationen. Merkwürdigerweise können die Beispiele, auf die Jonassen sich bezieht, nicht zur Stützung seiner Argumentation herangezogen werden. Der Versuch, Studierende mit *SemNet* semantische Maps generieren zu lassen, ist ein sinnvoller Weg, Restrukturierungsprozesse durch adäquate Aktivitäten zu unterstützen. Er hat jedoch nichts mit *Accretion*, *Tuning* und *Sequence* zu tun. In der Argumentation von Jonassen ist ein Bruch zwischen der »wissenschaftlichen« Darstellung und der »menschlichen« Begeisterung für anregende Beispiele zu erkennen.

Gebetsmühlenartig wiederholen Hammond und Allinson (1989) [Hammond (1991); Hammond (1992)] die These vom Verlorengehen im Hypertext. Hammonds Fixierung auf diese Problematik scheint mir eine klare rhetorische Funktion zu haben: Sie dient der Legitimierung der Forderung nach mehr Lernerkontrolle. Bei Hammond meldet sich der Instruktionsansatz wieder zurück: »it [i.e. hypertext] should be supplemented by more directed access and guidance mechanisms« [Hammond/Allinson (1989), 294; derselbe Satz findet sich in Hammond (1991), 111]. Hammond will freie Hypertexte auf geplante Benutzerschnittstellen zurückführen: »The system needs to be tailored both for the generic requirements of learning by the target population of the target domain and specifically for the particular learning task« [Hammond (1992), 150]. In seiner Begründung für die Didaktisierung von Hypertext setzt Hammond die Existenz von Lernzielen und Lernaufgaben voraus, also von didaktischen Mitteln, die Hypertext-Systemen fremd ist, begründet also ein Ziel (Didaktisierung) durch sich selbst (Didaktik) als Argument. Hypertext wird bei Hammond zum »learning support environment«. Es scheint Pädagogen also offenbar schwer zu fallen, das »Verlorensein« in der Informationsflut als pädagogisch fruchtbares Erlebnis verbuchen zu können.

Zugriff auf die Domäne

Einen ganz anderen Ausgangspunkt für die Diskussion über Lernerkontrolle wählt Laurillard (1987). Sie fragt sich, angesichts von Erfahrungen mit herkömmlichen computergestützten Tutorials, ob man diese Form von Lernprogramm, die sie als »didactic model«, als Instruktionsmodell, bezeichnet, durch Lernerkontrolle von seiner Rigidität befreien könne und zu dem gelangen könnte, was sie als »communication model« bezeichnet. Laurillard unterscheidet *Sequenzkontrolle* (Inhaltsverzeichnis, Karte, jederzeit möglicher Sprung zu Index oder Inhalt, Sprünge vorwärts und rückwärts, Rückverfolgung vorheriger Schritte) von *Strategiekontrolle* (Beispiele betrachten, Übungen machen, Information aufnehmen, Glossar befragen, Erklärung erbitten, einen Test absolvieren) und der *Kontrolle über die Manipulation des Inhalts*. Der letzte Punkt ist für sie der entscheidende bei der Diskussion um Lernerkontrolle. Traditionelle Tutorials zeichnen sich nach Laurillard durch folgende Eigenschaften aus: Sie ermöglichen keinen direkten Zugang zur Wissensdomäne, ihr Wissen ist explizit in Programmzeilen formuliert, ihr Feedback ist extrinsisch. Nach Ansicht Laurillards könnten intelligente Tutorials zwar Eigenschaften wie den direkten Zugriff auf den Wissensbereich oder die Unterstützung lernerdefinierter Ziele annehmen, würden aber immer noch didaktische Modelle des Lehrens bleiben. Simulationen andererseits können zwar keine lernereigenen Ziele inkorporieren, aber etwas anderes Entscheidendes ermöglichen, den direkten Zugriff auf die Objekte des Wissensbereichs. Der einzige Weg zur Lernerkontrolle über den Wissensbereich besteht für Laurillard darin, »by allowing the student to act as program author« (15).

Wiederum einen anderen Ausgangspunkt nimmt Gentner (1992) für die Diskussion der Lernerkontrolle. Er berichtet über Programme, Lernspiele und Lernprogramme, die weder eine Expertenkomponente noch eine tutorielle Komponente besitzen, dennoch aber – oder gerade deswegen – bei Lernenden sehr erfolgreich eingesetzt werden. Er beruft sich auf Apples *Human Interface Guidelines*, die den »locus of control« in die Hände des Benutzers legen und nach ihm verantwortlich für die Motivation der Benutzer sind, mit Programmen wie *Interactive Physics*, *SimCity* oder »Where in the World is Carmen San Diego?« umzugehen. Sein Fazit: »student control is a major motivating factor in the learning process« (228).

Entscheidend für die Diskussion um Lernerkontrolle scheint zu sein, wie die eben besprochenen Beispiele gezeigt haben, welche Lehrstrategie das jeweils betrachtete System verfolgt. Basiert es auf dem Instruktionsmodell? Folgt es der Hypertext-Philosophie der freien Navigation? Wie in anderen Evaluationsstudien zeigt sich aber auch bei diesem Thema, daß Lernerkontrolle *an sich* gar nicht evaluiert werden kann. Im Grunde muß die Variablendifferenzierung in den Untersuchungen noch breiter ausgefächert werden als nur nach dem Typ der Lernsoftware. So weisen beispielsweise Cronin und Cronin (1992) darauf hin, daß die Untersuchungen zur Lernerkontrolle an einem Mangel an theoretischer Fundierung leiden, daß Studenten nicht die besten Evaluatoren für ihre eigenen Lernbedürfnisse sind und daß die Ergebnisse von Studien zur Lernerkontrolle nach Lernstilen differenziert werden müßten.

Eine Differenzierung nach Lernstilen hat Burwell (1991) durchgeführt, um »nachzuweisen«, daß eine Programmkontrolle signifikant höhere Lernergebnisse bei feldunabhängigen Studierenden erzielt im Vergleich zu feldabhängigen Studierenden, bei denen die Lernerkontrolle höhere Resultate ergibt.

Zu einer dieser Differenzierungen zählt die Frage, ob Lernerkontrolle mit Beratung (oder Erklärung) verbunden werden sollte. Schloss, Wisniewski et al (1988) gehen in einem Experiment der Frage nach, ob Beratung zusätzlich zur Lernerkontrolle beim computergestütztem Lernen effektiv ist. Sie setzen erklärendes Feedback zur kumulativen Performanz der Studierenden als »advisement strategy« ein. Die Versuchsgruppe erzielte deutlich höhere Resultate und hatte eine positivere Einstellung, wenn Lernerkontrolle mit ausreichender Beratung verbunden wurde.

Zu einer weiteren Differenzierung der Gesamtfragestellung zählt die Prüfung der Annahme, daß Lernerkontrolle vermutlich nur dann ein handlungsregulierendes Instrument ist, wenn sie von den lernenden Subjekten als solche wahrgenommen wird. Bekker und Dwyer (1994) untersuchen in einem Experiment, ob die Lernerkontrolle von den Studierenden eigentlich als solche erkannt wird. Die Untersuchung bietet eine Erklärung für Studien an, in denen sich keine Auswirkung verstärkter Lernerkontrolle auf den Lernprozeß, die Motivation oder die Einstellung zeigten.

Weitgehend übersehen wird der möglicherweise effektivste Teil der Lernerkontrolle, nämlich die Selbstevaluation und Selbstregulation [Simons (1992)], die Fähigkeit, das eigene Lernen selbständig zu steuern und zu kontrollieren, eine intrinsische Rückmeldestruktur. Simons zeigt mit seinem Konzept des »prozeßorientierten Lehrens« auf, daß diese selbstregulative Fähigkeit Einfluß auf die Wahl der Lernstrategien hat und zur Verbesserung des Lernens und der Lernfähigkeit führen kann.

Kritik am Instruktionsdesign
aus der Sicht des Konstruktivismus

Die physikalische
Symbolsystem-
Hypothese von
Newell und Simon

Ohlsson scheint es darauf anzulegen, durch besonders originelle Problemstellungen auffallen und in alle Fettnäpfchen treten zu wollen. In seinem Aufsatz von 1990 verteidigt er offensiv den von den Konstruktivisten attackierten Objektivismus, den seine Mitstreiter verschämt verstecken oder, wie Merrill (1991), sogar leugnen. Für Ohlsson ist Kognition ein Computer: »Human cognition [...] is a species of symbolic computation« (563). Er bemüht die »Physical Symbol System Hypothesis« von Newell und Simon (1976) zur Stützung der These, daß Symbole und Referenzen im Gedächtnis physikalisch gespeichert werden: »The world is represented in the mind by symbols, physical structures with reference« (565). Für Newell und Simon impliziert die Symbolsystem-Hypothese, daß Menschen ein spezieller Fall physikalischer Symbolsysteme sind, sie interessiert die Hypothese als sinnvolle Arbeitshypothese beispielsweise für die Imitation von Prozessen des Sprachverstehens [vgl. Simon/Newell (1964)], wobei der Begriff 'physikalisch' zweierlei Bedeutung hat: Die Systeme sind mit physikalischen Gesetzen beschreibbar und in technischen Systemen manipulierbar, und die Symbole sind nicht nur menschliche Symbole. Newell und Simon betonen: »Die Hypothese ist eine empirische Verallgemeinerung und kein Theorem«. Bei Ohlsson verliert die Computeranalogie ihren hypothetischen Charakter, er kann sich Kognition nur in der objektivierten Form vorstellen, nach dem Motto, wenn man sie denken kann, müssen sie existieren, folglich müssen sie irgendwo physikalisch vorhanden sein: »Symbol structures have spatio-temporal existence, and hence must reside somewhere«. Kognitive Prozesse sind gespeicherte Programme, die Operationen über interne Repräsentationen ausführen: »Cognitive processes are caused by the execution of stored programs that operate on an internal, symbolic representation of the world« (563).

Computeranalogie für
Kognition

Obwohl Ohlsson die Computeranalogie ein wenig einschränkt durch die Bemerkung, »Information processing models do not capture the entire complexity of the human mind, nor are they intended to. Each model is an idealization and an approximation« (568), entkleidet er mentale Modelle ihres hypothetischen Charakters und stellt sie sich gegenständlich vor: »Cognitive processes are generated by running cognitive procedures, mental programs, over the stored symbol structures«. Auch die Vorstellung, um welche mentalen Programme es sich handeln könnte, wird von der Computeranalogie geprägt. Als Operationen betrachtet er z.B. das Kopieren eines Symbols von einer Speicherstelle in eine andere, den Vergleich zweier Symbole auf Gleichheit, das Löschen eines Symbols, das Schreiben eines Symbols in eine bestimmte Stelle des Speichers, also typische Assemblerprozeduren, die nichts mit menschlicher Kognition zu tun haben: Kognition kopiert keine Symbole, schreibt sie nicht in bestimmte Speicherstellen, macht keinen Stringvergleich und löscht keine Symbole! Komplexere Operationen kommen nach Ohlsson durch »stringing together« dieser primitiven Operationen zustande (566). Der kognitive Apparat, der diese Prozesse bewältigt, ist für Ohlsson ebenfalls ein Computer, der aus (1) einer Sprache des Denkens, (2) mehreren Gedächtnisspeichern, (3) einem Satz von Prozeduren und (4) einem Interpreter besteht. Ohlssons »information processing model of the observed performance« (567) geht zurück auf SOAR [Laird/Rosenbloom/Newell (1986)], die Architektur für Produktionssysteme [Neches/Langley et al (1987)]. Ich gehe darauf so ausführlich ein, weil an Ohlssons extremer Ausformung der Cognitive Science die Reifizierung der Kognition überdeutlich erkennbar wird. Daran müssen wir uns erinnern, wenn wir in der Kritik des Konstruktivismus im folgenden häufiger auf die Korrespondenzhypothese und den Objektivismus-Vorwurf stoßen, der den Kognitivisten gemacht wird.[11]

Hartnasen und Weichhirne: Konnektionisten und Konstruktivisten

Ohlsson bezeichnet die Cognitive Science als »Standard Theory« der Kognition und brandmarkt alle konkurrierenden Modelle als »left-wing«- oder »right-wing«-Extremisten, eine Taktik, die vom Umgang der Politik mit politischen Gegnern oder vom Umgang der Kirche mit Ungläubigen sattsam bekannt ist. Das Kapitel, in dem sich Ohlsson mit den linken und rechten Flügeln der Kognitionstheorie 'auseinandersetzt', trägt den Titel »Hard Noses, Soft Brains«: Bei den Hartnasen handelt es sich um die Konnektionisten [Rumelhart/McClelland (1986)] und die Mental Model-Theorie [Anderson (1988)], die nach Ohlsson härtere Daten anstreben, was er als 'Konservativismus' verbucht, während die Konstruktivisten die Weichhirne sind, die die physikalische Symbolhypothese bezweifeln. Die Auseinandersetzung mit dem Konstruktivismus findet nur in den drei letzten Absätzen und nur in der total verzerrten Form einer Verunglimpfung statt: »The left-wing response to the current state of cognitive research is also prepared to give up the idea that knowledge resides in symbols in the head. But instead of nailing knowledge to material structures like brains and environments, researchers leaning towards the left path are pre-

---

11. Zur Kritik am 'Token-Physikalismus' und am psychologischen Reduktionismus aus erkenntnistheoretischer Perspektive, s. Fodor (1992), aus der Sicht der Physik und Biologie, s. Penrose (1994). Eine interessante Sammlung von Beiträgen zur Diskussion zwischen symbolverarbeitender Kognitionswissenschaft, Konnektionismus und Konstruktivisten stellen die Interviews von Baumgartner und Payr (1995) mit »Twenty Eminent Cognitive Scientists« dar. Zur Dominanz des symbolverarbeitenden Ansatzes der Künstlichen Intelligenz-Forschung in Deutschland, s. die Kritik von Ahrweiler (1995). Zur Kritik an der Hypothese der physikalischen Symbolverarbeitung aus konstruktivistischer Sicht, s. Varela (1990), 37ff.; Bednar, Cunningham et al (1992) weisen auf den Objektivismus-Vorwurf von Lakoff (1987) hin: Einige kognitive Ansätze in der Pädagogik, z.B. der Instruktionalismus und die Symbolverarbeitung, die auf Vorstellungen vom Maschinenlernen aufbauen (Newell, Simon, Anderson), verstünden Konzepte als objektive Gegebenheiten, die unabhängig vom denkenden Subjekt sind. Gemeint ist eine quasi-naturwissenschaftliche Vorstellung von Kognition als atomistischen kognitiven Konzepten, die unabhängig vom Subjekt sind, deren Repräsentationen aber effektiv im menschlichen Gedächtnis gespeichert werden.

pared to disembody knowledge altogether. Knowledge, they claim, is hovering like so much ectoplasm in the space between the knower and the known [...] cognition does not belong to any one person but is socially shared« (596). An dieser Charakterisierung des Konstruktivismus stimmt rein gar nichts: Situierte Kognition ist für Ohlsson nicht 'interpretiertes kontextuelles', sondern 'entkörpertes' Wissen, kommunikativer Austausch von Bedeutung ist für ihn Wissen, das keiner 'besitzt'.

Hirnforschung | Dabei hätte bereits ein wenig Einsicht in die moderne Hirnforschung [Pasemann (1996)] und die kognitive Neurobiologie [Roth (1997)] die Vertreter der Computer-Metapher vor so grotesken Fehleinschätzungen bewahrt. Roth (1997) wendet sich sowohl gegen die Analogie im Modell der symbolischen Informationsverarbeitung („von begrenztem Nutzen") als auch gegen die „Gleichsetzung von Kognition und Erregungsverarbeitung in Nervensystemen", wie sie im Konnektionismus vorkommt (28/29). Roth vermutet, daß »uns Hirnforscher, die hundert Jahre nach uns leben, wegen der Computeranalogie belächeln werden« (90). Bereits die auf die Umwelt gerichtete Wahrnehmung ist konstruktiv und bildet nicht ab oder nach (125): „Was den erkenntnistheoretischen Konstruktivismus angeht, so behaupte ich, daß er sich zwangsläufig aus der Konstruktivität unseres Gehirns ergibt. Gehirne – so lautet meine These – können die Welt grundsätzlich nicht abbilden; sie müssen konstruktiv sein" (23). Erst recht muß man die Leistung des Gehirns als »dynamische Interaktion zwischen einer strukturierten Umwelt und dem Selbstorganisationsprozeß eines autotrophen Systems« verstehen [Pasemann (1996), 81ff.], als »nicht-lineare, dissipative Systeme« (54), in denen es für Repräsentationen weder physikalische, materielle Korrelate noch permanente Speicher gibt: »Innere Repräsentationen biologischer Gehirne sind als Teilprozesse eines globalen kognitiven Prozesses gegeben und als solche nicht persistent. Sie existieren einzig in kleinen Zeitfenstern als reproduzierbare semantische Konfigurationen von Moduldynamiken. In dieser Form sind sie nicht speicherbar und nur indirekt und nicht eindeutig durch Verknüpfungsstrukturen des Gehirns bestimmt. Sie stellen keine Widerspiegelungen einer 'objektiven' externen Welt dar« (86).

Modelle der Unterrichtsplanung gehen in der Regel von der Vorstellung aus, daß es basale Wissensbausteine zu vermitteln gilt, die sich allmählich zu einem komplexeren Gebäude zusammenfügen lassen. Die Vorstellung vom »Grundwissen« hat viele Konzepte von Einführungskursen und Proseminaren an Universitäten geprägt. Ein solches Bild der Wissensakkumulation, das auch im Instruktionsdesign vorhanden ist, stellt der Konstruktivismus auf den Kopf: »Cognitive theory today offers strong reasons to consider such bottom-up instruction suspect. First, we know that human memory for isolated facts is very limited. Knowledge is retained only when embedded in some organizing structure [...] Second, we now recognize that skills and knowledge are not independent of the contexts–mental, physical, and social–in which they are used« [Resnick (1989), 3]. Das Basale im Konstruktivismus ist die aktive Auseinandersetzung der organisierenden Wissensstruktur des Lerners mit den ganzheitlichen Konzepten der Praxis, das Basale sind nicht die isolierten Bausteine und die didaktischen Abstraktionen. Laurillard (1987) hat die These aufgestellt, Instruktionsdesign vermittle »preceptual knowledge«, »to distinguish it from the perceptual knowledge we acquire through perception, and from the conceptual knowledge we acquire through social interaction and experience [...] Preceptual knowledge is knowledge of precepts, of givens, of what is 'definitely known' in a subject. The dictionary refers to 'preceptive' as 'mandatory, didactic, instructive'« (3). Der Konstruktivismus vermittele nicht Wissen, sondern er böte Gelegenheiten, perzeptives und konzeptuelles Wissen zu generieren. Zwischen den beiden Auffassungen liegen Welten. Daß der Wechsel vom Instruktionalismus zum Konstruktivismus zugleich ein erkenntnistheoretischer Paradigmawechsel ist, betont Pea (1992): »There are foundational issues beyond the common responses of our field which might provide the radical reconstruction of the epistemological eyeglasses with which we view the significant categories of meaning, learning, and knowledge involved in education« (314).

Es handelt sich um einen grundlegenden Paradigmenwechsel, dem wir im Streit der Instruktionalisten mit den Konstruktivisten begegnen. Selbst wenn man sich nicht programmatisch dem Konstruktivismus verschreiben wollte, kann man feststellen, daß das lange Jahrzehnte vorherrschende Paradigma der Instruktion allmählich abgelöst wird durch das Paradigma offener Lernsituationen, daß die lernzielorientierte Planung von Unterricht ersetzt wird durch das Arrangement von Lernumgebungen. Eine solche Einschätzung spricht Greeno (1991) aus:

»Some recent discussions have contrasted two different roles for computers in education. I will call these two roles didactic and exploratory. In the didactic view, computers are a tool for presenting instruction in a systematic, individualized way. The instruction is organized to provide for efficient learning with a minimum of student errors. The programs that run these systems include models of student knowledge that are used to diagnose the student's current state. Exercises are chosen or hints are given to make further incremental progress as likely as possible. [...] In the exploratory view, learning is treated much less systematically. The computer system presents some phenomena that students can investigate through interactions with the program. The activities allow the student to understand transformations and constraints in the domain. [...] These views of computers in education reflect two general views of cognition and learning. The didactic view reflects a theory that considers cognition as a system of information structures and procedures, and learning as acquisition of cognitive structures and procedures. The exploratory view fits better with a theory that considers cognition as activity that is fundamentally situated in social and physical contexts, and learning as strengthening of capabilities for situated activities« (3).

Kritik am
Objektivismus

Clancey (1992) setzt sich mit dem Objektivismus-Vorwurf und der Identitätshypothese auseinander und weist nach, daß trotz gegenteiliger Behauptungen die künstliche Intelligenz stets von einer Korrespondenz innerer und äußerer Strukturen ausgehe, die sie als kognitive Konzepte bzw. deren Repräsentationen bezeichne. Dies sei eine Reifikation der kognitiven Konzepte, die bei Piaget noch deutlich subjektiv, von der kognitiven Entwicklung abhängig und vom Subjekt aktiv konstruiert werden. Die Naturwissenschaft ist bekanntlich verführerisch darin, einen Glauben an objektive Gegebenheiten zu erzeugen. Aber aus der Erkenntnistheorie ist uns doch der Wandel von der Newtonschen Mechanik zur Einsteinschen Relativitätstheorie bekannt, ein Paradigmawechsel im Sinne Kuhns, der verdeutlicht hat, daß diese quasi-objektiven Gesetze der Naturwissenschaft sehr wohl kognitive Konstruktionen sind. Dem Objektivismus halten die Konstruktivisten entgegen, daß Konzepte Interpretationen sind, die vom Individuum konstruiert werden. Kognitive Konzepte sind dynamisch, sie machen im Lernprozeß eine Entwicklung durch. Instruktionalisten hingegen setzen kognitive Konzepte mit ihrer formalen Fassung gleich, reifizieren sie. Bednar, Cunningham et al (1992) betrachten die beiden kognitiven Ansätze als unvereinbar und halten es nicht für sinnvoll, den üblichen Weg des Instruktionalismus der eklektischen Vereinnahmung neuer Kategorien in ihre Taxonomien zu beschreiten: »We cannot simply add constructivist theory to our smorgasbord of behaviorism and cognitive information processing« (21).

Konstruktivisten machen Instruktionalisten den Vorwurf, einem erkenntnistheoretischen Objektivismus anheimzufallen, indem sie Lernziele als quasi-objektive Wahrheiten präsentieren. Für Konstruktivisten wird Wissen aktuell generiert und konstruiert. Diese Vorstellung zwingt zur Aufgabe der Orientierung der Instruktion an Lernzielen. Lernen als Prozeß, Lernen in Wissensgemeinschaften und kontextbezogenen Lernumwelten steht im Mittelpunkt des Konstruktivismus. Es wird daher verständlich, daß das Augenmerk der Konstruktivisten auf gerade jenen höheren Lern- und Denkprozessen wie Interpretieren und Verstehen liegt, die Instruktionalisten bewußt ausgespart haben. Konstruktivisten ersetzen Instruktion durch Lernen. In diesem Sinne wählt Glaser (1991) statt des Begriffs Instruktion bewußt den Begriff »study« (131). Konkretisierungen der konstruktivistischen Position erfolgen durch didaktische Konzepte wie dem *Klassenraumlernen* [Bereiter/Scardamalia (1992)], dem *intentionalen Lernen* [Bereiter/Scardamalia (1989)], der *kooperativen Wissenskonstruktion* [Scardamalia/Bereiter (1992); Lesgold/Katz et al (1992)], dem *kontextuellen Lernen* [Tennyson/Elmore et al (1992)] und dem *explorativen Lernen*.

Die verzweifelte Gegenwehr des Instruktionalismus

Von der Instruktion zum Lernen

Ein besonderer Glücksfall der Wissenschaftsgeschichte ist die 1991 in der Zeitschrift *Educational Technology* geführte Diskussion, in der Vertreter des

Konstruktivismus eingeladen wurden, ihre Position in der von Instruktionalisten (Merrill) herausgegebenen Zeitschrift darzustellen. Diese Einladung ging offenbar »nach hinten los«, wie die darauf erfolgenden heftigen Reaktionen der Instruktionalisten andeuten. An ihnen war deutlich ablesbar, deutlicher als es den Instruktionalisten vermutlich lieb ist, daß sie sich vom Konstruktivismus bedroht fühlten. Dies demonstriert am eindrucksvollsten Merrill (1991), der sich als »Instructivist Straw Man«, als »Buhmann«, angegriffen sieht und sein Lebenswerk in Zweifel gezogen glaubt. Aus der intendierten intellektuellen Auseinandersetzung wurde in Merrills Augen ein »insult to those who have dedicated their life to trying to build better instruction«. Er schlägt mit entsprechender Münze zurück: »We do not subscribe to the tabula rasa straw man of extreme constructivism«. Erschreckend emotional ist die Reaktion und erschreckend niedrig das methodologische Niveau, auf dem die Instruktionalisten Dick (1991), Merrill (1991) und Reigeluth (1991) die Diskussion mit dieser neuen Richtung führen. Kein Wunder, daß es nicht die Instruktionalisten waren, die diese Diskussion in einem Sammelband nachträglich dokumentierten, sondern die Konstruktivisten [Duffy/Jonassen (1992)].

Situierte Kognition, Kontextbezug und Objektivismus

Ein Argument, das Merrill (ganz im Gegensatz zu Ohlsson) überhaupt nicht akzeptieren will, ist der Objektivismus-Vorwurf. Ihm entgegnet Merrill: »ID$_2$ stands in direct opposition to these extreme constructivist views. We have proposed a syntax for knowledge representation (Jones, Li & Merrill, 1990) that assumes that knowledge, across subject matter areas, can be represented in knowledge frames of three types–entities, activities, and processes« (104). Der Kern des Instruktionalismus ist das definierte Inventar an deklarativem und prozeduralem Wissen und die Hoffnung, durch Abstraktion den gewünschten Transfer und damit die Unabhängigkeit von einer Wissensdomäne (across subject matters) zu erreichen. Genau hier, in dem in festen Formaten definierten, abstrakten Wissen besteht die Reifikation der Kognition, die den Objektivismus-Vorwurf der Konstruktivisten begründet. Und offenbar bildet genau dasselbe, was die Kritik auslöst, auch die Quelle für das Unverständnis der Instruktionalisten. ID kann sich Kognition gar nicht anders denn als wissenschaftliches Format vorstellen.

Konsequenterweise greift Merrill das Konzept der situierten Kognition von Brown, Collins et al (1989) als »extreme and impractical« (53) an. Der Grund für die Vermeidung von kontextbezogenen Lernsituationen wird in Merrills Stellung zu Paperts Konzept von Mikrowelten erkennbar, das er zu unterstützen vorgibt: »but there is considerable evidence that learning occurs when there is structured guidance available to the students while they learn from a micro world«. Die Angst des Instruktionalisten vor offenen Lernsituationen ist verantwortlich für den Rückzug auf Lenkung und Kontrolle des Lernprozesses: »ID$_2$, in our view, should *prescribe* the nature of such micro worlds and should *prescribe* appropriate guidance to accompany such interactive learning environments« [Hervorhebung, R.S.]. Mit der *Verschreibung* von Mikrowelten und der Steuerung der Lernprozesse gerät die Übernahme der Begriffe und

Konzepte aus dem Konstruktivismus zur bloßen Metapher, weil so die Konsequenzen offener Problemlösungssituationen eliminiert werden. Ich kann keine Motivation vorschreiben, ebenso kann ich nicht alternative Konzepte, die den Eigenkonstruktionen der Lernenden Raum geben sollen, dadurch integrieren, daß ich sie vorschreibe und dafür noch eine Führung zwingend vorsehe. Hier wird aus einem situierten wieder ein objektiviertes Konzept. Merrills Bedürfnis besteht darin, alles zu integrieren, was seinem System als Defizit angelastet werden könnte. So spricht er von der Möglichkeit, Kontextbezug vorzusehen. Aber was kann das für eine Kontextualität sein, was für eine situierte Kognition, die ich fest ein- und vorherplanen kann? Der konstruktivistische Ansatz bedarf sozialer, kommunikativer Lernumwelten und kann mit taxonomischen Klassifikationen von »learning outcomes« folglich nichts anfangen. Man kann beide Ansätze als Instruktions*design* bezeichnen, nur eben als ein *völlig verschiedenes* Design.

Verstehen   Den Vorwurf, daß Instruktionalisten verhaltensorientierte *Skills*, aber kein *Verstehen* vermittelten, läßt Merrill (1991) für sich nicht gelten. Er nimmt für sich in Anspruch, Verstehen lehren zu wollen. Die Argumente, mit denen er gegen diesen Vorwurf antritt, verraten jedoch deutlich, daß er über gar keinen hermeneutischen Verstehensbegriff verfügt: Er habe schon immer mehr intendiert als »rote memorization«; die Ziele, die er verfolge, seien u.a. »classifying unencountered instances of a concept, using a procedure in a previously unencountered situation, using a principle to make a prediction in a previously unencountered situation, inventing (finding) a new concept or procedure, and discovering a new principle« (52). Alle seine Ziele lassen sich als logische, nomologische oder allgemein kognitive Prinzipien begreifen, das Gesamtkonzept als deduktiv-linearer Prozeß der Anwendung und Formulierung von Wissen und Prinzipien. Merrill verwechselt Verstehen mit höherwertigen Lernzielen. Die Kritik der Konstruktivisten lautet ja nicht, daß das Instruktionsdesign nur taxonomisch niedere Lernzielniveaus vermitteln würde, sondern es geht ihnen um die Art der interpretierenden Wissensaneignung: »Cognitive theories tell us that learning occurs not by recording information but by interpreting it« [Resnick (1989), 2]. Die Rekursivität des Verstehens jedenfalls als selbstreflexiver Prozeß ist offenbar außerhalb des Blickfelds des Instruktionalisten Merrill.

Effizienzkriterien   Von der Miniaturisierung der Lernprobleme, die sich die Instruktionalisten zur Lösung vornehmen, hatte ich schon gesprochen. Es wird daraus verständlich, warum konstruktivistische Lernentwürfe den Instruktionalisten als zu komplex erscheinen. Warum aber folgern die Instruktionalisten von der Komplexität auf Ineffizienz? So fragt Dick (1991), »How inefficient and ineffective is constructivist instruction because it tries to cover too much?« (43), und bei Merrill erscheint das gleiche Argument in der Variante: »extreme constructivists propose a methodology that is even more labor intensive, thus insuring that even less effective instruction will be available in the future than is now the case«. Als Gegenentwurf zur Komplexität konzipiert Dick Instruktion als Proportionierung von Inhalten und Anforderungen: »Designers typically provide learners with only those choices that will insure mastery performance« (44). Sein Modell stellt auf die Beherrschung (mastery) von Fähigkeiten ab. Daraus resultiert sein Unvermögen, den offenen konstruktivistischen Ansatz gutzuheißen: »Constructivists [...] show no concern for efficiency, and little apparent concern for certifying the competence level of individual learners«. Instruktionalisten fehlt am Konstruktivismus die Kontrolle. Instruktion hat stets das Individuum als testbaren Einzelnen im Blickfeld, eine im Grunde frühkapitalistische Vorstellung. Die Vorstellung, dem Lerner die Eigenverantwortung für seinen Lernprozeß anzuvertrauen, die »emphasis on learning«, stößt bei Instruktionalisten auf Erschrecken. Die Konstruktivisten hingegen setzen bewußt auf dieses Ziel: »The student is given much of the responsibility for deciding what to learn and how to learn it« [Winn (1991), 38].

Von der Instruktion zum Lernen

Diesen grundlegenden Paradigmenwechsel haben die Instruktionalisten offenbar noch nicht realisiert. Es geht dem Konstruktivismus nicht nur darum, dem Lernenden »etwas mehr« Verantwortlichkeit zuzuschieben, sondern den fundamentalen *Wechsel von der Instruktion zum Lernen* zu vollziehen. Der Lehrer ist nicht mehr der Steuermann und der Polizist des Unterrichts, sondern Ressource und Facilitator für den Lernprozeß. Der Lernende ist seine eigene Kontrolle. Die Abgabe der Verantwortung an den Lernenden ist kein bloßer motivationspsychologischer Trick des allmächtigen Lehrers, um den Lernenden besser manipulieren zu können. Es geht um den Lernenden selbst, als autopoietischem Wesen, das fähig ist, selbsttätig zu lernen.

Ein wenig ahnen die Instruktionalisten diesen Paradigmawechsel, nur sie können ihn nicht mit der bei ihnen alles dominierenden Vorstellung von Lehren und Lernen als Instruktion in Einklang bringen. Vage vermutet Dick, daß der Unterschied mit dem Begriff Instruktion zusammenhängen könnte: »Therefore, if instructional designers design instruction, then constructivists are constructing something else. This 'something else' may be a desirable educational intervention, but it does not appear to be instruction« (44). Die Konsequenzen des Paradigmawechsels lösen bei ihm Horrorvorstellungen aus: »The result is that instruction and performance are de-emphasized by constructivists« (38).

Die Gegenwehr der Instruktionalisten ist teilweise nur noch sozialpsychologisch verstehbar. Schon die von Merrill (1991) angestrengte Unterscheidung von extremem Konstruktivismus und moderatem Konstruktivismus verrät die verzweifelte und verengte Sicht, nur das entdecken zu wollen, was am Konstruktivismus mit den eigenen Prinzipien übereinstimmt. Merrills Strategie ist eine aus der Menschheitsgeschichte sattsam bekannte: Er spaltet die Gegner in Sektierer und Reformer und versucht, die angeblichen Vertreter eines »moderaten« Konstruktivismus durch entsprechendes Lob in die eigenen Reihen einzuverleiben: »we have concluded that extreme constructivism does indeed represent an alternative view to Instructional Systems Technology, but that some of the assumptions of a more moderate constructivism are consistent with our views of instructional design« (45). Noch emotionaler als Merrills Abwehr ist die Form der Auseinandersetzung, die Reigeluth (1991) mit den Konstruktivisten sucht, wenn er Duffy, Jonassen und Cunningham vorwirft, »that the authors advocate an extreme view of constructivism, with an ideological fervor that borders on evangelism, rejecting all other perspectives as 'heresy'« (34). Das sind nur noch psychologisch zu verstehende Verteidigungsstrategien, die an den Umgang der Gesellschaft mit Minderheiten erinnern. Möglicherweise trifft ein Verdacht von Reigeluth tatsächlich zu: Der Konstruktivismus ist nur dann ein wirklich neuer und zugleich guter pädagogischer Ansatz, wenn er extrem ist. Dann aber ist der Konstruktivismus in der Tat ein *extrem anderer* Ansatz als ID. Und dann darf man mit Recht behaupten, daß die als moderat apostrophierten Konstruktivisten die Radikalität des Ansatzes im Grunde verwässert haben. Ansonsten demonstriert Reigeluth Unverständnis, Wortklauberei und Schachteldenken, wenn er folgendes Gegenargument ausprobiert: »If the objective of the group is only to solve the problem at hand, then it is a performance objective, not an instructional objective, and you need performance technology, not educational technology« (35). Ich überlasse es dem Leser, die verborgenen Tiefen dieses Arguments auszuloten.

Ganz im Gegensatz zu seiner vordergründig vorgetragenen Umarmungspolitik und Integrationsbereitschaft stellt Merrill (1992) deutlich die Grundlagen des Konstruktivismus infrage, wenn er die situierte Kognition kritisiert und auf dem Lehren von Abstraktionen insistiert: »To insist on context never being separated from use is to deny the teaching of abstractions [...] We agree that the initial instruction must be contextualized, that the learner must experience the abstraction in a variety of contexts and applications; but we emphatically insist that at some point in the instruction these abstractions not only can, but must, be decontextualized if the student is to gain the maximum benefit and ability to transfer generalities and tools to new situations« (106). Die Bedeutung der Begriffe kontextualisieren und dekontextualisieren ist verräterisch: Merrill meint so etwas wie eingekleidete Aufgaben, aber nicht situierte Kognition. Aus seiner Unterscheidung entwickelt sich im besten Fall die Strategie 'divide et impera' nach dem Motto: Es mag Bereiche geben, da darf kontextualisiert werden, aber es gibt andere, in denen muß abstrahiert werden, eine Differenzierung, die auch Spiro, Feltovich et al (1991b), (25) einführen, wenn auch mit anderer Begründung, was von Reigeluth (1991) gleich dankbar als moderater Zug akzeptiert wird (36).

Umgekehrt ist einer der Hauptvorwürfe Merrills an den Konstruktivismus die Tatsache, daß er die »prespecification of knowledge« ablehne, die für Instruktion essentiell ist: »But to deny simplification, to deny isolating a generality from context, to insist on all instruction occurring in the context of use, is to deny some of the great advantages of learning from instruction versus learning only from experience« (105). Ist das wirklich ein entscheidendes Manko des Konstruktivismus, wie Merrill annimmt? Der Konstruktivismus behauptet ja nicht, daß beim Denken keine Abstraktion vorkomme, daß keine Generalisierung geschehe.[12] Der entscheidende Unterschied liegt darin, daß Wissen ad hoc im Prozeß konstruiert und reflektiert wird und nicht ein für alle mal fest gespeichert werden kann. Clancey (1992) greift das Modell des Gedächtnisses als Speicher für Schemata an, in das sich Instruktionalismus und Informationstheorie teilen. Dies scheint ihm die Quelle für die Vorstellung von der Identität der Repräsentationen mit den internen Konzepten zu sein, die den Objektivismus der Kognitivisten ausmacht. Damit steht und fällt aber auch die Behauptung der Instruktionalisten, es gäbe so etwas wie einen trainierbaren Transfer, der über die Generalisierung von Abstraktionen laufe.

Und noch etwas wird von Merrill mit falscher Münze herausgegeben: Der Begriff des entdeckenden Lernens. Alles kann er bedeuten, Ableitung, Inferenz, Verallgemeinerung, nur nicht Entdecken. Auf diese Umdeutung trifft die Kritik von diSessa (1992) zu: »Yet so much that is called discovery learning falls within a paradigm where students are sat down in front of a narrowly focused system, which is constrained to particular operations aimed at having the student discover some particular law or fact […] This does violence to my sense of authentic-feeling activities for children, and to the epistemological problems I believe some version of discovery learning is well-adapted to solve« (23).

Theorie der kognitiven Flexibilität
Cunningham (1992) läßt die Figur des Sagredo in seinem fiktiven sokratischen Dialog postulieren, daß Skills keine unabhängigen Größen, sondern im praktischen Tun erworbene und deshalb kontextgebundene Fähigkeiten sind. Erlernt werden solle dieses »situierte Wissen« deshalb auch in kontextgebundener Form, in einer anregungsreichen Umgebung, die eine Fülle von Inhalten und Bedeutungen bereitstellt, in sogenannten »authentischen Umgebungen«. Der Opponent Simplicio hat im Dialog von Cunningham die Aufgabe, kritische Fragen der Instruktionalisten an den Konstruktivismus zu stellen. Solche kritischen Fragen sind: Ist das konstruktivistische Lernen nur etwas für Fortgeschrittene? Eignet es sich nur für Lernen auf komplexeren Problemebenen? Oder ist das konstruktivistische Lernen speziell etwas für Lernen in »ill-structured domains«, eine These die Spiro, Coulson et al (1988) aufgestellt haben? So läßt Cunningham seinen Simplicio provokativ sagen: »And I have become convinced more than ever that constructivism is simply a label for fuzzy, unscientific thinking«. Damit spielt Cunningham offenbar auf den eklektischen Konstruktivismus der sog. »Theorie der kognitiven Flexibilität« von Spiro, Feltovich et al (1992) an, die konstruktivistisches Lernen auf komplexe, sogenannte »ill-structured domains« beschränken. Spiro, Feltovich et al beschreiben ihre These wie folgt: »An ill-structured knowledge domain is one in which

---

12. Man darf dabei nicht übersehen, daß die Frage, wie der Konstruktivismus mit organisierten Lernprozessen umgeht, wie sie schließlich auch in Lernprogrammen in kodifizierter Form vorliegen, einen Widerspruch zu markieren scheint, aber eben nur scheint, wie Winn (1991) bemerkt: »while instructional design by constructivists may seem to be a contradiction in terms, there is still a lot of designing to do« (39); s.a. Bemerkungen von Clancey (1992) zu dieser Frage, der betont, wie sehr gerade die Gestaltung konkreter Lernsituationen und Lernumgebungen im Zentrum des Interesses der Konstruktivisten stehe.

the following two properties hold: (a) each case or example of knowledge application typically involves the simultaneous interactive involvement of multiple, wide-application conceptual structures (multiple schemas, perspectives, organizational principles, and so on), each of which is individually complex (i.e. the domain involves concept- and case-complexity), and (b) the pattern of conceptual incidence and interaction varies substantially across cases nominally of the same type (i.e. the domain involves across-case irregularity)« (60). Als beispielhaft für ihre Unterscheidung gelten ihnen Fächer wie Medizin, Geschichte und Literaturwissenschaft.

Die sog. kognitive Flexibilitätstheorie hat als Kern folgenden Satz: »A central claim of Cognitive Flexibility Theory is that revisiting the same material, at different times, in rearranged contexts, for different purposes, and from different conceptual perspectives is essential for attaining the goals of advanced knowledge acquisition« (68). Die Aussage ist nicht falsch, aber auch nicht neu – und warum sollte sie eine Theorie darstellen? Die alte Lehrerweisheit, daß Wiederholung mit anderen Beispielen und in anderer Form nützlich ist, ist jedem Kommunikationswissenschaftler unter dem Begriff Redundanz bekannt. Man fragt sich, warum Spiro et al mit dieser Idee unbedingt in die Phalanx der Konstruktivisten einscheren wollen.

Eine weitere Annahme von Spiro et al ist die Unterscheidung von Anfänger- und Fortgeschrittenenlernen: Sie nehmen an, wie in klassischen schulischen Curricula, daß die Ziele bei Anfängern andere seien und daß man Anfänger deshalb einfacher und direktiver behandeln könne. Komme es bei Anfängern nur auf ein oberflächliches Bewußtsein der Basiskonzepte an, so gelte es, bei Fortgeschrittenen die Beherrschung der Komplexität und den Transfer zu erreichen. Hier aber zeigt sich, daß das konventionelle Bild des Curriculums die eigentliche Begründung für das Konzept darstellt, und nicht umgekehrt die These der kognitiven Flexibilität die Unterscheidung von Phasen des Lernens plausibel legitimiert.

Das Problem, über das die Konstruktivisten in dieser Diskussion stolpern, ist die Frage, ob man die inhalts- und bedeutungsreichen Situationen des Konstruktivismus unerfahrenen Lernern zumuten könne. An der Antwort auf diese Frage kann man die echten von den nicht sattelfesten Konstruktivisten unterscheiden. Bei letzteren brechen die alten Pädagogen aus und versuchen Vereinfachungen vorzuschlagen, Drill & Practice zu integrieren und gezielte Instruktion in Grundlagenwissen vorzuschalten. Jonassen (1992) beispielsweise baut die Idee von Spiro et al gleich zu einem Curriculummodell aus: Er unterscheidet in klassischer Manier drei Phasen: Anfänger, Fortgeschrittene und Experten. Der ersten Phase weist er die wohl-strukturierten Wissensgebiete und Practice & Drill als Lernform zu, der zweiten Phase weist er die schlecht-strukturierten Wissensgebiete und Apprenticeship und Coaching als Methoden zu und meint: »Constructivist learning environments are most appropriate for the second stage, advanced knowledge acquisition« (143). Fosnot entgegnet ihm: »In my mind, he has missed the main point of constructivism. Learners are always making meaning, no matter what level of understanding they are on [...] To assume the learner is a blank slate until presented with information, and to characterize experiences or tasks separate from the learner's meaning of them, is objectivistic–a perspective which in the first chapter Jonassen (& Duffy) so radically opposed!« (172) Die Allianz von Duffy und Jonassen ist offenbar ein brüchige. Unbeschadet der Kritik wiederholt Jonassen diese Curriculumidee: »designers and educators must consider the context in which constructivistic learning should take place. Otherwise, we risk falling into the pit that is filled with so many other panaceas for learning« [Jonassen/Mayes et al (1993), 231]. Warum muß man sich entscheiden, wo konstruktivistisches Lernen stattfinden soll und wo nicht? Konstruktivismus wird hier von Jonassen et al mißverstanden als eine Lehrmethode unter anderen, vergleichbar mit Lehrervortrag, entdeckendem Lernen und Rollenspielen. Diese Haltung unterstellt, daß man ein Panoptikum zur Verfügung hat und daraus Teile wie auf einem Buffet verteilen will. Jonassens externe Perspektive auf den Konstruktivismus objektiviert konstruktivistische Lernsituationen als Tauschobjekte: »We believe that constructivistic learning environments [...] most reliably support the advanced knowledge acquisition stage of learning. This stage of knowledge acquisition is most consistently required in university courses«. Konstruktivistisches Lernen wird also auf die Universität beschränkt! Es wird zu einer Art forschendem Lernen oder Projektstudium für Fortgeschrittene. Der Konstruktivismus ist aber nicht in erster Linie eine Unterrichtsmethode, sondern eine Einstellung zum Lernen, und die kann man nicht einfach ablegen, wenn es um Grundschulkinder geht. Im Gegenteil, die versammelten Beispiele aus der Papert-Gruppe zeigen, daß es ihnen gerade um das Lernen mit jüngeren Kinder geht [Harel/ Papert 1991].

Die wohl konsequenteste Sicht des Konstruktivismus bietet Fosnot (1992). Sie muß sogar feststellen, daß die Konstruktivisten nicht immer die besten Vertreter in eigener Sache sind. Fosnots Analyse kann man deshalb als konsequent bezeichnen, weil sie die mittlerweile zu Metaphern degradierten Austauschformeln der Konstruktivisten noch einmal durch die methodologische Grundlage, die sie bei Piaget erfahren hatten, begründet und nachweist, daß sich sowohl die im Band vertretenen Konstruktivisten wie Jonassen (1991) als auch die Instruktionalisten wie Merrill mit sich selbst widerlegenden Aussagen argumentieren. Fosnot setzt sich auch mit der These von Spiro u.a. auseinander: »Constructivism is not a theory to explain only complex, ill-structured domains; it is a theory how learners make meaning, period!« (172) Die Unterscheidung von Grundlagenwissen und komplexen Problemlösungsumgebungen sei künstlich: Jede Handlung generiere Bedeutung, sei ein interpretativer Akt, inzidentell oder intentional, gewollt oder ungewollt. Die Instruktionalisten versuchten, diesen Akt zu kanalisieren, die Konstruktivisten versuchten, ihn zu akzeptieren und damit weiterzuarbeiten.

Transfer als Prüfstein für Instruktionsdesign

Die Bedeutung der Suche nach lehrbaren, allgemeinen Lernfähigkeiten, nach Fähigkeiten, die unabhängig vom konkreten, aktuellen Gegenstand funktionieren, ist immer eine wichtige Frage der Pädagogik gewesen: »Educational research has long addressed this question under the rubric of transfer. In a sense, transfer is the holy grail of educators–something we are ever in search of« [Resnick (1989), 8].

Die Partikularisierung des Lernens in Skills unter dem Instruktionalismus-Paradigma hat nur dann Sinn, wenn man an der Forderung nach Transfer des Lernens und der gelernten kognitiven Fähigkeiten festhält. Hierzu äußert sich aber bspw. Clark (1992) kritisch, insbesondere gegenüber Studien, die den Transfereffekt des Programmierenlernens nachweisen wollen: »Given the weight of evidence, the best advice one might derive from a survey of the programming and transfer research is that we should reduce our investment of scarce research funds on transfer studies of programming. It appears that computer programming is no more related to domain-general transfer than the learning of any other analytic problem solving activity« (268). Das magere Ergebnis mag nach Clark an den bislang existierenden Transfertheorien liegen (282). Grundsätzlicher gilt nach Elshout (1992) jedoch, daß das Training formaler Prinzipien keinen Transfer gewährleistet: »formal logical training does not transfer to the task in its symbolic, decontextualized form« (12). Intra-field Transfer sei anzustreben, Inter-field Transfer sei eher unwahrscheinlich [Oliveira (1992), 9]. Mit der Rolle des Transfers unter der Perspektive des Konstruktivismus setzen sich Prenzel und Mandl (1993) kritisch auseinander. Pea (1988) bietet einen umfangreichen Überblick über Transferkonzepte von Thorndike bis zum Konstruktivismus.

Ist Transfer auch ein Problem für den Konstruktivismus? Ist Transfer nur eine Frage der empirischen Beweisbarkeit, wie Tobias (1992) annimmt: »Fortunately, these are empirical questions and they should be investigated« (206). Die Transferproblematik ist völlig ungeeignet, den Grabenkrieg zwischen Instruktionsdesign und Konstruktivisten zu entscheiden. Bisher hat keine pädagogische Richtung Transfer nachweisen können, geschweige denn die Effektivität von Transfer in Abhängigkeit von Lehrmethoden. Transfer ist eine Größe im pädagogischen Prozeß, die vermutlich nie empirisch beweisbar sein wird. Clancey (1992) nimmt zur Transferproblematik ausführlich aus konstruktivistischer Sicht Stellung. Der Begriff Transfer sei nur aus der Perspektive des Objektivismus verständlich, er suggeriere eine unangebrachte Betrachtungsweise der Kognition als Werkzeug, als würde man vorhandenes Wissen oder fertige kognitive Konzepte einfach auf andere Situationen anwenden können. Transferansätze gingen alle von der Vorstellung aus, es gäbe so etwas wie ein höheres Allgemeines, das man sich kontextfrei vorstellen müsse, und das als Metakognition oder Analogie-Denken oder schlicht als Abstraktion [Merrill (1991)] bezeichnet würde.

Man kann Clanceys Deutung von Transfer noch schärfer fassen, wenn man die Funktion des Transfers aus der Sicht der Soziologie und Anthropologie als Ausdruck kultureller Transmission in Gesellschaften betrachtet: »The concept of cultural uniformity reflects functionalist assumptions about society as a consensual order, and cultural transmission as a process of homogeneous cultural reproduction across generations« [Lave (1988), 10]. Lave bietet eine eingehende Analyse klassischer Transferkonzepte und -experimente (23ff.) und kommt zu der Einsicht, daß alle Experimente »dissociate cognition from its contexts, and help to account for the absence of theorizing about experiments as social situations and cognition as socially situated activity« (43). Laves Analysen von mathematischen Konzepten in Alltagssituationen, z.B. beim Einkaufen (45ff.), demonstrieren die hohe Variation arithmetischer Konzepte in der Praxis und ihre Gegenstands- und Situationsabhängigkeit. Die Situierung von Kognition in Alltagssituationen, die Problemlösen erfordern, ergibt deutlich noch negativere Resultate für die Geltung des Transferkonzepts. Interessant an Laves Untersuchungen ist, daß sie gerade Mathematik wählt, ein Bereich, dem man immer stabile Konzepte und einen hohen Transfergrad zugeschrieben hat.

Ganz im Gegenteil zum Instruktionalismus, der für den Transfer auf Abstraktion oder Generalisierung setzt, vertraut der Konstruktivismus darauf, daß der Kontextbezug den Transfer substituiert. In diesem Sinne kritisieren Mandl und Hron (1990) Methoden, in denen ein 'lebensnaher Erfahrungsbezug' nicht hergestellt werden kann: »Dadurch wird der Transfer des erworbenen Wissens auf andere Bereiche fraglich« (2).

KAPITEL 6

Intelligente Tutorielle Systeme

Agents, Robots, Knowbots, Microbots, Mobots und andere smarte Zwerge

Wir bekommen es in diesem Kapitel erstmals mit »denkenden«, »sprechenden« und Sprache »verstehenden« Programmen zu tun. Es bietet sich deshalb an, eingangs des Kapitels auf Vorstellungen von einem »intelligenten« Computer einzugehen, die vielleicht beeinflußt wurden von den sprechenden Wesen HAL 9000 aus Stanley Kubricks Film 2001 oder dem lustigen Roboter R2D2 aus StarWars. Joseph Weizenbaums ELIZA (1966) hingegen ist meist nur Computerbenutzern bekannt, ein Programm, das ein Gespräch mit einem artifiziellen Gesprächstherapeuten imitierte – parodierte, wie Weizenbaum später sagte.[13] Wer vom Filmwesen R2D2 fasziniert ist, mag mit Perelman (1992) über die Entwicklung anthropomorpher Computer spekulieren (29):

»Humanish androids need to see and feel their environment, as well as to be able to move around in it and manipulate things, as robots can do. Then they need to be able to think not only with great computational power but with at least the crucial animallike ability to learn from their experience of the world. Finally, to have some android sociability, advanced machines should be able to communicate in a natural way with humans, in conversation. In reality, progress in all these key areas is coming rapidly [...] The humanlike level of performance will require only that computer power continue to advance at the same rate over the next few decades as it has over the past half century«.

Sollte Perelman Recht haben mit der Annahme, daß diese Entwicklung rapide voranschreitet und nur vom technischen Fortschritt abhängig ist? Darf man in dem Fall, daß die Entwicklung anthropomorpher Computer tatsächlich bereits in der nächsten Dekade ins Haus stünde, die philosophische Grundfrage nach dem Sinn angesichts der rapiden technologischen Entwicklung ad acta legen? Perelman hält die Frage schlicht für überflüssig: »But it is not necessary to settle the deep philosophical questions about whether a machine could ever be 'equivalent' to a human being to recognize that, for economic purposes, eversmarter machines already do and increasingly will perform roles that once only

---

13. Weizenbaum (1977). In seinem Aufsatz von 1966 ist von der Parodie allerdings nichts zu spüren. Er enthält außer technischen Details nur eine Bemerkung, die auf den Inhalt des Programms Bezug nimmt: »At this writing, the only serious ELIZA scripts which exist are some which cause ELIZA to respond roughly as would certain psychotherapists (Rogerians)« (42).

could be performed by a human« (30). Sie werden denken und sprechen können, diese Androiden, und wahrscheinlich sogar sehen und tasten, aber sie werden nie fühlen können. Ihnen wird stets die affektiv-motivationale Komponente
fehlen, die man von einer 'natürlichen' Schnittstelle erwarten müßte. Und der
Gedanke, sie Gefühle simulieren, Empathie heucheln zu lassen [Lepper/Cha-
bay (1988)], markiert möglicherweise die entscheidende Grenze, die nicht
überschritten werden sollte. Mandl und Hron (1990) befürchten, daß die An-
thropomorphisierung des Computers zu einer »Internalisierung der Bedingungen des maschinell gesteuerten Dialogs« (30ff.) führen könnte.

Wesentlich nüchterner und an der Alltagsarbeit des Menschen mit Computern
orientiert, obwohl nicht weniger aufregend, ist die Vision, die Apple Computer
in dem Video *Knowledge Navigator* von einem multimedialen, sprechenden,
denkenden, planenden und Entscheidungen selbsttätig treffenden Computer
gezeichnet hat, den Sculley (1989) in einem Vortrag beschreibt. Negroponte
(1995) zollt ihm Beifall: »He [i.e. Sculley, R.S.] wanted to illustrate an interface of the future, beyond mice and menus. He did an excellent job« (92). Die
Bilder eines Computers, der ein vollkommener persönlicher Assistent ist und
sehr viel Wissen über seinen Besitzer sammelt, vereint mit der Vorstellung, daß
der Besitzer ihn überall mit sich herumschleppt (ubiquitous computing), führte
einige Kritiker bereits zu absurden Fragen wie: »What happens when the ow-
ner dies? Will the computer be buried as well?« [Stonier (1991)]

Wohl an dieser und ähnlichen Vorstellungen orientiert, sind die Versuche von
Laurel (1990), Agenten als visuelle Verkörperungen menschlicher Persönlichkeiten auf den Bildschirm zu bringen: »An interface agent can be defined as a
character, enacted by the computer, who acts on behalf of the user in a virtual
(computer-based) environment. Interface agents draw their strength from the
naturalness of the living-organism metaphor in terms of both cognitive accessibility and communication style« (356). Laurel diskutiert psychologische Wi-
derstände gegen solche Agenten. Es ist klar, daß der Einsatz eines Agenten sich
lohnen muß, z.B. bei repetitiven Aufgaben, und daß der Auftrag an den Agenten weniger aufwendig sein muß, als würde man die Aufgabe selbst erledigen.
Laurel vertritt den Standpunkt, daß der Agent eine menschliche Gestalt haben
sollte: »Anthropomorphizing interface agents is appropriate for both psychological and functional reasons« (358). Die Vermenschlichung entspreche dem natürlichen Bedürfnis des Menschen: »Anthropomorphism is not the same thing
as relating to other people, but it is rather the application of a metaphor with all
its concomitant selectivity«. Der Agent nach dem Konzept von Laurel ist aber
kein Homunculus, sondern eine Karikatur: »When we anthropomorphize a machine or an animal, we do not impute human personality in all its subtle complexity; we paint with bold strokes«. Der Agent bietet dem Benutzer dynamisch kalkulierbare Navigationsmöglichkeiten an, ohne dadurch das multimediale System auf ein KIOSK-System zu reduzieren. Zu den Aufgaben eines
Agenten zählt Laurel (360) folgende:

	Information	Work	Learning	Entertainment
Tab. 2 Funktionen von Agenten nach Laurel	Navigation and Browsing	Reminding	Coaching	Playing against
	Information Retrieval	Programming	Tutoring	Playing with
	Sorting and Organizing	Scheduling	Providing Help	Performing
	Filtering	Advising		

Isbister und Layton (1995) unterscheiden an Interface-Agenten die Funktionsbeschreibung, die Kommunikationsfähigkeit, die Delegation von Kontrolle an den Agenten, das Vertrauen in den Agenten, das Aussehen und die Persönlichkeit. Sie diskutieren orientiert an Piagets Theorie kognitiver Entwicklungsstufen die Problematik, welchen Entwicklungsphasen Agenten entsprechen und unterscheiden zwischen dem naiven Agenten der sensumotorischen Phase, dem wissenden Agenten der präoperationalen Phase, dem autonomen Agenten der konkreten und formalen operationalen Phasen. Bezüglich der Anthropomorphisierungsdebatte plädieren sie dafür, in der Diskussion die Funktionalität von Agenten von der Frage der Vermenschlichung ihrer Gestalt zu trennen (79/80). Schmidt (1995) klassifiziert Agenten in der computergestützten Kommunikation im Hochschulbetrieb nach der Wissensrepräsentation (reaktive, no-deliberative vs. reflektive, deliberative A.), nach Fähigkeiten (technisch, kognitiv, sozial, darunter auch ob intelligent oder nicht) und nach Eigenschaften (situiert, autonom, rational, intelligent, sozial) [144; s.a. Sundermeyer (1993) und Müller (1993)].

Läßt man einmal die spektakulären Aspekte dieser androiden Kunstmaschinen und die Personifikation bei Laurel außer Betracht, bleibt von ihnen ein Merkmal übrig, das die Informatik heute unter dem Begriff des Software-Agenten oder des persönlichen Assistenten diskutiert – eine Software, die in der Lage ist, aus den Tätigkeiten und Präferenzen des Benutzers Schlüsse zu ziehen und selbsttätig Entscheidungen zu fällen. Diese Agenten haben nichts Spektakuläres an sich, man kann sie mit Negroponte einfach als zusätzliche Funktionalität der Benutzerschnittstelle betrachten: »What HAL and the Knowledge Navigator have in common is that they exhibit intelligence to such a degree that the physical interface itself almost goes away. Therein lies the secret to interface design: make it go away« (92).

Negroponte weist zurecht daraufhin, daß nicht die visuelle Gestalt der Humanoiden das Aufregende an diesen Visionen ist, sondern die Interface-Problematik. Software-Agenten können ihre Arbeit unsichtbar und unauffällig im Hintergrund als wichtiger Teil der Funktionalität eines Computers erledigen. In diesem Sinne »humanisieren« sie die Krücken, die uns heute mit dem Computer als sogenannte Benutzerschnittstellen kommunizieren lassen. Ein Beispiel dafür, wie man Agenten sinnvoll einsetzen kann, ist das *NewsPeek*-Programm am M.I.T., das dem Benutzer eine persönliche Zeitung zusammenstellt [Brand

(1988)]. Weitere Beispiele, die unmittelbar einleuchten, sind die von den Entwicklern der *MagicCap*-Schnittstelle erdachten Agenten für Reise- und Flugbuchungen. Shneiderman (1986) weist auf die Entwicklungsgeschichte der Roboter hin, die deutlich gezeigt habe, daß die Roboter an Funktionalität hinzugewonnen haben, seit man auf anthropomorphe Elemente zunehmend verzichtet hat: »Sharpening the boundaries between people and computers will lead to a clearer recognition of computer powers and human reason [...] Rapid progress will occur when designers accept that human-human Communication is a poor model for human-computer interaction« (434). Nach Laurel kann ein Agent nur dann erfolgreich wirken, wenn er sich an den Benutzer anpassen kann (responsive). Die Adaptivität berge die Gefahr inkorrekter Schlußfolgerungen. Aber: »The risk of incorrect inference can be mitigated by a variety of strategies for disambiguation, including dialogue, user modeling, and the creation of redundancy through the use of multiple input channels« (361).

Eine Zwischenstation dieser Debatte markiert die Diskussion zwischen Susan Brennan, Brenda Laurel und Ben Shneiderman auf dem CHI'92-Kongreß. Die Linguistin Brennan betont, daß es Sachverhalte gäbe, die besser durch Sprache als durch eine mausorientierte ikonische Schnittstelle auszudrücken seien. Ihre Position ist am besten mit einem Verweis auf eine zwei Jahre vorher erschienene Äußerung charakterisiert: »But the dichotomy between direct manipulation and conversation is a false one« [Brennan (1990), 393]. Die frühere Theaterwissenschaftlerin Laurel stellt die These auf, die Orthodoxie der direkten Manipulation verhindere den Einsatz anthropomorpher oder animistischer Repräsentationen für komplexe Agenturen. Shneiderman verweist auf die Geschichte des Designs, die gezeigt habe, daß jede Technologie eine Phase der Unreife durchlaufe, in der menschliche und tierische Modelle als Metaphern benutzt würden. Diese Repräsentationen hätten sich später als Hindernis für die Entwicklung leistungsfähigerer und einfacherer Werkzeuge erwiesen. Er weist auf Technologien hin, die eine natürlich-sprachliche Schnittstelle gehabt hätten und mittlerweile vom Markt zurückgezogen wurden. Historische Figuren in Multimedia-Anwendungen, wie die von Laurel (1990) beschriebenen Reiseführer, nimmt er allerdings ausdrücklich von der Kritik aus: »I am sympathetic to human faces appearing onscreen if they are to represent human beings. My objection is when the computer is portrayed as a human; such misrepresentations are deceptive, counterproductive, and morally offensive to me« (69).

Software-Agenten und Androiden sind Konzepte des Zweiges der Informatik, der als künstliche Intelligenz bezeichnet wird [Minsky (1994)]. Ob man Erwartungen an die künstliche Intelligenz richten darf, die denen von Perelman entsprechen, möchte ich bezweifeln. Auf jeden Fall ist der heutige Stand dieses Zweiges des Informatik, der Intelligenz im wesentlichen als Anwendung der Prädikatenlogik versteht[14], nicht gerade dazu angetan, derart spektakuläre Vi-

---

14. siehe die Kritik am logischen Ansatz der KI von Minsky (1981) und (1992).

sionen zu stützen: »The most sophisticated languages claim only second-order predicate calculus capability. As long as this remains true, we must either develop classical logic algorithms for model, epistemic, deontic, and counterfactual reasoning; or we must abandon the idea of holding normal conversations with computers« [Woodward (1991)]. Das Fehlen einer modalen Logik und heuristischer Prozeduren auf unseren heutigen Computern führt zu einer restringierten Simulation menschlichen Denkens und produziert ein Ergebnis, das man etwas rüder auch so formulieren kann: »Artificially intelligent computers, as they now exist, represent a 'cognition' that if evidenced in a human would probably be classified clinically as schizoid, retarded, lacking affect« [Nix (1990), 162]. Generelle Zweifel an der Entwicklungsfähigkeit der heutigen Systeme werden auch von prominenten Stimmen geäußert: »Ich denke, daß die ganze Bewegung der künstlichen Intelligenz mehr eine Ideologie als eine Forschungsrichtung ist [...] Ich weiß nicht, ob ich meine letzte Million Dollar in diesen Bereich investieren würde oder nicht«.[15]

Ein besonderer Aspekt der Vermenschlichung des Computers ist mit der Frage angesprochen, ob die modernen Benutzerschnittstellen es dem Benutzer ermöglichen sollten, den Computer mit natürlicher Sprache anzusprechen. Apple hat mit System 7.5 bereits eine solche Spracherkennungstechnologie für den Macintosh ausgeliefert. Die Peinlichkeit, die der Benutzer verspürt, wenn er den Computer anspricht, ist vielleicht nur eine vorübergehende, eine Frage der fehlenden Gewöhnung, obwohl man ebenso die Vermutung von Hanne (1992) teilen könnte, daß Mimikry vielleicht nicht das geeignete Paradigma für die Gestaltung von Benutzerschnittstellen ist: »The most natural means of communication between people is not necessarily the most 'natural' one between human and computer« (160). Der Computer ist kein natürliches Wesen, er verfügt nur über eine Kunstsprache. Es erscheint mir zweckmäßiger und sinnvoller, mit dieser Kunstsprache per direkter Manipulation von Objekten und möglicherweise über konventionalisierte Gesten zu kommunizieren als mit der natürlichen Sprache. In diesem Punkt ist Negroponte (1995) anderer Meinung. Er ist davon überzeugt, daß in zwanzig Jahren »voice will be your primary channel of communication between you and your computer interface« (148).

Intelligent Tutoring: Was ist ITS?

Parallel zur Courseware und zum Instruktionsdesign haben sich die intelligenten tutoriellen Systeme (ITS) entwickelt. Im Allgemeinen wird AI in CAI auf Carbonell zurückgeführt [Wenger (1987)]. Carbonells Prototyp SCHOLAR sollte zum Lernen der Geographie Südamerikas dienen. Dies geschah in Form

---

15. Weizenbaum-Interview in: Fascination 9, Winter 1994/95, hrsg. von FAST, 24.

eines sogenannten sokratischen Dialogs eines künstlichen »Tutors« mit dem Lernenden. Bemerkenswerterweise war der Teil des Programms, der die Antworten der Lernenden in SCHOLAR analysierte und daraus seine tutoriellen Schritte ableitete, die Inferenzmaschine, bereits so angelegt, daß ihre Mechanismen unabhängig vom aktuellen Wissensgebiet funktionierten.

Ein ITS besteht aus einer Modellierung eines Wissensgebiets (domain model), einem Modell des Lernenden (student model), modellierten pädagogischen Strategien (tutor model) und einer Komponente für die Kommunikation des Programms mit dem Lernenden (interface) [Barr/Feigenbaum (1982), 229ff.; Sleeman/Brown (1982); Spada/Opwis (1985)]. Diese Aspekte sollen im folgenden kurz erläutert werden. Ausführliche Darstellungen der formalen wie begrifflichen Aspekte von Tutorenmodellen findet der Leser bei Dillenbourg und Self (1992a) sowie Anderson und Boyle et al (1985b). Die theoretischen Probleme maschineller Tutoren behandelt ausführlich Woolf (1987). Auf den besonderen Aspekt der Unterscheidung von quantitativen und qualitativen Modellen weist Clancey (1988b) hin.

Wissensmodell oder Expertenmodell

Die »knowledge domain«, die Wissensbasis, definiert das Wissen von Experten zu einem Wissengebiet. Sie wird deshalb auch als Expertenmodell bezeichnet. Sie besteht aus deklarativem und prozeduralem Wissen [Winograd (1975)] und ist in Form von Listen, Wissensstrukturdiagrammen oder Regeln organisiert.

Deklaratives Wissen definiert Begriffe aus dem Wissensgebiet (z.B. Kraft, Geschwindigkeit, Licht etc.) durch ihre Attribute und definiert die Relationen der Begriffe untereinander, häufig in Form von Rahmen mit Vererbung. Prozedurales Wissen besteht aus Argumenten oder Regeln, mit deren Hilfe sich Probleme lösen lassen sollen. Gelegentlich wird neben deklarativem und prozeduralem Wissen auch noch heuristisches Wissen unterschieden. Heuristisches Wissen besteht aus Erfahrungs- und Problemlösungswissen von Experten, das nicht an Inhalte gebunden ist; es besteht aus Handlungsempfehlungen für Transformationen, die der Lernende auf das Lernmaterial anwenden kann, oder für Operationen, mit denen Problemlösungsprozesse in handhabbare Aktivitäten unterteilt werden können, z.B. Löse Gleichungen in ... auf, Wende Beispiel an auf ..., Identifiziere alle Objekte in ..., Finde alle Unbekannten in ... Das heuristische Wissen wird vom Tutor benötigt, um den Studierenden in seinen Lernprozessen und seinem Problemlöseverhalten anleiten zu können.

Es gibt im wesentlichen zwei Modelle für die Gestaltung der Domain: Das »black box model« und das »glass box model«. Im black box model besteht der Anspruch nicht darin, menschliche Intelligenz abzubilden. Als Beispiel für das black box model gilt das Programm SOPHIE I von Brown, Burton et al

(1974) [s.a. Brown, Burton et al (1975)]. Im glass box model wird die Wissensbasis als Expertensystem modelliert und erhebt den Anspruch, das Problemlöseverhalten des menschlichen Experten abzubilden [Goldstein/Papert (1977)]. Das glass box model heißt so, weil es »durchsichtig« ist, d.h. weil seine Arbeitsweise beobachtet werden kann.

In fortgeschrittenen Modellen wird Wissen als semantisches Netz definiert. Das Netz besteht aus Knoten mit Schemata und typisierten Relationen [Jonassen (1992a); Norman/Gentner et al (1976)]. Der Inhalt der Wissensbasis muß jedenfalls geeignet sein, Schlußfolgerungen ziehen und Probleme lösen zu können. Bei Jonassen (1992a) enthält das Expertenmodell auch Regeln zur optimalen Sequenzierung des Wissens, um es dafür geeignet zu machen, dem Lernenden Vorschläge über die Reihenfolge des Lernstoffs zu unterbreiten.

Lernermodell oder Diagnosemodell

Im Englischen wird das Lernermodell als »student model« bezeichnet, im Deutschen wird es besser mit Lernermodell übersetzt, da wir den Begriff Student eindeutig besetzt haben. Auch Self (1992) weist darauf hin, daß er selbst im Englischen den Begriff 'learner modelling' präferiere, »as it carries no implication that the learner has some official status as student and it is more optimistic!« (17) Das Lernermodell wird auch als Diagnosemodell bezeichnet, weil die Abbildung des Lerners der Diagnose des Lernprozesses dienen soll.

Ein Lernermodell[16] muß in der Lage sein, das aktuelle Wissen des Lernenden zu jedem Zeitpunkt des Programmdurchlaufs definieren zu können. Auch das Lernermodell besteht aus deklarativem und prozeduralem Wissen [Anderson (1983)]. Im deklarativen Wissensteil können Relationen untereinander bestehen (interconnections, strukturelles Wissen). Es werden im wesentlichen zwei Arten von Lernermodellen unterschieden: Lernermodelle können versuchen, das Wissen des Studierenden entweder als Teilmenge des Expertenmodells abzubilden (subset model) oder als Abweichung vom Expertenwissen bzw. der Performanz eines Experten in denselben Situationen zu ermitteln (deviation model). Die Diagnose hat mit anderen Worten zwei Möglichkeiten:

- Es werden die Teile im Expertenwissen abgehakt, die der Student erledigt hat. Das Subset-Modell bezeichnet man auch als »overlay model« [Carr/Goldstein (1977)], sofern es auch Regeln für Bedingungen des Lernens umfaßt.

---

16. Psillos/Koumaras (1992), 86ff.; einen soliden Überblick speziell über Lernermodelle bietet Elsom-Cook (1993); s.a. Brokken/Been (1993); McTear (1993); Benyon/Murray (1993).

· Die Antworten der Studierenden werden analysiert und das Verstandene wird durch Inferenzen aus den Antworten geschlossen, wobei die Inferenzen nur das Wissen des Studierenden betreffen und nicht sein Lernverhalten »erklären«. Das Abweichungs- oder Differenzmodell wird als »deviation model« oder Fehlerdiagnose-Modell (»buggy model«) bezeichnet [Brown/Burton (1978)]. Kass (1989) bezeichnet das Differenzmodell auch als »perturbation model«. Bei Fehlerdiagnose-Modellen werden enumerative und generative Fehlerdiagnose-Systeme unterschieden, wobei letztere auf Theorien des Wissenserwerbs basieren.

Die diagnostische Fähigkeit der Tutorenmodelle ist eine inhaltsorientierte, keine psychologische. Das *Overlay-Modell* hat eine besondere Schwäche: Es kann nicht erkennen, ob das Wissen des Lernenden sich deshalb von dem Wissen des Experten unterscheidet, weil der Lernende nicht über es verfügt oder weil er andere Strategien als der Experte verfolgt. Dieser Frage kommt das *Differenzmodell* schon näher, obwohl auch es letztlich bei Differenzen zwischen Experten und Lerner auch nur fehlendes Wissen annehmen kann. Das hört sich alles sehr kompliziert an, ist aber im Grunde recht einfach. Deshalb ist die Kritik von Elsom-Cook nicht unberechtigt: »These approaches both imply a very simplistic model of the learning process (not far removed from rote learning), which takes no account of the rich range of learning styles and capabilities for which there is psychological evidence« (172).

Aus einer Analyse von Lernermodellen findet Self (1988) 20 Funktionen von Lernermodellen heraus, die er in sechs Gruppen unterteilt:

korrektive Funktion	das System muß in der Lage sein, inkorrektes Wissen des Studenten zu korrigieren, den Fehler durch Rückverfolgung des Problemlöseprozesses zu finden, eine Korrektur zu veranlassen, ein Beispiel zu generieren und zu präsentieren, die Gedankenkette des Lernenden schrittweise nachzuzeichnen und die Quelle des Mißverständnisses zu finden;
elaborative Funktion	das System muß intervenieren, wenn das Wissen des Lernenden zwar korrekt, aber unvollständig ist; das System vergleicht das Expertenmodell mit dem Wissensstand des Lernenden und schlägt Aktionen vor;
strategische Funktion	die Analyse des Lernenden kann dazu führen, die methodische Ebene zu wechseln oder andere Lehrstrategien vorzusehen; das System kann den gesamten Lernvorgang auf höhere Ebenen heben;
diagnostische Funktion	das Modell soll die Vorstellungen des Lernenden herausfinden; das System kann das Lernermodell selbst analysieren;
prädiktive Funktion	das System muß den Lernenden als Modell simulieren können, um herauszufinden, in welche Richtung die Lernprozesse des Lernenden führen könnten; das System kann das Lernermodell benutzen und simulieren, um Vorhersagen über das Verhalten des Lerners zu treffen;

evaluative Funktion   das System muß aufgrund der aufgezeichneten Lerngeschichte den Lernprozeß des Lernenden rekonstruieren können.

Überwiegend scheinen bisher Diagnosemodelle im Sinne der Fehlererkennung [Stevens/Collins et al (1982)] entwickelt worden zu sein [Ohlsson/Langley (1988)]. Bei Fehlerdiagnosemodellen müssen zusätzlich zu dem Wissen für die Wissensbasis noch Bibliotheken mit möglichen Fehlern von Lernenden angelegt werden. Um sich diesen mühseligen und arbeitsintensiven Schritt zu sparen, haben Ohlsson und Langley (1988) ein Programm entwickelt, das Fehler im Lauf eines Programms registriert und maschinell lernen kann. Aber: »Neither the bug library technique nor the machine learning approach is currently used extensively in instructional computing systems« [Ohlsson (1993)].

Burton (1982) beschreibt eingehend den Diagnoseprozeß eines intelligenten Tutors für die Analyse von arithmetischen Fehlern bei der Subtraktion. Das Problem scheint nicht darin zu bestehen, die gröbsten Fehler der Lernenden vorherzusehen, sondern darin, daß diese Fehler selten in Reinkultur, dafür aber in Mischformen, sog. compound bugs, auftreten, für die compound-Hypothesen aufgestellt werden müssen. Aus diesem Grunde besteht ein Gutteil der Aktivität der Designer solcher Diagnosemodelle darin, Heuristiken für die Reduktion des Suchraums zu entwickeln und den anfänglichen Satz an Hypothesen zu limitieren. Ein interessantes methodologisches Problem sind die zufälligen, nicht-systematischen Fehler der Lernenden, die vom System nicht erklärt werden können oder sollen, sowie andere Inkonsistenzen im System, die beim Prozeß der Hypothesengenerierung auftreten und die in der Theorie anschaulich als »noise« bezeichnet werden (radiotechnisch »Rauschen«). Interessant sind in diesem Zusammenhang die Fehlerdiagnose-Methoden des Lernermodells. Sie unterstellen, daß es gilt, fehlerhafte Konzepte durch Expertenkonzepte zu ersetzen. Diese Substitutionshypothese verrät die Reifizierung, die IT-Designer mit der Kognition vornehmen, und erinnert an die grundsätzliche Kritik, die bereits an der Korrespondenzhypothese geübt wurde.

Gravierende Lücken von Lernermodellen liegen im Bereich der Variablen des Lernverhaltens. Wünschenswert wären beispielsweise Systeme, welche die psychologische Plausibilität einer Lösung oder eines Fehlers bewerten könnten, aber »there are disappointingly few psychological principles that can be used for this purpose« [Ohlsson/Langley (1988), 50]. Auch die von der Lernpsychologie erforschten individuellen Lernstile und Lernstrategien spielen bisher erstaunlicherweise keine oder nur eine geringe Rolle in Lernermodellen.

Ohlsson (1993) betont den ungeheuren Aufwand, der für die Entwicklung eines ITS getrieben werden muß, und die Kosten, die dafür anfallen. Die meisten Autoren von Prototypen geben eine Entwicklungszeit von etwa 4 Jahren an. Da außerdem die Vermutung besteht, daß die für ein ITS ermittelten Bugs nicht stabil sein könnten, müsse die Arbeit für neue Generationen von Schülern und Studierenden immer wieder wiederholt werden (209).

Obwohl Lernermodell und Benutzermodell im Grunde nur zwei unterschiedliche Aspekte desselben lernend interagierenden Akteurs betonen, kommen die Kategorien der Intentionen und Pläne der Akteure (plans, goals, strategies), die in handlungstheoretischen oder interaktionstheoretischen Ansätzen für die Entwicklung von Benutzermodellen verfolgt werden [Kobsa/Wahlster (1989)], in Lernermodellen tutorieller Systeme bisher selten zur Anwendung. Eine Ausnahme bildet das ITS PROUST von Johnson und Soloway (1987). Dies ist ein Grund für Kass (1989), für verstärkte Kooperation genau auf diesem Überschneidungsgebiet zu werben.

Tutorenmodell oder pädagogisches Modell

Das Tutorenmodell enthält Wissen und Vorgaben für die Präsentation der Lernmaterialien nach dem Muster der Fragen »Was, wann, wie?« Das Tutorenmodell simuliert das Entscheidungsverhalten eines Lehrers, den Entscheidungsprozeß, bezogen auf pädagogische Interventionen, und generiert angemessene Instruktionen, basierend auf den Differenzen zwischen Expertenmodell und Lernermodell. Es herrschen zwei tutorielle Methoden oder Strategien vor: Der sokratische Dialog und das »Coaching«. Die Methode des sokratischen Dialogs stellt dem Lernenden Fragen, um ihn zur Analyse der eigenen Fehler anzuhalten. Die Coaching-Methode bevorzugt Lernumgebungen, ähnlich wie in CBT-Programmen, mit Aufgaben und Aktivitäten zum Üben von Fertigkeiten oder zum Probieren von Problemlösungen, und reagiert auf das Lernverhalten in diesen Situationen mit Tips und Hinweisen. Insgesamt kann man sagen, daß das Tutorenmodell eher dem Instruktionsansatz folgt als dem Konzept des entdeckenden Lernens oder dem »Cognitive Tool«-Ansatz, der den Computer als Werkzeug für die Konstruktion von kognitiven Konzepten betrachtet.

ABB. 16
Aufgabe aus einem
ITS zur Arithmetik

```
    Problem #1
    25 + 17 = 33.        That is not correct
                         Try again with steps



    20 + 10 = 30
    5 + 7 = 12
    30 + 12 = 42

    The final answer is:
              25 + 17 = 42       O.K.



                         -- press Return --
```

Was in den heutigen Tutorenmodellen noch zu kurz kommt, ist beispielsweise das Alltagsdenken des Lehrers, seine Annahmen über Lernprozesse des Schülers oder Studenten und sein Wissen über die Struktur der Situation und die Regeln der Interaktion, die »grammar of interaction«. Hier liegen die größten Schwächen, die dazu führen, daß die heute bekannten Tutorenkomponenten auf Lernende zumeist noch recht schematisch wirken.

Nun könnte man annehmen, daß die Konzipierung von Lernermodellen und Tutormodellen letztlich das Ziel befördern würde oder müßte, die Lernenden von vornherein in das Design solcher Systeme einzubeziehen. Dies ist jedoch ein Irrtum. Die Designer von Tutorenmodellen gehen nicht von einem Partizipationskonzept aus, sondern planen die Lernenden ein. Die als Abstrakta konzipierten Studierenden können sich nicht einbezogen fühlen, sondern stehen dem System als Externe gegenüber. Dies liegt auch an der didaktischen Funktion des Tutors, der Lernpläne ausarbeiten und Übungen vorschlagen soll: »the assumption of a given task and given expertise puts students in a passive role with respect to finding their own problems and developing their own expertise« [Bredo (1993), 37]. Die unselbständige Rolle, die den Lernenden angedient wird, kann zu dem hübsch formulierten Resultat führen: »students become book smart and practically stupid«.

Interface oder Kommunikationskomponente

Ein ITS soll den Prozeß des aktuellen Wissenserwerbs analysieren und in der Lage sein, daraus Schlußfolgerungen zu ziehen und Instruktionen zu generieren, die geeignet sind, die Diskrepanz zwischen dem Experten und dem Novizen zu verringern. Ein ITS gilt als »intelligent« aufgrund seiner Kommunikationskomponente, die es in die Lage versetzen soll, flexibel und adaptiv auf den Lernprozeß zu reagieren, flexibel im Arrangement der Lerninhalte und adaptiv im Hinblick auf den Wissensstand und die kognitiven Verarbeitungsleistungen des Lernenden. Man darf diese Form der Adaptation allerdings nicht gleichsetzen mit »Verständnis«, einer Fähigkeit von Lehrern. Die Interaktion zwischen Lerner und System kann unterschiedliche Gestalt annehmen:

· das System befragt den Lernenden, lenkt ihn durch die Fragen und versucht aus seinen Antworten Fehler zu ermitteln (der sog. »sokratische Dialog«)

· das System läßt den Lernenden arbeiten und wartet, bis es um Hilfe gebeten wird (»Coaching«)

· das System ist selbst aktiv, fordert den Lernenden auf, Informationen zu selektieren und schließt aus der Selektion auf Abweichungen vom Expertenmodell (»learning by doing«)

· der Tutor bleibt abwartend im Hintergrund und gibt nur ab und zu hilfreiche Hinweise (»learning while doing«).

Tutoren können entweder direktives oder nicht-direktives Verhalten realisieren. Eine Mischung der Interaktionsstile ist laut Elsom-Cook (1988) noch nicht realisiert worden (166). Viele Systeme scheinen die Strategien nur oberflächlich zu implementieren. So kritisiert Elsom-Cook beispielsweise an den Modellen, die den sokratischen Dialog umsetzen wollen: »Although these systems have the surface form of such a dialogue, it is by no means always the case that the dialogue is truly Socratic« (166). Auch Mandl und Hron (1990) unterscheiden Systeme, die angeleitetes Lernen bzw. Instruktion zum Ziel haben, wie der LISP-Tutor von Anderson und Reiser (1985), von solchen Systemen, die sich an einem Mikrowelt-Konzept orientieren und deren Ziel als entdeckendes Lernen betrachtet werden kann, wie *Smithtown* von Shute, Glaser et al (1989). Das Instruktionskonzept kennt Lektionen und einen systematischen Aufbau der Instruktion, vermittelt dem Lernenden Lernziele, schlägt Aufgaben vor, gibt Anleitungen und präsentiert Erklärungen. Das Mikrowelt-Konzept ist freier, es präsentiert eine Interaktionsumgebung, in der es etwas zu entdecken gilt. Das Konzept verlangt von Lernenden eine Hypothesenbildung und fordert von ihm das Experimentieren mit diesen Hypothesen.

Kearsley (1987) unterscheidet fünf Typen von Schnittstellen für IT-Systeme: den sokratischen Dialog, das Coaching, das Debugging, die Mikrowelt und erklärende Expertensysteme (5/6). Elsom-Cook bildet tutorielle Systeme auf einem Kontinuum ab, das von völliger Kontrolle des Dialogstils bis zur völligen Freiheit des Lernens reicht.

Ein ITS simuliert das natürlichsprachliche Verhalten des Lehrers [Mandl/Hron (1990), 21]. Man kann es vorsichtig formulieren wie Mandl und Hron: »Die Interaktion des Systems mit dem Lernenden sollte einem natürlich-sprachlichen Dialog nahekommen«. Oder man kann es absoluter formulieren und den natürlichsprachlichen Zugang als notwendige Eigenschaft eines tutoriellen Systems definieren [Spada/Opwis (1985)]. Dabei ist der natürlichsprachliche Zugang in den Jahren, in denen solche Systeme entstanden sind, nur eingeschränkt realisierbar gewesen, nämlich als Schrifteingabe und -ausgabe auf dem Bildschirm. Auch die quasi-natürliche Form der Sätze war schwierig zu programmieren.

ITS Dialog aus dem GEO Tutor	** Let's talk about Western Canada Fine. What is the capital of British-Columbia?
	** Vancouver. No, the capital of British-Columbia is Victoria.
	Where is Victoria situated? ** Let's discuss Banff.
	I do not know Banff. Is Banff the name of a place? ** Yes. It is a town.
	Where is Banff located? ** In the Rocky Mountains.

Is Banff in British-Columbia or in Alberta?
** In B.C.

What is the population of Banff?
** 5000.

What other towns are near Banff?
** Tell me about Victoria.

Victoria is situated on Vancouver Island. It is the second largest city in British-Columbia. What else would you like to know?
** What is its population?
[Duchastel (1992), 73ff.]

Heute stehen Systeme, die das orale Ansprechen des Computers und die Ausgabe synthetisch generierter Lautsprache ermöglichen, fast vor der Vollendung. Und die linguistische Forschung zur Grammatik und Semantik von Sprache ist heute wesentlich weiter fortgeschritten. Trotzdem – oder vielleicht gerade deshalb – darf und sollte man heute erneut fragen, ob denn der quasinatürliche Dialog wirklich eine so entscheidende Rolle für die Realisierung eines elektronischen Tutors spielt, aus psychologischer, didaktischer und letztlich auch politischer Sicht. Ich teile hier die Ansicht von Woolf (1987): »Effective communication with a student does not mean natural language understanding or generation [...] Rather, effective communication requires looking beyond the words that are spoken and determining what the tutor and student should be communicating about« (241). Der natürlich-sprachliche Dialog ist ein möglicher Zusatz zu einem tutoriellen System, aber kein notwendiger.

Die Begründung für die Wahl eines ITS verweist idealtypischerweise auf Ziele wie höhere Lernprozesse, kritisches Denkens, Analyse, Argumentation, Entscheidungsverhalten, Problemlösen, ja sogar Selbstreflexion [Hedley/Ellsworth (1993)]. Gelegentlich werden aber, selbst bei explorativen Lernumgebungen, auch traditionell-pädagogische Begründungen gegeben, die wir bereits bei der Courseware, dem Instruktionsdesign und der Diskussion der Lernerkontrolle kennengelernt haben: »Indeed, the unobtrusive interventions of a coaching component can save the student from problems typical of unguided learning such as stagnating, floundering excessively, or overlooking learning opportunities« [Wenger (1987), 425]. Im Vordergrund der intelligenten tutoriellen Systeme steht das Ziel der Individualisierung wie beim Programmierten Unterricht: »One of the most obvious advantages of an ITS is simply achieving a more favorable teacher-student ratio« [Burns/Parlett (1991), 4]. Im Unterschied zur Programmierten Instruktion soll ein ITS die Individualisierung jedoch erreichen, indem es den Lernenden analysiert und seinen Tutor an den jeweiligen Stand »intelligent« anpassen kann. Burns und Parlett sehen rosig in die Zukunft, »The outlook for ITSs is bright«, obwohl ihnen deutlich ist, daß bis dahin noch ein weiter Weg zu beschreiten ist: »Intelligent tutoring systems are tools for the 21st century« (10).

Nicht alle tutoriellen Systeme legen Wert darauf, alle vier Komponenten voll zu entwickeln. Einige Modelle begnügen sich mit Listen der zu erlernenden Fähigkeiten, andere beschränken sich auf ein Prozeßmodell der Lernprozesse von Anfängern auf dem entsprechenden Wissensgebiet [Littman/Soloway (1988)]. Einige Modelle beschränken sich auf deklaratives Wissen, andere auf prozedurales Wissen: »most systems focus on the development of only a single component of what would constitute a fully usable system« [Kearsley (1987), 18]. Man kann deshalb viele der bekannten Systeme als Prototypen für Forschung und Entwicklung betrachten, die nicht als Programme für den realen Unterricht dienen können: »Some systems do not even have the functions for representing one or two instructional components. For example, PROUST [...] and STEAMER [...] do not have functions to provide direct instruction« (21).

Lernen im Sinne von ITS beruht ebenso wie der Programmierte Unterricht auf einem Verhaltensbegriff, das Domain-Modell ist ein Modell von Konzepten im Sinne von Verhaltenszielen, das Lernermodell ist ein Modell von Verhaltenssequenzen des Lernenden. Im Gegensatz zum Behaviorismus wird allerdings der Versuch unternommen, für die Domain kognitive Konzepte zu definieren. Aber die gesamte Anlage des ITS kommt nicht darum herum, diese Konzepte als Verhaltensziele zu operationalisieren, wenn Vergleiche von Lernermodell und Wissensmodell möglich sein sollen. Ein ITS ist ein zweckrationales System, das die Relation von Anfangsstadium-Ziel-Endstadium optimieren soll. Pädagogische oder psychologische Theorien haben aber einen ganz anderen methodologischen Status. Man siehe sich nur die Kategorien von Pask, Saljö, Martin oder Entwistle an. Deren Kategorien sind plausibel, sie helfen dem Pädagogen, eine pädagogische Situation zu entwerfen und zu verstehen, aber sie sind nicht operationalisierbar im Sinne eines ITS. Es handelt sich schlicht um Metaphern für komplexe Verhaltenssituationen, deren kommunikativ-hermeneutischer Charakter jeder Reduktion auf wenn-dann Regeln widerstehen würde. Aus dem methodologischen Status eines zweckrationalen Systems mit Verhaltenszielen ergeben sich zwei Probleme:

Einerseits kann ein Verstehensbegriff [Stebler/Reusser et al (1994)] für intelligente tutorielle Systeme nicht in Anspruch genommen werden, Verstehen kann nicht das Ziel von IT-Systemen sein. Andererseits existieren wirkliche kognitive Konzepte noch nicht: »most of the work on learner modelling has been concentrated on the lower half of our framework, that is, on the behavior <–> behavioral knowledge mapping, with a relative neglect of the conceptual knowledge component« [Dillenbourg/Self (1992), 136]. Welchen Status Kognition in IT-Systemen hat, wird deutlich, wenn man sich die gesammelten Arbeiten von Resnick, Chabay, Larkin, Merrill, Ohlsson u.a. anschaut: Kognition wird von ihnen nicht im kognitionspsychologischen Sinne gebraucht, sondern im Sinne der »Cognitive science«, der »nature of scientific thinking« [Larkin/Chabay (1989)], deren Ausgangspunkt die Beobachtung ist, daß Lernende anders an wissenschaftliche Probleme herangehen als Experten, und deren Ziel es ist, das Wissensmodell der Lernenden an das Wissensmodell des Experten heran-zuführen. Für Simon und Hayes (1976) ist Verstehen aber so etwas wie die Lo-gik eines Problems lösen, z.B. die operative Struktur von Brüchen verstehen. Typisch für den Gebrauch des Begriffs Understanding (eigentlich comprehen-sion) sind auch die Ansätze der Pittsburgh-Schule: Für Greeno und Riley [Greeno/Riley (1987); Riley/Greeno (1988)] heißt Verstehen ausschließlich na-turwissenschaftliche Konzepte begreifen.

Die Gründe für die Selbstbeschränkung auf einfachere kognitive Ebenen wer-den auf den unzureichenden Stand der Forschung zurückgeführt: »The major problems facing ITS design at present stem from a lack of applicable models of human learning« [Tompsett (1992), 98]. Die Strategie, mit dem Einfachen zu beginnen, in der Hoffnung, daß sich die theoretischen Grundlagen noch ent-wickeln werden, ist aber nur dann plausibel, wenn man den Glauben an den unbegrenzten Fortschritt der Wissenschaft teilt. Man könnte ebensogut argu-mentieren, daß »Verstehen« nie mit den Mitteln tutorieller Systeme oder Ex-pertensysteme modellierbar oder erfaßbar sein wird.

Systeme und Beispiele

Name	Literatur	Fach
SCHOLAR	Carbonell (1970)	Geographie
MYCIN GUIDON	Shortliffe (1976) Clancey (1982) Clancey (1983)	Identifikation von Infektionen in der Medizin
LMS/PIXIE	Sleeman (1987)	Manipulation von algebraischen Ausdrücken mit Fehlererkennung
SOPHIE	Brown/Burton et al (1974) Burton (1982)	Fehlererkennung in elektrischen Schaltkreisen, Physik
PROUST	Johnson/Soloway (1987)	Fehlererkennung bei der Programmierung von Pascal
Geometry Tutor	Anderson/Boyle et al (1985a)	Lernprogramm für einfache Geometrie
WEST	Burton/Brown (1979)	Mathematik
BUGGY	Brown/Burton (1978) Brown/Burton et al (1982)	Mathematik
Algebraland	Brown (1985)	Mathematik
Quadratic Tutor	O'Shea (1982)	Mathematik
STEAMER	Williams/Hollan et al (1983) Hollan/Hutchins et al (1987)	Maschine
OHM	Bonar/Logan (1986)	Physik
DiBi	Spada/Opwis et al (1988) Spada/Stumpf et al (1989)	Physik
SUOMO	Mandl/Bollwahn et al (1990)	Physik
LISP Tutor	Anderson/Reiser (1985)	Informatik
BRIDGE Bridge Tutor	Bonar/Cunningham (1988a) Bonar/Cunningham (1988b)	Informatik
Smithtown	Shute/Glaser et al (1989) Shute/Glaser (1990)	Ökonomie
Physics Tutor	Jonassen (1992a)	Hypertext-System mit integriertem Expertensystem zur Physik
GEO Tutor	Duchastel (1989) Duchastel (1992a) Duchastel (1992b)	Geographie

Name	Literatur	Fach
SEDAF SAMPLE	Micarelli/Balestra (1992)	Berechnung von Polynomen Berechnung elektrischer Schaltkreise
BIOMEC	Giardina (1992)	Biologie/Medizin
KAVIS	Fischer/Mandl (1988)	Biologie
ILIAD	Applied Informatics Inc., Salt Lake City, UT	Medizin

Ich gehe im folgenden kurz auf einige Prototypen ein, um eine konkrete Grundlage für die folgenden Analysen zu haben.[17]

WEST WEST beruht auf einem früheren Drill & Practice-Programm, das mit dem Autorensystem PLATO realisiert wurde. WEST wurde nach dem Spiel »How the West was Won« konstruiert von Burton und Brown (1982). Es handelt sich um eine Art Brettspiel wie Mensch-Ärgere-Dich-Nicht auf dem Bildschirm, das zwei Spieler gegeneinander spielen. Die gewürfelten Züge bestehen aus drei Zahlen, die mit arithmetischen Operationen verknüpft werden sollen. WEST ist eine Kombination aus einem »black-box«-Experten, der die Spielzüge regelt und keine menschliche Intelligenz simuliert, und partiellen »glass-box«-Experten, die mit der Analyse der sub-optimalen Strategien der Spieler befaßt sind. Burton und Brown bezeichnen WEST als Coach-Modell, das gelenktes entdeckendes Lernen realisieren soll. Die entdeckende Komponente kann sich eigentlich nur auf die Frage beziehen, welche Zahlenkombination als Zug in dem Spiel eingesetzt wird, also auf die Strategie. Das eigentliche Lernziel von WEST ist jedoch die Arithmetik, in der es nichts zu entdecken gibt. Insofern reduziert sich m.E. die explorative Komponente auf ein als Spiel verkleidetes Drill & Practice-Programm.

SOPHIE SOPHIE [Brown/Burton et al (1974)] ist ein interaktives Modell für elektrische Schaltkreise. Die Studierenden versuchen Problemlösungen, können Fragen an das System richten und erhalten dann Antworten, d.h. die tutorielle Komponente ist zurückhaltend, bis sie angefordert wird. Es gibt noch kein Coaching in SOPHIE I. Dieselben Prinzipien haben Brown und Burton in BUGGY realisiert, einem Programm zum Lösen mathematischer Probleme. Brown, Burton et al (1982) schildern die Entwicklungsgeschichte von SOPHIE I bis SOPHIE III, die sukzessive zu der Ergänzung durch einen Coach oder Instrukteur, durch einen Experten als Problemlöser, der seine Strategien auch erklären kann, und durch ein natürlich-sprachliches Interface u.v.a. geführt hat. Interessant an SOPHIE im Vergleich mit den anderen hier erwähnten IT-Systemen ist die abweichende Grundeinstellung von Brown und Burton, die den Lernenden einen Weg zur aktiven Generierung von Strategien und zur Reflexion und Selbstevaluation ihrer Strategien offerieren will. Dafür bietet SOPHIE u.a. eine Workbench als Element einer konstruktiven

---

17. Tabellarische Darstellungen von IT-Systemen finden sich bei Fletcher (1984), Kearsley (1987), 22ff., und Clancey (1988b), 51. Überblicke über ITS-Systeme und/oder Beschreibungen von Prototypen finden sich bei Barr und Feigenbaum (1982), Sleeman und Brown (1982), Mandl und Lesgold (1988), Self (1988), Polson, Richardson et al (1988), Dillenbourg und Self (1992a), Ford (1987), Kearsley (1987). Insbesondere das Buch von Wenger (1987) liefert eine gründliche und ausführliche Einführung in Expertensysteme und intelligente tutorielle Systeme, ihre historische Entwicklung und Gestaltung.

Lernumgebung an, in der die Lernenden eigene Mini-Experimente durchführen können, sowie eine anregende spielerische Umgebung für strategisches Denken.

Geometry Tutor   Der *Geometry Tutor* [Anderson/Boyle et al (1985a)] konzentriert sich auf Beweise in Geometrie. Das Programm vergleicht die Beweisregeln des Studierenden mit seinen eigenen und gibt dementsprechende Ratschläge und Hilfen, d.h. letzten Endes wird jeder Student an dem im Programm gespeicherten idealen Modell des Problemlöseprozesses durch mathematisches Beweisen gemessen. Die Repräsentation des Problemlösungsraumes durch gerichtete Graphen korrespondiert allerdings nur mit der abstrakt-formalen Lösung, dem Beweis, und nicht der Geometrie selbst.

Andersons Technologie beruht auf dem eigenen ACT*-Modell [Anderson (1982)]. Es ist im wesentlichen ein Ansatz der Modell-Verfolgung (model tracing), der die Schritte in der Problemlösung des Studierenden mit der Expertenlösung vergleicht. Aus derselben Schmiede stammen der Carnegie Mellon University LISP-Tutor [Anderson/Reiser (1985)] und GIL, Graphical Instruction in LISP, ein Tutor für LISP mit Unterstützung durch graphische Programmierung [Reiser (1992)].

PROUST   PROUST [Johnson/Soloway (1987)] ist ein Tutor, der nicht-syntaktische Fehler und falsches Verständnis von Programmstrukturen (z.B. Verwechselung von *while* und *if*) beim Pascal-Programmieren entdeckt und entscheidet, wie der Fehler beseitigt werden könnte. PROUST meldet dem Studierenden, an welcher Stelle im Programm der Fehler vermutlich zuerst entstand. Das Programm ist noch ein Prototyp und beherrscht sein Aufgabengebiet nur bei bestimmten Programmieraufgaben gut.

BRIDGE   BRIDGE [Bonar/Cunningham (1988a)] verfolgt eine völlig andere Strategie als PROUST [s.a. Bonar/Cunningham (1988b)]. BRIDGE soll beim Lernen des Programmierens in Pascal unterstützen. Der Tutor hilft Studierenden zunächst bei der Fassung ihrer informellen Ideen in einen strukturierten Programmierplan und danach bei der Transformation des Programmierplans in Programmstrukturen. BRIDGE unterstützt die Entstehung des Programmierplans durch ein Menü mit Optionen in einfachem Englisch. Die Transformation des Plans in einen Programmtext geschieht wieder mit Hilfe eines Menüs, aus dem der Studierende die den natürlich-sprachlichen Ausdrücken korrespondierenden Pascal-Ausdrücke entnehmen kann. Die Studierenden können Hilfe anfordern, aber Coaching geschieht nur, wenn Probleme auftreten. Die Studierenden können den Problemlösungsprozeß verfolgen.

STEAMER   Die meisten IT-Systeme sind nicht-grafisch. Eine Ausnahme bildet STEAMER [Hollan/Hutchins et al (1987)], ein Lernsystem zum Thema »Kraftwerke«, das als Schnittstelle eine grafisch-interaktive Darstellung des Kontrollfelds und der Konsole eines Kraftwerks simuliert. STEAMER wird von seinen Autoren als »interactive inspectable simulation« bezeichnet. Die grafischen Komponenten in STEAMER sind nicht nur Bedienungselemente, die eine Tastatur ersetzen, oder bloße Veranschaulichungen des sprachlichen Inhalts, sondern ein wichtiger explanativer Teil der Kommunikation zwischen System und Benutzer: Die Autoren bezeichnen deshalb die grafischen Darstellungen auf dem Bildschirm als »dynamic graphical explanations« (120), die geeignet seien, dynamische rekursive Modelle darzustellen, die mit sprachlichen Mitteln nur schwer auszudrücken sind: »Such a qualitative graphical interface can operate as a continuous explanation of the behavior of the system being modeled by allowing a user to more directly apprehend the relationships that are typically described by experts«.

RBT   Auch RBT (Recovery Boiler Tutor) ist eine Simulation einer Maschine [Woolf (1988)]. Die Schnittstelle besteht aus grafischen Repräsentationen der Maschine und einigen Menüs. Das Programm besteht aus vier Modulen, dem Simulationsmodell, der Wissensbasis, dem Lernermodell und Instruktionsstrategien. RBT hat neben konzeptuellem und prozeduralem Wissen auch heuristisches Wissen implementiert. Ein einfaches Differenzmodell vergleicht Experte und Lerner und teilt dem Lerner die Differenzen mit. Auf diese Weise lenkt der Tutor den Lernprozeß, ohne dem Lerner die Lösung zu geben.

Smithtown

Smithtown [Shute/Glaser et al (1989) und Shute/Glaser (1990)] ist eine Simulation für Mikroökonomie, das die Gesetze von Angebot und Nachfrage simuliert. Zusätzliche Instrumente ermöglichen freieres Arbeiten wie z.B. ein Notizbuch, das wie ein Spreadsheet funktioniert, ein Werkzeug für die Erstellung von Diagrammen und ein Menü, das die Formulierung von Hypothesen unterstützt.

Quadratic-Tutor

Der *Quadratic Tutor* [O'Shea (1982)] ist ein Beispiel eines sich selbst revidierenden tutoriellen Systems. Es handelt sich um ein adaptives Lernprogramm zu quadratischen Gleichungen, das auf Produktionsregeln aufbaut, und über eine die Produktionsregeln im Lauf modifizierenden Komponente verfügt. Der *Quadratic Tutor* beruht auf einem Modell der Instruktion, das vier Ziele verfolgt: Die Zahl der erfolgreichen Studierenden pro Kurs erhöhen, das Durchschnittsergebnis im Posttest verbessern, den durchschnittlichen Zeitverbrauch des einzelnen pro Lektion verringern und die Zeit für die Benutzung des Computers reduzieren.

Der Tutor registriert die entsprechenden Daten und deduziert eine der jeweiligen Situation angemessene Strategie. Liegt keine Verbesserung auf einem der vier Kriterienbereiche vor, kann der Tutor die Entscheidung revidieren und eine andere Strategie wählen. »This work is particularly interesting because of its adaptive nature but has not been investigated to any great extent« [Kearsley (1987), 18]. O'Shea selbst ordnet seinen Tutor dem entdeckendes Lernen zu, beschreibt andererseits aber die tutorielle Vorgehensweise als geplante Instruktionsmethode: »The teaching strategy centers on giving the student carefully chosen examples which increase the likelihood of a student discovering a particular rule« (311).

Algebraland

Bei *Algebraland* [Brown (1985)] wird in einem Fenster der Lösungsprozeß des Studierenden beim Lösen algebraischer Gleichungen in Form eines Baumdiagramms nachgebildet. Landet der Studierende in einer Sackgasse, kann er den Knoten direkt anwählen, von dem aus er eine neue Lösung probieren will. Der Lösungsbaum bietet dem Lernenden eine zweite Möglichkeit, über die Prinzipien der Problemlösung zu reflektieren. Genau diese Reflexion ist gewünscht, weil – wie Collins und Brown (1988) vermuten – die abstrakten Repräsentationen des Lösungsraumes in Algebraland die Bildung metakognitiver Strategien fördern (7). Die Einstellung der Instruktionalisten dem Lernen gegenüber wird sehr gut durch die Diskussion zwischen Anderson und Brown demonstriert: Während Anderson meint, daß der Studierende vom Programm möglichst beim rechten Lösungsweg gehalten werden müsse, weil falsche Lösungswege nur Verwirrung und Motivationsverlust auslösen könnten, ist Brown der Ansicht, daß Studierende, die nie Irrwege eingehen könnten und keine eigenen Anstrengungen auf sich nähmen, nie metakognitive Strategien erwerben würden [Collins/Brown (1988), 9].

IMPART

IMPART ist ein Tutor für LISP, der ein gelenktes entdeckendes Lernen verwirklichen soll. Elsom-Cook (1988) entwirft ein »bounded user model«, das die Wahl zwischen verschiedenen Partialmodellen des Lernprozesses zulassen soll (172ff.). Die Entwicklung von Tutoren mit multiplen Strategien sei jedoch dadurch erschwert, daß es keine psychologischen Theorien gäbe, die nicht unvollständig und formalisierbar seien (174). Für den Prototyp IMPART, einen Tutor für LISP, wurden deshalb die gut formalisierten Modelle maschinellen Lernens herangezogen: »These models are currently quite simple, applicable only to special domains, and (generally) have no particular claim to relate to human learning« (175). Das realisierte Lernmodell bezeichnet Elsom-Cook als

»extremely naive and simplistic« (177): »However, it does produce useful behaviour and is a major factor contributing to the smoothness of interactions with the system«.

MAIS
    MAIS (Minnesota Adaptive Instructional System) [Tennyson/Christensen (1988); Tennyson (1993)] ist als Instruktionsmodell entstanden, hat aber von vornherein versucht, die Grenzen des Instruktionsdesigns zu überwinden. MAIS wird von Wenger (1987) zwischen der computergestützten Instruktion und den Tutorenmodellen eingeordnet, weil es sich adaptiver Strategien bedient. Das System beobachtet den Studierenden und entscheidet, wie viele Übungen der Student noch machen muß. Die Ermittlung dieser adaptiven Strategie ist recht komplex: Der Algorithmus, der kalkuliert, ob ein Studierender eine gegebene Regel lösen wird, beruht auf Bayesscher Statistik. In die Berechnung gehen sowohl die Zahl der bereits erledigten Übungen und das Kriterium für die Beherrschung des Stoffgebiets ein als auch der relative Nachteil, der daraus resultieren könnte, wenn das Programm den Studierenden nicht im Stoff fortschreiten ließe.

DiBi
    Spada, Stumpf et al (1989) haben *DiBi*, eine Mikrowelt für ein physikalisches Problem, elastischen Druck aus der klassischen Mechanik, entwickelt. Das Domain-spezifische Wissen besteht aus Produktionsregeln, die Benutzerschnittstelle bietet eine grafische Form direkter Manipulation mit mehreren statischen und dynamischen Feedbackformen. Zusätzlich wollen sie Rückmeldung über eine natürlich-sprachliche Schnittstelle einrichten. Die Aufgabe des Lerners ist es, durch experimentieren auf induktivem Wege Hypothesen zu formulieren und zu testen. Um diesen Prozeß zu unterstützen, soll *DiBi* über Formen passiver und aktiver Adaptation verfügen.

SHERLOCK
    Auch auf diesem Gebiet ist die U.S. Army wieder aktiv gewesen: Ein Gutteil der Beiträge im Sammelband von Burns, Parlett et al (1991) und im Sammelband von Farr und Psotka (1992) stammt aus Entwicklungen von Trainern für militärisches Wartungspersonal, vermutlich da einer der Herausgeber, Psotka, selbst dem U.S. Army Research Institute for the Behavioral and Social Sciences angehört. Auch das von Lajoie und Lesgold (1992) beschriebene System SHERLOCK wurde im Auftrag der U.S. Air Force für das Training von technisch-militärischem Wartungspersonal für die F-15 entwickelt. SHERLOCK besitzt kein tutorielles System im herkömmlichen Sinne, sondern betreibt Coaching nur dann, wenn es erforderlich ist oder nachgefragt wird. Diese Methodik stellt jedoch m.E. keine ausreichende Begründung dar für die Zuordnung zum Konstruktivismus: »Our pedagogy parallels the cognitive apprenticeship approach in providing holistic instruction« (24).[18]

SHERLOCK II
    Ein wenig mehr am Konstruktivismus orientiert ist die zweite Entwicklungsstufe von SHERLOCK. Lesgold, Katz et al (1992) wollen Sherlock II für »cognitive apprenticeship« und kooperatives Lernen öffnen. Das Motiv für diese Modifikation schildern die Autoren in augenscheinlicher Naivität wie folgt: »Recently, Lesgold was asked to comment on the potential for training in medical education. In preparing his remarks for that setting, he was struck by the social character of medical education« (298). Sherlock II soll Problemlösen in einer realistisch simulierten Umgebung ermöglichen, einem objektorientierten Modell einer Wartungs- und Reparaturwerkstatt. Um das Programm für kollaboratives Problemlösen zu öffnen, planen die Autoren, Studierende in Dyaden oder größeren Gruppen zusammenarbeiten und ihre jeweiligen Problemlösungswege gegenseitig analysieren und kritisieren zu lassen. Erklärungen und Selbstbeobachtung werden

---

18. Auch Newman (1989) greift Ideen aus dem Konstruktivismus auf und will mit dem ITS IN-COFT, das Soldaten an einem automatischen Raketen-Monitor ausbilden soll, »cognitive apprenticeship« in das System integrieren. Das sieht zunächst so aus, daß menschliche Instrukteure als essentieller Bestandteil der Gesamtumgebung betrachtet werden.

integrale Elemente der Umgebung. Dabei wollen sie dem Konzept von Collins, Brown et al (1989) folgen, dem Dreischritt von Modellieren, Coaching und Fading.

Geringe Erfolge · McCalla (1992a) fragt sich, warum nur wenige IT-Systeme Erfolg hatten, während alle anderen weitgehend unbeachtet blieben. Er führt mehrere Gründe an, u.a. kommerziellen Mißerfolg und geringe praktische Brauchbarkeit (110). Ausschlaggebend ist m.E., daß die Prototypen deutlich an einen ganz bestimmten Wissensbereich gebunden sind. Jeder Wechsel der Domain würde den Aufwand der Entwicklung eines eigenen Systems voraussetzen. Aus diesem Grunde wirkt der Entwicklungsaufwand abschreckend. In der Tat ist der Entwicklungsaufwand sehr hoch: Lippert (1989) schätzt ihn auf 200-300 Stunden für eine Unterrichtsstunde (13). »Because of the complexity, cost, and time to build these programs, most ITS have been designed and remain as prototypes« (12ff.). Genau auf dieses Argument stellt Duchastel (1992c) ab, wenn er nach den Gründen fragt, warum Autorensysteme in CBT einen größeren Erfolg gehabt haben als IT-Systeme: »Despite this core architectural commonality, and despite the dream of eventually developing generic ITSs, the technology remains a hand-crafting one very unlike its older counterpart, computer-based training (CBT), from which it strongly distinguishes itself« (351). Woolf (1987) vermutet die Gründe dafür, warum die meisten der als leistungsfähig angesehenen Systeme im Entwurfsstadium steckengeblieben sind, allerdings in den theoretischen Problemen des ITS und nicht in den Programmierschwierigkeiten oder dem Zeitaufwand (229) [vgl. Woolf (1988), 4].

Die Erfahrung, daß seine Programme nicht genutzt werden, hat Clancey (1989) gemacht. Diese Erfahrung hat ihn zu der Einsicht gebracht, daß offenbar bereits im Prozeß ihres Designs etwas grundlegend falsch gelaufen sein muß. Seine These ist, daß das soziale Handlungsmodell, dem er wie alle anderen AI-Forscher gehorchten, darin bestand, Theorien zu überprüfen und zu publizieren, nicht aber, sich mit Fragen der praktischen Umsetzung zu befassen: »The effect is that our technological goals–exploring the space of what computers can do for instruction–dominated over our educational goals« (10). Er stellt danach in Übereinstimmung mit dem konstruktivistischen Paradigma der »situated cognition« die Forderung auf, daß bereits der Designprozeß von Lernsoftware sozial eingebettet sein muß: »researchers must participate in the community they wish to influence« (9).

Expertensysteme und ITS

Wie an den Beschreibungen der verschiedenen Prototypen zu erkennen war, gibt es eine Reihe von Übergängen zwischen Autorensystemen und ITS, zwischen ITS und konstruktivistischen Lernsituationen und zwischen ITS und Simulationen:

- Elsom-Cook und O'Malley (1990) versuchen mit ECAL eine Brücke zwischen CAL und Intelligent Tutoring Systems zu schlagen. ECAL (extended computer-assisted learning) wurde eigens entwickelt, um Ideen aus der künstlichen Intelligenz in eine traditionelle CAL Umgebung zu integrieren.
- Giardina (1992) beschreibt mit BIOMEC einen Coach, der entdeckendes Lernen und Apprenticeship möglich machen soll. Der Coach ist eine dynamische Komponente, die Relationen zwischen dem Expertenwissen auf einem bestimmten Gebiet und dem Wissen des Lernenden herstellt.
- Jonassen und Wang (1994) versuchen mit dem *Physics Tutor* eine Verbindung von einem ITS mit einem Expertensystem und einem Hypertext herzustellen. Der *Physics Tutor* ist ein Prototyp-ITS, das die Praktikabilität und Generalisierbarkeit des ITS-Konzepts ausloten soll.

Ein Expertensystem ist ein »intelligentes« Programm, das über bestimmtes Wissen verfügt und mit Hilfe von Schlußfolgerungsregeln und -prozeduren Entscheidungen treffen und so Probleme zu lösen vermag bzw. Hypothesen für die Lösung von Problemen formulieren kann [Woodhead (1991), 35ff.]. Expertensysteme bestehen aus einer Wissensbasis (mit Fakten, Regeln und Strategien) und einer Inferenzmaschine. Das Regelwissen, das ein Expertenssystem benötigt, kann unterschieden werden in propositionales, analoges, und prozedurales. Gelegentlich kann ein Format in ein anderes überführt werden, aber nicht immer. Deshalb kommen die meisten Expertensysteme mit einem Wissenstypus aus. Ziel von Expertensystemen ist es, das Wissen von Experten in der Wissensbasis zu sammeln, um damit konkrete Fälle lösen zu können wie die Diagnose einer Maschine (Auto, Flugzeug, Computer), eines Patienten, eines Rechtsfalls. In der Lehre lassen sich Expertensysteme deshalb am besten mit Methoden der Fallanalyse verbinden, dem sog. »case based teaching«.

Die meisten Expertensysteme sind logische Systeme, die eine Wissensbasis in hierarchisch aufgebaute wenn-dann-Regeln transformieren. Diese Regeln sind den Experten teilweise selbst gar nicht bewußt, sie handeln, ohne ihr eigenes Erfahrungswissen in Form von Regeln formulieren zu können, ja »experts do not need to have formalized representations« [Winograd/Flores (1987)]. Deshalb wird vorher die Performanz von Experten mit raffinierten Methoden untersucht, obwohl »it is fruitless to search for a full formalization of the pre-understanding that underlies all thought and action« (99). Weil die Analyse des Expertenwissens schwierig ist, gilt hier der Einwand von Winograd und Flores, daß die Übergabe von Erfahrungswissen an die Wissenbasis ein unerreichbares Ziel bleiben muß (98). Expertensysteme unterscheiden sich dadurch, daß sie die Baumstruktur der Regeln entweder von einem gegebenen Ziel aus rückwärts verfolgen (backward chaining) oder von gegebenen Bedingungen aus vorwärts (forward chaining oder inferencing) auf Probleme anwenden. Expertensysteme holen sich durch Rückfragen beim Benutzer das nötige Wissen, um entscheiden zu können, welche Prämissen zutreffen und an welcher Stelle sie welche Regeln anwenden können.

Expertensysteme finden Einsatz als »Tools, Tutors and Tutees« [Lippert (1989)]. Intelligente tutorielle Systeme können einen Interpreter und eine Erklärungskomponente an die Wissensbasis anschließen, die in Form eines Expertensystems organisiert sind, sie könnten auch die tutorielle Entscheidung über didaktische Strategien in Form eines Expertensystems organisieren. Expertensysteme, die mit tutorieller Absicht konstruiert wurden, sind z.B. ZEE-RA [Marcoulides (1988)] und STAT-EXPERT [Karake (1990)], beides Programme, die Lernende beim Verstehen statistischer Analysen unterstützen sollen, und das Expertensystem zum Sprachenlernen von Nyns (1990).

Zwei Merkmale unterscheiden Expertensysteme gravierend von IT-Systemen [Clancey (1987)]:

· Im Unterschied zur Wissenskomponente von tutoriellen Systemen streben Expertensysteme nicht an, menschliches Denken oder Problemlösen zu simulieren.

· Im Unterschied zu IT-Systemen kann man aus Expertensystemen nichts lernen, da Expertensysteme sich lediglich die nötigen Daten durch Befragung der Benutzer hereinholen und daraus ihre Schlußfolgerungen selbständig und 'unsichtbar' ziehen.

Clancey hat deshalb das Expertensystem MYCIN für die Diagnostik von Infektionskrankheiten [Shortliffe (1976)] umstrukturieren müssen, als er dazu die tutorielle Komponente GUIDON entwickeln wollte [Clancey (1987)]: »There are two important kinds of explanations that MYCIN cannot give: it cannot explain why a particular rule is correct, and it cannot explain the strategy behind the design of its goal structure [...] At a certain level, MYCIN is aphasic – able to perform, but unable to talk about what it knows« (198).

Adaptivität – Anpassung an den Lerner

Eines der wichtigsten Ziele von IT-Systemen ist die Individualisierung des Lernens. Die Individualisierung versucht ein ITS durch die Adaptivität des Systems zu erreichen. Als Voraussetzung für den angemessenen Einsatz adaptiver tutorieller Strategien muß ein Lernermodell mit diagnostischen Funktionen eingerichtet werden, das den aktuellen Stand und die Geschichte des Lerners ermitteln und dem Tutor mitteilen kann.

Grundlegend ist die Frage, ob der Mensch sich an den Computer anpassen solle (dies war vor Erfindung der Fenstersysteme im Zeitalter der Befehlssysteme allgemeine Benutzer-Philosophie) oder ob der Computer sich an die Denkprozesse seines Benutzers anpassen solle. »Lehrprogramme werden als 'intelligent' bezeichnet, wenn sie in der Lage sind, einen flexiblen und adaptiven Dialog mit dem Lernenden zu führen« [Mandl/Hron (1990), 19]. Dieser Weg wird von der Forschungsrichtung der künstlichen Intelligenz gesucht, wobei die Schwierigkeit besteht, daß der Computer sich an etwas anpassen soll, was die Wissenschaft nicht ausreichend erforscht hat (und möglicherweise nie richtig erforschen wird): »But, in our view, an unsurmountable problem arises on this way. At the present state of knowledge we are unable to implement anything except processes which are the object of formal logics« [Bastien (1992), 183]. Bastien sieht einen möglichen Kompromiß in der Konzentration auf intelligente Schnittstellen. Zwar muß auch hier ein mentales oder kognitives Modell des Benutzerdenkens her, aber es kann ein beschränktes sein, das auf einer einfachen kognitiven Theorie beruht.

Duchastel (1992a) begründet seine Präferenz für Tutorensysteme mit der Ablehnung offener Hypermedia-Systeme für didaktische Zwecke: »Hypermedia is a non-pedagogical technology, one which is open to learning through browsing, but which must count on the student's own intelligence for learning guidance. Didactics, on the other hand, and all technology that supports didactics, are essentially goal-directed processes that aim to achieve a result that is focused« (69ff.). Interessant ist Duchastels Auffassung, Hypermedia sei eine »non-pedagogical technology«, weil sie Browsing erlaube, während er Didaktik und didaktische Lernumgebungen als »essentially goal-directed processes« definiert (201). Didaktik beginnt für Duchastel mit der Definition von Lernzielen und endet bei adaptiven tutoriellen Regeln, die pädagogisches Wissen repräsentieren. Deshalb muß er die Freiheit der Hypermedia-Systeme als Schwäche einschätzen, weil sie nicht in der Lage seien, sich kognitiv an den Lernenden anzupassen. Die instruktionale Strategie, die sich aus der tutoriellen Einwirkung des ITS mit seinem pädagogischem Wissen auf den Lerner ergibt, bezeichnet Duchastel als »tasking the student« (wohl eine modernere Variante des früheren »prompting«?). Der Kompromiß zwischen »tasking« und Browsing, der durch die Hinzufügung von Multimedia zum Tutor nötig wird, bezeichnet er als »provoke the student into browsing!« Duchastel setzt Didaktik mit Instruktion gleich. Warum sollte ein Instrument, das Lernen ermöglicht und erleichtert (als solches wird Hypertext oft bezeichnet) ein nicht-pädagogisches Werkzeug sein? Ist ein Lehrer, der bei seinen Schülern das selbständige Problemlösen fördert, kein Didaktiker? Ich würde behaupten, er ist ein besserer Pädagoge als der Lehrer, der nur expositorischen Unterricht erteilt. Die größten Lernprozesse macht der Mensch ohnehin durch, bevor er den formalen, institutionell induzierten Lernvorgängen der Schule ausgesetzt wird.

Warum sollte Didaktik aber etwas anderes (»on the other hand«) als Lernen sein? Didaktik ist eine Methode, die dabei hilft, Lernprozesse und Lernumgebungen zu arrangieren und Entscheidungen über Lernsituationen und Lernmittel zu unterstützen, also auch offene, explorative, ja sogar konstruktivistische u.a. Lernsituationen zu planen. Enthalten explorative Situationen keine zielorientierten Prozesse? Warum soll ich die Einschränkung annehmen, daß Didaktik nur zielorientierte Prozesse des Lehrers oder Instruktors beschreibt oder vorschreibt? Ich habe den Eindruck, Duchastel setzt Didaktik mit Instruktion gleich und verwechselt Lernen mit Instruktion.

Geplante Adaptivität Die Argumentation Duchastels dient der Begründung für adaptive Systeme: »In contrast, HMSs [i.e. Hypermedia-Systems, R.S.] do not adapt cognitively to the student; this is their weak point«. Den Satz verstehe ich nur, wenn ich annehme, daß Duchastel meint, Adaptivität sei nur die vom Designer im Design investierte Anpassungsleistung des Programms an präimaginierte Typen von Lernenden. Für die Richtigkeit dieser Interpretation spricht der nächste Satz: »Adaptation is the essence of what is known as pedagogical knowledge (the tutorial rules of an ITS), which in turn can be characterized mainly as curricular knowledge«. Das Curriculum, der Lernzielkatalog und der Designer definieren den Tutor und dessen Adaptationsleistung. Das kann ich aber nicht als Anpassung an das Individuum bezeichnen. Im Gegenteil, dieser Vorgang muß zur Anpassung des Individuums an den pädagogischen Katalog führen.

Anpassung könnte ebenso die Auseinandersetzung des Lernenden mit einem breit gefächerten und individuell und interpretativ sowie selektiv zu verarbeitenden Stoff meinen. Der Lernende erbringt die Interpretationsleistungen und der »Stoff gibt nach«. Er kann dies, weil er reich, vielfältig und Interpretationen zugänglich ist. Diese Form hermeneutischer Adaptivität schätze ich als anspruchsvoller und als individueller ein als die instruktionelle Anpassung an Idealtypen von Lernenden. Diese Form der Adaptivität ist für das Instruktionsdesign und tutorielle Systeme undenkbar, undidaktisch. Die Pädagogik des ITS kann nicht anders, als Adaptivität zu *planen*.

Die Adaptionsfunktion muß zu einer immer weiteren Differenzierung der Lerner-Parameter führen, weil die Anpassung sonst zu grob und künstlich bleibt und die Adaptivität ja eine Form von »Natürlichkeit« erreichen will. Daraus resultieren aber eine Reihe von Problemen (mal abgesehen von der Tatsache, daß die Pädagogische Psychologie und die Kognitionsforschung noch gar nicht alle Lerner-Parameter kennen):

- Es kann zu einer potentiellen kombinatorischen Explosion der Such- und Diagnosestrategien im tutoriellen Raum kommen.
- Die logische u.a. Konsistenz der vielen Parameter bei höherer Anzahl wird problematisch.
- Die innere Konsistenz ist zweifelhaft, da die vielen Lernervariablen eher heuristische Kategorien sind und zahlreiche Überschneidungen aufweisen, z.B. intrinsisch, intentional, aktiv, selbst-regulierend etc.

Mikroadaption Es handelt sich letztlich um eine Form der Mikroadaption, die IT-Systeme praktizieren. Die Adaptation an Lernermodelle soll durch den Gebrauch unterschiedlicher Strategien des instruktionalen Systems erreicht werden. VanLehn (1991) unterscheidet beispielsweise »explanation-based learning« von »similarity-based learning«. *Sierra*, ein Arithmetik-Lernprogramm benutzt eine Mischung beider Strategien. Die erste Strategie steht unter der Annahme einer vollständigen Beherrschung der Domain und setzt voraus, daß das fest gespeicherte Wissen wieder abgerufen werden und auf andere Fälle angewendet werden kann. Die zweite Strategie vergleicht Beispiele, registriert Ähnlichkeiten und Unterschiede und formuliert Generalisierungen. Was ursprünglich als psychologisches Lernmodell gedacht war (19), entpuppt sich als nicht-adäquate Abbildung realer Lernprozesse (21). Der intelligente Tutor kann eine Erklärung durch ein Beispiel ergänzen, er kann das Erklärungsniveau wechseln etc., aber er kann nicht auf individuelle Probleme eingehen, die in der Diagnostik-Komponente gar nicht erkannt werden können, gar auf Probleme, die außerhalb der kognitiven Domain liegen, z.B. Konzentration, Motivation etc. Die meisten fehlererkennenden Systeme sind nicht in der Lage, ihre Strategien so zu variieren, wie es nötig wäre: »When learning failures occur in either approach, the system can only reteach the same material in the same way that was ineffective the first time« [Snow/Swanson (1992), 604].

Adaptivität und Kontrolle

Die Individualisierung des Systems durch Anpassung ist zwar das Ziel der ITS-Entwickler, aber ist das Ergebnis nicht eher eine Kontrolle über den Lernenden? Es gibt Studien, die (angeblich) beweisen, daß die Kontrolle des Lerners über das Programm nicht die besseren Lernergebnisse produziert, daß adaptive Programme bessere Ergebnisse erbringen. Solche Aussagen können nur mit genau der Vorsicht und den Einschränkungen genommen werden, die in den Kapiteln zur Lernerkontrolle und zur Evaluation herausgearbeitet werden, sind doch diese Ergebnisse abhängig von den Lernvoraussetzungen, Lernstrategien und Lernstilen, vom Typ der Anwendung und ihrem Kontext. Wissen um Lernprozesse und tutorielle Strategien enthält ein Gutteil »common sense knowledge«: Es ist keine sinnvolle Strategie, die Granularität zu erhöhen (Verfeinerung der Lernschritte), weil dann das System noch dichter wird (kontrollierter). Je detaillierter die Diagnose, um so eher entfernt sich das System von wahren psychologischen Lernprozessen. Stattdessen gibt es sogar Vorschläge, inexakte Diagnosen, ungenaue, fuzzy Diagnosen zuzulassen.

Adaptivität durch Unterrichtsmethoden

Was kann man sich unter Adaptivität genau vorstellen? Wie sieht ein adaptives System in der Praxis aus? Einem Vergleich mit Lehrern halten Tutorensysteme nicht stand: »Admittedly, adaptability in the best systems is rather coarse when compared to the way human teachers can weave diagnosis and didactics tightly together. The ability of teachers to move back and forth between compiled and articulate knowledge, in both diagnosis and didactics, also contrasts strikingly with current systems in which diagnosis in terms of compiled knowledge is the norm« [Wenger (1987), 426]. Über welche Varianten verfügt die tutorielle Komponente? Die Strategien variieren von Korrekturen, über Erklärungen hin zum Präsentieren von Beispielen und Übungen. Adaptive Systeme müßten eine Vielzahl von Unterrichtsmethoden beherrschen und eine Vielzahl von Lernervariablen analysieren können, um ihr Ziel wirklich erfüllen zu können: Drill & Practice, Tutorien mit Übungen, Interaktive Konstruktion, Sokratische Dialoge, Explorative Lernumgebungen usw. Gerade in diesem Punkt ist ein lebhaftes

Experimentieren mit Prototypen zu beobachten. Ein diagnostisches System, das Gegenbeispiele präsentiert, um zu einer Modifikation unkorrekter Lerner-Hypothesen beizutragen, stellen Plötzner und Spada (1992) vor. Diagnostik-Module, die mit unsicheren Hypothesen fertig werden sollen, beschreibt Eshelman (1990). Doch es gibt prinzipielle Grenzen für die Modifikation didaktischer Strategien, die aus der Gebundenheit an den Wissenbereich und an beobachtbares Lernverhalten resultieren: Der Tutor kann keine Metakommunikation betreiben. Insofern kann ich der Forderung von Wenger (1987) auch nicht zustimmen, die unterstellt, daß diese Mängel durch Einbettung in eine Kommunikationsumgebung aufgehoben werden könnten: »Bringing more intelligence into knowledge communication requires an understanding of the communication environment in which it takes place [...] Hence, computational models of knowledge communication will require new theories of knowledge communication as computer-based systems evolve and as research in artificial intelligence and related disciplines provides more powerful models« (426).

Einschränkungen und Hoffnungen

Was ist der aktuelle Stand intelligenter tutorieller Systeme? »overhyping and overpromising«, wie Reigeluth (1992) behauptet (52): »many reports and presentations on ITS remind me of 'show and tell'«. Oder fehlt nur noch 'ein wenig Theorie', wie Goodyear (1992) meint?

Das Gebiet der intelligenten tutoriellen Systeme ist offenbar in der Phase der Programmatik steckengeblieben: Selbst wenn man nur die Aufsätze einer einzigen Zeitschrift zu dem Thema ITS betrachtet, so wiederholen sich ständig dieselben Aussagen, Systematisierungen und Rückgriffe auf die AI-Literatur. Ich habe selten so viel Redundanz auf einem Haufen gesehen, und selten eine so kleine Gemeinschaft von Forschern, die ständig dasselbe auf demselben Entwicklungsstand veröffentlichen (Anderson, Brown, Duchastel, Jonassen, Lesgold, O'Shea, Self, Sleeman). Selbst dann, wenn ein Programm »an Tausenden von Schülern ausprobiert wurde«, kann man davon ausgehen, daß das Programm nicht, wie Clancey formuliert, »im praktischen Gebrauch« war, sondern daß es in flächenartigen Versuchserien mit Schülern als »Versuchspersonen« getestet wurde, z.B. DEBUGGY [Burton (1982)]. Es existiert eine Unmenge von Artikeln auf dem Gebiet der ITS, die »prospects«, »perspectives«, »future« o.ä. Begriffe im Titel tragen. Nach Durchsicht der Literatur zum Thema ITS drängt sich mir spontan folgender Ausruf auf: »Ich hab die Nase gestrichen voll vom LISP-, Prolog- oder Pascal-Lernen (ILE / PROUST / CMU Lisp Tutor / Bridge Tutor/ GIL / TAP) in intelligenten Umgebungen!« Ein Überblick über IT-Systeme, die sich mit dem Programmieren befassen, findet sich bei van Merriënboer und Krammer (1992). Es gibt zu diesem Thema speziell »Special Issues« von *Instructional Science* (20, 2/3), (19, 4/5).

Die Forschung auf dem Gebiet der tutoriellen Systeme befaßt sich vor allem mit der Problematik von domain-unabhängigen Problemlösungsstrategien. Die dahinterstehende Hoffnung, auf ganz allgemeine Strukturen zu stoßen, die in beliebigen Tutorenshells einsetzbar sind, geht von der Hypothese aus, daß die kognitiven Konzepte als Abstraktionen von ihrer Praxis gelöst und in dieser Form gespeichert werden könnten, eine Hypothese, der aus konstruktivistischer Sicht widersprochen wird [Clancey (1992); vgl. Ridgway (1988)]. Ein solches Ziel ist bisher auch nicht ansatzweise erreicht worden. Im Gegenteil, die meisten Systeme gibt es in der Physik und auf dem Gebiet der Programmiersprachen, beides Wissensgebiete mit hoher Stabilität und algorithmisierbaren Konzepten. Genau mit diesen Kriterien begründet (Jonassen 1992a) auch die Wahl der Domain für seinen Tutor: »Physics was chosen as a subject matter domain because it possesses a highly stable and well-defined semantic structure« (195). Auf diese Einschränkung des Wissenbereichs weisen auch Mandl und Hron (1990) hin: »Bisherige Intelligente Tutorielle Systeme berücksichtigen vor allem elementare und algorithmische Lehrstoffe, während semantisch reichhaltige Gegenstandsbereiche vernachlässigt wurden« (27). Ihr Fazit lautet: »Es ist allerdings kritisch zu bemerken, daß sich das Lernen mit ITS auf Sachverhalte und Themengebiete konzentriert, die einer logischen Analyse zugänglich und stark regelgebunden sind. Mit dem Computer wird in erster Linie logisch-funktionales Wissen vermittelt, das die Technik und die Wissenschaft prägt. Soziales Wissen ist nicht in den Blick genommen. Dies gilt ebenso für den musisch-ästhetischen Bereich und körperlich-kinästhetische Erfahrungen. Der lebensnahe Erfahrungsbezug kann durch ITS nicht geleistet werden« (28ff.) [s.a. Dreyfus (1985); Hammond (1989), 171].

Primitivität des Lernermodells   Die Limitiertheit der Domain ist einer der kritischen Punkte von IT-Systemen. Ein zweiter kritischer Punkt ist die bisherige Primitivität des Lernermodells, die viel zu wenige Merkmale des Lerners erfaßt. In dieser Frage setzen IT-Systeme auf die Entwicklung kognitiver Theorien des Lernens. Die Hoffnung auf einen Fortschritt der intelligenten Tutoren setzt voraus, daß es Theorien gibt, die in der Lage wären, die gewünschten intelligenten Prozesse abzubilden. Gerade hier setzt die Kritik der Psychologie an. So weist z.B. Landauer (1991) in einer Diskussion über Design-Entscheidungen für Benutzerschnittstellen darauf hin, daß es zwar einen Einfluß der Theorie auf die Praxis gäbe, daß dieser aber nicht einfach darin bestünde, genaue, klar geschnittene Praxisanweisungen bereitzustellen: »My contention is simply that the theory of human cognition is now and may forever be too weak to be the main engine driving HCI« (60ff.). Ein dritter kritischer Punkt ist der aktuelle Stand tutorieller Strategien, die zu linear und sequentiell angelegt sind und zu wenig Wahlmöglichkeiten anbieten: »Tutoring systems certainly cannot make better choices and decisions than teachers in all facets of teaching activity. But in some, they can be more complete and more reliable«. Aber Vergnaud (1992) ist guter Hoffnung, daß sich die Begrenztheit der pädagogischen Funktion von IT-Systemen überwinden läßt: »They will probably not be able to interpret students' behavior before a considerable amount of research has been conducted« (307).

Das ist auch die Meinung von Goodyear (1992), der zwar die Beschränkungen heutiger Tutoren-Systeme beklagt, sich aber hoffnungsfroh zu der Frage äußert, ob pädagogisches Wissen in IT-Systeme zu integrieren sei: »If our goal is to encode pedagogical knowledge in an ITS to support simulation-based learning, for example, the knowledge representation formalisms of contemporary AI are terribly restrictive. But that is not an argument for abandoning the enterprise. Rather we need to recognise the utility of early explorations in pedagogic knowledge engineering, through which greater and more specific demands can be made on the tools« and techniques of cognitive modelling« (397ff.). Das Tutorenmodell ist verständlicherweise derjenige Teil des IT-Systems, für den die Instruktionalisten den ITS-Designern ihre Expertise angeboten haben, aber offenbar erfolglos, denn Reigeluth (1992) kritisiert das Unvermögen der ITS-Entwickler, »to recognize the importance of the soft technology – instructional theory – for guidance as to what the instruction should be like« (52). Als Replik auf eine solche Kritik läßt sich die Kritik von Jones (1992) am Stand des Instruktionsdesigns verstehen: »instructional designers have not yet specified their theories at a sufficient level of detail for use within an ITS« (5).

Reduktionismus I: Wissensbasis in ITS

Intelligente tutorielle Systeme kennen nur die Unterscheidung von deklarativem und prozeduralem Wissen. Prozedurales Wissen meint Regelwissen, das sich auf zweckrationale Bereiche bezieht, während deklaratives Wissen das Wissen über Objekte, Eigenschaften und Ereignisse bezeichnet, eben Faktenwissen. Prozedurales Wissen wird häufig als präskriptiv bezeichnet, während deklaratives Wissen häufig als deskriptiv bezeichnet wird.

Beschränkung auf nomologisches Wissen Ohlsson (1992) listet die Typen von abstraktem Wissen auf, die Grundlage der Domain für ITS sind: Naturwissenschaftliches, Artifizielles, Mathematisches, Logisches, Moralisches und Konventionales Wissen. Unter artifiziellem Wissen versteht Ohlsson auch das Wissen über soziale Institutionen, unter moralischem Wissen findet eine Einengung auf so etwas wie 'moralische Vorschriften' statt (84). Aus der Abwesenheit anderer Wissenstypen wird klar, welcher Typus für ITS unüberwindliche Schwierigkeiten bildet: Methodologisches, historisches, soziales, psychologisches, ästhetisches, anthropologisches und ethnographisches Wissen. Es handelt sich bei allen Wissenstypen, die ITS zur Grundlage nimmt, um nomologische Wissenssorten, »die einer logischen Analyse zugänglich und stark regelgebunden sind« [Mandl/Hron (1990), 28], während hermeneutische Wissensgebiete ausgespart werden – es hat den Anschein, als wäre es ITS-Designern nicht bewußt, daß es auch nicht-nomologisches Wissen gibt –, denn bei den wenigen Ausflügen auf geistes- und sozialwissenschaftliche Wissensgebiete findet eine für den pädagogischen Kontext gefährliche Reduktion sozialwissenschaftlicher Thematik auf analytisch-zweckrationale Dimensionen statt: In der Liste von Beispielen, mit denen Ohlsson seine Wissentypik illustriert, finden wir z.B. folgende Beispiele: Daß bei den Sozialwissenschaften das 'Gesetz von Angebot und Nachfrage' erscheint, mag noch hingehen, obwohl die Ökonomie sich über den Gesetzescharakter dieses Begriffspaares selbst nicht im Klaren ist; daß aber die Dialektik des historischen Materialismus in absurder Weise auf wenn-dann Aussagen reduziert wird, kann nicht hingenommen werden: »The principle of historical materialism which says, roughly, that when new tools for the manufacturing of economic goods appear, there will be a political revolution which transfers political power from the owners of the old tools to the owners of the new tools, followed by a restructuring of political and social institutions to fit the new manufacturing tools« (76). Abgesehen davon, daß wohl kein Vertreter des historischen Materialismus von Feuerbach bis Marx sich in dieser quasi-Gesetzesformulierung wiedererkennen würde, verkennt dieser Versuch einer nomologischen Reduktion einer Theorie völlig die dialektischen Grundlagen und die komplexen sozialen und historischen Kategorien des Materialismus. Selbst im bereits durch den Begriff 'moral conduct' reduzierten Bereich finden wir noch Beispiele, die einfach nicht hierhin zu gehören scheinen, z.B. »The Golden Rule which says that you should behave towards others as you want them to behave towards you« (77). Im Bereich der moralischen Wertebildung die komplexen Formen relationierenden Denkens zu übersehen und solche 'Alltagsweisheiten' als Wissen zu verkaufen, bedeutet schon einiges an Unverfrorenheit.

Ohlsson nimmt als Rechtfertigung für seine Klassifikation von Wissen folgenden Grund an: »Cognitive science has as yet neither verified, improved, nor produced a grounded rejection of this classification of knowledge« (84). Woher bezieht er den Wahrheitsgehalt dieser Aussage? Das ist doch einfach nicht wahr! Erkenntnistheorie und Methodologie sind doch wesentlich älter als Ohlssons Versuch, haben diese Problematik immer schon völlig anders gesehen und deshalb gar keinen Grund, sich auf die Diskussion dieser voluntaristischen Klassifikation einzulassen. Die Beispiele Ohlssons mögen kraß sein und nicht von allen ITS-Designern geteilt werden, doch sind sie nur extreme Ausformungen einer dem ITS-Konzept immanenten Konsequenz. Der Zwang zur Reduktion des Wissens ist dem gewählten Ansatz methodologisch inhärent und nicht nur zufällig abhängig von einzelnen Vertretern dieser Richtung.

Das Marmeladenglas-
Problem

Ich mache mir den Umstand, eine der überflüssigsten Seiten der wissenschaftlichen Literatur zu zitieren, um zu verdeutlichen, mit welchen Scheinproblemen man es gelegentlich bei der Analyse und Definition der Wissenskomponente zu tun bekommt: Ich nenne es das »Marmeladenglas-Problem«. Ohlsson illustriert damit auf zwei vollen Seiten seines Aufsatzes die Unterschiede von prozeduralem, deklarativem und abstraktem Wissen. Das Beispiel lautet: 'Wie öffne ich ein Marmeladenglas, das sich schwer öffnen läßt?' Ohlsson dekliniert im einzelnen durch, wie die Version der Lösung als deklaratives, prozedurales und abstraktes Wissen lauten würde. Seine Lösung lautet: »The most elegant solution to this problem is to heat up the jar by putting it in hot water«.

Bei aller Logik und der Geltung von Naturgesetzen: Was soll an der Lösung 'elegant' sein? *Soll ich mir nach dieser Prozedur heiße Marmelade auf das kühle Butterbrot schmieren?* Für die Lösung eines solchen praktischen Problems benutzt man seit jeher reines Erfahrungswissen:

1. Mit einem harten Gegenstand gegen den Rand des Deckels klopfen.

2. Das Glas auf den Kopf drehen und mit der Faust darauf hauen.

3. Eine Zange mit runder Öffnung nehmen (gibt es in jedem Haushaltsladen zu kaufen) und den Deckel aufdrehen.

Die vom Erfahrungswissen in Anspruch genommenen Naturgesetze (Luft ins Vakuum einlassen, Innendruck gegen Außendruck, Hebelgesetz anwenden) werden vom Alltagsproblemlöser gar nicht reflektiert. Es handelt sich nämlich nicht um deklaratives Wissen, sondern um schlicht tradiertes Erfahrungswissen, dessen Vermittlung durch ein ITS jenseits jeder Preis-Nutzen-Relation liegen und völlig unangemessen wäre. Für Ohlsson ist aber das Beispiel ein »insight problem«, dessen Lösung in einem »extended impasse« erlangt wird!

Ich hatte bisher argumentiert, daß die Struktur eines ITS eine Konzentration auf nomologisches Wissen bedingt. Kearsley (1987) vermutet einen anderen Grund für die offensichtliche Beschränkung der Domain, nämlich die Absicht der Entwickler, lediglich Prototypen für Testzwecke zu entwickeln:»their initial goal was to explore the capability of AI technology in the instructional process than to develop usable instructional systems« (28). Die Domainmodelle enthalten selten heuristische Prinzipien. Vielfach sind sie auch nur schlichte quantitative Simulationsprogramme [Hartog (1989)]: »The domains of these systems are highly artificial. Popular domains for intelligent tutoring systems are: mechanics, electronics, mathematics, computer languages, games, medical diagnosis« (197). Nur auf dem Gebiet kausaler Schlüsse seien ITS und Student in Deckung zu bringen (198), obwohl es kein wissenschaftliches Modell für kausale Argumentation gäbe und diese Form der Argumentation in weiten Bereichen auch als nicht-wissenschaftlich gelte.

Eines der wenigen Beispiele, das scheinbar über diese Festlegung auf Wissen der naturwissenschaftlichen Art hinausgeht, ist das System MORE von Costa (1992), das mit unvollständigen Aussagen und logischen Widersprüchen fertig werden soll:»We have chosen a non-procedural domain to test the principles and ideas underlying our system, the domain of French XVII century history« (101). Aber es wird ersichtlich, daß die andere Wissenssorte, mit der es MORE zu tun hat, als Ausweichen in Problembereiche unvollständiger und widersprüchlicher Aussagen charakterisiert wird, eine Einstellung, die immer noch am Ideal logischer Inferenzen orientiert bleibt.

Man möchte schneller zu Regeln kommen, entwickelt deshalb einen speziellen Forschungszweig, der sich mit der automatischen Extraktion und Generierung der Regeln für Expertensysteme und Wissenbasen befaßt. Auch hier stoßen wir wieder auf methodologische Probleme. Einige arbeiten mit verbalen Protokollen und Selbstauskünften. Selbstauskünfte beruhen aber häufig nicht auf Introspektion, sondern reproduzieren angelerntes a priori Wissen, Alltagstheorien usw. Und schon wieder gibt es einen neuen Forschungszweig, der sich mit nichts anderem als der verbalen Protokollmethode und den Wissenrepräsentationen der beforschten Experten, ihren Suchstrategien und Entscheidungsprozessen auseinandersetzt. Da diese in der Regel wieder domain-abhängig sind, gäbe es in Zukunft genug zu beforschen. Berichte wie die von d'Ydewalle (1992) und Engel, Bouwhuis et al (1992) deuten an, daß auch hier eine reductio ad infinitum, eine Aufsplitterung der Forschungslandschaft in atomare Probleme die Folge sein könnte mit der Konsequenz, daß sich die Einzelergebnisse nicht mehr vergleichen oder auf einen gemeinsamen Nenner bringen lassen.

Reduktionismus II: Lernermodell in ITS

Beginnen wir mit dem Zitat eines der hervorragendsten Vertreter der Lernermodelle:»The 'learner model mystery' is this: Why is it that every conference and workshop concerned with 'AI and Education' has sessions on 'learner modelling' and yet the papers within those sessions have little discernible connection?« [Self (1992), 17]. Self ist trotzdem optimistisch und bemüht sich, die Gemeinsamkeiten der offensichtlich verschiedenen Ansätze im Sammelband von Engel, Bouwhuis et al (1992) über die Integration in ein allgemeines Rahmenwerk aufzuzeigen. Dies gelingt ihm auch, obwohl an der bemühten Reinterpretation der Ansätze deutlich wird, daß alle drei referierten Ansätze sich mit verschiedenen Fragen innerhalb des Rahmens auseinandersetzen. Es ließen sich aber ebenso Hunderte solcher Aufsätze finden, die dieselben Probleme unterschiedlich behandeln. Auch hier eine reductio ad infinitum.

Forschungsstand Ich teile die Einschätzung der Forschungssituation durch Self: »research on learner modelling covers a diverse spectrum of techniques, approaches and philosophies. Progress in the field, and in intelligent learning environments generally, is impeded by the difficulty individual researchers find in comparing and analysing the methods developed by others« (25). Ich teile aber nicht seinen Optimismus, durch einen bloß formalen Rahmen derartige Differenzen beseitigen zu können. Es handelt sich eben um Differenzen in Quasitheorien, und angesichts der methodologischen Schwäche solcher Theorien kann es keine Gemeinsamkeiten geben. Dieser Aussage scheinen Mandl und Hron (1990) zustimmen zu können: »In den Kognitionswissenschaften, insbesondere in der Kognitionspsychologie, Wissenspsychologie und Künstliche Intelligenz-Forschung liegen gesicherte Erkenntnisse zum Wissenserwerb, auf deren Grundlage ITS entwickelt werden könnten, nur ansatzweise vor« (27). Pereira, Oliveira et al (1992) betonen, daß selbst eine Kooperation von Wissenschaftlern aller beteiligten Disziplinen nicht helfen würde, »simply because there are no available models either in psychology or education that would adapt readily to the ITS situation« (209). Selfs Optimismus ist beeinflußt von der positivistischen piecemeal-Technologie, der Vorstellung, daß es gelingen könnte, die große Forschungsfrage in kleine Stücke zu teilen, diese erfolgreich zu beforschen und am Ende die Stücke wieder zu einem Kuchen zusammen zu vereinen. Das Dumme ist nur, daß die Stücke sich unterwegs verändert haben.

Individualisierung und Lernerkontrolle
Die Begründung für die Notwendigkeit von Lernermodellen sieht McCalla (1992a) im Ziel der Individualisierung und der dafür benötigten Lernerkontrolle, Ziele, die er ohne ein Lernermodell nicht glaubt, verwirklichen zu können: »The need for student modelling arises primarily as a by-product of the need for individualization and student control. Without detailed knowledge of what students actually do, it is impossible to allow the student any control and it is impossible to modify the system's behaviour to correspond to specific, individual needs of the students« (112). In McCallas Position zeigt sich die Verflechtung des Instruktionsdenken mit den IT-Systemen: Nur wenn das Programm (der Lehrer) mit Sicherheit abschätzen kann, wie gewissenhaft der Schüler den Anweisungen folgt, kann ihm die Lernerkontrolle übergeben werden. Es steht eine sehr eingeschränkte Vorstellung von Autonomie und Selbständigkeit im Lernen hinter dem Konzept der Adaptivität von IT-Systemen.

Der Begriff Lernermodell kann vielerlei Bedeutungen annehmen: Das Modell kann bereits aus einer Liste von Eigenschaften bestehen, oder es kann ein Satz aufeinander abgestimmter Parameter sein, ein Modell im Sinne der Simulation. Letzteres dürfte angesichts der Vielfalt von Parametern und der geringen wissenschaftlichen Aufklärung auf diesem Gebiet unmöglich oder nur auf einer ganz kleinen Domain möglich sein. Das Lernermodell besteht häufig aus nichts anderem als aus den Wissensstrukturen der Domain, die in domain-spezifische Regeln in Form von Hypothesen und Prädiktionen umgesetzt werden [Plötzner/Spada (1992), 113]. Ein spezielles Subset dieser Regeln bildet die Wissensstruktur des individuellen Studenten. Gerade dieses Subset ist in den meisten Fällen völlig unterentwickelt [Kearsley (1987)]: »existing ICAI systems have ignored many potentially important student variables in the diagnostic and prescriptive process by relying solely on the student's response (or response pattern) to a given question« (35).

Eine Differenzierung der Diagnostikkomponente nach Lernstilen wird zwar angestrebt, ebenso eine dynamische rekurrente Transformation von tutoriellen Strategien im Programmverlauf, aber die Realisierung bleibt bislang rudimentär und wird nicht die Komplexheit erreichen, die sich in den Untersuchungen von Entwistle und Saljö und Marton als notwendig erwiesen haben, schon deshalb nicht, weil diese und andere psychologisch-analytischen Theorien des Lernprozesses und der in ihm interagierenden Variablen nicht zur Verfügung stehen: »However, a satisfactory integration of the system's diagnostic process with the learner's learning process has yet to be achieved. It demands a more valid psychological model of learning (as well as domain representation) than we are currently able to provide« [Dillenbourg/Self (1992), 130]. In der Praxis sind die Variationsmöglichkeiten eher enttäuschend: »Almost all the systems I have reviewed enforce one standardized style of learning, described as hierarchical, structured, sequential, top down, and goal oriented« [Rosenberg (1990), 186]. Ob die Lücke, die zwischen Anspruch und Wirklichkeit klafft, je zu überwenden sein wird, bezweifelt Tompsett (1992): »Some advances have been made in terms of learner styles, but styles exist only as a set of discrete entities rather than a multi-dimensional set of characteristics. Knowledge of how to match learner characteristics and resource generation without producing two set of resources appears to be a unrealisable in the future« (98).

Lernermodelle sind in der Regel domain-spezifisch. Inhärent in ITS-Ansätzen ist aber die Unterstellung, daß der wissenschaftliche Fortschritt es möglich machen werde, zu einem universalen Lernermodell zu kommen. Eines der wenigen Beispiele eines als allgemeines Lernermodell intendierten Modells ist »G« von Meurrens (1992). Zu diesem Zweck benötigen IT-Systeme bessere kognitive Lerntheorien, obwohl Rosenberg (1990) anzweifelt, ob von den Entwicklern überhaupt Lerntheorien in Anspruch genommen werden: »Overall, there is little evidence that the views of learning embodied in ITSs are based on anything but their implementors' intuitions« (186). Am Sinn der Annahme eines universalen Lernermodells zweifelt Oliveira (1992): »there currently does not exist, and probably never will exist a 'universal model' able to represent the process implied in a learning situation, however well-defined [...] What does exist are general theories about learning, which although fundamental to the framework guiding this study, are not sufficiantly open to formalization to permit the construction of an operational model in the sense we intend; that is, a model capable of modelling learning in a situation of assisted teaching, clarifying the mediatic foundations of interaction between man an computer« (8). Aber selbst wenn es möglich wäre, den Tutor auf der Basis eines allgemeinen Benutzers zu entwickeln, würden unlösbare Probleme auftreten, weil im generellen Tutor zwangsläufig individuelle Charakteristika des Lernenden übergangen werden: »The evolution of intelligent tutorial systems is currently facing an important dilemma: either it is to base itself on pupil models which are sufficiently simple and precise, yet, as they are only relevant to specific learning situations, are only locally operational; or, if we hope to use them in more general situations, the models either cease to be precise enough to be operational or they quickly become too complex and the systems lose a great deal of their efficiency«.

Im Grunde muß, um den Anspruch eines ITS zu erfüllen, die Forschung stets weiter ins Detail gehen: Analogien, Erklärungen, Transfer müssen untersucht werden, die Wirksamkeit der Art von Beispielen, die in den Lernprozeß eingeführt werden, muß detailliert studiert werden, ob es ausreichend ist, ein oder zwei Beispiele zu benutzen etc. Als nächstes müßte wieder die Kombinierbarkeit und die Kontextabhängigkeit der jeweiligen Faktoren erforscht werden. Um eine solche Studie von Detailfragen handelt es sich bei Pirolli (1992), der den Erwerb der Programmierfähigkeit bei rekursiven Funktionen und dabei die Rolle von Beispielen und Selbst-Erklärungen untersucht. Wenn man diese Ansprüche ernst nimmt, wird die Forschung im atomaren Bereich des Lernens landen, eine endlose Aufgabe, die zur völligen Zersplitterung der Forschung und letzten Endes auch der Lernprozesse führen wird.

Die Idee der Adaptivität der tutoriellen Systeme verleitet einen ihrer Vertreter [Lippert (1989)] zu der Aussage: »CAI is teacher-centered, while ICAI is student-centered« (11). Das ist etwas reichlich vorschnell gefolgert. ICAI wird vom Designer für den idealen Schüler konstruiert. Im Gegenteil, die tutorielle Hilfe kann sogar zu einer Reduktion der Eigenaktivität der Lernenden führen, wenn der Lernende beginnt, sich auf sie zu verlassen, was wiederum »den Transfer des Gelernten auf neue Probleme oder unter geänderten Bedingungen sehr erschweren« kann [Spada/Opwis (1985), 20].

»Aus psychologischer und pädagogischer Sicht ist problematisch, daß tutorielle Systeme häufig den Eigenaktivitäten des Lernenden nur wenig Raum geben. Zwar liegen zur Effektivität der Lernwegfreiheit beim Wissenserwerb, bedingt durch die Unterschiedlichkeit der betrachteten Lehr-Lernparadigmen, durchaus kontroverse empirische Befunde vor, unbestritten ist aber, daß Wissenserwerb und Wissensveränderung konstruktive Prozesse sind, die eine aktive Rolle des Lernenden voraussetzen« [Spada/Opwis (1985), 19]. Auf dem Hintergrund eines Vergleichs der Theorien von John Dewey und Herbert Simon charakterisiert Bredo (1989) das den IT-Systemen inhärente pädagogische Modell und kommt dabei zu Schlüssen, die einer der Grundannahmen der ITS-Designer widersprechen, die stets davon auszugehen scheinen, daß die tutorielle Beratung eine Form der Einbeziehung des Lerners sei: »It embodies a passive view of the learner that, unlike Dewey's, cuts them out of fuller interaction with their physical and social environments, making it more congruent with the presumptively docile and isolated subject of a psychology experiment than with learners observed under naturalistic conditions« (28).

Es gibt mehrere Möglichkeiten, Konsequenzen aus dem Stand der tutoriellen Komponente für den Einsatz der IT-Systeme in der Praxis zu ziehen. Spada und Opwis (1985) glauben, damit auskommen zu können, wenn klare einschränkende Richtlinien für den Einsatz solcher Systeme formuliert werden: »Intelligente tutorielle Systeme sollten auch nur für Teile der Ausbildungszeit in Betracht gezogen werden, da der Dialog mit dem computerisierten künstlich-intelligenten System in wichtigen Merkmalen von einer natürlichen sozialen Interaktion abweicht. Nicht zuletzt stellt auch das Ausmaß der Lernüberwachung ein Problem dar« [Spada/Opwis (1985), 20]. Megarry (1988) meint, es sei sinnvoller, ganz auf Lernermodelle zu verzichten: »the rôle of the computer should be organizing and representing knowledge to give the user easy access and control, rather than trying to create a model of the learner and seeking to prescribe her route through it« (172). Denn trotz aller Bemühungen,

Adaptivität herzustellen, gleiche das Resultat eher einer Bevormundung: »To treat the learner as a dumb patient and the computer system as an omniscient doctor is both pervers and arrogant« (173). Zu einer ähnlichen Ansicht gelangt Chiou (1992): »we believe that learning strategy had better not be embedded in the computer-based learning environment [...] We believe that intelligent learning behavior had better be done by the learner, not by the computer« (7).

Daß die Benutzer eine solche Bevormundung nicht mitmachen, sondern sich sozusagen »gegen den Strich« verhalten, berichtet Twidale (1993). Ihm fällt auf, daß die Studierenden im IT-System EPIC, einer intelligenten Lernumgebung für die Beweiskonstruktion in propositionaler Logik, bewußt Fehler machen (164), um so an die tutorielle Rückmeldung gelangen zu können. Eine summative Evaluation hätte diese Daten fehlinterpretieren können. Riehm und Wingert (1995) machen im Anschluß an diese Entdeckung generellere Schwächen der IT-Systeme aus: »solches Verhalten macht deutlich, daß ein ITS, das sich lediglich auf die fortlaufende Korrektur von Fehlern beschränkt, bei aller 'künstlichen Intelligenz' letztlich nur ein Trainingsprogramm ist, das über ein Lernen nach 'Versuch und Irrtum' nicht hinausgelangt« (159ff.).

Angesichts domain-spezifischer Anwendungen wird der Wunsch nach Supersystemen laut: Hartman und Sternberg (1993) beschreiben mit BACEIS (Behavior, Attitudes, Cognition, and the Environment as Interacting Systems) ein Modell der Faktoren, welche die intellektuelle Performanz beeinflussen. BACEIS soll interne und externe Faktoren umfassen, die die Entwicklung, das Behalten und den Transfer von Denk- und Lernfähigkeiten beschreiben. Das interne Supersystem besteht aus kognitiven und affektiven Subsystemen, die miteinander und mit dem externen Supersystem und seinen Komponenten interagieren. Das externe Supersystem umfaßt akademische und nichtakademische Subsysteme [kein Kommentar!].

Reduktionismus III: Interaktion im ITS

Die Interaktion in IT-Systemen dient einerseits der Beratung der Lernenden und versucht andererseits, ausreichend Daten für die Analyse des Lerners zu erhalten, um darauf seine tutoriellen Strategien zu gründen. Als Antwort auf Aktionen des Lerners kann das System automatisch Displays generieren und Übungen sowie Beispiele arrangieren, wobei aber die Fähigkeit, neue instruktionale Displays zu generieren, limitiert ist durch den vorhandenen Satz an Lerneinheiten in der Wissensbasis [Kearsley (1987), 35]. Es werden Systeme unterschieden, die sich eher am angeleiteten Lernen orientieren, und solche, die mit Hilfe des Mikrowelt-Konzepts eher das entdeckende Lernen verwirklichen wollen [z.B. Mandl/Hron (1990), 22]. Bei letzteren ist die tutorielle Unterstützung besonders schwierig, da es hier eher darauf ankommt: Hypothesen zu bilden und zu testen, Experimente durchzuführen und die Ergebnisse zu bewerten. Deshalb sollte man in diesem Bereich eher Simulationen wählen.

Die Qualität der Interaktion und damit des Lernens in einem ITS ist direkt abhängig von der Repräsentation und Modellierung sowohl des Inhalts als auch der Strategien, mit denen der Inhalt präsentiert werden soll, und sie ist nicht eine der »'intelligent' features of an environment« [Giardina (1992), 56]. An der überwiegenden Mehrheit der Applikationen wird jedoch deutlich, daß die Interaktion im ITS trotz der quasi-natürlichen Sprachschnittstelle eine höchst restringierte, artifizielle Form der Interaktion und Kommunikation ist. Man vergleiche damit das Beispiel, das Romiszowski und Chang (1992) vom Verlauf der Interaktion in einem Versuch berichten, in dem Studenten sich ein Semester lang über Netz per Hypertext-Werkzeug unterhalten haben.

In der durch Programmkontrolle und top-down-Ansatz dominierten Methode steckt eine pädagogische Grundhaltung, die Anderson, Boyle et al (1984) deutlich demonstrieren, indem sie argumentieren, der Tutor solle die Studierenden auf dem optimalen Pfad halten, damit sie nicht ins Wackeln kämen, weil dies zu Verwirrung, Zeitverschwendung und Motivationsverlust führe. Collins und Brown (1988) setzen ihre Strategie mit *Algebraland* bewußt davon ab: »In contrast we argue that unless students flounder they will never have the opportunity to learn the kinds of metacognitive strategies suggested previously. We need to create environments where students can flounder and where the system helps students profit from this floundering by making it explicit« (9). Auch dieses ist ein Beitrag zur Diskussion der Gründe, die viele Entwickler zur Abneigung gegenüber der Lernerkontrolle geführt haben.

Beispiel aus dem LISP-Tutor [Anderson (1993), 148ff.]

Aufgabe

Define a function calles „create-list" that accepts one argument, which must be a positive integer. This function returns a list of all the integers between 1 and the value of the argument in ascending order. For example
(create-list 8) returns (1 2 3 4 5 6 7 8).
You should count down in this function, so that you can just insert each new number into the front of the result variable.

Prozeß

1.(defun create-list (num)
(loop)
You will need local variables in this function. So before you code anything else, there is a particular LISP operator you need to code.

2.(defun create-list (num)
(let (( )
<BODY>))
Which of the following do you want to do?
PRESS: IF YOU WANT TO

1   Initialize a variable to hold the list of digits between 1 and the value of the parameter.
2   Initialize a counter variable to keep track of how many times we go around the loop.
3   Have the tutor chose.

Menu choice: 2

3. (defun create-list (num)
       (let ((count 1)
       <OTHER INITIALIZATIONS>)
           <BODY>))

In this problem we won´t want to start counting at the same value each time we call the function, so we can´t initialize the counter to a constant like 1. How is the starting value communicated to the function?

4. (defun create-list (num)
       (let ((count num)
           (numlist (list num)))
       (lop))

Did you mean loop (y or n)? y

5. (defun create-list (num)
       (let ((count num)
           (numlist (list num)))
       (loop
           (cond ((equal count 1) numlist))
           <LOOP-ACTIONS2>)))

You do want to return the variable „numlist" here, but just typing it into the code won´t accomplish that. What LISP operator will allow you to return something from a LOOP?

6. (defun create-list (num)
       (let ((count num)
           (numlist (list num)))
       (loop
           (cond ((equal count 1) (return numlist)))
           <LOOP-ACTIONS2>)))

In numeric iteration the first thing you should do after the exit test is update the counter variable. You can use the function SETQ to do this.

7. (defun create-list (num)
       (let ((count num)
           (numlist (list num)))
       (loop
           (cond ((equal count 1) (return numlist)))
           (setq count (1- count))
           (cons)))

You've got the right idea, since you'll need to use the function „cons," but remember you are trying to insert the new value of the counter into the list. What LISP function allows you to assign the results of this function call to a local variable?

```
8. (defun create-list (num)
     (let ((count num)
          (numlist (list num)))
       (loop
          (cond ((equal count 1) (return numlist)))
          (setq count (1- count))
          (setq numlist (list)))
```
If you list together arguments like 7 and (8) you get (7 (8)). What you want is
(7 8). Try another function that combines things together.

```
9. (defun create-list (num)
     (let ((count num)
          (numlist (list num)))
       (loop
          (cond ((equal count 1) (return numlist)))
          (setq count (1- count))
          (setq numlist (cons count numlist)))))
```

-----YOU ARE DONE. TYPE NEXT TO GO ON AFTER-----
-----TESTING THE FUNCTION YOU HAVE DEFINED-----

=> (create-list 10)
(1 2 3 4 5 6 7 8 9 10)

=> next

Tutorielle Kommunikation Nix (1990) betont, daß sowohl simple Multimedia-Programme als auch verfeinerte ITS-Systeme wissen, was der Schüler lernen soll und determinieren, was er lernen kann. Dies ließe keinen Raum für die Entwicklung der Kreativität. »Whether these uses of computers are a boon, bust, or Big Brother, they are not conceptualized in terms of the type of creativity that is based on unpredictability [...] There is room for the type of computer in education where the computer does not and cannot know what you can do with it« (148ff.). Das, was an »Unterhaltung« mit dem Tutor unter dem Strich herauskommt, ist ein Schlagabtausch vom Typ ELIZA, nicht viel mehr als die Parodie einer Konversation, die keiner natürlichen Interaktion nahekommt: »Students communicate with a tutoring system through an interface. These interfaces, given current hardware and software technology, cannot achieve anything approaching the bandwidth of person to person communication« [Reiser (1992), 206)]. Trotzdem kann eine solche Interaktionsform, darauf hat Ridgway (1988) hingewiesen, dazu führen, die zwischenmenschliche Kommunikation indirekt zu entwerten (45).

McCalla (1992a) kolportiert sogar das Gerücht »the LISP Tutor has been roundly condemned for its 'fascist' interaction style (its immediate feedback features often seem intrusive and counterproductive)« (111). Bonar und Cunningham (1988a) geben als Grund für die Entwicklung des *Bridge Tutors* Mängel der Konkurrenten an, die sie zurückhaltend so ausdrücken: »PROUST is limited in that it cannot have a rich interaction with the student. The LISP tutor developed by Anderson's group (Reiser, Anderson and Farrell, (1985) is highly directive, forcing a student to proceed in a more or less top-down manner« (391). BRIDGE selbst stellt sich die Kommunikation zwischen Lerner und Programm aber auch in reichlich reduzierter Form vor: »The program responds to the student in the guise of 'Gworky' the friendly troll« (399). Wenn ich das Faktum, daß der Tutor syntaktisch und semantisch korrekte Sätze generiert und diese Sätze einer Comic-Figur unterschiebt, als pädagogischen Diskurs verstehen soll, dann wird deutlich, daß hier eine Reduktion auf den Austausch zweckdienlicher Fakten und Regeln stattfindet.

In allen diesen Fällen ist die dialogische Struktur nicht symmetrisch, wie Petrie-Brown (1989a) feststellt: »The discourse is seen as arising out of the planning of the tutor and as a by-product of tutoring. This model of tutorial discourse generation is extremely misleading as it denies the importance of the language exchange as a negotiation between the participants in a dialogue« (22). Es ist problematisch, diesem reduzierten Dialog zwischen Mensch und Programm den Begriff Diskurs zu verleihen. Petrie-Brown folgert daraus, daß es darauf ankommen müsse, den Tutor so einzustellen, daß der Lernende eigene Ziele haben könne. Das kann m.E. so nicht funktionieren. Das fundamentale Problem der Asymmetrie läßt sich nicht durch opportunistische Korrekturen am Tutor lösen, weil dieser nie ein ernsthafter Partner im Austausch von Bedeutungen sein wird. Hinter dem Konzept des dialogischen Tutors IDIOT (Intelligent Dialogic Interaction for Opportunistic Tutoring) steht denn auch eine Vorstellung von Diskurs als zweckgerichtetem Dialog oder strategisch-zweckrationalem Handeln [s. Petrie-Brown (1989b)].

Knowledge Negotiation

Das Konzept der »Knowledge Negotiation« ist in den Beiträgen im Sammelband von Moyse und Elsom-Cook (1992) näher ausgeführt worden. Anlaß für die Entwicklung des Konzepts war die Beobachtung, daß es viele Domains gibt, in denen nicht die eine richtige Sichtweise existiert, sondern ein Pluralismus an Perspektiven besteht. Moyse (1989) hat dafür den Begriff »knowledge negotiation« geprägt, worunter er besonders die Notwendigkeit versteht, multiple »viewpoints«, Perspektiven, zu berücksichtigen. Als solche versteht er nicht nur mehrere Repräsentationen ein und derselben Objekte, sondern alternative Konzeptualisierungen und Strukturierungen derselben Objekte als unterschiedliche Anwendungen mentaler Modelle. Die Fassung in Form mentaler Modelle soll es ermöglichen, die konstruktivistische Problematik der situierten Wissensbildung und des Wissensaustausches in intelligenten tutoriellen System zu realisieren. Moyse entwickelt ein ITS zum Thema Atomkraftwerke, das über mehrere Perspektiven verfügt und dafür eine Dialogkomponente erhält, die »knowledge negotiation« ermöglichen soll. Baker (1994) schlägt auf dieser Basis einen Tutor vor, der fähig sein soll, das Verhandeln oder Aushandeln von Argumenten auszuführen. Sein Modell bleibt jedoch beschränkt auf die Domain und erstreckt sich nur insoweit auf Kommunikation oder Lernen, als das Interaktionsmanagement betroffen ist, d.h. es fehlt die Metakommunikation, ohne die das Aushandeln aber ein logisches Austauschgeschäft ohne Perspektive des Verstehens oder der Verständigung ist. Selbst wenn man das

Ziel einer konversationellen Komponente auf rein kognitive Akte beschränken würde, könnte man nicht erreichen, was Konstruktivisten als den Austausch von Wissen und Bedeutung bezeichnen. Symmetrische Kommunikation ist »negotiation« nur im Sinne der gleichwertigen Rollen der Partner und Positionen. Diese Variante, Elemente konstruktivistischer Theorie aufzugreifen, kann man nur als funktionalistisch bezeichnen.

Empathie und Heuchelei affektiver tutorieller Strategien Untersuchungen an menschlichen Tutoren stellen fest, daß ihre instrumentellen Strategien selten die gleichen sind und daß der größere Teil ihrer Interventionen darauf gerichtet ist, die Motivation der Lernenden zu erhalten. Lepper und Chabay (1988) sprechen von einem Anteil von 35% der Interaktionen, die diesem Zweck dienen. Lepper und Chabay, die ebenfalls feststellen, daß bei intelligenten Tutoren neben dem kognitiven Feedback das motivational gerichtete Feedback zu kurz kommt, wollen Tutoren entwickeln »that display 'empathy'« (244). Es ist ihnen zwar generell bewußt, daß Computer oder Programme nicht über diese Fähigkeit verfügen werden, trotzdem wollen sie den Tutoren eine Empathie-Komponente verpassen: »It may still prove informative, however, to ask whether a certain degree of 'empathy' might be built into a computer tutor–to see whether the increased intelligence of current tutors might be harnessed to promote motivational, as well as cognitive, aims« (251). Es ist klar, daß der Computer und das Programm uns nicht verstehen, aber sie dürfen so tun als ob. Dies halte ich für Heuchelei.[19] Resnick und Johnson (1988) würden mir widersprechen. Sie halten es für völlig legitim und betrachten es als ein konstitutives Merkmal künstlicher Intelligenz, dem Computer bewußt und geplant die Rolle der Heuchelei zuzuweisen, weil Menschen ihm diese Rolle ohnehin antragen würden. Ich muß die Passage wörtlich zitieren, weil bei der indirekten Wiedergabe der Sinn verlorengehen könnte: »The purpose of artificial intelligence systems used in education is to interact with natural intelligence systems (humans, that is), and humans, we know, will attribute human-like intelligence to any system that behaves, on the surface, as humans do. This means that interactive AI systems may be able to help learners construct the knowledge *by only 'pretending' to know what the learner is thinking. They can, in other words, 'fake it'* and still be effective learning devices, as long as other aspects of the learning system and broader learning environments provide enough useful material for students' knowledge construction« (162) [Hervorhebung, R.S.]. Was ist eigentlich der affektive, soziale Effekt der Didaktik eines ITS auf den Lernenden? Wird er nicht ein System zu meiden beginnen, das so tut, als sei es gleichberechtigt und so menschlich wie er selbst?

---

19. Über die Beschränktheit der ITS-Modelle beim Feedback und den Versuch von Fischer und Mandl (1988) differenziertere Formen des Feedback zu entwickeln s. oben. Zudem: Weizenbaums ELIZA Weizenbaum (1966) demonstrierte überdeutlich – bis zur Karikatur –, daß eine Parodie der Gesprächstherapie keine Empathie ausdrücken kann. Es fehlen dem Computer stets Dimensionen der persönlichen Zuwendung, über die der Lehrer verfügt.

ITS: Neuer Wein in alten Schläuchen?

Park, Perez et al (1987) fragen in Richtung auf IT-Systeme »Intelligent CAI: Old Wine in New Bottles, or a New Vintage?« Dillenbourg und Schneider (1993) fragen die Konstruktivisten »Does the situationist position constitute a new paradigm, or is it just old wine in a new bottle?« (42) Was ist der Wein, was der Schlauch? Die Frage scheint beliebt zu sein. Erinnern wir uns an die in der Einleitung zitierte Aussage von Hodges und Sasnett (1993): »What is new is the packaging«. Wenn es nach Elshout (1992) geht, ist von der neuen ITS-Verpackung für das alte Problem der Instruktion nicht viel zu halten: »The promises of the cognitive revolution, of education as a form of artificial intelligence, and of ITS were certainly overrated« (16). Wir sind heute noch nicht viel weiter als Polya (1957), fordern aber AI und ITS. Gute Computermodelle des Denkens verhalten sich ähnlich wie gute Modelle der Wetterentwicklung. Nur, wer würde solchen Modellen eine gute Wetterprognose zutrauen? Rosenberg (1990) kommt in ihrer vergleichenden Untersuchung von IT-Systemen zur Einsicht, daß zwei grobe methodologische Fehler vorliegen (184): »First, ITSs are not well grounded in a model of learning; they seem to be more motivated by available technology than by educational needs [...] Second, positive claims for ITSs are based on testing that typically is poorly controlled, incompletely reported, inconclusive, and in some cases totally lacking«.

Erste Versuche intelligenter Tutoren sind so primitiv, daß sie die komplexen Umgebungen und die komplexe Navigation wieder auf simple Regeln reduzieren. Trotz aller Betonung von Unterschieden zu CBI-Systemen und Autorensystemen [Kearsley (1987), 21-38, insbes. die Tabellen Ss. 31, 34] ist unverkennbar, daß es heute noch viele Gemeinsamkeiten der IT-Systeme mit den frühen Autorensystemen gibt, speziell was das zugrundeliegende pädagogische Modell, die expositorische Instruktion und das lernzielorientierte, lehrerzentrierte Lernen anbetrifft. Dies betont auch Nix (1990): »From the standpoint of technology, the ICAI approach and related 'expert systems' (or, more accurately, 'para-professional' systems) approaches are radically different from the two genres referred to previously, the drill/practice/tutorial and the creative programming approaches [...] In terms of the educational outcome, there are clear similarities to traditional teaching systems« (147ff.).

Die meisten zur Illustration von intelligenten Tutorsystemen angegebenen Beispiele sind derart armselig, daß man vor Mangel an sinnvollen Inhalten die Raffinesse der in die Experimentaldesigns investierten Intelligenz gar nicht beurteilen kann und mag. Es gibt keinen Platz für Bilder und Filme in AI-Programmen [Clancey (1989)]: »Everything is discursive words and more words- or worst, pictures supposingly reduced to words. So our experience must be ignored, even though we are constantly experiencing images and referring back to them when describing programs. The promissory note is coming due: The prevalent AI model has no place for dreaming, music, or art. We need a cognitive model that does justice to our everyday experience« (34).

Gerade auf diesen Bereich stürzen sich David, Thiery et al (1989): Sie entwikkeln ein AI-System, das Bilder nicht als Illustrationen behandelt, sondern als Information innerhalb eines Bildrecherchesystems. Das ist aber unzureichend, denn die AI-Funktion bezieht sich auf die Recherche oder das Retrieval, nicht auf die Verarbeitung der Bilder beim Lernen. Es müßte denn schon Methoden des Bildverstehens geben, um das Ziel zu erreichen, das Clancey für unerreichbar erklärt hat. Ebenfalls eine Verschmelzung von Hypermedia und ITS strebt Midoro (1988) an, der in einer späteren Studie ausdrücklich fragt: »Do Hypermedia Systems Really Enhance Learning?« [Frau/Midoro et al (1992)]. Mit Multimedia hat das alles herzlich wenig zu tun. Ich habe die Darstellung der IT-Systeme hier auch nur aus zwei Gründen aufgenommen: Nicht, weil sie Multimedia seien, sondern weil sie als zukünftige Grundlagen der Hypermedia-Systeme herhalten sollen, weil modernere Systeme doch bereits multimediale Schnittstellen integrieren, bzw. weil diese Systeme intelligente Komponenten enthalten, die andere in Hypermedia-Systeme integrieren wollen. Interessant aus didaktischer Sicht erscheint deshalb eine teilweise Nutzung von Teilsystemen und Prinzipien der ITS: Als Wissens-Datenbanken, Mikrowelten und Diagnoseinstrumente.

Den wohl radikalsten Angriff auf intelligente Lernprogramme (ICAI) hat Ridgway (1988) gefahren: »Of course ICAI is impossible… worse though, it might be seditious« lautet der Titel seines Aufsatzes. Was verbirgt sich dahinter? Ridgway wirft den Designern von IT-Systemen den Gebrauch idiosynkratischer Methoden vor, er hält die Trennung von Algorithmen und Praxis für falsch, er hält es für sinnvoller, Lehrer die idiosynkratischen Methoden der Schüler studieren zu lassen, als von den Schülern zu verlangen, die Methoden anderer zu lernen, er hält es für sinnvoll, eine Vielzahl möglicher Repräsentationen beim Problemlösen auszuprobieren, ein Prozeß, der für intelligente Programme kaum zu verfolgen sein dürfte. Problemlöser benutzen qualitative Systeme und idiosynkratische Etiketten (Metaphern), die von AI-Programmen nicht zu simulieren seien. Kooperative Interaktionen beim Problemlösen seien hilfreicher als Interaktionen mit dem tutoriellen System. Defizite lägen in den Bereichen: Schüler-Erklärungen, Gruppenarbeit und Reflexion. Ridgways Kritik gipfelt in der Behauptung, IT-Systeme könnten trotz dieser Beschränkungen schädliche Konsequenzen haben, zu denen er folgende zählt: Vernachlässigung der Lehrerausbildung, Entwertung der menschlichen Kommunikation, Insinuierung von Mythen (es gäbe eine Lösung für jedes Problem), Entwertung offener Probleme, Anthropomorphismus.

Eine mögliche Position angesichts dieser Probleme besteht in der Einrichtung eines „unintelligenten Tutorenverhaltens". Mehrere Autoren sprechen von einem „unintelligent tutoring" [Vosniadou (1994)] aufgrund des Unbehagens an intelligenten tutoriellen Systemen und dem Wunsch zu computergestützten Lernumgebungen gelangen zu wollen. Vosniadou will Authentizität und Relevanz explorativer Umgebungen, die eine gewisse Offenheit verlangen, während IT-Systeme ihr zu strukturiert und geschlossen erscheinen: „An Unintelligent Tutoring System, such as the one proposed by Nathan and Resnick, does not try to understand or model the student, as an ITS system does. Rather, through an analysis of the task domain, it reflects the students´performance back to the student in a meaningful way, so that the student can assess it."(14) [vgl. de Corte (1994); die Idee stammt wohl ursprünglich von Kintsch (1991); vgl auch die Idee der minimalistischen Instruktion von Carroll (1990)].

Die neue Position des Konstruktivismus

Clancey (1988a), der die tutoriellen Systeme GUIDON und NEOMYCIN zur medizinischen Diagnostik von Erkältungskrankheiten entwickelt hat, versteht heute tutorielle Systeme als Reifikation der Diagnose und gesteht ein, den Lernenden übersehen zu haben. Sein Ziel ist ein Lernmodell als Vorläufer des Apprenticeship-Konzepts. Clancey (1989) sieht keinen Weg für neue verbesserte AI-Programme, sondern sucht nach Werkzeugen für kooperatives Lernen. Statt formaler Lernprozesse fordert er »apprenticeship learning« und authentische Aktivitäten, die persönliche Erfahrungen ermöglichen. Statt fixierter Wissensstrukturen fordert er pluralistische Perspektiven, aktive Produktionsprozesse und Selbstreflexion. In einem grundlegenden Aufsatz legt Clancey (1992) seine Kritik an IT-Systemen dar: »This critique explains why I have not developed ITS programs at IRL in the past five years, and how I am working with social scientists to define and fund research projects in a different way« (22). Ihm geht es um die real-life-Beziehung der Programme, um das Lehren der abstrakten Konzepte in Kontext-Umwelten. Situierte Kognition erfordere einen quasi-anthropologischen Zugang mit multiplen Perspektiven aus der Sicht der Benutzer, den er als »socio-technical approach« bezeichnet. Wissen würde in der Interaktion oder Auseinandersetzung mit der Welt und anderen Personen erworben. Repräsentationen des Wissens sollten nicht mit Wissen selbst gleichgesetzt werden, sondern seien interpretiertes Wissen. Beispielhaft stellt er die Modifikationen vor, die ein System wie das von ihm früher entwickelte NEOMYCIN durchmachen müßte, um dem neuen Ansatz zu genügen (26):

»Adopting a global view of the context in which a computer system will be used, versus delivering a program in a computer box;
Participating with users in multi-disciplinary teams, versus viewing teachers and students as my subjects;
Being committed to provide cost-effective solutions for real problems, versus imposing my research agenda on another community;
Facilitating conversations between people, versus only automating human roles;

Realizing that transparency and ease of use is a relation between an artifact and a community of practice, versus an objective property of data structures or graphic designs; Relating schema models and ITS computer systems to the everyday practice by which they are given meaning and modified, versus viewing models and programs as constituting the essence of expert knowledge, to be transferred to a student; Viewing the group as a psychological unit, versus modeling only individual behavior.«

Clancey schließt seine Überlegungen mit den bedenkenswerten Sätzen:

»I have spent most of the past four years reconsidering the assumptions that directed my AI research. I have concluded that the exclusively individualistic view of cognition as something that occurs inside the individual brains is a useful, but a narrow conception of knowledge [...] I have concluded, that as a computer scientist interested in applications programming, I must turn my work upside-down. I must start with the user-environment, not computer science ideas. Rather than developing systems inside a computer lab and delivering to users, I must develop within the context of use. The idea that I could demonstrate a medical instructional program to teachers in a computer science office now seems ludicrous to me« (32).

Clancey (1991) hält dafür, daß Repräsentationsformen das Produkt von Interaktionen und keine gespeicherten Skripte seien. Greeno (1991) sieht kognitive Prozesse als Interaktionen mit der Umwelt und Menschen an und weniger als Operationen über Symbole. Situiertes Lernen unterscheide sich grundlegend von der Informationsverarbeitung, die kognitive Konzepte als Schemata und Skripte betrachte, die im Wissen repräsentiert sind. Wir haben den Lehrer vergessen, das Modellernen [Bandura (1976); Bandura (1986)] vernachlässigt. Die Persönlichkeitsentwicklung findet in einer sozialen Gemeinschaft statt. Insofern zeigt die Forderung des Konstruktivismus, die Identitätsentwicklung als Teil der wachsenden »communities of practice« zu betrachten [Allen (1992)] eine richtige und wichtige Perspektive auf. Lernen in Konversationen und Sprachspielen [Pea (1992)], Lernen im Diskurs, vereint der Konstruktivismus mit kognitiven Lernprozessen beim Problemlösen.

Pea (1992) bezeichnet diesen Weg als »Augmenting the Learning Discourse«. Mit dieser Charakteristik haben wir wieder etwas zurückgewonnen, was die lange Strecke der gesichtslosen Instructional Design-Programme und der bevormundenden Intelligenten Tutoriellen Systeme verschüttet hatte: Eine Vorstellung vom Lernen, das sich durch Diskurs und Kommunikation und Verstehen auszeichnet. Wenn auch die amerikanischen Forschungen auf diesem Gebiet derartige Zielsetzungen leider nur sehr plakativ, fast metaphorisch in den Raum stellen und sehr wenig Methodologisches dazu ausführen, so wird doch erkennbar, daß der Konstruktivismus neue Wege zu gehen versucht. Man kontrastiere einmal die wie von Gebetsmühlen produzierte Formulierung des Instruktionsdesigns und der IT-Systeme, Lernen sei »concept acquisition«, mit der Aussage von Pea, »Learning is fundamentally built up through conversations between persons, involving the creation of communications and efforts to interpret communications« (316), um zu erkennen: Nach der Vorstellung des Konstruktivismus werden kommunikativ mediierte und interpretierte Wirklichkeiten und Wahrheiten gelernt. Sie gilt es zu verstehen, und nicht die vom Designer in domain-Datenbanken abgelegten Fakten und Prozeduren. Zum Lernen sind aktive Aneignungsprozesse und Konstruktionen notwendig (Pea verwendet dafür den Begriff »appropriation« im Sinne Leontjews).

Synthese von ITS und Konstruktivismus?
Es gibt durchaus Versuche, zwischen IT-Systemen und konstruktivistischen Lernumwelten zu vermitteln [z.B. Boder/Cavallo (1991)]. Ein solches Ziel setzen sich Elsom-Cook (1990) und Elsom-Cook und O'Malley (1990). Lamontagne und Bourdeau (1992) fragen sich, ob das aus methodologischer Sicht überhaupt möglich sei: »It would be great indeed if all TS research had to do was to add an environment to its traditionally exclusive student/tutor pair, and if all LE research had to do was to add a tutor to its traditional exclusive student/environment pair […] But can the fundamental opposition between the two trends be resolved that simply? We think not. The main problem comes from the absence of both an epistemological and a theoretical background to the proposal« (100).

ABB. 17
Coinland, Abbildung nach Hamburger/ Lodgher 1989

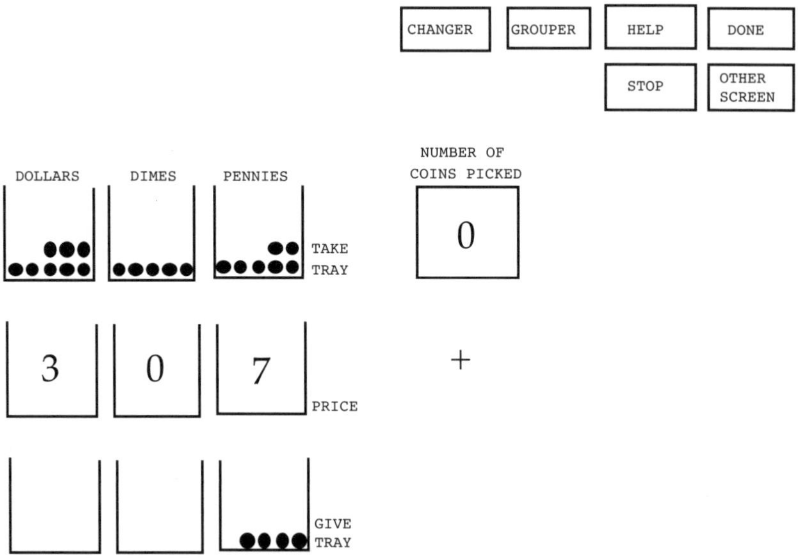

Coinland   Ein solcher Versuch liegt vor im Fall des von Hamburger und Lodgher (1992) entwickelten Programm *Coinland*, beschrieben in dem Aufsatz mit dem anspruchsvollen Titel »Semantically Constrained Exploration and Heuristic Guidance« [Nachdruck von Hamburger/Lodgher (1989)]. *Coinland* ist ein Lernprogramm zur Subtraktion für die Klassen 1-3. Hamburger und Lodgher nehmen sowohl das entdeckende Lernen als auch 'cognitive apprenticeship' für ihr Programm in Anspruch und fügen ihm mit der »heuristic guidance« ein Element tutorieller Systeme hinzu. Die Schüler werden durch eine Geschichte in den Tausch von Münzen im fiktiven Land *Coinland* eingeführt und sollen anschließend mit dem Programm die Operation der Subtraktion lernen. Auf dem

Bildschirm erscheinen farbige Kreise (Münzen), kombiniert mit Zahlen. Der Schüler soll lernen, die richtige Menge Wechselgeld herauszugeben. Das tut er, indem er »navigates around the screen with the four arrow keys, picks up and drops coins with three specially labeled function keys, and uses the ENTER key to select options on the screen« (155). Subtraktion soll in diesem Beispiel durch spielerisches Entdecken auf der Grundlage des Konzepts der Erhaltung von Mengen gelernt werden: »Conservation of quantity constrains the search space, making it manageable and instructive« (157).

Der soziale Kontext bleibt äußerlich für den Rechenprozeß, eine Story, die vorab erzählt wird. Die Münzen im Beispiel sind Einer, Zehner und Hunderter; für eine realistische Umsetzung der Metapher fehlen die Quarter und halben Dollar der amerikanischen Währung oder die Fünfer und Fünfziger europäischer Währungen. Der Bildschirm zeigt keine realen Münzen, er formalisiert den Vorgang und abstrahiert ihn zugleich. Jedes Las Vegas-Computerspiel mit einarmigen Banditen bietet eine realistischere Repräsentation. Warum haben die Autoren nicht einfach das Thema »Kaufen und Verkaufen« mit Kinder-Kaufmannsläden in der lebendigen sozialen Interaktion der Klasse realisiert? Die traditionelle Pädagogik verfügt über ein reiches Repertoire an motivierenden Lernsituationen, die man lieber nicht durch Computerprogramme ersetzen sollte. *Coinland* ist eine inkonsequente Umsetzung eines interessanten Konzepts, das fälschlicherweise als konstruktivistische Lernumgebung ausgegeben wird. Die semantischen Beschränkungen haben zudem geradezu das Gegenteil vom entdeckenden Lernen im Auge, nämlich die Situation beherrschbar zu machen und als »Instruktion« auszugeben. Hier wird mit falschen Münzen gehandelt.

Auch bleibt mir rätselhaft, warum Hinweise auf unnötige oder übersehene Vorgänge beim Borgen als »Heuristic Guidance« bezeichnet werden. Was ist an derart schlichten Tips heuristisch – außer der Begründung, daß man diese einfache Form von Tips und Warnmeldungen gewählt habe, »because diagnosis is impossible to do perfectly and difficult to do well« (163)? Das Programm mag nicht schlecht sein, aber der hybride Anspruch macht es unglaubwürdig. Diese künstliche Konkatenation völlig verschiedener Elemente von Lernsituationen kann ich nicht als legitime Realisierung des konstruktivistischen Ansatzes betrachten. Hier wird m.E. die lerntheoretische Zuordnung zum Etikettenschwindel, »cognitive apprenticeship« wird zur bloßen Metapher ohne substantiellen Hintergrund. Noch ein paar solcher Ansätze mit überhöhtem Anspruch, und der Konstruktivismus braucht sich in der Schule nicht mehr blicken zu lassen.

KAPITEL 7

Verstrickt in Petri-Netzen –
Hypertext und Hypermedia

Zur Geschichte von Hypertext

Memex   Berater amerikanischer Präsidenten haben gelegentlich einen epochalen Einfluß auf die Wissenschaft. Vannevar Bush, Berater von Präsident Roosevelt, be-
schrieb 1945 mit *Memex* eine Maschine zum Blättern und Anfertigen von Notizen in riesigen Textmengen [das Konzept geht bis in die 30er Jahre zurück, Nielsen (1995), 33]. Mit *Memex* hatte Bush eine Analogie zwischen dem 'assoziativen' Arbeiten des menschlichen Gehirns und dem assoziativen Vernetzen
von Texten im Auge. Die Vision blieb unrealisiert, aber nicht ohne Folgen
[Bush (1986); Conklin (1987), 20; Kuhlen (1991), 66ff.; Nielsen (1990), 31ff.;
Nielsen (1995), 33ff.]. Allgemein wird die Hypertext-Idee auf Vannevar Bush
zurückgeführt, Rayward (1994) betrachtet jedoch die Arbeiten von Paul Otlet
als Vorläufer. Es erwies sich als zunehmend wichtig, der Vision von Bush
nachzugehen: Der Umfang von Dokumentationen z.B. für militärische Zwecke
(ein Handbuch für Düsenflugzeuge umfaßte 1988 circa 300.000 Blatt, wog
3150 Pfund und nahm einen Raum von 68 Kubikfuß ein) zwang dazu, das Papier zu verlassen und digitale Wege einzuschlagen [Ventura (1988)]. Ventura
berichtet, daß das amerikanische Verteidigungsministerium allein fünf Millionen Blatt pro Jahr auswechseln mußte (111). Der Zugang zu Informationen,
z.B. zu Sammlungen von Photoagenturen, zu Dokumentationen von Zeitungs-
verlagen, zu Gesetzesblättern, wurde derart schwierig, daß vermehrt Datenbanken eingeführt wurden, um die Informationen effektiver verwalten und
leichter auffinden zu können.

NLS/Augment   Zwei Jahrzehnte nach Bush, aber nicht unbeeinflußt durch ihn [Nielsen (1990),
35], verfolgte Douglas Engelbart am Stanford Research Institute ebenfalls das
Ziel, die Reichweite des menschlichen Denkens zu erweitern. 1968 implemen-
tierte er am »Augmented Human Intellect Research Center« das System *NLS/
Augment* (oN Line System) und erfand die Computer-Maus als Eingabegerät
[Engelbart (1988); Conklin (1987), 22; Kuhlen (1991), 67ff.; Gloor (1990),
176ff.; Nielsen (1990), 34ff.; Nielsen (1995), 36ff.]. *Augment* kam bei McDon-
nel Douglas zu größerer Anwendung. Es handelte sich um ein Großprojekt, das
ein CBT-Programm im Umfang von 814 Stunden mit einer Mannschaft von
40-60 Personen entwickeln sollte [Ziegfeld/Hawkins et al (1988)].

Xanadu Ted Nelson, der das Hypertext-System *Xanadu* entwickelte (die Xanadu Operating Company ist eine Filiale der Autodesk, Inc.), wird allgemein die Erfindung des Begriffs »Hypertext« zugeschrieben [Nielsen (1995), 37ff.; Nelson (1967)]. *Xanadu*, das zum Ziel hatte, sämtliche Literatur der Welt zu vernetzen, wurde nie ganz realisiert. Nelson schwebte bereits eine client-server-Konzeption mit nicht-lokalen Verknüpfungen wie heute im *World Wide Web* vor [Nelson (1974); Ambron/Hooper (1988); Conklin (1987), 23; Kuhlen (1991), 68ff.; Nielsen (1990), 35ff.; Berk (1991) beschreibt das client/server-Modell von *Xanadu*]. Die Distribution von *Xanadu* wurde für 1990 von der »Xanadu Operating Company« angekündigt [Kuhlen (1991), 71; Woodhead (1991), 190ff.].

KMS Knowledge Systems' KMS (1983) für SUN- und Apollo-Rechner [Akscyn/McCracken et al (1988)] ist eine Weiterentwicklung von ZOG (1972 und 1975) [Robertson/McCracken et al (1981)] einer Entwicklung der Carnegie-Mellon University [Woodhead (1991), 188ff.]. Über ZOG ist vermutlich die erste Dissertation zum Thema Hypertext geschrieben worden [Mantei (1982); Nielsen (1995), 44ff.]. Von 1980 bis 1984 wurde mit ZOG ein computerunterstütztes Management-System für den mit Atomkraft angetriebenen Flugzeugträger USS Carl Vinson entwickelt [Akscyn/McCracken et al (1988), 821]. KMS wurde 1981 begonnen, weil eine kommerzielle Version nachgefragt wurde. KMS ist bereits ein verteiltes Multiuser-Hypertext-System [Yoder/Akscyn et al (1989)]. Es basiert auf Rahmen, die Text, Grafik, und Bilder in beliebiger Kombination enthalten können, und deren Größe auf maximal 1132 x 805 Pixel festgelegt ist. In KMS sind die Modi des Autors und des Lesers noch ungetrennt. Der Leser kann jederzeit Text edieren, neue Rahmen und Verknüpfungen anlegen, die durch kleine grafische Symbole vor dem Text signalisiert werden. KMS benutzt eine Maus mit drei Knöpfen, die 9 verschiedene Funktionen generieren können.

HyperTIES Mit der Entwicklung von Ben Shneidermans *HyperTIES* wurde bereits 1983 an der University of Maryland begonnen. *HyperTIES* wurde ab 1987 von Cognetics Corporation weiterentwickelt und vertrieben [Shneiderman et al (1991)]. *HyperTIES* erscheint unter DOS als Textsystem mit alphanumerischem Interface im typischen DOS-Zeichensatz. Die Artikel fungieren als Knoten und die Hervorhebungen im Text als Verknüpfungen. Hervorhebungen erscheinen in Fettdruck auf dem Bildschirm. Die puritanische Philosophie der Entwickler drückt sich in der sparsamen Verwendung von Verknüpfungen aus, die auf Überschriften beschränkt wurden: »We strongly believe that the use of the article titles as navigation landmarks is an important factor to limit the disorientation of the user in the database. It is only with caution that we introduced what we call 'opaque links' or 'blind links' (a link where the highlighted word is not the title of the referred article), to satisfy what should remain as special cases« [Plaisant (1991a), 20]. *HyperTIES* kennt nur unidirektionale Verknüpfungen, »because bidirectional links can be very confusing« (21). Der untere Bildschirmrand bietet einige Befehle für die Navigation (Vor, Zurück, Zum Beginn, Index, Beenden).

ABB. 18
Bildschirmabbildung
aus Shneiderman
(1989), 117

```
WASHINGTON, DC: THE NATION'S CAPITAL            PAGE 2 OF 3

    Located between Maryland and Virginia, Washington, DC
   embraces the White House and the Capitol, a host of
   government offices as well as the Smithsonian
   museums.
   Designed by Pierre L'Enfant, Washington, DC is a
   graceful city of broad boulevards, national monuments,
   the rustic Rock Creek Park, and the National Zoo.

    First-time visitors should begin at the mall by walking
   from the Capitol towards the Smithsonian museums and on
   -----------------------------------------------------------
   SMITHSONIAN MUSEUMS: In Addition to the familiar castle and
   popular Air & Space Museum there are 14 other major sites.
   SEE ARTICLE ON "SMITHSONIAN MUSEUMS"

   BACK PAGE NEXT PAGE   RETURN TO "NEW YORK CITY"   EXTRA
```

Repräsentativ für das System ist das sowohl als Buch als auch als elektronischer Text auf Diskette veröffentlichte »Hypertext Hands-On!«, das 180 Aufsätze zum Thema umfaßt [Shneiderman/Kearsley (1989)] und dem Leser einen direkten Vergleich von Buch und Hypertext ermöglicht [Nielsen (1995), 45ff.].

Unter grafischen Fenstersystemen entfaltet *HyperTIES* mehr grafische Fähigkeiten, so z.B. im dort zitierten Beispiel der *Encyclopedia of Jewish Heritage* (157), das 3.000 Artikel und 10.000 Bilder auf einer Bildplatte umfassen soll, sowie in der auf einer SUN erstellten Anwendung zum Hubble Space Telescope [s. Shneiderman (1989), 120]. Jedoch sind die Bilder nur als Hintergrund unterlegt und nicht mit integrierten Verknüpfungen in die Hypertext-Umgebung eingelassen [Plaisant (1991a)]. In der SUN-Version hat man sich mit »tiled windows« begnügt, weil man überlappende Fenster für Neulinge als zu schwierig betrachtete. *HyperTIES* folgt nach Aussage von Shneiderman der Metapher des Buchs oder der Enzyklopädie (156), von der sich der Name TIES (= The Electronic Encyclopedia System) herleitet [Morariu/Shneiderman (1986)]. Einen Überblick über *HyperTIES* gibt Plaisant (1991a).

Obwohl das Autorentool bereits einige Aspekte der automatischen Konstruktion von Hypertext erleichterte, mußte Shneiderman die Buchseiten noch einzeln manuell setzen, eine Eigenschaft, die ein Werkzeug wie das *Expanded Book Toolkit* (The Voyager Company) automatisch erledigt. Die Verknüpfungsknöpfe im Text wurden einzeln gesetzt und mußten nach Ediervorgängen, die den Text verkürzten oder verlängerten, manuell versetzt werden. In modernen Hypertext-Systemen haften die Knöpfe am Text und müssen beim Edieren nicht mehr manuell gesetzt werden. *HyperTIES* befindet sich noch in einem Pionierstadium. Trotzdem wird deutlich: Die Grenzen von Hypertext zur Guided Tour oder zum Kiosk werden fließend.

NoteCards   Xerox PARC's *NoteCards* (1985) ist ein unter InterLisp geschriebenes Mehr-fenster-Hypertextsystem, das auf den mit hochauflösenden Bildschirmen aus-gestatteten D-Maschinen von Xerox entwickelt wurde. Die kommerzielle Ver-sion von *NoteCards* wurde u.a. auf Sun-Rechnern implementiert. Sie ist bereits weiter verbreitet als die vorgenannten Systeme, Xerox jedoch hat *NoteCards* nie vermarktet. *NoteCards* folgt, wie der Name sagt, der Kartenmetapher. Jeder einzelne Knoten ist eine Datenkarte, im Gegensatz zur ersten Version von *Hy-perCard* jedoch mit variablen Fenstern. Links beziehen sich auf Karten, sind aber an beliebigen Stellen eingebettet, zusätzlich gibt es Browser, die wie Stan-dardkarten funktionieren, und Dateiboxen, spezielle Karten, auf denen mehrere Karten zusammengefaßt werden können, die wie Menüs oder Listen oder Maps funktionieren [Halasz (1988)]. Die Browser-Karte stellt das Netz als gra-fischen Überblick dar [Conklin (1987), 27ff.; Gloor (1990), 22ff.; Catlin/Smith (1988); Woodhead (1991), 189ff.; Nielsen (1995), 47ff.]. Das bereits erwähnte *Instructional Design Environment* (IDE) wurde in Xerox PARC auf *NoteCards* aufgebaut [Russell/Moran et al (1988); Jordan/Russell et al (1989)]. Halasz (1988) hatte noch sieben Wünsche an *NoteCards*: Suchen und Anfragen, zu-sammengesetzte Strukturen, virtuelle Strukturen für sich ändernde Informatio-nen, Kalkulationen über Hypermedia-Netze, Versionskontrolle, Ünterstützung kollaborativer Arbeit, Erweiterbarkeit und Anpaßbarkeit.

Intermedia   *Intermedia* (1985) von Andries van Dam und dem Institute for Research in In-formation and Scholarship (IRIS) der Brown University ist bereits ein System, das im Alltag einer Universität und in mehreren Fächern (Biologie, Englische Literatur) für die kooperative Entwicklung von Unterrichtsmaterialien und zum Lernen am Bildschirm eingesetzt wird. Yankelovich et al (1985) schildern die Entwicklung, die elektronische Dokumentensysteme an der Brown University genommen haben. Nach dem rein textorientierten System FRESS (1968) [vgl. Nielsen (1995), 40] und dem *Electronic Document System*, das bereits Bilder und graphische Repräsentationen der Knoten-Struktur darstellen sowie Anima-tionssequenzen spielen konnte, und BALSA (Brown Algorithm Simulator and Animator) wurde erst mit *Intermedia* ein echter Durchbruch erzielt. Yankelo-vich, Haan et al (1988) beschreiben das System anschaulich anhand von 12 Bildschirmabbildungen einer Sitzung. *Intermedia* besteht aus fünf integrierten Editoren: InterText (ähnlich *MacWrite*), InterPix (zum Zeigen von Bitmaps), InterDraw (ähnlich *MacDraw*), InterSpect (Darstellen und Rotieren dreidimen-sionaler Objekte) und InterVal (Editor für chronologische Zeitleisten). Zu-sätzlich können direkt aus *Intermedia* heraus Houghton-Mifflin's *American Heritage Dictionary* oder Roget's *Thesaurus* aufgerufen werden.

Intermedia operiert mit variablen Fenstern als Basiseinheit. Alle Links sind bi-direktionale Verknüpfungen von zwei Ankern. *Intermedia* arbeitet mit globalen und lokalen Maps als Ausgangspunkt für Browser, das WebView-Fenster stellt die Dokumente und die Links durch mit Linien verbundenen Mini-Icons dar [Conklin (1987), 28ff.; Kuhlen (1991), 198ff.; Gloor (1990), 20ff., 59ff.; Niel-sen (1995), 51ff.]. *Intermedia* Version 3.0 wurde anfangs kommerziell vertrieben. Aber diese Version lief nur unter A/UX auf dem Macintosh [Woodhead (1991), 181ff.]. Da dies System nicht sehr häufig eingesetzt wurde, fand *Intermedia* leider keine große Verbreitung [Nielsen (1995), 51].

Guide   Erfolgreiche kommerzielle Systeme sind aus diesen historischen Prototypen also nicht geworden. Erst *Guide* (1986) von OWL (Office Workstations Limited) ist das erste kommerziell erfolgreiche Hypertextsystem. Peter Brown hatte es bereits 1982 in England an der University of Kent begonnen: »To some extent the release of Guide could be said to mark the transition of hypertext from an exotic research concept to a 'real world' computer technique for use in actual applications« [Nielsen (1990), 42; Nielsen (1995), 54ff.]. *Guide* wurde von OWL zunächst für den Macintosh, später auch für PCs entwickelt. Es orientiert sich am strengsten von allen Systemen am Dokument. *Guide* stellt Textseiten zur Verfügung, auf denen Textstellen als Verknüpfungen mit unterschiedlicher Bedeutung markiert werden können. Über den Textstellen nimmt der Cursor unterschiedliche Gestalt an und teilt dem Benutzer so die Existenz von Verknüpfungen mit. *Guide* kennt drei Arten von Verknüpfungen: Springen zu einer anderen Stelle im selben oder in einem anderen Dokument, Öffnen eines Notizfensters oder -dialogs über dem aktuellen Text sowie Ersetzen von Text durch kürzeren oder längeren Text (Auffalten, Einfalten). In Version 2 wurde eine Skriptsprache für den Zugriff auf Bildplattenspieler eingebaut.

HyperCard   1987 erschien Bill Atkinsons *HyperCard*. Schon vorher gab es gespannte Erwartungen. Conklin (1987) hielt in seinem historischen Überblick über Hypertext-Systeme sogar das Gerücht für kolportierenswert: »As this article goes to press, there is news that Apple will soon have its own hypertext system, called HyperCards« (32). Man darf wohl mit Recht behaupten, daß keine andere Software, schon gar keine andere Programmierumgebung, einen derart bedeutsamen Einfluß auf den Einsatz von Computern gehabt hat wie *HyperCard*. In der Literatur speziell zu Hypertext wird die historische Bedeutung von HyperCard immer wieder betont, obwohl Landow (1992b) sicher Recht hat, wenn er *HyperCard* und *Guide* nur als »first approximations of hypertext« bezeichnet:

»One system, although not directly a hyper'text', has pushed the original idea to a broad audience: HyperCard from Apple« [Irler/Barbieri (1990), 261].

»Launched in 1987, it is by far and away the most successful hypermedia program launched to date. The fact that HyperCard offered Macintosh programming facilities to complete novices, the fact that it was bundled free with new Macintosh computers, and its general purpose applicability, have resulted in a user base of over a million. It has broken grounds for other hypermedia programs, provoking a huge amount of attention in the press and enthusiasm from users in many different professions« [Woodhead (1991), 174].

»HyperCard is of course only available for the Macintosh range of computers but Apple's marketing ploy of giving a copy of HyperCard away free with every Macintosh has served to make HyperCard phenomenally successful as an application development environment« [Fountain/Hall et al (1990), 299ff.].

»HyperCard™ , since its release in 1987, has arguably been the single greatest promoter of interest in hypermedia, and despite its limitations can be used to implement complex and relatively sophisticated systems« [Macleod (1992), 21].

»widely considered the breakthrough hypermedia program which gave computer users unprecedented power to organize and manage information without having to master the cryptic syntax of a computer-programming language« [Perelman (1992), 43].

»The final step to 'realworldness' came when Apple introduced HyperCard in 1987« [Nielsen (1990), 42].

Nielsen (1995) führt den Erfolg von *HyperCard* weniger darauf zurück, daß *HyperCard* kostenlos für Macintosh-Besitzer war (Fountain/Hall et al; Woodhead), auch nicht auf die Erfindung der einfachsten Programmiersprache der Welt (Perelman; Woodhead), sondern auf die verführerische Wirkung, die von den mit *HyperCard* ausgelieferten Stacks ausgeübt wurden, die dem Benutzer einen Reichtum an Grafiken, vorgefertigten Buttons und Kartenformaten anboten (62). *HyperCard* basiert wie *NoteCards* auf Karten. Die ersten Versionen waren nur schwarz-weiß und kannten nur Karten fester Größe für den 9″-Bildschirm der ersten Macintosh-Generation. Die erste *HyperCard*-Version hatte gar keine Hypertext-Eigenschaften. Die mußte man selbst über Knöpfe und damit verbundene Skripten herstellen. Es konnte immer nur ein Fenster offengehalten werden. Dafür besaß *HyperCard* aber eine Skriptsprache, die noch leichter zu lernen war als BASIC und zugleich mächtiger, da sie nicht in Form eines Programms geschrieben werden mußte, sondern einfach an Objekte auf der Karte gebunden werden konnte. *HyperCard* nahm dem Entwickler das Event-Handling ab und ermöglichte so ein schnelles Prototyping [Nielsen (1995), 58]. Die Skriptsprache HyperTalk konnte zudem in Pascal oder C geschriebene Programme als externe Programme integrieren und mit einem einzigen Befehl aufrufen, womit man die Leistungsfähigkeit der Programmierung noch erhöhen konnte. Das Event-Handling in *HyperCard* ist ausgesprochen reichhaltig und flexibel: So ist es nicht nur dann möglich, ein Skript auszulösen, wenn man auf einen Knopf klickt und anschließend die Maustaste losläßt, sondern auch dann, wenn sich der Cursor in der Region eines Objektes befindet oder aus der Region herausgeht, wenn man die Maustaste gedrückt hält oder wenn eine Zeitlang keine Benutzerhandlung geschieht.

In späteren Versionen erhielt *HyperCard* eine eingebaute Hypertext-Funktion, mit der Textstücke als Hypertext-Anker markiert werden können, und einen eingebauten Debugger. Heute besitzt *HyperCard* zwei Skriptsprachen, HyperTalk und AppleScript, und eignet sich auch als Interface für AppleScript-Programme. *HyperCard* kann Stacks als stand-alone-Applikationen sichern und wandelt sich allmählich von einer interpretierten zu einer kompilierten Umgebung. *HyperCard* ist aus diesen Gründen vielleicht das mächtigste der hier besprochenen Systeme.[20] Kahn (1989) vergleicht *HyperCard*, *Intermedia*, *Guide* und KMS und diskutiert, wie die unterschiedlichen Eigenschaften der betreffenden Systeme auf das Design der jeweiligen Anwendungen durchschlagen.

Immer noch werden neue Hypertext-Systeme entwickelt, teils für experimentelle Zwecke, teils mit speziellen Funktionserweiterungen für kooperatives Arbeiten und Schreiben, teils aber auch mit exotischen Abwandlungen der Standard-Funktionen:

MORE　Relativ früh (1986) bot der Outliner MORE (Vorgänger: ThinkTank; von Living Videotext, später Symantec) hypertext-ähnliche Funktionen, beschränkt allerdings auf die hierarchische Ordnung von Titeln und Untertiteln und nicht quer auf derselben Ebene [eine ähnliche Einschätzung bei Nielsen (1995), 11]. Heute offerieren selbst Textverarbeitungssysteme wie *FrameMaker* (ab Version 5) und *Interleaf* (WorldView) Hypertext-Funktionalität und können ihre Dokumente im HTML-Format sichern.

Andrew Toolkit　Das *Andrew Toolkit* (Carnegie-Mellon University) verbindet ein Dateisystem (Vice) mit einer grafischen Benutzerschnittstelle (Virtue) und dem CMU Lisp Tutor [Hansen (1988)]. Der CMU-Tutor ist ein Lektionen-Editor für die Entwicklung computergestützter Lerneinheiten. Nach Sherman, Hansen et al (1990) begann das *Andrew Toolkit* als Architektur für Multimedia-Dokumente und -Applikationen unter X Windows und verbindet Hypertext mit Hypermedia-Fähigkeiten.

IBIS　*IBIS* (Issue-Based Information System), bekannt geworden als *gIBIS* von MCC (Microelectronics and Computer Technology Corporation, Austin, Texas) [Conklin/Begeman (1988)], soll den Prozeß des Software-Designs auf Sun-Rechnern unterstützen. *gIBIS* unterstützt kooperierende Gruppen von Software-Designern bei der Konstruktion von Diagrammen, an die Hypertext gebunden werden kann. Die Weiterentwicklung von gIBIS zu dem Icon-orientierten Planungsinstrument CM/1 schildert Nielsen (1995), 73ff. Ähnlich wie *gIBIS* arbeitet *Design* von der Meta Software Corporation (1987).

Boxer　*Boxer* ermöglicht es, die Texteinheiten in Boxen als Container zu stecken (und darin wieder weitere Boxen mit Texten) [diSessa (1990)]. Die Boxen können zu Zeilen zusammenschrumpfen oder zu Fenstern expandiert werden. *Boxer* unterscheidet strikt zwischen Text- und Grafikboxen. Die Grafikboxen können mobile und interaktive Einheiten enthalten. Sie bilden die Basis für Logo Turtle-Aktivitäten. »However, Boxer is unique in that not only does it contain a programming language, it is a programming language« (305). In diesem Sinne weist *Boxer* über Hypertext hinaus und wird zu einem kognitiven Werkzeug (s. Kapitel 10). diSessa spricht im Zusammenhang mit *Boxer* von »mind toys« und »knowledge spaces«.

SEPIA　SEPIA (von der GMD-IPSI, Bonn) unterstützt speziell Planung und Argumentation von kooperierenden Gruppen [Streitz/Haake et al (1992)]. Der grafische Browser sieht aus wie ein Projektplaner oder ein Werkzeug zum Erstellen von Baumdiagrammen. Die Besonderheit von SEPIA besteht darin, daß es mehrere Typen von Verknüpfungen kennt und ein kollaboratives Edieren von Argumentationen erlaubt. SEPIA unterscheidet mehrere Aktivitätsräume, darunter einen Inhaltsraum, einen rhetorischen Raum, einen Argumentationsraum und einen Planungsraum [Streitz/Hannemann (1990)]. Im Planungsraum werden die Knoten als Issues bezeichnet und die Verknüpfungen mit rhetorischen Bezeichnungen wie z.B. *serve*, *answer* und *reference*. Im Argumentationsraum kennt SEPIA die Knoten-Arten *claim*, *datum*, *rebuttal* und *statement* sowie die Link-Typen *so*, *contradicts*, *unless* und *reference* [Streitz/Haake et al (1992)]. Eine ausführli-

---

20. *SuperCard* ist ein Superset von *HyperCard* (Silicon Beach Software, dann Aldus, jetzt Allegiant Technologies). Auf *AthenaMuse*, eines der großen Multimedia-Systeme, gehe ich ausführlicher im Abschnitt über »Exemplarische Hypertext-Anwendungen« ein.

che Beschreibung eines kooperativen Planungsbeispiels illustriert von drei Bildschirmabbildungen findet sich bei Nielsen (1995), 91-97. Hannemann und Thüring (1995) illustrieren den Entwurf des eigenen Artikels mit einer Bildschirmabbildung aus SEPIA
(30). Sie unterscheiden (32) *atomic nodes* (Informationseinheiten, bestehend aus Text,
Ton, Bild etc.) und *composite nodes* (Aggregate von atomic nodes), *structure nodes*
(composite nodes mit Referenzen), ferner zwei Arten von strukturellen Verknüpfungen,
sequencing links und *exploration links*.

Aquanet

Auch *Aquanet* von Xerox PARC ist ein kollaboratives Hypertext-Werkzeug für die kollaborative Analyse und Anlage von Argumentationen und die Repräsentation von Wissensstrukturen[Marshall/Halasz et al (1991)]. Marshall und Rogers (1992) berichten
über den Versuch, Texte zur automatischen Übersetzung mit *Aquanet* zu strukturieren.

StorySpace

StorySpace ist ebenfalls ein Werkzeug zum Schreiben von Hypertext-Systemen, das
Ähnlichkeiten zu Outliner-Programmen aufweist. Die Textstücke erscheinen in Frames,
die wie in einem Objektgrafik-Programm frei arrangiert und untereinander verknüpft
werden können. *StorySpace* kann automatisch, ebenfalls wie ein Outliner, ein Baumdiagramm aus den eingegebenen Textstücken konstruieren [Bernstein (1991b)]. Bernstein
und Sweeney (1989) haben als Beispiel »The Election of 1912« entwickelt [s.a. Garzot-
to/Schwabe et al (1991)]. Slatin (1992) berichtet über die »single best experience I have
had in 15 years of teaching« (49), einen Versuch, per email, integriert in *StorySpace*, ein
Seminar zur modernen Dichtung abzuhalten.

ABB. 19
StorySpace -
Hypertext in Frames

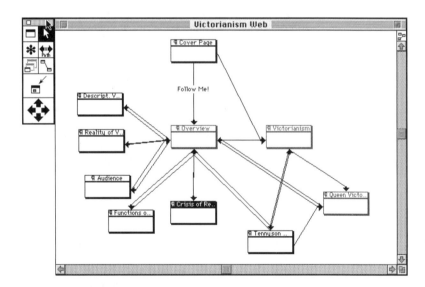

AnchorsAweigh

AnchorsAweigh ist ein auf *SuperCard* aufsitzendes Hypertext-Werkzeug, das es ermöglicht, bidirektionale Links wie in *Intermedia* und typisierte Links aus der Sicht der Benutzer anzulegen [Brown/Chignell (1993)].

CONCORDE

CONCORDE (CONnected Card-ORienteD Entities, Braunschweig) ist ein mit Smallt-
alk-80 auf der SUN entwickeltes System, das wie HyperCard mit verknüpften Karten
arbeitet und dessen Benutzerschnittstelle mit der räumlichen Metapher lokal benachbarter Karten arbeitet [Gloor/Streitz (1990); Hofmann/Langendörfer et al (1991); Hof-
mann/Schreiweis et al (1990)].

World Wide Web | Erwähnenswert sind auch die Browser im World Wide Web wie z.B. *Mosaic* (CERN, Center for Nuclear Physics Research in Genf, später NCSA, National Center for Supercomputing Applications) und *Netscape Navigator* (Netscape Communications), die dem Formatstandard (HTML) folgen und deshalb eine größere Verbreitung als alle vorgenannten Systeme finden werden, weil sie Internet-Reisenden kostenlos zur Verfügung stehen.

Hyper-G | Ein möglicher zukünftiger Konkurrent zu WWW ist *Hyper-G* vom Institut für Informationsverarbeitung und Computerunterstützte Neue Medien (IICM) der Technischen Universität Graz [Kappe (1991)]. *Hyper-G* kennt mehr Datentypen als WWW, gestattet eine Volltextsuche, erlaubt Hypertext-Anker in Bildern und Filmen, verfügt über einen 3D-Modus und unterstützt mehrsprachige Benutzeroberflächen. [Eine ausführliche Beschreibung, illustriert mit fünf Abbildungen, findet sich in Nielsen (1995), 200ff.]

Weitere Systeme werden im Anhang zum Kongreßband von Lucarella, Nanard et al (1992) angeführt und kurz beschrieben.

Den ersten Überblick über das Hypertext-Konzept und einzelner Hypertext-Systeme hat Conklin (1987) verfaßt. Er listete bereits 18 verschiedene Hypertext-Systeme auf (21). Conklin berichtet, die ersten Promotoren des Hypertext-Konzepts hätten geklagt, daß die Computer-Gemeinde wenig Interesse an ihren Ideen zeigte. Er vermutet, daß die Gründe für das Desinteresse weniger daran lagen, daß damals teure Hardware für die Hypertext-Systeme erforderlich war, sondern daß sich inzwischen die Einstellung der Computer-Benutzer geändert habe. Wenn dies zutreffen sollte, wird das World Wide Web im Internet sicherlich die nächste Welle der Popularisierung des Konzepts einläuten.[21]

Typen und Funktionen von Hypertext-Systemen

Kuhlen (1991) unterscheidet folgende vier Typen von Hypertexten nach dem Grad, in dem sie die Hypertext-Strukturen nutzen:

- »Hypertextsysteme bzw. -basen mit einfachen Einheiten und assoziativen Verknüpfungen und assoziativem 'browsing';
- Hypertextsysteme bzw. -basen mit strukturierten Einheiten und typisierten Verknüpfungen; Navigation in der Hypertextbasis beruht weitgehend auf dem Prinzip der direkten Manipulation;
- Hypertextsysteme bzw. -basen mit strukturierten Einheiten und typisierten Verknüpfungen; Navigation in der Hypertextbasis kann weitgehend auf dem Prinzip der direkten Manipulation beruhen, kann sich aber auch auf autorengesetzte Pfade abstützen;

---

21. Einen Überblick über den Stand der Hypertext-Systeme von heute gibt Nielsen (1990), 87ff. [s.a. Nielsen (1995), 33-66]. Nielsen (1995) enthält eine ausführliche annotierte Bibliographie zu Hypertext (365-449). Eine Bibliographie mit etwa 300 Titeln zu Hypertext in Lehre und Ausbildung bietet Ramaiah (1993).

· Hypertextsysteme bzw. -basen auf der Grundlage von durch wissensbasierte Techniken strukturierten Einheiten und typisierten Verknüpfungen; Navigation in der Hypertextbasis ist nach dialogischen, kooperativen Prinzipien organisiert« (22).

Aus der Sicht des Lernenden kann man solche Hypertext-Design-Optionen nun wiederum nach dem Grad der Beschränkung betrachten, die sie für den Lernenden bedeuten [Wright (1989)]. Legget, Schnase et al (1990) präsentieren eine »Taxonomie« aus fünf Klassen von Hypertext-Typen, die ihr Ordnungskriterium aus dem Gesichtspunkt bezieht, welches Gewicht Knoten und welches Verknüpfungen einnehmen:

Literary   Links sind wichtiger als Knoten: *Xanadu*, *Augment*, *Intermedia*

Structural   Knoten sind wichtiger als Links: KMS, gIBIS, *NoteCards*, *HyperCard*

Presentational   Knoten sind wichtiger als Links, zusätzlich gilt: Autoren- und Benutzerumgebung sind getrennt: HyperTIES

Collaborative   Links und Knoten sind gleich wichtig: DIF und *Augment*

Explorative   wie Collaborative, zusätzlich gilt: Raummetapher für Benutzerschnittstelle: *Intermedia* und KMS

Die Klassifikation von Hypertext-Sorten variiert je nach zugrundeliegendem Interpretationsmuster:

Nelson und Palumbo (1992) unterscheiden Hypertexte für die Wissenspräsentation, Hypertexte für die Wissensrepräsentation und Hypertexte für die Wissenskonstruktion. Die ersten sind elektronische Bibliotheken mit autoren-gesetzten Pfaden, die zweiten explizieren die Relationen zwischen den Knoten, teilweise mit Hilfe grafischer Netze, während die dritten den Lernenden aktive Formen des Arbeitens anbieten.

Kuhlen (1991) unterscheidet Hypertext-Typen nach Funktionen des Arbeitens oder der Anwendung: Kollaboratives Schreiben, Problemlösung, computergestützte Planung, Literatur (Hyperfiktion), Unterstützung bei der Softwareentwicklung, technische und online Dokumentation, Kioske in Museen (179ff.).

Jonassen (1993) unterscheidet fünf Einsatzmöglichkeiten für Hypertext in Lernprozessen: Hypertext als Vehikel für den Transport von Information, Hypertext als Maschine für Informationssuche, Hypertext in komplexen, konstruktivistischen Lernumgebungen, Hypertext im Sinne der kognitiven Flexibilitätstheorie, Hypertext für kollaborative Wissenskonstruktion.

Gloor (1990) unterscheidet Einzelbenutzer- und Mehrbenutzer-Systeme auf der einen Seite, Ideen-Prozessoren und Speicher- und Abfragesysteme auf der anderen Seite (5). Lernsoftware und Unterrichtssoftware befindet sich bei Gloor in der Sparte Einzelbenutzer/Speicher- und Abfragesysteme, wobei er folgende Programmarten unterscheidet: Drill & Practice, Wissensvermittlung, Online-Handbücher und Online-Bibliotheken.

Aus der Perspektive der Anwendung bzw. des Einsatzbereichs unterteilt Nielsen (1990) Hypertext-Systeme in Computer-Programme, Geschäftsanwendungen, intellektuelle Werkzeuge, Lern- und Unterhaltungs- bzw. Freizeit-Programme (45-86).

Nielsen (1995) führt auch interaktive Abenteuer-Spiele als Beispiel für Hypermedia-Systeme an, z.B. *Déjà Vu* (1988 von ICOM Simulations) oder MYST (1993 von Cyan). Einen gravierenden Unterschied sieht er allerdings zwischen den Verknüpfungen in einem Abenteuer-Spiel und einem Hypertext: »I will not classify adventure games as hypertext because they are fundamentally based on making it difficult for the user to navigate to the desired destination and they often hide the clues for the links to other locations in the information space« (12ff.). Strukturell besteht kein Unterschied zwischen Spiel und Hypertext, wohl aber in der Funktionalität der Struktur für den Benutzer. Selbst KIOSK-Systeme, die auf Bildplatten zugreifen, sind in Nielsens Augen keine echte Realisation von Hypertext-Prinzipien, wenn sie nur als Auslöser für das Abspielen von Filmstücken dienen. Nielsen betont diese Differenzen, weil er das »look and feel« für wichtiger hält als die definierte Struktur.

Wie läßt sich Hypertext in der Hochschule einsetzen? Kuhlen (1991) unterscheidet folgende Einsatzmöglichkeiten im Hochschulunterricht:

1. »Hypertext als Mittel der Orientierung im Studienangebot, aber auch als Mittel der Selbstdarstellung einer Ausbildungseinrichtung (Teil des Hochschul-Marketing);

2. Hypertext als didaktische Unterstützung der Präsentation von Wissen durch die Lehrenden;

3. Hypertext – in der Ausweitung der Ansätze der computerunterstützten Ausbildung ('computer-based training' – CBT) als interaktive und nicht-lineare Möglichkeit des Selbststudiums [...]

4. Hypertext als Mittel des Lernen durch Modellieren, die Aneignung von Wissen durch den Aufbau von Hypertextbasen zu ausgewählten curricularen Gegenständen« (186).

Exemplarische Hypertext-Anwendungen

1988 widmete die Association for Computing Machines (ACM) eine Ausgabe der »Communications of the ACM« dem Nachdruck von sechs Aufsätzen, die als Referate auf der Hypertext '87-Konferenz gehalten wurden. Außerdem wurden dieselben Aufsätze in verschiedenen Hypertext-Formaten publiziert, mit *HyperCard* für den Macintosh vom Institute for Research in Information and Scholarship (IRIS) der Brown University, mit *HyperTIES* für IBM PCs von der University of Maryland, mit KMS für SUN-3 Workstations von Knowledge Systems, Inc. und mit *Guide* von OWL für Macintosh und IBM PCs.

Diese Varianten erlauben einen guten Vergleich der Leistungsfähigkeit und der Konstruktionsmerkmale der verschiedenen Hypertext-Systeme, obwohl die vergleichende Analyse von Alschuler (1989) unter der Annahme leidet, die effektiv realisierten Formen von Links und Pfaden seien Eigenschaften der jeweiligen Umgebungen, die etwas über die Qualität der Entwicklungsumgebungen aussagen. Das ist aber nicht richtig. Die realisierten Formen gehen unmittelbar auf Design-Entscheidungen der Programmierer zurück, die andere Möglichkeiten gehabt hätten, indirekte und direkte Verknüpfungen, Karten, Indizes und Suchmöglichkeiten zu installieren. Die verglichenen Systeme bieten mehr Varianz für den Programmierer, als in den Beispielen realisiert wurde, vor allem die Systeme, die mit einer eingebauten Programmiersprache versehen sind. Die Variationen (z.B. Bilder der Autoren in *HyperCard*, Kommentare in *HyperTIES*, Zwischenüberschriften in KMS) sagen nichts über die Systeme aus, da sie prinzipiell in allen drei Systemen möglich gewesen wären. Es wird jedoch an allen Beispielen deutlich, daß die Konversion sequentiell argumentierender Vorträge, also linearer Texte, in nicht-lineare Umgebungen nicht besonders überzeugende Resultate zeitigt. Alschuler berichtet über ein Gespräch mit Shneiderman, der die HyperTIES-Version betreute: »Ben Shneiderman told me that his work on Hypertext confirmed his suspicion that this type of 'linear' text could not be translated into hypertext« (358).

Einen originellen Versuch, Hypertext in die Buchform »zurück zu übersetzen«, hat Jonassen (1989) unternommen. Texte über Hypertext hat er zum einen als HyperCard-Stack, zum anderen als Buch veröffentlicht, wobei das Buch nach Titeln alphabetisch gegliedert ist und am Ende jeden Abschnitts die Verweise auf verbundene andere Begriffe bzw. Abschnitte mit Seitenzahlen stehen. Die beiden folgenden Abbildungen geben eine Seite aus dem Buch und eine Karte aus dem Stack wider. Die Buchseite ist unterteilt in den Titel, eine Beschreibung des Titels und einem Abschnitt mit einem Diagramm der vernetzten Begriffe mit Seitenzahl. Im Buch muß man die entsprechende Seite aufschlagen, im Stack hat man mehrere Navigationsmöglichkeiten: Man kann auf den jeweiligen Begriff im Diagramm oder im Text klicken oder auf die unter der Karte befindlichen Bedienungsknöpfe.

NAVIGATING HYPERTEXT

Problems in Browsing Hypertext

| Description |

The most commonly identified user problem is navigating through hypertext. Many hypertexts consist of hundreds and even thousands of nodes with a potentially confusing array of links connecting them. It has been well documented that in such systems, users can easily become lost, not knowing where they came from, where they should go next, or even how to exit the part of the program they are in. Users are frustrated by this experience. Often, they give up without acquiring any information from the hypertext. Like the sailor on the seas, they need aids to help them navigate through the sea of information.

| Design Questions |

How do users navigate, unaided, through unstructured hypertexts? What individual differences will predict those paths? How much navigational guidance should the users receive? What form of structural cues are most effective in aiding navigation? How structured should the hypertext be?

| Links to Other Text |

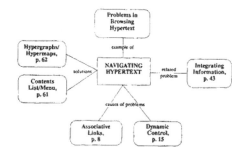

| Links to Other Documents |

Conklin, J. (1987). Hypertext: An introduction and survey. *IEEE Computer* (September), 17-41.

Halasz, F.G. (1988). Reflections on note-cards: Seven issues for the next generation of hypermedia systems. *Communications of the ACM, 31*(7), 836-852.

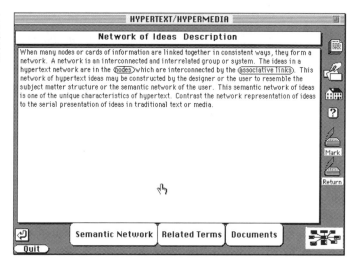

INTERMEDIA: *Anwendungsbeispiele*

Die beiden Hypermedia-Umgebungen, die neben *HyperCard* wohl den größten ideellen Einfluß auf die Entwicklung dieses Softwaretyps gehabt haben, sind *Intermedia* und *AthenaMuse*. Unter beiden sind interessante Anwendungen entstanden, die in ihren jeweiligen Hochschulen im Unterricht eingesetzt wurden. Das gilt insbesondere für *Intermedia*, während in *AthenaMuse* auch Beispiele entwickelt wurden, die Prototypen geblieben sind.

ABB. 22
Abbildung aus
Perseus (Intermedia)

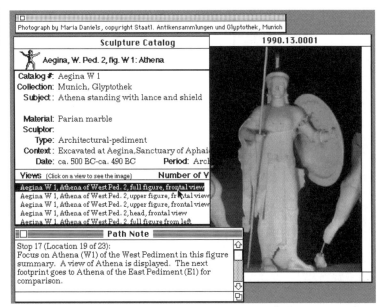

Eines der umfangreichsten Beispiele aus *Intermedia* ist *Perseus* (Harvard College) [Crane/Mylonas (1988); Mylonas/Heath (1990); Mylonas (1992)]: Das System bestand 1991 aus CD-ROM und Bildplatte und lief auf einem Macintosh unter *HyperCard*. Die zweite Version wurde 1994 freigegeben und umfaßte bereits mehrere CDs. Die CDs enthalten die Daten, die Bildplatte alle Bilder und Filme. Das System wird von Landkarten aus navigiert; es enthält griechische Originaltexte und deren Übersetzung, Lexika, Wörterbücher und Bilder antiker Kunstwerke. Das System ist ein kooperatives Produkt vieler Forscher. Die Benutzer können Notizen anlegen, Pfade edieren und kommentieren.

Landow (1989b) beschreibt den Einsatz von *Intermedia* im Unterricht für englische Literatur [s.a. Landow (1992b)]. Er schildert detailliert einige Projekte zu den Werken einzelner Autoren der Weltliteratur, die durch studentische Arbeiten im Seminar entstanden sind.

Context32   Diese Projekte wurden unter dem Titel *Context32* versammelt [Launhardt/Kahn (1992)]. Vom Autor und seinen Assistenten wurden zu Beginn etwa 300 Texte, 500 Bilder und 40 Zeitleisten zur Verfügung gestellt. Die Studierenden bringen zu den verschiedenen Themen im Unterricht eine Vielfalt von Dokumenten und einen Reichtum von thematischen und medialen Aspekten zustande. 1989 enthielt das System einen Korpus von 2000 elektronisch verknüpften Dokumenten [Landow (1989b)]. Später wurden einige Teile aus *Context32* als spezielle Subsets ausgegliedert, z.B. das *In Memoriam Web* zu einem Gedicht von Tennyson und eine Sammlung von Texten zur Emblematik [Launhardt/Kahn (1992)].

Context34   *Context34* ist ein weiterer Versuch von Landow in Zusammenhang mit einem Kurs über englische Literatur. Die Kollektion begann als kleines Netz und wurde in der Folge von den Studierenden ergänzt [Launhardt/Kahn (1992)]. In diesem Fall wurde Intermedia im wesentlichen als Autorenwerkzeug für die Studierenden eingesetzt. Der Aufsatz von Launhardt und Kahn nennt viele weitere Beispiele zur Sozialwissenschaft, Politikwissenschaft, Philosophie, Religionsgeschichte, Chinesischen Literaturgeschichte usw.

Dickens Web   Einige unter *Intermedia* entstandene Umgebungen wurden später verselbständigt. Das *Dickens Web*, Materialien zu Dickens und sein Roman »Great Expectations«, wurde später als systemunabhängige Hypertext-Anwendung unter *StorySpace* auf dem Macintosh und unter *WorldView* von *Interleaf* auf der SUN realisiert [Landow/Kahn (1992)]. Kahn und Landow berichten über eine vergleichende Evaluation der drei Versionen durch 15 Hypertext-Benutzer. Am störendsten empfanden sie die Seiten-Metapher in *Interleaf's WorldView*.

Die Biologie der Pflanzenzellen ist eine Kollektion von *Intermedia*-Dokumenten [Yankelovich/Haan et al (1988); Launhardt/Kahn (1992)]. Im »Program for Liberal Medical Education« dient *Intermedia* Medizinstudenten dazu, ihre Arbeit zu organisieren und zu koordinieren [Launhardt/Kahn (1992)]. Eine *Intermedia*-Kollektion ist »Shakespeare« gewidmet [Friedlander (1991)].

Man darf wohl mit Recht behaupten, daß die bislang inhaltsreichsten und didaktisch am besten geplanten Hypertext-Materialien mit *Intermedia* entwickelt wurden. Insofern ist es besonders bedauerlich, daß die Projektförderung 1991 eingestellt wurde: »even though Intermedia was the most promising educational hypertext system in the early 1990s, it does not exist any more« [Nielsen (1995), 54].

ATHENA: Anwendungsbeispiele

Athena ist bereits eher ein Multimedia- oder Hypermedia-System als *Intermedia*. Es nimmt den Ausgangspunkt bei dem Konzept von Lernumgebungen und kooperativen Lernprozessen. Hodges und Sasnett (1993) betonen die konstruktivistischen Grundideen, die bei der Entwicklung Pate gestanden hätten (32). Das *AthenaMuse*-Projekt beschreiben die Autoren mit hervorragenden Farbabbildungen und vielen schwarz-weiß Bildern zu den verschiedenen mit *Athena* entwickelten Projekten [vgl. Hodges/Sasnett et al (1989)]. *Athena* ist objektorientiert, kennt eine Skriptsprache EventScript. *Athena* basiert auf einer »compound document«-Architektur (191ff.), die durch sogenannte »plastic editors« (165ff.), dynamisch modifizierbare Editoren, die ihrerseits wie komplexe Dokumente organisiert sind, erstellt werden. Jedes Dokument hat mehrere Dimensionen. Diese Technik weist weit über den damals bei der Datendefinition und der Werkzeugentwicklung für Multimedia erreichten Stand hinaus und ist heute noch nicht von der Marktentwicklung eingeholt worden, so z.B. die Hotspot-Technik zur automatischen Kantendetektion und Verfolgung von Polygon-Regionen in Videofilmen [s. Michon in Hodges/Sasnett (1993), 219ff.].

Mit *Athena* sind mehrere Anwendungen in fünf verschiedenen Fachgebieten entstanden, die alle deutlich weniger den Hypertext-Charakter betonen als das *Intermedia*-Projekt, sondern durch ihre starke Orientierung an Bild- und Filmsequenzen mehr den Multimedia-Typ herausstellen. Die Studierenden können in allen Beispielen aktive Aufgaben übernehmen, z.B. Notizen aufzeichnen, Seiten anders arrangieren, Bilder eines Spaziergangs aufnehmen und ausschneiden, Text anfügen etc. Für Hodges und Sasnett gilt diese kreative Rolle, die den Studenten angetragen wird, bereits als ein ausreichendes Kriterium für die Einordnung von *Athena* in den Konstruktivismus (32).

Hodges und Sasnett gruppieren die Beispielanwendungen (73ff.) in 6 Gruppen [eine Liste der Projekte enthält auch Michon (1992), 370ff.]:

Virtuelle Museen	Chronoscope (Musée d'Orsay), Smithsonian Image Collection System, Harvard Scientific Instrument Collection, Man Ray Paris Portraits, Seeds of Change
Simulationen	Sprachenlernen (Direction Paris: A la Rencontre de Philippe und Dans le Quartier St. Gervais zum Französischlernen; No Recuerdo für den Spanischunterricht); Navigieren von Segelschiffen; CERN Diorama
Analyse-Werkzeuge	Film Analysis with Alfred Hitchcock, Environmental Literacy, Women's Roles in Developing Countries, Film Analysis with Citizen Kane, Project DOC Edgerton, Media Literacy Curriculum, Boston Suburbs
Editoren	Color Palette, Font Editor, Attribute Editor, Video Editor, MuseBuilder, Subtitle Editor, Object Editor, Action Editor, Pixmap Editor
Informations-management	GTE Real Estate Project, AthenaMuse Mail Agents, The Meeting Analyzer, Quality Design Toolkit
Elektronische Bücher	Neuroanatomy Learning Environment, Engineering Geology Education, Mechanical Bearings, Biology, Bibliothèque de France, AthenaMuse On-Line Documentation.

Ausführlich werden die Designprinzipien und Navigationsmöglichkeiten von Hodges und Sasnett für die Navigation mit Segelbooten, die Tour durch das Pariser Viertel St. Gervais, die Bilddatenbank zu Man Ray sowie die elektronischen Bücher geschildert und erläutert:

Dans le Quartier St. Gervais

Die Multimedia-Tour durch das Pariser Viertel St. Gervais, ist von Schlusselberg und Harward (1992) für das Modern Language Department des M.I.T. entwickelt worden. Das Viertel wird eingangs als Straßenkarte dargestellt. Von der Karte aus können 29 Orte im Viertel direkt angesprungen werden. Das Viertel kann aber auch mit der Methode der »surrogate travel« wie im *Aspen Movie Map* aus der Perspektive eines Spaziergängers begangen werden.

Einzelne Gebäude in »Dans le Quartier St. Gervais« sind als Verzweigungen zu anderen kurzen Filmstücken arrangiert. Mehr als 600 historische Bilder liefern eine zusätzliche historische Dimension zu den 29 Orten. Ein historischer Führer erläutert, was der Lernende auf seiner Tour sieht. Sobald man einen Laden oder ein Gebäude betritt, läuft ein Film ab, treten Sprecher in Interviews auf. Bei Filmen können Untertitel eingeblendet werden, und bei Klicken auf ein Wort in den Untertiteln wird ein Wörterbuch auf dem Bildschirm aufgerufen. Die Inhalte der Interviews stehen schließlich auch in Form von Themenlisten zur Verfügung.

Die Autoren betrachten »Dans le Quartier St. Gervais« als Beispiel für entdeckendes Lernen: »We call it a set of materials that enables students to participate, explore and discover a 'world of knowledge'« (108). Weitere Beschreibungen zu »Dans le Quartier St. Gervais« finden sich bei Murray (1992), Murray/Malone (1992) und Evelyn Schlusselberg [in Hodges/Sasnett et al (1989), 103ff.].

A la Rencontre de Philippe

»A la Rencontre de Philippe« ist ein weiteres Beispiel für multimedialen Fremdsprachenunterricht, ein stark verzweigender Film in Form einer Baumstruktur, arrangiert als simulierte Interaktion mit fiktiven Personen, die den Ausgangspunkt von einer Straßenkarte nimmt, die als »surrogate travel« arrangiert ist. Im Unterschied zu »Dans le Quartier St. Gervais« gibt es in diesem Beispiel zusätzlich eine interaktive Geschichte zwischen Elizabeth und Philippe, die entdeckendes Lernverhalten anregen soll [Murray (1992)]. Das Apartment von Elizabeth und Phillippe ist ebenfalls als Karte arrangiert, die eine surrogate travel ermöglicht [Murray/Malone (1992)]. In beiden Geschichten kommen auch noch interaktive simulierte Objekte vor, so z.B. eine Kopie des *Figaro* mit Wohnungsanzeigen und ein Telefon, mit dem sich Nummern wählen lassen, die wiederum zu einem simulierten Anrufbeantworter führen. Murray und Malone beschreiben ausführlicher die Methode, mit der die fiktive Zeit in der narrativen Struktur der beiden Anwendungen kalkuliert wurde.

Navigieren von Segelschiffen

Das Projekt »Navigieren von Segelschiffen« [Hodges/Sasnett (1993), 89ff.] ist ein Beispiel für das Prinzip der »surrogate travel«, der simulierten Reise. Die Anwendung simuliert das Segeln in einem Gebiet von zwei Quadratmeilen Küstengewässer vor Maine mithilfe von 10.000 Bildern, die im Winkel von 45° als Panorama-Ansichten arrangiert wurden. Die interaktive und echtzeit-nahe Simulation erfolgt in sieben Dimensionen (Position des Bootes in x,y, Richtung des Bootes, Geschwindigkeit, Blickwinkel und Kompaß mit zwei Dimensionen). Integriert wurde in das System auch ein Landgang durch die Felsen und die Pflanzenwelt am Wasserrand. Der ursprüngliche Entwurf sah 700.000 Knoten vor, die 5,6 Millionen Bilder erfordert hätten, um eine Bewegung von 4 Yards zu simulieren. Dies war nicht möglich. Man mußte sich mit Abständen von 50 bis 200 Yards zufriedengeben. Dies ist natürlich ein Problem für die Benutzer und die Interpretation der Umgebung: »A common mistake in the design of surrogate travel systems is to underestimate the need for continuity from one point to the next and not provide enough context at each point: the result is that users lose their orientation« (95).

Engineering Geology Educator

Der »Engineering Geology Educator« (140ff.) umfaßt mehr als 1.000 Bilder geologischer Merkmale und Prozesse. Das Textbuch von 236 Seiten ist als Enzyklopädie arrangiert, als eine Seite mit 236 Positionen: »The sequential organization of the pages in Geology can be viewed as an atavistic feature carried forward from its paper-based forebears« [Michael Webster in Hodges/Sasnett (1993), 141]. Das elektronische Buch zur Neuroanatomie (142ff.) ist anders organisiert. Es umfaßt 1.400 einzelne Textdokumente ohne eine festgelegte sequentielle Abfolge und ein Archiv mit Bildern und Filmen vom Gehirn. Die Texte sind untereinander und mit Bildstellen über drei Index-Verzeichnisse auf unterschiedlichen Abstraktionsniveaus (alphabetisch, neuroanatomische Struktur, Gehirnfunktionen) verknüpft: »This is a fundamental break from the normal structure of a book« (143). Die Querschnitt-Bilder vom Gehirn sind als Filme gespeichert und über einen virtuellen Raum so untereinander verbunden, daß Zoomen und Skalieren in Quasi-3D möglich zu sein scheint. Es ist aber keine richtige 3D-Lösung [vgl. die 3D-Lösung zur Anatomie bei Höhne/Bomans et al (1992)].

Dem Multimedia-Typ »Virtual Museum« zugeordnet sind die Beispiele zu Man Ray's Paris Portraits [Hodges/Sasnett (1993), 117ff.], CERN Diorama (127ff.) und zur Boston Architecture Collection [Davis (1992)]. Boston Suburbs ist im wesentlichen eine Bilddatenbank mit unterschiedlichen Views und Manipulationsmöglichkeiten für die Bilder.

Davis (1992) berichtet über weitere *Athena*-Projekte, Turkle (1992) über Kontroversen, Fehler und über gescheiterte Pläne des beteiligten Physik-Instituts. Eine an *Athena* angelehnte deutsche Entwicklung der Universitäten Kaiserslautern, Karlsruhe und Freiburg, ist NESTOR [Mühlhäuser (1989); Mühlhäuser (1992)], ein hybrides Autorensystem kombiniert mit Komponenten aus dem Instruktionsdesign und mit Hypermedia-Elementen.

Weitere Beispiele

Die Phantasie der Autoren von Büchern über Hypertext zur der Frage, welche Anwendungsgebiete für Hypertext infragekommen, ist offenbar beschränkt. Die meisten erwähnen Dokumentationen, Lexika und Online-Hilfen. Der Katalog von Nielsen (1995) ist da schon etwas länger: Online-Dokumentation, Benutzer-Hilfe, Software Engineering, Reparatur-Anleitungen, Lexika, Auditing, Rechtswissenschaft, Messen, Ideen organisieren, Journalismus, Forschung, Fremdsprachen lernen, Museen, Bibliotheken und Spiele. Aber auch bei ihm fehlt ein ganzes Spektrum sinnvoller Anwendungsmöglichkeiten. Aus diesem Grunde werde ich im folgenden auf einige Anwendungen eingehen, die jeweils einen speziellen Gesichtspunkt zu diesem Spektrum beizutragen haben. Dabei ist auch beachtenswert, gerade im Vergleich mit den minimalen Domains der Instruktions- und Tutorensysteme, welche breite Streuung im Fächerspektrum diese Systeme bereits gefunden haben. Drei aktuelle Trends können diese Beispiele demonstrieren:

· Bei einigen Beispielen verschwindet die Hypertext-Grundlage teilweise hinter der Multimedia-Oberfläche, d.h. Hypertext wird nur noch als Methode der Organisation und Navigation für Informationen gebraucht, die überwiegend nicht Textinformationen sind (z.B. medizinische Tutorien).

- Bei anderen Beispielen werden Hypertext und andere Programmtypen gemischt, z.B. Spiele, Simulationen, Experimente.

- Wieder andere Beispiele versuchen Komponenten aus dem Instruktionsdesign und dem Bereich der intelligenten tutoriellen Systeme in Hypertext-Umgebungen zu inkorporieren.

Who Built America?

Ein sehr umfangreiches und interessantes Hypertext-Beispiel ist eine CD-ROM zur Geschichte der USA von 1876 bis 1914 »Who Built America?« [Rosenzweig (1993); Voyager Company]. Die CD enthält 5000 Seiten Text, 700 Bilder und 60 Diagramme, 4 Stunden Audio und 45 Minuten Video. Teilweise lehnt sich das System an der Buchmetapher an. Im Buch sind Randnotizen möglich, und ein separates Notizbuch kann geöffnet werden. Das Buch ist jedoch nur der kleinere Teil des Systems: Vom Buch aus werden mehr als 200 »Exkursionen« angeboten. Interessanter als diese Zahlen ist jedoch die Auswahl der Inhalte für »Who Built America?«. »Heiße« Themen aus der amerikanischen Geschichte wie die Lynchjustiz, die Rassenkrawalle, die Entstehung der Frauenbewegung, die Problematik der Abtreibung und das Erwachen der homosexuellen Bewegung werden in dieser Geschichtsschreibung nicht ausgespart. Die Auswahl eignet sich hervorragend, um pluralistische Ansichten zu präsentieren und eine Diskussion darüber in Schule und Hochschule anzuregen. Apple Computer hat die CD eine Zeitlang mit Rechnern an Schulen ausgeliefert. Offenbar aufgrund von Protesten von Abtreibungsgegnern in den USA hat Apple bedauerlicherweise diese Entscheidung revidiert [elektronische Kommunikation der Autoren].

Normalerweise langweilen mich Anwendungen, die wiederum nur den Rechner selbst oder Themen aus der Informatik als Gegenstandbereich haben. Interessant fand ich jedoch ein mit *HyperCard* gestaltetes Tutorium zum Rechneraufbau am konkreten Beispiel [Knieriemen (1989)], das den Computer selbst in Form eines grafischen Hypertexts darstellt. Die Komponenten der Architektur des Computers werden zu Knoten, über die man den Rechner öffnen und in sein Inneres hineinschauen kann.

StrathTutor

Mayes, Kibby et al (1988) entwickelten mit dem *StrathTutor* einen Hypertext, der besonders für gelenktes entdeckendes Lernen geeignet sein soll [s.a. Kibby/Mayes (1993)]. Mayes (1992b) bezeichnet Hypermedia-Systeme wie den *StrathTutor* auch als kognitive Werkzeuge. Elsom-Cook (1988) stellt Überlegungen dazu an, wie man entdeckendes Lernen in einem interaktiven computergestützten Lernsystem durch lenkende Tutoren ergänzen kann.

Writer's Pocket Almanack

Über die Irrwege, die nach verschiedenen Versuchen mit Datenbanken, Textverarbeitungs- und Layoutprogrammen schließlich zur Entwicklung eines Hypertextsystems führen, berichten Brockmann, Horton et al (1989), die den *Writer's Pocket Almanack* entwickelten, wobei ihnen *HyperCard* über Hypertext hinausgehende Möglichkeiten für die Integration eines Spiels in die Hypertext-Umgebung bot.

Einige Hypermedia-Systeme koppeln externe Laborapparate wie Mikroskope, EKGs u.ä. an. Andere simulieren die Ankopplung durch Zugriff auf Datenbanken mit Röntgenbildern, Ultraschallbildern, spektroskopischen Daten usw.

Ein Hypertext-System für molekulare Spektroskopie wurde an der ETH Zürich entwickelt [Cadisch/Gloor et al (1993)].

Die Universitäten Ulm und München entwickelten ein Multimedia-Tutorium für die medizinische Ultraschalluntersuchung [Kuhn/Rösner et al 1992].

MEM   MEM ist ein Hypermedia-System für die computergestützte Aus- und Weiterbildung auf dem Gebiet der Gedächtnispsychologie [Glowalla/Hasebrook et al (1992); Glowalla/Hasebrook et al (1993a); Glowalla/Hasebrook et al (1993b)].

IEN   IEN (Individualized Electronic Newspaper) ist ein Versuch der GMD-IPSI, in einer Hypertext-Umgebung automatisch individuelle Zeitungen generieren zu lassen [Hüser/Weber (1992); vgl. *NewsPeek* vom M.I.T., s. Brand (1987)].

PathMAC   PathMAC ist eine mit *HyperCard* und *Guide* konstruierte Anwendung für Pathologie der Cornell School of Medicine [Diaz (1991)], die Texte und Dias enthält, simulierte Laboratoriumsexperimente ermöglicht und Fallstudien präsentiert.

Water Videodisc   Die *Water Videodisc* ist ein Multimedia-Programm zur Physik des Wassers, die von der Open University in Zusammenarbeit mit der BBC entwickelt wurde [Bolton/Every et al (1990)]. Aus derselben Kooperation stammt eine ökologische Erkundung eines Naturschutzgebietes, arrangiert in Form einer Surrogatreise, die ECODisk.

Grapevine   *Grapevine* ist ein mit *HyperCard* entwickeltes Beispiel zur Geschichte der USA in den 30er Jahren aus der Perspektive von Steinbecks »Früchte des Zorns«, das neben Text auch Bildplatten mit Musik, Interviews und Filmen anbietet [Campbell/Hanlon (1991)].

MuG   MuG, der »Multimedia Guide to the History of European Civilization«, ist Umberto Ecos Versuch, seine literarischen Phantasien aus dem Foucault'schen Pendel in einem Multimedia-System zu verwirklichen [Eco (1992)].

Plaisant (1991b) beschreibt einen mit *HyperTIES* entwickelten »Guide to Opportunities in Volunteer Archeology«, der als Museumskiosk mit Touchscreen ausgestattet wurde (aber noch stark unter den geringen grafischen Fähigkeiten von HyperTIES leidet).

Giellman (1991) beschreibt eine Multimedia-Datenbank zu Pompeji mit einer KIOSK-ähnlichen Oberfläche. Aus der Datenbank wurde ein Ausstellungsprojekt der Stadt Neapel, das in den USA und in vielen europäischen Städten zu sehen war. Auf 11 von 15 Computern konnte der Besucher per Touchscreen verschiedene Teile der Datenbank einsehen, die zu unterschiedlichen Teilen von Pompeji gehörten.

Holmes (1991) beschreibt den von ihm unter *HyperCard* entwickelten »Electronic Music Lover's Companion«, einen Führer zur klassischen elektronischen Musik, der unterschiedliche Textsorten mit Musikproben und Bildern kombiniert.

Die Kulisse eines mittelalterlichen Klosters dient Thomas (1991) als Metapher für eine mit *HyperCard* geschriebene Begehung einer mittelalterlichen Bibliothek. »If Monks had Macs…« vereint die Imitatio Christi mit gregorianischen Gesängen.

The Bughouse [Gay/Mazur (1991)] vereint Anthropologie, Kunst, Geschichte und Entomologie.

Francl (1993) beschreibt *Nematode Glossary*, ein Hypertext-Glossar für Seminare über Nematoden. Die Definitionen der anatomischen Begriffe sind verknüpft mit Farbillustrationen.

Das Hereward College, ein National Residential College für behinderte Studierende in England, ist zugleich die Stätte des National ACCESS Centre. Es bietet mit Unterstützung der Nuffield Foundation elektronische Bücher für körperbehinderte Studierende an, die normale Bücher nicht benutzen können [Page (1991)].

Book House

Book House ist ein dänisches Hypermedia-System für Bibliotheken [Pejtersen (1993)], das die Verknüpfungen im wesentlichen auf den Eigenschaften der jeweiligen Domain aufbaut, die durch Icons und Bilder symbolisiert werden.

Weitere Beispiele

Jacques, Nonnecke et al (1993) evaluieren 16 mit HyperCard erstellte Stacks im Hinblick auf den Zweck, den Inhalt, die Struktur der Knoten und Links, die Navigationsmethode, die Kontrollmechanismen und den Stil der Präsentation. Sie stellen die Unterschiede an fünf Beispielen vor, die repräsentativ für den Rest seien: Ein Lernprogramm zum Motorrad mit Animation, ein argumentativer Text zur Ermordung Kennedys mit dramatischem Einsatz von Ton, eine CD-ROM zu Leben und Zeit Shakespeares mit dem Stück *XIIth Night*, das Programm *Celtic History Museum*, ein Beispiel für ein virtuelles Museum, und eine Einführung in Microsoft Excel. Eine Reihe weitere Anwendungen werden im Anhang zum Kongreßband von Lucarella, Nanard et al (1992) durch kurze Abstracts unter Angabe von Autoren und deren Adressen beschrieben: Eine multimediale Geschichte des Universums, ein Hypertext zur Geschichte der Physik, *Ecoland*, ein Prototyp für Umwelterziehung, eine Hypertext für den Japanisch-Unterricht, ein KIOSK für das Horne Museum in Florenz. Weitere Beispiele werde ich im Kapitel zu KIOSK-Systemen erwähnen.

Ein Grenzfall

Ein etwas merkwürdiges System ist das nach der von Ptolemäus II gegründeten, aber durch einen Brand vernichteten Bibliothek in Alexandria benannte Hypermedia-System *Alexandria* [Russel (1990)]. *Alexandria* ist ein Konglomerat von Lernmaterialien oder Ressourcen, die entweder Instruktionseinheiten oder Werkzeuge sind, und die von einem gemeinsamen Kern aufgerufen und kontrolliert werden. Dieser Kern wurde ursprünglich im IDE-Interpreter und später unter *NoteCards* entwickelt. Er besteht aus vier Modulen: *Instruction Problem Solver*, *Instructional Unit Selector*, *Instructional Unit Applier*, *Student Model Update*. Er hat die Aufgabe, einen Lernplan für den Studierenden zu entwickeln, Lernziele vorzuschlagen und Lektionen auszuwählen. Er leistet darüberhinaus leistet folgende Arbeiten: Protokollieren der Lerner-Aktionen, Instruktionstutor, Navigationshilfe, Koordination der Ressourcen. Soweit kommt das Konzept bekannt vor: Es ist ein Instruktionsdesign, das sich eine Anleihe bei intelligenten tutoriellen Systemen nimmt. Was an diesem System verdient den Namen Hypermedia? Die Ressourcen sind kleine Mikrowelten, Simulationen in STELLA, programmierte Instruktionen, Lexika, Videobibliothek, Syntax-Checker und Datenbanken. Das Kernprogramm sorgt wie ein Multifinder für den Aufruf der Ressourcen, die als Instruktionseinheiten gelten. *Alexandria* ist also eine Mischung aus Instruktion und intelligentem Tutor mit Medien, Programmen und Daten. Russel stellt es innerhalb einer Tagung zu Hypermedia-Systemen vor, obwohl der Titel seines Referats wesentlich präziser die Gattung benennt: »A Learning Resources Management Architecture«, eine Management-Architektur für Lernmaterialien.

Hypertext in Netzwerken

Das meiste Wissen über Schul- und Hochschulexperimente in Netzwerken bezieht man nicht mehr aus Büchern, sondern aus dem Internet selbst, und dies häufig mit Instrumenten, die auf der Hypertext-Konzeption basieren, wie z.B. *Mosaic* oder *Netscape Navigator*. Alle Institutionen, die Netzwerke betreiben oder betreuen, Stiftungen und Forschungsinstitute, die sich mit der Evaluation von Netzwerken befassen, sind dort mit Datenbanken, Reports und World Wide Web-Servern vertreten, so z.B. das Consortium for School Networking (CosN), das National School Network Testbed [http://copernicus.bbn.com], die International Society for Technology in Education ISTE [http://iste-gopher.uoregon.edu], oder EDUCOM, die erziehungswissenschaftliche Vereinigung für den Einsatz von Computern in Hochschulen der USA, oder die TECFA, das Institut »Technologies de Formation et Apprentissage« der Universität Genf in der Schweiz [http://tecfa.unige.ch], und schließlich die GNA, die »Global Network Academy«, die Unterstützung für alle Anbieter von online-Kursen offeriert [http://uu-gna.mit.edu]. Seit 1993 gibt es mit *NetTeachNews* auch eine Zeitschrift, die speziell dem Einsatz von Computern in Schulnetzwerken gewidmet ist. Einer der großflächigen Versuche, der den Einsatz von Computern an Schulen in den USA kräftig vorangebracht hat, ist ACOT (Apple Classrooms of Tomorrow), über den viele Erfahrungsberichte von Lehrern erschienen sind [s. Sandholtz/Ringstaff et al (1992)]. Collis (1995) gibt einen Einblick in verschiedene Schulprojekte mit Netzwerken. Pea und Gomez (1992) bieten wohl den umfangreichsten Überblick über Netzwerke zwischen Schulen, von Firmen gesponserte Projekte und Zukunftspläne auf diesem Gebiet. Der Bericht ist mit einer Vielzahl von Beispielen illustriert. Pea und Gomez betonen den Reichtum an Informationen und die aktive Rolle der Lernenden beim Lernen in Netzen.

Wer Hypertext aus lerntheoretischer Sicht als Alternative zu Autorensystemen betrachtet, dem muß der Versuch absurd vorkommen, *HyperCard* durch einen mechanistischen Autorenteil 'noch einfacher' machen, auf ein Autorensystem reduzieren und mit Funktionen der Antwortanalyse versehen zu wollen, in der Annahme, man müsse dem Autoren eine einfache Software zur Verfügung stellen [so geschehen bei de la Passardière (1989)].

Strukturmerkmale von Hypertext

Zum Hypertext-Konzept gibt es ausreichend Literatur [hervorragend Kuhlen (1991); jüngst Nielsen (1995)], so daß ich unmittelbar zur Darstellung der methodischen Komponenten von Hypertext-Systemen übergehen kann. Schoop und Glowalla (1992) unterscheiden strukturelle (nodes, links), operationale (browsing), mediale (Hypermedia) und visuelle Aspekte (Ikonizität, Effekte). Auf diese werde ich im folgenden näher eingehen.[22]

Nicht-linearer Text

Hypertext wird auch als nicht-linearer [Kuhlen (1991)] oder nicht-sequentieller Text [Nielsen (1995), 1] bezeichnet. Das Lesen eines Hypertexts ähnelt dem Wechsel zwischen Buchtext, Fußnoten und Glossar: »Therefore hypertext is sometimes called the 'generalized footnote'« (2). Hypertext-Systeme bestehen aus Texten, deren einzelne Elemente (Begriffe, Aussagen, Sätze) mit anderen Texten verknüpft sind. Die Bezeichnung Hypertext spiegelt die historische Entstehung, es war zunächst tatsächlich an reine Textsysteme gedacht. Heute können Texte aber auch mit Daten in einer Datenbank, mit Bildern, Filmen, Ton und Musik verbunden werden. Deshalb sprechen viele Autoren inzwischen von Hypermedia statt von Hypertext, um die Multimedia-Eigenschaften des Systems zu betonen. Möglicherweise ist der Standpunkt Nielsens (1995b) vernünftig, der alle diese Systeme wegen ihres Konstruktionsprinzips als Hypertext bezeichnet, weil es keinen Sinn mache, einen speziellen Begriff für Nur-Text-Systeme übrig zu behalten (5).

Hypertext ist zuerst Text, ein Textobjekt, und nichts anderes. Hypertext wird aus Text, indem dem Text eine Struktur aus Ankern und Verknüpfungen überlegt wird. Nun kann man diskutieren, ob bereits das Verhältnis der Textmodule ein nicht-lineares ist oder ob Nicht-Linearität erst durch die Verknüpfungen konstituiert wird. Auf jeden Fall trifft die Einschätzung von Nielsen (1995) zu, »that hypertext is fundamentally a computer phenomenon [...] Hypertext can only be done on a computer, whereas most other current applications of computers might just as well be done by hand« (16). Landow (1992c) erwähnt literarische Werke, die auf Papier ähnliche Strukturen verwirklicht haben.

Ein Hypertext-System besteht aus Blöcken von Text-Objekten; diese Textblöcke stellen Knoten in einem Gewebe oder Netz dar; durch rechnergesteuerte, programmierte Verknüpfungen, den Links, wird die Navigation von Knoten zu Knoten gemanagt, das sog. »Browsing«. Landow weist auf analoge Vorstellungen der französischen Strukturalisten Roland Barthes, Michel Foucault, und Jacques Derrida hin, die sich sogar in ihrer Terminologie ähnlicher Begriffe

---

22. Bryan (1993) beschreibt internationale Standards u.a. für austauschfähige Multimedia- und Hypermedia-Skripten: HyTime (Hypermedia/Time-Based Structuring Language, ISO/IEC 10744: 1992), DSSSL (Document Style Semantics and Specification Language), SPDL (Standard Page Description Language) für Drucker und SMSL (Standard Multimedia Scripting Language). Die Richtlinien der Office Document Architecture [ODA, ISO 8613, (1988)] geben nicht viel für das Design her, solange ODA-Extensionen für interaktive Dokumente relativ beschränkt sind [Brown/Cole (1991)]. Auch beruhen nicht alle Hypertext-Konzepte auf einer Dokumenten-Struktur wie *Intermedia* oder *Guide*, sondern auf Datenbank-Prinzipien. In welcher Weise Hypertext-Systeme auf Informationseinheiten zugreifen, ist Gegenstand von Diskussionen über Indizierung und Retrieval, Themen, die ich hier nicht behandeln möchte. Als Hinweis auf den Reichtum an Möglichkeiten verweise ich nur kurz auf einige Beispiele. Lucarella und Zanzi (1993) organisieren das Retrieval von Text mit einer Inferenzmaschine; Croft und Turtle (1993) entwickeln ein probabilistisches Retrieval-Modell; Dunlop und van Rijsbergen (1993) entwerfen ein hybrides Retrieval-Konzept, das den Inhalt wie eine Cluster-Analyse beschreibt.

(Knoten, Verknüpfung, Netz) bedienten, wie sie in der heutigen Hypertext-Technologie benutzt werden (1ff.). Für die Konstitution des Netzes ist die Größe der als Knoten gesetzten Textblöcke, die »Granularität« oder »Korngröße« der Informationseinheiten entscheidend. Am Beispiel einer KIOSK-Anwendung, die lediglich dem Abspielen von Film-Clips von einer Bildplatte dient, erläutert Nielsen (1995), ab wann für ihn Hypertext beginnt: »The reason this design is not hypertext is that the user had no way to interact with the video clip once it started playing. In other words, the granularity of the interaction was too coarse to provide the user with the feeling of being in control and able to explore an information space« (14).

Für das Netz des Hypertexts hat Landow (1992c) die Begriffe Intertextualität und Intratextualität geprägt (38). Der Begriff Intertextualität [s.a. Lemke (1992)] hat nun wiederum Sager (1995) zur Schöpfung des Begriffs der Semiosphäre angeregt: »Die Semiosphäre ist ein weltumspannendes Konglomerat bestehend aus Texten, Zeichensystemen und Symbolkomplexen, die, auch wenn sie weitgehend in sich abgeschlossen sind, in ihrer Gesamtheit doch umfassend systemhaft miteinander vernetzt und damit kohärent, nichtlinear und sowohl denk- wie handlungsorientierend sind« (217). Sager berichtet über multimediale Hypertexte auf kunstgeschichtlichem Gebiet, die über Netz mit Videokameras in weit entfernten Museen verbunden sind. Die Hypertext-Benutzer können von ihrem Platz aus die Kameras fernsteuern (geplant im Europäischen Museumsnetz). Sager erwähnt auch das Projekt »Piazza Virtuale« auf der Documenta 9, in dem per Live-Schaltung Fernsehzuschauer Annotationen in einen Hypertext einbringen können. Auf diese Weise entstehen weltumspannende Räume, die über die Anwendung hinausweisen und je nach Interesse der Benutzer andere Inhalte inkorporieren können (224).

Je nach Art der Knoten und Verknüpfungen kann der Zugriff auf Informationen in einem Hypertext frei oder beschränkt sein [Lowyck/Elen (1992), 139]. In einer offenen Umgebung trifft der Benutzer alle Entscheidungen über den Zugang und die Navigation, in einer geschlossenen Umgebung werden diese Entscheidungen vorab vom Designer getroffen. In jedem Fall können sich zwischen den Vorstellungen der Benutzer und denen des Designers Spannungen ergeben. Aus der Konzeption der Textblöcke, ihrer Intertextualität, können semiotische Muster resultieren [Lemke (1992)], die als Kunstformen genutzt werden könnten. Die Diskussion über semiotische oder narrative Strukturen von Hypertexten ist aber erst ganz am Anfang. Thiel (1995) unterscheidet eine monologische Organisationsform für Hypertexte von einer dialogischen (45), die eine Art Konversationsmodus etablieren könne.

Informationelle Einheiten versus Kontextualisierung

Bei der Segmentierung von Texten in Textblöcke stellt sich die Frage, ob es eine 'natürliche' Einteilung der Textblöcke in Informationseinheiten gibt. Dabei ist die Idee aufgetaucht, ob es gelingen könnte, Form und Größe der Textblökke als kognitive Einheiten, sog. »chunks of knowledge« zu definieren [Kuhlen (1991), 80ff.]: »Zur intensionalen Definition informationeller Einheiten hilft das 'chunk'-Konzept auch nicht entscheidend weiter« (87). Kuhlen verweist auf Horn, der das chunk-Konzept am konsequentesten umgesetzt habe und vier Prinzipien für die Unterteilung von Info-Blöcken unterscheide: chunking principle, relevance principle, consistency principle und labeling principle. »Aus dieser knappen Diskussion kognitiver Einheiten und deren kohäsiven Geschlossenheit läßt sich die Einsicht ableiten, daß weder Umfang noch Inhalt einer informationellen Einheit zwingend festgelegt werden kann« (88).

Granularität | Eine zu große Einteilung der Texteinheiten kann das Hypertextprinzip konterkarieren, d.h. dem Benutzer wird dann gar nicht mehr deutlich, daß er einen Hypertext vor sich hat. Lowyck und Elen (1992) schildern diese Form drastisch so: »When larger pieces of information are given the hypermedia environment is used as an integrated pageturner and audio or videoplayer. When hypermedia would be used instructionally a highly branched version of programmed instruction is offered. This kind of instruction does not stem from a cognitive but from a behavioristic background« (142). Die Aufsplitterung in zu kleine Informationseinheiten kann ihrerseits zu einer Atomisierung der Information führen, was sich möglicherweise auf die kognitive Rezeption durch den Benutzer auswirkt: Er kann keine Zusammenhänge mehr entdecken, er kann nicht »verstehen«. Die verschiedenen Hypertext-Systeme fördern die eine oder die andere Seite dieses Problems, sofern sie auf dem Datenbank-Konzept oder dem Kartenprinzip beruhen (kleine Einheiten) oder die Organisation in Dokumenten präferieren (größere Einheiten).

Nicht immer ist die Basiseinheit der Knoten, es kann auch Knoten kleinerer Größe innerhalb von Rahmen oder Fenstern geben, z.B. ein Wort, ein Satz, ein Absatz, ein Bild. Diese Differenzierung verweist auf eines der Grundprobleme von Hypertext, das in der Hypertext-Terminologie als Problem der Granularität bezeichnet wird. Daß die Granularität nicht leicht zu entscheiden ist (nach dem Motto »je kleiner desto besser«), zeigt eine Untersuchung von Kreitzberg und Shneiderman (1988). Sie vergleichen in einem Lernexperiment zwei Hypertext-Versionen, von denen die eine viele kleine, die andere wenige große Knoten aufweist. Zwar kommen die Autoren in ihrer Untersuchung zu der Folgerung, daß die Version mit den kleineren Knoten bessere Resultate zeitigt, doch Nielsen (1995) macht plausibel, daß dies Ergebnis wahrscheinlich von einer speziellen Eigenschaft von *HyperTIES* abhängig ist, die nicht für andere Hypertext-Systeme gilt: »One reason for this result is probably that Hyperties is one of the hypertext systems that links to the beginning of an article and not to the location within an article where the information of interest for the departure point is located. Because of this feature, Hyperties is most easily operated with small, focused nodes dealing with precisely one issue so that there can be no doubt about what part of the node a link points to« (137ff.).

Kontextualisierung

Einer Zersplitterung kann durch intensive Kontextualisierung der chunks entgegengewirkt werden. Dieser Weg wird bei Kuhlen (1991) an Beispielen aus *Intermedia* diskutiert (200). Die Kontextualisierung, die der Zersplitterung vorbeugen soll, muß nicht nur wie in den *Intermedia*-Beispielen aus reichen Kontexten innerhalb des Systems bestehen, sondern kann auch durch den gesamten pädagogischen Kontext sichergestellt werden wie in den konstruktivistischen Experimenten zum zum kooperativen Lernen in sozialen Situationen [Brown/Palincsar (1989); Campione/Brown et al (1992)].

Narrative Strukturen

Ein weiteres Mittel, um Zusammenhänge im Hypertext deutlich zu machen, sehen Lave und Wenger (1991) und McLellan (1993) in Stories, in erzählerischen Zusammenhängen. Stories haben eine Topographie und spatiale und temporale Dimensionen. Bruner (1992) unterscheidet zehn Merkmale des Narrativen die auch für Hypertext konstitutiv sein könnten. Vor allem für die affektiven Dimensionen des Lernens könnten in Hypertext eingebettete Stories motivierende Wirkung entfalten, wie die das Konzept des Computers als Theater [Laurel (1991)] demonstriert, dessen dramatische Modelle von Erzählungen sich auf die Gefühle und das Engagement der Benutzer auswirken. Gay und Mazur (1991) nutzen bewußt erzählerische Elemente in ihrem Programm »El Avión Hispano« zum Fremdsprachenlernen. Anfänglich sollte es sogar der Gattung »mystery« angehören. Damit die Studierenden beim Schreiben nicht zu sehr an der Vorlage klebten, haben sie absichtlich Ambiguität in einige Szenen eingebaut, um die innere Distanz der Studierenden zu erzwingen. Narrative Elemente (»Storytelling«) und eine fallbasierte Methode der Instruktion [Riesbeck/Schank (1989)] können dazu dienen, der Dekontextualisierung zu begegnen, wie Edelson (1993) am Beispiel des Programms CreANIMate deutlich macht, einer Lernumgebung mit einer Bildplatte, die Beispiele aus der Tierwelt als Video »erzählt«, sobald der Lernende im Gespräch mit dem Tutor auf eine Frage gestoßen ist, zu der das Programm ein Beispiel kennt. Eine Evaluation wurde zur Zeit der Berichterstattung noch nicht durchgeführt, erwähnt wird jedoch die Begeisterung der Schüler. Die positive Reaktion der Schüler ist aber vermutlich weniger das Ergebnis des Programms oder der interaktiven Bildplattentechnik, wie Edelson annimmt, sondern eher auf die Wirkung der phantastischen Filmbeispiele aus dem Tierleben zurückzuführen.

Ein anderes Beispiel, das auf der Methode des fallbasierten Erzählens aufbaut, ist SPIEL (Story Producer for InteractivE Learning) von Burke (1993). SPIEL ist eine Multimedia-Umgebung für pädagogische Geschichten, die zugleich als Tutor das Gespräch mit dem Schüler führt, die Schülerreaktionen diagnostiziert und die pädagogischen Interventionen auswählt und präsentiert. Burke schildert YELLO, ein Beispiel mit 200 Geschichten zum Thema »Reklame in den Gelben Seiten«, das mit dieser Technologie entwickelt wurde. Das Programm läuft als Simulation ab. SPIEL ruft bei geeigneter Situation eine Geschichte auf. Die Technik leitet jede Geschichte ein und schließt sie ab. Die Strategien des Tutors umfassen folgende Methoden: *Demonstrate opportunities, demonstrate risks, demonstrate alternative plan, warn about hopes, warn about fears, reinforce plan, warn about assumptions, explain other's plan, explain other's perspective.*

Knoten und Kanten

Nielsen (1990) unterscheidet drei Ebenen des Hypertext-Systems in der Absicht, genauer zu prüfen, welche Möglichkeiten für die Konversion bzw. Standardisierung verschiedener Systeme bestehen: Die Präsentationsebene (= Benutzerschnittstelle, 110ff.), die abstrakte Hypertext Maschine (HAM = Knoten und Verknüpfungen, 111ff.) und die Datenbankebene (107ff.) [s.a. Nielsen (1995), 131]. Die abstrakte Hypertext-Maschine ist der Ort, an dem Übergänge der verschiedenen Systeme durch entsprechende Konventionen geschaffen werden müßten: »The HAM is the best candidate for standardization of import-export formats« (132). Zwei Strukturelemente sollte man m.E. aber nicht normieren, die fakultative Trennung von Autoren- und Benutzerebene und die Basiseinheit des Hypertext-Systems, weil sie für eine kreative Vielfalt und Variation sorgen.

SEPIA Während die meisten Hypertext-Systeme säuberlich zwischen der Autorenebene (HAM) und der Benutzerschnittstelle unterscheiden, handelt es sich bei dem Hypermedia-System SEPIA um ein Werkzeug für die Konstruktion von Argumentationen, dessen Benutzer permanent in der Autorenebene arbeiten. Hannemann und Thüring (1992) beschreiben diese Autorenebene durch »Aktivitätsräume«, von denen SEPIA folgende zur Verfügung stellt: den rhetorischen Raum, den Planungsraum, den Argumentationsraum und den Inhaltsraum (123).

Die Basiseinheit für für die Präsentation des Hypertexts ist bei KMS der Frame, bei *HyperTIES* der Artikel [Shneiderman et al (1991), 146], bei *HyperCard* die Karte, bei *Intermedia* das Dokument, bei World Wide Web-Systemen in der Regel die Seite oder das Dokument. Bei *HyperCard* existiert als basale Einheit oberhalb der Karte aber noch der Stack und *HyperCard* selbst. Auch ein Stack kann bei *HyperCard* als Knoten fungieren. Es gibt also Systeme mit einer und solche mit mehreren Ebenen, und es gibt den Unterschied von Systemen mit statischen Rahmen (z.B. KMS oder *HyperCard*) und beweglichen Fenstern (z.B. *Guide* oder *Intermedia*, *Mosaic* und *Netscape Navigator*).

Hypertext-Systeme bestehen aus »anchors« (Anker) und »nodes« (Knoten) und »links« (Kanten oder Verweise) [Schnupp (1992), 58, 134]. Die Relationen oder die fest im Programm »verdrahteten« Verknüpfungen werden auch als »Pfade« bezeichnet. Das Gesamtgebilde aus Ankern, Knoten, Verknüpfungen und Pfaden wird auch als Netz oder »Web« bezeichnet. »Web« lauten die Bezeichnungen für Kollektionen in *Intermedia*, z.B. *Dickens Web*. Populär geworden ist der Begriff »Web« durch das World Wide Web im Internet. Das

Netz der Verbindungen als solches ist in Hypertexten in der Regel nicht sichtbar. Der Benutzer sieht nur den aktuellen Knoten. Es gibt allerdings auch Systeme, die das Netz grafisch repräsentieren. Dem Hypertext-Netz wird die kognitionspsychologische Hypothese zugeschrieben, hilfreich beim Aufbau semantischer Netze im Kopf des Benutzers zu sein [Conklin (1987), 37].

Eine Hypertext-Verknüpfung verbindet zwei Knoten, von denen der eine den Ausgangsknoten oder Ankerknoten und der andere den Zielknoten abgibt. Knoten können Beispiele, Annotate, Literatur, andere Titel, Bilder, Töne oder Filme sein. Die Verknüpfungen der Knoten, die Links, können unterschiedliche Bedeutungen annehmen, die abhängig vom jeweiligen Kontext sind. Gloor (1990) unterscheidet hierarchische Links, die die Hauptstruktur eines Hypertextes aufnehmen, von Querverweisen, die Beziehungen in den Texten unterhalb der Hauptknoten herstellen, und Annotationen und Anmerkungen, die zusätzliche Knoten für den Text darstellen (16). Man vergleiche nur einmal die Link-Typen bei *Guide* mit denen von SEPIA, die der Verdeutlichung einer Argumentationsstruktur dienen sollen, um zu erkennen, welche Verschiedenheit und Mannigfaltigkeit auf diesem Sektor möglich ist. Als Mittel der Knotendarstellung und der Navigation sind ikonische Schaltflächen und grafische Bedienungselemente üblich. Anker und Links werden in der Regel als Knöpfe oder hervorgehobener Text in Hypertext signalisiert. Irler und Barbieri (1990) kritisieren die Wahl von Knöpfen als Schaltflächen für die Navigation und implementieren in einem *Toolbook*-System stattdessen eine Methode, Popup-Fenster mit Verweisen aufzurufen und farbige Marker am Text anzubringen [grundsätzlich Bier (1992)]. Eine der auffälligsten visuellen Erscheinungen in einigen Hypertext-Systemen ist die Variation des Cursors, der beim Überstreichen über die Schaltflächen der Hypertext-Knoten je nach Charakter der zugrundeliegenden Verknüpfung unterschiedliche Gestalt annimmt.

HamNoSys-Editor Ich will die grafische Hypertext-Technik am Beispiel des für das Zentrum für Deutsche Gebärdensprache und Kommunikation Gehörloser der Universität Hamburg entwickelten *HamNoSys-Editors* für Gebärdensprache illustrieren. Der Editor dient der Transkription von Gebärden in die symbolische Notation HamNoSys (**Ham**burg **Not**ation **Sys**tem), die für Forschungszwecke der Gebärdensprachlinguistik benötigt wird. Die Notation ist komplex und nur mühsam per Tastatur einzugeben. Um diese Aufgabe zu erleichtern, habe ich einen ausschließlich mit grafischen Elementen arbeitenden Editor entwickelt, der die Hypertext-Elemente auf eine sehr eigenwillige Weise nutzt: Die Knoten im Editor sind ausschließlich Bilder (Bilder von Handformen und Bewegungen); die Links sind Sprungverbindungen, die eine Konkatenation einzelner Transkriptionselemente nach grammatischen Regeln der Linguistik der Gebärdensprache vornehmen.

ABB. 23
HamNoSys-Editor:
Visuelle Anker und
Knoten

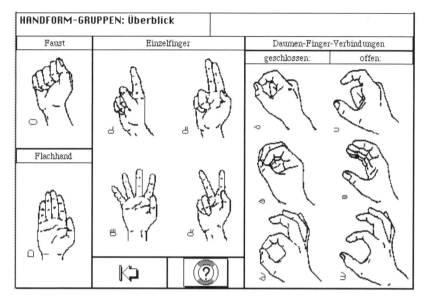

Der Anwender geht beim Transkribieren einer Gebärde wie folgt vor: Er wählt ein Bild durch Anklicken mit der Maus aus (z.B. eine spezielle Handform), der Editor generiert den korrespondierenden Transkriptionsstring in HamNoSys und springt zur nächsten von der HamNoSys-Grammatik für den Transkriptionsvorgang vorgesehenen Stelle des Editors (z.B. Handflächenorientierung, Ausführungstelle Kopf, Bewegung). Die HamNoSys-Notation erscheint in einem Feld am oberen Bildschirmrand.

ABB. 24
HamNoSys-Editor:
Ausführungstelle
Kopf

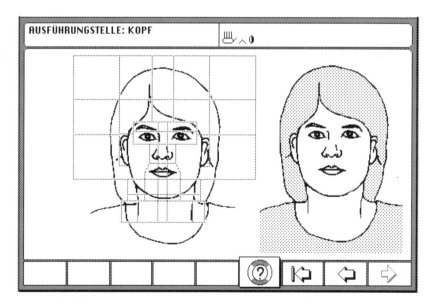

Der Aufbau des Editors ist modular und bildet ein hybrides System mit einer polyvalenten Baumstruktur. Die vom Benutzer gewählten Bildelemente stellen die Knoten im Sinne der Hypertext-Technologie dar. Eine Besonderheit für das mit diesem Editor realisierte Hypertext-Konzept, neben der ausschließlich grafischen Realisierung von Hypertext, besteht darin, daß der Editor einen Transkriptionsstring nach grammatischen Vorschriften 'generiert'. Hypertext-Systeme präsentieren also nicht nur vorhandene Daten, sondern können auch Daten erzeugen. Das Prinzip eines Programms, das aufgrund von Benutzerhandlungen Daten generieren kann, habe ich auch in dem Programm *LernSTATS* zum Lernen der Statistik verwirklicht, auf das ich im Kapitel über interaktive Lernprogramme zurückkommen werde.

Typen von Verknüpfungen Die meisten Links sind implizit, d.h. voreingestellte Links, die – selbst wenn sie ein bestimmtes Attribut tragen, sog. »typed links« – ihr Attribut dem Benutzer nicht deutlich machen. Es gibt aber auch die Möglichkeit, den jeweiligen Link-Typ mit einem Etikett (label) zu versehen, damit der Benutzer ihn erkennen und damit arbeiten kann. Kuhlen (1991) unterscheidet referentielle oder assoziative Verbindungen sowie explizit semantisch oder argumentativ spezifizierte typisierte Verknüpfungen (34). Die Begründung erfolgt aus einer angeblichen Ähnlichkeit zu Gedächtnis- und assoziativen Denkprozessen, wobei die Begründung allerdings schwach ist: »Wir können dies hier nicht weiter belegen, sondern argumentieren eher intuitiv« (99).

Die Verknüpfungen in Hypertexten können von Form und Inhalt ganz unterschiedlichen Status annehmen. Es kann sich um logische oder kausale, statistische oder probabilistische Relationen handeln. Rao und Turoff (1990) unterscheiden konvergente und divergente Links (12 Typen) und verschiedene Typen von Knoten (summary, observation, issue, detail, collection, proposition). Sie liefern ein Rahmenkonzept, das an Guilfords Modell der Struktur der Intelligenz orientiert ist, und diskutieren und vergleichen 16 Hypertext-Systeme unter diesen Gesichtspunkten: *Boxer*, CONCORDIA, DOCUMENT EXAMINER, EUCLID, gIBIS, *Guide*, HyperTIES, *Intermedia*, KMS, NEPTUNE, NLS/Augment, *NoteCards*, TEXTNET, THOTH-II, WE, *Xanadu*, ZOG. Trigg (1983) hatte bereits 1983 eine ausgefeilte Taxonomie von 75 typisierten Links vorgeschlagen (z.B. Abstraktion, Beispiel, Formalisierung, Anwendung, Vereinfachung, Widerlegung, Unterstützung, Daten). Parsaye, Chignell et al (1989) unterscheiden navigationale und semantische Relationen. Navigationsrelationen sind *move to links, zoom links, pan links, view links* und *index links*; semantische Relationen sind Antonym-, Instrumental-, Kausal- und Finalrelationen. DeRose (1989), der 12 Arten von Links am Beispiel der Hypertext-Version einer Bibel unterscheidet, kennt extensionale und intensionale Verknüpfungen; extensionale unterteilt er in relationale (assoziative, annotative) und inklusive Verknüpfungen (sequentielle und taxonomische) [vgl. Kuhlen (1991), 105]. McAleese (1992) unterscheidet folgende Typen: *being, showing, including, using, causing, similarity*. Einen ausführlichen Überblick über Typisierungen und Deskriptoren für Verknüpfungen und Relationen in

Hypertext bietet der Aufsatz von Allen und Hoffman (1993) zu *SemNet*. *Sem-Net* ist ein kognitives Werkzeug zum Edieren von Netzen. Abhängig davon, welcher Knoten aktiviert wird, variieren die Richtung der Relationen und die Typisierung. Die Problematik der Deskriptoren für Hypertext-Relationen ist eng verbunden mit der Suche nach Primitiva, der minimalen Anzahl semantischer Deskriptoren, mit denen sich Relationen in Hypertext typisieren lassen. Die Bedeutungen der Links sind abhängig von der jeweiligen Domain und Umgebung, d.h. sie wird in einem narrativen Hypertext völlig anders aussehen als in einer Hypertext-Umgebung für kooperative Argumentationen wie SEPIA. Die Suche nach Primitiva für relationale Typisierungen kann deshalb m.E. nicht von Erfolg gekrönt sein. Aber sie können möglicherweise sinnvolle Funktionen für das Lernen haben: Typisierungen können einerseits Lernenden verdeutlichen, welche kognitiven Relationen denkbar sind, und bei aktiver Konstruktion von Verknüpfungen das Denken in Relationen unterstützen, andererseits können sie aber auch die Interpretationen des Lernenden 'kanalisieren'. Zwischen diesen beiden Polen müssen Kompromisse gefunden werden.

Strukturen von Verknüpfungen

Das Ensemble der Verknüpfungen kann dabei bestimmten strukturellen Konzepten folgen. Grundsätzlich sind mehrere verschiedene oder gar alternative Modelle für das Knotennetz möglich: induktiv, deduktiv [Jonassen (1989); s.a. Shirk (1992)], kohäsiv, modular, hierarchisch und multi-thematisch [Wright/Lickorish (1989); s.a. Shirk (1992)]. So charakterisieren z.B. Canter, Rivers et al (1985) in Anlehnung an die Graphentheorie vier verschiedene Strukturen der Benutzernavigation: *Pfade*, *Ringe*, *Schleifen* und *Speichen*. Pfade stellen Wege dar, die keinen Knoten zweimal kreuzen, Ringe bringen den Benutzer exakt zum Ausgangspunkt zurück, Schleifen sind Ringe, die keine weiteren Ringe in sich selbst enthalten dürfen, Speichen sind Pfade, die exakt denselben Weg zurücknehmen, den sie gekommen sind. Die Verknüpfungsstruktur kann zudem adaptiv sein, d.h. der Index kann durch die Abfragen der Benutzer modifiziert und an die Abfragen der Benutzer statistisch angepaßt werden, wie es das Dokumentationssystem CID der NASA versucht [Boy (1991)]. Creech, Freeze et al (1991) diskutieren, wie man dem Benutzer die Selektion von Daten und Informationen durch Einrichtung von Links überlassen kann.

Kalkulation von Links

Die meisten Links sind automatisch in dem Sinne, daß bei Anklicken eines Knoten (Textstück oder Bild) über die vorgesehene Verknüpfung ein bestimmter Zielknoten angesprungen wird. Kibby und Mayes (1993) konzipierten in ihrem *StrathTutor* noch ein anderes Prinzip: Die Verknüpfungen werden zur Laufzeit kalkuliert. Dadurch kann sich ein Hinzufügen oder Löschen von Knoten nicht schädlich auswirken. Die Links sind 'halb-intelligent'. Jeder Knoten verfügt über eine Reihe von Attributen, die aus einem Satz von 60 Attributen vom Autor für das aktuelle Wissensgebiet gewählt werden können [Mayes/Kibby et al (1990)]. Beim Anklicken berechnet der Knoten, welche Attribute dem Interesse des Lesers entgegenkommen und springt zu dem Knoten, der diese Kombination am besten vertritt. Mayes und Kibby schätzen an dieser Technik die Flexibilität und bezeichnen das Produkt als »dynamischen« Hypertext [Der *StrathTutor* selbst wird von Mayes, Kibby et al (1988) genauer skizziert]. Grimes und Potel (1991) diskutieren die Vor- und Nachteile von drei methodischen Möglichkeiten: a. alles indizieren (sehen sie als nicht praktisch an); b. gar keine Indizierung, sondern ad-hoc Suche (sie bemängeln den Zeitfaktor, und evtl. ist die Methode für den Benutzer nicht ausreichend); c. Festlegung nur der wahrscheinlichsten Pfade (51).

Entscheidungen über die Struktur der Links hängen von der Perspektive (des Autors, des Lesers) oder von der Struktur der Sache und des Themas ab. Dafür kognitive Konzepte zu suchen, wie es Instruktionalisten fordern, eine kognitive Architektur, wie Shirk (1992) sie sucht, dürfte vergebens sein: »One is left with questions about the best ways to replicate and create cognitive architectures within hypermedia instruction« (89). Abgesehen davon, daß 'hypermedia instruction' einen Widerspruch in sich bezeichnet, ist es eher denkbar, so etwas wie eine »Rhetorik« von Hypertext zu entwickeln [Landow (1989a)].

Graphen, Karten und Fischaugen

Für die Orientierung der Benutzer von Hypertexten werden verschiedene Methoden angeboten. Der klassische Weg eines Inhaltsverzeichnisses oder Menüs reicht den meisten Anwendungen dabei nicht aus. Ein Großteil der Phantasie und Kreativität der Hypertext-Entwickler wird in die Entwicklung verschiedener Formen von Browsern und grafischen Mitteln für die Orientierung und Navigation investiert. Dies prägt die äußere Erscheinungsweise von Hypertext teilweise so stark, daß die Aussage berechtigt erscheint: »So when asked whether I would view a certain system as hypertext, I would personally not really rely so much on its specific features, command, or data structures, but more on its user interface 'look and feel'« [Nielsen (1991), 4]. Jonassen, Beissner et al (1993) haben diesen gesamten Bereich grafischer Methoden der Wissensrepräsentation untersucht und umfassend dargestellt. Insofern kann ich mich auf einige wenige Gesichtspunkte beschränken.

Knowledge Maps   Knoten und Links im Hypertext haben eine innere Metrik. Botafogo, Rivlin et al (1992) sprechen von Kriterien wie Zentralität, Kompaktheit und Breite. Diese Metrik können Hypertext-Systeme nutzen, um automatisch grafische Übersichten über die Struktur der vorliegenden Hypertext-Anwendung zu generieren.[23] Stotts und Furuta präsentieren ein Hypertext-Modell, das sie in Form eines Petri-Netzes darstellen [s.a. Stotts/Furuta (1989)]. Diese Möglichkeiten versuchen einige Entwickler als Mittel der Repräsentation auszunutzen [Col-

---

23. z.B. *Intermedia* und *NoteCards*. Ein Werkzeug, das unter *HyperCard* automatisch Inhaltsverzeichnisse, Indexlisten, aber vor allem lokale und globale Karten für die Navigation anlegt, ist *StackMaker* von Hutchings, Carr et al (1992). Eine mit *StackMaker* entwickelte Applikation zur Zellbiologie wird in Hall, Thorogood et al (1989) beschrieben.

lier (1987); Utting/Yankelovich (1989)]. Derartige grafische Darstellungen, sofern sie eine semantische Relation zu den Hypertext-Knoten realisieren, werden als »Knowledge Maps«, als Abbildung der Wissensstruktur in Form von Diagrammen, bezeichnet [McKnight/Dillon et al (1991)]. Solche Wissensstrukturdiagramme oder Inhaltsübersichten in grafischer Form enthalten in der Regel keine Typisierungen oder Deskriptoren für Verknüpfungen mehr und werden deshalb von Allen und Hoffman (1993) als »knauserigste Form« betrachtet, das Problem der Typisierung von Verknüpfungen zu lösen: »Perhaps the most parsimonious approach to relational descriptors is to leave links unlabeled. The result is generally known as the concept map« (277). Die automatische Generierung von Pfaden zählt für Kuhlen (1991) zum Pflichtprogramm für Hypertext-Entwickler: »In Zukunft sollten pragmatisch konzipierte Systeme auch in der Lage sein, automatisch nach der Analyse des sich abzeichnenden Informationsbedarfs aktuelle Pfade zusammenzustellen und anzubieten. Das Problem der Kohärenz wird durch diese Anforderungen an dynamische Pfade sicher nicht leichter lösbar« (89). Grafische Repräsentationen können Netze und Pfade entweder zweidimensional, hierarchisch gestaffelt oder dreidimensional abbilden. Auf die Grenzen, auf die grafische Browser dabei stoßen, weist das Beispiel von Arents und Bogaerts (1993) hin, die das Inhaltsverzeichnis ihrer »Active Library on Corrosives« in Form eines dreidimensionalen Würfels darstellen [s.a. Marvin Minskys »The Society of Mind«].

Dreidimensionale Browser

Shum (1990) greift am Beispiel der Navigation im Hypertext auf Neisser (1976) und Downs und Stea (1973) zurück, um die Funktion kognitiver Karten und spatialer Kognition zu begründen. Downs und Stea unterscheiden Orte und Attribute und – innerhalb dieser Kategorien – Distanz und Richtung, deskriptive und evaluative Information. Diese Konzepte interpretiert Shum im Hinblick auf Hypertext. Er beschäftigt sich mit verschiedenen Raumkonzepten, euklidischen, 3D mit Schichten, virtuellen Räumen. Die Abbildungen zeigen probeweise Realisierungen in einer Hypertext-Umgebung. Glenn und Chignell (1992) charakterisieren sog. kognitive und visuelle Landmarks: Visuelle Designatoren für Navigation und Lokation machen kognitive deutlich. Einen grafischen Browser mit 3D-Navigation [s.a. Kapitel 2], der sich einer Hubschrauber-Metapher bedient, stellen Fairchild, Poltrock et al (1988) vor. Die Methode ist offenbar so kompliziert, daß die Autoren ein Video gedreht haben, damit man die schriftliche Darstellung verstehen kann [Fairchild/Poltrock (1986)]. Über Probleme mit der 3D-Navigation berichtet Caplinger (1986), der einen grafischen Browser für eine Datenbank mit 45.000 Objekten entwickelte. Dieser schien jedoch ohne zusätzlichen Hardware-Support für das Zoomen in die Tiefe nicht mehr sinnvoll benutzbar zu sein. Dies allerdings ist Apple Computer mit einem dreidimensionalen Browser für das WWW gelungen, der mehr als hunderttausend Knoten in einem Raum animiert bewegen kann:

ABB. 25
Project X von
Apple Computer für
das WWW

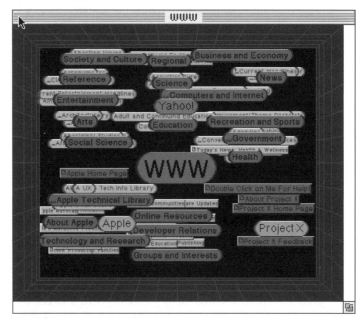

Zu einem besonderen grafischen Browser werden in *AthenaMuse* Videofilme genutzt. Für die Verknüpfung von Untertiteln und Video haben die Designer des *AthenaMuse*-Projekts eine spezielle Methode entwickelt, die es erlaubt, Texte in mehreren Dimensionen an die Videos zu koppeln [Hodges/Sasnett et al (1989)]. *AthenaMuse* hat auch bereits die Technik der »HotSpots« im Film und deren Verknüpfung mit Text oder Programm realisiert [Michon (1992)]. Die Navigation mit Bildern und Filmen ist bei dieser Methode allerdings noch auf fest eingeplante Verknüpfungen angewiesen. Der nächste Schritt würde in der aktuellen Kalkulation von Links aus Bildern und Filmen bestehen. Allerdings gibt es hier noch Probleme, die mit dem Stand der Forschung zur Bilderkennung zu tun haben: »The state of the art of automated image processing leaves little hope for getting, even in the middle term, image processing tools for the computation of semantically interesting links between images. Thus, computing links according to image descriptions stored in the database is the only possible choice« (517), meinen Aigrain und Longueville (1992). Ausnahmen bilden in dieser Hinsicht Bilder, denen homogene Modelle zugrundeliegen, oder computergenerierte 3D-Bilder, deren Gestalt dem Computer bekannt ist. Ein Beispiel hierfür bietet die Navigation im Volumen-Atlas des menschlichen Gehirns von Höhne, Bomans et al (1992) [vgl. Pommert/Riemer et al (1994)]. Vor ein ähnliches Problem wie den ad hoc-berechneten Verknüpfungen von Bildern sehen sich Entwickler bei der Suche nach einfachen Methoden für die Kalkulation von Links aus anderen zeitabhängigen Daten gestellt, z.B. aus Musikstücken und Filmen.

Knowledge Maps, grafische Browser und Wissensstrukturdarstellungen können sich einerseits auf die grafische Repräsentation der Hypertext-Knoten beziehen, anderseits aber auch die semantischen Relationen von Hypertexten zu Echtwelt-Phänomenen repräsentieren [Potter/Trueblood (1988)]. Dies ist der Fall in Hypermedia-Programmen zu geographischen, lokalen u.ä. Phänomenen, die für einen fiktiven Gang durch eine Stadt oder ein Gebäude geeignete Raumkarten als Browser zur Verfügung stellen. Die Modi der Repräsentanz der Außenwelt sind dabei noch nicht ausreichend untersucht worden.

Eine interessante Variante einer Knowledge Map haben Lidwell, Hobbins et al (1991) in HAKCS arrangiert [berichtet in Nelson/Palumbo (1992)]: Das Wissensgebiet aus der Physik wird in Form von Diagrammen dargestellt. Sobald die Studierenden durch aktives Herstellen von Relationen zwischen Subknoten gezeigt haben, daß sie diesen Wissenbereich beherrschen, kollabieren die Subknoten zu einem einzigen komplexen Knoten. Einen umgekehrten Prozeß, das Betrachten von Ausschnitten aus einem Netz mit Hilfe von Weitwinkel-Linsen, »fish-eye views«, schlägt Furnas (1986) vor. Sie dienen dazu, Ausschnitte aus Datenmengen oder Baumdiagrammen sowie Programmeditoren in Vergrößerung zu sehen, soz. in einen Ausschnitt hinein zu zoomen, wobei die Umgebung des Ausschnitts in erheblich kleinerem Maßstab am Rand um den Ausschnitt erhalten bleibt [s.a. Saxer/Gloor (1990)].

Evaluation Inzwischen gibt es auch erste Evaluationsstudien zur Wirkung von grafischen Browsern oder Knowledge Maps in Hypertexten:

Stanton und Taylor (1992) testeten mit einer *HyperCard*-Anwendung zum Thema »Personalauswahl« die Beigabe eines Diagramms als Navigationsinstrument. Zunächst wurde die Navigationsfähigkeit der Versuchspersonen getestet, dann mußten diese ein Diagramm des Stacks konstruieren. Zwischen beiden Versuchsbedingungen (je 12 Studierende mit und ohne Karte) wurden keine signifikanten Unterschiede festgestellt (wofür aber das schlechte Design des Stacks und der geringe Umfang von nur 42 Karten verantwortlich sein mag). Trotz dieses Ergebnisses glauben sie, die Schlußfolgerung ziehen zu dürfen, daß Diagramme als Navigationshilfen zu einer schwächeren Performanz, einem geringeren Gebrauch sekundärer Links, einer schwächer wahrgenommenen Kontrolle über das System und zu schlechteren Reproduktionen kognitiver Karten führen.

Auch Kenny (1991) testete den Nutzen grafischer Organizer. Das Ergebnis ist typisch: Es ergaben sich keine signifikanten Unterschiede. Aber auch die Folgerungen sind typisch: Weitere Untersuchungen mit größeren Stichproben werden benötigt.

Das genau gegenteilige Ergebnis fand Barba (1993) in ihrem Experiment mit einem *HyperCard*-Stack zum Thema »Vulkane« [s.a. Barba/Armstrong (1992)]. Mit 143 Studierenden als Versuchspersonen und einem Pretest-Posttest Design ergaben sich deutliche Unterschiede zwischen den Studierenden, die eine »instructional map« zur Verfügung hatten, und denen, die ohne arbeiten mußten. Allerdings profitierten nicht alle Studierenden gleichermaßen von den eingebetteten visuellen Informationen: Als interessanter Unterscheidungsfaktor erwies sich die ebenfalls erhobene »verbal ability«. Für Studierende mit geringen verbalen Fähigkeiten waren die visuellen Informationen von größerem Nutzen. Wenn man sich die von ihr vorgegebene Karte anschaut, wird man feststellen, daß diese weniger eine Funktion für die Navigation besitzt, sondern eher eine Gliederung des Stoffes durch verbale Kategorisierungen darstellt. So ist denkbar, daß diese Instruktionskarte weniger eine visuelle Steuerung als vielmehr eine verbale Meta-Lernstrategie einführte, wodurch das Ergebnis der Untersuchung plausibel wird.

Auf die Relevanz verbaler Fähigkeiten für die Hypertext-Navigation verweist auch die Untersuchung von Reynolds und Dansereau (1990), die in ihrem Programm *MacStat* zur univariaten Statistik eine doppelte, isomorphe Darstellung als Hypertext-Version mit Erläuterungstexten zur Statistik und als Hypermap-Version mit Hilfe von Knowledge Maps realisierten. Die Maps enthalten innerhalb der Knoten den Text und repräsentieren grafisch die Beziehungen unter den statistischen Verfahren. Die Stichprobe war leider ungeeignet für die Evaluation. Die Daten geben aber einen Hinweis darauf, daß die sprachlichen Fähigkeiten, gemessen mit dem »Delta Reading Vocabulary Test«, einen Unterschied in den beiden Versuchsgruppen ausmachten. Die Gruppe mit den Hypermaps war außerdem zufriedener und zeigte weniger Frustration.

Jüngst und Strittmatter (1995) befassen sich mit Strukturdarstellungen von Wissen aus psychologischer Sicht. Jüngst (1995) fand bei einem Experiment mit Wissensstrukturdarstellungen heraus, daß sich bessere Behaltensleistungen ergeben. Das Resultat war unter elaborierten Bedingungen nicht so eindeutig. Die Stichprobe der Untersuchung war allerdings zu klein, um endgültige Schlußfolgerungen zu ziehen.

Mit einer *HyperCard*-Anwendung verglichen Reader und Hammond (1994) in einem Experiment zwei Konditionen: Die eine Gruppe der Studierenden hatte eine Concept Map zur Verfügung, die andere Gruppe durfte nur Notizen machen. Die besseren Resultate erzielen die Studierenden mit der Concept Map. Allerdings brachten sie auch mehr Zeit mit diesem Werkzeug zu, vermutlich weil sie stärker motiviert waren. Das spricht nicht gegen das Werkzeug, aber gegen die Versuchsanlage, die auf diese Weise möglicherweise ein Artefakt generierte.

Browsing oder Navigation

Zur Navigation in Hypermedia-Systemen hatte ich Grundsätzliches bereits in Kapitel 2 ausgeführt. Es bleibt mir an dieser Stelle übrig, konkrete Anregungen zur Gestaltung von Hypertexten unter diesem Gesichtspunkt nachzutragen.

Canter, Rivers et al (1985) unterscheiden fünf Navigationsmethoden: Scannen, Browsen, Suchen, Explorieren, Wandern. McAleese (1993b) unterscheidet die Navigationsmethoden analog den aus der Lernforschung bekannten Lernstrategien. Kuhlen (1991) unterscheidet, eher in Anlehnung an die strukturellen Eigenschaften von Hypertexten, folgende Formen des Browsing (128ff.):

· Gerichtetes »Browsing« mit »Mitnahmeeffekt«

· Gerichtetes »Browsing« mit »Serendipity«-Effekt

· Ungerichtetes »Browsing«

· Assoziatives »Browsing«.

Es ist deutlich, daß die Klassifikation von Navigationsmethoden in Hypertexten abhängig ist von dem jeweiligen Interpretationsraster des Autors. Das Augenmerk kann dabei auf der Hypertext-Struktur, den angestrebten Lernmethoden oder auf Prozessen der Arbeit liegen, die mit dem Hypertext-Werkzeug erledigt werden sollen. Zwei Fragen ergeben sich daraus:

1. Wie wirken sich die unterschiedlichen Navigationskonzepte auf die Gestaltung von Hypertext aus?
2. Wie wirken sich die unterschiedlichen Navigationsmethoden auf die Lernenden aus? Zu dieser Frage werde ich einiges in den folgenden Abschnitten dieses Kapitels sagen.

Kuhlen (1991) unterscheidet die Navigationsmittel in konventionelle Metainformationen und hypertextspezifische Orientierungs- und Navigationsmittel:

· konventionelle Metainformationen sind nicht-lineare Orientierungs- und Navigationsmittel, Inhaltsverzeichnisse, Register und Glossare (134ff.);
· hypertextspezifische Orientierungs- und Navigationsmittel sind graphische Übersichten (»Browser«), vernetzte Ansichten (»web views«), autorendefinierte Übersichtsmittel, Pfade (»paths/trails«), geführte Unterweisungen (»guided tours«), »Backtrack«-Funktionen, Dialoghistorien, retrospektive graphische (individuelle) Übersichten, leserdefinierte Fixpunkte (»book marks«), autorendefinierte Wegweiser (»thumb tabs«), Markierung gelesener Bereiche (»breadcrumbs«) (144ff.).

Zu den die Navigation unterstützenden Methoden zählen neben den von Kuhlen recht vollständig aufgeführten Mitteln noch kognitive Karten [Bieber/Wan (1994); Edwards/Hardman (1993), 91] und spezielle Mittel zur Verwaltung fest verdrahteter oder benutzereigener Pfade [s.a. Gay/Mazur (1991); s. Gloor (1990)]. Bieber und Wan (1994) schlagen mehrere Formen des Backtracking vor, insbesondere differenzieren sie die Rückverfolgung danach, ob die Navigation durch einen Fensterwechsel oder durch Anklicken eines Textankers durchgeführt wurde [zur Funktion des Backtracking Nielsen (1995), 249ff.; Kuhlen (1991), 156ff.].

Man sollte die Navigation in Hypertext-Umgebungen nicht nur unter dem Aspekt ihrer Orientierungs- und Interaktionsfunktion, sondern auch als aktive Form Lernens und Arbeitens betrachten. Diese Perspektive auf die Strukturelemente von Hypertext ist aus der Sicht des Benutzers oder Lesers möglicherweise die wichtigere: Für den Designer stehen nodes und links im Vordergrund, für den Leser aber benutzereigene Pfade, Notizen, Annotationen. Diese Objekte der Struktur bieten ihm eine Chance für aktives Arbeiten und Produzieren mit Hypertext.

Als Mittel, die aktives Lernen und Arbeiten in Hypertext unterstützen, gelten Notizbücher, Instrumente zum Anlegen von eigenen Links und Pfaden und für die Konstruktion von eigenen kognitiven Karten, integrierte Spreadsheets und der direkte Zugriff auf Datenbanken [zu Annotationen für *Intermedia* s. Catlin, Bush et al (1989)]. Neuwirth, Chandhok et al (1995) haben die Möglichkeit für

Annotationen in ihren PREP-Editor eingebaut. Etwas Ähnliches wie Annotationen sind Popup-Felder oder Popup-Fenster mit nur-lesbaren Informationen, die nur solange geöffnet bleiben, wie die Maustaste gedrückt gehalten wird [Nielsen (1995), 142ff.]. Annotationen, die der Benutzer selbst hinzufügen kann, also Fenster für Notizen, können den aktiven Verarbeitungsprozeß des Lesers unterstützen. Eine Alternative zu Annotationen sind Randnotizen oder Marginalien, die dem eigentlichen Textkorpus nichts hinzufügen, wohl aber dem Benutzer zur Verfügung stehen. Das MUCH-Programm (Many Using and Creating Hypertext) der Universität Liverpool [Rada/Wang et al (1993)] bietet den Lernenden sogar ein Instrument für die Anlage eigener Thesauri. Für die Verknüpfung der Einträge stehen den Studierenden Link-Typen wie »usedfor«, »narrower-than« und »related« zur Verfügung.

Schnittstellen

Die Strukturelemente eines Hypertexts müssen visuelle Qualitäten annehmen können, sie müssen sich vom Kontext deutlich unterscheiden, um die Aufmerksamkeit des Lesers erringen zu können, sie sollen außerdem die Struktur, z.B. Verbindungen und Knoten, dem Leser transparent machen. Dabei sind visuelle Elemente der Benutzeroberfläche mit operationaler Funktion (Navigation) von funktionalen Bedienungsaspekten zu unterscheiden. Kahn, Peters et al (1995) erheben am Beispiel einer Analyse von *Intermedia* und *StorySpace* derartige visuellen Signale zu den 'drei fundamentalen Elementen der visuellen Rhetorik' von Hypertexten: »These three fundamental elements are:

* link presence (which must include link extent),
* link destination (which must include multiple destinations),
* link mapping (which must display link and node relationships)« (167).

Es gibt bis heute keine Konventionen für die Darstellung von Knoten und Verknüpfungen im Text. Einige Programme drucken sensible Textstellen fett, so daß man fett als Stil ansonsten im Text nicht mehr verwenden kann. Andere Programme wählen Unterstreichungen. Einige Programme umrahmen Texte beim Anklicken, wieder andere invertieren ausgewählten Text.

Es ist auffällig, daß Hypertext-Systeme sich mit Ikonen und Metaphern umgeben, die mehr oder minder konsistent kleine bildliche »Welten« konstituieren. Ich war darauf bereits in Kapitel 2 näher eingegangen. Für Hypertext-Umgebungen werden in der Regel dem jeweiligen Thema adäquate Metaphern gewählt: Das Buch, das Lexikon, die chronologische Zeitleiste, die Biographie, der Ort, das Abenteuer, die Maschine usw. Die Regeln der Benutzung durch den Lernenden, die Navigation, richten sich dann nach der jeweiligen Metapher: »Blättern« im Buch, »Wandern« durch eine Landschaft.

An Vorschlägen zur Weiterentwicklung von Hypertext zu Hybrid-Systemen mangelt es nicht. Sie zielen auf die Mathematisierung der Navigation, die Bildung semantischer Netze [Schnupp (1992), 189], die tutorielle Begleitung durch Expertensysteme, die Integration wissensbasierter Generierungstechniken (192) und den Zugriff auf relationale Datenbanken. So schlagen Klar, Schrader et al (1992) computerlinguistische Textanalysen in Hypertext-Systemen vor; Ruge und Schwarz (1990) suchen nach linguistisch-semantischen Methoden zur Relationierung von Begriffen; Irler (1992) befaßt sich mit dem Einsatz von Bayesian Belief Nets zur Satzgenerierung bis hin zur automatischen »Generierung von Hypertextteilen auf der Basis einer formalen Darstellung« (115). Klar (1992), der Hypertext durch Expertensysteme ergänzen will, folgert:»daß die formalen Wissensdarstellungen in Expertensystemen und die informalen Präsentationen in Hypertexten sich sinnvoll ergänzen können« (44). Kibby und Mayes (1993) wollen ihr Programm *StrathTutor* durch Simulation des menschlichen Gedächtnisses mit Attribut- und Mustervergleichen anreichern und kommen zu dem Schluß, daß dafür Parallelrechnersysteme angemessener wären. Ob es sinnvoll ist, derartige Wege der Komplexitätserhöhung zu beschreiten, läßt sich zu einem Zeitpunkt kaum entscheiden, in dem bisher nur wenige umfangreiche und inhaltlich sinnvolle Hypertext-Anwendungen überhaupt bekannt sind.

Hypertext und intelligente Systeme

Duchastel (1992a) integriert Hypertext-Elemente in sein ITS-System *GEO Tutor*. Duchastel (1992b) merkt den grundsätzlich unterschiedlichen Charakter von ITS und Hypermedia-Systemen an (199). Er will ein Hybrid-Modell entwickeln, wobei sein Augenmerk darauf liegt, hypermediale Komponenten in ein ITS zu integrieren, und nicht umgekehrt. Unterdrückt nicht ein Hybrid-Modell automatisch das eine der beiden diametral entgegengesetzten Modelle, und zwar das offenere Modell, das dem Benutzer mehr Kontrolle erlaubt [Peper (1991)]?

Auf Duchastels pädagogisches Weltbild, das hinter diesem Vorschlag steht, war ich bereits im vorigen Kapitel zur Adaptivität von IT-Systemen eingegangen. Duchastel plädiert für einen nicht-direktiven Tutor, der in der Lage sein muß, sich »intelligent« an die Erfordernisse der Situation anzupassen, an die Charakteristik des Studenten und die aktuell benötigten Informationen (200). Er entwirft ein 'lernerzentriertes didaktisches Modell' (202). Aber ist die Adaption an den Lerner möglich? Ist sie so möglich, daß tatsächlich ein nicht-direktives, trotzdem beratendes System daraus resultiert? Ist die Balance zwischen Führung und explorativer Freiheit gangbar? Warum macht Duchastel sich überhaupt diese Mühe? Er spricht von den affektiven Qualitäten von Hypermedia, Hypermedia sei »alluring«, er möchte die motivierende Wirkung von Hypermedia mitnehmen, ohne die pädagogische Führung des Studierenden darüber aufzugeben. Dieses Vorhaben dürfte nicht gelingen, wenn man von der Hypothese ausgeht, daß ein wichtiges Moment für die motivierende Wirkung von Hypermedia die offene Interaktionsstruktur ist.

Jonassen (1992a) integriert ein Expertensystem in ein Hypertext-System, wobei er eine ganz andere Zielsetzung verfolgt als Duchastel. Jonassen führt als Möglichkeit für die Integration von Expertensystemen in Hypertext die Idee intelligenter Arbeitshilfen an. Als eine solche intelligente Arbeitshilfe skizziert er das Expertensystem eines Ratgebers für Instruktionsdesign (190), eine Art online-Hilfe, die, um dem Benutzer Ratschläge übermitteln zu können, von dem Benutzer zusätzliche Informationen abfragen kann. Jonassen begründet den Sinn dieser Kombination wie folgt:»Hypertext, if properly designed to reduce navigation, integration and synthesis problems (Jonassen & Grabinger, 1990), provides a very usable interface that can supplant most of the need for natural language. Our working hypothesis is that these capabilities replicate most if not all of the functionality of and [sic!] intelligent tutoring systems« (194). In der Tat mag dieses System die einem ITS ähnliche Funktionalität besitzen, von einem Hypertext kann man jedoch nicht mehr sprechen, wenn die Hauptintention des Autors darin besteht, die Navigation zu reduzieren. Auf diese Weise wird die Bedeutung der Hypertext-Komponente im Hybrid-System auf die Rolle einer komfortablen Benutzeroberfläche reduziert.

Der *Physics Tutor* von Jonassen (1992a), eine Kombination von Hypertext und Expertensystem, das auch noch Eigenschaften eines ITS haben soll, verstärkt diese Einschätzung. Das Browsing geht von einem Begriffsnetz aus, das die Wissensbasis repräsentiert. Diese besteht aus einem semantischen Netz von Physikbegriffen und physikalischen Konzepten, gefaßt als Regelwerk eines Expertensystems. Das Studentenmodell kontrolliert die deklarativen, strukturellen und prozeduralen Inhalte. »The declarative knowledge question is a simple multiple choice paraphrasing of the information presented in the node [...] This information is transferred from the hypertext interface into the expert system which evaluates the information in a backward-chaining rule base and concludes that the learner's understanding of the root concept is inadequate, fuzzy or adequate. This information is fed to the tutorial expert system to generate appropriate instructional interactions« (196). Im wesentlichen besteht die Hypertext-Komponente im grafischen Browser. Der Ausgangspunkt des Lernens aber ist eine multiple-choice Frage, und die Antwort des Studierenden wird wieder einem Expertensystem zugeleitet.

Die am Beispiel von Duchastel und Jonassen skizzierten Risiken, die für das Hypertext-Modell bei der Integration in IT-Systeme auftreten, zeigen sich auch an den nächsten Beispielen:

Moline (1991) präsentiert eine Kombination von *HyperCard*, MacSMARTS und einer Wissensbasis zur Arabischen Numismatik. Die Informationsquellen sind Datenbanken mit Bildern (Münzen der Sammlung im Britischen Museum, Karten), Objektbeschreibungen, Dokumenten (Abstracts, Referenzen, Exzerpte), Genealogie-Bäumen und Zeit-leisten historischer Daten. Die Anwendung besteht aus Karten mit Münzen, die vom Benutzer klassifiziert werden sollen. Sie wird komplettiert durch ein regelbasiertes Ex-pertensystem, das der Benutzer um Rat fragen kann. Der Benutzer wird vom Experten-system durch eine Reihe von Fragen zur Lösung geführt. Der Titel ist irreführend: Es handelt sich nicht um Hypertext, was hier realisiert wurde, sondern um eine Anwen-dung, die Hypertext als komfortable Benutzeroberfläche für ein Expertensystem nutzt, das selbst über keine Grafikfähigkeit verfügt.

Auch Tang, Barden et al (1991) verbinden Hypertext mit einem ITS in HITS (Hyper-Card Intelligent Training System). Autoren- und Benutzerumgebung werden getrennt. Das Ziel der Autorenumgebung ist es, Autoren die Planung eines Kurses abzunehmen, das Ziel des Lernermodells ist die bessere Anpassung des HITS-Systems an verschiede-ne Benutzer und vor allem Autoren. Tang, Barden et al halten sowohl Autoren als auch Benutzer für nicht kompetent genug, um die Systeme frei zu nutzen. Die Umgebung dient der Regulierung: Dem Benutzer stehen Browsing, gelenktes Browsing und Tutori-al als Modi zur Verfügung. Die Philosophie orientiert sich sehr an Autorensystemen.

Einen etwas anders gelagerten Fall repräsentiert LINCTUS PB von Briggs, Tompsett et al (1993), ein Beratungsprogramm für Apotheker, das auf der Hypertext-Basis die Be-nutzer mit Hilfe von Regeln führt. Auch LINCTUS PB verbindet Hypertext und Exper-tensystem miteinander. Die Grundlage sind Textkarten mit Erklärungstexten zu Erkäl-tungskrankheiten. Unten auf den Karten stehen im Klartext mögliche Verknüpfungen zu anderen Karten, die auf Prologregeln verweisen. Damit ist die Expertenbasis für den Benutzer transparent, und der Benutzer kann sich trotzdem frei im Hypertext bewegen. Die Verknüpfungen werden, sobald der Benutzer eine anwählt, aktuell kalkuliert. Ein eingebautes Kurzzeitgedächtnis verhindert, daß der Benutzer sich dabei im Kreis dreht. LINCTUS PB verfügt über eine zweite wissensbasierte Komponente, die aktuelle Pati-entenkarte. Auf ihr kann der Apotheker die Merkmale des jeweiligen Patienten einge-ben, wobei er durch Menüs mit vordefinierten Begriffen unterstützt wird. Das System benutzt diese Informationen, um den Suchraum einzugrenzen, sobald der Apotheker von der Patientenkarte in das Hypertext-Netz zurückkehrt. An diesem Beispiel wird deutlich, daß die Hypertext-Eigenschaften und die freie Navigation erhalten geblieben sind, ohne auf den Vorteil des Expertensystems verzichten zu müssen. Das Expertensy-stem behält seine eigene Funktionalität, macht sich aber zugleich dienlich, indem es seine Wissensregeln für die Berechnung der Verknüpfungen zur Verfügung stellt.

Um eine ähnliche Kombination handelt es sich bei dem von N. Anderson (1992) vorge-stellten »Medical Center«, das eine Guided Tour durch das Medizinzentrum mit Biblio-thek, Computerlabor und Labor mit einem Patienten-Simulationsmodul, einem Hyper-media-Datenbank-Modul und einem Meta-Datenbank-Modul mit klinischen Fällen ver-eint. Das Patienten-Modul eröffnet den Zugang zu Arzt-Patienten-Gesprächen auf Vi-deo. Patienten-Datenblätter liefern einen realistischen Hintergrund für die Anamnese. Die Datenbank enthält Hinweise und ermöglicht es, Hypothesen zu formulieren, die von der Inferenzmaschine gewichtet werden. Die Bibliothek wird über einen Browser zugänglich gemacht. Das Computerlabor ermöglicht physiologische Simulationen und Analysen. In einem solchen Hypermedia-System erhalten alle inkorporierten Elemente ihren eigenen Stellenwert und kommen zu dem ihnen angemessenen Recht.

Grundsätzlich bestehen also folgende Möglichkeiten der Kombination von in-telligenten Systemen mit Hypertext-Systemen:

- Ergänzung eines Hypertexts um einen intelligenten Tutor zwecks Adaptation von Links an die Lernergeschichte oder an konzeptuelle Variablen [z.B. Duchastel (1992a); Hammond (1989), 176]

- Integration eines Expertensystems für die ad hoc-Kalkulation von Verknüpfungen [z.B. Diaper/Rada (1991); Rada (1991); Kibby/Mayes (1993); s.a. Gloor (1990), 260ff.]

- Integration eines Expertensystems für die Selektion von Daten aus einer Datenbank [z.B. Littleford (1991)]

- Integration eines Expertensystems, um Hypothesenbildung und Hypothesentesten im Hypertext zu unterstützen [Mayes (1992a), 13]

- Ergänzung eines Expertensystems durch einen Hypertext mit dem Ziel, dem Expertensystem flexible Erklärungskomponenten hinzufügen [Gloor (1990), 260ff.]

- Expertensysteme mit Hypertext-Interface als »system glue« [Smith/Wilson (1993)].

Die Möglichkeiten sagen aber, wie wir an den Beispielen von Duchastel und Jonassen sehen konnten, nichts darüber aus, wie unbeschadet die jeweiligen Systeme aus dieser Vereinigung hervorgehen. Bei der Installation tutorieller Beratungsfunktionen mit Lernermodellen wird entweder die freie Benutzbarkeit des Hypertext-Systems unzumutbar eingeschränkt oder es wird die tutorielle Komponente auf die Rolle eines Hilfedialogs beschränkt [Pereira/Oliveira et al (1992)]. Bei der Kombination von Experten- und Hypertext-Systemen tritt entweder das Expertensystem in eine dienliche Rolle ein oder das Hypertext-System wird auf die Funktion einer schönen Benutzerschnittstelle reduziert [Lowyck/Elen (1992), 142], denn »there is little empirical evidence for the utility of expert systems, based as they are on an extremely restricted understanding of human knowledge utilisation and decision making« [McKnight/Dillon et al (1991), 137]. Dillon (1991) selbst postuliert eine Art kognitiver Suprastruktur, die Leser beim Lesen eines Textes leitet. Sein Versuch allerdings, Forschungsliteratur in Hypertext zu transformieren, endet im Rückzug: Die Standardstruktur wissenschaftlicher Artikel wird nachgeahmt, da sie eher den Erwartungen der Leser entspricht.

Hypertext-Programme erlauben es dem Lernenden, auf sowohl willkürlichen, assoziativ gewählten Wegen, aber auch auf logisch, sachlich-inhaltlich begründeten oder durch Hypothesen geleiteten Pfaden durch das Informationsmaterial zu wandern. Sofern man über Hypertext als didaktisch-methodisches Medium reflektieren möchte, ist wichtig festzuhalten, daß die Struktur des vorgefundenen Materials nicht verändert werden kann, ohne den Typus Hypertext selbst infragezustellen. Ich kann ein Hypertext-System also nicht mit Konzepten des Instruktionsdesigns »überarbeiten«, ohne die Hypertext-Struktur als solche aufzugeben. Als Didaktiker kann ich Hypertext nur in der Weise »didaktisieren«, indem ich das vorliegende Material durch didaktisch-methodische Tips von Lehrenden (Verknüpfungen, Kommentare, Verweise, Hinweise, Fragen, Aufgaben, Überprüfung, Evaluation) oder durch Annotationen von Lernenden anreichere.

Kognitive Plausibilität von Hypertext

Eine Evaluation der Lernprozesse beim Arbeiten mit Hypertext wird durch die komplexe Struktur des Hypertexts und die nahezu beliebige Freiheit, die er dem Lernenden gewährt, erheblich erschwert, aber auch durch die Vorbelastung der Evaluation mit qualitativ hohen und komplexen Hypothesen, die sich auf das Thema Hypertext und Lernen richten. Ambrose (1991) bezieht sich auf diese unbelegten pädagogischen Thesen oder, wie ich sagen würde, »pädagogischen Mythen«, wenn er meint: »Research examining the relationships be-tween hypermedia and learning has an unfinished quality« (52).

Ob Hypertext Vorteile für die Motivation der Lernenden mit sich bringt, ist noch nicht gründlich untersucht worden. Einer solchen Hypothese scheinen aber viele Autoren zuzustimmen. Ob Hypertext auch kognitive Vorteile besitzt, darüber besteht noch weniger Klarheit. Einen gründlichen, Folgerungen und Verallgemeinerungen vorsichtig abwägenden Überblick über das Lernen mit Hypertext hat Kuhlen (1991) verfaßt (180ff.). Kuhlen sieht Hypertext als potentiell lernförderndes Medium wegen seiner Flexibilität im Zugriff auf Wissen und seiner Eignung für ein aktives Lernen:

> »Zu den Potentialen gehört sicherlich in erster Linie die Flexibilität im Zugriff auf Wissen. Lernsituationen sind in hohem Maße individualisierte Situationen, so daß Ausbildungsmaterialien auf unterschiedliche Fähigkeits-, Erfahrungs- und Verständnisebenen […] reagieren können sollten«.

> »Und weiterhin werden zweifellos Lernerfolge begünstigt, wenn Lernende Eigeninitiativen entfalten, d.h. wenn sie Lernmaterialien, wie es bei Hypertext bei gutem Design möglich ist, erkunden können und nicht nur, wie in der Regel bei bisherigen Formen der programmierten Unterweisung, vorgegebene Pfade nachvollziehen müssen«.

Nicht-lineares Denken   Beeman, Anderson et al (1987) haben bei der Evaluation von *Intermedia* die These aufgestellt, daß Hypertextstrukturen die Entwicklung eines nicht-linearen Denkens bei Studierenden fördern. Sie erklären allerdings nicht, was sie unter 'non-lineal' oder 'nicht-linearem' Denken oder »multi-causal reasoning« verstehen. Kuhlen (1991) spricht von 'pluralistischem, relativistischem, kritischem' Denken (198). Mir scheint eher ein Verweis auf qualitativ-kognitive Konzepte wie das formale, relativierende Denken im Sinne von Piaget oder Kohlberg als auf konnektionistische Modelle gemeint zu sein. Beeman, Anderson et al geht es in erster Linie um die didaktische Förderung des Denkens. In gewisser Weise steckt in der These eine Analogisierung von kognitiven Strukturen und Hypertext-Strukturen, also auch eine Korrespondenzhypothese, die aber keine Verwandschaft mit der physikalischen Symbolsystem-Hypothese aufweist, die ich im Kapitel zum Instruktionsdesign diskutiert hatte.

Beeman, Anderson et al bemerkten, daß der Lerneffekt bei Personen, die an der Entwicklung der Materialien beteiligt waren, erheblich höher war als bei den Lernenden – eine Demonstration der pädagogischen Maxime »Lernen durch Tun«. Er äußert die Vermutung: »Offenbar war es gelungen, an der 'Brown University' Lehrende zu finden, die schon selber als Lernziele für ihre Kurse die Entwicklung perspektivischen, non-linealen Denkens formuliert hatten, ohne dies gänzlich befriedigend auf der Basis konventioneller Texte erreicht zu haben« (199). Kuhlen kommt nach Durchsicht der Daten aus der Evaluation zu dem Schluß, daß die Daten in Richtung der dichotomen Hypothese »nicht einfach auflösbar« seien (203). Selbst dann, wenn man dem Ergebnis einige Überzeugungskraft zutraut, bleibt die Frage gültig, ob die Förderung nicht-linearen Denkens wirklich auf das Hypertext-System zurückgeführt werden kann oder auf andere Faktoren des Versuchs zurückgeht, die nicht kontrolliert wurden, z.B. auf die anspruchsvollen Inhalte, die bereits erwähnten, von der Sache überzeugten Dozenten oder den institutionellen Kontext, denn schließlich fanden die *Intermedia*-Experimente überwiegend in der anglistischen Literaturwissenschaft und der Geschichtswissenschaft statt – im Gegensatz zu den meisten Evaluationsstudien, die in diesem Buch besprochen werden.

Hawthorne-Effekt Möglicherweise haben Duffy und Knuth (1990) Recht, wenn sie annehmen, daß die Förderung des nicht-linearen Denkens »rests primarily in the pedagogy of the professor rather than in the database«. Die Feststellung von Beeman et al, daß die Entwickler den größten Lernfortschritt im Verlauf des Projekts zeigten, scheint mir genau auf diesen Punkt hinzudeuten. In diesem Sinne kommen auch McKnight, Dillon et al (1991) in ihrer Kritik an der Studie zu dem Schluß, daß die positiven Ergebnisse auch auf den Hawthorne-Effekt zurückgeführt werden könnten (113): »At first sight, the effects of introducing hypertext seem to have been positive [...] However, they also report an unexpected finding which suggests that improvements may not have been attributable to the introduction of hypertext per se but rather to factors related to its introduction« [McKnight/Dillon et al (1991), 112ff.].

Konnektionismus und Hypertext Im Unterschied zu Beeman, Anderson et al beschreibt Kuhlen (1991) das Verhältnis von Hypertext und Denken als Korrespondenz vernetzter Strukturen: »Hypertext scheint unter der Annahme kognitiv plausibel zu sein, daß Wissen, dessen Erwerb allgemeines Ziel von Lernen ist, im menschlichen Gehirn in vernetzten, topologischen, nicht-linearen Strukturen organisiert sei« (182). Bei dieser als kognitive Plausibilität bezeichneten Hypothese handelt es sich schon eher als bei Beeman, Anderson et al um eine Korrespondenzhypothese. Die Plausibilitätshypothese bestimmt die Forschung vieler Autoren, wenn sie auch kaum irgendwo explizit formuliert wird. Einen deutlichen Charakter nimmt sie bei Jonassen (1986) an, der Hypertexte als 'semantische Netze' und Lernen als »web-learning« bezeichnet. Mit dieser Metapher will Jonassen eine Korrespondenz der Netzstruktur des repräsentierten Wissens mit der semantischen Netzstruktur des menschlichen Lernens suggerieren, um Lücken im Wissen entdecken und Inkonsistenzen beseitigen zu können. Hypertext ahme das assoziative Netzwerk des menschlichen Gedächtnisses nach, behaupten Jonassen und Wang (1992), womit sie nicht nur die Korrespondenz von Hypertext und Gedächtnis, sondern auch eine Hardware-Hypothese über das Gehirn aufstellen, die neueren Untersuchungen der Hirnforschung nicht standhält [z.B. Roth (1994) und Rusch, Schmidt et al (1996)]. Die Hypothese der kognitiven Plausibilität von Hypertext unterstellt, daß die Strukturgleichheit von Text und Denken ursächlich für den kognitiven Lernerfolg verantwortlich ist, und ist somit eine Variante der Korrespondenzhypothese von Wissen und Gedächtnis und der Vorstellung, daß Wissen im Gedächtnis wie in Netzen gespeichert werden kann. Die These weist Ähnlichkeiten zu konnektionistischen Modellen auf [Rumelhart/McClelland 1986; McClelland/Rumelhart 1986], die Lernen als selbstmodifizierende Netzwerke konzipieren und mit adaptiven neuronalen Netzen für Aufgaben wie z.B. visuelles Erkennen, Spracherkennung, Handschrifterkennung, Lesen und andere sensorische Inputs erfolgreich umsetzen. Konnektionistische Modelle weisen eine strukturelle Nähe zu selbstorganisierenden biologischen Systemen auf [Varela (1990)]. Neuronale Netze arbeiten bisher allerdings nur auf subsymbolischen Ebenen. Dies ist eigentlich ein Vorteil des Konnektionismus, kommt er doch auf diese Weise ohne den Repräsentationsbegriff der physikalischen Symbol-System-Hypothese, ohne die These von der Spiegelung der Kognition aus[24]. Das macht ihre Erweiterung, die sich Varela als Inklusionsbeziehung zwischen Konnektionismus und Symbolverarbeitung vorstellt, aber schwierig und rückt sie in weite Ferne. Ein Bezug von Hypertext-Systemen auf semantische Netze kann deshalb nur metaphorisch gemeint sein. McKnight, Dillon et al (1991) interessiert an Jonassens Aussage weniger die Analogie zum Konnektionismus als vielmehr das dahinterliegende Motiv Jonassens, das sie in ihrer Kritik als 'lehrer-kontrollierte' Strategie kritisieren: »Assuming not only that the structure of both the learner's current knowledge and the topic can be represented but also that methods exist for making meaningful comparisons between such structures, the aim is 'to fill the gaps'« (117). Whalley (1989/90) [zitiert in Jonassen/Mandl (1990)] übt eine ähnliche Kritik an einer vorschnellen Analogisierung von Hypertext und Strukturen des Denkens.

Theorie der kognitiven Flexibilität

Spiro und Jehng (1990) argumentieren auf der Basis ihrer kognitiven Flexibilitätstheorie, daß sich Hypertext-Systeme besonders für das Arbeiten und Lernen in »ill-structured domains« eignen. Ihr eigenes experimentelles Beispiel ist ein Programm mit Videozugriff auf den Film *Citizen Kane* von Orson Welles. Die kognitionspsychologische Konzeptualisierung des Gegenstandsbereichs führt sie zu der These, Hypertext-Systeme seien »best suited for advanced

---

24. Der Konnektionismus ist zwar eine Hypothese über funktionierende neuronale Lernsysteme, jedoch nicht unbedingt eine Simulation menschlichen Lernens, zumindest bei Lakoff [s. das Interview mit Lakoff im Band von Baumgartner und Payr (1995)].

learning, for transfer/application learning goals requiring cognitive flexibility, in complex and ill-structured domains – rather than introductory learning, for memory tests, in simpler domains« (167). Da sie annehmen, daß »learning of complex content material in ill-structured domains requires multiple representations – multiple explanations, multiple analogies, multiple dimensions of analysis« (168), scheinen ihnen Hypertext-Systeme besonders günstig für diese Form des Lernens zu sein, da Hypertext-Komponenten sich dadurch auszeichnen, daß sie jederzeit vielfältige Verknüpfungen und Relationen untereinander eingehen können. Auch Spiro, Coulson et al (1988) beschränken am Beispiel des Medizintextes *Cardioworld Explorer* das Lernen mit Hypertext auf den fortgeschrittenen Wissenserwerb.

Warum bezeichnen Spiro und Jehng ganze Wissensgebiete als »ill-structured«? Der Begriff ist offensichtlich aus der Perspektive des Wissenschaftlers gewählt, der eigentlich Instruktionsdesign aus einer vollständigen Task Analysis oder einer voll erfaßten Domain her betreiben will. Simon und Hayes (1976) gehen extensiv darauf ein. Man vergleiche die Verwendung dieses Begriffs bei Newell (1973) der feststellt, daß der Einsatz von Methoden der künstlichen Intelligenz auf Probleme beschränkt geblieben ist, die gut strukturiert sind: »For the sake of illustration, what might we take as an ill-structured task? Deciding on a career. Discovering a new scientific theory. Evaluating a new ballet. Planning what to do with a free day. Painting a picture. Making conversation with a just reencountered long time acquaintance. Designing a new house. Making a new invention. Finding a way out of Viet Nam. Thinking up a critical experiment to test a scientific hypothesis. Making a silk purse from a sow's ear. Generating this list« (55). Schaut man sich diese Liste an, so fällt zunächst auf, daß es sich bei allen Beispielen um praktische Entscheidungssituationen und um das Generieren neuer Ideen und Problemlösungen in offenen Situationen handelt. Derartige Probleme als schlecht strukturiert zu bezeichnen, mag legitim sein, denn es geht um Praxis und um Entscheidungen, um offene Situationen also, deren Parameter bzw. »constraints« noch nicht bekannt sind. Das ist aber etwas ganz anderes, als die Charakterisierung ganzer Wissenschaftsbereiche als schlecht strukturiert.

Spiro und Jehng benutzen den Begriff, um Eigenschaften von Wissensgebieten zu charakterisieren. Sie erheben den Begriff zur Objektcharakteristik. Ihnen gelten offenbar alle hermeneutischen Wissensgebiete als »ill-structured« (analog zu dem in der Methodenlehre vorkommenden Begriff 'ill-defined'?). Das halte ich nicht mehr für legitim. Das entscheidende Kriterium hermeneutischen Wissens ist nicht, daß es offen ist, sondern daß es nur durch Interpretation erschlossen werden kann, wobei der Interpretierende Teil dieses Wissens wird. Dabei ist hermeneutisches Wissen nicht ungeordnet, sondern anders strukturiert, kann nur selbstreflexiv und rekursiv erschlossen werden. Spiros Argumentation, ins Positive gewendet, müßte lauten, daß Hypertext sich als darstellendes Medium für hermeneutische Wissenschaften anbieten könnte. Aber man muß nicht kognitionspsychologische Quasi-Konzepte (kognitive Flexibilität, ill-structured domains) bemühen, um zu begründen, daß Hypertext-Systeme sich vor allem für hermeneutische Wissensbereiche eignen und hierfür auf jeden Fall geeigneter sind als CBT. Vielleicht kann man sogar behaupten, daß Hypertext-Systeme besonders für das Lernen höherer taxonomischer Lernzielebenen geeignet sind, CBT hingegen eher für das Lernen in unteren Bereichen der Lernziel-Taxonomie. Es setzt sich jedenfalls die Ansicht durch, daß Hypertext-Systeme ein ideales Medium für das entdeckende Lernen sind [s. McAleese (1993b), 19].

Wie relationierendes Denken bei Studierenden ausfallen kann, die einen Hypertext als Autoren überarbeiten, wird in einer Studie von Brown und Chignell (1993) deutlich. Hier hatten die Studierenden selbst die Möglichkeit, Verknüpfungen mit Hilfe einer Palette, in der sie den einzelnen Icons Bedeutungen zulegen konnten, zu typisieren. Das Ergebnis war keinesfalls eine kognitive Durchdringung der Materie: »subjects not only choose different link meaning, but also different kinds of semantic structures in organizing information« (41). Die Versuchspersonen berichteten nicht nur, daß sie mehrfach die Strategie, Anker zu plazieren, gewechselt, sondern teilweise mehrere Strategien gleichzeitig verfolgt hätten.

Die Plausibilitätshypothese oder die verwandte These der Spiegelung des Denkens im Hypertext scheinen zweifelhaft zu sein. Unbezweifelbar ist meines Erachtens jedoch, daß Hypertext dem Lernenden eine komplexe Lernumgebung präsentiert, die es ihm ermöglicht, sich natürlich zu verhalten, wobei ich unter »natürlich« zweierlei verstehe:

· Erstens repräsentiert das Lernmaterial in einem komplexen Hypertext-System eine Umgebung, die der Student auch sonst vorfindet (wenn er/sie gut recherchiert!), in der Bibliothek, auf seinem Schreibtisch usw., eine Umgebung, die aus vielen Büchern, Bildern, Originalliteratur, Sekundärliteratur, Bibliographien und anderen Materialien besteht, die nur durch lose Fäden verknüpft sind. Illustrative Beispiele für solche komplexen Umgebungen sind die mit dem Hypertext-System *Intermedia* entwickelten Anwendungen »Englische Literatur von 1700 bis heute« und »Biologie der Pflanzenzellen«, die ausführlich von Yankelovich, Haan et al (1988) beschrieben werden.

· Zweitens kann sich der Student in dieser komplexen Lernumgebung auch so verhalten, wie er es sonst gewohnt ist, das heißt z.B. seine gewohnten, eingeschliffenen Lernstrategien einsetzen, entweder auswendig lernen oder Hypothesen bilden, wild blättern oder gezielt suchen, das Material sequentiell-linear studieren oder nach Zusammenhängen forschen, extrinsisch motiviert »pauken« oder intrinsisch motiviert sich mit wesentlichen Frage- und Problemstellungen identifizieren. Hypertext ist offen und zugänglich für alle möglichen individuellen Lernstile und Lernangewohnheiten.

Mit dieser offenen Charakteristik kommt der Programmtypus Hypertext aus dem behavioristischen Lernparadigma und aus den »Frame-based« Lernprogrammen heraus und nähert sich Vorstellungen von einem natürlichen Lernprozeß, wie sie in der epistemologischen Kognitionstheorie formuliert worden sind [s.a. Lave 1988, 92 und 173]. Der Umgang mit Hypertext wird dem Prozeß ähnlich, der seit Jahrhunderten als »Lesen« bezeichnet wird und der als interpretativer hermeneutischer Vorgang bekannt ist. In diesem Sinne formulieren Collins und Brown (1988) ihre Vorstellung vom Computer als Werkzeug für das Lernen durch Reflexion.

Diese Diskussion verweist uns auf ein offensichtliches Defizit der Psychologie des Lernens: Warum gibt es keine Lerntheorie auf der Basis einer Theorie des Verstehens? Die humanistische Psychologie Rogers' wäre möglicherweise dafür am ehesten geeignet, aber sie hat es nicht verstanden, eine Lerntheorie auszubilden. Eine Ausnahme – auf dem Gebiet des Lernens mit Computern – bildet wenigstens ansatzweise der Konstruktivismus, z.B. die Projekte von Brown und Palincsar (1989) und der grundlegende Entwurf von Winograd und Flores (1987), wobei leider – wie bereits angemerkt – die kommunikationstheoretischen und hermeneutischen Dimensionen des Lernens und Verstehens in den konstruktivistischen Lernumwelten bislang wenig Beachtung gefunden haben.

Evaluation von Hypertext (Navigation)

Kuhlen (1991) kommt nach einem gründlichen Überblick über Untersuchungen zum Lernen mit Hypertext (180ff.) zu der vorsichtigen Schlußfolgerung: »Die Ergebnisse der bisherigen Studien lassen vermuten, daß die nicht-linearen Eigenschaften von Hypertext Lernerfolge in komplexen Situationen begünstigen können, zumal dann, wenn ein bestimmtes Vorwissen vorhanden ist und wenn hohe Lernmotivation vorausgesetzt werden kann. [...] Allerdings hängen Erfolg und Mißerfolg von so vielen Faktoren ab – sicherlich auch von dem technologischen und methodischen Stand existierender Systeme –, daß generalisierende Aussagen, z.B. bezüglich der kognitiven Plausibilität nicht-linearer Hypertextstrukturen, noch unangebracht sind« (211).

Ein unterrichtsmethodischer Vergleich von Hypertext-Lernen mit anderen Lernformen (Vorlesung, Literatur, Lerngruppe) wurde bei der Evaluation des wirtschaftswissenschaftlichen Hypertext-Programms HERMES von Schoop (1992) angestellt. Die Studie kommt allerdings nicht zu besonders positiven Ergebnissen: Die Studenten schätzten das Programm zwar besser als die Vorlesung ein, aber die Meinung der Versuchspersonen war beim Vergleich mit der Literatur geteilt, und das Programm schnitt schlechter ab als die Lerngruppe (163). In der Klausur zeigten Studierende, die mit HERMES gearbeitet hatten, zwar geringfügig bessere Resultate als die Vergleichsgruppe, aber das Ergebnis der Klausur mit freien Textantworten war für die Autoren der Studie enttäuschend: Die Studierenden reproduzierten lediglich die HERMES-Texte (164). Eine Erklärung sehen die Autoren in der Beobachtung, daß die Studenten die Freiheit des Hypertext-Systems nicht nutzten, sie »klebten am Pfad« (163).

Es ist denkbar, daß dieses Verhalten das Resultat einer noch nicht voll ausgeprägten Hypertextstruktur ist, einer möglichen Interdependenz von Navigationskonzept und vorgeprägtem Studierverhalten. Für dieses Argument spricht, daß HERMES m.E. relativ wenig Freiheitsgrade und zu wenig Elemente entdeckenden Lernens aufweist. Wie kann man dann ein anderes Studierverhalten erwarten? Es ist aber auch denkbar, daß wir es bei den wirtschaftswissenschaftlichen Studierenden mit einer hinsichtlich Motivation und Lernstrategien einseitigen Stichprobe zu tun haben. In einem solchen Fall muß man den Studierenden erst längere Zeit geben, um das von ihnen erwartete Lernverhalten einzuüben. Hasebrook (1995) vermutet eine Interaktion von Prüfungsform und Lernverhalten. Viele Navigationsmöglichkeiten seien deshalb nicht genutzt worden, »weil die Studierenden sich bei den Prüfungsvorbereitungen an erprobte Lerntechniken halten wollten und im Umgang mit Hypertext unerfahren waren« (101). Diese Faktoren wurden in der Studie nicht kontrolliert. Sie können uns allerdings einen Hinweis darauf geben, daß Multimedia an sich, ohne Berücksichtigung oder gar Veränderung der Rahmenbedingungen, unter denen Multimedia eingesetzt wird, nicht den erwarteten Erfolg zeitigen muß.

Ähnliche Bedenken treffen auf das Experiment von Hasselerharm und Leemkuil (1990) zu, die drei verschiedene Kontrollstrategien von Lernprogrammen (Programmkontrolle, Lernerkontrolle und Angepaßte Programmkontrolle) vergleichen, aber im Posttest keine signifikanten Unterschiede finden (77). Möglicherweise hätten die Autoren andere Ergebnisse erhalten, wenn sie den Studierenden selbst die freie Wahl der jeweiligen Methode eröffnet hätten, um die ihren Lernstilen gemäße Methode zu finden.

Derartige Null-Ergebnisse verweisen auf das generelle Dilemma kontrollierter Versuchsdesigns in sozialwissenschaftlichen Bereichen (s. das Kapitel zur Evaluation). Die Ergebnisse komparativer Evaluationen auf dem Gebiet der Unterrichtsforschung und -methodik sind abhängig von der realisierten Umgebung, speziell von den Lernvoraussetzungen der Studierenden und den im Posttest implizierten Lernzielen. Es ist unmöglich, zwei Lernmethoden so zu optimieren, daß ihre jeweiligen Eigenarten positiv hervortreten, und sie mit Posttests zu messen, die beiden Methoden gegenüber fair sind und trotzdem dieselben Lernziele überprüfen. Ich behaupte, daß mit einem anderen Programm (d.h. anderen Lernangeboten, -strukturen, Lernzielen und Lerntests) genau das gegenteilige Ergebnis hätte erzielt werden können.

Eine Untersuchung, die sich zum Ziel gesetzt hatte, gerade solche Abhängigkeiten von Lernvoraussetzungen und Lernverhalten zu klären, ist die von Mandl, Schnotz et al (1992). Die Autoren stellten folgende Fragen:

- »Do learning processes and learning results differ in presenting a content by means of hypertext versus a simultaneous graphical text presentation?
- Are these effects of the type of text presentation on learning processes and learning results different according to specific processing orientations?
- Are these effects on learning processes and learning results different for learners with different learning prerequisites?« (71ff.)

Lernvoraussetzungen Unterschiede im Verstehen wurden bei den Versuchspersonen nicht beobachtet; signifikant unterscheiden sich lediglich Vorwissen und Verstehen und Intelligenz und Verstehen: »the use of hypertext did not result in an improved retention of the learning material. If one takes the subjects' learning prerequisites into consideration, differences between the types of presentation appeared. In learning with hypertext, subjects with higher learning prerequisites (higher prior knowledge, higher intelligence) reached a higher number of propositions and a higher number of transitions than in learning with the simultaneous graphical text presentation [...] The results of this study show that learning with hypertext is not necessarily more advantageous than learning with simultaneous graphical text presentation« (74ff.).

Über die Eigenschaften des Mediums Hypertext an sich ist damit wiederum nichts ausgesagt. Die Hypothese aber, daß die allgemeine Lernfähigkeit mit den Anforderungen von Hypertext interagiert, scheint durch die Untersuchung bestätigt zu werden. Die didaktische Folgerung, die man daraus ziehen könnte, würde auf eine Passung von Lernvoraussetzungen (Intelligenz, Vorwissen, Lernstile) und Lernmethoden hinauslaufen. Die Autoren finden keine signifikanten Unterschiede zwischen den beiden Methoden als solchen. Kann dies darauf zurückzuführen sein, daß das Beispiel schlecht gewählt wurde, in der Dimensionalität zu klein war oder mit viel zu vielen Testitems überprüft wurde? Das einzige gesicherte Ergebnis, daß die Lernvoraussetzungen mit der Methode interagieren, stimmt jedenfalls überein mit der Erkenntnis von Espéret (1992), daß Versuchspersonen mit größerem Eingangswissen eine effektivere Auswahl in Hypertexten treffen (116).

Interaktivität Silva (1992) bezeichnet die Interaktivität als das Beste was Hypermedia zu offerieren hat: »We believe to be fundamentally important to find out to what extent this interactivity can and may play a relevant role in learning processes« (145). Seine Hypothese lautet aber, daß der Erfolg eines durch Hypermedia unterstützten Lernens von zwei Faktoren abhängig sei, dem Grad der Freiheit des Lernenden bei der Datenexploration und »the help to the location in the hyperspace, interactive or not, supplied to the users« (150). Silva hat diese Hypothesen in einem Experiment mit dem virtuellen Museum »Palácio da Bolsa« verfolgt. Die Grundfläche des Museums ist ein in HyperCard simuliertes Museum aus Oporto mit Flurgrundriß und Raumansichten. Die Navigation wurde untersucht. Vier Gruppen (40 Schüler) wurden gebildet: Sequentielle Exploration, freie Exploration ohne Plan, freie Exploration mit Plan und freie Exploration mit interaktivem Plan. Die letzte Gruppe erzielte die besten Ergebnisse, die Gruppe 'frei ohne Plan' die schlechtesten Ergebnisse. Die schwächeren Schüler profitierten von der sequentiellen Methode, die besseren eher von der freien Navigation ohne Plan, aber noch mehr mit interaktivem Plan. Silvas Fazit: »The data analysis suggests that the degree of information holding in the learning process, in hypermedia teaching systems, seems to be correlated to the introduction of interactive help to data exploration« (155).

Muster im Interaktionsverhalten von Studierenden beim Lernen mit einem Hypermedia-System zur Zellbiologie untersuchen Hutchings, Hall et al (1993). Ihr Modell enthält im wesentlichen Hypertext mit grafischen Karten. Die Aufgaben der Studierenden variierten von Notizen-Machen bis zur Beantwortung eines Multiple-Choice-Fragebogens. Ihre Evaluation kommt zu dem Schluß, daß »note-takers made considerably more use of hypertext links than those answering multiple choice questions [...] However, note-takers viewed a smaller number« of different nodes than the multiple choice questions answerers« (310). Dies dürfte nicht verwundern: Ein reflektierender Umgang mit Hypertext, wie er beim Notizenmachen vorausgesetzt wird, dürfte automatisch zu gründlicherer Verarbeitung weniger Knoten führen, während ein memorierender Umgang mit Hypertext durch den multiple-choice-Test erzwungen wird. Hier liegt offenbar ein deutlicher Fall der Rückwirkung der Prüfungsmethode auf den Lernstil vor, eine methodische Problematik, die bei Evaluationen häufig übersehen wird.

Trumbull, Gay et al (1992) untersuchen mit einer Hypermedia-Anwendung zur kulturellen Entomologie, in der drei verschiedene Navigationsinstrumente eingebaut wurden, welche der Navigationswerkzeuge von den Studierenden jeweils gewählt werden. Die Studierenden wurden nach den Daten der Navigation nachträglich in vier Gruppen klassifiziert: Browse, Index, Guide und Mixed. In einer Befragung wurde ermittelt, daß tatsächlich fast allen Studierende der dominante Modus der von ihnen gewählten Navigationsmethode bewußt war. Auf der Basis dieser Zuordnung wurde dann die Navigation der Studierenden untersucht: Die Browser suchten die meisten Ereignisse auf, hatten den Eindruck, sie hätten alle relevanten Informationen gesehen, und verbrachten die längste Zeit mit dem Programm. Die Guide-Studierenden waren ebenfalls mit der Menge an Informationen zufrieden, die sie gesehen hatten, obwohl sie etwas weniger zu sehen bekamen. Die Mixed-Gruppe hatte etwa gleichviel gesehen, war aber unsicher, ob sie alle wesentlichen Informationen gefunden hatte. Positive Argumente für grafische Browser und andere visuelle Gestaltungsmittel bietet die Untersuchung von Campagnoni und Ehrlich (1989). Nach ihnen unterstützen bessere Visualisierungen die Hypertext-Benutzer bei der Konzeptbildung [s.a. Conklin/Begeman (1988)].

Janda (1992) berichtet 'ernüchternde Einsichten' aus einem Experiment mit einem interaktiven Bildplattensystem in der Politikwissenschaft. Begleitend zur

Vorlesung über amerikanische Regierungspolitik teilte er die Studenten willkürlich drei verschiedenen Tutorengruppen zu: Traditionelles Seminar, Tutorium plus Computerprogramm, Tutorium plus Bildplatte. Die Bildplatte enthielt
Filme zum Watergate-Skandal, zu Bürgerrechten, zu Vietnam u.a. und wurde
über einen mit *HyperCard* entwickelten KIOSK zugänglich gemacht. Die subjektiven Urteile der Studierenden über das Multimedia-Programm waren en-
thusiastisch. Aber die Studierenden der traditionellen Seminargruppe schnitten
in der Abschlußprüfung geringfügig besser ab. Aus den Interviews wird deutlich, daß die Studierenden das Multimedia-Programm zwar als persönliche Bereicherung betrachtet, aber den Beitrag, den das interaktive Video zur Prüfung
leisten sollte, nicht erkannt haben. Den Schluß, den Janda daraus zieht, kann
man unterstreichen:»Multimedia produces other forms of learning that are not
measured by performance in the course not by expressions of interest, knowledge, or future course plans« (350). Der Multimedia-Vorteil liegt offenbar in
anderen Bereichen als bei den vom traditionellen Curriculum geforderten
Lernzielen. Was hier vorliegt, ist eine Rückwirkung des bekannten Test-Prü-
fungssystems auf die Einstellung der Studierenden. Sie haben die Relevanz des
Multimedia-Programms deshalb nicht wahrgenommen, weil ihnen klar war,
daß sie am Ende einen Test schreiben mußten, der 40% der Prüfungsleistung
abdeckte.

Wünschenswert für Evaluatoren ist es, zu wissen, welche mentalen Strukturen
bei Lernenden vorkommen. Im Experiment von Gray (1990) wurde versucht,
die mentalen Modelle des Textes beim Benutzer zu rekonstruieren, indem man
die Benutzer aufforderte, den Informationsraum durch Diagramme darzustellen. Zunächst wählten die Versuchspersonen dafür lineare Strukturen; mit zunehmender Erfahrung wurden auch die Diagramme weniger linear. Das Ergebnis der Untersuchung spricht dafür, daß ein Medium wie Hypertext bei den Benutzern einige Zeit benötigt, ehe sie sich daran gewöhnt haben und in der Lage
sind, dessen Vorteile auszunutzen.

Suchverhalten von Lernenden Eine weitere interessante Dimension in den Untersuchungen zum Lernverhalten bei Hypertexten ist das Suchverhalten der Lesenden. Einige Studien han-
deln dies Thema als den Unterschied von Suchen und Blättern ab. McAleese
(1989) betrachtet Browsing als Navigation mit Werkzeugen und absichtvoller
Zielsetzung; Allinson (1992b) betrachtet Browsing als »exploratory mode«
[Marchionini/Shneiderman (1988); Shneiderman (1989)]. Die Suche nach bestimmten Informationen geht über den Index, während die Selektionen in einer
Museumsanwendung überwiegend Browsing sind und über eingebettete Menüs laufen. Campagnoni und Ehrlich (1989) meinen, daß die Benutzung des Index von der Art der Frage abhängig sei; Rada und Murphy (1992) haben den
Eindruck, daß multiple Outlines nicht hilfreich für die Benutzer waren; das
Blättern klappte besser in Büchern, die Suche besser im Hypertext [s.a. Qiu
(1993a)]. Horney (1993) untersucht die Hypertext-Navigationsmuster von sieben Benutzern in Fallstudien und identifiziert fünf Muster. Jones (1989) untersuchte den Effekt, den eingebettete Menüs und Index als Browsing- und Such-

verfahren auf das inzidentelle Lernen[25] haben. Sie findet keine signifikanten Unterschiede in der allgemeinen Performanz und stellt selbst fest, daß die Ergebnisse vom Typ der Datenbank und der gestellten Aufgaben abhängig sei. In ihrer Untersuchung stellt sie außerdem unterschiedliche Lesestrategien und Suchprozesse fest, die durch die Versuchsanlage selbst nicht erfaßt wurden. McKnight, Dillon et al (1991) vermuten, daß die Aufgaben nicht dafür geeignet waren (120). Hat Browsing instruktionale Effekte? Sadler (1993) führt ein Experiment mit Vergleichsgruppe durch am Beispiel des Glasgow-Stacks: Die eine Gruppe bekommt keine (free browsing), die andere eine spezifische Aufgabenstellung. Die erste Gruppe erweist sich als überlegen. Sie betrachtet dieses Ergebnis als Beweis für die Kraft des inzidentellen Lernens. Beasley und Vila (1992) analysierten den Umgang von Studierenden mit Hypertext nach Linearität und Nicht-Linearität und in Relation zur Lernfähigkeit, die mit dem ACT-Test gemessen wurde. Obwohl die Unterschiede schwach ausfielen, glaubten sie feststellen zu können, daß schwächere Lerner die Multimedia-Anwendung weniger linear und explorativer nutzten als mittlere oder gute Lerner. Diese Beobachtung paßt nun zu keiner der möglichen Hypothesen.

Yacci (1994) kritisiert an den meisten Navigationsstudien, daß sie nur die äußerlichen Navigationsmuster, nicht aber die wirklichen Strategien und Ziele der Versuchspersonen erfassen. Er hat versucht, die mentalen Modelle der Hypertext-Benutzer durch eine Faktorenanalyse ihrer kognitiven Lernmuster zu analysieren. Das Benutzerverhalten wurde qualitativ untersucht und in Form von Lernereignissen kodiert. 16 verschiedene Lernereignisse wurden ermittelt, die durch eine Faktorenanalyse auf 8 Faktoren reduziert wurden. Die Lösung ist nicht interpretierbar. Meiner Ansicht nach ist die Faktorenreduktion und damit die Informationsdichte der Analyse nicht hoch genug, weil nur zwei bis drei Variablen pro Faktor laden.

Chimera und Shneiderman (1994) untersuchten drei verschiedene Benutzerschnittstellen für Inhaltsverzeichnisse. Die Lernenden benötigten für gleiche Aufgaben mit den drei Schnittstellen unterschiedlich viel Zeit, für das Verzeichnis mit Rollbalken wie in der Textverarbeitung im Mittel 63 Sekunden, für das Expandieren/Kontrahieren wie in einem Outliner-Programm 41 Sekunden und für das System mit mehreren Schichten 42 Sekunden. Die beiden letzteren Formen ließen die Benutzer also schneller mit dem Inhalt agieren.

Man kann diese Untersuchungen endlos weit treiben: Qiu (1994) interessiert sich dafür, ob die Suchaufgabe einen Einfluß auf die Pfadmuster im Hypertext hat (hat sie nicht!). Er registriert die Häufigkeit von Knoten-Besuchen. Qiu (1993b) beschreibt die Suchmuster der Benutzer mit einem Markov-Modell. Auch hier – bei der Evaluation von Hypertext-Systemen – kommt es also wie-

---

25. Zum absichtsvollen versus beiläufigen Lernen oder informellen Lernen vgl. Bock/Kirberg et al (1992); Strittmatter/Dörr et al (1988).

der zur Atomisierung der Fragestellungen, zum Fliegenbeinzähler-Syndrom. Und jede Untersuchung endet wie das Horneberger Schießen mit der Forderung nach weiteren Untersuchungen: Das nächste Mal soll differenziert werden nach der Qualität der Knoten, dem Umfang der getesteten Hypertexte, der Stichprobengröße, der inneren Differenzierung im Sample etc.

Untersuchungen zur probabilistischen Häufigkeit von Benutzer-Handlungen führen auch zu nichts Besserem als der Unterscheidung von Suchen vs. Browsing [Aigrain/Longueville (1992)]. Zu welchen Absurditäten dies führt, wird deutlich, wenn man liest, welcher Rechneraufwand nötig ist, um sinnlose Zahlenkolonnen zu erzeugen: »But our graph has 13561 vertices and is much larger than those of most other systems […] The computation of the distance matrix takes about a month on a SUN4™ workstation« (525). Was sind das für Untersuchungen, in denen herauskommt: »This is no real surprise to us« (525) und »as we had foreseen« (526) – selbst das Ergebnis, das als interessant bezeichnet wird, ist trivial: Die Effizienz beim Suchen von Bildern sei bestimmt von Faktoren wie der Art der Bilder, der Qualität ihrer Beschreibung, der Berechnungsmethode für Verknüpfungen, der Topologie der Verknüpfungen und der Benutzerschnittstelle. Das wußte man bereits vorher.

Die andere Seite der Medaille markiert die Aussage von van den Berg und Watt (1991): »The number of dramatic claims that have been made for the value and user acceptance of different types of hypertext easily outstrip the number of empirical studies that support such claims«. Sie führen ein Experiment mit dem Hypertext-Dokument LAST (Level of Abstraction Text zur Einführung in die Statistik und in das statistische Testen von Hypothesen) durch: Drei Semester nacheinander wurden drei verschiedene Methoden ausprobiert: In Konkurrenz zur Vorlesung, ergänzend zur Vorlesung und die Vorlesung ersetzend. Ihr Fazit ist ernüchternd: »Objectively the academic performance of LAST users was no different from those attending classroom lectures. Their subjective evaluation was somewhat negative. Although positive about LAST technology, they indicated they would prefer to use it as supplement to lectures and books« (119). Die kritischen Urteile der Benutzer waren vielfältig, aber oberflächlich. Ein Drittel der Kritik machte sich am Geschwindigkeitsverhalten des Systems fest (121). Interessant sind die Varianten der Kritik zu Defiziten des Systems: Über Dreiviertel der Vpn in der Konkurrenzbedingung beklagten das Fehlen einer Skizze oder Hilfe, aber nur 6% der Versuchspersonen in der Ersatzbedingung: »Perhaps the students in the Competitive condition felt deprived of the implicit and explicit guidance their counterparts in the control group were receiving in lectures. The students in the Replacement condition could not feel such deprivation« (121). Die Urteile der Versuchspersonen sind also deutlich abhängig von der Kondition, der jeweiligen Umgebung des Experiments. Sie sind experimental-methodisch als Artefakte zu werten.

Anforderungen an die Evaluation von Hypertext-Systemen und die Rückwirkungen, die sich daraus für das Design dieser Systeme ergeben, formulieren Glowalla und Hasebrook (1995) und Dillon und McKnight (1995). Evaluation ist von der Suche nach dem optimalen System bestimmt, aber kein Hypertext-System wird universale Benutzbarkeit erreichen. Faktoren, die Benutzbarkeit beeinflussen, sind u.a. die individuelle Varianz zwischen Benutzern, die Variation in den Aufgaben und die funktionalen Unterschiede zwischen der Benutzung eines Hypertexts und eines Buchs [Nielsen (1989)]. Mehr zur Usability-Forschung findet sich bei Nielsen (1990b). Grice und Ridgway (1993) vermuten aber, daß die bekannten Usability-Kriterien für die Untersuchung von Hypermedia nicht ausreichen.

Leseverhalten beim Buch und im Hypertext

Der Vergleich zwischen dem Leseverhalten bei einem Hypertext und einem traditionellen Buch verfolgt im Grunde ähnliche Absichten wie die kognitive Plausibilitätshypothese. Es geht um die Frage, ob das Leseverhalten mit der Struktur des Textes korrespondiert und ob sich diese Korrespondenz kognitiv auswirkt. Einen solchen Vergleich zwischen einem herkömmlichen Text zur Statistik und einem Hypertext haben Egan, Remde et al (1989a) angestellt: »students using SuperBook answered more search questions correctly, wrote higher quality 'open-book' essays, and recalled certain incidental information better than students using conventional text« (205) [s.a. Egan/Remde et al (1989b)]. Die Hypertext-Leser benutzten stärker das Inhaltsverzeichnis, lasen dieselbe Menge, aber lösten die Probleme in kürzerer Zeit.

McKnight, Dillon et al (1991) kritisieren die Methode: »a closer look at the experiment is revealing. The example, with respect to the search tasks, the questions posed were varied so that their wording mentioned terms contained in the body of the text, in the headings, in both of these or neither« (59). Was überprüft wurde, war die Suchfähigkeit des Computers, nicht die der Studierenden. McKnight, Dillon et al bezeichnen die Untersuchung als »biased against the paper condition« (60). Sie weisen darauf hin, daß Egan, Remde et al eine frühere Studie durchgeführt hätten, die keine Unterschiede ergeben hätte, und daraufhin ihre Hypertext-Version so verbessert hätten, daß Unterschiede hervortreten mußten. Sie bezeichnen diese Forschungsstrategie zurückhaltend als klassisches Beispiel für iteratives benutzerzentriertes Design. Angesichts konfligierender Ergebnisse zu dem Thema kommen sie zu dem Schluß, daß jedes der beiden Medien seine eigenen, spezifischen Vor- und Nachteile besitzt, »e.g., hypertext is better than paper when locating specific information that is contained within the body of text but seems to offer no clear advantage when readers have only an approximate idea of what they are looking for« (60ff.). Nicht kontrolliert wurden in dieser Untersuchung die Motivation der Studierenden, der Effekt der Novität der Materie und des Mediums, andere Strukturen der Textorganisation und andere Formen von Aufgaben etc., die eventuell doch die Attraktivität und den Lerneffekt des Mediums ausmachen könnten.

Zum Vergleich zwischen Buch und Hypertext geben McKnight, Dillon et al (1991) einen gründlichen Überblick. Sie berichten u.a. auch über eine Studie von Simpson und McKnight (1990), in der die Versuchspersonen zuerst 10 Informationsfragen beantworten und dann eine Struktur des Textes zeichnen mußten: »Results showed that readers using a hierarchical contents list navigated through the text more efficiently and produced more accurate maps of its structure than readers using an alphabetic index. The current position indicator and additional typographic cues were of limited utility« (62ff.). Die Ergebnisse solcher Vergleiche sind abhängig von der optimalen Gestaltung der verglichenen Methoden. Ein schlecht gemachter Hypertext wird bei Benutzern schlecht abschneiden.

So kommen Krauss, Middendorf et al (1991) beim Vergleich einer Hardcopy-Version und einer Online-Dokumentation zu Befunden, die sich leicht aus der schlechten Gestaltung der Online-Dokumentation erklären: Die Benutzer der Bildschirmversion sind langsamer, weil sie ständig Fenster verrücken müssen, sie verlieren sich in den Texten, weil keine vernünftige Backtracking-Methode vorhanden war.

Bei Gordon, Gustavel et al (1988) schneiden Leser der Hypertext-Version von Texten mit 1.000 Wörtern schlechter ab als Leser der linearen Version; auch die subjektive Präferenz liegt bei linearen Texten; das Verhältnis ist in etwa gleich bei technischen Texten. Es stellen sich sofort Fragen wie: Sind die Texte zu klein gewesen? Sind die Benutzer zu unerfahren mit Hypertexten? [Nielsen (1990), 239]

Happ und Stanners (1991) vergleichen Hypertext mit eingebetteten versus ikonischen Ankern jeweils mit dem Lesen von Hardcopies. Die Leser beider Hypertext-Versionen zeigten Vorteile gegenüber Lesern der Buchversion.

Mynatt, Leventhal et al (1992) stellen einen Vergleich der elektronischen Version der *HyperHolmes Sherlock Holmes Encyclopedia* mit der Buchversion an. Die Performanz beider Versuchsgruppen ist ungefähr gleich, das Antwortverhalten ist unterschiedlich, Vor- und Nachteile sind gleichmäßig auf beide Gruppen verteilt: Hypertext-Benutzer antworten besser auf eingebettete Fragen, Buchleser besser auf Fragen, deren Antworten in Maps zu finden waren. Instone, Teasley et al (1993) wählten ein neues Design für die *HyperHolmes Sherlock Holmes Encyclopedia*, das die Antwortgenauigkeit und die Antwortschnelligkeit der Benutzer erhöhte. Es wurden feste statt überlappender Fenster sowie ein vereinfachtes Suchwerkzeug installiert.

Einen frontalen Angriff auf Vergleiche von Buch und Hypertext fährt Landow (1990). Für ihn ist Hypertext keine Buch-Imitation, sondern besitzt neue Qualitäten. Er kritisiert, daß die Untersuchungen zur Navigation auf der Basis viel zu kleiner Systeme durchgeführt würden. Seinem Urteil kommt einiges Gewicht zu, denn schließlich ist Landow einer der wenigen Hypertext-Experten, der sehr viel Erfahrung mit dem Einsatz großer Systeme im realen Unterricht hat, da er *Intermedia* häufig in seinen Seminaren zur anglistischen Literaturgeschichte eingesetzt hat [Landow (1989b); Landow (1992b)]. Seine Erfahrungen scheinen eindeutig zu belegen, daß die Navigation in Hypertext-Systemen die Benutzer nicht vor ernsthafte Probleme stellt. Die Einwände von Landow sind bedenkenswert, selbst wenn sie nicht durch empirische Untersuchungen belegt sind. Ein Hochschullehrer kann es sich nicht leisten, jahrelang mit einem Medium Hunderte von Studierenden zu unterrichten, wenn es in Wirklichkeit nichts taugt. Man müßte sich also fragen, worin denn möglicherweise der Unterschied zwischen experimentellen Studien und der realen Praxis besteht. Einige Gesichtspunkte fallen einem sofort ein, wenn man an *Intermedia* denkt: Es ist eines der besten, elegantesten Systeme, und es umfaßt große Kollektionen von Texten und Bildern. Die Texte sind nicht für Experimentalversionen, sondern für den realen Unterricht kreiert worden. Und die Studierenden können selbst aktiv mit dem Medium arbeiten. Schließlich, darauf hatte ich im vorigen Kapitel bereits hingewiesen, werden die Studierenden von besonders motivierten Hochschullehrern unterrichtet, die voll und ganz hinter der Idee stehen. Landows Praxis weist uns nachdrücklich auf die Rolle von erfahrenen Hypertext-Benutzern für den Erfolg von Hypertext-Systemen hin. Für erfahrene Benutzer stellen sich die Navigationsprobleme ganz anders als für unerfahrene Benutzer, mit denen offenbar die meisten Hypertext-Entwickler rechnen. Darauf verweist auch die Untersuchung von Rouet (1990). Rouet untersucht den interaktiven Umgang mit Texten ausdrücklich durch *unerfahrene Benutzer*. Bei den meisten Untersuchungen bleibt entweder unklar, welche Erfahrung die Versuchspersonen haben, oder aber die Studien wählen unerfahrene Benutzer in der Hoffnung, Navigationsverhalten in »naiver« Form studieren zu können. Das aber ist im Grunde nicht erforderlich. Warum soll man nicht davon ausgehen, daß zukünftige Benutzer von Hypertexten selbstverständlich irgendwo die Gelegenheit erhalten, sich in dieses Medium einführen zu lassen, und daß Hypertexte für eine wiederholte Benutzung geschaffen werden. Dann könnte man die Gewöhnungseffekte aus den Untersuchungen raushalten und müßte die Experimente ausdrücklich mit erfahrenen Benutzern anstellen.

Ein weiteres Ziel einiger Hypertext-Studien besteht darin, die Navigation und das Leseverhalten in Hypertext-Systemen präziser beschreiben zu können. McKnight, Dillon et al (1991) stellen deshalb eine Analogie des Lesens zur Navigation in einer physischen Umgebung her: In einer komplexen physikalischen Umgebung wird für die Navigation ein Schema oder Modell der Umgebung, ein Referenzrahmen benötigt, der in der untersten Schicht Landmarken registriert, aus denen sich eine kognitive Karte aufbaut, die in der zweiten Schicht Pfade oder Routen enthält und in der dritten Schicht Überblickswissen verzeichnet (69). In Verfolgung dieser Analogie ziehen Dillon und McKnight (1990) psychologische Forschungen zu mentalen Modellen von Lesern bei der Benutzung von Landkarten heran [Dillon/McKnight et al (1990); Canter/Powell et al (1986)], die darauf zu deuten scheinen, daß Verknüpfungen Nicht-Experten besser helfen.

Einen ähnlichen Weg über mentale Modelle sucht Dillon (1991c), der die Plazierung von Absätzen in einer Superstruktur untersucht. Horney (1993) rekonstruiert die Navigationsmuster von sieben Autoren/Lesern am Beispiel einer mit *EntryWay* geschriebenen Anwendung und beobachtet fünf Muster: Linear, Linear mit Exkursen, Stern, Stern mit Exkursen und Chaos.

Ein Experiment mit einem Hypertext-Dokument zur Stadt York mit 39 verschiedenen Bildschirmen und 5 verschiedenen Konditionen veranstalten Hammond und Allinson

(1989). Im explorierenden Modus wurde die vorbereitete Tour stärker frequentiert, im direktiven Modus der Index häufiger zu Rate gezogen. Versuchspersonen, die weniger Bildschirme aufsuchten, behielten von diesen mehr Informationen und schnitten bei darauf bezogenen Fragen im Test besser ab, während Versuchspersonen, die viele Bildschirme aufsuchten, weniger Daten behielten: »Users of bare hypertext thought they saw the most materials, but in fact they saw the least«. Hammond und Allinsons Fazit echot den uralten Erfahrungssatz: »Weniger ist mehr«. Diese Folgerung hat Hammond bereits in anderen Aufsätzen exploriert, z.B. Hammond (1992): »strict hypertext-based systems can be ineffective if learners merely ramble through the knowledge base in an unmotivated and haphazard fashion«. Ich vermute allerdings, daß das Problem zu klein war, um wirkliche Differenzen zu generieren.

Durch eine Analyse der log-files für den *Hitch Hiker's Guide* versucht Allinson (1992a) dem Lernverhalten von zwei Gruppen näher zu kommen, denen einerseits Aufgaben für exploratives Lernen und andererseits direktive Aufgaben gegeben wurden. Die Nutzung verschiedener Tools, für Navigation und Tours einerseits und Index, Suchen andererseits differierte nach den beiden Aufgabenarten. Allinson faßt die Untersuchungsergebnisse wie folgt zusammen:

- »Most users employ most of the facilities
- Metaphor is understood and helps in using the system
- use of the facilities is a function of task, student and time on the system
- Facilities are used appropriately to suit the task in hand
- Increased efficiency when appropriate tools are available« (293).

Der effektive Nutzen eines Hypertext-Systems, das ist keine Überraschung, hängt deutlich von der Interaktion mit den Lernstilen und Lernstrategien der Benutzer ab. Meyrowitz (1986) stellte fest, daß sich bei Benutzern des *Intermedia*-Systems, die das System eher passiv statt aktiv benutzten, geringere Lernfortschritte zeigten. Die Effektivität hängt anscheinend auch davon ab, welche Unterstützung die Benutzerschnittstelle für die verschiedenen Lernstile bietet. Ein Hyper-Rohtext scheint generell nur für wenige Lerner geeignet zu sein. Hammond (1992) warnt davor, Hypertext als pädagogisches Allheilmittel zu betrachten: »The mistake, perhaps, is to think of hypertext as a closed approach to CBL: it provides one set of tools from the educational technologist's toolbox, to be used judiciously alongside others«. Hammond (1992) reagiert nicht nur skeptisch auf die Euphorie, die viele Autoren von Hypertext-Anwendungen ihren Systemen gegenüber aufbringen. Er relativiert deutlich den Software-Typus als solchen, wenn er mit Angst auf die Offenheit von Hypertext reagiert und ihn nachträglich durch künstliche Beschränkungen 'benutzer-sicher' machen will. Hammonds Überlegungen sind Hypertext-fremd: Er geht aus von speziellen, vom Lehrer vorgegebenen Lernaufgaben zu einem vorgegebenen Lernzielbereich wie im Instruktionsansatz (»learning is task-dependent«). Um die Aufgaben-Orientierung realisieren zu können, muß er nach dem Ordnungsraster und der 'Sicherheit' lerner-kontrollierender Systeme greifen. Darauf war ich im Kapitel über Lernerkontrolle bereits eingegangen: Das vorgebliche Motiv für das Drängen auf so viel Kontrolle ist die Behauptung, der Benutzer könne verlorengehen oder die Orientierung verlieren. Die Konsequenz dieser Strategie ist: Hammond reduziert Hypertext auf eine Guided Tour. Besonders bedauerlich ist, daß derartige Überlegungen Platz in einem Sammelband mit Beiträgen von Kognitivisten und Konstruktivisten über kognitive Werkzeuge gefunden haben.

Kooperatives Lernen

Hypertext-Systeme scheinen sich besonders für kooperatives Lernen anzubieten. Das ist nicht verwunderlich, weil in Hypertext-Systemen in größerem Maßstab geistesgeschichtliche Inhalte auftreten, die diskursiv behandelt sein wollen. Bei der Untersuchung des kooperativen Lernens wird mit verschiedenen Formen experimentiert, dem »shared learning«, dem Paarlernen u.a. kooperativen Lernformen. Kooperatives Lernen wird auch in anderen Multimedia- und Hypermedia-Umgebungen untersucht. In diesem Sinne bezeichnen Yoder, Akscyn et al (1989) KMS als »shared-database hypermedia system«, das sie für kooperative Zwecke einsetzen wollen. Ich werde in diesem Abschnitt keine Differenzierung nach der Umgebung mehr durchführen, sondern den Aspekt des kooperativen Lernens allgemein behandeln. Die meisten Studien zum kooperativen Lernen wählen für die Evaluation Methoden der Unterrichtsbeobachtung und Interviews. Ihre Ergebnisse können deshalb an dieser Stelle nur ungenügend zusammenfassend berichtet werden.

Die Hypothese der Vertreter kooperativen Lernens besteht darin, daß die Methode des kooperativen Lernens nicht nur die Quantität der Interaktion bestimme, sondern vor allem die Qualität. Dalton (1990) beispielsweise richtet sein Augenmerk auf Kriterien wie die Egalität der Beziehungen, die Wechselseitigkeit der Beziehungen und ein höherwertiges Hilfe-Verhalten. Kooperatives Lernen geht in einigen Fällen weit über das hinaus, was die unmittelbare Arbeit mit einem Computerprogramm erfordern würde. Einige Lernsituationen sind so arrangiert, daß aus dem Spiel im Programm ein Rollenspiel der Kooperanten wird. Rada, Acquah et al (1993) berichten über den Einsatz des MUCH-Programms der Universität Liverpool für kooperatives Lernen [s.a. Rada (1991)]. Sie integrieren zu diesem Zweck in MUCH ein Tool, das eine wechselseitige Bewertung der Beiträge der Studierenden erlaubt, und ein Rollenspiel in einem simulierten Krankenhaus. Aber ist es hinreichend, wenn man feststellt, daß durch die Zusammenarbeit an einem Lernprogramm die positive Einstellung zu CAL selbst geändert wird, wenn kein anderer positiver Lerneffekt die Computerlerner von den traditionellen Lernern unterscheidet [Rada/Acquah et al (1993)]?

Zu einem ganz eindeutigen Ergebnis bei einem Vergleich von kooperativem versus individualisiertem Lernen gelangen Johnson und Johnson (1986). Sie kommen zu der Erkenntnis, daß die kooperativen Formen Vorteile bieten und die Lernenden eine Präferenz für kooperatives Lernen haben: »computer-assisted cooperative learning promoted greater quantity and quality of daily achievement, more successful problem solving, and higher performance on factual recognition, application, and problem-solving test-items than did computer-assisted competitive and individualistic learning« (15). Solche eindeutigen Ergebnisse sind jedoch selten. In der Regel verweisen die Studien darauf, daß eine ganze Reihe von Variablen unkontrolliert geblieben sind, ohne die das Ergebnis kaum interpretiert werden kann.

So verweist etwa die Studie von Amigues und Agostinelli (1992) darauf, daß es bei Vergleichsuntersuchungen von zwei verschiedenen Methoden wichtig ist, auch den Grad der Familiarität der Vergleichsbedingung in Rechnung zu stellen. Sie untersuchten 72 Versuchpersonen beim Lösen von Physikproblemen in einem elektronischen Schaltkreis entweder allein oder in Paaren. In der familiären Version ergaben sich keine Unterschiede zwischen Alleinarbeitern und Paaren, in der nichtkanonischen Version jedoch erzielten die Paare die besseren Ergebnisse.

Auch beim kooperativen Lernen spielt die individuelle Lernercharakterisik eine Rolle. Ohne eine Kontrolle von differentiellen Lernervariablen sind die Ergebnisse unter Umständen widersprüchlich und nicht zu interpretieren. Mevarech (1993) untersuchte 110 Drittkläßler mit einem Leistungstest und ließ sie anschließend mit Mathematikprogrammen im Autorensystem CCC (Computer Curriculum Corporation, Palo Alto, CA) einzeln und in Paaren lernen. Für die leistungsstarken Schüler spielte die Methode keine Rolle, während die leistungsschwächeren Schüler deutliche Vorteile von der kooperativen Methode hatten, die in der begleitenden Beobachtung als folgende Faktoren identifiziert wurden: Diskussion von Schwierigkeiten, Entdecken fehlerhafter Eingaben, Hilfe beim Erinnern geeigneter Algorithmen.

Ein spezielles Problem für die Untersuchung von Kooperationsprozessen stellen Umgebungen für das Fremdsprachenlernen dar, in denen verständlicherweise die Kommunikation der Versuchspersonen untereinander einen eigenen Lernzielbereich bildet. Meskill (1993) untersuchte Diskursmuster, die in einem solchen Versuch auftreten.

Die Ergebnisse der meisten Studien sind nicht-signifikant, weil sie die genannten Bedingungen nicht kontrollieren. Elshout (1992) berichtet über 22 Studien zum Paarlernen: »only two yielded a significant difference between the conditions of interest. One experiment gave a result favoring working alone, the other one favoring working with a partner« (11). Dann bieten sich eher qualitative Studien zum kooperativen Lernen an wie die von Pea (1993), der sich auf die Beobachtung der Prozesse und Produkte der Kooperation bei der Arbeit mit seinem *Optics Dynagrams Project* konzentriert und feststellt, daß sich sowohl das Lernverhalten als auch die Produkte des Lernens grundlegend von traditionellen Lernsituationen unterscheiden.

Hypertext & Monitoring

Untersuchungen des Lernens in Hypertext-Umgebungen können sich verschiedener Methoden für die Aufzeichnung der Lernprozesse bedienen, die ihnen die jeweilige Umgebung gratis liefert. Einfach zu entwickeln sind Protokollierungs-Instrumente, die Navigationswege (»audit trails«) der Studierenden verfolgen und automatisch registrieren (»tracking tools«). Dabei müssen wir zwei Methoden unterscheiden, die passive Protokollierung und die aktive Protokollierung [vgl. Carlson 1988].

Passive Protokollierung

Der »Recent«-Dialog in *HyperCard*, der die letzten 35 besuchten Karten aufzeichnet, oder die »History List« in anderen Programmumgebungen bieten dem Benutzer ein – zumeist inhaltsloses – Protokoll. Ursprünglich waren diese Formen der Protokollierung als weiteres Mittel der Absicherung gegen ein Sich-Verlieren im Hyperraum gedacht [s. Schnupp (1992), 68, 167]. In vielen Lernprogrammen ist es aber sinnvoll und aus lerntheoretischen Gründen (Orientierung und Rückmeldung) nötig, dem Lernenden eine inhaltlich angereicherte Protokollmethode anzubieten. Eine relativ einfache Methode der Protokollierung habe ich im Programm *LernSTATS*, einer Einführung in die Statistik in der Psychologie, realisiert [Schulmeister/Jacobs (1994), s. Kap. 10]. Die Lernumgebung besteht aus einer Einführung in die Statistik mit Querverweisen im Hypertext-Stil, aus Animationen von Formeln, interaktiv handhabbaren Formeln, zwei- und dreidimensionalen interaktiv manipulierbaren Statistik-Diagrammen sowie aus vielen Übungen, die Ziele verfolgen wie z.B. die Klassifikation von Ordnungsprinzipien, die Zuordnung von Kategorien und Aussagen, die Interpretation von Kurven. Alle Interaktionen werden protokolliert (Zeit, Übung, Knoten, Modus, Häufigkeiten, Wiederholung, Ergebnisse). Interessant an der Protokollierung ist, daß neben dem Kapitel und der Übung auch die Zahl der Versuche, die modifizierten Parameter und das Ergebnis protokolliert werden. Aus diesem Protokoll lassen sich die Lernprozesse des jeweiligen Benutzers exakt rekonstruieren, ließe sich auch eine entsprechende tutorielle Beratung anschließen. Die protokollierten Aktivitäten des Lernenden können anschließend eingesehen und, falls gewünscht, gelöscht werden, denn das Protokoll soll keineswegs der Kontrolle des Lernenden (z.B. durch den Dozenten) dienen, sondern nur seiner Erinnerung helfen. Läßt der Lernende das Protokoll stehen, überspringt das Programm beim nächsten Durchgang die Übungen, die bereits absolviert wurden – eine ganz bescheidene Form der »Merkfähigkeit« eines Programms.

Die Protokollierung des Lernvorgangs kann und sollte in einigen Fällen noch viel weitergehen als in dem geschilderten Beispiel, in dem das Programm die Tätigkeit des Benutzers sozusagen 'passiv' protokolliert:

Macleod (1992) präsentiert mit *AutoMonitor* eine HyperCard-Anwendung, die ein Monitoring der Lernenden ermöglichen soll. *AutoMonitor* protokolliert die Navigation des Benutzers und die von ihm benutzten Werkzeuge der Navigation. Die Protokolle werden in TabText-Dateien exportiert und können statistisch mit Hilfe von Excel-Templates analysiert werden [s.a. Kornbrot/Macleod (1990)]. De Young (1989) stellt eine Protokollierung in Hypertext am Beispiel-Prototyp EWP (Electronic Working Papers) vor, realisiert in Lisp auf dem Macintosh [s.a. De Young (1990)]. Auch Williams und Dodge (1993) präsentieren ein *HyperCard*-Programm für Auditing und Tracking. Nielsen (1995) berichtet über eine aufwendige Auditing-Software des Price Waterhouse Technology Centre (1989), von der er allerdings einschränkend sagt: »This figure illustrates a prototyping effort, which does not necessarily reflect current or future audit methodology or practice« (81ff.).

Bei Brown (1985) spielen audit trails eine zentrale Rolle, nicht als simples Aufzeichnungsverfahren für die Interaktionen der Benutzer, sondern als Ausgangsmaterial für Werkzeuge, die in der Lage sein sollen, den Fokus vom Produkt auf den Prozeß zu verschieben (182), eine Notwendigkeit, die mit der konstruktivistischen Akzentverschiebung von Algorithmen auf Lernumgebungen zusammenhängt. Ein Werkzeug für audit trails, das den Lösungsweg des Schülers als Baumdiagramm sichtbar machte, war bereits in *Algebraland* integriert (197).

Gay und Mazur (1993) beschreiben ausgefeilte Tracking Tools, die von der Interactive Multimedia Group at Cornell University benutzt werden und teilweise entwickelt wurden, in ihrer Anwendung auf drei Programme: »Bughouse«, zum Thema Insekten, »El Avión Hispano«, eine Geschichte zum Spanischlernen, und das »Networked Multimedia Collaborative Design Environment«.

Aktive Protokollierung

Eine 'aktive' Form der Protokollierung liegt vor, wenn Lernende Informationen (Bilder, Textpassagen und Datenreihen) aus dem Programm kopieren, in ein eigenes Protokoll einsetzen und diese Informationen im selben oder in einem anderen Programm anders strukturieren oder durch eigene Kommentare und Notizen ergänzen können. In diesem Fall würde die Protokollierung bereits der aktiven kognitiven Verarbeitung des Gelernten dienen, einem wichtigen Aspekt des Lernprozesses, der allzu häufig vernachlässigt wird, wenn ausschließlich zum Lesen und Blättern geeignete Lernumgebungen angeboten werden. Ich will das am »Lexikon für Computerbegriffe mit Gebärden« (s. Kap. 8) erläutern: Bei der Entwicklung habe ich vor dem Problem gestanden, daß der Benutzer nicht immer mit der gesamten Datenmenge der 1.600 Begriffe und Gebärdenfilme, sondern nur mit einer Selektion arbeiten will. Die Begriffe sind zwar auch Oberkategorien zugeordnet, hierarchisch gruppiert, trotzdem mag es dem Benutzer manchmal praktischer erscheinen, nur mit einer kleinen Auswahl aus den Begriffen arbeiten zu können, so z.B. wenn der Lehrer seinen Unterricht für den nächsten Tag vorbereitet, wenn der Schüler die letzte Lektion wiederholen will, wenn eine Auswahl der Begriffe für einen Aufsatz benötigt wird. Deshalb soll der Benutzer eigene Begriffslisten anlegen, ungenügend erklärte Begriffe durch eigene Kommentare ergänzen, mehrere Begriffe nachträglich einer Kategorie zuordnen können etc. Er muß außerdem mehrere solcher Selektionen vornehmen, sichern und bei Bedarf wieder laden können. Zu diesem Zweck muß das Lernprogramm die vom Benutzer kopierten oder eingegebenen Informationen auf Diskette oder Platte schreiben und sichern können. Dies ist ein Argument dafür, warum sich auch ein Hypertext etwas 'merken' und 'schreiben' können sollte.

Eine ähnliche Unterscheidung von passivem und aktivem Arbeiten praktiziert Carlson (1988): Der Benutzer kann außer Annotationen auch Knoten anlegen und Links herstellen. Dies führt zur Individualisierung des Produkts (104).

Die Methoden stehen noch ganz am Anfang. Die Reichweite der Fragestellungen, die mit Hilfe solcher Methoden untersucht werden könnten, ist noch weitgehend undiskutiert: Welche Informationen über die Lernenden und ihre Lernprozesse kann ich auf diese Weise gewinnen? Hat die Beschränkung auf externalisierte Lernprozesse, die diesen Instrumenten inhärent ist, automatisch Grenzen der Interpretation zu Folge? Produzieren solche Monitor-Anwendungen eher »information garbage« (Müll) oder sinnvolle Informationen? Misanchuk und Schwier (1992) diskutieren die Funktion von »audit trails« für die formative Evaluation von Instruktionsmaterialien, der Lernerperformanz, der Entscheidung über die Attraktivität von bestimmten Pfaden für die Benutzer und zum Zwecke der Beratung von Lernenden. Sie diskutieren auch Methoden der Auswertung von »audit trails«.

Richtlinien für das Hypertext-Design

Der Begriff »Design« kann mehrere Bedeutungen annehmen: Als strukturierter Entwurf und Planungsmethode für Lernsysteme [Garzotto/Mainetti et al (1995)] oder als benutzerorientiertes Layout von Bildschirm, Navigation, Übungen etc. [Hardman (1995)]. Aus einer Befragung von Entwicklern von *HyperCard*-Stacks durch Nicol (1988) geht hervor, daß nur wenige ihr Design systematisch vorweg planen. Auf den ersten Aspekt beziehen sich die Empfehlungen zum Design-Prozeß von Dillon (1991b), der nach einem Überblick über Untersuchungen zum Leseverhalten und zur Navigation in Hypertexten folgende Empfehlungen formuliert:

· »Know the users, their tasks and the information space [...]

· Plan the structure of the information space [...]

· Design suitable access structures.

· Optimize image quality.

· Test the design and test it early! Adjust accordingly« (101ff.).

Auf den zweiten Aspekt beziehen sich die Empfehlungen von Brooks (1993) für das Design kommerzieller Anwendungen: (1) Zersplitterung minimieren, damit die Dokumente einfach aussehen und einfach zu benutzen sind; (2) eine einheitliche bildhafte Repräsentation schaffen, die der Vorstellung des Sponsors und den Erwartungen der Benutzer entgegenkommt; (3) leichten Zugang zu den gespeicherten Informationen ermöglichen; (4) die notwendigen Anstrengungen, die benötigte Technologie und die Ressourcen minimieren.

Design in Hypertext-Umgebungen sollte vier Funktionen im Auge haben: Die Orientierung des Benutzers, die Navigationsmethode, den semantischen Mehrwert des Systems für den Lernerfolg und die Unterstützung aktiver Lernprozesse. Diese Kriterien werden in der Literatur nicht sauber unterschieden. Die ersten beiden Kriterien entsprechen dem, was in der Literatur als »Usability«-Forschung auftritt. Zu den beiden anderen Kriterien gibt es kaum Untersuchungen außerhalb von Evaluationsstudien. Auf eine ähnliche Unterscheidung von Kriterienbereichen zielen anscheinend die von Gay und Mazur (1991) angesprochenen Begriffe *learnability, usability, consistency, flexibility*.

»Usability«-Kriterien für Hypertext-Systeme hat Nielsen (1995) formuliert (279ff.): *Easy to learn, efficient to use, easy to remember, few errors, pleasant to use*. Besonders wichtig ist Nielsen eine Unterscheidung, die in Evaluationen zumeist nicht mit überprüft wird: Die Unterscheidung von sozialer Akzeptabilität und praktischer Akzeptabilität und die Differenzierung von »usefulness« in »usability« und »utility«. Man erkennt auf dieser globalen Ebene bereits, auf der Begriffe wie 'leicht', 'effizient' und 'angenehm' auftauchen, welche Probleme einer Operationalisierung der Design-Kriterien bevorstehen dürften.

Auch bei Hypertext sind Design-Richtlinien häufig schlecht interpretierbare Größen: So formulieren Shneiderman et al (1991) beispielsweise Kriterien für Hypertext-Design wie »provide details on demand«, »produce just enough information initially to ensure comprehension«, »present just enough information at each stage« [s.a. Kreitzberg (1991)]. Begriffe wie 'gerade genug' oder 'angemessen' deuten die Problematik des Ermessens- und Interpretationsspielraums an, der den so formulierten Design-Richtlinien eignet. Die Frage ist, ob Designer mit diesen Kriterien etwas anfangen können.

Näher auf Hypertext-Eigenschaften zielen die 10 Kriterien von Ben Shneiderman (1989), in denen allerdings Empfehlungen zum Design-Prozeß (1, 6, 7, 9) und zur Struktur des Produkts (2, 3, 4, 5, 8, 10) durcheinandergehen:

· Know the users and their tasks

· Meaningful structures come first

· Apply diverse skills

- Respect chunking
- Show inter-relationships
- Be consistent in creating document names
- Work from master reference list
- Ensure simplicity in traversal
- Design each screen carefully
- Require low cognitive load (125ff.).

Ähnlich verhält es sich mit den Empfehlungen, die Search (1993) als Erfahrungen mit dem Design seines *HyperGlyphs*-Projekts referiert: Anerkennung der Grenzen des Mediums, Identifikation mehrerer Ebenen der Autorenschaft, Definition und Visualisierung des semiotischen Modells der Anwendung, spatiotemporale Karten und individuelle Referenzen, Einengung von Funktionen, die das Navigationsverhalten protokollieren sollen.

Im folgenden möchte ich 10 Empfehlungen zu verschiedenen Fragen des Hypertext-Designs formulieren, die auf meinen eigenen, unsystematisierten Erfahrungen mit Hypermedia-Anwendungen beruhen, dafür aber vielleicht etwas konkreter sind als die zitierten allgemeinen Kriterien:

Beginn und Einführung Beliebt bei Hypertext-Systemen ist ein extensiver Vorspann, in dem sich die Autoren per Schrift- oder Bildanimation vorstellen oder das Thema mit Fanfarenmusik einläuten. Ärgerlich ist es nur, wenn der Lernende jedesmal, sobald er das Programm startet, erst durch diesen länglich geratenen Vorspann hindurch muß, bevor er zum eigentlichen Programm kommt. Hier haben viele Autoren sich bereits etwas einfallen lassen, wie z.B. »Man drücke Befehls- und Leertaste gleichzeitig, um den Vorspann zu überspringen«. Leider entdeckt oder erinnert der Lernende diesen Trick häufig zu spät, um zu verhindern, daß der Vorspann abläuft. Es wäre im Grunde sinnvoller, wenn sich das Programm den Benutzer merken könnte und beim nächsten Mal die Einleitung überspringen würde. Die Autoren des Programms können dann immer noch im Inhaltsverzeichnis eine Option unterbringen, bei deren Auswahl die 'unvergeßlich schöne' Intro nachträglich gespielt wird [s. Minskys »The Society of Mind«].

Informationseinheiten Ein ungelöstes Problem in Hypertext-Systemen ist die Größe der Informationseinheiten, die sog. Korngröße (»grain size«) oder Granularität. Bei einigen Systemen determinieren die Systeme selbst bereits die Größe der Einheiten, so z.B. bei *Guide* die Seite in einem Rollfenster, bei *HyperCard* die Karte.

Eine ähnliche Frage betrifft die Obergrenze, den maximalen Schwellenwert für die Anzahl von Verknüpfungen. Welche Kriterien entscheiden über a. alle möglichen Links, b. alle sinnvolle Links? Läßt sich das Designproblem von Hypertext durch eine Begrenzung der Links erledigen? Werden Hypertexte, die nur sinnvolle Links kennen, nicht zu KIOSK-Systemen mit Rückkehrchance und Kreisverkehr?

Brauchen wir eine Semiotik von Hypertext und eine Rhetorik für elektronische Bücher? »We face, possibly for the first time in textual history, a grammar of really new characteristics and demanding new answers« [Gomes/Pereira (1992), 94]. Nach einer Referenz auf die klassische Rhetorik kommt Carlson (1988) aber zu dem Schluß: »No such 'rhetoric' exists for hypertext« (96). Sie überlegt, ob diese sich um die Gesichtspunkte Modularisierung, Knotengröße und »Grammatik«, d.h. Richtlinien für Komposition, herum entwickeln müßte. Auf der Suche nach solch einer Grammatik befinden sich Gomes und Pereira, die 3 grammatische Ebenen postulieren: »a first level (the sentence grammar); a second level (the text grammar); and a third level (the hypertext grammar)« (94). Sie selbst stellen aber nur Fragen zur Semiotik der dritten Ebene, z.B. können Links als Anapher, Katapher, Deiktik, Rhema, Mitteilung, Kontext interpretiert werden?

Praktische Gesichtspunkte für die Größe von Hypertext-Einheiten und der Zahl der Verknüpfungen können nicht ohne Berücksichtigung des jeweiligen Inhalts und des Kontextes, in dem sie auftraten, getroffen werden: Narrative Einheiten dürften größer geschnitten werden als lexikalische Einheiten. Über Netz zu übertragene Einheiten wie im World Wide Web sollten sich auf die Bildschirmgröße beschränken, damit die Übertragungszeit nicht zu groß wird und der Benutzer alles auf einmal sehen kann. Hypertext-Schnittstellen, die mit Klicken-und-Zeigen im Text arbeiten, kollidieren in gewisser Weise mit rollbaren Fensterinhalten.

Trennung von Entwicklungs- und Benutzerumgebung

Es gibt einige Lernprogramme, deren Entwickler offenbar davon überzeugt sind, daß es sinnvoll sei, dem Benutzer den Zugang zu den Menüs der Entwicklungsumgebung zu versperren, um ihn dazu zu bewegen, nur die auf dem Bildschirm angebotenen Navigationsmittel zu benutzen. Ich will nicht leugnen, daß es dafür schwerwiegende Gründe geben kann, obwohl in den meisten Fällen, die ich untersucht habe, offenbar weniger sachliche Gründe als vielmehr die Absicht des Programmierers, eine auf den ersten Blick wie ein stand-alone-Programm aussehende Anwendung anbieten zu wollen, ausschlaggebend war dafür, die Menüs auszublenden und den Benutzer durch starre Navigationsregeln zu gängeln.

Ich selbst habe allerdings im Fall meines HamNoSys-Editors auch diesen Weg gewählt. Der Editor dient zur Transkription der Gebärdensprache in eine wissenschaftlich-grammatische Notation. Er nimmt dem Transkribenten die Mühe ab, die fast 300 Symbole des HamNoSys-Zeichensatzes und ihre Lage auf der Tastatur genau kennen und exakt die Reihenfolge bei der Transkription der Gebärde in einen HamNoSys-String beherrschen zu müssen. Der Benutzer wird sozusagen durch die Grammatik geleitet, die richtigen nächsten Schritte zu gehen. Die über 160 Karten sind durch Knöpfe und Prozeduren untereinander nach grammatischen Vorschriften vernetzt. Da die Initialisierungsprozeduren nicht für alle Karten gleich sind, könnte das hinter den Karten ablaufende Programm gestört werden, wenn der Transkribent mit den *HyperCard*-Navigationsmitteln sich selbst seinen Weg durch den Stapel suchen würde. Aus diesem Grunde habe ich die Menüs ausgeblendet und die Navigationsbefehle in den Menüs umgangen. Der Benutzer kann nur noch die auf der Karte angebotenen Navigationsmittel wählen.

Rückwärtsnavigation   Im Fall meines HamNoSys-Editors würde der Rückgriff des Benutzers auf HyperCards Menü-Befehle zur Störung des im Hintergrund ablaufenden Grammatik-Programms führen. Deshalb habe ich eine eigene Methode entwickelt, die man als »backtracking« oder »Rückwärtsverfolgung« bezeichnen könnte: Jede Karte besitzt ein unsichtbares Feld, in das beim Öffnen der Karte eingetragen wird, von welcher Karte der Benutzer hergekommen ist. Jede Karte verfügt außerdem über einen Rücksprungknopf, der den Inhalt dieses Feldes liest, um dann zu der dort notierten Karte zu springen. Auf diese Weise kann der Benutzer den gesamten Weg zurückverfolgen, sogar über die von *HyperCard* angebotene Zahl von 35 Karten hinaus, und kann zu früheren Stationen zurückgelangen, ohne die Logik der Transkription zu zerstören. Das Programm weiß dabei, welche Schritte des Transkriptionsprozesses rückgängig gemacht werden müssen. Die Einschränkung der Navigation ist in diesem Beispiel durch die Sache begründet.

Backtracking ist aber auch außerhalb solcher Kontexte als Methode sinnvoll, auch in Programmen, die eine völlig freie Navigation ermöglichen. Nielsen (1995) unterscheidet fünf verschiedene Arten von backtracking und stellt eine Reihe verschiedener Hypertext-Anwendungen vor, die interessante backtracking-Methoden entwickelt haben (249ff.):

Chronological   schrittweise Rückverfolgung der Originalsequenz

Single-Revisit   doppelt besuchte Stationen werden beim Rückverfolgen nur einmal angesprungen

First-Visit   die Stationen werden nur einmal angesprungen, aber in der Reihenfolge des Hinwegs

Detour-Removing   Umwege, Schleifen werden nicht rückverfolgt

Single-Revisit with Interrupted Sequence   die Rückverfolgung kann unterbrochen und nach der Unterbrechung wieder aufgenommen werden.

Backtracking ist notwendig und sollte möglichst präzise den Bedürfnissen der Benutzer entsprechen, denn die Navigation hat viel mit Orientierung einerseits und der Heuristik des Lernens andererseits zu tun. Kann der Lernende keine eigene Orientierung aufbauen und erhält keine Rückmeldung zu diesem Aspekt, so reagiert er ärgerlich und läßt seine heuristischen Anstrengungen fallen, um seine ganze Energie der Frage zu widmen, ob man dieses 'vertrackte' Navigationssystem nicht doch irgendwie hintergehen, 'knacken' kann, oder er resigniert und gibt das Programm auf.

Historie
: Von der Rückverfolgung unterscheidet man die »History List« [Nielsen (1995), 254ff.]. Die History List ist eine Aufzeichnung der besuchten Hypertext-Knoten, häufig in Form von Miniabbildern der betreffenden Bildschirmseiten oder in Form von Einträgen in einem Menü. Die History List ermöglicht es dem Benutzer, direkt zu einer früher besuchten Station zurückzukehren, ohne die gesamte Sequenz dahin durchlaufen zu müssen. In diesem Sinne ist HyperCards »Recent«-Dialog im Grunde eine History List. Mit dieser Navigationsmethode kann der Benutzer einer umfangreichen Anwendung rasch zum Ausgangspunkt seiner intellektuellen Wanderung zurückfinden, falls er die Übersicht verloren hat. Die History List ist ein zusätzliches Mittel der Rückverfolgung. Einige Programme arrangieren eine History List auch in Form einer Leiste der jeweils letzten fünf oder sechs Bildschirmabbildungen im Kleinformat am unteren Bildschirmrand, in der wie im Stack das jeweils erste Bild durch das jüngste abgelöst wird.

Benutzereigene Navigationspfade
: Die auf dem Markt angebotenen Lernumgebungen werden immer komplexer. Umfangreichere Beispiele werden auf CD ausgeliefert. Man kann sich vorstellen, daß die Orientierung des Lernenden in solchen Umgebungen nicht mehr umstandslos herstellbar ist und die möglichen Navigationen durch die verschiedenen Programmteile nicht mehr problemlos zu entwerfen sind. Falls man die Interaktionen nicht restriktiv handhabt, wogegen bereits etwas eingewandt wurde, kann die freie Navigation schwierig werden. Dem kann begegnet werden, indem man es den Lernenden ermöglicht, die eingeschlagenen Pfade mitzuschreiben und durch einfachen Aufruf zu wiederholen. WWW-Browser erlauben es, bestimmte Seiten zu markieren, deren Pfad dann in ein Menü aufgenommen wird.

Der vom Lernenden gewählte Pfad muß vom Programm gesichert und bei Bedarf erneut geladen werden können. Bei besonders komplexen Umgebungen ist es wichtig, daß mehrere vom Benutzer angelegte Pfade wahlweise geladen werden können. In den meisten Systemen lassen sich solche Methoden recht einfach umsetzen, indem per Skript eine Routine aufgerufen wird, die einen Navigationsknopf auf der aktuellen Ausgangskarte plaziert, der später automatisch zu einer zweiten auszuwählenden Karte führt. Oder die vom Benutzer ausgewählten Karten werden in eine Datei geschrieben, die in einem Feld oder Menü wieder geladen werden kann (Beispiele hierfür bietet *Culture 1.0*).

Paradoxerweise ist die beste Navigationsmethode für Kinderbücher gerade nicht die geschützte Methode, die das Navigieren auf einfache Vor- und Rückwärtsnavigation reduziert wie bei KIOSK-Anwendungen. In animierten Kinderbüchern wie denen von Brøderbund gilt es allerhand zu entdecken, viele Gegenstände anzuklicken. Die Navigation darf hier ruhig »verwirrend« und muß gar nicht »einfach« sein, wie man es für Kinder erwarten würde (kein

Knopf befindet sich auf allen Seiten an derselben Stelle, mal läßt sich ein Objekt aus einer Schublade nehmen, mal nicht), weil sich die Navigation in Animationen nach dem Bildinhalt richtet. Hinter dieser obersten Schicht der Benutzerschnittstelle allerdings sollten einheitliche Navigationsprinzipien gewählt werden (z.B. Einfachklick statt Doppelklick), die für das Kind aber quasi unsichtbar bleiben.

Navigationshilfen Shneiderman (1989) empfiehlt, speziell für die Einleitung eines Hypertexts ein Dokument zu konstruieren, das Verbindungen zu allen anderen Dokumenten aufweist, also eine Art Inhaltsverzeichnis (»menu strategy«) oder Glossar (»glossary strategy«). Dieses Root-Dokument sollte hierarchisch organisiert sein (»top-down strategy«), also von Oberkategorien für den restlichen Text ausgehen. In Marvin Minskys »The Society of Mind« ist das Inhaltsverzeichnis ein solches Root-Dokument. Klickt der Benutzer einen Kapiteltitel an, erscheint rechts neben der Liste der Kapitel eine Liste der Subkapitel.

ABB. 26
Inhaltsverzeichnis
mit Fisheye-View aus
»The Society of
Mind«

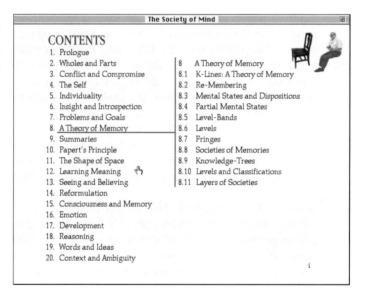

Hannemann und Thüring (1995) empfehlen, besonders bei geschichtetem Hypertext, dem Leser stets deutlich zu machen, in welcher Ebene er sich befindet (38). Dazu ein Beispiel aus *Culture 1.0*. Sobald der Leser auf der untersten Hierarchieebene angelangt ist, werden die durchlaufenen Ebenen als Icons am linken Rand repräsentiert, und der Leser kann mit einem Mausklick zu der gewünschten Ebene zurückkehren. In dem abgebildeten Beispiel symbolisieren die Icons die Ebene »Bildende Kunst«, die Epoche »Romantik« und den Gesamtüberblick über alle Epochen in *Culture 1.0*:

ABB. 27
Culture 1.0:
Die Icons am linken
Rand symbolisieren
die Ebenen

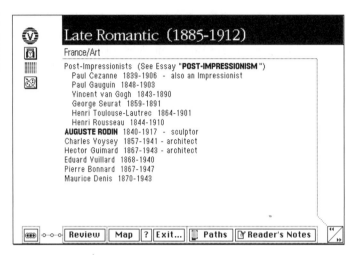

ABB. 27 Culture 1.0: Die Icons am linken Rand symbolisieren die Ebenen

Ich hatte bereits in anderem Zusammenhang auf den Trend hingewiesen, Hypertexte mit Überblicksdiagrammen, sog. Maps, zu versehen. Automatisch berechnete Diagramme über den Inhalt oder die Verknüpfungen in einem Hypertext können zu groß und zu differenziert und damit unnütz werden [s. die Abbildungen bei Nielsen (1995), 265ff.]. Man versucht sich in solchen Fällen mit Fisheye-Views, mit gezoomten Ausschnitten zu behelfen. Überblicksdiagramme, die den Inhalt der Anwendung nicht reflektieren, scheinen mir sinnlos zu sein. So gehören zu topographischen Systemen entsprechende Landkarten, zu Surrogatreisen entsprechende Raumdiagramme und zu argumentativen Texten entsprechende Logikdiagramme. Auch die in solchen Umgebungen benutzten Metaphern müssen darauf abgestimmt werden [Nicol 1988].

Daten sichern

Seit die CD-ROM sich als Medium für multimediale Umgebungen anbietet, kommen immer mehr Lernprogramme auf den Markt, die vollständig auf einer CD gespeichert werden. Die Absicht ist verständlich. Denn wie bequem ist es für die Distribution beispielsweise, die aktuelle Version des Programms, sämtliche Dokumente der Anwendung, alle Bilder, sämtliche Animationen, Filme und die dazugehörigen Treiber auf einer einzigen CD von 640 MB vertreiben zu können! Da die so vertriebenen CDs aber nicht-beschreibbare Massenspeicher sind, ergeben sich eine Reihe von Konsequenzen hinsichtlich der obigen Ausführungen. Falls die Programme sich überhaupt etwas merken, so tun sie dieses nur für die Dauer des jeweiligen Durchlaufs im Arbeitsspeicher. Bei erneutem Aufruf des Programms sind die Informationen verloren.

Dabei ist es einsichtig, daß effektives Arbeiten mit einem Lernprogramm auch die individuelle Verarbeitbarkeit des Präsentierten voraussetzt. Der Lernende muß Daten und Informationen aus dem Lernprogramm mit nach Hause nehmen können, z.B. Bilder, Texte, Tabellen und Kurven als Ergebnisse von Berechnungen und Simulationen. Dabei ist es sinnvoll, wenn dem Lernenden nicht nur die Möglichkeit angeboten wird, diese Informationen ausdrucken zu lassen, sondern sie im Computer unmittelbar mit Hilfe desselben oder anderer Programme weiterzuverarbeiten. Zu den Daten und Informationen, die sich ein Lernprogramm mindestens merken können sollte, zählen:

· der Benutzername

· die für den aktuellen Benutzer geführte Protokolldatei

· die vom Benutzer kopierten Informationen

· die eigenen Notizen des Benutzers

· die Dateien für die vom Benutzer angelegten Pfade.

Es wäre ein Leichtes für jedes Programm auf einer CD-ROM, sich den Namen der Festplatte über einen Dialog geben zu lassen, um dort die gewünschten Daten abzulegen. Der Benutzer könnte beim nächsten Mal umstandslos wieder auf sie zugreifen.

Interaktion Zwei extreme Interaktionsformen in Hypertext-Systemen können gleichermaßen zu einem Absinken der Motivation bei Lernenden führen:

· Die rigorose Einschränkung der Navigation auf das Blättern, das »leaf-turning«, das sehr an den Stil des Programmierten Unterrichts erinnert, erzeugt beim Lernenden ein Gefühl der Kontrolle durch das Programm und läßt die Lernmotivation absinken.

· Die freie Navigation bei ungeheurer Informationsmenge ohne eine geeignete Fortschrittsanzeige kann bei Lernenden das Gefühl auslösen, daß ihnen zu viel zugemutet wird, und kann so zum Motivationsverlust führen.

Nichts ist langweiliger, als wenn ein Hypertext-Programm willig auf jede Navigationsanweisung des Benutzers reagiert, ansonsten aber keine Reaktionen zeitigt oder herausfordert. Die originäre Aufgabe hervorragender Lernmaterialien ist es, den Benutzer zu eigenen Aktionen herauszufordern, ihn zu aktivem Lernen zu veranlassen und aus einer rezeptiven Erwartungshaltung herauszuholen. Gelegenheiten zur aktiven Betätigung des Lernenden zu erfinden, ist noch leicht, wenn es auch mehr Arbeit für den Programmierer bedeutet. Die umgekehrte Richtung der Interaktivität zu verwirklichen, das Lernprogramm auf Aktivitäten des Lernenden reagieren zu lassen, ist allerdings viel schwieriger. Hier können wir mindestens zwei Formen der Interaktivität des Programms mit dem Benutzer unterscheiden, eine *formale* und eine *inhaltliche*:

· Unter *formalen* Reaktionen des Programms verstehe ich Meldungen und Informationen des Programms für den Benutzer, die als vorgeplante Dialoge auf absehbare Interpunktionen des Anwenders folgen. Dies können Hinweise zur Navigation, heuristische Tips oder methodische Ratschläge sein. Voraussetzung für sinnvolle Interaktivität ist, daß das Programm vielfältige Übungen, Aufgaben und konstruierende Aktivitäten des Lernenden vorsieht.

· Unter *inhaltlichen* Reaktionen des Programms verstehe ich Dialoge und Hinweise, die von den Inhalten der aktuellen Interaktionen abhängig sind. Sie setzen in der Regel eine Analyse der Interaktionstexte (Eingaben, Reaktionen auf Dialoge, sonstige Bildschirmaktionen) und ein Regelwerk in Form eines Expertensystems voraus, was nur für wenige Sachverhalte realisiert werden kann, da die meisten Handlungen heuristische, kognitive, lernpsychologische und didaktische Dimensionen implizieren.

Inhaltliche Rückmeldung setzt neben der inhaltlichen Analyse des Lerngegenstands auch die Vorhersehbarkeit individueller Lernvoraussetzungen, eine Evaluation und Typologie individueller Lernstrategien und möglicher kognitiver Fehlleistungen, soz. ein Lerner- oder Benutzermodell voraus. Wissen dieser Art existiert in der Psychologie allenfalls auf einer allgemeinen Ebene ohne Bezug auf Lerngegenstände. Nicht einmal für Wissenschaften wie Mathematik oder Physik existiert so etwas wie eine Heuristik des Lernens dieser Fächer.

Rückmeldung   Es handelt sich um einen Rückfall in Zeiten des Programmierten Unterrichts, wenn den Autoren mangels didaktischer Phantasie an Methoden der Rückmeldung nichts anderes einfällt, als eine Frage zu stellen, drei Auswahlantworten vorzusehen und zu testen, ob die richtige Antwort gewählt wurde. Die multiple-choice Methode ist für jeden selbsttätigen Lernprozeß tödlich. Dies gilt allerdings nicht immer, wie das Beethoven-Programm von Robert Winter (The Voyager Company) demonstriert: Obwohl sich der Testteil des Programms methodisch nicht von behavioristischen Vorbildern unterscheidet, hat es das Programm, das sich mit Musik befaßt, natürlich in mancher Hinsicht leichter:

ABB. 28
Test zu Beethovens
Neunter Symphonie
mit Hörproben

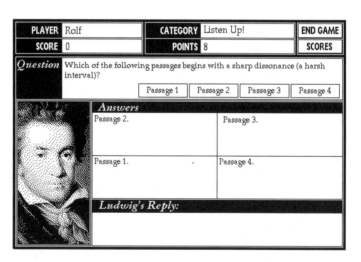

Es kann Musikproben präsentieren, mehrere Variationen desselben Themas vorspielen und um Antwort auf die Frage bitten, in welcher Reihenfolge Themen in Beethovens Neunter Symphonie auftreten, in welcher Passage eine bestimmte musikalische Struktur benutzt wird oder ein bestimmtes Instrument vorkommt oder in welcher Passage eine für die Musikgeschichte bedeutsame Innovation eingeführt wurde. Durch die musikalische Vorgabe werden die multiple-choice Fragen niveauvoller, zu einem spannenden Spiel, und sind damit als multiple-choice kaum noch erkennbar.

Hat man erst einmal verstanden, wie vielfältig Rückmeldungen im Lernprozeß sein können, bereitet es allerdings wenig Schwierigkeiten, sich angemessene Methoden der Rückmeldung für das jeweils anstehende Thema einfallen zu lassen. Rückmeldung beginnt in Hypertext-Systemen in der Regel bereits mit variantenreichen visuellen und akustischen Signalen als Reaktion auf Navigations- und sonstige Befehle des Benutzers (Hervorhebung bei Auswahl in Textfeldern, Auto-Highlighting von Knöpfen, Überblendeffekte bei Fensterwechsel, Tonsignal bei Fehlbedienung, Ausgabe digitalisierter Sprache etc.). Die Effekte lassen sich hervorragend nutzen, um die Aufmerksamkeit des Benutzers auch auf inhaltliche Aspekte des Lernvorgangs zu lenken (z.B. Blinken bei Überschreiten bestimmter Werte, Markierung von aktiven Formelteilen oder aktuell berechneten Werten, gesprochene Warnmeldungen).

Spannender sind aber *inhaltliche* Rückmeldungen, die aus der Sache oder dem Wissen um Lernprozesse kommen. Es wird häufig übersehen, daß das Ergebnis eines Suchprozesses, das Resultat einer Kalkulation, die grafische Kurve einer Simulation selbst Formen von Rückmeldung darstellen, die häufig keines weiteren Hinweises, keiner formalen Rückmeldung mehr bedürfen und ausreichend sind, um den Lernenden zu motivieren. Es ist eher nötig, helfende Hinweise zu geben, falls bei mehreren Versuchen das gewünschte Ergebnis ausbleibt, um die Entstehung von Frustration zu vermeiden. Dies Beispiel verstärkt den Hinweis darauf, wie wichtig es ist, aktives Tun zu ermöglichen und Übungen für den Lernenden vorzusehen. Denn beim puren Blättern oder Lesen ergeben sich keine zwanglosen Möglichkeiten für unauffällige Rückmeldungen. Sie entstehen erst, wenn dem Lernenden eine selbständige Manipulation der Daten und Informationen ermöglicht wird. Eine deskriptive statistische Analyse der Navigationsschritte ist ohne weiteres möglich, ebenso die simple Analyse eines Lernprotokolls (welche Übungen wurden wie oft mit welchem Ergebnis probiert). Darüber hinaus allerdings wird es, vor allem bei bestimmten wissenschaftlichen Gegenständen (Textanalyse, Literaturwissenschaft, Geschichte und Kulturgeschichte), erheblich schwieriger für qualitative, individualisierte Rückmeldungen.

KAPITEL 8

Rhetorik elektronischer Bücher

Grundlagen elektronischer Bücher

Elektronische Bücher sind vom Konzept her Hypertexte mit »constraints« (Beschränkungen: weniger, reduzierte oder schematisierte Links). Das Motiv für die Beibehaltung dieser traditionellen Metapher ist offenbar der Wunsch der Designer, die Vertrautheit des Benutzers mit dem herkömmlichen Medium auszunutzen: »Although electronic books require new skills, the learning curve for initial familiarization with hypermedia or electronic books appears to be relatively shallow« [Woodhead (1991), 63]. Benest (1991) strebt an, anscheinende Nachteile des Hypertexts in seiner Rohform (getting lost, cognitive overhead und tunnel vision) zu vermeiden. Als Gegenmittel faßt er typische Bucheigenschaften ins Auge: Nur eine Seite zur Zeit darstellen, Rollen des Textes, Bildschirmwechsel wie beim Blättern. Allerdings hat die Buchmetapher nicht nur Vorteile, sondern auch erhebliche Nachteile [Bornman/von Solms (1993)]:

- »it provides a weak mechanism for the presentation of more complex semantic relations that can be identified between information pieces;
- it has a linear nature and will thus never be able to present complex relations effectively« (264).

Außer für Experimentalversionen von Hypertext-Systemen (*Zettels Traum*, zitiert in Kuhlen (1991), oder das als Buch und Hypertext erschienene »Hypertext Hands-On!« von Shneiderman und Kearsley (1989), das als Demonstrator zum Thema gedacht ist) hat nach meinem Eindruck noch nie jemand ein Buch geschrieben, das nicht zuerst im Druck erschien. Moulthrop (1992) bezeichnet diesen Typ elektronischer Bücher, die gedruckte Bücher replizieren, als »hypertext retrofit« (172). Vielleicht sind die *Intermedia*-Beispiele bis heute noch die besten Vertreter des von Moulthrop als »native hypertext« (173) bezeichneten Typs. Diese Beispiele allerdings sind nicht als elektronische Bücher konzipiert. Nielsen (1990) weist auf das Buch von Wurman (1989) über »Information Anxiety« als Beispiel für ein Designer-Buch hin, das Hypertext-Gestalt besitzt: »If ever a book was suited for hypertext publication, this is it« (275).

Auch McKnight, Dillon et al (1991) stellen fest: »To the best of our knowledge, the book which has only been distributed in hypertext form has yet to arrive« (11). Dabei macht es einen gewaltigen Unterschied aus, ob ich einen existierenden Text für eine Hypertext-Darstellung nachträglich aufbereite [es gibt Prozeduren, die das automatisch besorgen, Kuhlen (1991), 160ff.] oder ob ich einen Text eigens für Hypertext komponiere. Wohl nicht mit elektronischen Büchern gemeint sein dürften Vorhaben wie die von Chomsky (1990), Bücher einfach auf Bildplatten zu bannen und vorlesen zu lassen. Das Hypertext-Prinzip muß schon das grundlegende Merkmal von elektronischen Büchern sein.

Barker (1992a) unterscheidet 8 Typen elektronischer Bücher: Textbücher, statische Bilderbücher, animierte Bilderbücher, Multimedia-Bücher, Hypermedia-Bücher, intelligente elektronische Bücher, Telemedia-Bücher, imaginative Bücher und Bücher »that are based on environments that support artificial reality« (133); s.a. Barker und Manji (1991). Barker und Giller (1990) betonen, daß im Unterschied zu realen Büchern die Seiten von EBs als solche gar nicht existieren müssen, sondern in Echtzeit generiert werden können (13). Deshalb lassen sich elektronische Bücher auf eine Datenbank und ein Retrieval-System reduzieren, die sich auf intelligente Weise an die Gewohnheiten des Benutzers anpassen könnten (1ff.).

Strukturelemente elektronischer Bücher

Die Buchmetapher unterstützen mehrere Technologien: Sony mit seinen kleinen tragbaren Lexikonmaschinen, Xerox PARC's *Dynabook* [Kay/Goldberg (1977); Kay/Goldberg (1988)], *Guide* und Voyager's *Expanded Book Toolkit*, das auf der Basis von *HyperCard* entwickelt wurde. Die Struktur eines elektronischen Buches unterteilt Barker (1992a) in die »root pages«, die Nebenseiten, den linearen Gang, den Exkurs und die Trennung von Argumentation und Daten (134ff.).

Das *Expanded Book Toolkit* der Voyager Company ist eine raffinierte Extension von *HyperCard*, das importierte Texte automatisch in eine Buchform bringt, auf ganz leichte Weise die Erstellung von Verknüpfungen ermöglicht, und automatisch zusätzliche Bedienungselemente wie Notizen, Kommentarfenster, Reiter und Markierungen sowie eine Indizierung des Textes und mehrere komfortable Suchverfahren realisiert. Das *Expanded Book Toolkit* kennt u.a. folgende Komponenten: Heftklammern zum Markieren von Textseiten und ein Suchmenü, das sich über jedem Begriff im Text öffnet und neben einer einfachen Suche nach weiteren Fällen desselben Begriffs auch eine Suche nach dem Begriff im Kontext unterstützt.

ABB. 29
Beispiel aus dem
Expanded Book Tool-
kit: Buchseite, Bild-
fenster, Navigator,
Heftklammern

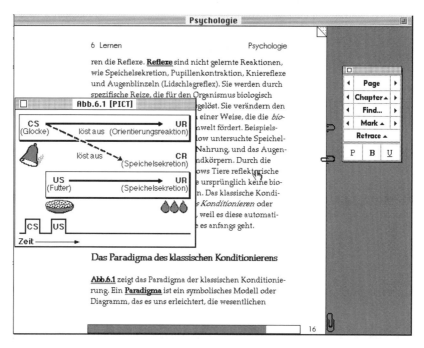

The Book Emulator von Benest (1991) sieht folgende Komponenten elektronischer Bücher vor: Grafik, Navigationshilfen (Lesezeichen), Annotationen, Inhaltsverzeichnis, Index, Schemadiagramme, Konferenzen, »parental control (a
parent process with communication links between parent and child)«. Benest
(1990) schildert den *Book Emulator* als buchähnliche Variante eines computergestützten Lernprogramms, das Annotationen und Hervorhebungen im Text,
Lesezeichen, Inhaltsverzeichnis und Index besitzt. Ziel seines Programms ist
allerdings nicht das elektronische Buch, sondern die computergestützte Übung.

WEBSs ist ein generelles Hypertext-Werkzeug, das eigens für die Anlage elektronischer Bücher entwickelt wurde [Monnard/Pasquier-Boltuck (1992)].
WEBSs arbeitet mit objektorientierten Strukturdiagrammen, verfügt über eine
eigene Scripting-Umgebung und stellt dem Benutzer so eine höhere Funktionalität zur Verfügung. Skripten in WEBSs können an einzelne Objekte und an
Klassen von Objekten angekoppelt werden. In der Baumstruktur des Browsers
können Knoten mit einem oder mehreren Dokumenten verknüpft werden.
Über logisch-mathematische Modelle, sog. Markov-Ketten oder Modelle der
linearen Optimierung, können komplexe Berechnungen und Manipulationen
durchgeführt werden.

ABB. 30
WEBSs:
Strukturdiagramm
und Textfenster

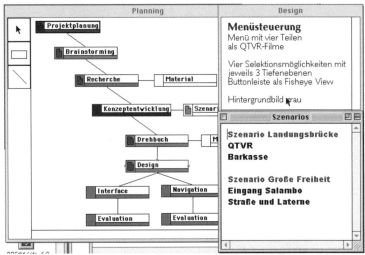

Landow (1989a) präsentiert einen Satz von 19 Regeln für Autoren von Hypertext-Systemen, die er als »Rhetorik« von Hypertext bezeichnet und die der Orientierung der Leser dienen sollen. Die Regeln sind stark beeinflußt von den reichen Möglichkeiten von *Intermedia*. Sie sind orientiert an der Reisemetapher. So spricht Landow z.B. von der Rhetorik der Abfahrt und der Ankunft. Die Regeln sind aber nicht wie eine Rhetorik formuliert, sondern relativ vage und allgemein, z.B. daß die Existenz von Links im Leser die Erwartung schüre, es gäbe wichtige, bedeutungsvolle Relationen zwischen den verknüpften Materialien, daß Verknüpfungen das relationale Denken des Lesers anrege, daß Dokumente, welche die Erwartung des Lesers enttäuschten, als inkohärent erlebt würden, daß der Autor stets mehrere Navigationskomponenten wie Netze, Outlines etc. fakultativ vorsehen solle, daß die Navigationselemente stets an Text oder Grafik gebunden werden und nicht frei fließen sollen, daß alle Verknüpfungen bidirektional sein sollten, daß das Ziel eines Links für den Leser transparent sein muß und daß Grafiken stets von Text begleitet werden sollten usw.

Derlei Vorschläge für Strukturen elektronischer Bücher gibt es bereits eine Menge. So plädiert Monk (1989) beispielsweise für einen persönlichen Browser, ein Inhaltsverzeichnis, das die Knoten auflistet, die der Benutzer aufgesucht hat. Olsen (1992) entwirft ein Design für Lesezeichen direkt am und auf dem Rollbalken. Freiformatige Annotationen und einen *Magic Marker* zum Markieren von Textstellen schlägt Nielsen (1986) vor.

Beispiele elektronischer Bücher

Als eines der ersten elektronischen Bücher wird »The Masque of the Red Death« [Harris/Cady (1988)] angesehen: Es handelt sich bereits um ein Buch mit Knöpfen, Grafiken und Ton.

Die Klassiker-Kollektion elektronischer Bücher des Dartmouth College wird kostenlos im Internet angeboten. Es handelt sich um Bücher, die mit einer Reihe von Suchfunktionen versehen worden sind, aber ansonsten aus dem schlichten Text der englischen und amerikanischen Klassiker bestehen.

ABB. 31
Mary Shelleys
»Frankenstein« (Dartmouth-Kollektion)

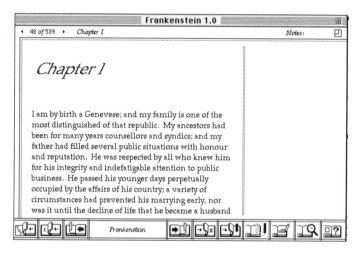

Ich möchte zwei Beispiele vorstellen, die zeigen, welche Möglichkeiten elektronische Bücher realisieren können und welche unterschiedlichen Gestaltungsoptionen dabei zur Verfügung stehen:

Marvin Minsky: The Society of Mind

Das Buch wird begleitet von Marvin Minsky als Vorlesendem und ergänzt durch eine Timeline und Filme mit Experimenten.

Stephen Hawking: Eine kurze Geschichte der Zeit

Das Buch wird begleitet durch viele Animationen mit Erläuterungen zu Philosophen und Physikern, zu physikalischen Theorien, einer Biographie Einsteins und weiteren Filmen.

Marvin Minsky: The Society of Mind

ABB. 32
Das Buchlayout
von Marvin Minskys
»The Society of
Mind«

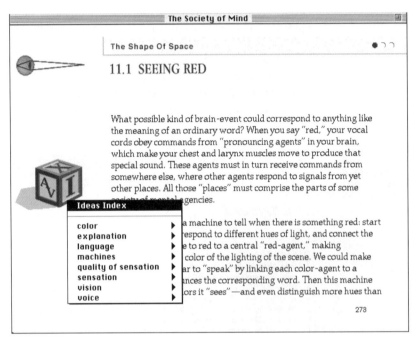

Der Würfel, ein Baustein aus einem Kinder-Baukasten, symbolisiert die »Building Block«-Theorie der künstlichen Intelligenz von Minsky und dient gleichzeitig mit seinen drei sichtbaren Flächen als ein dreifaches Menü für Stories (»X«), Filme (»AV«) und thematische Aspekte (»I«). Aufgeklappt ist das »I«-Menü für thematische Aspekte, der »Ideas Index«, dessen Einträge auf andere Kapitel oder Abschnitte des Buches verweisen. Im oberen Fensterbalken befindet sich der Kapiteltitel, der beim Anklicken ein Menü mit dem Inhalt des gesamten Buches öffnet. Die drei Punkte rechts im Titelbalken dienen zum Umblättern. Die Grundstruktur von »The Society of Mind« bildet deutlich das klassische Buch. Die anderen Elemente sind eine zusätzliche »Bereicherung« des Textes. Eine solche Bereicherung ist in der nächsten Abbildung zu sehen: Marvin Minsky persönlich führt in eigenwilligem Vorlesungsstil in Grundkonzepte seiner Theorie ein:

ABB. 33
Marvin Minsky als
persönlicher Erzähler

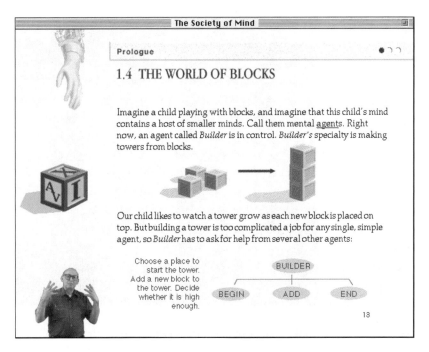

Unten links im Bildschirm erscheint Marvin Minsky als digitale Videoeinblendung. Zu jedem Kapitel gibt es Filme mit Marvin Minsky als Vorlesendem. Im »AV«-Menü des Würfels gibt es auch einige historische Filme zu den frühen Experimenten von Marvin Minsky. Diese Seite des Buches zeigt, wie das Buch durch Illustrationen ergänzt wurde. Weitere den Text bereichernde (»luxurierende«?) Elemente der CD-Version des Buches sind

· eine Grafik mit den Stationen seines Lebens (Timeline): Von den einzelnen Stationen können Filme, Reden auf Kongressen, Texte und Bilder abgerufen werden;

· ein Ausflug in Marvin Minskys Arbeitszimmer, in dem der Besucher einige kleinere Filme abspielen kann, die das persönliche Ambiente Minskys illustrieren (Mitbringsel von Reisen, seine Harfe, sein persönlicher Macintosh).

Stephen Hawking: Eine kurze Geschichte der Zeit

Die CD zu Stephen Hawkings Buch »Eine kurze Geschichte der Zeit« startet nicht mit dem Buch von Hawking, sondern mit dem Bild von Stephen Hawkings Raum:

ABB. 34
Stephen Hawkings
Raum

Links geht es in einen Raumschiff-Kontrollraum. An der Wand hängen Bienen-waben, die für Kapitel der animierten Version von Hawkings Buch stehen. Den Zugang zur elektronischen Version des Original-Buchs findet man über das Buch, das vor Hawking auf dem Schreibtisch liegt. Auf dem Schreibtisch be-findet sich eine Schildkröte, mit der es seine besondere Bewandtnis hat. Hinter Hawking hängt ein Bild an der Wand, das die Lebensgeschichte Albert Ein-steins erzählt. Hawking und sein Stuhl geben Auskunft über Hawking selbst. Der Besucher kann sich umdrehen und sieht dann eine zweite Hälfte des Rau-mes mit weiteren interaktiven Komponenten.

Das Buch mit seinen 11 Kapiteln ist auf der CD gleich zweimal vorhanden. Einmal als klassisches Buch in elektronischer Form und zum anderen in Form von Animationen. Die Bienenwaben an der Wand von Hawkings Arbeitsraum eröffnen den Zugang zu den Kapiteln der animierten Version des Buchs. Diese Animationen bieten einen immensen Reichtum an gut gestalteten, inhaltlich ni-veauvollen und zum Thema passenden Beispielen und Illustrationen. Jederzeit kann man zwischen der Textversion und der animierten Version hin- und her-springen.

ABB. 35
Hawkings Buch als
Bienenwabe

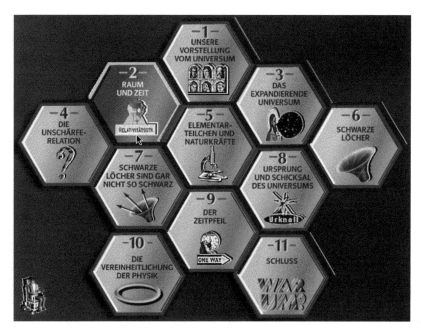

Zum Wechsel vom Original-Buch zur Animation dienen in der Textversion kleine Picons am rechten Textrand. Zum Wechsel von der Animation zum Original-Buch bietet jede Animation am unteren Rand ein Buchicon an. Die Animationen werden jeweils durch ein Bild mit der Kapitelgliederung eingeleitet.

ABB. 36
»Eine kurze Geschichte der Zeit« als
elektronisches Buch

ABB. 37
Animation zur
Relativitätstheorie

ABB. 38
Gliederung des
Kapitels zur
Relativitätstheorie

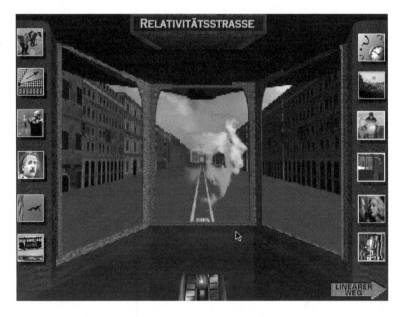

Die obige Abbildung gibt den Organizer für das Kapitel »Relativitätsstraße«
wieder. Von den Kapitel-Organizern aus kann der Leser jeden Punkt der Animation direkt ansteuern. Die Animationen verfügen jeweils über eine Menüzei-
le mit Icons am unteren Bildrand, durch die alle Navigationsmöglichkeiten ab-

gedeckt werden: Weiterblättern, zum Text zurück, zu Hawkings Raum zurück, Einzelbildmodus, Sequenzmodus.

Man kann sich vorstellen, daß die Animationen, das komplette »zweite Buch«, das sich auf der CD befindet, nicht genau denselben Inhalt abdecken wie die Textversion. Aber die Autoren haben größte Mühe darauf verwendet, mit den Animationen zwei besondere Ziele zu verfolgen:

· Noch mehr Verständlichkeit in die Beschreibung der Theorien zu bringen, die von Hawking behandelt werden, »noch mehr«, sage ich, weil bereits dem Original nachgesagt wurde, daß es ihm gelungen sei, einen breiten Leserkreis anzusprechen.

· Historische Fakten und Voraussetzungen aus der Philosophie und den Naturwissenschaften, die in Hawkings Buch nur flüchtig angesprochen werden, ausführlich zu erläutern: So gibt es Kapitel mit Animationen zu allen berühmten Philosophen und Naturwissenschaftlern, zum Ursprung des Universums, zu den schwarzen Löchern.

ABB. 39
Cockpit des Raumschiffes mit einer Animation

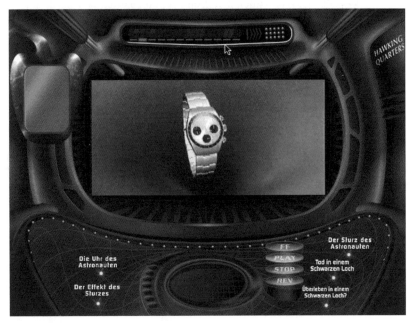

Am Beispiel dieser CD wird eher als an Minskys Buch deutlich, welche Vorteile ein elektronisches Buch haben kann. Minskys CD verfolgt ein »additives« Konzept, d.h. das Buch wird durch neue Elemente angereichert, die CD Hawkings verfolgt ein »multiplikatives« Konzept, d.h. die neuen Elemente stellen in sich tragfähige eigene Welten dar. In diesem Fall enthält die CD zwei völlig unterschiedliche, aber komplementäre Versionen eines Buches, von denen die eine Version sinnvollerweise nicht mehr gedruckt werden könnte. Man kann vermuten, daß das Buch damit auch neue und andere Adressatengruppen ansprechen kann, die das Originalbuch nicht erreicht hätte: Jugendliche und Leser des Buches, die gern viele der darin unerläuterten Voraussetzungen erklärt bekommen möchten.

Lexika und Enzyklopädien

Vergleich zweier Lexika zur Gebärdensprache

Mit dem 1993 erschienenen *Lexikon für Computerbegriffe mit Gebärden* [Schulmeister/Prillwitz 1993; Schulmeister 1993a] und dem 1994 erschienenen *ASL-Dictionary* [Sternberg 1994] liegen nunmehr zwei Lexika auf CD-ROM vor. Der direkte Vergleich ermöglicht es, am konkreten Beispiel zu erörtern, welche Design-Prinzipien elektronische Lexika verfolgen können. Beide Lexika wollen dem Benutzer einen direkten Zugriff auf einzelne Gebärden bieten. Alle weiteren Ziele der Designer scheinen jedoch unterschiedlich zu sein, was einen interessanten Einblick in das Spektrum möglicher Zielen gestattet, das diese Technologie dem Benutzer von Lexika erschließt.

Das Lexikon für Computerbegriffe mit Gebärden

ABB. 40
Basisseite des
Lexikons für
Computerbegriffe

Das *Lexikon für Computerbegriffe mit Gebärden* öffnet sich dem Benutzer mit einer Seite mit zwei Begriffslisten und eine Reihe von Bedienungsknöpfen für eine Vielzahl von Funktionen. Die Liste »Begriffe« enthält 1.500 Begriffe, die sich auf das Thema »Computertechnologie« beziehen, die Liste »Oberbegriffe« enthält ca. 30 Oberbegriffe, denen die 1.500 Begriffe zugeordnet wurden. Das Ganze scheint zunächst mit Gebärden nichts zu tun zu haben. Die Basisfunktion dieses Lexikons besteht denn auch darin, einen der Begriffe in der Liste auszuwählen und sich den Lexikoneintrag dafür ausgeben zu lassen. Der Lexikoneintrag besteht aus zwei Feldern: Einer Definition und einem Beispielsatz, in dem der aktuell ausgewählte Begriff vorkommt. Das sieht im einzelnen Fall wie folgt auf dem Bildschirm aus:

ABB. 41
Begriffserklärung
und Beispielsatz zum
aktuellen Begriff

Die Grundfunktion dieses Lexikons ist offenbar eine »klassische«: Das Lexikon besteht aus einem Register mit Begriffen und Definitionen. Alle weiteren Funktionen »schlummern« noch hinter den Funktionsknöpfen der Bedienungsleiste am unteren Bildschirmrand. An dieser Stelle mag man sich fragen, welchen Vorteil ein solches Lexikon in elektronischer Form hat. Dazu eine kurze Erläuterung: Begriffsdefinitionen in einem Lexikon beziehen sich in der Regel aufeinander. Ein Begriff wird durch einen anderen erläutert. Dieses Geflecht kann ein Programm besser handhaben als ein Buch. Die Begriffe im Lexikon sind als Hypertext miteinander verknüpft. Wählt man im Text einer Definition einen Begriff aus, »springt« das Programm zur Definition dieses Begriffs. Dieses Springen wird in der nächsten Bildschirmabbildung durch zwei untereinander gelegte Definitionsfelder illustriert:

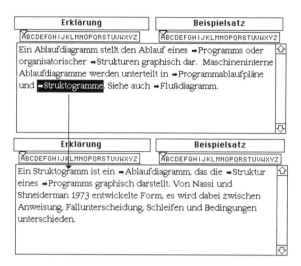

Erklärung	Beispielsatz
ABCDEFGHIJKLMNOPQRSTUVWXYZ	ABCDEFGHIJKLMNOPQRSTUVWXYZ

Ein Ablaufdiagramm stellt den Ablauf eines →Programms oder organisatorischer →Strukturen graphisch dar. Maschineninterne Ablaufdiagramme werden unterteilt in →Programmablaufpläne und →Struktogramme. Siehe auch →Flußdiagramm.

Erklärung	Beispielsatz
ABCDEFGHIJKLMNOPQRSTUVWXYZ	ABCDEFGHIJKLMNOPQRSTUVWXYZ

Ein Struktogramm ist ein →Ablaufdiagramm, das die →Struktur eines →Programms graphisch darstellt. Von Nassi und Shneiderman 1973 entwickelte Form, es wird dabei zwischen Anweisung, Fallunterscheidung, Schleifen und Bedingungen unterschieden.

Hypertext macht das Beziehungsgeflecht der Begriffe transparent und leichter manipulierbar als es der Index eines Buches könnte. Das *Lexikon für Computerbegriffe* stellt sich demnach in seiner Grundform als ein klassisches Lexikon mit Hypertext-Funktionalität heraus.

Das ASL-Dictionary

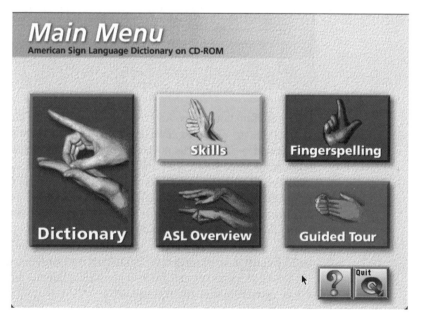

Schauen wir uns nun zum Vergleich das *ASL-Dictionary* an. Es öffnet sich auf einer Seite mit fünf großen Schaltfeldern (Knöpfe), von den Designern als »Main Menu« bezeichnet, die den Benutzer dazu einladen, einen von fünf Modi des Lexikons auszuwählen, mit dem er/sie arbeiten möchte. Die fünf Modi des Lexikons sind das Lexikon selbst, ein Trainingsteil (Skills), ein Übungsprogramm zum Fingeralphabet, ein Überblick über ASL und schließlich eine »Guided Tour«, eine animierte Führung durch das Programm.

Selbst wenn wir an dieser Stelle einmal die Funktionen »Fingerspelling«, »ASL Overview« und »Guided Tour« als nicht wesentlich für den Vergleich ausklammern (auf der CD-ROM zum *Lexikon für Computerbegriffe* befindet sich ebenfalls ein Übungsprogramm zum Fingeralphabet, die Guided Tour ist eine animierte Hilfe, die im *Lexikon für Computerbegriffe* auf andere Weise verwirklicht wird, s.u.), ist an dieser Stelle bereits ein grundlegender Unterschied erkennbar: Es bleiben zwei Funktionen, »Dictionary« und »Skills«. Das *ASL-Dictionary* hat offenbar eine didaktische Funktion, es bietet einen eigenen Teil zum »Skill«-Training an. Ich werde später darauf zurückkommen.

Wählt man »Dictionary«, erscheint im *ASL-Lexikon* der nächste Bildschirm:

ABB. 44
Der Lexikon-Teil im
ASL-Dictionary

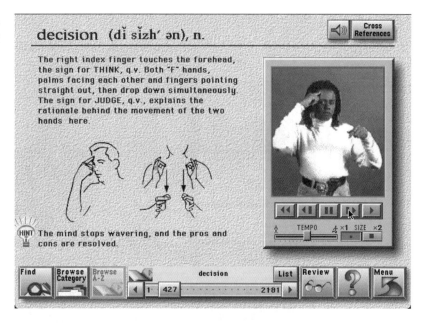

Der Lexikoneintrag im *ASL-Dictionary* sieht völlig anders aus: Der Begriff wird nicht definiert, sondern von einer Beschreibung der Gebärde begleitet. Rechts im Bild erscheint der Film der Gebärde in einer Art simuliertem Videorekorder. Die Gebärde wird sofort abgespielt, während gleichzeitig eine Sprecherin die Beschreibung der Gebärde laut vorliest. Unter dem Text mit der Beschreibung der Gebärde gibt es noch eine statische Schemazeichnung der Gebärde und einen Hinweis auf ihre Interpretation. Der untere Bildschirmrand bietet verschiedene Funktionen zum Auswählen anderer Begriffe an: Ein Schieber für die Auswahl einer der über 2.000 Gebärden und verschiedene Listen mit Begriffen.

Der Unterschied der beiden Lexika ist augenfällig: Das *Lexikon für Computerbegriffe* hat es mit einer speziellen Fachterminologie zu tun und muß deshalb einen klassischen Lexikonteil enthalten. Das *ASL-Dictionary* bezieht sich auf Alltagsbegriffe, die keiner Erläuterung bedürfen. Der Text des Lexikons, der laut vorgelesen wird, bietet redundante Information zum Film, ebenso die Schemazeichnung. Das Design läßt sich als Absicht interpretieren, so etwas wie die Dual-Coding Theorie [Paivio (1986)] zu verwirklichen, die besagt, daß redundante Informationen auf mehreren Kanälen zu einer besseren Verankerung der Information im Gedächtnis führen.

Diese Ebene der Funktionalität erreicht das *Lexikon für Computerbegriffe*, wenn man einen der Knöpfe am unteren Fensterrand auswählt: »Gebärde«, »Handform« oder »Illustration«. Drückt man auf den Knopf »Gebärde«, dann erscheint die Gebärde in einem eigenen Fenster, ebenfalls mit einer Funktionsleiste, die eine Bedienung wie beim Videorekorder ermöglicht:

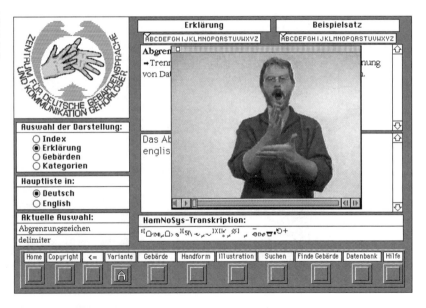

ABB. 45
Der Gebärdenfilm im
Lexikon für
Computerbegriffe

Drückt man auf »Handform«, erscheinen bis zu fünf Fenster mit Abbildungen der Handformen, die in der Gebärde vorkommen:

ABB. 46
Handformen
zur Gebärde

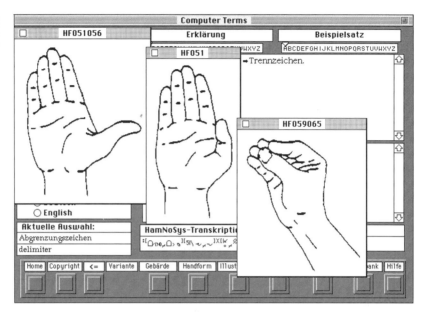

Drückt man auf »Illustration«, erscheint ein Fenster mit einer Abbildung (Photo, Diagramm, Animation oder Film) zum aktuell ausgewählten Begriff.

ABB. 47
Illustration zum
Begriff (hier: Abakus)

Auch diese Variation der Informationen soll die didaktische Aufgabe erfüllen, mehrere Kanäle für die Kodierung der Information zu nutzen, nur daß in diesem Fall die verschiedenen Medien nicht redundant sind.

Unterschiede im Design der beiden Lexika

Lexikalische
Spezialfunktion:
Bidirektionalität der
Suchmöglichkeiten

Das *Lexikon für Computerbegriffe* bietet eine Spezialfunktion an, die das Suchen nach Gebärden ohne den Umweg über die verbalsprachlichen Einträge ermöglicht. Zu diesem Zweck sind im Lexikon alle Gebärden mit der Notationsschrift HamNoSys (Hamburg Notation System) transkribiert worden [Prillwitz/Zienert (1990)] Wählt man die Funktion »Finde Gebärde«, so erscheint ein Dialog, in dem man bis zu zwei in HamNoSys kodierte Suchstrings eingeben kann, die mit »und« oder »oder« verknüpft werden. Auf diese Weise kann man nach Gebärden suchen, die eine bestimmte Handform benutzen, eine bestimmte Bewegung machen, an einer bestimmten Stelle ausgeführt werden, einen bestimmten Körperteil berühren usw. und nach Kombinationen der Merkmale.

ABB. 48
Dialog für die Suche
nach Gebärden

Das Ergebnis ist eine Liste mit allen Transkriptionen von Gebärden, die diesen Suchbedingungen genügen. Links in der Liste befinden sich die Lexikon-Einträge, rechts die HamNoSys-Transkriptionen der korrespondierenden Gebärden. Abhängig von der Suchvorgabe wird die Liste einige Hundert Gebärden oder einige wenige Gebärden enthalten. Der Benutzer kann jeden Eintrag der Liste auswählen und auf diese Weise eine bestimmte Gebärde aus der Liste heraus direkt aufrufen:

ABB. 49
Ergebnis der Suche
nach Gebärden

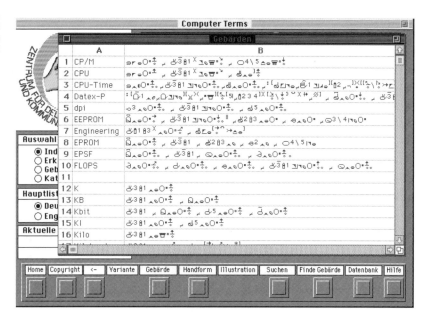

ABB. 49
Ergebnis der Suche
nach Gebärden

Die Suche nach Gebärden im *Lexikon für Computerbegriffe* stellte für uns 1993 einen ersten Anfang dar, die Bidirektionalität zwischen Gebärden und Schriftsprache in einem Lexikon mit Gebärden zu verwirklichen. Mit diesem Teil des Programms hat das *Lexikons für Computerbegriffe* eine typische Lexikonfunktion zweisprachiger Lexika erstmals auch für die Gebärdensprache realisiert. Die Notation in HamNoSys, entwickelt vom Zentrum für Gebärdensprache und Kommunikation Gehörloser der Universität Hamburg, wurde als Bindeglied zwischen Schriftsprache und Gebärden gewählt, weil sie eine sehr präzise Beschreibung von Gebärden ermöglicht. Auf diese Weise sind die Suchmöglichkeiten erheblich größer, als wenn man nur die Suche nach einigen wenigen Komponenten der Gebärde zulassen würde. Finnische Kollegen und Kolleginnen haben ein Lexikon von finnischen Grundgebärden entwickelt, in dem sie eine Suche nach Gebärden eines bestimmten Typs durch eine Auswahl aus einer begrenzten Anzahl von statischen Bildern ermöglichen. Einen solchen Typus von Suche in Clustern von Gebärdenmerkmalen hat die Arbeitsgruppe Fachgebärdenlexika am Zentrum für Deutsche Gebärdensprache der Universität Hamburg [s. Konrad/Kollien (1996) und Hanke (1997)] mit dem *Psychologie-Lexikon* im World Wide Web realisiert [URL <http://www.signlang.uni-hamburg.de/>]. Zukünftige Versionen elektronischer Gebärdenlexika werden die Möglichkeit bieten, die Transkription zu »verstecken« und direkt aus dem Video heraus nach Gebärden suchen zu können.

ABB. 50
Übungsteil im
ASL-Dictionary

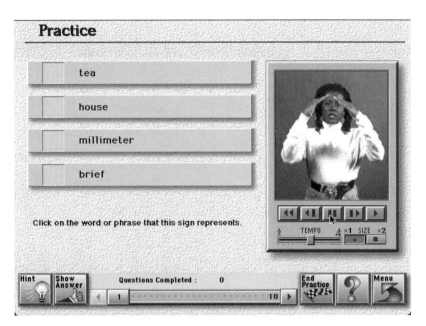

Didaktische Funk-
tion: Skill-Training
und Kompetenztest

Der Übungsteil im *ASL-Dictionary* präsentiert je nach Wunsch des Lernenden einen begrenzten Satz von Gebärden nach dem Zufallsprinzip, diejenigen Gebärden, die in der aktuellen Sitzung betrachtet wurden oder alle Gebärden aus dem Lexikon. Neben der Gebärde erscheinen mögliche korrespondierende Begriffe der Lautsprache, die in Form eines multiple-choice Tests zugeordnet werden können. Das Programm berechnet die Erfolgsquote und merkt sie sich.

Der Übungsteil des *ASL-Dictionary* enthält auch noch andere Übungen, z.B. die Zuordnung von Gebärde und Begriff in einer Art Memory-Spiel. Es wird an diesen Übungen deutlich, daß das *ASL-Dictionary* gegenüber dem *Lexikon für Computerbegriffe* eine didaktische Zielsetzung, ein »skill training«, verfolgt (über die Angemessenheit der gewählten Methoden will ich hier nicht diskutieren). Das amerikanische Lexikon will ein Übungsprogramm für Alltagsgebärden sein, die keiner inhaltlichen Erläuterung bedürfen, während das deutsche Lexikon in erster Linie ein Lexikon für Fachbegriffe sein will und darüber die Frage vernachlässigt, wie die Benutzer diese Gebärden besser behalten und lernen können. Diese unterschiedlichen Interessen und Orientierungen der Entwickler der beiden Lexika sind verantwortlich für das unterschiedliche Design der beiden Anwendungen.

Navigation:
KIOSK-System
versus Fenstertechnik

Das *ASL-Dictionary* nutzt für sich das Prinzip von »presentation frames«, wie es im Instruktionsdesign heißt und was man in diesem Fall am besten mit »Seiten« übersetzen könnte. Jeder der fünf Subteile im *ASL-Dictionary* hat eine eigene gestaltete Seite. Hinzukommen einige Seiten, die als Übergang dienen und Inhaltsverzeichnisse mit Verzweigungsmöglichkeiten anbieten. Die nächste Abbildung zeigt die Seite für die »Hints for ASL«. Die Seite bleibt die ganze Zeit über gleich, während der Benutzer die Optionen auf der linken Seite abarbeitet.

ABB. 51
Besondere Hinweise
zu ASL im
ASL-Dictionary

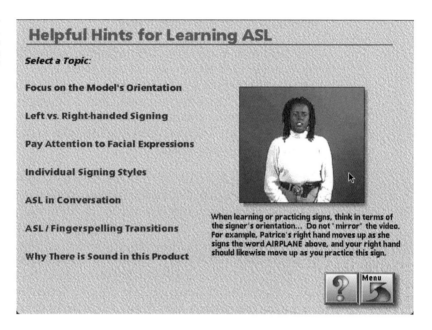

Ein solches Design-Konzept, das mit einer begrenzten Zahl fester Seiten arbeitet, wird als KIOSK-System bezeichnet (s. Kap. 9), weil die Auswahlmöglichkeiten hier wie bei einem Kiosk mit gut geordneter Auslage angeboten werden. KIOSK-Systeme sollen dem Benutzer die Navigation in einem System mit mehreren Wahlmöglichkeiten und Navigationswegen durch Vereinfachung der Benutzerführung erleichtern.

Das *Lexikon für Computerbegriffe* hingegen präsentiert dem Benutzer nur eine einzige Seite, einen »frame«, und reduziert auf diese Weise Probleme, die der Benutzer mit der Navigation bekommen könnte. Dafür erscheinen die verschiedenen Modalitäten, die das Programm dem Benutzer anbietet (Gebärdenfilm, Illustration, Texte, Handformen, Listen), in separaten Fenstern über dieser Seite. Das Programm stellt sicher, daß offene Fenster geschlossen werden, wenn der Benutzer den Modus wechselt.

Online-Hilfe Beide Programme bieten eine Online-Hilfe (Bildschirmhilfe) an. Das *ASL-Dictionary* nutzt dafür eine Animation, die dem Benutzer regelrecht vormacht, wie das Programm zu benutzen ist. Die Autoren bezeichnet diese Form der Hilfe als »Guided Tour«. Die Einordnung als »Guided Tour« ist insofern nicht ganz korrekt, weil der Benutzer bei dieser animierten Demonstration nichts tun kann. Der Begriff »Guided Tour« ist eigentlich für Systeme reserviert, die den Benutzer wie bei einer Tour führen, aber ihn/sie selbst die Schritte machen lassen. Diese Animation läuft automatisch ab wie ein Film. Die Animation eine schöne Form der Hilfe, besonders für Anfänger. Erfahrene Benutzer von Computerprogrammen werden eine solche Animation stets abbrechen, weil das passive Zuschauen zu viel Zeit in Anspruch nimmt und man Passagen, die einem geläufig sind, nicht überspringen kann.

Das *Lexikon für Computerbegriffe* benutzt als online-Hilfe Sprechblasen, die der Benutzer nach Bedarf ein- und ausschalten kann: Um Hilfe zu erhalten, muß der Benutzer mit dem Cursor gezielt auf ein Objekt zeigen, zu dem er/sie Hilfe benötigt. Daraufhin erscheint über dem ausgewählten Objekt eine Sprechblase mit dem Hilfetext zu dem Objekt. Das ist sicher nicht so lebendig und lustig wie die Animation, aber diese Methode kann gezielt Hilfe bringen und dem Benutzer Zeit sparen.

Fazit   Ich habe einige Merkmale zweier Gebärdenlexika verglichen: Funktionen und Design. Das Design beider Lexika ist augenfällig verschieden. Das Lexikon zur Fachterminologie ist im wesentlichen ein Hypertext-System mit multimedialen Zusätzen. Das *ASL-Dictionary* ist ein multimediales KIOSK-System. Der Zusammenhang der Designentscheidungen mit der jeweils angestrebten Funktionalität ist erkennbar geworden: Das eine Lexikon bietet Fachgebärden und Texte mit Fachterminologie und Illustrationen, das andere Alltagsgebärden, Übungen und Trainingsmethoden. Bei dem einen kann man fragen, ob es nicht auch Trainingsteile hätte haben sollen, die es dem Benutzer erleichtern, die Gebärden effektiv zu lernen. Bei dem anderen kann man diskutieren, ob es nicht vielleicht auch Illustrationen und andere Texte als die redundanten Beschreibungen von Gebärden haben sollte.

Es ist über dieser Beschreibung dem Leser aber vielleicht auch still und heimlich deutlich geworden, welche immensen Vorteile elektronische Lexika, unabhängig von ihrer konkreten Gestaltung, für Lernende der Gebärdensprache haben können: Rasche Auswahl von Begriffen, vernetzte Texte, direkter Zugriff auf bestimmte Gebärden, ein reiches Repertoire an multimedialen Informationen, komfortable Übungsmöglichkeiten.

Bui (1989) präsentiert mit dem *HyperLexicon* ein auf Hypertext aufbauendes Lexikon zum Vokabellernen, das konzeptuelle Relationen wie *hyponymy, metonymy* und *antonymy* realisiert. Zwischen den Begriffen im Lexikon sind Relationen herstellbar wie z.B. »x ist ein y« (hierarchische Klassenzuordnung), »x ist ein Teil von y«, »x hat zu tun mit y«, »x ist ähnlich wie y«, »x verhält sich zu a wie y zu b«, »x anwenden auf y«. Diese Relationen gehen weit über die auch enthaltenen Definitionen hinaus, sind in Form von Baumdiagrammen und parametrisierten semantischen Scatterplots darstellbar. Text, Bild und Ton sind miteinander verbunden.

Die Darstellung eines bilingualen, englisch-portugiesischen Lexikons bei Harland (1992) hingegen halte ich für eine hybride Selbstinterpretation. Das sicher passable Lexikon mit Sprachübungen mag für flexibles, self-paced Lernen geeignet sein, stellt aber nicht die Form eines Hypermodells für nicht-lineares Lernen dar, als das es vom Autor dargestellt wird.

Die Multimedia-Enzyklopädie für Philosophie des »Istituto Italiano per gli Studi Filosofici« [Parascandalo (1992)] soll Ausschnitte aus über 400 Interviews mit bekannten Philosophen, Tausende von Bildern und mehr als 100 Stunden Video aufnehmen.

Design-Richtlinien für elektronische Bücher

Elektronische Bücher weisen eher als normale Hypertexte eine reguläre Dokumentenstruktur auf, die durch die Richtlinien der *Office Document Architecture* (ODA, ISO 8613, 1988) annähernd beschrieben wird [Brown/Cole (1991)]. Richards (1991) diskutiert das Dokumenten-Design für die Seitenstruktur elektronischer Bücher an drei verschiedenen Beispielen: dem Bildschirmlayout eines Lernprogramms, dem Entwurf interaktiver Reiseführer und der Konzeption von Hypermedia-Büchern für Behinderte. Glushko (1989), der berichtet, daß die Transformation der vier Bände des Engineering Data Compendium mit seinen 3.000 Seiten und 2000 Abbildungen und Tabellen in Hypertext etwa $250.000 gekostet habe, wobei der überwiegende Teil dieser Summe für die Analyse des benutzerorientierten Konzepts und das Design der entsprechenden Benutzerschnittstelle draufgegangen sei (297), benennt fünf Prinzipien für das Design elektronischer Enzyklopädien.

Für die Weiterentwicklung des Konzepts elektronischer Bücher kann die Untersuchung des aktiven Lesens in EBs wichtig sein, wobei man nicht in den Fehler bisheriger Evaluationen verfallen sollte, die zu untersuchenden Phänomene zu sehr von temporär gültigen Parametern beeinflussen zu lassen. Untersucht werden müßten Funktionen aktiven Lesens wie Markieren, Unterstreichen, Annotieren, Exzerpieren, Diagonal lesen, Gliedern, Indizieren, Indexsuche, Suche mit Filtern, Fokussieren, Sequenzieren. Einige dieser Lese-Funktionen hat De Diana (1991) am Beispiel elektronischer Bücher untersucht.

Insgesamt ist das Design elektronischer Bücher heute noch zu sehr eine Imitation realer Bücher. Die Designer versuchen offenbar, die Vertrautheit der Bücherleser mit dem traditionellen Medium auszunutzen, um den Bruch zwischen Büchern und elektronischen Büchern nicht zu groß werden zu lassen. Sobald allerdings ein höherer Gewöhnungsgrad vorausgesetzt werden kann, sollte man über originäre Strukturen elektronischer Bücher intensiver nachdenken, um die funktionalen Vorteile der digitalen Versionen zur Geltung zu bringen. Was uns in dieser Hinsicht noch fehlt ist in der Tat eine Art »Rhetorik«

oder »Semiotik« dieses neuen Mediums, die nicht nur in Rechnung stellt, daß man auf jeden Text in einem Bruchteil der Zeit zugreifen und beliebigen Text miteinander verbinden und beliebige Textstellen blitzschnell suchen und finden kann, sondern die auch damit rechnet, daß sich eines Tages ganze Argumentationsketten in Texten dynamisch generieren lassen und daß Abstracts und Inhaltsanalysen von Texten automatisch exzerpiert werden können usw.

Barker (1992b) unterscheidet drei Arten von Design Guidelines für elektronische Bücher (84ff.) nach dem jeweils dominanten Paradigma, von dem sie ausgehen: Die Art der Nutzung des Mediums (Hypermedia, reaktives Medium, Surrogat), die Art der angestrebten Lernerkontrolle und die beabsichtigte Verwendung (als Lernprogramm oder als Anwendungsprogramm). Für alle diese Fälle führt Barker Design-Richtlinien an, die hier zu referieren zu weit führen würde.

Cook (1988) beschreibt verschiedene Prototypen für Grolier's *Academic American Encyclopedia* von der Nur-Text-Version bis zur Multimedia-Version; Marchionini und Shneiderman (1988) stellen am Beispiel der Grolier's *Academic American Encyclopedia* eine spezielle Suchmethode vor, die sie dem Browsing entgegensetzen; Suchen vs. Browsen wird auch bei Qiu (1993a) untersucht. Ein einfaches, aber effektives Beispiel für die Wirkung minimaler Modifikationen der Bildschirmgestaltung wird bei Hodges und Sasnett [(1993), 43] illustriert.

Diskussion   Zu den elektronischen Kinderbüchern (z.B. von Brøderbund) scheint es keine bessere Alternative zu geben. Sie verfügen über folgende Fähigkeiten: Animationen anschauen, Vorlesen lassen, Teile im Bild zu Aktionen veranlassen. Bei mehrsprachigen Versionen ist die Sprache auswählbar. Bei einigen Büchern ist die Animation bei jedem Durchgang in Teilen leicht verändert, was für Kinder die Spannung bei erneutem Lesen erhöht.

Elektronische Bücher sind als Online-Hilfen verbreitet und praktisch. So besitzen heute bereits viele Programme eine Hypertext-Hilfe in Buchform, in der ein Anwender fast alle Benutzerprobleme nachschlagen kann. Online-Hilfen haben gegenüber elektronischen Büchern den Vorteil, daß man kaum das gesamte Buch in der elektronischen Form lesen wird, sondern nur die Fragen nachschlägt, die man aktuell lösen möchte. Allerdings sind Online-Hilfen möglicherweise in der nächsten Entwicklungsstufe überholt, wenn passive Hilfe-Bücher durch aktive Hilfesysteme abgelöst werden. So demonstriert Apples neue Hilfe (»Apple Guide«) dem Benutzer ganz praktisch, was er/sie tun sollte, um sein/ihr Problem zu lösen, z.B. einen Befehl aus einem Menü auswählen, eine Option in einem bestimmten Dialog ankreuzen, indem die entsprechenden Stellen auf dem Bildschirm rot eingekreist werden. Führt der Benutzer die vorgeschlagene Aktion nicht aus, greift die Hilfe sogar zur Selbsthilfe und führt die Aktion selbst aus, was sie dem Benutzer anschließend, ohne Ironie oder Kritik, freundlich mitteilt.

Für Lehrbücher sind elektronische Bücher möglicherweise aus einem besonderen Grund gut geeignet: Das Medium CD-ROM ist preisgünstiger als die herkömmliche Buchproduktion, es erlaubt schnell aufeinander folgende Neuauflagen, und es ist ökologischer, d.h. es findet keine Papierverschwendung statt. Für elektronische Bücher spricht auch die Tatsache, daß man aus Kosten- und Platzgründen kaum so viel visuelle Information in Büchern präsentieren kann wie in elektronischen Büchern, obwohl dieses Ziel bereits mit Multimedia-Datenbanken und Lexikon-ähnlichen Multimedia-Anwendungen erreicht werden kann. Ansonsten spricht noch viel dagegen, Bücher komplett am Bildschirm durcharbeiten zu müssen.

Lehrbücher sind allerdings noch mit einer speziellen Problematik behaftet, die eine Massenproduktion von Lehrbüchern wohl noch eine Weile behindern wird: Wer ist denn der Experte für ein Lehrgebiet, wer sind denn die Experten, deren Wissen in das Lehrbuch einfließen soll? Diese Frage stellen sich auch Duffy und Knuth (1990): »Is the project specific to a particular instructor's viewpoint? Would other faculty be willing to use this individual's representation?« Viele Professoren lehnen die meisten Standardlehrbücher ab, oder aber sie bevorzugen jeweils ein anderes als das für Einführungseminare gerade gängige – am liebsten möchten sie ihr eigenes Lehrbuch schreiben. Dieses Schicksal könnte auch elektronischen Lehrbüchern bevorstehen. Aus dieser Problematik weisen aber zwei Auswege: Einerseits ist es dank der kostengünstigen Produktion von EBs ökonomisch machbar, viele konkurrierende EBs zu denselben Themen zu produzieren. Andererseits fördert die Hypertextstruktur es, viele verschiedene Texte verschiedener Experten miteinander zu verbinden, und der verfügbare Speicherplatz auf CDs erlaubt es, viele Autoren an der Produktion zu beteiligen und pluralistische Lehrbücher schreiben zu lassen.

Es gibt keine universalen Experten; also muß ich schon möglichst viele Experten repräsentieren (wie in *Perseus*). Wenn es gelänge, eine Meinungsvielfalt in elektronischen Büchern zu integrieren, möglichst viele und sinnvoll verschiedene Standpunkte verschiedener Experten zu repräsentieren und vergleichen zu lassen, dann könnte dies den Nachteil aufheben, den traditionelle Lehrbücher haben, die von einer oder begrenzt vielen Personen geschrieben wurden: »if we wanted a generalizable product, then we would have to be sure that other instructors in the domain would buy into that construction as well« [Duffy/Knuth (1990)].

KAPITEL 9

Der elektronische Basar

KIOSK-Systeme und Guided Tours: Definition

KIOSK-Systeme[26] sind Online-Präsentationen mit kontrollierten autoren-edierten Pfaden oder Hypertexte mit vorgefertigten Verknüpfungen [Jonassen/ Grabinger (1990), 7]. Das Grundkonzept von KIOSK-Systemen ist der »ani-mierte Seitenwechsel«, die Blättermaschine. Die typische Anwendung ist der sog. »point of information« (POI) oder der »point of sales« (POS), für Marke-tingzwecke gedachte Anwendungen, die in Läden, Warenhäusern, Messen, Bahnhöfen oder Flughäfen vom Besucher selbständig zu bedienen sind. Derar-tige Anwendungen werden zukünftig die methodische Grundlage für das »Te-le-Shopping« [Riehm/Wingert (1995), 58ff.] und für das interaktive Fernsehen abgeben, das der Time/Warner-Konzern in dem Großversuch »Full Service Network« aktuell in Florida ausprobiert (84ff.). Erste deutsche Beispiele sind der Otto-Katalog auf CD-ROM und die »InfoThek, Das kostenlose Stadtinfor-mationssystem« der Stadt Bremen, produziert von der Universität Bremen.

Eine Extension von KIOSK-Systemen in Richtung Hypertext erscheint mög-lich [Kuhlen (1991), 150ff.]. Umgekehrt ist aber auch die Reduktion eines Hy-pertexts durch starke Einschränkung der Navigationsmöglichkeiten auf ein KI-OSK-System oder gar eine einfache Präsentation denkbar. Insgesamt aber ge-horchen KIOSK-Systeme eher einer narrativen Chronologie als einer Hyper-text-Erzählform [Bolter (1993)].

KIOSK-Systeme können auch die Oberfläche für Multimedia-Datenbanken abgeben. Für die Wissenschaften spielen Datenbanken bislang eine unterge-ordnete Rolle, da das gesamte traditionell gesammelte Wissen der Fachwissen-schaften zumeist in anderer Form vorliegt und wohl kaum vollständig auf Da-tenbanken gebracht werden kann. Dabei wäre es ein immenser Fortschritt, wenn die unzugänglich gesammelten Datensammlungen (Dias in Medizin, Biologie, Archäologie, Kunstgeschichte etc.) in zugänglicher Form (random access, Index, PhotoCD) vorliegen würden. In einer nächsten Stufe könnten Bilddatenbanken dann mit Lernsystemen verbunden werden, in einem KIOSK, in einem freien Hypertext, in elektronischen Lehrbüchern.

---

26. Der Titel dieses Kapitels ist ein Zitat des Aufsatztitels von Bolter (1993).

Datenbanken sind neutral gegenüber ihrer Anwendung. Sie können die Basis sowohl von Autorensystemen wie von Hypertext-Systemen bilden. Dabei kann es zu originellen Anwendungen kommen. So stellen Degl'Innocenti und Ferraris (1988) beispielsweise *Datamondo* vor, eine Zeitschriften-Datenbank, mit der in den Geistes- und Sozialwissenschaften unterrichtet werden kann. Es werden zunehmend auch Speziallösungen für einzelne Wissenschaftszweige angeboten: *Chronos* (Imaja) beispielsweise ist eine für die Geschichtswissenschaft konzipierte Datenbank mit gestaltbaren Zeitleisten (mehrere Zeitformate für 60.000 Jahre stehen zur Verfügung) und Kommentaren, die farbige Illustrationen und Ton integrieren kann. Bildfenster, Listen, Karten und Schlüsselwörter helfen, die Information zu organisieren. Wenig erstaunlich ist die Verbreitung, die Bilddatenbanken in der Biologie finden. Ein Beispiel bietet die gesamte Serie von CDs mit Tiergattungen, die von Sumeria verlegt wird.

Die Anwendungen von KIOSK-Systemen liegen heute noch vorwiegend in der multimedialen Darstellung von Messen, Versandhauskatalogen, Ausstellungen, Museen. Viele CD-I-Programme basieren auf diesem Konzept. Ein großes Manko der Ausstellung von KIOSK-Systemen, insbesondere wenn sie in öffentlichen Räumen ausgestellt werden, besteht darin, daß man nur mit relativ geringen Nutzungszeiten rechnen (10-15 min.) kann [Wilson (1992), 192]. Die Zahl der Verzweigungen in solchen Systemen sind gering (häufiges Maximum ist 5), die Zahl der hierarchisch sinnvollen Ebenen noch geringer (meistens 3). Die Anwendung des KIOSK-Formats in der Wissenschaft ist denkbar, wird aber häufig die starren Grenzen des KIOSKs überschreiten. Dies wird bereits bei einigen Anwendungen erkennbar, die virtuelle Museen simulieren.

Präsentationen

Die einfachste Abart des KIOSK-Systems ist die Präsentation. Multimedia-Präsentationen sind noch nicht sehr verbreitet, weil die meisten Vortragenden noch nicht über die Technik verfügen. Es ist aber absehbar, daß auf Messen, Kongressen, Marketing-Shows und betrieblichen Präsentationen diese Methode rasche Verbreitung finden wird. Lennon und Maurer (1994) haben Vorlesungsmethoden der Vergangenheit untersucht (Tafeln, Flip Charts, Tageslicht-Projektoren) und diskutieren – eigentlich bereits 10 Jahre zu spät –, wie sich diese Methoden auf Computern realisieren lassen. Die Methode der Präsentation erinnert an das Auflegen von Folien auf einem Tageslicht-Projektor. Nur wenige Programme für Präsentationen ermöglichen ein freies Blättern, das zu einer freien Rede besser passen würde; die meisten sehen eine feste Reihenfolge der Bildschirme vor und zwingen den Redner so einem fest vorgeplanten Gang der Argumentation. !Forbes hat eine CD-ROM mit einem »Presentation Trainer« auf den Markt gebracht, einen Lehrgang in Sachen Präsentation, der selbst als Präsentation angelegt ist. Die CD bietet eine reiche Sammlung an Design-Richtlinien für Präsentationen [s.a. Chabay/Sherwood (1992)].

ABB. 52
Einleitung eines
Kapitels im !Forbes
»Presentation
Trainer«

Am unteren Bildschirmrand erscheint die Kapitelgliederung: Intro/Hilfe, Logik, Grafik, Präsentation, Galerie und Index. Der Inhalt des aktuellen Kapitels erscheint jeweils im Kasten am linken Bildschirmrand: In der oberen Abbildung das Inhaltsverzeichnis der Einleitung, im unteren Bild der Inhalt des Kapitels »Logik«.

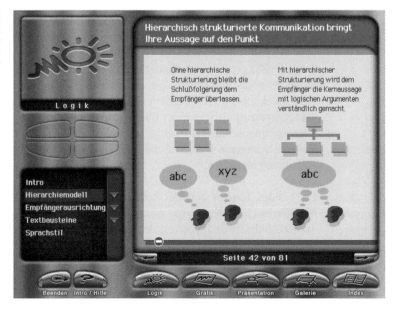

ABB. 53
Diagramm
'Kommunikation' im
!Forbes »Presentation
Trainer«

ABB. 54
Matrix für die
Medienauswahl im
!Forbes »Presentation
Trainer«

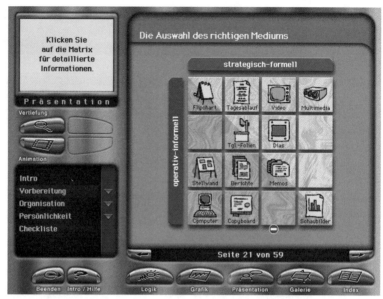

ABB. 54
Matrix für die
Medienauswahl im
!Forbes »Presentation
Trainer«

Verzweigungen im »Presentation Trainer« sind – wie bei Präsentationen – jeweils nur eine Schicht tief. In der oberen Abbildung gehen Verzweigungen zu Erläuterungen der Medien ab, die in der Matrix abgebildet sind, und zu einer Animation und einer Vertiefung oben links über dem Inhaltsverzeichnis.

Guided Tour

Hypertexte mit fest verdrahteten Navigationswegen werden auch als Guided Tour bezeichnet, wenn sie in ihrer Anlage der »surrogate travel«-Metapher folgen, dem Bild der Ersatzreise. Der Begriff Guided Tour wurde offenbar von Trigg (1988) geprägt [s.a. Gloor (1990), 145ff.]. Die Guided Tour folgt der Methode der abgeschlossenen Episoden: Vom Ende einer Episode her gibt es nur ein Zurück zum Beginn, keinen Quereinstieg in andere Episoden. Die Hypertext-Struktur ist also die eines Baumes und nicht die eines Netzes. Die Zahl der Verzweigungen und der Ebenen kann aber bereits sehr viel höher sein als bei KIOSK-Systemen. Und auch bei den Nutzungszeiten darf man von höheren Annahmen ausgehen.

Die Guided Tour ist trotz der Reduktion auf vorgeplante Wege als Variante eines Netzes charakterisierbar. Stotts und Furuta (1989) beschreiben die Guided Tour als Subset von Hypertext: »A guided tour is formed from a pool of possible display windows ('cards'). The various cards of interest to an author are collected into sets called 'tabletops'« (17). Ein Tabletop wiederum ist ein Petrinetz-Fragment mit einer einzigen Transition, die mit so vielen anderen Stellen verknüpft ist, wie es Tabletops gibt (minus dem ersten). Darunter hat man sich Teilansichten der Tour vorzustellen, die sich wiederum aus Hypertext-Knoten zusammensetzen [Trigg (1988)]. Die Beispiele für seine Überlegungen hat Trigg in *NoteCards* als reines Textsystem realisiert. In Hypermedia-Umgebungen sind solche Konzepte grafisch sinnvoller einsetzbar.

In einer Guided Tour lassen sich die Pfade auch dynamisch konstruieren, beispielsweise in Abhängigkeit von abzufragenden Interessen der Benutzer oder von Lernvoraussetzungen. Ein solches Beispiel, das eine Datenbank mit Angaben zu Universitätskursen über Retrieval-Technik und dynamisch kalkulierte Pfade zugänglich macht und dafür die Travel-Metapher in Anspruch nimmt, wird bei Guinan und Smeaton (1992) erörtert. Für die Guided Tour ist eine grafische Benutzerschnittstelle unabdingbar, sie müssen absolut selbsterklärend sein. Guided Tours sind zwar mit Mitteln von Hypertext-Systemen konstruiert, können jedoch auch auf andere Weise entwickelt werden, z.B. mit Autoren-Animationssoftware wie *Macromedia Director*. Guided Tours geben die Kontrolle über Inhalt und Navigation an den Autor zurück, während der Benutzer nur noch den vorgeplanten Pfaden folgen kann. Wohl aus diesem Grunde bringen viele Autoren die Guided Tour nur noch als Navigationsmethode in Hypertext ein und nicht als eigene Software-Gattung [z.B. Guinan/Smeaton (1992); Nielsen (1995)]. Das Prinzip der Guided Tour kann aber auch als Chronologie, d.h. in Form eines Arrangements auftreten, in dem die Tour-Stationen wie in einer Zeitleiste chronologisch aneinandergereiht werden. Das ist etwa der Fall bei der Bildplatte zu *van Gogh* (Voyager Company), die alle Stationen am Lebenslauf des Malers orientiert, oder bei der CD »From Alice to Ocean«, deren einer Modus am Reiseweg der Autorin orientiert ist.

Einigen Autoren reichen offenbar die von KIOSK-Systemen und Guided Tours gebotenen Einschränkungen der Navigationsmöglichkeiten noch nicht aus, um ihrem Bedürfnis nach Kontrolle über den Lernprozeß zu genügen. Sie arbeiten deshalb mit der Methode, die Navigationsmittel abwechselnd zu verstecken oder sichtbar zu machen, in der Absicht, die Navigation für den Benutzer zu vereinfachen, eine Methode, die bei Abenteuer-Spielen durchaus sinnvoll sein kann. Garzotto, Mainetti et al (1995) sprechen in solchen Fällen von »protected navigation« (11). Eine andere Begründung für den Sinn und die Funktion der Navigationseinschränkung haben sich Marshall und Irish (1989) einfallen lassen. Sie behaupten, daß Guided Tours und narrative Strukturen Texte verständlicher machen würden [vgl. Trigg (1988)]. Ich fühle mich bei derartigen Argumenten eher an das Thema erinnert, das ich bereits unter dem Titel »Lernerkontrolle« abgehandelt hatte, und kann mich in dieser Hinsicht eher der Argumentation von Nielsen (1995) anschließen: »Guided Tours are nice, but they really bring us back full circle to the sequential linear form of information. Even though guided tours provide the option of side trips, they cannot serve as the only navigation facility since the true purpose of hypertext is to provide an open exploratory information space for the user« (249).

Die Grenzen zwischen KIOSK-Systemen und Guided Tours sind fließend. Beide Systeme präsentieren vorgefertigte Verbindungen und erlauben dem Benutzer nur einen relativ geringen Grad an Navigation. Die Zahl der gestaffelten Ebenen für die Navigation und Art der Pfade kann möglicherweise als Unterscheidungskriterien dienen. KIOSK-Systeme haben typischerweise nur bis zu drei Ebenen (Inhalt, Gruppen, Einzelobjekte), während Guided Tours seriell verknüpfte Pfade beliebiger Länge besitzen können. Ob man allerdings beispielsweise ein virtuelles Museum mit nur zwei Ebenen, aber einem ringförmigen Pfad als KIOSK-System oder als Guided Tour bezeichnet, dürfte Geschmackssache sein. Auch die Anwesenheit oder Abwesenheit eines Tour-Guides kann vermutlich nicht als Kriterium dienen, da man letztlich selbst die Titel von Gruppen und Objekten in KIOSK-Systemen als Guides interpretieren könnte. Um eine solche Mischung der beiden Gattungen handelt es sich bei der Enzyklopädie Amerikanischer Geschichte von 1800 bis 1850 [Oren/Salomon et al (1990)].

Digitale Butler, Reiseleiter und Museumsführer

Einige Autoren von KIOSK-Systemen führen historische Figuren als menschliche Erzähler in ihre Anwendung ein. Die Erzähler haben eine historische Dimension und eine persönliche Charakteristik.

Oren, Salomon et al (1990) wählen historische Figuren als Video-Guides, als menschliche Erzähler, für ihr KIOSK-System zur amerikanischen Geschichte. Guides sind simplifizierte Agenten, die vorwiegend als Navigationshilfe dienen, als Reiseführer, und die einen festgelegten Inhalt oder eine fixierte Funktion (»canned«) haben. Die Figuren nehmen durch das Video eine personalisierte Gestalt an und vertreten auch narrative Inhalte im Gegensatz zu den gezeichneten und dadurch typisierten, unpersönlichen Guides. Die Autoren vermuten, daß die persönliche Gestalt, die sie ihren Figuren verliehen haben, bei den Benutzern zu dem Wunsch führen, die Figuren mögen auch einen persönlichen Charakter haben: »If we had used a gold pan and a nugget to represent a miner or a covered wagon to represent a settler, it's doubtful that users would express the same desire for characterization« (373). Oren, Salomon et al glauben, daß die historischen Erzähler-Figuren ein guter Weg sind, um so etwas wie persönliche Meinungen und damit einen Pluralismus von Ansichten in die historische Darstellung zu bringen: »Guides suggest a natural way to present multiple voices and points of view« (377). Die Erzähler von Oren et al sind keine intelligenten Agenten, doch die Benutzer unterstellen den Figuren automatisch mehr Intelligenz, als sie besitzen. Plowman (1994) stellt in einem Vergleich von Filmgeschichte und vier interaktiven Bildplatten-Anwendungen Parallelen zwischen der Frühzeit des Films und den ersten Stadien der Multimedia-Entwicklung fest. Die Figur des »Explicadors«, des Erklärers, gehört nach Plowman zu einem Stadium, in dem das Medium noch ungewohnt ist und der Zuschauer Hilfe benötigt. Der Film habe später aufgrund technischer Verbesserungen auf solche Figuren verzichten können, aber in diesem Stadium der Evolution interaktiver Multimedia-Programme sei es überlegenswert, ob die Rolle des Explicadors nicht für Multimedia adaptiert werden solle (289).

Eine Mischform zwischen den Impersonatoren von Oren et al und den menschlichen Agenten von Laurel (1990) schwebt Bernstein (1990) vor. Er schlägt einen »clever apprentice« vor, ein semi-intelligentes Programm für die Erstellung von Hypertext-Links, einen Software-Agenten, der den Hypertext durchsieht und, unterstützt von einer Wissensbasis, dem Benutzer geeignete oder mögliche Links offeriert. Da intelligente »link apprentices« aber schwer zu konstruieren und spezifisch auf das jeweilige Thema zu referenzieren seien, schlägt Bernstein auch einen »shallow apprentice« vor, der nicht-semantisch funktioniert. Littleford (1991), der Autor von *HyperBase*, einem auf Prolog basierenden Hypermedia-System (Cogent Software Ltd.) mit den eingebauten Fähigkeiten eines Expertensystems, denkt an den Einsatz von Agenten in Hypertext-Systemen, hält die Werkzeuge, Expertensysteme und neuronale Netze, jedoch noch nicht für ausreichend, um derartige Funktionen zu erfüllen.

Kearsley (1993) betrachtet Agenten sogar als Alternative zu intelligenten Tutorensystemen. Ein tutorielles Programm modelliere den Lerner als Repräsentation seines Wissens, während ein Agent die gesamte Persönlichkeit seines Benutzers modelliere, seine Aufgabe sei viel breiter, »an agent must be capable of making a broad range of common-sense deductions about user goals and intentions« (299). Dede und Newman (1993) weisen in ihrer Replik auf Kearsley m.E. zu Recht daraufhin, daß, wenn diese Annahme zuträfe, die von Kearsley an den Tag gelegte Euphorie bezüglich der Entwicklung von Agenten nicht angebracht sei, denn dann sei es noch schwieriger, Agenten zu entwickeln als tutorielle Systeme. Agenten seien kein Superset von intelligenten Tutoren, sondern zeichneten sich gerade dadurch aus, daß sie kleinere Aufgaben übernähmen und effektiv erledigen könnten. In der Tat scheint hier bei Kearsley eine Verwechselung vorzuliegen zwischen dem Alltagswissen (common-sense), das der Agent beherrschen soll und der Breite der Domain, die davon betroffen ist. Daß das Wissen des Agenten alltäglicher ist, muß nicht bedeuten, daß der Wissensbereich breiter sein muß. Im Gegenteil, Agenten sind deshalb so effektiv, weil sie nur einen ganz kleinen, aber gut erfaßbaren Wissensbereich modellieren. Minsky hat mit seiner Baustein-Theorie der künstlichen Intelligenz (»building blocks«) hier den Weg gewiesen: Agenten sind wie Bausteine, die aufeinander gestapelt werden können. Durch die Kooperation von Agenten können komplexe Aufgaben erledigt werden, ohne daß jeder Agent besonders komplex sein müßte.

Im Prinzip sind die Funktionen eines intelligenten Tutors und eines intelligenten Agenten ähnlich, nur das Augenmerk ist ein anderes: Ein ITS zielt auf die Beratung des Lernenden, die Agenten hingegen haben die Aufgabe, ihnen gegebene Arbeiten zu erledigen, sie haben keine tutoriellen Funktionen, soz. keinen »erzieherischen« Auftrag. Das macht sie wesentlich sympathischer. Mir scheint, daß Marvin Minskys Theorie smarter Agenten eher als ein ITS geeignet ist, durch Kombination autonomer Einheiten größere Aufgaben zu bewältigen. Ich vermute, daß deshalb die zukünftige Entwicklung diese Richtung einschlagen wird, ganz abgesehen von der Tatsache, daß Agenten leichter zu programmieren sind. Während die Pädagogen noch dem Modell des ITS anhängen, ist die künstliche Intelligenz offenbar längst auf den Zug der smarten Agenten aufgesprungen.

KIOSK-Systeme und Guided Tours: Beispiele

Aspen Movie Map

Die *Aspen Movie Map* wurde 1978 von Andrew Lippman am M.I.T. entwickelt. Der jetzige Direktor des M.I.T., Negroponte (1995), berichtet über die Entstehungsgeschichte, das israelische Entebbe-Kommando, das durch Simulationen auf seinen Einsatz vorbereitet wurde, und führt die Bereitschaft staatlicher Stellen, solche Simulationen durch Drittmittel zu fördern, darauf zurück. Bei der *Aspen Movie Map* handelt sich um den Typ der »surrogate travel«, einer Reise durch die Stadt Aspen in Colorado. Vier auf einem Wagen montierte Kameras zeichneten jede Szene im Winkel von 90° auf, damit sie hinterher von zwei Bildplatten so abgerufen werden konnten, daß ein dreidimensionaler Eindruck, ein Rundblick von 360° entstand: »In 1978 the Aspen Project was magic. You could look out of your side window, stop in front of a building (like the police station), go inside, have a conversation with the police chief, dial in different seasons, see buildings as they were forty years before, get guided tours, helicopter over maps, turn the city into animation, join a bar scene, and leave a trail like Ariadne's thread to help you get back to where you started. Multimedia was born« [Negroponte (1995), 67]. Auch Nielsen (1990) bezeichnet die *Aspen Movie Map* als die vermutlich erste Hypermedia-Anwendung (38ff) [vgl. Nielsen (1995), 40ff.].

Palenque

Palenque ist eine DVI-Applikation am Bank Street College in New York zur Archäologie mit einer Darstellung altertümlicher Maya-Kultstätten in Yucatan. Die Datenbasis umfaßt Videofilme, Photos, Tondokumente und Text über den Regenwald, die Mayas, Landkarten und Darstellungen von Maya-Hieroglyphen, deren Exploration durch den Benutzer sehr nahe an entdeckendes Lernen rankommt. Die Methoden, die *Palenque* dem Benutzer offeriert, sind u.a. ein Explorationsmodus mit fiktiven oder virtuellen Wanderungen, ein Museumsmodus mit thematisch konzipierten Räumen zur Geschichte, Geographie usw., fiktive Archäologie-Experten und Museumsführer, artifizielle Werkzeuge wie Album und Kamera und Spiele. Auch *Palenque* (wie die *Aspen Movie Map*) hatte den 360°-Rundblick im Video realisiert, den Apple erst jetzt mit *QuickTimeVR* avisiert. Er kann mit einem Joystick interaktiv angesteuert werden. Die virtuelle Wanderung kann durch Icons gesteuert werden, die Erzählungen aufrufen, Verzweigungen einleiten und Zooms initiieren. Multimedia in *Palenque* abstrahiert nicht vom normalen Lernkontext. Das System propagiert als didaktische Prinzipien: *Child centered learning, Direct Experience, 'Real World' Connections, Interaction, Analysis and Action, Engagement, Collaboration, Interdisciplinary Learning*. Diese Prinzipien rücken *Palenque* in die Nähe konstruktivistischer Lernumwelten [Wilson (1988); Abbildungen bei Luther (1988); s.a. Wilson (1992); s. Nielsen (1990), 68].

Eine Tour durch ein Landschaftsschutzgebiet in England bietet die *ECODisc* von der BBC, eine mit *HyperCard* entwickelte CD-ROM [Nielsen (1990c); Nielsen (1995)]. Nielsen rückt die *ECODisc* in die Nähe der *Aspen Movie Map* oder von *Palenque* (42ff.).

ABB. 55
See- und Waldgebiet
in der ECODisc mit
Navigationsstellen

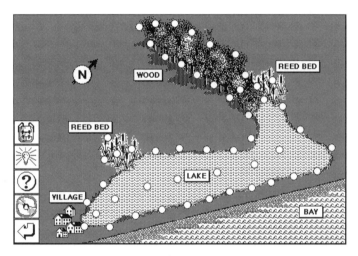

ABB. 56
ECODisc:
Eine Stelle im Wald
mit Kompaß für den
Rundblick

Bueno und Nelson (1993) beschreiben eine im Vergleich zu den *Athena*-Projekten für den Fremdsprachenunterricht einfache Version eines Programms, das Spanisch mittels eines »surrogate travel«-Konzepts unterrichtet.

Ein populäres Anwendungsgebiet für KIOSK-Systeme dürfte das Thema der virtuellen Museen sein:

Ein Beispiel dafür ist das Projekt des Museum Education Consortiums, koordiniert vom Museum of Modern Art in New York [Wilson (1992)]. An dem Projekt beteiligt sind 7 Museen im Osten der Vereinigten Staaten. Das System besteht aus einer gemeinsamen Multimedia-Datenbank mit etwa 1000 Bildern der Impressionisten Cassatt, Cezanne, Monet und Seurat, die teils analog auf einer Bildplatte, teils digital auf Festplatten gespeichert sind, mit Texten, Musik, Photos und Videofilmen.

Hoptman (1992) beschreibt aus der Perspektive des Smithsonian Institute das Konzept eines virtuellen Museums.

Dessipris et al (1993) beschreiben einen mit *HyperCard* entwickelten elektronischen interaktiven Multimedia-KIOSK, einen Führer zum Museum von Dion (Griechenland), der Informationen zu archäologischen Ausstellungsstücken präsentiert.

Sterman und Allen (1991) referieren über mehrere Museumsanwendungen. Eine Sammlung elektronischer Replikate antiker griechischer Vasen im J. Paul Getty Museum wird ausführlicher beschrieben.

Rees (1993) schildert ein mit *HyperCard* entwickeltes KIOSK-System zu dem Bildhauer Constantin Brancusi.

Chadwick (1992) berichtet über den Einsatz eines Multimedia-Programms zum Thema »Häuslicher Wasserverbrauch« im New Mexico Museum of Natural History und die hohe Benutzerfrequenz.

Riehm und Wingert (1995) schildern das von der Universität Lüneburg entwickelte Hypermedia-Beispiel der »Ebstorfer Weltkarte«, das seinen Ausgangspunkt von einer mittelalterlichen Weltkarte nimmt, die im Museum für das Bistum Lüneburg an der Wand hängt, aber auch auf dem Bildschirm zu sehen ist und von der aus Informationen über 500 Städte, 160 Gewässer und 1300 Texte aufgerufen werden können (163ff.).

Ein Museum besonderer Art, ein Literatur-Museum, ist das von Saga (1991) beschriebene »Bunkyo Museum of Literature«.

Bell (1993) beschreibt die Hypermedia-Simulation *Sickle Cell Counselor*, ein KIOSK-System, das im Museum steht und Besucherpaare beraten soll, ob sie Kinder haben sollten, falls sie die Sichelzellen-Krankheit haben. Die Besucher können simulierte Laboratoriumstests durchführen und Fragen an die Bildplatte stellen. Das Modell wird als »anchored instruction« bezeichnet und reklamiert Nähe zum Cognitive Apprenticeship-Modell. Weitere Literaturberichte über Museumsanwendungen finden sich bei Bearman (1991a) und Bearman (1991b).

Das in der Literatur wohl am bekanntesten gewordene Beispiel einer Guided Tour ist wohl *Glasgow Online* von der University of Strathclyde [Baird/Percival (1993)], ein multimediales Informationssystem zur Stadt Glasgow, ihren Einrichtungen, Verkehrsplänen usw. [s. Hardman (1988)]. Es kann nicht verwundern, wenn Reiseführer zukünftig ein besonders bevorzugtes Gebiet der Guided Tour sein werden, mit denen man seine Reise planen oder sich zu einer bestimmten Reise animieren lassen kann. Ein hübsches Beispiel dafür ist die CD »From Alice to Ocean« (1992, Magnum Design). Reiselust wecken auch die CDs zu fernen Ländern (z.B. »West Africa«) und zu »Ancient Cities« von Sumeria.

Weitere zukünftig interessante Bereiche für den Einsatz von KIOSK-Systemen dürften die Weiterbildung im Betrieb, die Bibliotheksrecherche und Spiele sein. Cantwell (1993) beispielsweise beschreibt ein KIOSK-System der Union Pacific, das die Beziehungen und die Moral der Angestellten verbessern helfen soll. Das Prinzip der Guided Tour nutzen auch Spiele, besonders die Detektiv-Stories oder die Mystery-Adventures. In »7th Guest« tritt der Spieler in ein Haus ein, in dem er sich von Raum zu Raum begeben kann und in jedem Raum ein Rätsel lösen muß.

Originäre Anwendungen für den Hochschulunterricht sind bisher selten. Die meisten bekannten Systeme kommen aus der Medizin und ermöglichen eine Interaktion zwischen Erklärungen und anatomischen Bildern.

ABB. 57
A.D.A.M.

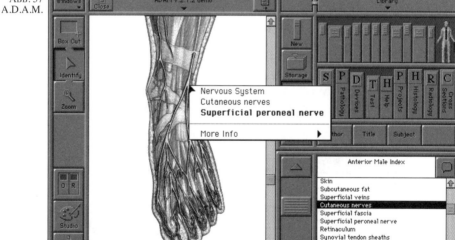

Das bekannteste Beispiel ist A.D.A.M., in dem man den Körper schichtweise aufdecken kann. Eine Bibliothek bietet Literatur zu den jeweils ausgewählten Körperpartien an. A.D.A.M. erlaubt es dem Benutzer, eigene aus Texten, Bildern und Filmen bestehende Unterrichtslektionen, Animationen und neue Bibliotheken mit Texten, Bildern und Filmen an den Atlas anzuhängen. Das Programm erreicht allerdings eine solche Komplexität, daß man sich fragen muß, ob es sich hier noch um ein KIOSK-System handelt.

Reizvoll scheint der Einsatz von KIOSK-Systemen auch für das Erlernen von Fremdsprachen zu sein. Einige Programme stellen die chinesische und japanische Schrift zusammen mit der Aussprache dar und demonstrieren die für die Erstellung der Kanji nötige Strichfolgen per Animation. Sie bieten mnemonische Tips und Hilfen beim Erlernen der vielen Schriftzeichen. *KanjiMaster* (HyperGlot) bietet etwa 350 Kanji und 200 zusammengesetzte Wörter mit dem digitalen Ton von Originalsprechern. Das Tempo beim Lernen kann der Lernende selbst bestimmen. Fehler werden aufgezeichnet und können ausgedruckt werden. Im Blättermodus kann man sich die Aussprache wiederholt anhören, das Kanji studieren, die englische Bedeutung lesen und die Strichfolge üben. »KanjiSama« (Sanbi Software) ist ein vollständiges Referenzwerk für Fortgeschrittene in Japanisch mit 2900 Kanjis, 15000 Zusammensetzungen, zwei Wörterbüchern, Kanji-Lektüre, Definitionen, Striche-Zähler und Querreferenzen zu anderen Kanji-Wörterbüchern. »Willkommen zu lernen Chinesisch« (Huayuan Technology) offeriert eine Einführung in die chinesische Sprache mit etwa 3000 Schriftzeichen. »Hanzi Assistent« (Dartmouth College) offeriert einen Grundbestand von 2500 chinesischen Schriftzeichen.

Den Schritt vom KIOSK-System zur Guided Tour macht die von der Kanadierin Nikki Yokokura entwickelte CD-ROM *Exotic Japan*. Sie integriert den Sprachunterricht in die Landeskunde in einer Multimedia-Umgebung, die an mehreren Städten Japans orientiert ist. Die Reise durch Japan illustriert die Städte mit ausgesprochen ästhetischen Grafiken und historischer folkloristischer Musik. Auf diese Weise wird die Tour zu einer multimedialen Einführung in die Kulturkunde, die Sprache und die Schrift Japans.

ABB. 58
»Exotic Japan«
Menü

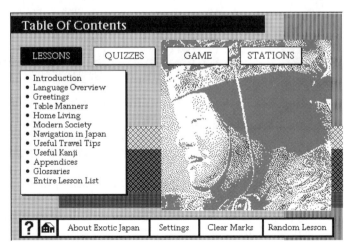

ABB. 59
»Exotic Japan«
Sprachübung

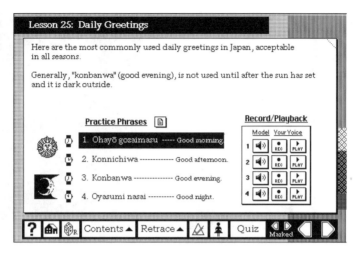

Um ein KIOSK-System handelt es sich auch bei der *Drexel Disk*, die der Autor als *Electronic Guidebook* bezeichnet [Hewett (1987)]. Nachdem die Drexel University von allen Studienanfängern den Nachweis eines Computers verlangte, stellt die Universität ein Guidebook zur Verfügung, um den Studierenden die Navigation zu erleichtern. Aus dem Guidebook heraus können alle zentralen Dienste des Computer-Services per einfachen Mausklick abgerufen werden. Das Hauptmenü erläutert die Benutzerphilosophie, der Index stellt Hypertexte mit Hilfen zur Verfügung.

Ein KIOSK-System ist auch die mit *HyperCard* musikwissenschaftlich analysierte *Neunte Symphonie* Beethovens (seither hat Robert Winter nach demselben Prinzip CD-ROMs zu Mozart, Strawinski u.a. entwickelt). Der KIOSK kennt vier Auswahlmöglichkeiten:

· Die Biographie Beethovens mit integrierten Zitaten aus der Musik.

· Die Analyse der Symphonie und deren musikalischer Strukturen.

· Schließlich kann man sich die Symphonie anhören, während die zuvor gelesenen Erklärungen parallel zur Musik am Bildschirm vorbeilaufen.

· Am Ende kann der Zuhörer an einem Test teilnehmen, um sein erlangtes Verständnis zu überprüfen. Auch der Test arbeitet wieder mit Hörproben.

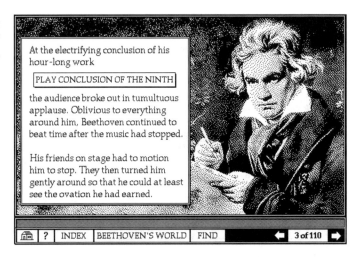

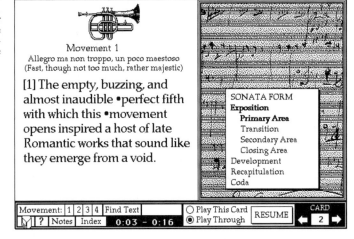

Set On Freedom ist ein mit *ToolBook* erstellter Hypermedia-KIOSK zur amerikanischen Bürgerrechtsbewegung [Swan (1994)], der auf Bilder und Filme von einer Bildplatte zugreift. Auf der obersten Ebene gibt es die Wahl zwischen *People*, *Places*, *Events* und *Viewpoints*. Die Abteilung *People* besteht aus Biographien von 47 prominenten Persönlichkeiten der Bürgerrechtsbewegung, die von einer Seite mit ihren Bildern ausgewählt werden können, die Abteilung *Places* beschreibt 17 Orte, an denen Aktivitäten der Bürgerrechtsbewegung stattfanden, die durch eine Karte der USA zugänglich gemacht werden, die Abteilung *Events* beschreibt 54 Ereignisse, die man von einer Zeitleiste aus anwählen kann, die Abteilung *Viewpoints* kann man entweder aus einer grafisch aufbereiteten oder aus einer alphabetisch sortierten Liste von 12 Themen erschließen. In den Texten und Bildschirmen werden Querverweise angeboten.

Ein linearer Gang durch das Material wird nicht unterstützt. Swan berichtet über politische Einstellungsänderungen bei Studierenden und schließt aus ihren Erfahrungen, daß »hypermedia applications can be designed in ways that support students' development of historical thinking« (136).

ABB. 62
Erste Seite von
»7 Days in August«

»7 Days in August« (Time/Warner New Media) bietet auf der ersten Seite gleich mehrere Informationen an: Den Tonbandmitschnitt einer Fernsehdiskussion, einen Time-Artikel, ein Interview mit einer Zeitzeugin, eine Exkursion nach Berlin in Wisconsin. Damit werden die Informationssorten eingeführt, die auf der CD angeboten werden. Recht unauffällig erscheinen am unteren Bildschirmrand die Abzweigungen zu den beiden Hauptorganisationsprinzipien für die CD, einmal zu einer »Tour«, einer Guided Tour, und zum anderen zu einer »Guidemap«, dem Menü für ein KIOSK-System. Beide Strukturprinzipien, die in diesem Kapitel besprochen wurden, sind hier auf einer CD umgesetzt worden.

ABB. 63
KIOSK-Menü von »7
Days in August«

Das Menü ist typisch für einen KIOSK. Es ist als Tafel oder Matrix geordnet. Die vertikale Dimension der Matrix besteht aus einer Zeitleiste für die 7 Tage des Geschehens. Die horizontale Dimension der Matrix ist nach Informationssorten eingeteilt: Zeitzeugen, Persönlichkeiten, Ausschnitte aus der Fernsehdiskussion, Fortgang des Mauerbaus, zeitgleiche Ereignisse in Berlin, Wisconsin. Mit den »Games«, den »Souvenirs of '61« und dem Index zweigen noch zusätzliche Exkursionen von dem KIOSK-Menü ab.

KAPITEL 10

Intellektuelle Aerobic

Interaktive Kognitive Werkzeuge

Als Paradigma für interaktive Programme, die das Lernen kognitiver Konzepte befördern, wird immer wieder auf Paperts Turtle-Mikrowelt in LOGO Bezug genommen [Papert (1980)]. Die Arbeit mit Programmiersprachen wie Smalltalk, das Kay und Goldberg (1977) als »Personal Dynamic Media« bezeichneten, galt jahrelang als die Demonstration für die absolute Kontrolle des Benutzers über Programm und Maschine. Lange Zeit gab es neben Programmiersprachen keine anderen Programme, die eine solche Form der Lerner- und Benutzerkontrolle ermöglichten, vielleicht mit Ausnahme der Simulationen, die aber nur in wenigen Fällen (z.B. STELLA, *ithink*) mit Methoden der direkten Manipulation arbeiteten. Es ist verständlich, wenn gerade Konstruktivisten Erwartungen in dieses Paradigma gesetzt haben, weil es die Botschaft des Konstruktivismus, Lernen nicht vom Tun zu trennen, in Reinkultur verkörpert.

Im Grafikbereich sind zuerst Programme entstanden, die es gestatteten, Objekte durch direkte Manipulation zu generieren und zu manipulieren. Ich habe für diese Klasse von Programmen, sofern sie für das Lernen eingesetzt werden, den Ausdruck geprägt, sie würden ein »Lernen durch Konstruieren« ermöglichen [Schulmeister (1989)]. Mehrere Autoren von Simulationsprogrammen benutzen heute die direkte Manipulation, z.B. Moar, Spensley et al (1992) bei einem Simulationsmodell für horizontale Bewegungen und Teodoro (1992) bei einem Simulationsmodell für Bewegungsgesetze. Was der Lernende mit diesen Programmen konstruiert, sind nicht nur Objekte, sondern zugleich kognitive Konzepte, geometrische Konzepte, Relationen von Objekten und Variablen, abhängig vom aktuellen Wissensbereich: »Constructivism is the psychological paradigm underlying most of these applications and instruction is conceived as a process in which the student constructs her/his own mental model of a given domain« [Midoro/Olimpo et al (1991), 180].

Die technische Grundlage interaktiver multimedialer Werkzeuge bildet die »direkte Manipulation« [Shneiderman (1983); Shneiderman (1986)]. Statt befehlsorientierter Benutzerschnittstellen haben sich Fenstersysteme mit anfaßbaren, kopierbaren, duplizierbaren und transformierbaren Objekten durchgesetzt. Einige Programme verfügen bereits über Eigenschaften, die etwas »Intelligenz« verraten, z.B. das Duplizieren mit Versatz in *MacDraw*, das vom Benutzer

»lernt«. Myers (1991) will mit seinen »Demonstrational Interfaces« solche Eigenschaften in Programmen aus zwei Gründen verstärken: Wiederherstellung der Programmierbarkeit von Abläufen und Vereinfachung der Benutzbarkeit. Die modernen CAD-Programme beherrschen solche Mechanismen, ebenso Geometrie-Programme wie *Geometer's Sketchpad*, auf das ich im nächsten Abschnitt detailliert zurückkomme. Myers will Programme, die aus der Interaktion lernen, selbsttätig Makros bilden, Schlüsse ziehen, Befehle modifizieren und Vorschläge erarbeiten. Er beklagt, daß die modernen Fenstersysteme eine externe Programmierung unmöglich gemacht hätten. Aber Apple Computer hat beispielsweise mit *AppleScript* die Programmierbarkeit der ikonischen Benutzerschnittstelle ermöglicht.

Brown (1985) hat programmatisch auf die Rolle kognitiver Werkzeuge hingewiesen. Er unterscheidet bereits Werkzeuge, die die Anatomie einer Argumentation transparent machen, die das Verstehen erleichtern und die aktives Lesen und Schreiben fördern. Er illustriert seinen Wunsch nach Strukturierungshilfen für Argumentationen noch mit einer Anekdote, die durch Programme wie *ThinkTank* (Living Videotext; Nachfolger MORE, Symantec), WEBSs, *SemNet* und SEPIA Realität geworden ist:

> »After reading The Great Nuclear Debate [ein schwer zu verstehender Artikel aus The New Republic, R.S:] we employed a research intern, Cece Blase, to analyze the article and attempt to cast it in a framework based on Toulmin's pattern. She eventually covered an entire wall with paper nodes and connectors. But the fascinating development was that as the anatomy of the arguments became clearer, she began to respond to the assumptions that were being made, questioning and challenging them. We could barely get her to finish 'diagnosing' the rest of the article« (192).

Brown erhofft sich von kognitiven Werkzeugen einen ähnlichen Effekt, wie er bei Cece durch die Wandzettel eingetreten ist, der den Schritt von der Analyse zur Konstruktion erleichtert: »If we can create tools to make an argument clear, perhaps we can involve more people in responding to it and developing it«.

Interaktive Werkzeuge für das Lernen lassen sich sinnvoll als »Cognitive Tools« begreifen [Kommers/Jonassen et al (1992)], mit denen kognitive Konzepte von Lernenden selbst elaboriert werden können, wobei sowohl intentionales als auch inzidentelles Lernen zu ihrem Recht kommen [Mayes (1992a), 9]. Kozma (1987) definiert kognitive Werkzeuge als »software programs that use the control capabilities of the computer to amplify, extend, or enhance human cognition« (21). Sie unterstützen den Benutzer in den kognitiven Komponenten von bestimmten Aufgaben.

Der Tagungsband von Kommers, Jonassen et al (1992) ist speziell dem Thema der kognitiven Werkzeuge gewidmet. In den Beiträgen dieses Bands werden als kognitive Werkzeuge u.a. der *StrathTutor* [Mayes (1992b)], das *Learning Tool* [Kozma (1992)], *TextVision* [Kommers/de Vries (1992)] und *SemNet* [Fisher

(1992)] vorgestellt. Im Grunde sind alle diese Werkzeuge Varianten des Outliner- oder Skizzengenerator-Konzepts, eines Softwaretyps, der mit *ThinkTank* begann und in MORE seine Fortsetzung fand, einem Programm, das Outlines in Flußdiagramme übersetzen kann. *Design*/IDEF von Meta Software kann Petri-Netze konstruieren, berechnen und mit Hypertext verbinden. Auf die Bedeutung dieser Werkzeuge für wissenschaftliche kreative Lern- und Schreibprozesse habe ich bereits an anderer Stelle hingewiesen [Schulmeister (1989), 56ff.]. Reader und Hammond (1994) bezeichnen diese Programme als »mind tools« oder »concept mapping tools«. Auch Paquette (1991) betrachtet sein regelbasiertes Expertensystem zur Physiotherapie als Werkzeug für »knowledge construction« (148). Auch im konstruktivistischen Ansatz lassen sich repräsentationale Formen, z.B. Problemlösungsbäume, integrieren (Reusser 1993).

TextVision-2 TextVision-2 ist ein Werkzeug, das die Darstellung von Gedanken in Form von Concept Maps erlaubt [de Vries und Kommers (1993)]. In dieser Hinsicht hat es Ähnlichkeit mit dem in Kapitel 7 erwähnten *StorySpace*, das als Werkzeug zum Schreiben von Hypertext-Systemen die Anlage von Argumentationen in Form von grafischen Netzen mit typisierten Links erlaubt.

IdeaWeb Das Tool IdeaWeb, beschrieben von Ahern (1992), das unter Hypercard Computer Mediated Conferencing ermöglicht, löst den Aufbau von Argumentationen über Schaltfelder, deren Relationen als Netz dargestellt werden können. IdeaWeb kennt mehrere Darstellungsweisen: Karten inhaltlicher Bezüge (topic map) und Karten von Absendern, die aufeinander reagiert haben (neighborhood map).

KNOT-Mac KNOT-Mac ist ein Knowledge Network Organizing Tool für den Macintosh. Es wird in der Untersuchung von Dunlap und Grabinger (1992) genutzt, um aus den Interaktionen der Studierenden grafische Wissensrepräsentationen zu generieren.

ABB. 64
Expertennetz nach
Jonassen (1992e)

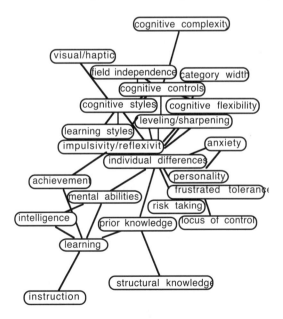

Pathfinder   Hat man erst einmal Wissensrepräsentationen generiert, kann man Pathfinder nutzen. Pathfinder ist ein Statistik-Werkzeug zur Analyse von kognitiven Karten [Jonassen (1992e), Schvanenveldt/Durso et al (1989)].

ABB. 65
Studentenpfade
nach Jonassen
(1992e)

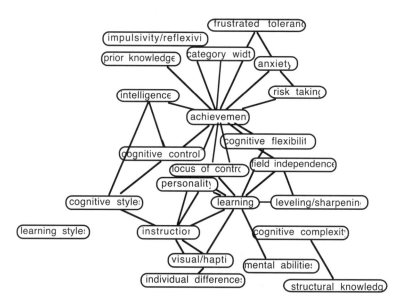

Behavior
Construction Kit   Resnick (1992) aus der Papert-Gruppe vom M.I.T. beschreibt den Bau und die Steuerung von programmierbaren Lego-Konstruktionen und bezeichnet diese Kombination von Logo und Lego als „Behavior Construction Kit". Nach Resnick erlaubt die erste Generation von Konstruktionsspielzeug die Konstruktion von Strukturen, die zweite die Konstruktion von Mechanismen und die dritte das Konstruieren von Verhalten.

Kognitive Werkzeuge integrieren heuristische Komponenten in den Lernprozeß [Schulmeister (1989)], sie erlauben einen ganzheitlichen Zugang zum Lernen, d.h. sie gestatten es, sich den größeren kognitiven Konzepten allmählich durch entdeckendes Verhalten zu nähern, Konzepte zu generieren, und erst im Prozeß einzelne Subkonzepte zu lernen, während Instruktionssysteme einen analytischen Zugang favorisieren. Instruktionsprogramme entwickeln Aufgaben aus untergliederten Lernzielen, beginnen mit der Rezeption der Subskills bei den kleineren Skills und Zielen und schreiten dann sukzessive zu den größeren fort. Kognitive Werkzeuge sind nach Mayes (1992b) ganz anders als intelligente tutorielle Systeme: »This strongly suggests that the philosophy of intelligent tutoring is really orthogonal to the cognitive tool approach to learning« (13).

Es verwundert nicht, wenn sich die Konstruktivisten besonders für kognitive Werkzeuge interessieren, weil sie relativ nahtlos in konstruktivistische Lernumgebungen einzupassen sind – geht der Konstruktivismus doch davon aus, daß man den Lernenden Gelegenheit geben müsse, eigene Konzepte zu generieren. Kognitive Werkzeuge bieten die Chance zum konstruierenden Handeln, bei dem eigene kognitive Konstruktionen eine bedeutsame Rolle spielen. Kognitive Werkzeuge, die von Konstruktivisten entworfen wurden, – man kann dann in einigen Fällen nicht mehr im klassischen Sinne von Werkzeugen sprechen, weil es sich bereits mehr um Lernumgebungen als um Tools handelt, die bewußt die gesamte Lernumgebung einbeziehen – sind in dem Tagungsband von Duffy, Lowyck et al (1993) zu konstruktiven Lernumgebungen an verschiedenen Stellen erwähnt: *Bubble Dialog* bei McMahon und O'Neill (1993), das *Lab Design Project* bei Honebein, Duffy et al (1993), die *STF Hypermedia Library* bei Jones, Knuth et al (1993), *Round Table* bei Knuth und Cunningham (1993) und *SemNet* bei Allen und Hoffman (1993).

Round Table *Round Table* von Knuth und Cunningham (1993) wurde an der Indiana University entwickelt. Das Werkzeug soll die explizite Konstruktion kognitiver Konzepte unterstützen. Die Autoren betonen, daß man das Werkzeug nicht ohne seine Einbettung in die sozialen Prozesse des Studiums betrachten dürfe und daß es innerhalb dieser Umgebung als kooperatives Arbeitsmedium eine sinnvolle Funktion ausüben kann. *Round Table* unterstützt die Analyse von Argumentationen. Es enthält eine Reihe von Fallbeschreibungen, in denen die beteiligten Personen miteinander diskutieren und agieren. Die Aufgabe für die Studierenden besteht darin, die Schlußfolgerungen der Akteure zu identifizieren, die Beweisführung zu entdecken und die Prämissen, auf denen sie aufbauen. Dies geschieht, indem die Studierenden ihre Entdeckungen in drei verschiedenen Fenstern (Prämissen, Beweisführung, Schlußfolgerungen) zu dem betreffenden analysierten Akteur aus der Fallbeschreibung in den Computer eingeben. Alle anderen Studierenden können die Argumente unmittelbar darauf auf ihren Bildschirmen sehen und kommentieren. Schließlich sollen die Studierenden dieses Vorgehen auch auf die eigene Argumentation anwenden. *Round Table* verfügt außer den Fallbeschreibungen und dem Analyzer über eine Reihe von Werkzeugen, die Studierende bei dieser Arbeit unterstützen sollen: Eine email-Komponente, einen *BrainStormer*, Gruppendokumente und individuelle Dokumente.

Aktives Tun, das interaktive Programme ermöglichen, hilft, das Gelernte anzuwenden und umzusetzen. Mayes (1992b) spricht unter Berufung auf verschiedene andere Untersuchungen von einem »enactment effect«, der das Behalten stützen kann (11). Einschränkend bemerkt Mayes, daß kognitive Werkzeuge dort einsetzen, wo Fähigkeiten, die bereits erworben wurden, verfestigt werden. Ich meine, daß eine solche Eingrenzung nicht nötig ist. Kognitive, interaktive Werkzeuge lassen sich auch im entdeckenden Lernen einsetzen, sie sind ebenfalls geeignet, das Problemlösen zu unterstützen und die Hypothesenbildung voranzutreiben [Glaser (1990)], also solche Zielbereiche anzusprechen, die von den Kognitivisten als Metakognitionen bezeichnet werden.

Salomon (1988) prägt den interessanten Ausdruck, kognitive Werkzeuge seien so etwas wie »AI in Reverse«, es seien einerseits Extensionen unserer kognitiven Fähigkeiten, die aber wiederum durch Gebrauch internalisierbar seien. Erst dadurch würden sie zu kognitiven Werkzeugen. Die meisten der dafür infragekommenden Programme besäßen eine spatiale Repräsentationsform mit Entscheidungsdiagrammen, Flußdiagrammen u.ä. (129). Viele Autoren geben der Hoffnung Ausdruck, daß kognitive Werkzeuge geeignet seien, die Entstehung mentaler Modelle zu fördern [Resnick/Johnson (1988)], obwohl bei solchen Urteilen Vorsicht angebracht ist, denn die Berufung auf mentale Modelle wird mangels anderer Theorien stets mit dem Verweis auf das Modell von Gentner und Stevens (1983) verbunden, das dem symbolverarbeitenden Ansatz verpflichtet ist und eher der objektivistischen kognitiven Korrespondenzhypothese als dem Konstruktivismus nahe steht.

Midoro, Olimpo et al (1991) bezeichnen interaktive Programme als 'reaktive' Programme, um deutlich zu machen, daß das Primat des Handelns vom Lernenden ausgeht und das Programm auf seine Handlungen reagiert. Dieser Sprachgebrauch ist mißlich, weil andere Autoren die Unterscheidung von aktiv und reaktiv für andere Zwecke in Anspruch genommen haben. So werden viele CBT-Anwendungen als reaktiv bezeichnet, weil sie nur auf die Eingaben des Benutzers reagieren. Zu den Programmklassen, die nach Midoro und Olimpo als kognitive Werkzeuge infragekommen, zählen Simulationen, Mikrowelten und Programmierumgebungen.

Interaktive multimediale Lernprogramme

Das Programm LernSTATS

LernSTATS [Schulmeister/Jacobs 1995] ist ein Lernprogramm zur Statistik, das eine direkte Manipulation statistischer Daten, Parameter und Konzepte ermöglicht. Es ist als Lernumgebung für konstruktives und entdeckendes Lernen intendiert. Ein ähnliches Programm, aber beschränkt auf die Problematik statistischer Zufallsexperimente und Wahrscheinlichkeiten, ist das Programm LOUTI von Bergeron und Bordier (1991).

Statistik für Psychologen, Sozialwissenschaftler und Erziehungswissenschaftler wird überwiegend, auch heute noch, in Vorlesungen angeboten, gelegentlich begleitet durch Übungen. Die Studierenden der Psychologie zeigen aber eine starke Abneigung, Statistik zu lernen, ein motivationales Konstrukt, das in einer vierjährigen Untersuchung[27] von Lernprozessen als »Statistik-Angst« identifiziert werden konnte [Schulmeister (1983)]. Die meisten Psychologie-Studenten studieren dieses Fach, weil sie einer Idealvorstellung von Psycholo-

---

27. Das Forschungsprojekt E.L.M.A. (Evaluation von Lernprozessen in der Methoden-Ausbildung) wurde von der Deutschen Forschungsgemeinschaft (DFG) gefördert. Sein Ziel war die Untersuchung kognitiver Probleme der Studierenden beim Lernen der Statistik.

gie als Therapie folgen, und können deshalb keine Sympathie für empirische Psychologie aufbringen. Die Ausgangssituation für das Projekt war von folgenden Rahmendaten gekennzeichnet: Nur etwa 20% der Studierenden lernten die Statistik in den Vorlesungen, weitere 40% mußten sich zuhause auf die Prüfungen vorbereiten oder in zusätzlichen Studiengruppen. Etwa 40% der Studierenden erreichte das Ziel nicht.

E.L.M.A. war nicht nur ein Forschungsprojekt, sondern zugleich eine didaktische Intervention. E.L.M.A. definierte ein didaktisches Konzept, das auf dem Konzept des entdeckenden Lernens beruhte und aus einer Mischung von Kleingruppenarbeit in Seminaren und Rückmeldephasen bestand, begleitet von speziellen Unterrichtsmaterialien und Skripten. Die kognitiven Lernprozesse der Studierenden sollten im Verlauf der Intervention untersucht werden. An die Stelle der Vorlesungen traten Kleingruppen in Seminaren. Die Kleingruppen erhielten schriftliche Materialien mit Problemlösungsübungen. Etwa alle 20 Minuten gab es eine Feedback-Session. In diesem Rahmen evaluierten wir die Lernprozesse, führten Befragungen durch, untersuchten kognitive Probleme mit der Methode des lauten Denkens [Schulmeister/Birkhan (1983); Birkhan/Schulmeister (1983)], und verbesserten ständig die Lehrmaterialien durch die Mitarbeit der Studierenden an den Texten [Bogun/Erben/Schulmeister (1983a) und (1983b)]. Sobald die Übungen besser wurden, erhöhte sich auch der Lernerfolg der Studierenden: Etwa 60% der Studierenden lernte die Grundlagen unmittelbar im Unterricht, 20% mußten sich nach wie vor auf dem harten Wege außerhalb des Unterrichts auf die Prüfungen vorbereiten. Nur noch 20% erreichten das Ziel nicht.

Das Projekt sollte auch einen Beitrag leisten zur Untersuchung der Statistikangst. »Statistikangst« oder Statistikphobie erwies sich als eine Mischung mehrerer verwandter Faktoren:

· fehlendes Vertrauen in empirische Methoden

· Zahlenangst

· Abneigung gegen systematische Aktivitäten

· Diskrepanz zwischen einer humanistischen Motivation und dem formalen Charakter der Methoden.

ABB. 66
Konstrukt der
Statistikphobie

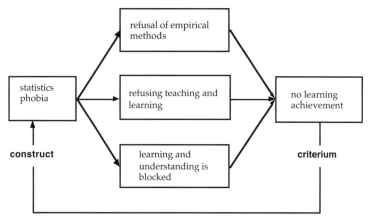

ABB. 66
Konstrukt der
Statistikphobie

Unsere Hypothese lautete, daß ein anderes didaktisches Konzept den Lernerfolg günstig beeinflussen könnte. Die folgende Abbildung markiert die geeignete Stelle für die didaktische Intervention:

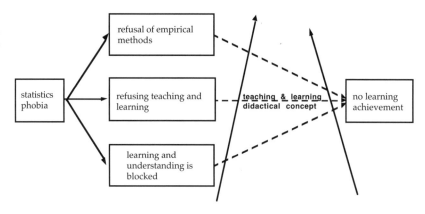

ABB. 67
Didaktische
Intervention

Die beiden folgenden Tabellen illustrieren den Wandel in der Verteilung der
Konstrukte »Statistikphobie« und »Statistikkritik« nach drei Semestern:

t	Abneigung	neutral	keine Abneigung
1. Sem.	73%	12%	15%
2. Sem.	25%	48%	27%
3. Sem.	31%	26%	53%

TAB. 3
Statistikphobie im
Verlauf von drei
Semestern

TAB. 4
Statistik-Kritik im
Verlauf von drei
Semestern

t	kritisch	neutral	unkritisch
1. Sem.	66%	6%	8%
2. Sem.	31%	42%	27%
3. Sem.	34%	13%	47%

Die ursprünglich kritische Haltung wich einer indifferenten Zwischenphase und erreichte ein bimodales Stadium. Die Korrelation zwischen emotionaler Abneigung und kritischer Haltung zur Statistik als Forschungsmethode nahm von $r = .71$ zu $r = .39$ innerhalb von drei Semestern ab. Das didaktische Konzept von E.L.M.A. betonte vier Prinzipien:

· Herstellung eines Inhalts- und Kontextbezugs der Methoden und Statistik zur Psychologie, wann immer möglich, um die Motivation der Studierenden anzusprechen

· Konzipierung der Lernsituationen nach dem Modell des entdeckenden Lernens, wann immer möglich

· Einrichtung von Gruppenarbeit und Feedback-Phasen, so oft wie möglich.

Die Übungen wurden von einem Team von Psychologen entwickelt. Alle Mitglieder des Lehrkörpers, die am Experiment beteiligt waren, wurden in Micro-Teachings (Unterrichtssimulationen) auf das Management der Gruppenarbeit und der Feedbackphasen präpariert. Vor einigen Jahren mußte ich feststellen, daß die im Projekt engagierten Mitarbeiter entweder das Institut verlassen oder sich anderen Lehr- und Forschungsgebieten zugewendet hatten. Das Wissen um das Konzept und die Erfahrungen aus dem Projekt und den Trainings war verlorengegangen. Ich hatte die Wahl, alles noch einmal von vorn zu beginnen oder aber einen ganz anderen Zugang zum Lernen der Statistik zu suchen. Aus diesem Grund habe ich vor einigen Jahren begonnen, die Papier-und-Bleistift Übungen aus E.L.M.A. [Bogun/Erben/Schulmeister (1983b)] auf einem Computer zu programmieren. Als Autorensystem wurde eine Hypermedia-Umgebung, zuerst *HyperCard*, später *SuperCard*, gewählt, die sowohl Hypertext-Funktionen als auch multimediale Eigenschaften aufweisen und die zudem über eine eigene Programmiersprache verfügen. Die objektorientierte Programmierumgebung bot eine Reihe von Vorteilen gegenüber traditionellen strukturierten Programmiersprachen: Rasches Prototyping, Designflexibilität, komfortables Browsing, leicht handhabbare Multimedia-Eigenschaften, Einbindung externer Programme.

Die Programmumgebung

LernSTATS ist nicht *noch ein* Statistikprogramm, es ist *kein* Statistikprogramm. LernSTATS kann nicht verglichen werden mit kommerzieller Statistiksoftware wie SPSS oder SYSTAT. LernSTATS ist ein Programm zum Lehren und Lernen der Statistik in der Psychologie, den Sozialwissenschaften, der Medizin und der Erziehungswissenschaft. LernSTATS deckt zur Zeit den gesamten Stoff der deskriptiven Statistik ab: Population, Distribution, Häufigkeitsverteilungen, Statistikgrafik, arithmetisches Mittel, Varianz, Standardisierung, parametrische und nichtparametrische Korrelationen, Faktorenanalyse, Regression, multiple Regression und multiple Korrelation. Für alle diese Themen bietet LernSTATS eine Vielzahl interaktiver Übungen zum Entdecken statistischer Konzepte an, die verknüpft sind mit einem kompletten Statistik-Buch, einem Glossar und einer Online-Hilfe.

Die Übungen in LernSTATS können in vielen Fällen nicht mit traditionellen Statistik-Aufgaben verglichen und deshalb auch nicht in kommerziellen Software-Paketen durchgeführt werden, sondern stellen spezielle didaktische Materialien für tutorielle Experimente im Seminar oder für das Selbstlernen dar. Die meisten Übungen verfolgen das Ziel, das Verstehen statistischer Konzepte durch entdeckendes Lernens zu fördern. Man kann mit LernSTATS zwar auch individuell lernen, obwohl ursprünglich an eine Einbettung des Programms in kooperatives Lernen mit Feedback-Phasen gedacht war.

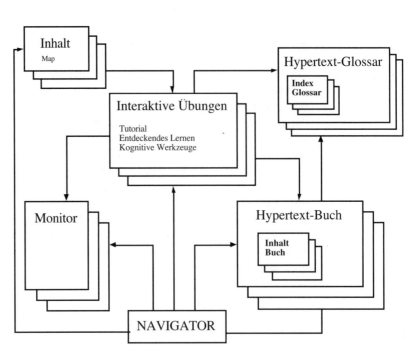

ABB. 68
Die Struktur von
LernSTATS

Mit Hilfe des Computers können die Übungen so oft wiederholt werden, wie es die Studierenden für nötig erachten. In den meisten Fällen berechnet der Computer die Formeln, um den Studierenden Zeit zu sparen und damit sie die Berechnungen nicht wiederholen müssen, wenn sie die Daten variieren wollen. LernSTATS kann im Seminar, in der Gruppenarbeit im Computerpool und beim individuellen Lernen zuhause eingesetzt werden. Die Studierenden können LernSTATS auch zusätzlich zum Seminar als elektronisches Buch mit interaktiven Übungen einsetzen. Im Fachbereich Psychologie der Universität Hamburg wird den Studierenden die Entscheidung überlassen, in welcher Weise sie LernSTATS für sich nutzen wollen.

Die Systemkomponenten von LernSTATS

ABB. 69
Systemkomponenten
von LernSTATS

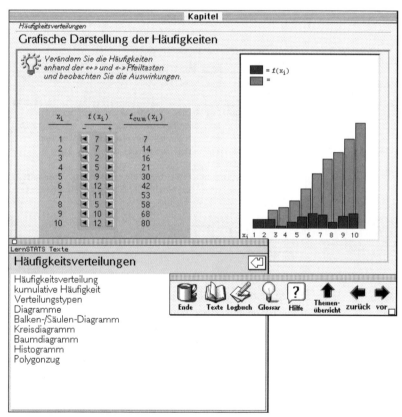

Die Navigator-Palette

Die Navigator-Palette (links in der Bildschirmabbildung) ist ständig präsent. Sie kann wahlweise links neben dem Übungsfenster oder unter dem Übungsfenster angeordnet werden. Die Icon-Knöpfe in der Palette ermöglichen es dem Benutzer, in den Übungen voran- oder zurückzuspringen, das Statistik-

Buch mit den Erklärungen und Definitionen zu den statistischen Konzepten aufzuschlagen, ein Glossar zu öffnen, das Logbuch zu öffnen, zum Inhaltsverzeichnis zurückzukehren oder das Programm zu verlassen.

Glossar

In der Abbildung sind rechts neben der Navigator-Palette das Übungsfenster mit einer interaktiven Übung zum arithmetischen Mittel und unter dem Übungsfenster links der Index des Glossars zum Thema Zentralmaße und rechts das Glossarfenster mit Erläuterungen zum arithmetischen Mittel zu sehen. Das Glossar bietet einen Zugang zu Erläuterungen sämtlicher Begriffe der Statistik in alphabetisch geordneter Form über einen Indexbrowser an. Die Texte im Glossar sind knapper gehalten als die Texte im Statistik-Buch und eignen sich deshalb zum schnellen Nachschlagen. Das Glossar ist für einen systematischen Zugang zur Statistik-Theorie gedacht, während das Statistik-Buch eher ein Tutorial darstellt, das in seinen Texten nicht nur die Statistik-Konzepte beschreibt, sondern auch auf die Lernprobleme der Studierenden eingeht, motiviert und begründet.

ABB. 70
Das Statistik-Buch in
LernSTATS

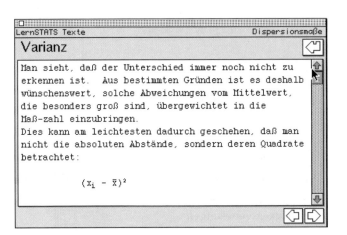

Das Statistik-Buch

Das Statistik-Buch in LernSTATS steht den Studierenden jederzeit zur Verfügung. Es besteht aus einem Hypertext-Browser mit einem hierarchisch geordneten Index. Es enthält besonders einfach und eingängig geschriebene Texte zu allen in den Übungen behandelten statistischen Themen und Konzepten [verbesserter Text von Bogun/Erben/Schulmeister (1983)]. Das Buch-Fenster kann die ganze Zeit offengehalten werden. Wenn die Studierenden den Buch-Knopf der Navigator-Palette drücken, öffnet sich das Buch mit Erläuterungen genau zur aktuellen Übung im Übungsfenster. Die Texte im Statistik-Buch sind bewußt einfach gehalten und sehr ausführlich. Sie wurden ursprünglich im E.L.M.A.-Projekt von Studierenden selbst überarbeitet. Die Diktion im Buch ist im Vergleich zum Glossar eher tutoriell gehalten und absichtlich redundant.

ABB. 71
Das Logbuch in
LernSTATS

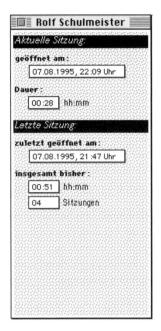

Das Logbuch   LernSTATS registriert den Benutzer, wenn er/sie das Programm startet und legt
ein Logbuch zum Benutzer an bzw. schreibt ein bestehendes Logbuch fort. Die
Aktionen der Studierenden werden in einer Art Protokoll (audit trail) verzeichnet. Das Logbuch zeichnet Informationen auf zum Thema der Übung, der Zahl
der Wiederholungen, den Eingaben der Studierenden und den Ergebnissen der
Übung. Die Studierenden können das Logbuch jederzeit einsehen, sie können
dem Tutor oder dem Dozenten eine Kopie für die Evaluation zukommen lassen
oder sich entscheiden, es zu löschen. Die Absicht des Logbuchs besteht nicht
in der Kontrolle der Lernprozesse der Studierenden, sondern in einer vernünftigen Beratung der Studierenden auf der Grundlage ihrer eigenen Daten.

Die Übungen in LernSTATS zentrieren sich um kognitive Probleme von Studierenden beim Verstehen der statistischen Konzepte und versuchen, bestimmte didaktische Prinzipien zu verwirklichen, die für die Motivation und das kognitive Lernen wichtig sind: Entdeckendes Lernen, interaktive Visualisierung,
Animation und Lernen durch Übung. Sie knüpfen jeweils beim vorhandenen
Vorwissen der Studierenden an.

Entdeckendes Lernen   Einige Übungen in *LernSTATS* präsentieren Puzzles und Rätsel und geben
den Lernenden die Chance, die Lösung selbst zu entdecken. Eine präzise Lösung ist nicht erforderlich, es kommt eher auf die Beschreibung und Erklärung
des kognitiven Konzepts an.

Interaktive
Visualisierung

Zweidimensionale Methoden der Visualisierung veranschaulichen die erklärten Konzepte und Relationen. In der Regel sind Grafiken und Wertetabellen miteinander so verknüpft, daß Interaktionen mit der Tabelle unmittelbar in der Grafik gespiegelt werden und umgekehrt. Diagramme sind per direkter Manipulation dem Studierenden zugänglich.

Animationen

Animationen illustrieren funktionale Mechanismen von Formeln durch sukzessive Hervorhebung der jeweils zu berechnenden Daten oder durch visuelles »Wandern« der Daten in die Grafik.

Lernen durch Übung

Alle Übungen in LernSTATS sind wiederholbar. In der Regel kann der Studierende die Datenreihe variieren, die der Übung zugrundeliegt. Formeln werden in Teile zerlegt und sind durch direkte Manipulation zusammensetzbar.

Konzepte und
Subkonzepte

Komplexe Konzepte werden in eine Serie von Subkonzepten unterteilt. So gibt es jeweils mehrere Übungen zum Mittelwert, zur Varianz und zur Korrelation. Die Berechnung der Faktorenanalyse enthält beispielsweise Übungen zur Matrizenrechnung, zur Berechnung der Ladungsziffern, zur schrittweisen Extraktion von Faktoren und zur Rotation von Faktoren.

LernSTATS befindet sich seit einem halben Jahr bei ca. 50 Lehrenden der Statistik in mehreren europäischen Ländern im Test. Von einigen Kollegen habe ich detaillierte Rückmeldungen erhalten, die z.Zt. eingearbeitet werden.

Einige Beispielübungen aus LernSTATS

Im folgenden werde ich einige Übungen aus LernSTATS beschreiben, obwohl dies nur teilweise gelingen kann, da die Abbildungen die Animationen und die interaktiven Prozesse nicht wiedergeben können, die beim Aufbau und bei der Bearbeitung der Übungen ablaufen.

Interaktive Grafik

ABB. 72
Übung zur Häufigkeitsverteilung
mit Buch

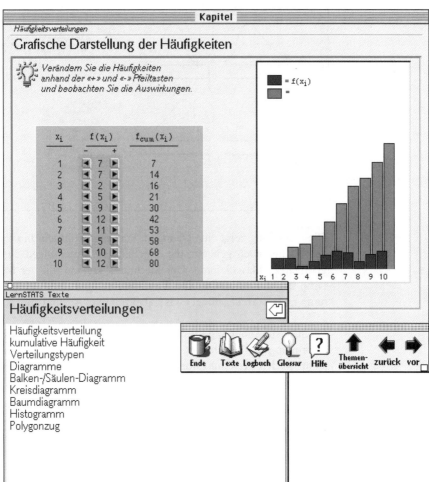

Die Übung berechnet Häufigkeiten und stellt sie als Säulendiagramm dar. Hinter dem Säulendiagramm erscheint ein Diagramm der kumulierten Häufigkeiten. Die Studierenden können die Werte in der Häufigkeitstabelle mit Hilfe der Pfeilknöpfe ändern, worauf jeweils die beiden Diagramme neu gezeichnet werden. Die Studierenden können aber auch die Säulen im Säulendiagramm manuell vergrößern oder verkleinern, was sofort in den Werten in der Häufigkeitstabelle gespiegelt wird. Die meisten Übungen zur Grafik in LernSTATS sind bidirektional interaktiv, können also sowohl von den Werten als auch von der Grafik aus manipuliert werden.

ABB. 73
Übung zu
Verteilungsformen:
Klassifikation

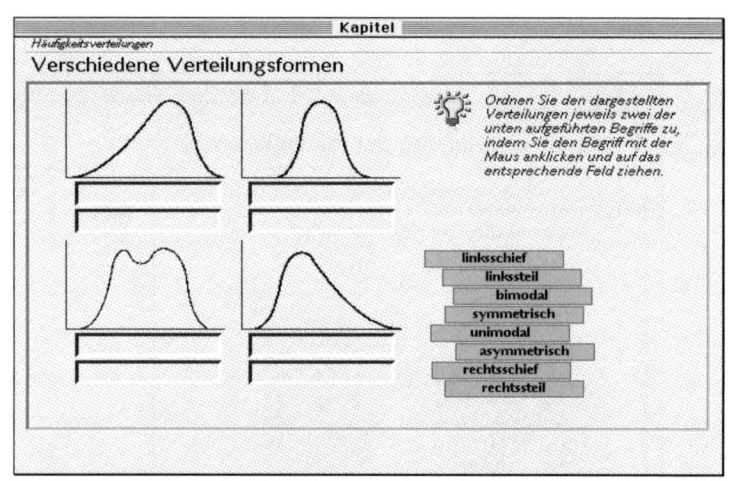

Die Abbildung zeigt eine Übung zu Verteilungsformen. In diesem Fall werden die Studierenden gebeten, die abgebildeten Verteilungen durch Attribute begrifflich zu klassifizieren. Die Merkmale können mit der Maus per Drag & Drop in die Felder unter den Verteilungen »geklebt« werden. Ist eine Zuordnung nicht korrekt, »fliegt« das Label mit dem Attribut zurück an seinen Platz.

Die nächste Abbildung illustriert eine interaktive Grafik, deren Ziel nicht in der Zuordnung von Attributen, sondern in der Relationierung von Konzepten besteht: In den Verteilungsformen linksschief/rechtssteil, rechtsschief/linkssteil, symmetrisch sollen Modus, Median und Mittelwert richtig angeordnet werden:

ABB. 74
Interaktive Grafik:
Lage der Zentralmaße

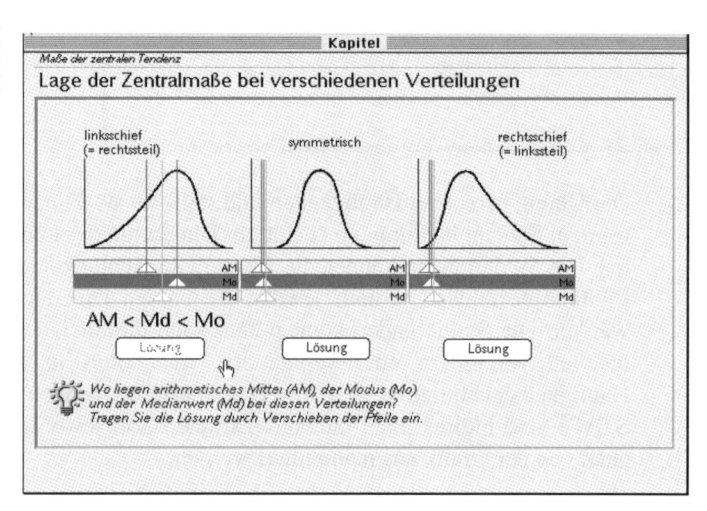

In der Grafik können die Studierenden die durch vertikale Linien repräsentierten Zentralmaße des arithmetischen Mittels, des Modus und des Medians an die korrekte Stelle bringen, indem sie die Linien mit der Maus verschieben.

ABB. 75
Korrelation:
Interaktion von
Werten und Grafik

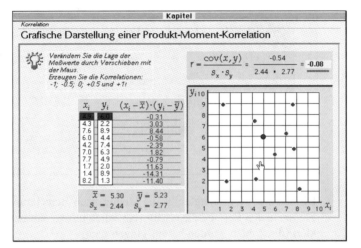

Eine von mehreren Übungen zur Produkt-Moment-Korrelation wird in der obenstehenden Abbildung wiedergegeben. Die Korrelationsübungen betonen das Konzept der covariierenden Paare von Variablen. In der obigen Übung werden die Wertepaare per Animation in das Punktediagramm übertragen. Die Studierenden können die Punkte im Diagramm hin- und herschieben. Die dazugehörigen Wertepaare werden jeweils neu berechnet, ebenfalls die Korrelation. Die Studierenden erhalten die Aufgabe, Konstellationen von Punkten zu finden, die Korrelationen von +1.0, -1.0, +0.5, -0.5, 0.0 usw. ergeben. Die enaktive Form der Auseinandersetzung mit dieser Thematik hilft den Studierenden dabei, ein kognitives Verständnis für das Konzept der Kovarianz und der Korrelation zu entwickeln, eine Voraussetzung für die Entwicklung einer formaleren Version dieses Konzepts.

Manipulation
von Formeln

Für das Erlernen von Formeln wurden spezielle interaktive Übungen entwickelt. Es sollte vermieden werden, daß die Studierenden die teilweise aufwendigen Berechnungen selbst durchführen müssen. Dennoch sollten sie den Algorithmus der Berechnung verstehen lernen. Dieses Ziel wurde durch Partialisierung der Aufgabe erreicht. In der Übung zur Varianz sollen die Studenten die Varianz zu berechnen, indem sie Teilformeln berechnen lassen und das Ergebnis per Drag & Drop in andere Formeln einsetzen. Die erste Abbildung zeigt den Beginn der Übung:

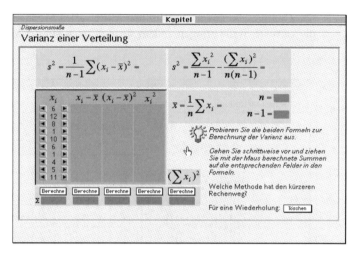

Die nächste Abbildung zeigt die Übung nach Berechnung aller Schritte. Die Stellen in den Formel, die als Einsetzstellen infrage kommen, sind flächig markiert (die Zahlen wurden bereits eingetragen):

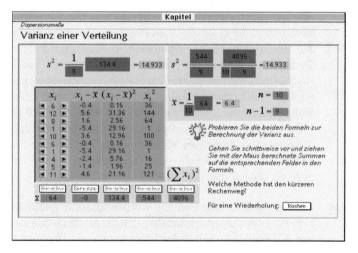

Auch diese Übung arbeitet mit der Methode der direkten Manipulation, d.h. die berechneten Teilergebnisse werden mit der Maus von den jeweiligen Feldern »abgeholt«, über die für ein Einsetzen der Werte infragekommenden Flächen der anderen Teilformeln geführt und dort »fallen gelassen«. Ist die Zuordnung korrekt, landen die Werte in den entsprechenden Teilen der Formeln und können nun wieder für die Berechnung dieser Formeln benutzt werden.

Relationen als
Tabellen

Eine Tabelle ist ein relationales Konzept der nächst höheren Ordnung. Das Konzept der Menge wird zum Konzept der Häufigkeit, das Konzept der Liste wird zum Konzept von Zellen, Spalten und Reihen. Tabellen spielen besonders bei nicht-parametrischen Korrelationen eine Rolle. Die Studierenden können die Werte in den Zellen mit Hilfe der Pfeilknöpfe erhöhen und verringern und die Auswirkungen auf die Berechnung beobachten. In der folgenden Abbildung gebe ich die Übung zur Phi-Korrelation wieder:

ABB. 78
Übung zur
Phi-Korrelation

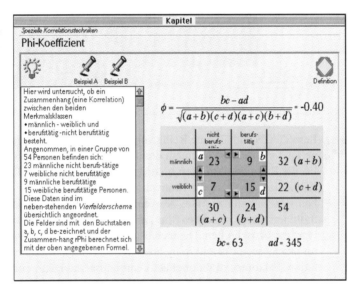

Lernen durch
Wiederholung und
Übung

Viele Übungen gewinnen einen besonderen Lerneffekt dadurch, daß die Studierenden sie so oft wie möglich wiederholen können. Die Umsetzung der Darstellung eines Lehrbuchs in Übungen wäre erheblich schwieriger, weil dann die Studierenden die gesamte Berechnung selbst durchführen müssen, in der zumeist kein besonderer Lerngewinn steckt. Der Lerngewinn bei derartigen Übungen steckt zumeist im Vergleich der Ergebnisse. Erst über die Erhöhung oder Verringerung der Werte lassen sich Zusammenhänge entdecken. Bei computerunterstützten Übungen nimmt das Programm den Studierenden die repetitiven Aufgaben ab und ermöglicht es ihnen, sich auf die dahinterstehenden Konzepte zu konzentrieren.

Konzepte logischer
Relationen

Das logische Problem, den korrekten Korrelationstyp auszuwählen, wird in LernSTATS als Entscheidungsmatrix konzeptualisiert. Die beiden Dimensionen der Matrix werden durch die Skalenqualität der beiden Variablen gebildet. Die Studierenden werden aufgefordert, einen bestimmten Typ von Korrelation für die Problemlösung auszuwählen, und müssen dann durch Nachfragen wie in einem Mini-Expertensystem herausfinden, ob ihre Entscheidung korrekt war.

ABB. 79
Entscheidungsmatrix
für Korrelationen

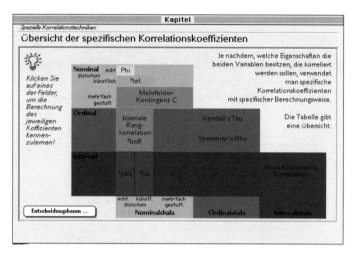

Motivation und
Verstehen

LernSTATS enthält eine Reihe von Übungen zur Faktorenanalyse, darunter eine Faktorenrotation in einem dreidimensionalen Scatterplot sowie ein Beispiel für die Rotation der Daten im dreidimensionalen Raum. Der dreidimensionale Fall stützt vor allem die Motivation, die Grundlage für ein plastisches Verstehen der Faktorenanalyse. Nur dann, wenn die Faktorenanalyse ausreichend motiviert wurde, macht es Sinn, zu den technischen Aspekten der Faktorenanalyse voranzuschreiten. Die technischen Aspekte behandeln eine komplette Faktorenanalyse, aufgeteilt in mehrere Teilschritte, in Matrizenrechnung, Datenrotation, Faktorenextraktion, Faktorenrotation und Faktoreninterpretation.

ABB. 80
Rotation einer
Faktorenlösung

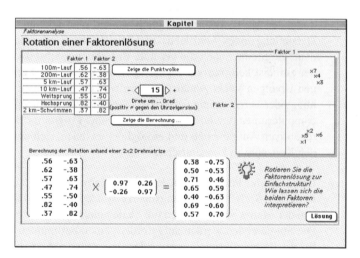

Geometer's Sketchpad

Nur noch selten begeistert mich ein Programm so uneingeschränkt wie es bei *Geometer's Sketchpad* der Fall ist. *Geometer's Sketchpad* bezeichnet sich selbst als »die erste dynamische Software für Geometrie« – was durchaus zutrifft. Das flotte Stück basiert auf einem Buch von Michael Serra »Discovering Geometry: An Inductive Approach«. Nick Jackiw entwickelte das Programm in einem von der National Science Foundation geförderten Projekt unter Leitung von F. Klotz (Swarthmore College) und D. Schattschneider (Moravian College).

Geometer's Sketchpad erleichtert den explorativen, entdeckenden Umgang des Schülers mit der Geometrie dadurch, daß die einzelnen grafischen Elemente oder Objekte untereinander verbunden und als geometrische (nicht nur grafische!) Objekte bewegt und berechnet werden können. Die Fähigkeiten des Programms umfassen u.a.:

· Zeichnen geometrischer Objekte

· Manipulieren geometrischer Objekte (Länge, Winkel etc.)

· Berechnen von Längen, Flächen, Winkeln etc.

· Automatisches Beschriften der Objekte

· Manuelle Animation mit und ohne Tracing

· Recording von Scripts

· Playback von Scripts (Animation mit und ohne Tracing).

Neben den Grundfunktionen des Zeichnens mit grafischen Objekten verfügt das Programm über geometrisches Wissen: So erfaßt *Geometer's Sketchpad* zwei sich in einem Schnittpunkt berührende Linien nicht als starre Objekte. Der Schnittpunkt gilt als Dreh- und Angelpunkt. Bewegt der Anwender eine Seite eines Dreiecks, bleibt der gegenüberliegende Eckpunkt fixiert und alle Winkel passen sich der neuen Konstellation an. Das Programm erkennt jederzeit, was eine Seite und ein Winkel ist, kann die Seitenlängen und Winkel berechnen, und eine Linie innerhalb eines Kreises als Radius behandeln. Die zeichnerischen Möglichkeiten reichen bis hin zu spiegelsymmetrischen Abbildungen, Inversionen, Tangenten und vielem mehr. Alle Gebilde besitzen ein schlichte Raffiniertheit, die es dem Schüler erlaubt, damit herumzuspielen schon lange bevor er/sie die geometrischen Namen kennt. In einem zweiten Schritt beschriftet das Programm automatisch Objekte nach der klassischen Methode (Punkte: A, B, C; Seiten: j, k, m usw.), wobei die Beschriftung ein- oder ausgeblendet werden kann. Für die Eingabe längerer Textpassagen steht ein Texteditor zur Verfügung. Auf diese Weise kann der Lehrer Übungen mit Instruktionsanweisungen oder Kommentaren konstruieren, die automatisch rechnen können und deren Objekte interaktiv manipuliert werden können.

Auch Längen, Flächen oder Winkel, die Summe der Winkel im Dreieck, die Länge einer Seite, die Neigung einer Linie, die Fläche, den Umfang und den Radius eines Kreises und alle sinnvollen Kombinationen dieser Parameter berechnet Sketchpad. Die berechneten Maße werden in das Objekt eingeblendet.

ABB. 81
Automatisch
beschriftete Dreiecke
und Winkel

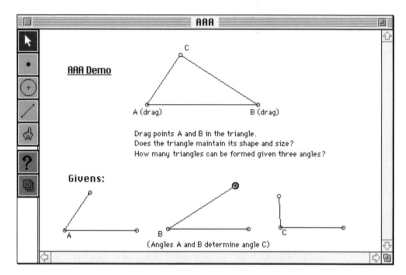

Sketchpad erlaubt vor allem die direkte Manipulation geometrischer Konzepte: Dafür sind mehrere Objekte auszuwählen und so miteinander zu verbinden, daß sich beim Bewegen des einen Objekts auch das andere mitbewegt. So kann z.B. ein beweglicher Punkt auf einer Linie als Schieberegler dienen, mit dem sich der Radius zweier überlagernder Kreise verändern läßt. Bewegungen können automatisch verfolgt (Trace) und aufgezeichnet werden. So entsteht beispielsweise bei der Bewegung des Schnittpunktes zweier Kreise eine Ellipse oder bei der Drehung eines Punktes um einen Kreis eine sich bewegende Sinuswelle.

Die Animationsmöglichkeiten in *Geometer's Sketchpad* lassen sich als Fortsetzung der Verfolgungs-Technik mit anderen Mitteln bezeichnen. Zwei oder mehr Objekte sind auszuwählen, die das Programm automatisch in Bewegung versetzen kann.

ABB. 82
Der Punkt auf dem
Kreis treibt die
Sinuswelle an

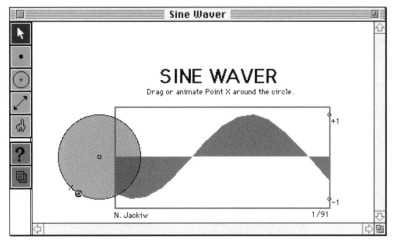

Die einzelnen Vorgänge im Konstruktionsablauf können in ein Skript geschrieben, und das Skript kann jederzeit wieder abgespielt werden. Skripte können dabei rekursiv geschachtelt werden. Der Rekorder protokolliert die gegebenen Voraussetzungen und alle weiteren Operationen, die auf dieser Basis durchgeführt werden, z.B. »Punkte A, B, C; Segment von A nach C«. Das Skript läßt sich bei gleichen Voraussetzungen erneut auf die Gegebenen anwenden. Bei mehrfacher Anwendung eines Skripts entsteht der Eindruck einer Animation.

ABB. 83
Achteck automatisch
per Skript generieren

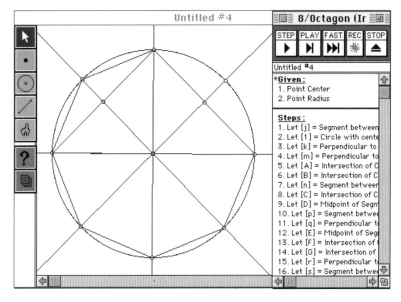

Das Ergebnis ist nicht nur einfach Geometrie, sondern eine Art »dynamischer« Geometrie, Geometrie als bewegter Vorgang und lebendiger Prozeß.

ABB. 84
Billard: Die Bahn der
Kugel läßt sich
verändern

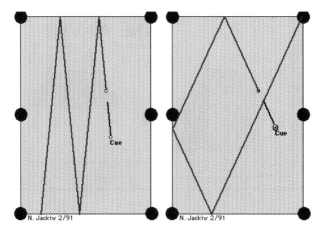

Es ist für mich keine Frage, daß diese Dynamik eine besondere kognitive Relevanz für die konstruktiv-anschaulichen Lernprozesse bei Schülern annehmen kann. Was dem Entwickler damit gelungen ist, ist ein völlig neues Konzept eines kognitionspsychologisch orientierten Herangehens an die Problematik des Unterrichtens von Geometrie. Was vor der Geometrie kommt, ist das kognitive Konzept. Es folgt die räumlich-visuelle Manipulation geometrischer Objekte, und die Inferenzschlüsse ergeben sich fast automatisch daraus. Selbst mathematische Beweise lassen sich mit dem Programm durch reine geometrische Manipulation und visuellen Vergleich führen. Hierzu ein Beispiel, an das sich wohl jeder aus seiner Schulzeit erinnert: Man beweise den Satz des Pythagoras

$a^2+b^2=c^2$, ohne Flächen zu berechnen, rein grafisch!

ABB. 85
Pythagoras im
Urzustand

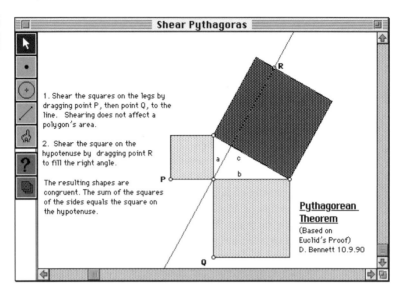

ABB. 86
Pythagoras nach
Transformation der
Quadrate in Rhomben

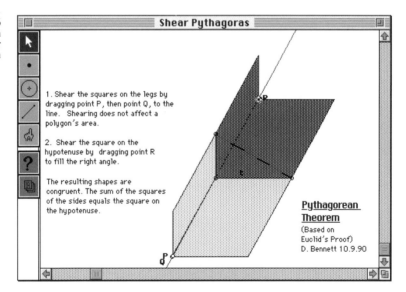

Die Autoren des Programms schlagen zugleich bestimmte Lernsituationen vor und liefern dafür elektronische Beispiel-Übungsblätter für den Lehrer:

· Demonstrieren durch den Lehrer (expositorisches Lehren)

· Explorieren vorgegebener Übungsblätter durch die Schüler (gelenktes entdeckendes Lernen)

· Untersuchen von Problemstellungen und geometrischen Projekten (forschendes Lernen)

Ähnliche Funktionen wie *Geometer's Sketchpad* bieten die Programme *Interactive Physics* [Gentner 1992] und NEWTON [Teodoro (1992)] für die Physik.

Mathematical
MacTutor

Der *Mathematical MacTutor* (St. Andrews, Schottland) gestattet die direkte Manipulation mathematischer Objekte. Die Umgebung kann als exemplarisch für die Transformation mathematischer Probleme in Lernsituationen entdeckenden Lernens gelten. Teilweise erkennt man unter der Verkleidung (z.B. Escher-Grafik, Tangram-Figuren) nicht sofort das mathematische Problem. Was die Lernenden mit diesem Instrument manipulieren, ist geeignet, die eigene Konstruktion kognitiver Konzepte zu fördern. Ein wichtiger Bestandteil von *Mathematical MacTutor* sind Hypertexte zur Geschichte der Mathematik, die bei den einzelnen Übungen aufgerufen werden können und die das Verstehen der Lernenden um geschichtliche Dimensionen erweitern, eine Dimension, die in diesem Buch noch nicht angesprochen wurde, weil keines der bisher referierten Programme, vor allem nicht die naturwissenschaftlichen Programme, die geschichtliche Dimension mit aufgenommen hatte.

ABB. 87
Tangram-Übung
aus *Mathematical
MacTutor*

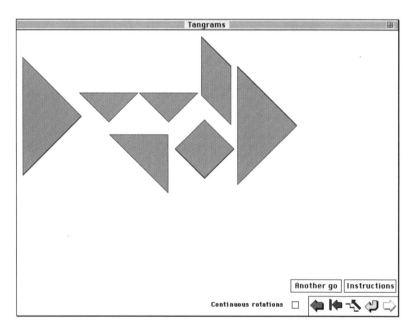

Tarski's World

Selbst in der philosophischen Logik lassen sich sinnvolle Einsatzmöglichkeiten für kreative Lern- und Übungsprogramme vom Typ der direkten Manipulation finden, die aktives Konstruieren erlauben, z.B. das originelle Programm

Tarski's World von Jon Barwise und John Etchemendy (Stanford University; Vertrieb: University of Chicago Press), in dem sich logische Sätze in mehr als 100 Übungen an 700 unterschiedlich komplexen Problemen ausprobieren lassen [Greeno (1991), 7ff.]. Das System besteht aus einem Editor für logisch-semantische Ausdrücke und einer bildlichen Repräsentation einer Domain-Welt, die sich ausschließlich aus dreidimensionalen Blöcken unterschiedlichster Formen auf einem quasi-dreidimensionalen Raster zusammensetzt. Die Orte auf dem Raster repräsentieren Relationen wie links-von, rechts-von, vor, hinter und zwischen. Die Aufgabe der Studierenden besteht darin, logische Ausdrücke zu generieren und anhand der Analogien zwischen Ausdruck und bildlicher Repräsentation Lösungen zu finden, in denen alle logischen Ausdrücke wahr sind. *Tarski's World* kommt mit einer Reihe von Modellen und Dateien mit Sätzen, an denen der Studierende üben kann, z.B. Wittgenstein's World, Leibniz' World, Boole's World. Das Programm bietet auch einen »Spielmodus« an, in dem Student und Computer die Seiten tauschen.

ABB. 88
Tarski's World:
Logik von Modellen
testen

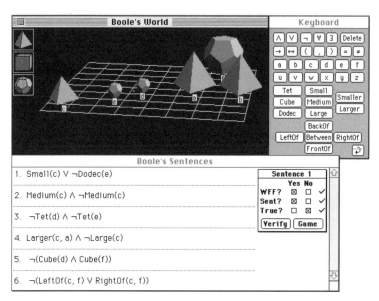

Learning Tool *Learning Tool*, eine Abwandlung von MORE oder Acta [Kozma (1987)] macht aus einem Prinzip von Hypertext (Outline mit Knoten und graphischen Karten) ein Lernwerkzeug. *Learning Tool*, das Kozma (1992) auch als kognitives Werkzeug betrachtet, besteht aus einer Shell mit drei verschiedenen Ebenen: einer Master List, die dem Outliner-Prinzip entlehnt ist, einer Konzeptkarte, in der jede neue Zeile ein Icon anlegt, das auf die dritte Ebene der Notizkarten verweist, in die der Lernende seine Texte und Bilder eingeben kann. Das Werkzeug ermöglicht es so einem Benutzer, Texte anzulegen, die nach der Art eines Ideengenerators durch Relationen untereinander verbunden sind, und auf diese Weise das semantische Beziehungsgeflecht in den Texten zu symbolisieren.

Kozma (1991) referiert eine Untersuchung, in der *Learning Tool* und der Outliner *Acta* zur Unterstützung des Lernens in Englischer Aufsatztechnik eingesetzt wurde.

TextVision

Ein relativ ähnliches System ist *TextVision* für den Macintosh [Kommers/de Vries (1992)] mit dem Unterschied, daß *TextVision* von einer Art Grafikeditor ausgeht, mit dem Knoten und Links grafisch gesetzt werden, wobei an die Knoten die Texte gebunden werden können.

SemNet

In ähnlicher Weise bietet *SemNet*, eine Art dreidimensionaler farbiger Netzeditor für große Wissensbasen, dem Benutzer die Möglichkeit, Elemente von Wissen, kognitive oder semantische Relationen als Fisheye views und Cluster abzubilden. Die räumlich-metaphorische Schnittstelle setzt Maße wie Distanz und Dicke in Gewichte um und erlaubt dem Benutzer eine Navigation mit Hilfe relativer und absoluter Bewegungen im dreidimensionalen Raum [Fairchild/Poltrock et al (1988)]. Die Links in *SemNet* sind bidirektional und können typisiert werden. Die Darstellung hinsichtlich Nachbarn, Richtung und Link-Typen richtet sich danach, welcher Knoten vom Benutzer ausgewählt wird. Der ausgewählte Knoten rückt ins Zentrum, die Nachbarn werden zu Satelliten [Allen/Hoffman (1993), 263].

IQON

IQON (Interacting Quantities Omitting Numbers) ist ein mit Icons arbeitendes Werkzeug für die Modellierung qualitativer oder semi-quantitativer Argumentationen, angelehnt an die Arbeitsweise von STELLA [Miller/Ogborn et al (1991)].

DISCUSS

Decker, Hirshfield et al (1989) stellen mit DISCUSS ein Werkzeug für die Verfertigung von Argumentationen vor, das in einen Autoren- und einen Studententeil unterteilt ist. Der Autorenteil arbeitet mit Diagrammen für Argumentationen, wobei die Argumente mit unterschiedlichen Icons versehen werden können. Der Studententeil präsentiert den Studierenden Fragen, auf die sie antworten können. Das Instrument wurde in Kursen zur Politikwissenschaft und Literaturwissenschaft eingesetzt. Die Lehrenden beobachteten eine deutliche Verbesserung der Seminardiskussion und eine erhöhte Quantität der Texte, allerdings wurden ihre Erwartungen hinsichtlich der Förderung höherer kognitiver Fähigkeiten oder des kritischen Denkens nicht befriedigt.

Writer's Assistant

Writer's Assistant ist ein Werkzeug, das den Schreibenden bei seiner Arbeit unterstützen soll [Sharples/O'Malley (1988)]. Auch in diesem Instrument wird die Argumentation als Netz konstruiert, dessen Knoten Schreibflächen öffnen. In einem Fisheye view kann ein Ausschnitt als Fließtext betrachtet werden.

Designers' Notepad

Twidale, Rodden et al (1994) schildern informelle Beobachtungen aus dem Einsatz von *Designers' Notepad* (DNP) bei vier studentischen Arbeitsgruppen. DNP war ursprünglich gedacht als ein Werkzeug für die frühen Phasen des Softwaredesigns, »but whose features are equally applicable as a learning environment for students of any domain« (107). Das Werkzeug ist eine Art Fluß-diagramm-Editor mit zusätzlichen Fenstern für Notizen und der Möglichkeit, die Links zu typisieren. Twidale, Rodden et al gehen auf die Unterschiede zu *LearningTool* und *SemNet* ein und betonen die große Variabilität und Flexibilität in der Nutzung ihres Werkzeugs. Interessant sind die Beobachtungen zu der Frage, welche Funktionalität es haben kann: Es kann vorkommen, daß man das Konzept im Trockenen entwirft und DNP nur nachträglich als Grafik-Editor benutzt, oder, daß man von der grafischen Qualität des Werkzeugs verführt wird, sich nur mit der Präzisierung des Diagramms befaßt und der Inhalt in den Hintergrund gedrängt wird.

Larkin und Chabay (1989) stellen vier Programme vor, die den EDUCOM/NCRIPTAL Software-Preis erhalten haben. Alle Programme haben unterschiedliche Ziele, aber allen ist die interaktive Umgehensweise gemeinsam:

CHEMAZE ist ein PacMan-artiges Spiel mit chemischen Substanzen in einem Labyrinth, die durch Reaktionen aus dem Weg geräumt werden müssen. Der Spieler kann nur dann zu einem Erfolg gelangen, wenn er die Substanzen kennt, d.h. ihre Klassifikation aufgrund ihrer chemischen Eigenschaften, und die Produkte kennt, die durch die Reaktion zustandekommen.

Das Programm *Graph and Tracks* erlaubt die interaktive Manipulation einer schiefen Ebene und stellt die Bewegung einer Kugel auf der schiefen Ebene in Form einer Kurve dar. Die Aufgabe des Lernenden besteht darin, durch Arrangieren der schiefen Ebene eine Bewegung zu generieren, die der Vorgabe entspricht.

Physik In der Physik spielen für die Lehre insbesondere interaktive Simulationen eine Rolle. Das Programm *HyperPhysics* hat 1993 den Deutsch-Österreichischen Hochschul Software-Preis in Physik erhalten für die Generierung physikalischer Simulationen, die sich durch eine einheitliche, ansprechende grafische Benutzeroberfläche auszeichnen. Singer (1993) beschreibt *Circuit II*, ein interaktives Programm zu elektronischen Schaltkreisen, die grafisch manipuliert und denen Fragen gestellt werden können. Die folgende Abbildung illustriert eine animierte Simulation eines Aufpralls auf eine Wand aus dem Programm *Interactive Physics* von Knowledge Revolution, mit dem sich Simulationen grafischer Objekte nach physikalischen Gesetzen konstruieren lassen.

ABB. 89
Simulation einer
Kollision mit
Interactive Physics

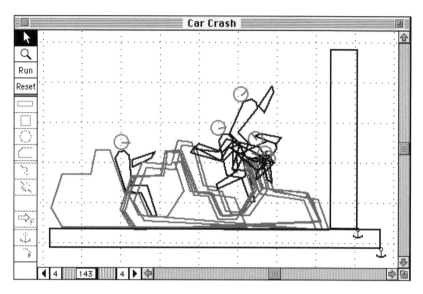

ABB. 89
Simulation einer
Kollision mit
Interactive Physics

Optics Dynagrams Project

Pea (1992) beschreibt mit dem *Optics Dynagrams Project* ein Programm, das interaktive Konstruktionen auf dem Gebiet der Optik erlaubt. Das Programm befindet sich auf der Grenze zwischen einem interaktiven Konstruktionsprogramm und einem Simulationsprogramm, weil es die Regeln der Reflektion und Refraktion beherrscht und simulieren kann. Die Diagramme eignen sich als Anregung zum Üben der qualitativen wissenschaftlichen Argumentation. Das Simulationsmodell erleichtert Handlungen wie Erklären, Vorhersagen, Modellieren, Design und Fehlersuche. Man kann sich vorstellen, daß ein solches Instrument keinen kompletten, total verwalteten Lernprozeß mehr anbieten kann. Pea legt deshalb größten Wert auf die Einbettung des Instruments in den sozialen Lernprozeß durch Konversationen zwischen Dozent und Studenten nach konstruktivistischen Vorstellungen. Die von ihm wiedergegebenen Dialoge der Kleingruppen spiegeln eine Qualität der sprachlichen Argumentation, die von ITS-Systemen wohl nie erreicht werden wird. Zugleich wurde im Experiment die Funktion und Bedeutung der Lehrerrolle deutlich: Sie ist »critical in serving as a guide to establishing productive inquiry situations, and in providing the kinds of integrative questions that will lead students toward scientific norms and practice« (338).

CUPLE

Das Projekt CUPLE (The Comprehensive Unified Physics Learning Environment) ist ein Versuch mehrerer amerikanischer Universitäten unter der einheitlichen Oberfläche von *ToolBook* eine Vielzahl multimedialer Physik-Programme zu vereinen: Text, Bildplatten, virtuelle Laboratorien und Simulationsprogramme [Redish/Wilson et al (1992)]. Integriert werden in CUPLE auch die Programme aus dem früheren M.U.P.P.E.T.-Projekt der Maryland University. Die Hauptfunktion von CUPLE wird von den Autoren darin gesehen, das physikalische Denken der Studierenden zu befördern.

Weitere Beispiele zur Mathematik und Naturwissenschaft finden sich bei Schaufelberger (1989) von der ETH Zürich. Es handelt sich um *HyperCard*-Programme, die in Verbindung mit *Model Works*, *Matlab* und *Mathematica* benutzt werden können. Die Repräsentationsebene greift auf typische Modelle zurück: Laboratorium, Textbuch, Taschenrechner.

Learning Constellation   Goldman-Segall (1992) will mit ihrem auf *HyperCard* beruhenden Programm *Learning Constellation* das mehrfache Lesen von Texten, die Genese von Bedeutungen, das perspektivische Betrachten von Videos sowie die Einnahme multipler Perspektiven in der Ethnologie fördern. Das Programm ermöglicht es, Videoszenen zu kommentieren, die in der Hennigan School in New York aufgenommen wurden, in der Seymour Papert auch das »Project Headlight« durchführte. Video-Ethnologie fordert vor allem hermeneutische Interpretation, die durch die verschiedenen Werkzeuge, flexibel mit Video umzugehen, gefördert werden soll.

Voxel-Man/atlas   VOXEL-MAN/atlas ist eine 3D-Visualisierung des menschlichen Gehirns als Volumen-Atlas in der Medizin bei Pommert, Riemer et al (1994). Die Studierenden finden in dem Atlas eine hochinteraktive dreidimensionale Umgebung vor, die das menschliche Gehirn jederzeit in Teilsegmenten als Volumen-Objekte oder in Schichten zugänglich macht. Die Autoren weisen daraufhin, daß Hypermedia-Komponenten und tutorielle Komponenten mit dem 3D-Atlas so kombinierbar sind, daß sich für den Lernenden intelligente Suchmöglichkeiten ergeben. Einen interaktiven 3D-Atlas für Anatomie beschreiben ebenfalls Mc-Cracken und Spurgeon (1991) und Höhne, Bomans et al (1992).

Interaktive Werkzeuge für die Produktion

Zum Abschluß dieses Abschnitts möchte ich auf Programme verweisen, die auch dem Bereich der interaktiven Werkzeuge angehören, deren vorwiegender Zweck aber die Multimedia-Produktion ist. Diese Werkzeuge sind allgemein bekannt, weil sie kommerziell vertrieben werden und von fast allen, die sich mit Multimedia praktisch befassen, genutzt werden, so daß ich sie hier nicht ausführlich vorstellen muß. Ich möchte auf sie nur der Vollständigkeit halber hinweisen, weil sie selbst interaktive konstruierende Programme sind, die selbst Multimedia nutzen, um Multimedia zu produzieren. Die folgende Abbildung illustriert das Programm *Adobe Premiere*, in dem digitale Filme zusammengestellt, vertont und mit Überblendungen versehen werden können:

ABB. 90
Adobe Premiere:
Komposition und
Schnitt für digitale
Filme

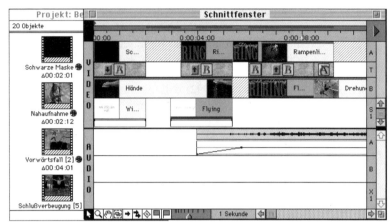

Diese Werkzeugprogramme arbeiten objektorientiert, in ihnen funktioniert alles per direkter Manipulation und sie bedienen sich eigener Metapher-Welten als Schnittstellen. Beispielhaft für viele will ich nur den *Macromedia Director* für die Entwicklung von Animationen und KIOSK-Systemen, *Adobe Premiere* für die digitale Video-Bearbeitung und *Cubase* von Steinberg für die Musik-komposition und Film-Vertonung erwähnen, um nur eine kleine Auswahl zu nennen. Die nächste Abbildung illustriert das Programm *Cubase Audio* (Steinberg), mit dem digitale Musikproduktionen komponiert werden können:

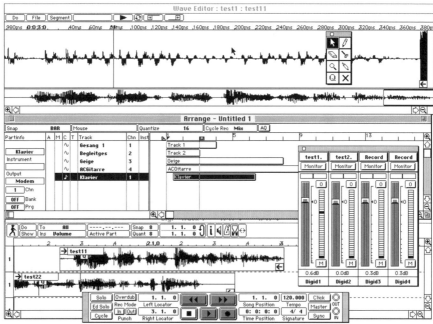

ABB. 91
Cubase Audio:
Digitale Musik-
komposition

Multimediale Werkzeuge für die Forschung

Im vorletzten Abschnitt habe ich Programme vorgestellt, die Multimedia oder Hypermedia zum Lernen einsetzen, im letzten Abschnitt bin ich auf Program-me eingegangen, die als Werkzeuge für die Produktion von Multimedia dienen. In diesem Abschnitt möchte ich ein einziges Programm vorstellen, das Multi-media für die Forschung nutzt und nicht umgekehrt, das also Multimedia als Ressource, Objekt und Methode beinhaltet, um mit diesen Mittel Beiträge zur Forschung zu leisten. Es gibt bisher nur wenige Programme dieser Art, die mit multiplen Medien Forschung produzieren. Grenzfälle auf dem Wege dahin sind Moleküleditoren in der Chemie, deren dreidimensionale Grafik aber in der Regel nur die Funktion der Veranschaulichung hat, oder kollaborative Werk-zeuge für Argumentationen in Gruppen wie SEPIA, deren Multimedia-Kom-ponenten aber nur ein Werkzeug sind, nicht das Objekt der Forschung. Das Programm, das ich vorstellen möchte, heißt syncWRITER (med-i-bit, Ham-burg). syncWRITER ist ein multimediales Werkzeug für die Interlineartran-skription von Konversationen und Interaktionen, die in Form von Tonbandauf-zeichnungen oder Videoaufnahmen vorliegen.

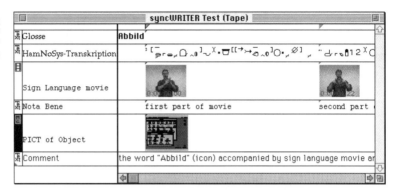

Ein relativ junges, innovatives Forschungsgebiet der Geistes- und Sozialwissenschaften ist die Erforschung der mündlichen Kommunikation (Unterrichtsforschung, Therapieforschung, soziale Interaktionsforschung, Konversationsanalyse, Medienanalyse). Zur Verschriftlichung von Gesprächen ist die normale Textverarbeitung ungeeignet, da sie jede Zeile am rechten Rand automatisch umbricht. Die Interlineartranskription von Konversationen oder Interaktionen benötigt eine Software, die mehrere »Stimmen« oder »Rollen« in Endlosspuren aufzeichnen und dabei die Spuren untereinander zeitlich synchronisieren kann. Und sie muß aus der Partiturschreibweise heraus eine synchrone Darstellung von Gesprächen mit mehreren Teilnehmern generieren können. Ein solches Programm eignet sich auch für die Synopse verschiedener Fassungen eines Textes (z.B. Gedichte, Übersetzungen, Gesetze).

Eine Lösung für diese Aufgabe bietet das Programm syncWRITER, das 1990 den Deutsch-Österreichischen Hochschul Software-Preis erhalten hat [Hanke/ Prillwitz (1995); eine Demoversion für den Apple Macintosh ist unter <http:// www.sign-lang.uni-hamburg.de/software/software.html> erhältlich]. Es verzeichnet die Kommunikationsrollen in separaten Spuren. In den Spuren kann auch die Videoaufzeichnung oder Tonbandaufzeichnung der Gesprächsszene verzeichnet und abgespielt werden (aus einer digitalen Datei oder per Zugriff auf den Videorekorder). Filme werden dabei automatisch mit einem Timecode versehen. Filme und Ton in den Spuren können in kleinere Stücke aufgeteilt und den Synchronisationspunkten der Transkription zugeordnet werden. Die Film- und Tonstücke können beim Transkribieren jederzeit wiederholt abgespielt werden. Beim Edieren rücken alle Segmente der Transkription, die an Synchronisationspunkte gebunden sind, automatisch nach rechts oder links. syncWRITER kann außerdem Listen der Transkriptionstexte nach Äußerungsgrenzen und Statistiken der Texte generieren. Das Programm repräsentiert Multimedia an der Grenze, an der Multimedia zum Normalprogramm, zum selbstverständlichen Alltagswerkzeug wird. Das Programm ist sinnvoll in der Forschung einsetzbar, kann aber zugleich auch als Einführung für Studierende in die Problematik der Interlineartranskription dienen.

KAPITEL 11

Sandkasten-Spiele

Lernen in Modellwelten mit Simulationen

Wir sind mit Modellierung und Simulation an der Grenze des Bereichs Multimedia angelangt. Viele Modellierungsprogramme sind monomedial. Aber die Modellierung hat zwei Berührungspunkte mit dem Thema: Simulationen sind spezielle Ausformungen des Programmtyps, den ich »Interaktive Lernprogramme« genannt hatte, Simulationen werden häufig integriert in Programme«, die den Mikrowelten-Ansatz verfolgen (*Refract*), manche bilden den Kern von intelligenten tutoriellen Systemen (*Voltaville*, *Smithtown*, STEAMER) oder von interaktiven Konstruktionsprogrammen (*Interactive Physics*) und werden integriert in andere Multimedia-Programme (*SimNerv*). Schließlich sind sie einer der Stützpfeiler des Konstruktivismus (Alan Kays *Live Labs*). Simulationen sind eine spezielle Form interaktiver Programme. Sie lassen sich sowohl als Werkzeuge, aber ebenso als Lernprogramme einsetzen. Sie eignen sich hervorragend zur Analyse von Prozessen des Entdeckens [Langley/Simon et al (1987)].

Simulationen sind häufig zuerst als Forschungsinstrumente entstanden. Auch dann, wenn sie ausdrücklich für das Lernen entwickelt wurden, wie die vielen kleineren Simulationen in Physik und Mathematik, haben oder benennen sie in der Regel keine Lernziele [Hartog (1989)] und stellen keine didaktischen Methoden zur Verfügung. Was ihnen zumeist fehlt, ist eine Umgebung, in der sich die Simulationen in Übungen eingliedern lassen und die einen Zugriff auf Erklärungstexte bieten. Mit einer vernünftigen Benutzeroberfläche versehen, sind Simulationen ein ideales Medium, um Inhalte zu lehren, die sich dynamisch verändern [Reigeluth/Schwartz (1989)].

Simulationen sind dynamische Modelle von Apparaten, Prozessen und Systemen. Viele Simulationen bestehen aus großen mathematischen Modellen mit 20 bis 200 Differentialgleichungen [Hartog (1989)]. Besonders bekannt sind Simulatoren, Modelle, die andere Maschinen simulieren, wie z.B. Computeranlagen, Flugzeuge, Raumsonden, Schiffe, U-Boote, Autos, Kontrollanlagen für Kraftwerke usw. Viele dieser Systeme werden vor allem im militärischen Sektor und in der Industrie zum Training von Flugpersonal, Wartungspersonal und ähnlichen Berufsgruppen eingesetzt. Populär gemacht hat sie der Flugsimulator auf dem PC. Weniger bekannt sind die Modelle biologischer, ökonomischer, ökologischer und politisch-sozialer Systeme. Für etwas Popularität auf diesem Gebiet haben in jüngster Zeit die Spiele *SimCity*, *SimAnt* und *Sim-Life* gesorgt.[28]

Simulationsprogramme bestehen in der Regel aus zwei Teilen: Dem Modell eines Systems und der dynamischen Berechnung des modellierten Systems, wobei der Modellierungsteil entweder aus einer Programmiersprache als Schnittstelle oder aus einem Editor für grafische Objekte bestehen kann wie in der nächsten Abbildung, die ein Modell für den Lernzyklus in *ithink* darstellt.

ABB. 93
Modellierung einer
Simulation in *ithink*

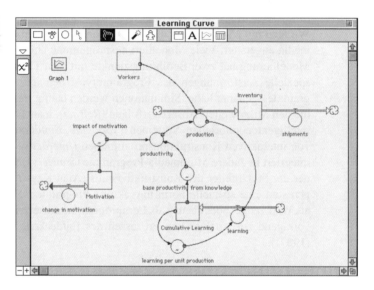

Ebenso kann der Simulationsteil des Programms entweder aus Diagrammen und Animationen oder aus Statistiken und Tabellen bestehen. Reigeluth und Schwartz (1989) klassifizieren die Repräsentationsform von Simulationen mit Bruners Begriffen als enaktiv, ikonisch, visuell symbolisch und verbal symbolisch (3). Zentrales Merkmal von Simulationen ist es, daß der aktuelle Status des Modells berechnet wird und daß die Berechnung durch Parametervariation beeinflußt werden kann. Insofern sind Simulationen hochinteraktive Programme, wobei die Art der Interaktivität variieren kann von bloßen Parametermodifikation bis hin zur direkten Manipulation graphischer Objekte.

---

28. Ein umfangreiches Verzeichnis von Simulationen und Modellierungsprogrammen mit Bezugsadressen findet sich bei Garson (1994), die sich hauptsächlich auf Wirtschaftswissenschaften, Sozialwissenschaften und Geschichtswissenschaft beziehen.

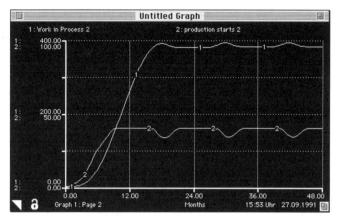

Eine Simulation ist nach Borsook und Higgenbotham-Wheat (1991) der am höchsten interaktive Programmtyp: »It allows a level of interactivity not rivaled by many other types of computer software« (16). Aber um was für einen Typ von Interaktion handelt es sich? Es sind sehr hohe kognitive Ziele im Spiel wie Abbildungen herstellen, Systeme modellieren, Hypothesen bilden, Hypothesen testen. Neuere Simulation bieten dafür objektorientierte Oberflächen an, die das Modellieren auf dem Wege der direkten Manipulation erlauben. Sobald das Modell steht, bestehen viele Interaktionen aus Aktionen wie kalkulieren, Modell animieren und Ergebnisse rückmelden, zwischen Grafik und Tabelle wählen. Selbst die komplizierteren Prozesse wie z.B. die Hypothesengenerierung lassen sich noch durch »Didaktisierung« der Oberflächen erleichtern: So integrieren Shute und Glaser (1990) in die Simulation ein Menü, das dem Generieren von Hypothesen dient. Bei Simulationen handelt es sich offenbar um eine ganz ähnliche Interaktionsform wie sie die im vorigen Kapitel erörterten Grafik-, Geometrie- und Physikprogramme oder die kognitiven Werkzeuge für den Aufbau von Argumentationsketten bieten.

Der Unterschied zu den interaktiven Lernprogrammen liegt in einer besonderen Beschränkung der Interaktivität: Simulationen sind der zweckrationalen Logik wissenschaftlicher Modellierung verpflichtet: »The design of the simulation is based on Popperian scientific method, but Popper described the logic of scientific discovery, not the history of it« [Laurillard (1987)]. Simulationen orientieren sich an einem Modell wissenschaftlichen Forschens und Experimentierens, nicht an einer Heuristik des Entdeckens. Aber sie können didaktisch in explorativen Situationen eingesetzt werden. Laurillard betrachtet Simulationen im Hinblick auf die Unterscheidung von didaktischen und kommunikativen Lernmethoden und den drei Dimensionen der Kontrolle als pädagogische Innovation: »There are three ways in which the simulation is a pedagogical advance on the conventional tutorial form: (a) it gives the student direct access to the domain model, rather than mediating this through dialogue;

(b) because of this, the explanations are implicit in the behaviour of the model, giving the student experience of its behaviour, rather than being articulated through a verbal description, which only tells about the behaviour; and (c) the student has complete control over the solution path«.

Eine Simulation ist nach Laurillard ein Kompromiß zwischen einem konventionellen Lernprogramm und einem intelligenten tutoriellen System. Wie aber verhält es sich mit dem pädagogisch-didaktischen Einsatz solcher Systeme? Kann man von Lernenden erwarten, daß sie selbständig mit derart komplexen Umgebungen lernen? Für Anfänger ist es häufig schwierig, zu funktionierenden Modellen zu gelangen. Als ein intermediäres Konzept, das Lernende auf den Weg zur angemessenen Konzeptionierung von Modellen bringen könnte, diskutiert Hartog ein qualitatives Kausalmodell, das im Alltagsdenken bei Menschen eine Rolle spielt. Selbst wenn bestimmte Formen kausalen Denkens nicht-wissenschaftlich seien, könne man nicht übersehen, daß sie bei Lernenden eine gewichtige Rolle spielen würden. Eine Simulation gehorcht so speziellen Regeln, daß Anfänger die Methode der Modellierung nicht intuitiv lernen können: »If we allow the student to be the author, there is little hope that they will learn Newtonian physics«. Laurillard zieht daraus die Konsequenz, daß es gilt, eine Art »pädagogischer Sequenz« von einfachen zu komplexeren Simulationen zu konstruieren, um die Lernenden schrittweise an die Benutzung eines Modellierungssystems heranzuführen. Nimmt man aber eine derart »pädagogisch« motivierte Einführungsstrategie zur Simulation hinzu, erhält man die Simulation nicht mehr als Reinform, sondern das Ergebnis ist eine tutorielle Umgebung mit aufgesetzter Simulation. Auf diese Kombination richtet sich Laurillards Schluß aus Beobachtungen, daß Studierende bei freier Wahl nicht die kritischen Experimente finden, die der Lehrer sich gern vorgestellt hätte: »they are never likely to hit on the crucial experiments […] These have to be provided, and the students have to work through them in order to experience the necessity of changing their original conception«. Die von Laurillard getroffene Unterscheidung zwischen der methodologischen Zuordnung von Simulationen und der pädagogischen Klassifikation erhält hier eine böse Konsequenz. Die Beobachtung, daß Anfänger verständlicherweise die Methode der Modellierung nicht beherrschen, führt zu einer Instruktion, die den Studierenden zum Nachvollzug vorgefertigter Beispiele zwingt. Diese Folgerung ist nicht zwingend. Ein Pädagoge hätte hier mehr Möglichkeiten gesehen und vermutlich ein reicheres Methodenrepertoire zur Verfügung, das nicht dazu geführt hätte, die methodische Charakterisierung der Simulation als interaktives Programm zum entdeckenden Lernen nachträglich wieder aufzuheben.

Viele Ansätze und Begründungen zum Lernen mit Modellierungsprogrammen und Simulationen entwickeln sich aus dem Problemlösen oder entdeckenden Lernen, andere aus dem Ansatz Lernumwelten, situierte Kognition und dem Konstruktivismus. Die Gemeinsamkeit dieser Ansätze liegt in folgenden Eigenschaften der Modellierung und Simulation begründet: Simulationen fordern das Generieren von Hypothesen und verlangen das Testen von Hypothesen; letzteres muß in gezielter Weise geschehen, weil sonst keine vernünftigen Schlüsse aus den Prozessen und Ergebnissen der Simulation gezogen werden können. Klahr und Dunbar (1988) haben dafür ein generelles Modell entwickelt, das sie als SDDS (Scientific Discovery as Dual Search) bezeichnen. Klassifikationen der Lernprozesse beim Lernen mit Simulationen zeigen häufig eine Mischung von Kriterien, die dem Problemlösen oder dem entdeckenden Lernen entstammen [Goodyear/Njoo et al (1991), 272]. Einige Forscher betrachten offenbar die Problemlöseprozesse, die beim Programmieren auftreten und die häufig als Metakognition bezeichnet werden, als Vorschule der Logik und des Denkens. Dem hat Clark (1992) energisch widersprochen (282).

Lernphasen in Simulationen
Man kann vier Phasen von Lernprozessen bei Simulationen unterscheiden: *Analyse, Hypothesengenerierung, Hypothesentesten* und *Evaluation* [Duffield (1991)]. Der Wechsel von Hypothesengenerierung und Hypothesentesten scheint sich als Form entdeckenden Lernens geradezu anzubieten. Deshalb gelten Simulationen ähnlich wie Hypertextsysteme als Lernformen, in denen vorwiegend exploratives Lernen stattfinden kann, in denen der Lerner seine eigene Wissensbasis aktiv selbst konstruieren kann. Simulationen fordern eine Begründung durch kognitionspsychologische und konstruktivistische Theorien geradezu heraus, obwohl – wie mit Laurillards Bemerkungen eingangs eingeführt – hier die Unterscheidung zwischen wissenschaftlicher Methodologie und psychologischen Denkprozessen beachtet werden muß. Simulationen werden deshalb auch gern für das Training von Problemlösungsprozessen eingesetzt [Dörner (1976); Dörner/Krausig et al (1983); Scandura (1977)]. Vester (1984) nutzt sie, um das »vernetzte Denken« zu fördern. Zu den wichtigsten Lernzielen von Simulationen zählen: Systemische Konzepte, Regeln und Prozesse und deren rekursives Zusammenwirken zu entdecken und lernen, Entscheidungen treffen.

De Jong und Njoo (1992) beobachteten 32 Lernprozesse, von denen zwei der wichtigsten waren: Struktur in neues Wissen hinein zu bringen und das neue Wissen an vorhandenes Wissen anzuknüpfen, Fähigkeiten, die an Piagets Assimilations- und Akkomodationsprozesse erinnern. Sie differenzieren die Lernprozesse in *transformative Prozesse* (Analyse, Hypothesengenerierung, Testen, Evaluation) und *regulative Prozesse* (planen, verifizieren, beobachten). Bei Experimenten beobachteten sie, daß leistungsstarke Lerner mit der explorativen Komponente weniger Probleme hatten: »This implies that a learning environment that asks this kind of behaviour explicitly from learners may produce major obstacles for the less proficient learners« (419). Für den Erfolg der Lerner in Problemlöseprozessen mögen zusätzlich andere Fähigkeiten eine Rolle spielen, wie z.B. die Fähigkeit der Selbsterklärung und Selbstbeobachtung [Chi/Bassok (1989)].

SIMULATE
Die erwähnte Untersuchung von de Jong und Njoo ist eine von mehreren grundlegenden Arbeiten aus dem EG-Projekt SIMULATE, dem wohl umfas-

sendsten Projekt zu Simulationen, das dieses Thema aus der Sicht der Lernpsychologie, des Instruktionsdesigns sowie der intelligenten tutoriellen Systeme behandelt. In SIMULATE sollen sog. ISLE entwickelt werden (Modelle, die mit SIMULATE gebaut werden). de Jong und Njoo betrachten ISLE als IT-Systeme mit den vier klassischen Komponenten: Domain, Lernermodell, Instruktionsstrategien, Interface. Sie identifizieren 4 Instruktionsfunktionen: Simulationsmodelle, Lernziele, explorative Lernprozesse, Lernaktivität [s.a. Goodyear (1991)]. SIMULATE soll exploratives Lernen unterstützen, basierend auf der Methode von Klahr und Dunbar (1988), der Theory of Scientific Discovery as Dual Search (SDDS). van Joolingen und de Jong (1991) entwickeln ein »mock-up hypothesis scratchpad«, eine Software, die im Simulationsprogramm bei der Fehleranalyse in Chemie (4SEE ist die Simulation eines Titrationsexperiments) eingesetzt wird und dem Generieren von Hypothesen dient. Die scratchpads resultierten in einem größeren Hypothesen-Raum, insbesondere vor der Durchführung von Experimenten. Die Versuchspersonen formulierten weniger Hypothesen insgesamt, weil die getesteten in der Regel wohl-formuliert waren.

Goodyear (1992) untersucht die Prozesse menschlicher Tutoren beim Einsatz von Simulationsprogrammen für dynamische Modelle im Rahmen des SIMULATE-Projekts. Er kommt zu einem ähnlichen Schluß, wie ich ihn eingangs dieses Kapitels anhand der Beobachtungen Laurillards diskutiert habe, nämlich daß die kognitiven Anforderungen von Simulationen so hoch sind, daß man deshalb einen »instructional support« anbieten müsse. de Jong und Njoo (1992) unterscheiden »directive support« und »non-directive support« (422) plus Beschränkungen im Simulationsbereich. Die Verbindung von tutoriellen Systemen und Simulationen sind bisher aber nur Konzepte und Pläne: »As should be clear, however, creating a true SIMULATE authoring work bench lies beyond the reach of the present phase of the project« [Goodyear (1992). 424].

Eine »Taxonomie« von Simulationen, eher eine schlichte Klassifikation von Einsatzmöglichkeiten im Lernprozeß, bietet Gredler (1986). Er unterscheidet: 1. Strukturierte Fragen und grafische Simulationen, 2. Übungen mit gezielter Manipulation von Variablen, 3. komplexere Diagnoseaufgaben, 4. Interaktive Simulationen in Gruppen. Wager, Polkinghorne et al (1992) führen eine Analyse von Simulationen mit dem Gagné-Repertoire von Lernergebnissen und Lernereignissen durch; Garson (1994) präsentiert eine Liste mit 168 Simulationen und Modellierungsprogrammen und diskutiert die historische Entwicklung von Simulationen in den Sozialwissenschaften. Dabei werden vier Modelle unterschieden: Gleichungssysteme, Wahrscheinlichkeitsmodelle, Ressourcenverteilungsmodelle und Modelle sozialer Prozesse. Den komplexesten Wurf bieten wohl Goodyear, Njoo et al (1991), die sich an einem allgemeinen theoretischen Rahmen für die Instruktion durch Simulationen versuchen.

Beispiele und Einsatzmöglichkeiten

Wir waren bereits bei den intelligenten tutoriellen Systemen einige Male auf Programme gestoßen, die zugleich Simulationen waren: Das ITS STEAMER ist ein Simulationsmodell eines Teils eines Schiffs. IMTS (Intelligent Maintenance System) beruft sich auf das Vorbild von STEAMER [Towne/Munro (1992)]. Das Modellierungssystem ist mit einem intelligenten tutoriellen System verbunden. IMTS bietet zwei unterschiedliche Editionsmodi für Modelle: Über das grafische Gebilde per Maus (deep simulation) und über Tabellen (surface simulation). *Smithtown* ist eine ökonomische Simulation, *Voltaville* eine Simulation in der Physik, *Refract* ebenso [Glaser/Schauble et al (1992)].

Die *Live Labs*, von denen Kay (1991) berichtet, z.B. das Beispiel des Apple Vivarium Programms einer offenen Schule, in denen der Computer nicht alternativ zur Realität, sondern zur Lernerleichterung eingesetzt wird, geht weit über eine Modellierung hinaus, einmal bereits durch die Methoden, die den Kindern für die Modellierung von Fischen zur Verfügung stehen, und dann aber vor allem wegen der Einordnung in den sozialen Kontext und die gesamte Umwelt. Die *Live Labs* werden so zu einem paradigmatischen Beispiel für den konstruktivistischen Ansatz der Lernumwelten.

Klassische Bereiche der Simulation sind die Simulation physikalischer Gleichungen und die Simulation von Maschinen, die sog. virtuellen Maschinen.

Teodoro (1992) beschreibt mit NEWTON ein Simulationsprogramm zur Modellierung von Bewegungsgesetzen mit einer Benutzerschnittstelle, die auf der direkten Manipulation des Benutzers mit den Programmwerkzeugen und -objekten beruht. Virtuelle Maschinen können für das Training von Personal in solchen Fällen genutzt werden, in denen die Maschinen schlecht zugänglich (U-Boote), ihre Benutzung durch Neulinge gefährlich (Flugzeuge) oder zu zeitaufwendig (Schiffe) wäre. Hriber (1993) berichtet über eine Simulation, die zum Training von U-Boot Mannschaften eingesetzt wird. Das Programm simuliert den Maschinenraum und die Kommandozentrale.

Ein virtueller Computer dient als Instruktionsumgebung für eine Simulation bei de Moura Guimarães und Dias (1992). Das Konzept folgt dem Instruktionsmodell und dem Elaborationsmodell von Reigeluth und Stein (1983) sowie Kellers (1983) ARCS Modell. Das Modell wählt ein grafisches Szenario als Epitome, als Instruktionsoverlay, und beginnt im Weitwinkelblick. Die weiteren Szenen fügen Komplexität oder Details hinzu. Die Autoren unterscheiden die Lernphasen im Anschluß an Reigeluth und Schwartz (1989), innerhalb derer sie aber offene Lernumgebungen favorisieren und deshalb in der Frage der Lernerkontrolle nicht den Vorstellungen von Reigeluth folgen.

Simulation und Laboratorium

Ein Spezialfall der virtuellen Maschinen sowie der Modellierung physikalischer Gleichungssysteme und zugleich ein aktueller Zweig der Simulationen befaßt sich mit der Modellierung von Laboratorien mit dem Ziel, Tierexperimente durch Computersimulationen zu ersetzen. An der Universität Marburg wird das mit dem Deutsch-Österreichischen Software-Preis ausgezeichnete Programm »MacFrog« im Physiologie-Praktikum eingesetzt. Es simuliert ein virtuelles Labor zur Nervenmessung und macht dadurch die Tötung von Fröschen überflüssig. Das Programm wird unter dem Namen »SimNerv« (Thieme Verlag) vertrieben. Das Thema der Ersetzung von Tierversuchen diskutieren Strauss und Kinzie (1991). Sie entwickeln *The Interactive Frog Dissection*, eine Simulation mit einer interaktiven Bildplatte [s.a. Fawver (1990)].

ABB. 95
Das virtuelle Labor
aus SimNerv

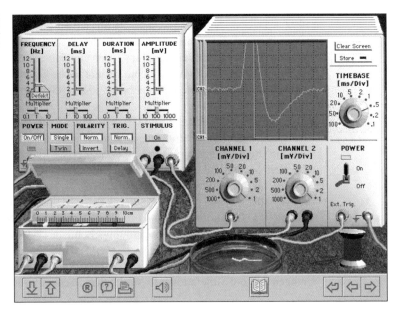

Magin und Reizes (1990) diskutieren den Einsatz von Simulationen für Laboratoriumsexperimente am Beispiel der Simulation eines Wärmeaustauschmodells. Ausgehend von dem Vorwurf, der an Laborsimulationen gerichtet würde, daß die analytisch generierten Daten nicht wirklichen Daten entsprechen würden, entwickeln Magin und Reizes eine Methode, die schlechte Bedingungen der Datensammlung und des Messens unter realistischen Bedingungen imitiert [zu Simulationen im Labor s.a. Shacham/Cutlip (1988)].

Laboratoriumssimulationen werden durch kommerziell zur Verfügung stehende Instrumente sehr erleichtert. *LabView 2* (Laboratory Virtual Instrument Engineering Workbench) ist ein Compiler, mit dem man hochwertige Instrumente und Analyse-Anwendungen entwerfen kann. *LabView* beherrscht die Datenaufnahme, -analyse, -präsentation und Instrumentenkontrolle. Es besitzt eine grafische Oberfläche, die Originalinstrumente simulieren kann und die mit der Methode der direkten Manipulation arbeitet. Mehr als 130 Instrumente können durch vorfabrizierten Module aus der Bibliothek gebildet werden. Durch eine aus Ikonen zusammensetzbare Programmiersprache können Datenflüsse, Datendarstellung und Datenverarbeitung programmiert werden. Die Daten können über GPIB, VXI, RS-232 oder NuBus kommen. Die Analysefunktionen umfassen Statistik, Matrizenrechnung und digitale Signalverarbeitung.

Evaluation von Simulationen

Ich sagte eingangs, Simulationsprogramme seien unter dem Blickwinkel des entdeckenden Lernens und Problemlösens entstanden. Die Evaluation von Simulationen müßte sich konsequenterweise auch auf diese Dimensionen beziehen. Das ist aber durchweg nicht der Fall. Die meisten Evaluationsstudien betrachten schlicht den Lernzuwachs. Einige Studien stellen Lernvorteile bei Simulationen fest [Ausubel/Novak et al (1978); Lesgold (1990); Linn (1990); Shulman/Keislar (1966); Katz/Ochs (1993) zu *Smithtown*; Malakoff/Pincetl et al (1994)]; andere Studien finden keine besonderen Vorteile [Rivers/Vockell (1987); Shute/Glaser (1990); Swanson (1990); weitere Angaben bei de Jong/ Njoo (1992), 413].

Besonders erfolgreich scheinen Versuche zu sein, Tierexperimente und Anatomiekurse durch Simulationen zu ersetzen. Hier mag die brisante Frage der Einstellung zu Tierversuchen eine Rolle spielen, die den reinen Lerneffekt der Simulation überdeckt. Kinzie, Strauss et al (1993) untersuchten die Lernprozesse bei einer Simulation von Tierexperimenten. Die Simulation war mindestens ebenso erfolgreich wie die echten Tierexperimente. Studierende, die durch die Simulation auf die Dissektion vorbereitet wurden, führten die Froschdissektion effektiver durch als Studierende, die nicht oder die durch ein Video vorbereitet wurden [s.a. Kinzie (1993)]. Kinzie, Foss et al (1993) verglichen zwei verschiedene Programme für Froschdissektion miteinander.

McCracken und Spurgeon (1991) beschreiben einen interaktiven 3D-Atlas der Anatomie für Mensch und Tier, mit dessen Hilfe Studierende die Struktur des Körpers und das Verhalten ihrer eigenen Körper in Gesundheit und Krankheit verstehen lernen können. Sie vermuten, daß die Simulation den Lernerfolg im Anatomiekurs erhöhen oder sogar als Ersatz für den Anatomiekursus dienen könnte. Hingegen kommen Guy und Frisby (1992) bei einem Versuch mit interaktiven Bildplatten in der Anatomie in zwei Anatomiekursen mit insgesamt 473 Studierenden zu der Erkenntnis, daß sich der Lernerfolg der Studierenden, die mit dem Bildplattensystem lernten, nicht signifikant vom Lernerfolg der Studierenden unterschied, die am traditionellen Anatomiekurs teilnahmen.

Andere Experimente, die zu positiven Resultaten gelangen, sehen aktive Lernformen zusätzlich zu Simulation vor, so daß auch nicht klar unterschieden werden kann, welche Lernerfolge auf die Simulation und welche auf die aktivierenden Methoden zurückzuführen sind. Einige dieser Umgebungen erheben diese Mischung didaktischer Modelle durch die Einordnung in den Konstruktivismus geradezu zum Programm. Lewis, Stern et al (1993) integrieren reale

Experimente und Simulationen in einem elektronischen Laboratoriumsbuch. Das Thema ist die Thermodynamik. Der Erfolg des Experiments ist möglicherweise auf die Mischung der verschiedenen Strategien zurückzuführen, die den Studierenden sehr aktive Formen des Arbeitens ermöglichte. Thornton (1992) führt ein computergestütztes Laboratorium an der Tufts University ein. Alle 506 Physikstudenten hatten eine Vorlesung über Kinematik besucht. Trotzdem wurden hohe Fehlerraten im Posttest festgestellt. Die Fehlerraten sanken bei den Studenten, die das Computerlabor besuchten, teilweise drastisch. Thornton führt diesen Erfolg auf die unmittelbare Verknüpfung von Datenaufnahme und graphischer Darstellung der Daten durch den Computer zurück. Tinker und Thornton (1992) berufen sich auf den Konstruktivismus und schließen drei Bereiche in ihrer Strategie ein: Telekommunikation, computergestützte Laboratorien und Modellierungsprogramme.

Fördert der Computer das Problemlösen? In seinem Überblick über Evaluationsstudien zu Simulationen kommt Clark (1992) zu einer negativen Aussage: »However, existing reviews are notable for their lack of compelling evidence for the hypothesis that instruction with computers makes any necessary psychological contribution to learning or to the transfer of what is learned during instruction [...] To the contrary, evidence in these reviews of research seems to lend support to the claim that whatever learning advantage one can accomplish with computers can also be accomplished with other instructional media« (266ff.). Nun interessiert uns allerdings nicht die von Clark stereotyp gestellte Frage, ob der Computer als Maschine einen Beitrag zum Lernen leistet, sondern ob die Simulation als Methode das Problemlösen fördert.

Wenn man sich die Übungen von Mayer (1992) anschaut, der mit ihnen die Hypothese prüfen will, ob der Computer zum Lernen des Problemlösens beiträgt (199ff.), kann man Clark allerdings nur zustimmen. Ob diese Aufgabenkärtchen nun auf dem Computerbildschirm erscheinen oder als ausgedruckte Karteikarten vorliegen, macht für den Lernenden keinen Unterschied, es sei denn die ausschlaggebende Variable sei die Bequemlichkeit, die bei ausgedruckten Karteikarten unzweifelhaft größer ist. Dieselbe Übung, direkt in einem interaktiven BASIC-Interpreter statt in einem tutoriellen System absolviert, hätte für die Schüler vermutlich mehr Lerngewinn gebracht. Hier ist Clarks Vorwurf deutlich berechtigt. Mayer verwechselt Hardware und Software. Er überprüft in der Tat die Hypothese, ob die Hardware zum Problemlösen beiträgt, und dies mit einer dafür absolut ungeeigneten Software.

ABB. 96
Übung aus Mayer
(1992)

```
1. ASK THE OPERATOR FOR A NUMBER.
   PUT THAT NUMBER INTO BOX-B.
2. ASK THE OPERATOR FOR A NUMBER.
   PUT THAT NUMBER INTO BOX-R.
3. ADD THE NUMBERS FROM BOX-B AND BOX-R.
   PUT THE RESULT INTO BOX-K.
4. WRITE DOWN THE NUMBER FROM BOX-K.
5. THIS PROCEDURE STOPS HERE

IF THE INPUT LIST IS 5 9 7 12
WHAT IS THE OUTPUT OF THIS PROGRAM?
(A) 5  (B) 9  (C) 5 9 9 9 9 9  (D) 14
```

Methodisch kontrollierte Studien zum Einsatz von Simulationen, gibt es bislang nur wenige. Mandl, Gruber et al (1993) befassen sich mit dem Lernen von Simulationsmodellen, insbesondere mit der Frage, ob es den Studierenden gelingt, das im Studium erworbene Wissen im Umgang mit Simulationsmodellen vernünftig ein- und umzusetzen. Sie kommen zur Erkenntnis, daß Studenten der Wirtschaftswissenschaften mit der Simulation weniger Erfolg haben als Pädagogikstudenten, also offenbar das im Studium akkumulierte Wissen nicht für die praktischen Entscheidungen aktualisieren können. Ob dies Rückschlüsse erlaubt auf die Art und Weise des im Studiengang vermittelten Wissens (z.B. zu abstrakt) oder auf die Fähigkeiten, die von der Simulation verlangt werden (z.B. zu praktisch), muß dahingestellt bleiben. Gräsel, Mandl et al (1992) beschreiben die Förderung diagnostischen Denkens durch fallbasierte Computerlernprogramme in der Medizin. Auch hier ergaben sich ähnliche Erkenntnisse.

Design-Richtlinien für Simulationen

Thurman (1993) formuliert folgende Richtlinien für das Design von Simulationen (87):

Cognitive Structure

Make simulations perceptually appropriate for the level students have reached.
Make simulations correspond to actual systems.
Present only the essential system.
Use adequate detail.
Make the simulation logical to the student.
Make simulations inherently meaningful to students.

Cognitive and Meta-
cognitive Strategies

Encourage strategies other than 'practice' or 'rehearsal'.
Make concern for cognitive goals a very high priority.
Promote examination and employment of existing knowledge.
Support knowledge-refinement activities.

Automaticity of Cognitive Processes	Make consistencies overt.
	Encourage active rather than passive participation.
	Structure difficulty so as to ensure consistent success.
	Strive for relatively stress-free conditions.
	Isolate automatic components.
	Do not invoke new response requirements until the previous one(s) have been automatized.

Affect	Shun extremely high or low levels of fidelity.
	Provide clear goals.
	Provide uncertain outcomes.
	Vary the difficulty level within the simulation.
	Use a motivational scoring system.
	Provide a competitive situation.
	Stimulate, satisfy, and sustain curiosity.

Auch in diesem Fall möchte ich die Design-Richtlinien lieber unkommentiert stehen lassen, denn Sinniges steht neben Unsinnigem, Nicht-Operationalisierbares neben Operationalisierbarem, Spezielles neben Allgemeinem, kurz, der Teufel steckt im Detail. Ich habe den Eindruck, daß man mit guten Beispielen mehr bewirken kann als mit allgemeinen Design-Guidelines.

KAPITEL 12

Im Land der Null-Hypothesen

Pädagogische Mythen des Computerlernens

Den Titel dieses Kapitels habe ich einer Formulierung von Elshout (1992) entlehnt, der in einer vergleichenden Analyse von 22 Studien zum Paarlernen feststellt, daß sich nur in zwei Studien ein signifikanter Unterschied ergab, von denen die eine Studie das Alleinlernen, die andere das Paarlernen bevorteilte: »Inspection of the signs of the nonsignificant differences does nothing to change the opinion that we are in Null-hypothesis country here. No proper meta-analysis will lead us out« (11). Die Situation, die Elshout angetroffen hat, ist keine Seltenheit. Die meisten experimentellen Vergleiche von Unterrichtsmethoden erzielen keine signifikanten Ergebnisse, und die wenigen signifikanten Resultate widersprechen sich gegenseitig. Auch Clark (1983) – in einem Überblick über Studien zum Lernen mit Radio in den 50er Jahren, mit Fernsehen in den 60er Jahren und Computern danach – findet, daß »similar research questions have resulted in similar and ambiguous data. Media comparison studies, regardless of the media employed, tend to result in 'no significant difference' conclusions« (447). Die Gründe, die zu diesen mageren Ergebnissen führen, sind vielfältig:

· Die meisten Studien sind aktuellen Bedingungen so verpflichtet, daß ihre Ergebnisse nach fünf Jahren bereits überholt sind; Meta-Analysen, die historisch derart bedingte Evaluationen vergleichen, müssen zu widersprüchlichen Ergebnissen kommen;

· Viele Studien vergleichen unvergleichbare Methoden auf methodisch zum Teil unfaire Weise miteinander; Kontrolldesigns sind mit derart schwierigen Problemen behaftet, daß die Hoffnung, auf diesem Wege zu solideren Aussagen zu kommen, bislang unerfüllt geblieben ist;

· Viele Studien basieren auf völlig überzogenen Hypothesen zu angeblichen Effekten des Lernens mit Computern, die ich bereits mehrfach als »pädagogische Mythen« bezeichnet habe.

Angesichts dieser Situation wird die Position verständlich, die Negroponte (1995) zur Evaluationsforschung einnimmt: »I have little respect for testing and evaluation in interface research. My argument, perhaps arrogant, is that if you have to test something carefully to see the difference it makes, then it is not making enough of a difference in the first place« (99). Man muß gar nicht so weit gehen wie Negroponte, der von Evaluation grundsätzlich nichts hält, um doch eine gewisse Berechtigung seiner Argumentation nachvollziehen zu können.

Zur historischen Bedingtheit von Evaluationen

Carroll (1991) betont die Notwendigkeit, Forschungen zum Computerlernen und zur Benutzerschnittstelle in ihrer historischen Relativität und ihrer Abhängigkeit vom technologischen Stand der Entwicklung zu sehen: »It is quite striking how in just a few years, major facts and concepts in HCI are quietly forgotten, abstracted, or merely revised [...] People were baffled by graphic icons and could not use the mouse to reliably point and select« (48). Carrolls Ausführungen sind vornehm zurückhaltende Kritik an der Überholbarkeit von Evaluationen zur Benutzerschnittstelle, an der mangelnden Vision ihrer Autoren und der geringen Weitsicht der verfolgten Fragestellungen. Ich habe an anderer Stelle bereits einmal betont, daß es gilt, heutige Entwicklungen im Bewußtsein historischer Prozesse, aber auch vor der Folie von Visionen zukünftiger Entwicklungen zu betrachten: »Wenn wir heute Computer einsetzen, tun wir dies immer schon im Blick auf die zukünftigen Funktionen der Computer, denen Schüler und Studenten in 5 oder 10 Jahren in Schule, Hochschule und Beruf begegnen« [Schulmeister (1993b)]. Diese Aussage gilt für die Auswahl der zu untersuchenden Konzepte und Fakten ebenso wie für die usability-Forschung (wir haben es jedes Jahr mit anders sozialisierten Individuen zu tun).

Es ist viel zu wenig historisch geforscht worden, um ermessen zu können, wie sehr durch die Integration des Computers in die Gesellschaft das Leben der Menschen und ihre Kultur sich verändert hat und wie sich die Menschen durch Gewöhnung angepaßt und an Erfahrung hinzugewonnen haben: »Conceiving of user requirements and usability itself as processes unfolding in time gives us a more powerful model for defining and introducing technology« [Carroll (1991), 53]. Man kann heute nicht mehr mit denselben Instrumenten wie vor 10 Jahren benutzerorientierte Evaluationsforschung betreiben. Forschungen zu Phänomenen der Computerbenutzung und Benutzerschnittstelle, z.B. zur Aufmerksamkeitsspanne, zur Zeit, die dem Lesen eines elektronischen Buches gewidmet wird, zur Attraktion und Handhabung bestimmter Benutzerschnittstellen etc. sind viel zu schnell überholt. Als »Longitudinalstudien« bezeichnen sich bereits Studien, die nur einen Zeitraum von 7 Monaten überblicken [Monty/Moran (1986)]. Diese Studien werden überholt durch die Entwicklung der Technologie und durch den vermehrten Einsatz der Systeme. Ein historisch unsolides Vorgehen kann angesichts dieser raschen Entwicklung zu Fehleinschätzungen führen. Carroll (1991) führt dafür ein Beispiel an: »Any explanation of 80-character record lengths that appeals only to synchronic rationales is simply wrong: today's 80-character records are caused by the physical properties of Hollorith cards used decades ago« (48).

Überflüssig geworden sind beispielsweise die vielen Experimente zu folgenden Aspekten der Computernutzung [weitere Beispiele bei Carroll (1991)]:

- Fast sämtliche Untersuchungen zur Qualität von Bildschirmen und zu Auswirkungen von CRT-Geräten (cathode ray tubes) sind heute überholt, weil sich auf diesem Sektor die Geräte ständig verbessert haben.
- Eine der häufig untersuchten Fragestellungen lautet z.B. 'Ist Lesen am Bildschirm schneller oder langsamer als auf Papier?' Allgemein galt noch bis in die 80er Jahre die Erfahrung als unumstößlich, daß Lesen am Bildschirm langsamer sei als das Lesen eines Buches. Gould und Grischkowsky (1984) publizierten einen Unterschied von 22%, gefunden bei Vergleichsexperimenten von Büchern mit rein alphanumerischen Terminals. Die Autoren selbst revidierten aber ihr Ergebnis in einer nur drei Jahre späteren Studie, in der sie statt der alphanumerischen Terminals neuere Computer mit weißen Bildschirmen und schwarzer Schrift und anti-aliased Fonts einsetzten [Gould/Alfaro et al (1987)].
- Diese Ausstattung ist heute Standard. *QuickDraw* und *PostScript* haben mit der mangelhaften Lesbarkeit von Zeichensätzen auf dem Bildschirm aufgeräumt, anti-aliased Fonts zusammen mit Hintergrund-beleuchteten Bildschirmen garantieren eine maximale Lesbarkeit und teilweise kontrastreichere Schriftbilder als unzureichend ausgeleuchtete Buchseiten. Das Beispiel zeigt, wie schnell Fragestellungen überflüssig werden. Einen ernst gemeinten Überblick über die vielen Forschungen zu Eigenschaften von Bildschirm-Darstellungen wie z.B. lower case vs. upper case, line spacing, color, scrolling speed etc., die heute angesichts des hohen Leistungsgrads der Rechner und der Software überwiegend überholt sind, finden wir sogar noch bei Mills und Weldon (1989).
- Ein solches Urteil gilt selbst für jüngere Untersuchungen, die sich mit »neuesten« Fragestellungen herumschlagen: So hat Christel (1994) den Einsatz von digitalisiertem Video in zwei Hypermedia-Versionen miteinander verglichen. In der ersten Version wurde Video mit 30 Bildern pro Sekunde abgespielt, in der zweiten Version wurde vom Film nur alle 4 Sekunden ein Standbild gezeigt. Benutzer der ersten Version erinnerten 89% der Informationen, Benutzer der zweiten nur 71%. Christel schließt daraus – und Nielsen (1995) schließt sich ihrer Folgerung an (295) –, daß die höherwertige Grafik das Lernen mit Hypermedia unterstützt. Das mag zutreffen, obwohl das Ergebnis abhängig vom benutzten Beispiel ist. Ich kann mir Studien in einem anderen Kontext vorstellen, die exakt das Gegenteil »beweisen«, nämlich daß Vollbildfilme Lernende von den Text-Inhalten ablenken. Abgesehen davon ist die Fragestellung deutlich von den Einschränkungen heutiger Hardware-Konfigurationen diktiert. In wenigen Jahren werden alle Verbraucher-Stationen Vollbildvideo mit 25 fps oder 30 fps ermöglichen, so daß kaum ein Hypermedia-Designer mehr auf die Idee kommen wird, Filme durch Standbildsequenzen zu substituieren.

• Ein anderes vieldiskutiertes Problem der Computerbenutzung sind die Antwortzeiten des Rechners. Sie liegen heute bei den meisten Aktivitäten am Rechner in der Regel in einem Bereich, der von Benutzern nicht mehr als wahrnehmbar empfunden wird, zumindest bei Aufgaben wie Texteingabe über die Tastatur, Reaktion auf Mausbewegungen, Kalkulationen etc. Response-Zeiten stellen nur noch ein Problem beim Dateitransfer in Netzen dar, beim Grafikaufbau, bei der Manipulation von Bilddatenbanken, beim Lesen von der CD-ROM und beim Aufrufen und Abspielen von Video. Untersuchungen, die diesem Themenkreis gewidmet sind, kommen in der Regel dann zu negativen Einschätzungen der Benutzbarkeit, wenn die Antwortzeiten zu hoch sind. So stellen Patterson und Egido (1987) beispielsweise fest, daß die Benutzer in schnellen Systemen (Antwortzeit 3 Sek.) 50% mehr Bilder aufrufen als in langsamen Systemen (Antwortzeit 11 Sek.). Alle Computernutzer, die im vergangenen Jahrzehnt an sich selbst erfahren haben, auf welchen Gebieten ähnliche Probleme durch die technische Entwicklung überholt wurden, wissen einzuschätzen, was das Ergebnis solcher Untersuchungen wert ist.

Ähnliches gilt für Tausende von Diplomarbeiten und Dissertationen, die das Memorieren von Befehlskürzeln mit der Benutzung von Menüs, die Interaktion mit Menüs mit der Interaktion durch Tastaturbefehle, die Benutzung der Tastatur mit der Benutzung der Maus verglichen haben. Wie viele online-Hilfesysteme sind auf ihr Design hin untersucht worden, meist unter technischen Bedingungen, die heute nicht mehr gültig sind? Die Liste dieser Themen ließe sich beliebig verlängern. Eine persönliche Bemerkung sei gestattet: Merkwürdigerweise hat sich bei einem Faktor kaum etwas geändert: Noch immer haben wir es weltweit überwiegend mit dem Standard der 7-Bit-Systeme zu tun, unter DOS, Windows und dem Internet.

Die Gründe für die laufende Veränderung der Parameter sind vielfältig:

Veränderung der Parameter

Es werden laufend neue Interaktionsformen und Oberflächen erfunden, die die Gewohnheiten der Benutzer beeinflussen und verändern. Es ist damit zu rechnen, daß selbst jüngere Evaluationsstudien zu neuesten Phänomenen der Benutzerschnittstelle in Kürze wieder obsolet werden, so z.B. Studien zu »moving icons« (micons), zur Frage ob »picture icons« (picons) alleinstehen oder eher mit Untertiteln versehen werden sollten [Egido/Patterson (1988)]. Die Benutzung der Tastatur und der Maus wird über kurz oder lang durch Ansprechen des Computers und/oder durch die Verfolgung von Augenbewegungen [Starker/Bolt (1990)] und/oder durch das Erkennen von Gesten abgelöst, wie es Apple (1991) in dem Film »Future Shock« illustriert hat.

Leistungsfähigere Hardware und mächtigere Grafikwerkzeuge sorgen für eine höhere Qualität der Anwendungen. 1987 waren Fenstersysteme offenbar noch ein Problem für neue Benutzer. Tombaugh, Lickorish et al (1987) stellten in einer Untersuchung fest, daß ihre Versuchspersonen das ein-Fenster-System einem mehr-Fenster-System vorzogen. Aber bereits nach kurzem Training erwiesen sich multi-Fenster-Systeme als überlegen. Noch 1989 leistet sich Jonassen den Fehler, einen Aufsatz zum Thema »Functions, Applications, and Design Guidelines for Multiple Window Environments« zu verfassen, in dem er sich mit seinen Design-Richtlinien auf Positionen festlegt, die heute längst überholt sind. Ohne empirische Überprüfung behauptet Jonassen, nicht alle Benutzer würden von Fenstersystemen profitieren, und baut auf dieser Prämisse seine fünf Empfehlungen auf, von denen ich hier nur den Anfang der zweiten und fünften zitiere: »Limit the number of windows that may be opened by the user at any time« (192) und »Do not use overlapping windows in your displays« (193).

Nichts ist schrecklicher als eine willkürliche Begrenzung der Zahl der zu öffnenden Fenster, ein Feature von *MacWrite, MacPaint* etc., dessen Sinn ich nie begriffen habe. Auch kann ich mir viele Applikationen vorstellen, die mit nicht-überlappenden Fenstern gar nicht auskämen, besonders in Zeiten der »Drag & Drop«-Technologie, die das Ziehen von Objekten aus einem in ein anderes Fenster ermöglicht. Es wäre sinnvoller, dem Benutzer eine Wahlmöglichkeit zu eröffnen, den Rest erledigt die Familiarisierung: »The evolution of interfaces from the text-only displays of a few years ago to today's multitasking windowing environments with advanced graphics, animation, colour and iconic interfacing has familiarized both users and designers with many of the possibilities of the visual channel for communication« [Mayes (1992a), 6].

Richtlinien wie die von Jonassen können verheerende Auswirkungen haben: Jonassen beruft sich mit der Richtlinie, daß säuberlich ausgelegte Fenster besser als überlappende Fenster seien, lediglich auf ein lang gehegtes Vorurteil. Trotzdem wurde noch 1992 die *HyperHolmes Sherlock Holmes Encyclopedia* in Version II von überlappenden auf ausgelegte Fenster umgestellt [Instone/Teasley et al (1993)]. Dieser Schritt wird sich bereits bald als überflüssig erweisen, wenn die Benutzer sich an überlappende Fenstersysteme gewöhnt haben bzw. wenn ganz neue Techniken der Bildschirmpräsentation dieses Thema vergessen lassen.

Die Kosten für die Hardware sinken nicht nur relativ zum Einkommen, sondern absolut. Trotz größerer Leistungsfähigkeit muß der Benutzer heute weniger investieren. Da fällt manchem die Entscheidung für einen stärkeren Prozessor, eine größere Festplatte oder einen größeren Bildschirm leichter. Reisel und Shneiderman (1987) vergleichen Bildschirmgrößen mit der Fragestellung »Is Bigger Better? The Effect of Display Size on Program Reading«. Der knappe Kommentar in der annotierten Bibliographie von Nielsen (1995) lautet: »Bigger was better« (433). Heute stellen größere Monitore keinen besonderen Kostenfaktor mehr dar. Daher dürfte sich auch diese Problematik überholt haben. Auch die Frage, die Taylor (1992) an Videoeinbindungen stellt, ob man mit einem oder zwei Bildschirmen arbeiten solle, dürfte sich mit dem Erscheinen des digitalen Videos überholt haben. In diesem Fall hat die Softwareentwicklung das Hardwareproblem eingeholt. Die Softwaretechnik hat auch die Fragestellung von Pullinger, Maude et al (1987) überholt, mit welchen Tricks man Geschwindigkeitsvorteile beim Lesen von Texten auf dem Bildschirm erzielen kann, durch Rollen, Springen oder Blättern.

Heute haben viele Personen in der Schule oder am Arbeitsplatz Zugang zu Computern. Die Folge davon ist, daß sich der Neuigkeitseffekt abschleift und ein Gewöhnungseffekt eintritt. Das bekommen die Evaluatoren auch in den Experimenten zu spüren. So stellen Kulik und Kulik (1991) und Kulik, Bangert et al (1983) noch fest, daß die in einem Experiment gemessene Effektstärke bei den Versuchspersonen bereits nach vier Wochen abnimmt. Für mit dem Computer aufgewachsene Menschen dürften diese Zeiten immer kürzer werden. Gray (1990) wollte herausfinden, in welcher Weise die mentalen Textmodelle mit der Hypertext-Struktur korrespondieren. Die mentalen Modelle des Benutzer wurden durch Rekonstruktion des Informationsraumes mittels Diagrammen ermittelt: Zunächst zeichneten die Benutzer lineare Strukturen; mit zunehmender Erfahrung wurden die Diagramme weniger linear.

Es kommt also ganz darauf an, in welchem Erfahrungsstadium Lernende in Versuche einbezogen werden. Die Ergebnisse können sich dadurch gravierend unterscheiden oder gar widersprechen. Wie eine von Kindheit an Multimedia gewöhnte Generation auf die zukünftigen Möglichkeiten von Multimedia reagiert, läßt sich heute nicht vorhersehen. Es ist deshalb die Frage, welche Funktion die heutige Ergonomieforschung überhaupt hat. Man kann feststellen, daß heute bereits keinen Wissenschaftler die Themen und Ergebnisse von Studien interessieren, die vor – sagen wir – 1984 durchgeführt wurden! Oder – kann man bereits sagen–, die vor 1988 durchgeführt wurden?

Negroponte (1995) sieht eine der Ursachen für die Flüchtigkeit der Themen in der Einstellung der Evaluatoren, die stets alternativ fragten, ob die eine Methode (z.B. der Lichtgriffel) besser als eine andere (z.B. das Datentablett) sei: »The 'either/or' mentality was driven by the false belief that there was a universal 'best' solution for any given situation; it is false because people are different, situations change, and the circumstances of a particular interaction may be driven by the channel you have available. There is no best in interface design« (97).

Einer rasanten historischen Entwicklung unterliegen auch die Unterrichtsexperimente mit Lernsoftware. Studien um 1980 sind überwiegend den heute fast verschwundenen Autorensystemen gewidmet. Noch 1984 erschienen Hunderte von Aufsätzen zum Thema Autorensysteme. Um 1987 ist fast nur noch von »courseware« die Rede. Aber es gibt – wie überall – natürlich Ausnahmen: Noch 1986 verfaßt einer der prominentesten Vertreter der Autorensysteme aus Holland [Leiblum (1986)] einen Überblick zu Autorensystemen in der Absicht, ein Plädoyer für die Zukunft dieser Systeme zu halten. Noch heute finden wir Untersuchungen zum paarweisen assoziativen Lernen. So untersuchen z.B. Goldenberg und Turnure (1989) die 'Übergänge zwischen dem Kurzzeit- und dem Langzeitgedächtnis beim Lernen bedeutungshaltiger paarweiser Assoziationen mit Drillprogrammen auf dem Computer' und kommen zu folgenden Schlüssen:

> »Two experiments in computer-based instructional design, modeled after the traditional flash card drill, investigated optimum queuing (scheduling) for reintroducing missed items in paired associate learning. Exp 1, with 129 11th and 12th graders, showed that the use of 2 intervening items (IVIs) resulted in significantly higher correct recall than the use of 3-6 IVIs. Using the results of Exp 1 as a constant for the 1st insertion gap, Exp 2 (n = 70) found that the use of 2 or 3 IVIs in a 2nd insertion gap resulted in higher recall than the use of 4-6 items. Results support the use of queued reminders during instruction to improve recall«.

Der Leser möge selbst beurteilen, ob er mit diesem Abstract des Aufsatzes von Goldenberg und Turnure aus dem ERIC etwas anfangen kann.

Zur Methodologie der Vergleichsevaluation

Methodenvergleich und Kontrolldesign

Klassische Themen der vergleichenden Evaluation von Unterrichtsmethoden auf dem Gebiet des Computerlernens sind »CAI versus Lecture« oder »CAI versus Buch«. Schauen wir uns einige Beispiele solcher Vergleichsevaluationen an:

Beispiel 1 Garrud, Chapman et al (1993) evaluierten die Effektivität eines CAL-Pakets zur nonverbalen Kommunikation. Eine Gruppe lernte mit der Software, die andere besuchte eine Vorlesung. Der Wissenszuwachs wurde eine Woche später in einem Test ermittelt: Die CAL-Gruppe erzielte im Test die besseren Ergebnisse. Die Einstellung wurde durch eine Befragung ermittelt: Die Hälfte der Versuchspersonen zog die Software der Vorlesung vor.

Beispiel 2 Quade (1993) verglich ein CAI-Programm mit einem Hypertext zum Thema Copyright und Patentrecht. Die Einführung der Lernerkontrolle ergab keinen Performanzunterschied, und keine der beiden Methoden (CAI vs. Hypertext) erwies sich als überlegen über die andere.

Beispiel 3 Shiu und Smaldino (1993) verglichen Computerprogramm und Tonband beim Lernen von Chinesisch. Lehrbuch und Tonband stammten vom Beijing Language Institute in China, das Computerprogramm von den Autor.en Die Studierenden schnitten in den Wochen besser ab, in denen das Computerprogramm benutzt wurde, obwohl sich in einigen Bereichen keine Unterschiede ergaben, z.B. bei Zuhören und Verstehen. Vorteile für die Software ergaben sich beim Schreiben chinesischer Zeichen.

Beispiel 4 Standish (1992) setzte Bücher auf CD-ROM in mindestens drei 15-minütigen Sitzungen pro Woche zusätzlich zum herkömmlichen Leseunterricht ein, um die Lesefähigkeit von Zweitklässlern in einer vorwiegend ländlichen Region von Delaware zu fördern. Eine Gruppe mit 20 Schülern diente als Experimentalgruppe und eine Gruppe mit 16 Schülern als Kontrollgruppe. Beide Gruppen wurden vorher und nachher auf ihre Lesefähigkeit hin getestet. Die Lesefähigkeit wurde in einer einfachen Kovarianzanalyse analysiert. Obwohl sich keine signifikanten Unterschiede zeigten, deuteten die Kommentare der Schüler und Lehrer daraufhin, daß die Schüler hochmotiviert waren, die Bücher auf CD-ROM zu lesen.

Beispiel 5 Wiebe und Martin (1994) verglichen ein computergestütztes Abenteuerspiel zur Geographie mit nicht-computergestützten Spielen. Sie unternahmen besondere Anstrengungen, um einen möglichen Hawthorne-Effekt zu kontrollieren. Im Posttest ergaben sich keine signifikanten Unterschiede beim Erinnern von Fakten und hinsichtlich der Einstellung. Sie schließen daraus, daß Klassenspiele und -aktivitäten ebenso gut sind wie Computerspiele.

Was kann man diesen Evaluationsergebnissen entnehmen? Eigentlich nur Selbstverständliches:

1. Erstens ist der Effekt deutlich lernzielabhängig, d.h. je stärker ich bei den Lernzielen differenziere, um so eher werden sich Unterschiede ergeben (Beispiel 3).

2. Je besser sich das Lernziel für ein interaktives Programm eignet ist, desto eher wird das Programm einen Vorteil erzielen (Beispiel 1: Lernziel nonverbale Kommunikation; Beispiel 3: chinesische Schrift). Hier frage ich mich allerdings, wie man die Performanz bei nonverbaler Kommunikation mit einem Test evaluieren kann (Beispiel 1).

3. Die verglichenen Umgebungen müssen optimal vorbereitet sein, um ihren jeweiligen Effekt ausspielen zu können; ist das nicht der Fall oder sind die Umgebungen zu ähnlich, ergeben sich keine Differenzen (Beispiel 2).

4. Es werden sehr häufig, unabhängig von signifikanten oder nicht-signifikanten Ergebnissen, außergewöhnlich positive Einstellungen für das Computerlernen ermittelt, was auf einen Novitätseffekt schließen läßt (Beispiel 4).

5. Wenn ich den Hawthorne-Effekt kontrolliere, ergeben sich keine signifikanten Unterschiede, zumindest dann, wenn ich eine der traditionell stärkeren Methoden der Pädagogik einsetze (Beispiel 5), die es bekanntlich immer gegeben hat und die man über dem Erscheinen der Computer nicht vergessen sollte.

Schwierigkeiten bei der Generalisierung von Aussagen aus Evaluationen verleiten Methodiker regelmäßig dazu, weitere Differenzierungen und Kontrollen im methodischen Design zu fordern. Dies kann zur Konstruktion absolut artifizieller Lernumgebungen führen, deren Aussagen damit ihre Gültigkeit für real life-Situationen verlieren [Schulmeister (1978), 7]. Leider sind die als Versuchspersonen an solchen Experimenten beteiligten Lernenden oder Studierenden nicht so hoch motiviert, kritisch und selbstbewußt, um gegen eine rigide Administrierung von CAL-Programmen oder gegen die artifizielle Experimentalanordnung Protest einzulegen.

Man kann die Ansprüche an das Kontrolldesign, die Zahl der zu erhebenden Variablen und die Zahl der einzusetzenden Methoden leicht erhöhen [z.B. Knussen (1991)]. Derartige Ansprüche sind aber nur schwer einzulösen. Yildiz und Atkins (1992) kommen in einer Untersuchung der Hauptkritikpunkte an der Medienforschung zwischen 1950 und 1970 und zwischen 1970 und der Gegenwart zu dem Schluß, daß die Erziehungswissenschaftler es aufgeben sollten, die Effektivität von Multimedia-Simulationen im Vergleich zu anderen Technologien nachzuweisen, und stattdessen ihre Kräfte darauf konzentrieren sollten, die Relationen von Lernaufgaben und Lernereigenschaften zu erforschen [s.a. Yildiz/Atkins (1994)].

Untersucht man gelegentliche positive Ergebnisse von Medienvergleichsstudien genauer, so stellt man fest, mit den Worten von Clark (1983) »that the treatments are confounded«. Mit »confounded« meint Clark, daß dem Medium hier ein Effekt zugeschrieben wird, der eigentlich einer anderen, nicht-kontrollierten Variablen, z.B. der benutzten didaktischen Methode, zukommt: »it is the uncontrolled effects of novelty and instruction method which account for the existing evidence for the effects of various media on learning gains«. Ein Indiz für die Auswirkung des Neuigkeitseffekts ist die Beobachtung, daß der Lernzuwachs sich verringert, je vertrauter die Studierenden mit dem neuen Medium werden. Nach acht Wochen ist der Lerneffekt nur noch minimal. Da Vergleichsuntersuchungen häufig das Medium mit der Methode verwechseln, erscheint es Clark nötig, »to advise strongly against future media comparison research. Five decades of research suggest that there are no learning benefits to be gained from employing different media in instruction, regardless of their obviously attractive features or advertised superiority« (450).

Geringe Typisierungsfähigkeit und falsche Etikettierung

Angesichts der Verschiedenheit der getesteten Produkte und des hohen Differenzierungsgrads in der Gestaltung von Multimedia stellt sich die Frage, ob man von dem einen getesteten Produkt überhaupt auf andere schließen kann, m.a.W. kann man von dem Erfolg eines KIOSK-Systems auf die Nützlichkeit eines Hypertext-Lehrbuches schließen? Kann man bei der Evaluation eines Multimedia-Programms überhaupt davon sprechen, daß der Programmtyp, dem das jeweilige Programm angehört, evaluiert wurde? Oder wurde in Wirklichkeit nicht nur ein einzelnes Programm evaluiert, so daß generalisierte Aussagen gar nicht möglich sind?

Schon die Zuordnung der jeweiligen Software zu einem bestimmten Typ dürfte solche Schwierigkeiten machen, daß es zu Artefakten bei der Evaluation kommt. Green (1991) schlägt deshalb vor: »We require two different evaluations: on the one hand, we need an evaluation of this design, whichever it may be, while on the other hand we need a recognition of the type of design and a broad characterization of its effects« (298). Die Hoffnung Greens, die Problematik von Artefakten durch zwei verschiedene Evaluationen in den Griff zu bekommen, halte ich für vergeblich. Die breite Varianz im Design und in den Lernmethoden führt zu einem so geringen Grad an Typisierungsfähigkeit, daß letztlich keine Generalisierung der Aussagen über das einzelne untersuchte Produkt hinaus möglich ist.

In der Evaluationsforschung zum Computerlernen spielen leider falsche Etikettierungen eine gravierende Rolle. Unter dem Deckmantel moderner wissenschaftlicher Thematiken (z.B. der »Kognitionsforschung«) werden teilweise ganz andere, teilweise antiquierte Fragestellungen untersucht (z.B. technische Schnittstellen). Die ernsten Worte der Kritik, die Green (1991) an die Zunft der Human-Computer Interface-Forschung (HCI) gerichtet hat, lassen sich unverändert für die Kritik an der Evaluationsforschung in Anspruch nehmen:

»Most HCI evaluations and descriptions focus on the surface features: they treat rendering, not structure. Indeed, this goes so far that under the guise of 'cognitive modelling' HCI researchers have generated a crop of papers about how fast can the mouse be moved to a menu item or to a button, or how long it takes to enter a spreadsheet formula. This is HCI as target practice. Typically, no mention is made of parsing, conversational analysis, determinants of strategy, or many other central cognitive concepts« (298).

Hochgradige Differenzierung im Variablenbereich

Die Untersuchung von Schnotz (1987) gelangt bei einem Vergleich kontinuierlicher und diskontinuierlicher Texte zu der Erkenntnis, daß die Information bei kontinuierlichen Texten besser aufgenommen wird als bei diskontinuierlichen Texten. Auch Gordon, Gustavel et al (1988) glauben ermittelt zu haben, daß die Behaltensleistungen beim Lesen kurzer Artikel bei Hypertextversionen schlechter ausfallen als bei linearen Versionen derselben Texte. Wie läßt sich diese Beobachtung interpretieren? Eine mögliche Erklärung besteht darin, daß offenbar weitere Variablen eine Rolle spielen, die in beiden Studien nicht kontrolliert worden sind. Die Problematik nicht-kontrollierter Variablen ist in Evaluationsstudien weit verbreitet. Pre- und Posttest-Designs in der Evaluation stehen im allgemeinen vor der unüberwindlichen Hürde, daß noch eine Vielzahl an Variablen eine Rolle spielen, die nicht mehr kontrolliert werden konnten [Mayes/Kibby et al (1990), 238].

In beiden Untersuchungen besteht eine deutliche Abhängigkeit der Resultate vom Vorwissen der Versuchspersonen: Je mehr Vorwissen vorhanden ist, um so eher ist eine nicht-lineare Wissensaufnahme effektiv und um so eher ist es den Versuchspersonen möglich, mentale Modelle des Verstehens zu bilden. Es verkompliziert die Problematik, wenn man die Annahme hinzunimmt, daß Lernende nicht immer die für sie geeignete Lernform wählen [Kuhlen (1991), 197]. Das Bedürfnis, bei Evaluationen zu präziseren Resultaten zu gelangen, führt zwangläufig zur Anforderung, die Zahl der zu kontrollierenden Variablen zu erhöhen. Aber selbst eine hochgradige Differenzierung im Variablenbereich wird das Problem nicht lösen, weil es immer neue Variablen geben wird, die noch nicht kontrolliert wurden. Eine derartige Differenzierung ist beispielsweise die differentielle Erfassung von Lernstilen und Lernstrategien der Versuchspersonen.

Aber wäre eine Variation der Ergebnisse bei einer methodischen Differenzierung nach Lernstilen oder Lernstrategien überhaupt nachweisbar? Billings und Cobb (1992) fanden in ihrer Evaluation eines interaktiven Bildplattensystems zwar keine signifikante Relation zwischen Lernstilen (nicht-theoretisch begründete Einstellungen zu Art, Zeit und Modus des Lernens) und Lernerfolg, ermittelten aber als stärksten Prädiktor für den Lernerfolg die positive Einstellung der Lernenden zum Medium (»comfort«) selbst. Das Ergebnis ist im Grunde trivial: Studierende, die bereits mit dem Medium vertraut sind, erzielen im Posttest die besseren Ergebnisse. Dieser Untersuchung widerspricht nun wieder die Studie von Larsen (1992), der bei einer Evaluation eines Bildplattensystems genau das Gegenteil »beweist«. Bei ihm war kein Einfluß des Lernstils und der Voreinstellung der Versuchspersonen auf den Lernerfolg festzustellen.

In solchen Untersuchungen variieren weniger die sorgfältigen statistischen Analysen als vielmehr die als Referenz angezogenen Lerntheorien, die Qualität der eingesetzten Lernprogramme und die mit ihnen realisierten Experimentalkonditionen. Wenn Larsen hervorhebt, daß das eingesetzte Bildplatten-System eine Menge unterschiedlichen Lernverhaltens bereits unterhalb der kontrollierten Ebene zuließ, dann liegt eben hierin die Begründung für seine nicht-signifikanten Ergebnisse. Es ist generell zu vermuten, daß die Mehrzahl von Evaluationen die Vielzahl möglicher relevanter Variablen gar nicht kontrolliert hat, immer in dem Bestreben, sich auf wenige, als wichtig betrachtete Beziehungen zu konzentrieren.

Die Differenzierung im Variablenbereich hat bei Kontrolldesigns zugleich eine Minimierung der Gruppengrößen zur Konsequenz. So setzten Hammond und Allinson (1989) zwar 80 bezahlte Studierende als Versuchspersonen ein, jedoch bei einem Design mit 10 Vergleichsgruppen. Auf diese Weise erhielten sie Gruppengrößen von nur 8 Personen, über die eine Varianzanalyse berechnet wurde.

Hawthorne-Effekt Zu einer ähnlichen Folgerung wie McKnight, Dillon et al (1991) gegenüber der Studie von Beeman, Anderson et al (1987), nämlich daß hier ein Hawthorne-Effekt im Spiel war (112ff.), kommt Janni Nielsen (1986) in ihrer Kritik an Paperts Versuch, LOGO in Schulen in Brooklyn einzuführen, und an Lawlers Experiment, seinem eigenen Kind sechs Monate lang in engem Kontakt das Schreiben mit dem Computer beizubringen. Die Meta-Analyse von Niemiec und Walberg (1987) endet mit der Feststellung, daß der Hawthorne-Effekt in den von ihnen sekundär-analysierten Studien nicht kontrolliert worden sei (34). Auch die Meta-Analyse von Krendl und Lieberman (1988) beklagt, daß trotz früher angemahnter Kritik die jüngsten Studien den Neuigkeitseffekt nicht kontrolliert hätten (381). Die Tatsache, daß bei längeren Studien die Effekte geringer sind, spricht ebenfalls für die Anwesenheit von Neuigkeits- und Hawthorne-Effekten [Williams/Brown (1991), 29].

Kuhlen (1991) stellt einige Faktoren zusammen, die bei Evaluationsstudien eigentlich differenziert werden müßten:

»- Länge der linearen bzw. nicht-linearen Lernmaterialien;
- Art der Lerninhalte [...]
- Angestrebte Lernziele [...]

- Lernvoraussetzungen […]
- Organisation der Hypertextbasis […]
- Ausmaß der semantischen Spezifikation der Verknüpfungen […]
- Bereitstellen von Orientierungshilfen und Metainformationen […]
- Bereitstellen von Navigationshilfen […]
- Ausmaß der Multimedialität;
- Flexibilität im Design der Benutzerschnittstellen« (203).

Nivellierung
des Effekts

Bei so vielen Faktoren ist kein vernünftiges Design für experimentelle Evaluationsstudien mehr möglich. Und jede weitere Untersuchung entdeckt neue Variablen. Eine derart hochgradige Differenzierung im Variablenbereich nivelliert die zu messenden Effekte der anderen Variablen. Das positivistische Ideal der kumulativen Wissensammlung über eine fortschreitende Untergliederung des Untersuchungsbereichs ist deshalb nicht realistisch. Aus diesem Grund ist auch die Forderung nicht einlösbar, die McKnight/Dillon et al (1989) stellen: »Future work should attempt to establish clearly the situations in which each general style of hypertext confers a positive advantage so that the potential of the medium can be reached« (18).

Dabei ist in allen Untersuchungen einer der wichtigsten Variablenbereiche noch außerhalb des Blickfelds: Die Lernumgebung und die Politik der Institution spielen eine entscheidende Rolle für den Erfolg des Einsatzes von Lernprogrammen. Heywood-Everett (1991) berichtet Fallstudien aus fünf Grundschulen, in denen der Zusammenhang zwischen der Politik der Institution und der realisierten Methode des Lernens mit Computern deutlich wird.

Auskunftsfähigkeit der Versuchspersonen

Nicht nur für die Ermittlung des Expertenwissens, auch für die Rückmeldung in der Evaluation ist die Fähigkeit der beforschten Personen, verbindliche Selbstauskünfte zu geben, ausschlaggebend. Nisbett und Wilson (1977) weisen aber daraufhin, welche verschiedenen Arten von Theoriebildung und Wissenrepräsentation bei beforschten Versuchspersonen vorkommen können. Evaluationen, die ihre Daten im wesentlichen aus Selbstauskünften der beteiligten Versuchspersonen gewinnen, sind generell problematisch, da es um die Auskunftsfähigkeit der Lernenden und Studierenden nicht zum Besten steht.

In der Untersuchung von Marchionini (1988), in der Grolier's *Academic American Encyclopedia* in Buchform und in elektronischer Form verglichen wurden, treffen die Versuchspersonen Aussagen wie zum Beispiel, daß die elektronische Form schneller sei, daß die elektronische Version mehr Inhalte habe usw., obwohl exakte Messungen ergaben, daß die Versuchspersonen am Bildschirm mehr Zeit benötigten, und obwohl beide Versionen exakt den gleichen Inhalt hatten. Die Untersuchung wirft nicht nur ein Licht auf die Problematik der Auskunftsfähigkeit der Versuchspersonen, sondern illustriert noch einen weiteren problematischen Punkt: Die getesteten Methoden müssen für ihren jeweiligen Lernzielbereich optimal vorbereitet werden und geeignet sein. Dies war in Marchioninis Untersuchung nicht der Fall:

- Die Hypertext-Version der Enzyklopädie war schlecht präpariert. Ein Teil der ungünstigen Beurteilungen durch die Versuchspersonen mag darauf zurückzuführen sein.

- Die Hypertext-Version stellte für die Versuchspersonen ein neues Medium dar und übte eine verführerische Wirkung auf die Versuchspersonen aus, die möglicherweise deshalb zu den positiv gefärbten Aussagen kamen.

Hawthorne-Effekt Ein anderes häufig auftretendes Phänomen bei Evaluationen des Computerlernens demonstriert die Studie von Brebner (1984). Brebner berichtet über die Evaluation eines computerunterstützten Lernprogramms (CAI), mit dem die Studierenden Französisch lernen sollten. Die Ergebnisse des Experiments zeigen, daß die Drill & Practice-Übungen keinen größeren Lernfortschritt bewirkten als der herkömmliche Unterricht. Brebner berichtet aber, daß die Lernenden günstige Einstellungen gegenüber dem computerunterstützten Unterricht entwickelten. Noch merkwürdiger ist die Argumentation im folgenden Fall: Assink und van der Linden (1991) kommen bei ihrer Untersuchung eines Programms zur Orthographie holländischer Verben zu dem Schluß, daß keine Effekte der Treatment-Variablen zu beobachten gewesen seien. Dennoch, im Groben und Ganzen, habe sich die Software als effektiv erwiesen. Was soll man von dieser Argumentation halten? Der Lernerfolg ist durch das Experiment zwar nicht verbessert worden, doch die Studierenden haben eine positive Einstellung zum Medium. Beurteilen Lernende ein Medium denn nicht danach, ob es ihnen hilft? Handelt es sich um einen Neuigkeitseffekt? Daß der Hawthorne-Effekt [Mayo (1933); Roethlisberger/Dickson (1939)] als Quelle für positive Einstellungen der Studierenden verantwortlich gemacht werden kann, betonen viele Studien zum computerunterstützten Unterricht [Bracey (1987)]. Dieser Effekt beeinträchtigt ebenfalls die Auskunftsfähigkeit der Versuchspersonen.

Akzeptanzforschung Die Akzeptanz- und Einstellungsforschung hat dieselben Probleme wie die Wirkungsforschung. Einstellungen sind abhängig von Vorerfahrungen und Umgebung. Solange die Studierenden keine Multimedia-Umgebung gesehen haben, kommen CAI-Programme mit positiven Ergebnissen davon. Das dürfte ganz anders ausfallen, wenn Studierende mehr Erfahrung mit Multimedia haben. Eine Beschränkung der Evaluation auf Akzeptanzfragen ist nicht sinnvoll, denn warum sollte ich Aufwand und Kosten in das CAI-Programm investieren, wenn es das Lernergebnis nicht verbessert, aber positive Einstellungen produziert? Und selbst wenn es der Fall wäre, daß das Lernergebnis durch das Programm verbessert werden würde, so kann das Ergebnis flüchtig sein: Das nächste Experiment, dann vielleicht mit einem Hypermedia-System, erbringt eventuell wieder eine positive Einstellung, und deutet damit daraufhin, daß eine positive Einstellung zum System sich nur bei Novizen einstellt und danach rasch verflüchtigt, sobald Vergleichsmaßstäbe vorliegen. Ähnlich ergeht es der Evaluationsforschung, wenn sie Faktoren für Innovationsbereitschaft und -fähigkeit ermitteln will. Die Trivialität mancher Ergebnisse ist kaum zu überbieten: So berichtet beispielsweise Krendl (1986), welche kritischen Faktoren die Akzeptanz der neuen Technologien in der Schule bestimmen: (1) ob eine Institution für die vorhandenen Medien existiert, und (2) ob die Institution in der Lage ist, die neuen Technologien in ihre Organisationsstruktur zu integrieren.

Meinungsbefragungen hängen von Umgebungsfaktoren und Erfahrungen ab (s.a. meine Ausführungen im Abschnitt zur Lernerkontrolle). So haben z.B. Jones und McCormac (1992) in zwei Experimenten nach empirischer Evidenz gesucht, um die Frage zu entscheiden, ob Benutzermeinungen zur Beurteilung von computerunterstütztem Lernen (CAL) in der Krankenpfleger-Ausbildung herangezogen werden können. Im ersten Experiment wurden 61 Erstsemester zwei Stunden lang in den Einsatz von Computern in der Krankenpflege eingeführt und sollten danach 8 Merkmale der Computer auf einer 7-Punkte-Skala bewerten. Im zweiten Experiment wurden Studierende des folgenden Jahrgangs befragt, die keine spezielle Einführung in den Einsatz der Computer in der Krankenpflege erhielten. Die Ergebnisse zeigten, daß die Meinungen der Versuchspersonen zu den Computern beeinflußt waren durch frühere Erfahrungen mit Computern und sich gar nicht auf die Merkmale des aktuell vorliegenden Systems bezogen.

Studierende »may not be the best judges of what instruction they need, how much instruction [they need], when to seek instruction, and what to attend to in an instructional segment« [Canelos/Baker et al (1986), 67]. Dies ist bereits aus den 60er Jahren aus Befragungen von Studierenden zu Vorlesungen vs. Gruppenarbeit bekannt. Die widersprüchlichen Aussagen von Studierenden zu den Vorteilen bestimmter Methoden sind auf ihre Erfahrungen und die Dominanz der Methoden in ihrer Umgebung zurückzuführen. Vergleichsuntersuchungen, die auf Studentenurteilen basieren, ziehen aber häufig nicht die Vorerfahrungen und Kontextabhängigkeit der Urteile der befragten Versuchspersonen in Betracht, obwohl »interrogated subjects are likely to be ignorant about the range of possible alternatives, a fact that severely restricts the generalizability of their statements« [Schulmeister (1978), 4].

Im besten Fall sind die erhobenen Aussagen zwar gültig, aber ihre Aussagekraft ist aufgrund der Kontextabhängigkeit lokal oder zeitlich limitiert. Es müßte zugleich untersucht werden, ob sich die Einstellungen ändern und ob deshalb Langzeituntersuchungen notwendig sind. Solche Fragen werden selten gestellt. Krendl und Broihier (1992) untersuchten den Charakter der Reaktionen von 339 Schülern der 4. bis 10. Klassen (53,4% Mädchen und 46,6% Jungen) auf Computer über eine Zeit von 3 Jahren. Die Veränderungen in der Wahrnehmung der Versuchspersonen wurden bei drei abhängigen Variablen (Präferenz, Lernfortschritt und empfundener Schwierigkeitsgrad) untersucht.

Die Befunde weisen deutlich auf die Wirksamkeit des Neuigkeitseffekts hin. Die Urteile der Versuchspersonen zur Präferenz für Computer nahmen während der drei Jahre signifikant ab, ebenso ihr Glaube, mit dieser Technologie lernen zu können. Die Einschätzung des Schwierigkeitsgrads hingegen blieb stabil, und sowohl das Geschlecht als auch das Alter reagierten signifikant auf alle drei abhängigen Variablen. Ältere Schüler zeigten eine skeptischere Einstellung zur Computertechnologie als jüngere, Jungen hatten eine positivere Einstellung als Mädchen. Diese Beziehungen veränderten sich nicht im Verlauf der drei Jahre. Die Ergebnisse dieser Untersuchung stützen die Kritik an der methodologischen Begrenztheit von Studien zu Computereffekten.

Meta-Analysen zum Computerlernen

Meta-Analysen von Evaluationsstudien sind Sekundäranalysen, die eine exaktere Beurteilung der Größe des intendierten Effektes erlauben, weil sie die Originaldaten in Prozentanteile der Standardabweichungen des Punktgewinns bei Abschlußtests umwandeln. Bei Vergleichen von Lehrmethoden wird typischerweise ein Vorteilseffekt von unter einer halben Standardabweichung festgestellt: »In the case of computer-based instruction studies in college environments, for example, this advantage translates as an increase from the 50th to the 66th percentile on final examinations in a variety of courses« [Clark/Craig (1992), 21].

Eine der ersten Meta-Analysen, die mit statistischen Verfahren kompatible Effektgrößen für den Lernerfolg berechnete, ist die Studie von Hartley (1977) zu 51 Studien zum individualisierten Unterricht. Sie fand heraus, daß computerunterstützter Unterricht den Lernerfolg zwar erhöhte, daß dieser Effekt aber nicht so hoch war wie der Effekt, der durch den Einsatz von Peer Teaching oder Tutorengruppen bewirkt wurde.

Kulik, Kulik et al (1979) berichten in einer Meta-Analyse von 75 Studien zum Keller-Plan-Modell [Keller's Personalized System of Instruction, PSI, Keller (1968)], daß diese Studien im Durchschnitt recht hohe Erfolgswerte demonstrierten (nämlich .5 SD), viel höhere als in anderen Studien zum individualisierten Unterricht und ähnlich hohe wie beim computerunterstützten Unterricht. Während Clark (1983) noch meint: »A compelling hypothesis to explain this similarity might be that most computerized instruction is merely the presentation of PI or PSI via a computer« (448), glaube ich, daß dies ein Hinweis darauf ist, daß letztlich jede Veränderung des herkömmlichen Unterrichts etwas bewirkt. Sofern Anstrengungen bemerkbar werden, die traditionellen Sozialformen zu modifizieren und den Unterricht zu reformieren, wird dies offenbar von den Lernenden belohnt.

Lehrerrolle

Kulik, Kulik et al (1980) fanden mehr als 500 Studien, die konventionelle Medien mit computergestützter Instruktion verglichen. Sie ermittelten eine Differenz von .5 Standardabweichungen, die sich allerdings in den Experimenten auf .13 verringerte, in denen derselbe Lehrer die Versuchs- und die Kontrollgruppe unterrichtete, ein deutlicher Hinweis auf die wichtige Rolle, die der Lehrer für die Akzeptanz und den Effekt der Einführung neuer Unterrichtsmethoden hat, und möglicherweise ein Hinweis darauf, wie gering der Unterschied zwischen Methoden überhaupt ist, wenn man den Lehrer als Variable nicht berücksichtigt.

Bangert, Kulik et al (1983) replizierten die Meta-Analyse von Hartley (1977). Ihre Werte sind sogar noch geringer (.10 SD). Während Hartley noch meinte, für den individualisierten Unterricht wenigstens in den Hochschulen einen größeren Effekt nachweisen zu können, kommen Bangert, Kulik et al zu wesentlich geringeren Werten auch für den Einsatz in Hochschulen. Ihr Fazit ist ernüchternd: »Individualized systems of secondary school teaching have not met the great hopes they once raised [...] Individualized systems promised to revolutionize teaching and to revitalize learning. Twenty-five years of evaluation studies show that instead of producing such dramatic effects, individualized systems at the secondary level yield results that are much the same as those from conventional teaching« (150).

Kulik, Bangert et al (1983) glauben in einer weiteren Studie erhebliche Vorteile von CBI (.32 Standardabweichungen) und positive Einstellungen der Versuchspersonen feststellen zu können. Unter den analysierten Studien sind allerdings nur vier Untersuchungen, die einen längeren Zeitraum abdecken, und deren Langzeiteffekte stellten sich als nicht signifikant heraus. Clark (1985) weist darauf hin, daß positive Ergebnisse längere Zeit gemessen werden müssen, um den Neuigkeitseffekt auszuschalten. Kulik, Bangert und Kulik bemerken, daß Studien, die in Zeitschriften publiziert wurden, stärkere Effekte berichten (.17 höher) als unveröffentlichte Dissertationen. Während sie diesen Unterschied damit erklären, daß die Qualität der Studien von anerkannten Forschern höher sei als die von anderen Autoren, vermutet Clark (1983), daß dieser Unterschied lediglich etwas mit der Annahmepolitik der Redaktionen wissenschaftlicher Zeitschriften zu tun habe.

Konfundierung von Medium und Methode

Die positiven Effekte einer neuen Methode nehmen ab, wenn derselbe Lehrer an allen verglichenen Methoden beteiligt ist [Clark (1985)]. Werden die verglichenen Methoden aber von verschiedenen Lehrern präsentiert, dann kann man nicht mehr entscheiden, »whether to attribute the advantage to the medium or to the differences between content and method and the media being compared« [Clark (1983), 448]. Selbst den angegebenen Zeitgewinn beim Lernen mit Computern bezeichnet Clark als Artefakt, das durch den höheren Aufwand für die Entwicklung des neuen Mediums verursacht werde (449). Clark faßt seine Kritik an den Meta-Analysen der Kuliks in dem Vorwurf zusammen, daß hier eine Konfundierung des Mediums mit der Methode stattgefunden habe. Die

Fortsetzung der Diskussion zwischen den Kuliks und Clark findet sich in den Beiträgen Clark (1985), Kulik, Kulik et al (1985) und Clark (1985b).

Rosenberg (1990) setzt sich intensiv mit den beiden Meta-Analysen von Kulik, Kulik et al (1980) und Kulik, Bangert et al (1983) zur Anwendung von CAI-Systemen in der Schule auseinander. Ich muß schon den vollen Text ihrer Kritik zitieren, um deutlich zu machen, welch grobe Fehler von den kritisierten Autoren begangen wurden:

»Typically, results are reported as follows:
In one paper, 54 of the 59 studies collected statistically significant data on exam performance. Of these 54, 13 favored CAI and one favored conventional instruction. The conclusion is that CAI improves exam performance.
Here is another way to present the same data:
Of the 59 studies, 22% favored CAI, 2% favored conventional instruction, and 76% favored neither or were not statistically significant. The conclusion is that nothing is demonstrated about the effect of CAI on exam performance.
Here is more data on which the papers' conclusions are based:
Exam performance: In the second paper 48% favored CAI, 4% favored conventional instruction, and 76% favored neither.
Withdrawal rated (reported on in only one paper): 3% favored CAI, 2% favored conventional instruction, and 95% favored neither or were not statistically significant.
Students' attitudes toward subject matter: In one paper, 3% favored subjects taught with CAI, and 97% favored neither or were not statistically significant. In the other paper, 20% favored CAI, and 80% favored neither« (187).

Rosenberg weist darauf hin, daß Hochschullehrer den Großteil der evaluierten Anwendungen ohnehin nicht für akzeptabel halten (188).

Für unseren Zusammenhang interessant sind Meta-Analysen der interaktiven Bildplatten-Technologie, dem Vorläufer moderner Multimedia-Programme.

Kearsley und Frost (1985) besprechen mehrere Evaluationsstudien zu Bildplatten-Programmen. Überwiegend werden positive Effekte, vor allem eine Zeitersparnis beim Lernen, berichtet. Die meisten Untersuchungen stammen aus Trainings der U.S. Army: »To summarize, the available evidence suggests that videodisc is a highly effective instructional medium across all types of educational and training applications« (9).

Bosco (1986) hingegen stellt in seiner Meta-Analyse von 28 Evaluationen zu interaktiven Bildplatten ein Unentschieden fest: »In essence, sometimes interactive video appeared to be more effective than the comparison instruction, and sometimes it did no better than the comparison form of instruction« (15). Er erklärt dieses widersprüchliche Ergebnis damit, daß die Varianz des Effekts in der Vielfalt und der unterschiedlichen Qualität der Anwendungen seine Ursache hat.

Bosco vergleicht dies mit der Evaluation von Lehrbüchern: Auch hier würde es keine kategorische Antwort auf die Frage geben, ob ein Lehrbuch gut geeignet für Lehren und Lernen sei, das hänge von den Lernzielen der Instruktion und der Qualität der Bücher ab. Gerade aus diesem Grund kritisiert Bosco, daß bei 19 von den 29 in die Untersuchung einbezogenen Studien wenig oder gar keine

Information zur Art des interaktiven Programms mitgeteilt wurden: »When information on the specifics of the instruction is lacking, it is impossible to look for clues which might explain differences in findings on effectiveness« (15). Während die Befürworter positive Effekte dem Medium als solchem zuweisen, stellt sich für die Kritiker die Sachlage ganz anders dar: »Yet, it would be difficult to rule out the strong possibility that the variable which produced a learning gain was not media, but the method variable many of us refer to as 'interactivity'« [Clark/Craig (1992), 25]. Diese Unterrichtsmethode bietet ein höheres Aktivitätsniveau, das mag die Ergebnisse erklären. Verstärkte Interaktivität kann aber prinzipiell in verschiedenen Medien angeboten werden, auch durch das persönliche Medium Lehrer.

Braden und Shaw (1987) untersuchen in einer Meta-Analyse von Evaluationsstudien den Computereinsatz bei gehörlosen Kindern. Von 287 Titeln beschrieben 162 den Einsatz von Computern in der Erziehungsumgebung. In der Sortierung nach Kategorien ergab sich folgende Verteilung: Hochschule (120), psychologische Studien (12), Schule (30). Nur 9% der Studien zur Hochschulausbildung lieferten Daten zur Effizienz der Methode. Obwohl die meisten Studien positive Ergebnisse behaupteten, schien der Grad des Erfolges der computerunterstützten Instruktion in einer umgekehrt proportionalen Relation zur methodologischen Genauigkeit zu stehen. Methodisch gut durchgeführte Studien kamen eher zu der Erkenntnis, daß der computergestützte Unterricht keine besonderen Vorteile nachweisen konnte.

Niemiec und Walberg (1987) analysieren 16 solcher Sekundär- oder Meta-Analysen und kommen dabei zu folgendem Schluß: »From our synthesis, CAI, with an average« effect size of .41 is moderate and about as effective as tutoring or adaptive education« (35). Auch die Meta-Analyse von über 200 Studien zum computerunterstützten Unterricht von Roblyer, Casting et al (1988) kommt zwar zu einem positiven Ergebnis, aber auch hier bewegt sich der Lernzuwachs um unter .3 Standardabweichungen.

McNeil und Nelson (1991) führten 5 Jahre nach der Studie von Bosco ebenfalls eine Meta-Analyse von Untersuchungen zur interaktiven Bildplatte durch. Sie legten relativ strenge Kriterien an die Studien an, die in die Meta-Analyse aufgenommen werden sollten. Von 367 Studien trafen ihre Kriterien nur auf 63 zu. 79 Variablen wurden kodiert, von denen aber nur 25 ausgewertet wurden. Sie unterschieden zudem vergleichende Evaluationen von instruktionalen Design-Evaluationen. 30 Untersuchungen waren Dissertationen, Magisterarbeiten oder Regierungsstudien, die bekanntlich leicht geringere Effekte berichten. Die Autoren zeichnen ein differenziertes Bild: Methoden, die zusätzlich zum normalen Unterricht eingeführt wurden, hatten einen wirksameren Effekt als solche, die traditionelle Methoden ersetzten. Generell schien das interaktive Video sowohl für einzelne Lerner als auch für Gruppen Vorteile zu haben (Effektgröße .53). Studien, in denen die interaktive Bildplatte mit dem Einsatz von Videobändern verglichen wurden, zeitigten allerdings keine Unterschiede. Einige Studien deuteten auf die entscheidende Rolle des Lehrers hin. Sie weisen jedoch mit Nachdruck auf die Unzulänglichkeiten ihrer Meta-Analyse hin, die viele der relevanten Variablen nicht kontrollieren und für viele der interessierenden Variablen in den Studien gar keine Daten finden konnte: »Variables such as the nature of instructional content, environmental factors, instructional methods, features of the learning materials, and certainly the characteristics of the learner undoubtedly influence achievement to varying degrees. This information is rarely provided in sufficient detail to be coded and analyzed« (5).

Auf welch schwachen Füßen solche Meta-Analysen stehen, wird durch eine Untersuchung deutlich, die Jolicoeur und Berger (1986) durchgeführt haben. Sie ermittelten im ERIC und durch etwa 200 Befragungen die geringe Zahl von 47 empirischen Evaluationsstudien, die für ihre Zwecke in Frage kamen. Nach genauerer Durchsicht auf deren Eignung blieben ihnen genau zwei Studien, die sie in eine Meta-Analyse hätten einbeziehen können. Der Grund, aus dem die meisten Studien ausscheiden mußten, bestand darin, daß in den geschilderten Experimenten stets mehrere Programme Einsatz gefunden hatten. Sie schließen daraus, daß vernünftige Meta-Analysen auf der bestehenden Datenbasis gar nicht möglich seien.

Krendl und Lieberman (1988) analysieren Evaluationsstudien unter mehreren verschiedenen Gesichtspunkten: Sie sind interessiert an Aussagen bezüglich Lerneffekten, kognitiven Effekten, Motivation und Selbsteinschätzung und Umweltfaktoren. Ihr Interesse ist ein vorwiegend methodologisch. Trotzdem fallen für unsere Zwecke interessante Erkenntnisse ab. In dem Überblick über LOGO-Experimente stellen sie fest, daß einerseits die Aussagen zur Effektivität, insbesondere zum Effekt von LOGO für die kognitive Konzeptbildung, uneinheitlich seien, während sich andererseits herausgestellt habe, daß das Entscheidende für die Effektivität der Instruktion und für das Erlernen transferierbarer Denkfähigkeiten die Lehrerrolle sei und daß die soziale Umgebung ein wichtiger Faktor für die Motivation der Lernenden sei.

Elshout (1992) vergleicht zwei Meta-Analysen von Evaluationsstudien, die im selben Jahr (1989) erschienen sind und die beide zu ähnlichen positiven Resultaten kommen: »There are two conclusions to be drawn that are of special interest to our own discussion. The first is that after student related factors – such as prior achievement, intelligence, specific interests, etc. – have been taken into account, only a relatively small part of the total variance in achievement can be credited to all educational factors taken together, say 20 to 30 percent. That makes it understandable that educational factors taken one at a time, if they make a difference, typically have an effect, expressed as a point biserial correlation, not larger than .20« (xx).

Clark und Craig (1992) ziehen das Fazit über die lange Reihe von Evaluationsstudien und Meta-Analysen zu Bildplatten und Multimedia: »1) multiple media, including videodisc technology, are not the factors that influence learning; 2) the measured learning gains in studies of the instructional uses of multiple media are most likely due to instructional methods (such as interactivity) that can be used with a variety of single and multiple media; 3) the aspects of dual coding theory which formed the basis for early multi-media studies have not been supported by subsequent research; and 4) future multi-media and interactive videodisc research should focus on the economic benefits (cost and learning time advantages) of new technology« (19).

Hasebrook (1995) setzt sich mit Meta-Analysen und einzelnen Studien zum Lernen mit Computern unter mehreren Gesichtspunkten auseinander: Mischungen von Text und Bild, Animationen in Multimedia, Vermittlung von Strukturwissen, Interpretation und Selbststeuerung des Lernprozesses. Er gelangt zu dem Fazit: »Nach dem heutigen Erkenntnisstand ist es nicht möglich, prinzipielle Aussagen über die Lernwirkungen von Multimedia zu machen. Der Vergleich und eine kritische Bewertung der existierenden Studien und Übersichtsarbeiten hat zwar gezeigt, daß Multimediasysteme über Potentiale zur Verbesserung der Lernleistung verfügen. Dennoch haben die überwiegende Mehrheit der heute im Einsatz befindlichen Multimediasysteme nur wenig oder gar keine positive Auswirkung auf die Lernleistung« (101). Der Teufel steckt also im Detail. Nur bei genügender Differenzierung der didaktischen Interventionen und Berücksichtigung der Rahmenbedingungen, unter denen sie eingesetzt werden, lassen sich Effekte multimedialer Lernumgebungen nachweisen. Bei hohem Differenzierungsgrad nivellieren sich aber wieder die Effekte.

Studien, die dem Lernen des Programmierens gewidmet wurden, gründeten ursprünglich auf der Annahme, man hätte mit dem Programmieren eine neue Generalfähigkeit, die Fähigkeit zur allgemeinen Informationsverarbeitung, soz. das »Latein des 20sten Jahrhunderts«, entdeckt. Clark (1992) kommentiert diese Annahme nach einer Durchsicht entsprechender Studien: »The original hope that the learning of computer programming would sharpen general thinking and problem-solving skills seems unsupported. Thus, there seems to be a lack of compelling evidence of 'domain-general' transfer which is attributable to computer programming expertise« (267ff.). Die Transferqualität des Programmierens sei unbewiesen geblieben, Programmieren bleibe domain-spezifisch (wie es im übrigen ja auch Latein war). Wo Transfer nachgewiesen wurde, war der Computer kein notwendiges Medium, und die Transferfähigkeit wurde mit speziellen didaktischen Methoden trainiert. Clark bezeichnet die Verwechselung der menschlichen Informationsverarbeitung mit dem Programmieren als unzulässige Reifikation einer Metapher für Kognition.

Der Vorwurf der Konfundierung gilt auch für Studien, die speziell dem Problemlösen durch Simulationen gewidmet sind [Clark (1992)]. Einen ausführlichen Überblick über Evaluationen und Meta-Analysen zu Autorensystemen bietet Shlechter (1988). Auch er gelangt zu der Einsicht: »positive instructional effects found for CBI might be traceable to factors other than the medium« (335).

Ratingverfahren — Es gibt in den USA außer dem bereits erwähnten Educational Testing Service zwei Institutionen, die kontinuierlich Lernsoftware evaluieren: EPIE (Educational Products Information Exchange) und Microsift. EPIE listete 1983 4.500 Programme in 24 Gebieten auf [Bialo/Erickson (1985) 228]:

Mathematics	26.3%
Science	15.7%
Reading	11.8%
Language Arts	10.6%
Social Studies	6.2%
Foreign Language	4.6%
Computer Language	2.4%

The Arts	2.2%
Early Childhood	2.2%
Business Education	1.9%
Logic/Problem Solving	1.1%
Computer Literacy	0.9%
Other	14.1%

Man erkennt deutlich, daß, zumindest zur damaligen Zeit, Lehrprogramme in den Fächern Mathematik und Naturwissenschaften die größte Verbreitung erfahren hatten. Der Software-Typus verteilte sich überwiegend auf Drill & Practice Programme und Tutorials (229):

Drill & Practice	49.4%
Tutorial	18.9%
Educational Game	12.3%
Simulation	5.4%
Other	14.0%

Bialo und Erickson (1985) untersuchten 163 Courseware-Programme von EPIE im Hinblick auf Ziele, Inhalte, Methoden und Evaluation, um zu sehen, ob quer zu den Courseware-Typen und Fächern bestimmte Trends erkennbar sind. Sie entdecken, daß nur ein Drittel der Programme über wohldefinierte Lernziele verfügten und kamen zu dem Schluß, daß die meisten Programme die Möglichkeiten der Computer gar nicht effektiv nutzten: „Much of this software is poorly designed instructionally and is no more than electronic workbooks. Those involved in commercial courseware development [...] oftentimes lack expertise with regard to the instructional issues involved in designing educationally sound courseware." (233) Die Ergebnisse aktueller Surveys sind von den referierten Erkenntnissen nicht so weit entfernt, wie man es sich wünschen würde. Eine in Zusammenarbeit mit mir durchgeführte HIS-Studie zum Einsatz der neuen Medien in der Hochschullehre [Lewin/Heublein et al (1996a); Lewin/Heublein et al (1996b)], in der etwa 1.000 Projekte erfaßt wurden, zeigt erstens eine ähnliche Fächerverteilung wie die EPIE-Untersuchung und macht zweitens deutlich, daß die neuen Medien überwiegend für Präsentationen in Vorlesungen und im Internet genutzt werden und daß der Anteil eigens für die Lehre entwickelter Lernprogramme relativ gering ist.

Studienrichtung	absolut	%	Uni	FHS
Sprach-/Kulturwiss.	175	18	24	7
Rechtswiss.	24	3	4	1
Wirtschaftswiss.	148	15	16	13

Studienrichtung	absolut	%	Uni	FHS
Sozialwiss.	60	6	6	7
Mathem./Naturwiss.	355	36	35	33
Medizin	41	4	5	-
Agrar-/Forst-/Ernährungswiss.	28	3	3	-
Ingenieurwiss.	279	29	18	59
Kunst/Kunstwiss.	45	5	4	6

Lehr-/Lernmittel	Absolut	Prozent
Präsentation	41	38
Online-Skript	18	17
Hypertexte	4	4
Tele-Teaching	2	2
Einf. Lernprogramme	4	4
Weiterf. Lernprogramme	24	22
Sprachunterricht	4	4
Multimedia	2	2
Planspiele	5	5
Virtuelle Ausbildung	2	2
Forschendes Lernen	2	2
Summe	**109**	**100**

Jolicoeur und Berger (1986) haben in einer Meta-Analyse die Bewertungen beider Institutionen miteinander verglichen, obgleich die Beurteilungskriterien beider Institutionen sich nur teilweise überlappten. Die Beurteilungen von 82 Programmen konnten einbezogen werden: »The correlation was only .33, significant different from zero (p< .001) but far below acceptable levels of reliability for alternate measures of the same concept« (9). Bei einem speziellen Vergleich nur der Designkriterien für 29 Programme, die bei beiden Institutionen schon viel ähnlicher waren, ergab sich sogar nur eine Korrelation von .22, ein Wert, der sich nicht signifikant von Null unterscheidet: »The unfortunate implication of these data is that there is little evidence for convergent validity and no evidence for discriminant validity of ratings in typical software reviews«. Es stellt sich damit deutlich die Frage, wem Ratingskalen als Evaluationsmethode überhaupt etwas sagen, wenn die Konstruktvalidität dieser Methoden derart in Zweifel gezogen werden kann. Ich teile aus den in diesem Abschnitt erörterten Gründen die Schlußfolgerung der Autoren allerdings nicht, die eine Alternative zu Ratings in experimentellen Kontrolldesigns sehen.

Dann scheint es doch sinnvoller zu sein, inhaltliche Beurteilungen in freier Textform abzuliefern. Einen anderen Zugang zur Software-Evaluation versucht die amerikanische Vereinigung der Pädagogen, die sich mit dem Einsatz von Software im Unterricht befassen, EDUCOM/NCRIPTAL. Bangert-Drowns und Kozma (1989) beschreiben die Evaluationsverfahren und die Evaluationskriterien dieser Organisation, die den als hervorragend beurteilten Programmen jährlich einen Preis verleiht. In Anlehnung an EDUCOM hat die Bundesrepublik Deutschland 1990 erstmals den Deutschen Hochschulsoftware-Preis, ab 1991 den Deutsch-Österreichischen Hochschulsoftware-Preis in einem ähnlichen Evaluationsverfahren ermittelt, in dem ich als Mitglied der Jury auch an der Entwicklung der Evaluationskriterien mitgewirkt habe. Ab 1994 ist diese Unternehmung durch Beteiligung mehrerer europäischer Länder zum European Academic Software Award (EASA) geworden. Die Beurteilungsverfahren haben einen grundlegenden Unterschied zu Ratingverfahren darin, daß es möglich war, sich in der Gruppe der Juroren über die Evaluationskriterien kommunikativ zu verständigen und nach langen Diskussionen einen Konsens herbeizuführen. Wenn das konsensuelle Verfahren allerdings aufgegeben wird (z.B. aus Zeitmangel oder wegen des Aufwands), reduzieren sich die Beurteilungsverfahren auf ein Ratingverfahren.

Grundlegende methodologische Einwände

1. Die Typisierungsfähigkeit der Anwendungen ist gering: Es werden Einzelfälle getestet, nicht der Programmtyp einer Anwendung. Konsequenterweise sind die Folgerungen selbst aus ähnlichen Studien nicht generalisierbar.

2. Die Experimentalsituationen sind in mancher Hinsicht artifiziell: Es werden Fragestellungen in künstlichen Situationen getestet, die nichts über eine mögliche Extrapolation auf reale Lernsituationen aussagen.

3. Die Experimente sind abhängig vom institutionellen und interaktionellen Kontext: Deshalb sind die Versuchbedingungen in komparativen Studien eben nicht vergleichbar, obwohl sie gerade verglichen werden sollen.

4. Die Ergebnisse unterschiedlicher Methoden lassen sich nicht mit demselben Posttest vergleichen. Hammond und Allinson (1989) setzen bewußt zwei verschiedene Posttests ein, um die Rückwirkung auf das Studienverhalten beim Lesen verschieden präparierter Versionen eines Hypertexts zu überprüfen, einen Multiple-Choice-Test und eine Frageliste. Die Posttest-Methode hat nach ihren Ergebnissen einen Einfluß darauf, wie die Studierenden das Lernprogramm angehen.

5. Die Zahl der real intervenierenden Variablen geht gegen unendlich, während nur eine kleine Probe in die Untersuchung einbezogen wird: »Our failure to account for much of the variance in the models by independent variables analyzed in the study indicates that cognitive achievement from IV is influenced by a myriad of variables that are difficult or impossible to

account for in a single meta-analysis« [McNeil/Nelson (1991), 5]. Diese Aussage gilt nicht nur für die Meta-Analyse, sondern prinzipiell für alle Vergleichsdesigns.

6. Wenn die entscheidende Variable für den Lernerfolg der Lehrer und nicht das getestete System ist, dann sorgt das Engagement des Lehrers für den Erfolg und die Bestätigung der Hypothese: »the potential benefits of CBI [...] all hinge upon the dedication, persistence, and ability of good teachers and courseware developers« [Kearsley/Hunter et al (1983a), 94]. Wenn diese Hypothese stimmt, kann man der Folgerung von Rosenberg (1990) nur zustimmen (189): »Of course, if there were enough dedicated, persistent, able teachers and course developers, and a social commitment to support them, would anyone be interested in ITSs?«

7. Es ist m.E. zu Recht behauptet worden, daß – wenn überhaupt positive Effekte der interaktiven Multimedia-Technologien auf das Lernen nachgewiesen werden – dies die Folge der Bemühungen der Designer, der von ihnen realisierten Methoden, und nicht der Technologie als solcher seien [Clark (1983); Clark (1986); Clark/Craig (1992)].

8. Es müßte unbedingt eine Differenzierung nach Lernenden durchgeführt werden. Studien, die dies tun, sind rar [z.B. Cordell (1991)]. Aber wenn man in stärkerem Maße Lernervariablen in die Untersuchungen einbeziehen würde, können nicht mehr generalisierungsfähige Aussagen über »den« Lerner getroffen werden, und die gesamte mögliche Lernervarianz kann gar nicht getestet werden.

9. Experimente im erziehungswissenschaftlichen Bereich sind durch den Hawthorne-Effekt stark beeinflußt [McKnight/Dillon et al (1991), Bracey (1987)].

Es gibt Tausende von Reports von Lehrern über Experimente in der Schule, größtenteils mit unzulänglichen Versuchsanordnungen, teils aber auch mit ausfeilten kontrollierten Versuchsdesigns. Fast alle berichten am Ende einen Lernzuwachs. Immer wieder kommt man als Leser in Versuchung, wenn das Thema stimmt, wenn die Arbeit im Einklang mit den eigenen Vorurteilen steht, sich auf solche Resultate zu berufen [so Ferguson (1992), 40]. Doch wir brauchen gar nicht jene »careful studies of the impact of ... on ...«. Was wir brauchen, sind Lehrer und Dozenten, die hochmotiviert sind, die ihre Schüler und Studenten mitreißen können, und Programme, die interessant, spannend, hochinteraktiv und ästhetisch gestaltet sind.

Die Nicht-Evaluierbarkeit von Multimedia

Pädagogische Mythen

Zwei gewichtige Hypothesen scheinen die Evaluationsstudien zum Computerlernen zu regieren, die »Meeting Place«-Hypothese und die »Melting Pot«-Hypothese: »Two tacit assumptions, the additive assumption and the multiplicative assumption, seem to govern past and present enthusiasms for the use of multiple media in instruction and training« [Clark/Craig (1992), 19]. Gemeint ist, daß die in Multimedia integrierten Medien sich in ihren Effekten entweder additiv ergänzen oder aber ein neues Ganzes ergeben. Ich habe in den Evaluationsstudien weder für die eine noch für die andere Hypothese hinreichende Indizien finden können.

Eine weitere Differenzierung ist im Zielbereich der Studien angebracht: So intendieren einige Versuche, den herkömmlichen Unterricht durch die neuen Medien zu bereichern [z.B. Farmer (1993)], während andere Versuche traditionelle Methoden durch neue Medien ersetzen wollen. Auch zu diesen Strategien liefern die referierten Evaluationen keine Erkenntnisse. Frau, Midoro et al (1992) fragen sich »Do Hypermedia Systems Really Enhance Learning?« Das war auch meine Frage, als ich dieses Buch begann. Und ich bin nach wie vor der Ansicht, daß man diese Frage mit einem Ja beantworten sollte, nur nicht unter allen Umständen und nicht für alle der in diesem Buch besprochenen Programme und Programmtypen.

Das Ziel der meisten Studien besteht darin, einen Effekt der Lernmethode auf das kognitive Lernen der Studierenden nachzuweisen. Nur wenigen gelingt es, in vielen Studien zeigt sich, daß sich im kognitiven Lernzielbereich keine Unterschiede ergeben, aber stattdessen in Variablen wie Begeisterung, affektive Einstellung zum Computerlernen oder, wie in der Studie von Mevarech und Ben-Artzi (1987), in der Einstellung zur Mathematikphobie.

Differenzierung nach Lernstilen

Eine der Hauptthesen dieses Buches, die sich von der Multimedia-Definition im Eingangskapitel über die Besprechung des Instruktionsdesigns und der intelligenten tutoriellen Systeme bis hin zu den Hypertext- und Hypermedia-Systemen erstreckte, war die These, daß es gelingen müsse, die Wirkungen von Lernprozessen nach individuellen Lernstilen und Lernstrategien zu differenzieren. In einem Experiment mit postgraduierten Studierenden der Informationswissenschaft zu dem Hypertext-Beispiel '1992 – The single European Market' haben Ellis, Ford et al (1993) die Versuchspersonen vor dem Experiment mit zwei Skalen (Feldunabhängigkeit/abhängigkeit und Holisten/Serialisten) auf ihre Lernstile hin untersucht. Die Autoren stellen fest, daß Holisten Maps vorzogen, Serialisten aber den Index; Serialisten erinnerten mehr und erreichten im Wissenstest ein höheres Ergebnis, während Holisten mehr Antworten versuchten und eher bereit waren zuzugeben, daß sie etwas nicht wußten. Feldunabhängige Studierende lasen mehr Dokumente als feldabhängige Studierende. Dies scheint nun eine Bekräftigung der Forderung nach Differenzierung durch Lernstil-Konstrukte zu sein.

Ein zweites Experiment derselben Autoren mit der Hypertext-Anwendung 'Food & Wine' für Studenten der Ernährungswissenschaft konnte die Ergebnisse aber nicht replizieren. Lediglich eine nicht-signifikante Differenzierung nach Feldunabhängigkeit/abhängigkeit wurde gefunden. Das Fazit der Autoren lautet: »Learning and cognitive styles have been demonstrated to be a significant component of individual behaviour within the hypertext environment. This component is not, however, rigid and inflexible, and does not necessarily enforce a particular style of usage upon a particular individual« (17). Wenn unterschiedliche Navigationsmöglichkeiten angeboten werden, nivellieren sich offenbar die Unterschiede zwischen den Lernern. Auch Marrison und Frick (1994) fanden keine signifikanten Differenzen. Selbst die stets als relevant angenommenen Lernstil-Variablen scheinen nicht überall und allen Bedingungen Geltung zu haben. Könnten selbst sie sich am Ende als pädagogischer Mythos erweisen? In anderen Studien wiederum zeigt sich, daß es anscheinend völlig egal ist, welche Art von Unterrichtsmethode oder Lernprogramm ich hochmotivierten und leistungsstarken Studierenden anbiete. Sie lernen überall gleich gut, während leistungsschwächere Studierende eher von stärker gelenkten Lernsituationen profitieren [Mevarech (1993)]. Kann ich dann nicht meine pädagogischen Ideale aufgeben und beim expositorischen Unterricht bleiben? Ich bin überzeugt davon, daß hier auch eine Verstellung der Fragestellung und eine Konfundierung der Hypothese mit den Testinstrumenten der Fall ist.

Ausschlaggebender Faktor Interaktivität?

Eine weitere These habe ich mehrfach aufgestellt, zu der ich nicht viel an empirischen Indizien gefunden habe: Die These, daß der Grad der Interaktion für die Attraktivität von Programmen bei Jugendlichen verantwortlich und folglich geeignet sei, gute von schlechten Programmen zu unterscheiden. Ich habe auf dieser These sogar die Klassifikation von Programmtypen und die Gliederung dieses Buches aufgebaut. Eine der wenigen Studien zu diesem Thema ist die Meta-Analyse von Fletcher (1989) von Studien zum interaktiven Video. In 47 Studien fand er drei Softwaretypen: Tutorium, Simulation und Mischungen beider. Die meisten (24) Studien stammen aus militärischen Trainings, 14 aus dem Hochschulbereich. Er kam zu einem positiven Urteil über das interaktive Video, das einen Vorteil von .50 Standardabweichungen gegenüber traditionellem Unterricht aufwies, ein Effekt, der höher zu sein schien als in vergleichbaren Studien zum computergestützten Unterricht. Dabei erwiesen sich Tutorials als effektiver als Simulationen. Bei fünf der Studien konnte Fletcher dem Zusammenhang von Erfolg und Interaktivität nachgehen: »The more the interactive features of IVD technology were used, the more effective the resulting instruction« (373). Dies scheint meine These, wenigstens teilweise, zu bestätigen, obwohl bereits die ermittelte Rangfolge von Tutorial und Simulation skeptisch macht. Was aber soll man davon halten, wenn Palmiter und Elkerton (1993) eine hoch-interaktive Umgebung mit einer Nur-Text-Umgebung verglichen und feststellen mußten, daß die hoch-interaktive Umgebung sich im Training zwar als überlegen erwies, das Ergebnis sich aber 7 Tage später umkehrte? Wenn es völlig egal ist, ob ich Multimedia oder Vorlesungen anbiete [Miller/Jackson (1985); Hudson/Holland (1992)], dann müssen die offensichtlichen Unterschiede, die immer wieder beobachtet werden, auf etwas anderes zurückzuführen sein. Dabei kann ich mich nicht mit einem Ergebnis zufrieden geben, das besagt, es gibt zwar keinen Unterschied im Lernergebnis, aber mit der interaktiven Bildplatte wurde Zeit eingespart [Leonard 1992]. Das kann morgen schon anders ausfallen.

Einer Antwort auf diese Fragen kommt das Experiment von Gräsel, Mandl et al (1994) etwas näher. Sie untersuchten Lernprozesse von 34 Medizinstudenten mit dem Multimedia-Programm THYROIDEA, das einer konstruktivistischen Konzeption folgt. Den Studierenden wurden ein Expertenkommentar und Coaching auf Nachfrage angeboten. Sie stellten fest, daß die Studierenden die interaktiven Programmteile intensiv nutzten, »vor allem die Möglichkeit, das eigene Vorgehen zu artikulieren« (229), sie stellten aber auch fest, »daß sich die Nutzung der Interaktionsangebote nicht automatisch im Erwerb anwendungsorientierten Wissens niederschlägt« (230). Dennoch ergaben sich für die Autoren klare Hinweise auf die Wirksamkeit der beiden aktiven Lernformen, die eigene Artikulation und das Coaching: »Dies könnte die Forderung der konstruktivistischen Instruktionstheoretiker [sic!] unterstützen, daß Lernumgebungen zu einem hohen Maß an Aktivität der Lernenden anregen sollen. Denn diese beiden Interaktionsmöglichkeiten sind auch diejenigen, die die Lernenden am ehesten dazu anregen, ihr Wissen in Bezug zu ihrem Vorwissen zu interpretieren und auf das Problem anzuwenden«. Interaktion ist nicht gleich Interaktion, die Unterschiede gehen nicht aus allen Evaluationen hervor. Wenn die Lernumwelt aber als ganzes anregend ist, wie es Konstruktivisten fordern, werden die Unterschiede schon eher plausibel.

Formative Evaluation als Alternative?

Der Konstruktivismus muß konsequenterweise auf partizipatorischen Formen der Evaluation bestehen [Heller (1991)]. Formen der formativen Evaluation sind solchen komplexen Umgebungen gegenüber, wie die Konstruktivisten sie anstreben, weitaus angemessener [Reeves (1992); Byrum (1992)]. Aber auch die formative Evaluation beseitigt nicht alle Zweifel an der Evaluationsforschung, doch sie liefert qualitätsvolle Einsichten in das Geschehen. Für den Vergleich verschiedener Lehrmethoden oder Programmformen ist sie aber ebenso unbrauchbar wie die experimentelle Methode. Ein Überblick über Methoden der formativen Evaluation finden sich bei Savenye (1992). Eines der wenigen Beispiele formativer Evaluation ist die Sammlung von sechs »Case Studies in Computer Aided Learning« von Blomeyer und Martin (1991). Die Vorteile der formativen Evaluation wurden an Studien deutlich, die über eine zweijährige Periode den Lernprozeß der Kinder beobachteten. Eine Beobachtung verdeutlicht die Diskrepanz zwischen dem Lernen mit PLATO und dem Klassenunterricht: Die Kinder lernen gern mit den Programmen, aber offenbar aus anderem Grund als dem, daß PLATO ihnen beim Lernen der Mathematik hilft, denn viele Übungen sind als Spiele arrangiert [Stake (1991), 87]. Andere Beobachtungen betreffen Veränderungen in der Einstellung der Kinder zu einem ungeliebten Fach, die Funktion der Computer für gefährdete Schüler, die Rolle der motivationalen Faktoren und die mit den Langzeitversuch mehr oder minder identifizierten Lehrer. Eine mit Videoaufzeichnung arbeitende formative Evaluation findet sich bei Blissett und Atkins (1993), die alle 5 Sekunden die Aktivitäten der Kinder am Bildschirm notierten. Ich will diese Studie nicht ausführlich referieren, sondern nur auf einen speziellen Punkt hinweisen: Die Problematik des Versuchs bestand augenscheinlich nicht darin, die Kinder zum Lernen zu motivieren, sondern Lernende aufzufangen, die unter das gewünschte Niveau rutschten. Sie schließen daraus, daß »the full potential of this IV disc would not be realized without a teacher available« (38).

So ernüchternd die Ergebnisse der Evaluationen sind, sie sind eine Konsequenz ihrer eigenen Methodologie. Nicht untersucht wurden die Gründe für den freiwilligen Umgang Jugendlicher mit Programmen, das steigende Interesse Jugendlicher an interaktiven Umgebungen, das Lustvolle am Lernen mit Animationen und Spielen und die Unlust am formalen Unterricht. Für die spielerische Beschäftigung mit Programmen gibt es keine Alternativangebote, hier wären komparative Evaluationen zwecklos. Es steht kein Lehrer in der Freizeit zur Verfügung, kein Lehrbuch lockt als lustvolle Nachmittagsbeschäftigung – aber der Computer bietet Attraktives: Hier wird inzidentell und implizit gelernt, was noch kein Evaluator je gemessen hat. Die Ergebnisse der Evaluationsstudien zu wissenschaftlich konzipierten Lernprogrammen sind ernüchternd: Was bleibt, ist die Hoffnung auf eine Übertragung der Motivation zum Lernen, die eher spielerische und mit viel Phantasie konzipierte Programme auslösen, auf andere Stoffe, die bei Schülern und Studierenden heute noch unbeliebt sind.

KAPITEL 13   *Plädoyer für die Phantasie* ·

Die Faszination des Machbaren

Edutainment Es ist wichtig, sich bei der Beurteilung der möglichen Funktionen und Einsatz-möglichkeiten der Hypermedia-Lerntechnologie nicht von dem ungenügenden heutigen Stand der Technologie leiten zu lassen, sondern ihn als historisch be-dingten Status zu relativieren. Es ist aber ebenso wichtig, Visionen zu haben und bei der Einschätzung des zukünftigen Einsatzes von Hypermedia im Unterricht nicht beim heutigen Stand stehen zu bleiben, wobei ich mit Visionen nicht jene phantasielosen Beiträge meine, die sich in dem Sammelband von Nickerson und Zodhiates (1988) mit dem anspruchsvollen Titel »Technology in Education: Loo-king Toward 2020« zusammengefunden haben. Die besten Beispiele für Multi-media sind die aus der Lust am Spielen entstandenen Beispiele und einige kom-merzielle Anwendungen, die als *Edutainment* bezeichnet werden, aber nicht die pädagogisch motivierten, »wissenschaftlichen« Lernprogramme. Die Wissen-schaft sollte die Herausforderung annehmen!

In einer Podiumsdiskussion der *European Conference on Hypertext* hat Gerald Nelson es gewagt, sich völlig unwissenschaftlich zur Frage zu äußern »How should Hypermedia Authoring Systems for Computer Aided Instruction Look Like?« [Rizk/Streitz et al (1990)]. Ich zitiere seine Stellungnahme hier gern, weil sie absolut unprätentiös ist und deutlich macht, welche realen Probleme Hyper-media-Entwickler zu bewältigen haben:

> »In a fit of naivete, I decided to develop my own CAI package to teach principles of economics to a large number of students working on their own in many diffe-rent computer laboratories (see the AECONIntro demonstration).
>
> Some lessons I learned
>
> - get lucky and hire a student who combines knowledge of educational tech-niques with excellent HyperCard programming skills
>
> - don't try to be fancy. Someone will find a way to break your stack
>
> - test your software again and again and again; or learn how to deal with wiry students
>
> - 'lead the horse to water and force him to drink'; tell students exactly how to use the software and how it will improve their grades
>
> - be prepared to sacrifice your career

> - work at a university with good computer facilities and other faculty with in-
> terest in computer-aided instruction.« (341)

Empowerment Die Diskussion um die verschiedenen theoretischen Ansätze ist möglicherweise weniger relevant als viele Vertreter dieser Schulrichtungen glauben. Wir brauchen einen Lehrer und ein unglaublich attraktives Lernprogramm und eine Gelegenheit, Schüler und Schülerinnen untereinander kommunizieren zu lassen. Das Ergebnis werden interessante Lernprozesse und ein sagenhafter Lernerfolg sein. Was brauchen wir mehr? Wir können dies Geschäft betreiben, solange der Hawthorne-Effekt und damit der Erfolg anhält. Um mit Euler und Twardy (1988) zu sprechen:»Whatever the Orientation, Creativity is Demanded«. Wenn wir nur genügend Variation in das Geschäft bringen würden, könnten wir sogar dafür sorgen, daß der Neugiereffekt länger anhält. Computerspiele üben auf viele eine faszinierende Wirkung aus. Der Gedanke, diesen Motivationseffekt für Lernumgebungen zu nutzen, hat den Begriff *Edutainment* geprägt. Brown (1985), der von »empowering learning environments« spricht, entwirft die Idee eines Robotik-Spiels, in dem der Benutzer die Eigenbewegungen und Handlungen der Figuren im Spiel programmieren kann statt sie direkt zu führen. Ein solches Spiel ist wenig später auf den Markt gekommen. Auch Gentner (1992) schätzt die motivationalen Effekte, die von Computerspielen für Jugendliche ausgehen, und untersucht ihre Attraktivität und ihren Wirkungsmechanismus: »Of course, I'm not the first person to argue for the importance of motivation in learning. The concept of empowerment has lately become popular in the United States. I'm not very fond of the word, but I think the idea is important« (228). Die Entscheidung für eine der in diesem Buch diskutierten Schulrichtungen ist möglicherweise weniger relevant als die Einstellung der Entwickler zum Leben und zum Lernen, das was Gentner »empowerment« nennt. Mit einer entsprechenden Einstellung lassen sich auf dem Markt kreative Lösungen finden, die zum Lernen motivieren.

Phantasie In diesem Sinne beschreibt Euler (1990) beispielsweise die »Einführung in den Macintosh« von Apple, die vielen Benutzern des Macintosh in liebevoller Erinnerung ist, als humorvolles Beispiel für CUL (Computer-Unterstütztes Lernen): »CUL besitzt spezifische Möglichkeiten, deren gestalterische Umsetzung jedoch an die Qualifikation des Autors gebunden ist. Erst die didaktische Phantasie des Autors kann bewirken, daß Lerninhalte einzelnen Lernern anschaulicher, motivierender und aktivierender als über andere Lernmethoden vermittelt werden« (187). Ich möchte mich umstandlos seinem Ausruf anschließen (188): »Letztlich ist CUL nur bei solchen Pädagogen gut aufgehoben, die auch ohne Computer gute Pädagogen sind!«

Die wissenschaftlichen Schulen machen stets Annahmen über das Wesen der Lernenden, mit denen sie es zu tun haben wollen, und ziehen zu diesem Zweck stets verschiedene lernpsychologische Theoreme heran. McKnight, Dillon et al (1991) weisen zu Recht daraufhin, daß es nicht darauf ankommt, einen speziellen Studierenden genau zu spiegeln, sondern den allgemeinen Nenner der Studierenden zu finden: »If we look at the intellectual activities of the majority of school, college and university learners, they involve the storage, retrieval and manipulation of information. Despite what educationalists say about personal development, self-actualisation, intrinsic motivation and all the other fine phrases, the fact is that students at all levels are presented with existing knowledge in a variety of forms (books, articles, lectures), they make notes on the information (either directly as marginalia or separately in a notebook), they reorganise the information for essays and so forth« (121). Auch ihrer Folgerung bezüglich der Methode, die diesen allgemeinen Nenner zu fördern vermag, vermag ich zuzustimmen, obwohl man hier vermutlich noch weitere Methoden nennen könnte: »Hypertext offers a computer-based information environment which could support all these activities« (121). Die Alternative zur Individualisierung wäre demnach eine möglichst breite und offene Lernumgebung, in der der Lernende die Anpassungsleistung selbst erbringen kann.

Pragmatik Man kann mit geringem Aufwand akzeptable Lösungen schaffen. Mit derartigen Gedanken im Hinterkopf analysiert Bork (1987) drei kleine Physik-Programme unter dem didaktischen Gesichtspunkt ihrer Eignung für den Unterricht. Er gesteht ein, daß viele Lernprogramme nur sehr beschränkt mit natürlichen Benutzerinteraktionen umgehen und nicht individuell auf jeden Studierenden reagieren können, und daß die Programme der künstlichen Intelligenz in der Entwicklung zu kostenintensiv sind und zu teure Hardware voraussetzen. Es empfiehlt sich also eine pragmatische Herangehensweise, wenn es um die Entscheidung über die im Unterricht und in der Lehre einzusetzende Software geht: »Our current approach is based on the concept of utilizing, as much as possible, what already exists and is established in significant quantity in the educational marketplace« [Romiszowski/Chang (1992), 111].

Pädagogik ist im Grunde so einfach! Wenn man es den Lehrern nur erlauben würde, die für sie geeignete optimale Methode und das für sie überzeugende Programm zu finden, die sie am besten vor Schülern oder Studenten vertreten können. Der eine Lehrer ist beliebt, weil er Experimente mit Begeisterung vorführen kann, der andere Lehrer kann die Schüler hervorragend zu selbstgestalteten Projekten motivieren, der dritte wird von den Schülern nur akzeptiert, wenn er sorgfältig vorbereitete Übungen präsentiert. Für die wechselseitige Anerkennung der jeweiligen Stärken und Schwächen von Lehrern und Computern plädiert Winn (1989): »After all, teachers are good at things our delivery technologies are not very much good at, and vice versa« (44).

Infotainment Den idealen Anspruch an die Schule und Hochschule von morgen formulieren Stebler, Reusser et al (1994): »Wir müssen Lerngelegenheiten schaffen, die das Vorwissen der Schüler aufgreifen, der Situationsbezogenheit des Denkens Rechnung tragen und Lernen als selbstgesteuerten Wissensaufbau im Rahmen von Lern- oder Forschungsgemeinschaften konzipieren. Wir brauchen interaktive Lehr-Lern-Umgebungen« (232). Romiszowski und Chang (1992) schildern einen Versuch, in dem Studenten ein Semester lang eine mit HyperCard tutoriell angeleitete Kommunikation über Netz geführt haben. Die Beschreibung des Experiments, das in den Bereich der kommunikativen Lernaktivitäten in elektronischen Netzwerken gehört, für den sich der Begriff *Infotainment* herausgebildet hat, dürfte für alle Pädagogen Anregungen liefern, das Fazit der Autoren manchen nachdenklich machen:

>»All of the approaches described were successful in considerably diminishing the problem of 'structure' and 'control'. A final 'test discussion' across all topics in a one semester long seminar-based course revealed that all students had a similar view of the topics that were discussed and the relationships that existed between the topics. They did not agree, however, on their viewpoints in relation to these topics. This is as should be: the structure of a complex domain was successfully communicated, without necessarily conditioning the participants to one set of opinions (the professor's) on how the domain should be interpreted and used« (116).

Der Einsatz des Konzepts kommunikativer Lernumwelten verlangt auch vom Lehrer ein Höchstmaß an Akzeptanz und Toleranz, um den Reichtum an Lernprozessen überhaupt wahrnehmen zu können, der in diesem Ansatz steckt.

Edutainment & Infotainment

Funktionale und didaktische Vorteile von Multimedia

Zu den wahren Vorteilen multimedialer Lernumgebungen zählen in erster Linie die vier Kriterien von Alan Kay (1991): Interaktivität, Reichtum an Information, multiple Perspektiven und Simulation dynamischer Modelle:

- »The first benefit is great interactivity«.
- »A second value is the ability of the computers to become any and all existing media«.
- »Third, and more important, information can be presented from many different perspectives«.
- »Fourth, the heart of computing is building a dynamic model of an idea through simulation« (106ff.).

Wenn ich es recht betrachte, habe ich mich einigermaßen an Alan Kays vier Gebote gehalten:

Die zentrale Bedeutung der Interaktivität für das Lernen ist eines der wenigen Merkmale multimedialen Computerlernens, das sich durch das ganze Buch durchgezogen und selbst die Evaluation bestanden hat.

Die zukünftigen Benutzerschnittstellen werden die Attraktivität des Computerlernens aller Wahrscheinlichkeit noch steigern, wobei ich glaube, daß der sprechende und Sprache »verstehende« Computer vielleicht nur eine vorübergehende Entwicklungsstufe oder eine Anwendung für Spezialzwecke sein wird (Diktaphon; leseschwache Lerner; interaktiver Fremdsprachenunterricht) [siehe aber Leong

(1992); Hillinger (1992); Pontecorvo/Zucchermaglio (1991)]. Buxton (1990) sieht als »natürliche« Sprache der Interaktion mit Computern die Gestik: »We have argued strongly for designers to adopt a mentality that considers nonverbal gestural modes of interaction as falling within the domain of natural languages« (415). Kurtenbach und Hulteen (1990) entwerfen in dem Testsystem »VirtualStudio« Möglichkeiten für die Benutzung von Gebärden als zukünftiges Computerinterface. Viele Beiträge der Tagung von Bichsel (1995) sind der Gestenerkennung gewidmet (nicht zu verwechseln mit »gesture recognition«, Handschriftererkennung).

Immer häufiger berichten Eltern und Lehrer von Kindern, die viel mit dem Computer umgehen, von deutlichen Fortschritten in der englischen Sprache und führen dies auf den Umgang mit amerikanischen Programmen und Texten zurück. Das sind natürlich keine validen Daten, aber es scheint eine plausible Konsequenz motivierten Spiels zu sein. Amerikaner, Engländer und Australier können davon natürlich weniger profitieren.

Die Attraktivität des *Edutainment* wird durch die Entwicklung der Hard- und Softwaretechnik in Zukunft noch gesteigert: Die technische Integrationsstufe, die zwischen Bildern und Texten oder Texten und Sound erreicht wurde, wird in naher Zukunft auch für digitalisierte Filme erreicht. Für die digitale Filmtechnik werden technische Möglichkeiten entwickelt, die in der analogen Videotechnik nicht realisierbar sind: die Entwicklung dreidimensionaler in alle Richtungen navigierbarer Filme. Es handelt sich dabei um Filme, die – in Fortsetzung der Ideen aus der *Aspen Movie Map* – in jedem Bild über das Wissen um die links, rechts, oben, unten und diagonal befindlichen Bilder des Films verfügen und die bei entsprechender Bewegung der Maus unmittelbar dorthin verzweigen können. Beispielfilme hat Apple Computer bereits 1992 veröffentlicht, 1995 wurde dann *QuickTimeVR* von Apple an Entwickler ausgeliefert, ein Systemzusatz, der solche Surrogatreisen ermöglicht oder auch das, was ich bereits als »augmented reality« – im Gegensatz zur »virtual reality« – charakterisiert hatte.

Entscheidend für den Erfolg der computergestützten Lernsysteme ist neben all den erwähnten Faktoren, dem begeisternden Lehrer, dem interessanten Programm, der Kontextualität der Lernumgebung, der hoch-interaktiven Kommunikation, schließlich die GUI, die Benutzerschnittstelle, sie verbindet Ästhetik, Einfachheit und Interaktivität: »when people talk about the look and feel of computers, they are referring to the graphical user interface, which 'professionals' call a GUI [...] The Mac was a major step forward in the marketplace and, by comparison, almost nothing has happened since. It took the other computer more than five years to copy Apple and, in some cases, they have done so with inferior results, even today« [Negroponte (1995), 91]. Der Tag, an dem ich dieses schreibe, ist der Tag der Einführung von Windows '95.

Literatur

Die komplette Bibliographie zu Multimedia und Hypermedia (etwa 5.000 Titel) ist unter folgender Adresse im Internet (URL) zugänglich:

http://www.izhd.uni-hamburg.de

AGOSTI, M.: Hypertext and Information Retrieval. In: Information Processing and Management 3 29 (1993) 283-285

AHERN, T.C.: Enhancing Context and Continuity in Computer-Mediated Conferencing: Developing the Idea-Web. In: Troutner, H. (ed): Proceedings of the 34th Annual International Conference of the Association for the Development of Computer-Based Instructional Systems. Norfork, VA (1992) 589-600

AHLBERG, C./SHNEIDERMAN, B.: Visual Information Seeking: Tight Coupling of Dynamic Query Filters with Starfield Displays. In: Proceedings of the ACM CHI'94 (1994) 313-317 & 479-480

AHRWEILER, P.: Künstliche Intelligenz-Forschung in Deutschland. Die Etablierung eines Hochtechnologie-Fachs. Münster: Waxmann 1995

AIGRAIN, P./LONGUEVILLE, V.: Evaluation of Navigational Links between Images. In: Information Processing and Management 4 28 (1992) 517-528

AKSCYN, R./MCCRACKEN, D./YODER, E.: KMS: A Distributed Hypermedia System for Managing Knowledge in Organizations. In: Communications of the ACM 7 31 (1988) 820-835

ALDERMAN, D.L.: Evaluation of the TICCIT Computer-Assisted Instruction System in the Community College. Princeton, NJ: Educational Testing Service 1978 Manuskript

ALLEN, B.S.: Constructive Criticisms. In: Duffy, T.M./Jonassen, D.H. (eds): Constructivism and the Technology of Instruction: A Conversation. Hillsdale, NJ u.a.: Lawrence Erlbaum Ass. (1992) 183-204

ALLEN, B.S.: Multiplicity of Media: Changing Paradigms for Working and Learning in Multimedia Environments. In: Educational Technology, Research and Development 4 34 (1994) 33-34

ALLEN, B.S./HOFFMAN, R.P.: Varied Levels of Support for Constructive Activity in Hypermedia-Based Learning Environments. In: Duffy, T.M./Lowyck, J./Jonassen, D.H. (eds): Designing Environments for Constructive Learning (NATO ASI Series. Series F: Computer and Systems Sciences; 105) Berlin/Heidelberg: Springer (1993) 261-290

ALLINSON, L.J.: Learning Styles and Computer-Based Learning Environments. In: Tomek, I. (ed): Computer Assisted Learning. Proceedings of the 4th International Conference ICCAL '92, Wolfville, Nova Scotia, Canada, June 17-20, 1992. Berlin/Heidelberg: Springer (1992a) 61-73

ALLINSON, L.J.: Designing and Evaluating the Navigational Toolkit. In: Engel, F.L./Bouwhuis, D.G. et al (eds): Cognitive Modelling and Interactive Environments in Language Learning (NATO ASI Series. Series F: Computer and Systems Sciences; 87) Berlin/Heidelberg: Springer (1992b) 287-293

ALSCHULER, L.: Hand-crafted Hypertext – Lessons from the ACM Experiment. In: Barrett, E. (ed): The Society of Text: Hypertext, Hypermedia, and the Social Construction of Information. Cambridge/London: M.I.T. Press (1989) 343-361

ALTY, J.L.: Multimedia – What is It and How do we Exploit It? In: Diaper, D./Hammmond, N. (eds): People and Computers VI. Proceedings of the HCI '91 Conference. (British Computer Society Conference Series;

3) Cambridge: Cambridge University Press (1991) 31-44

AMBRON, S./HOOPER, K. (eds): Interactive Multimedia: Visions of Multimedia for Developers, Educators and Information Providers. Redmond: Microsoft Press 1988

AMBROSE, D.-W.: The Effects of Hypermedia on Learning: A Literature Review. In: Educational Technology 12 31 (1991) 51-55

AMIGUES, R./AGOSTINELLI, S.: Collaborative problem-solving with a computer: How can an interactive learning environment be designed? Special Issue: Interactional learning situations with computers. In: European Journal of Psychology of Education 4 7 (1992) 325-337

ANDERSON, J.R.: Acquisition of Cognitive Skill. In: Psychological Review 89 (1982) 369-406

ANDERSON, J.R.: The Architecture of Cognition. Hillsdale, NJ u.a.: Lawrence Erlbaum Ass. 1983

ANDERSON, J.R.: The Place of Cognitive Architectures in a Rational Analysis. In: Patel, V. (ed): Tenth Annual Conference of the Cognitive Science Society. Hillsdale, NJ u.a.: Lawrence Erlbaum Ass. (1988) 1-10

ANDERSON, J.R.: Rules of the Mind. Hillsdale, NJ u.a.: Lawrence Erlbaum Ass. 1993

ANDERSON, J.R./BOYLE, C.F. ET AL: Cognitive Principles in the Design of Computer Tutors. In: Proceedings of the Sixth Annual Conference of the Cognitive Science Society. Bolder, CO: University of Colorado (1984) 2-9

ANDERSON, J.R./BOYLE, C.F./REISER, B.J.: Intelligent Tutoring Systems. In: Science 228 (1985b) 456-468

ANDERSON, J.R./BOYLE, C.F./YOST, G.: The Geometry Tutor. In: Proceedings of the 1985 International Joint Conference on Artificial Intelligence. Los Angelos, CA (1985a)

ANDERSON, J.R./REISER, B.J.: The LISP tutor. In: Byte 4 10 (1985) 159-175

ANDERSON, N.: Medical Center: A modular hypermedia approach to program design. In: Barrett, E. (ed): Sociomedia: Multimedia, Hypermedia, and the Social Construction of Knowledge. Technical Communication and Information Systems. Cambridge/London: M.I.T. Press (1992) 369-389

ANDREWS, D.H./GOODSON, L.A.: A Comparative Analysis of Models of Instructional Design. In: Journal of Instructional Development 4 3 (1980) 2-16

APPLE COMPUTER INC.: Future Shock. In: Apple Computer (ed): QuickTime 1991 (CD-ROM, Software)

ARENTS, H.C./BOGAERTS, W.F.L.: Concept-Based Retrieval of Hypermedia Information: From Term Indexing to Semantic Hyperindexing. In: Information Processing and Management 3 29 (1993) 373-386

ARNONE, M.P./GRABOWSKI, B.L.: Effects of Variations in Learner Control on Children's Curiosity and Learning from Interactive Video. In: Proceedings of Selected Research Presentations at the Annual Convention of the Association for Educational Communications and Technology (1991) 24ff.

ARONS, B.: Hyperspeech: Navigating in Speech-only Hypermedia. In: Proceedings of the ACM Hypertext '91 Conference (San Antonio, TX, December 15-18, 1991) 133-146

ARONSON, D.T./BRIGGS, L.J.: Contributions of Gagné and Briggs to a Prescriptive Model of Instruction. In: Reigeluth, C.M. (ed): Instructional Design Theories and Models: An Overview of their Current Status. Hillsdale, NJ u.a.: Lawrence Erlbaum Ass. (1983) 75-100

ASSINK, E./VAN DER LINDEN, J.: Computer Controlled Spelling Instruction: A Case Study in Courseware Design. Paper presented at the Annual Conference of the American Educational Research Association (Chicago, IL, April 3-7, 1991) Chicago 1991 - Report

AUST, R.: The Use of Hyper-Reference and Conventional Dictionaries. In: Educational Technology, Research and Development 4 41 (1993) 63-73

AUSUBEL, D.P./NOVAK, J.D./HANESIAN, H.: Educational Psychology: A Cognitive View. New York, NY: Holt, Rinehart & Winston 1978

BAIRD, P./PERCIVAL, M.: Glasgow Online: Database Development Using Apple's Hypercard. In: McAleese, R. (ed): Hypertext: Theory into Practice. Oxford: Blackwell (1993) 64-79

BAKER, M.: Modelling Negotiation in Intelligent Teaching Dialogues. In: Moyse, R./Elsom-Cook, M.T. (eds): Knowledge Negotiation. London: Academic Press (1992) 199-240

BAKER, M.: A Model for Negotiation in Teaching-Learning Dialogues. In: Journal of Artificial Intelligence in Education 2 5 (1994) 199-254

BANDURA, A.: Lernen am Modell. Ansätze einer sozial-kognitiven Lerntheorie. Stuttgart: Klett 1976 [Original 1971]

BANDURA, A.: Social Foundations of Thought and Action. A Social Cognitive Theory. Englewood Cliffs, NJ: Prentice Hall 1986

BANGERT, R.L./KULIK, J.A./KULIK, C.-L.C.: Individualized Systems of Instruction in Secondary Schools. In: Review of Educational Research 2 53 (1983) 143-158

BANGERT-DROWNS, R.L./KOZMA, R.B.: Assessing the Design of Instructional Software. In: Journal of Research on Computing in Education 3 21 (1989) 241-262

BARBA, R.H.: The Effects of Embedding an Instructional Map in Hypermedia Courseware. In: Journal of Research on Computing in Education 4 25 (1993) 405-412

BARBA, R.H./ARMSTRONG, B.E.: The Effect of HyperCard and Interactive Video Instruction on Earth and Space Science Students' Achievements. In: Journal of Educational Multimedia and Hypermedia 1 (1992) 323-330

BARKER, P.G.: An Object Oriented Approach to Hypermedia Authoring. In: Giardina, M. (ed): Interactive Multimedia Learning Environments. Human Factors and Technical Considerations on Design Issues (NATO ASI Series. Series F: Computer and Systems Sciences; 93) Berlin/Heidelberg: Springer (1992a) 132-152

BARKER, P.G.: Design Guidelines for Electronic Book Production. In: Edwards, A.D.N./Holland, S. (eds): Multimedia Interface Design in Education. 2. Aufl. 1994 (NATO ASI Series. Series F: Computer and Systems Sciences; 76) Berlin/Heidelberg: Springer (1992b) 83-96

BARKER, P.G./GILLER, S.: An Electronic Book for Early Learners – A CD-ROM Design Exercise. In: The CTISS File 10 (1990) 13-18

BARKER, P.G./GILLER, S.: Design Guidelines for Electronic Book Production. Paper prepared for the International Conference on Multimedia in Education and Training. Tokio 1991 Report

BARKER, P.G./MANJI, K.A.: Designing Electronic Books. In: Educational and Training Technology International 4 28 (1991) 273-280

BARR, A./FEIGENBAUM, E.A. (eds): The Handbook of Artificial Intelligence. Vol 2. Los Altos, CA: Kaufmann 1982

BARRETT, E. (ed): Sociomedia: Multimedia, Hypermedia, and the Social Construction of Knowledge. Technical Communication and Information Systems. Cambridge/London: M.I.T. Press 1992

BARRON, A.E./ATKINS, D.: Audio Instruction in Multimedia Education: Is Textual Redundancy Important? In: Journal of Educational Multimedia and Hypermedia 3/4 3 (1994) 295-306

BARRON, A.E./KYSILKA, M.-L.: The Effectiveness of Digital Audio in Computer-Based Training. In: Journal of Research on Computing in Education 3 25 (1993) 277-289

BASTIEN, C.: Ergonomics for Hypermedia Software. In: Oliveira, A. (ed): Hypermedia Courseware: Structures of Communication and Intelligent Help (NATO ASI Series. Series F: Computer and Systems Sciences; 92) Berlin/Heidelberg: Springer (1992) 183-187

BAUMGARTNER, P./PAYR, S.: Lernen mit Software. Innsbruck: Österreichischer StudienVerlag 1994

BAUMGARTNER, P./PAYR, S. (eds): Speaking Minds. Interviews with Twenty Eminent Cognitive Scientists. Princeton, NJ: Princeton University Press 1995

BEARMAN, D. (ed): Hypermedia and Interactivity in Museums. (Archives and Museum Informatics Technical Report; 14) Pittsburgh, PA: Archives and Museums Informatics 1991a

BEARMAN, D. (ed): Hypermedia & Interactivity in Museums. Proceedings of an International Conference (Pittsburgh, Pennsylvania, October 14-16, 1991). Informatics Technical Report No. 14. Archives and Museum Informatics, Pittsburgh, PA. 1991b - Report

BEASLEY, R.E./VILA, J.A.: The Identification of Navigation Patterns in a Multimedia Environment: A Case Study. In: Journal of Educational Multimedia and Hypermedia 1 (1992) 209-222

BECKER, D.A./DWYER, M.M.: Using Hypermedia to Provide Learner Control. In: Journal of Educational Multimedia and Hypermedia 2 3 (1994) 155-172

BEDERSON, B.B./DRUIN, A.: Computer-Augmented Environments: New Places to Learn, Work and Play. In: Nielsen, Jakob (ed): Advances in Human-Computer Interaction. Norwood, NJ: Ablex Publishing (1995)

BEDNAR, A.K./CUNNINGHAM, D.J. ET AL: Theory into Practice: How Do We Link? In: Duffy, T.M./Jonassen, D.H. (eds): Constructivism and the Technology of Instruction: A Conversation. Hillsdale, NJ u.a.: Lawrence Erlbaum Ass. (1992) 17-34

BEEMAN, W.O./ANDERSON, K.T. ET AL: Hypertext and Pluralism: From Lineal to Non-Lineal Thinking. In: Proceedings of the ACM-Hypertext '87 Conference. Chapel Hill, NC (1987) 67-88

BEILIN, H./PUFALL, P.B. (eds): Piaget's theory: Prospects and possibilities. Hillsdale, NJ u.a.: Lawrence Erlbaum Ass. 1992

BELL, B.: The Role of Anchored Instruction in the Design of a Hypermedia Science Museum Exhibit. Paper presented at the Annual Meeting of the American Educational Research Association (Atlanta, GA, April 12-16, 1993). 1993 (ED363636; TM020645 Report)

BENEST, I.D.: Computer-Assisted Learning Using Dynamic Electronic Books. In: Computers and Education 1-3 15 (1990) 195-203

BENEST, I.D.: An Alternative Approach to Hypertext. In: Educational and Training Technology International 4 28 (1991) 341-346

BENYON, D./MURRAY, D.: Applying User Modeling to Human-Computer Interaction Design. Special Issue: User Modelling. In: Artificial Intelligence Review 3-4 7 (1993) 199-225

BEREITER, C./SCARDAMALIA, M.: Intentional Learning as a Goal of Instruction. In: Resnick, L.B. (ed): Knowing, Learning, and Instruction. Essays in Honor of Robert Glaser. Hillsdale, NJ u.a.: Lawrence Erlbaum Ass. (1989) 361-392

BEREITER, C./SCARDAMALIA, M.: Two Models of Classroom Learning Using a Communal Database. In: Dijkstra, S./Krammer, H.P.M./van Merriënboer, J.J.G. (eds): Instructional Models in Computer-Based Learning Environments (NATO ASI Series. Series F: Computer and Systems Sciences; 104) Berlin/Heidelberg: Springer (1992) 229-241

BERGERON, A./BORDIER, J.: An Intelligent Discovery Environment for Probability and Statistics. In: Lewis, R./Otsuki, (eds): Advanced Research on Computers in Education. Proceedings of the IFIP TC3 International Conference on Advanced Research on Computers in Education, Tokyo, Japan, 18-20 July, 1990. Amsterdam: North-Holland (1991) 191-197

BERK, H.: Xanadu. In: Berk, E./Devlin, J. (eds): Hypertext/Hypermedia Handbook. New York: McGraw-Hill (1991) 524-528

BERNSTEIN, M.: An Apprentice that Discovers Hypertext Links. In: Rizk, A./Streitz, N.A./André, J. (eds): Hypertext: Concepts, Systems, and Applications. Proceedings of the ECHT'90 European Conference on Hypertext, INRIA. Cambridge: Cambridge University Press (1990) 212-223

BERNSTEIN, M.: The Navigation Problem Reconsidered. In: Berk, E./Devlin, J. (eds): Hypertext/Hypermedia Handbook. New York: McGraw-Hill (1991a) 285-297

BERNSTEIN, M.: Storyspace: Hypertext and the Process of Writing. In: Berk, E./Devlin, J. (eds): Hypertext/Hypermedia Handbook. New York: McGraw-Hill (1991b) 529-533

BERNSTEIN, M./SWEENEY, E.: The Election of 1912, Hypertext for Macintosh Computers. Watertown, MA: Eastgate System Inc. 1989 Report

BIALO, E.-R./ERICKSON, L.B.: Microcomputer Courseware: Characteristics and Design Trends. In: AEDS-Journal 4 18 (1985) 227-236

BICHSEL, M. (ed): Proceedings International Workshop on Automatic Face– and Gesture-Recognition (June 26-28, 1995, Zürich, Switzerland) 1995

BIEBER, M./WAN, J.: Backtracking in a Multiple-Window Hypertext Environment. In: Proceedings of the ECHT'94 European Conference on Hypermedia Technology. Edinburgh (1994) 158-166

BIER, E.A.: Embedded Buttons. Supporting Buttons in Documents. In: ACM Transactions on Information Systems 4 10 (1992) 381-407

BILLINGS, D.M./COBB, K.L.: Effects of Learning Style Preferences, Attitude and GPA on Learner Achievement Using Computer Assisted Interactive Videodisc Instruction. In: Journal of Computer-Based Instruction 1 19 (1992) 12-16

BIRKHAN, G./SCHULMEISTER, R.: Untersuchung kognitiver Probleme beim Lernen der Statistik: Kognitive Operationen und Lernstile. In: Schulmeister, R. (ed): Angst vor Statistik. Empirische Untersuchungen zum Problem des Statistik-Lehrens und -Lernens. Hamburg: AHD (1983) 44-84

BITZER, D./SKAPERDAS, D.: The Economics of a Large-scale Computer-based Education System: Plato IV. In: Holtzman, W.H. (ed): Computer-Assisted Instruction, Testing, and Guidance. New York/Evanston/London: Harper & Row (1970) 17-29

BLATTNER, M.M./GREENBERG, R.M.: Communicating and Learning Through Non-Speech Audio. In: Edwards, A.D.N./Holland, S. (eds): Multimedia Interface Design in Education. 2. Aufl. 1994 (NATO ASI Series. Series F: Computer and Systems Sciences; 76) Berlin/Heidelberg: Springer (1992) 133-143

BLATTNER, M.M./SUMIKAWA, D.A./GREENBERG, R.M.: Earcons and Icons: Their Structure and Common Design Principles. In: Human-Computer Interaction 4 (1989) 11-44

BLISSETT, G./ATKINS, M.J.: Are They Thinking? Are They Learning? A Study of the Use of Interactive Video. In: Computers and Education 1-2 21 (1993) 31-39

BLOMEYER, R.L., JR./MARTIN, C.D. (eds): Case Studies in Computer Aided Learning. London/New York/Philadelphia: The Falmer Press 1991

BOCK, M./KIRBERG, A./WINDGASSE, T.: Absichtsvolles versus beiläufiges Lernen beim Fernsehen. In: Zeitschrift für Entwicklungspsychologie und Pädagogische Psychologie 2 24 (1992) 144-155

BODENDORF, F.: Computer in der fachlichen und universitären Ausbildung (Handbuch der Informatik; 15.1) München: Oldenbourg 1990

BODER, A./CAVALLO, D.: An Epistemological Approach to Intelligent Tutoring. In: Yazdani, M./Lawler, R.W. (eds): Artificial Intelligence and Education. principles and case studies. Vol. 2. Norwood, NJ: Ablex Publishing (1991) 203-217

BOGUN, M./ERBEN, C./SCHULMEISTER, R.: Einführung in die Statistik. Ein Lernbuch für Psychologen und Sozialwissenschaftler. Weinheim/Basel: Beltz 1983.

BOGUN, M./ERBEN, C./SCHULMEISTER, R.: Begleitbuch zur Einführung in die Statistik. Didaktischer Kommentar und Unterrichtsübungen. Weinheim/Basel: Beltz 1983.

BOLTER, J.D.: Writing Space. The Computer, Hypertext, and the History of Writing. Hillsdale, NJ u.a.: Lawrence Erlbaum Ass. 1991

BOLTER, J.D.: Alone and Together in the Electronic Bazaar. In: Computers and Composition 2 10 (1993) 5-18

BOLTON, J.P.R./EVERY, I./ROSS, S.M.: The Water Videodisc: A Problem-Solving Environment. In: Computers and Education 1-3 15 (1990) 165-172

BONAR, J.G./CUNNINGHAM, R.: Bridge: An Intelligent Tutor for Thinking about Programming. In: Self, J. (ed): Artificial Intelligence and Human Learning: Intelligent Computer-Aided Instruction. London: Chapman & Hall (1988a) 391-409

BONAR, J.G./CUNNINGHAM, R.: Bridge: Tutoring the Programming Process. In: Psotka, J./Massey, L.D./Mutter, S.A. (eds): Intelligent Tutoring Systems. Lessons Learned. Hillsdale, NJ u.a.: Lawrence Erlbaum Ass. (1988b) 409-434

BONAR, J.G./LOGAN, D.: Intelligent Tutoring of Basic Electricity. Pittsburgh: University of Pittsburgh 1986 Report

BONNER, J.: Computer Courseware. Frame-based or Intelligent? In: Educational Technology 3 27 (1987) 30-32

BONNER, J.: Implications of Cognitive Theory for Instructional Design: Revisited. In: Educational Communication and Technology Journal 1 36 (1988) 3-14

BORK, A.: The ABC's of CAI. 4. Aufl. 1979

Bork, A.: Physics in the Irvine Educational Technology Center. In: Computers and Education. 4 (1980) 37-57

BORK, A.: Nontrivial, Nonintelligent, Computer-based Learning. In: Contemporary Educational Psychology 3 12 (1987) 269-277

BORK, A.: Learning in the Twenty-First Century Interactive Multimedia Technology. In: Giardina, M. (ed): Interactive Multimedia Learning Environments. Human Factors and Technical Considerations on Design Issues (NATO ASI Series F: Computer and Systems Sciences; 93) Berlin/Heidelberg: Springer (1992) 2-18

BORK, A.: Learning Scientific Reasoning with the Interactive Computer. In: Journal of Science Education and Technology 1 2 (1993) 335-348

BORNMAN, H./VON SOLMS, S.H.: Hypermedia, Multimedia and Hypertext: Definitions and Overview. In: The

Electronic Library 4/5 11 (1993) 259-268

BORSOOK, T.K.: Harnessing the Power of Interactivity for Instruction. In: Proceedings of Selected Research Presentations at the Annual Convention of the Association for Educational Communications and Technology (1991)

BORSOOK, T.K./HIGGENBOTHAM-WHEAT, N.: Interactivity: What Is It and What Can It Do for Computer-Based Instruction? In: Educational Technology 10 31 (1991) 11-17

BORSOOK, T.K./HIGGENBOTHAM-WHEAT, N.: A Psychology of Hypermedia: A Conceptual Framework for R&D. Paper presented at the Annual Meeting of the Association for Educational Communications and Technology (Washington, DC, February 5-9, 1992). Washington 1992 (ED345697; IR015505 Report)

BOSCH, A.R.: TAIGA: A New Concept in Developing Courseware and IV. In: Tucker, R.N. (ed): Interactive Media: The Human Issues. Den Haag: Nederlands Instituut voor Audio-visuele Media (1988) 41-50

BOSCO, J.J.: An Analysis of Evaluations of Interactive Video. In: Educational Technology 5 26 (1986) 7-17

BOTAFOGO, R.A./RIVLIN, E./SHNEIDERMAN, B.: Structural Analysis of Hypertexts: Identifying Hierarchies and Useful Metrics. In: ACM Transactions on Information Systems 2 10 (1992) 142-180

BOTTINO, R.M./CHIAPPINI, G./FERRARI, P.L.: A Hypermedia System for Interactive Problem Solving in Arithmetic. In: Journal of Educational Multimedia and Hypermedia 3/4 3 (1994) 307-326

BOULET, M.-M./BARBEAU, L./SLOBODRIAN, S.: Advisor System: Conception of an Intervention Module. In: Computers and Education 1 14 (1990) 17-29

BOULET, M.-M./LAVOIE, L. ET AL: Educational Knowledge Based Systems Design Using a Diagnostic Approach. In: Maurer, H. (ed): Computer Assisted Learning. Proceedings 2 Int. Conf. ICCAL (Lecture Notes in Computer Science; 360) Berlin/Heidelberg: Springer (1989) 1-13

BOURNE, D.E.: Computer-Assisted Instruction, Learning Theory, and Hypermedia: An Associative Linkage. In: Research Strategies 4 8 (1990) 160-171

BOY, G.A.: Indexing Hypertext Documents in Context. In: Proceedings of the ACM Hypertext '91 Conference (San Antonio, TX, December 15-18, 1991) 51-61

BOYD, G.M./MITCHELL, P.D.: How Can Intelligent CAL Better Adapt to Learners? In: Computers and Education 1-3 18 (1992) 23-28

BOYD-BARRETT, O.: Schools Computing Policy as State-Directed Innovation. In: Boyd-Barrett, O./Scanlon, E. (eds): Computers and Learning. Reading, MA. u.a.: Addison-Wesley (1990) 3-22

BRACEY, G.W.: Computer-Assisted Instruction: What the Research Shows. In: Electronic Learning 3 7 (1987) 22-23

BRACEY, G.W.: Two Studies Show Students Gain When Teaming Up. In: Electronic Learning 4 7 (1988) 19

BRADEN, J.P./SHAW, S.: Computer Assisted Instruction with Deaf Children: Panacea, Placebo or Poison? In: American Annals of the Deaf 3 132 (1987) 189-193

BRAND, S.: The Media Lab: Inventing the Future at M.I.T. New York: Viking-Penguin 1987

BRATMAN, M.E.: Intention, Plans, and Practical Reason. Cambridge, MA: Harvard University Press 1987

BREBNER, A.: CAI and Second Language Learning: An Evaluation of Programs for Drill and Practice in Written French. In: Computers and Education 4 8 (1984) 471-474

BREDO, E.: Placing Cognitive Learning Theory in Context. In: Journal of Artificial Intelligence in Education 1 1 (1989) 27-40

BREDO, E.: Reflections on the Intelligence of ITSs: A Response to Clancey's »Guidon-Manage Revisited«. In: Journal of Artificial Intelligence in Education 1 4 (1993) 35-40

BRENNAN, S.E.: Conversation as Direct Manipulation: An Iconoclastic View. In: Laurel, B. (ed): The Art of Human-Computer Interface Design. Reading, MA. u.a.: Addison-Wesley (1990) 393-404

BRIGGS, J.H./TOMPSETT, C.P./OATES, N.: Using Rules to Guide Learners through Hypertext. In: Computers and Education 1 20 (1993) 105-110

BRIGGS, L.J. ET AL: Instructional Media: A Procedure for the Design of Multi-Media Instruction, a Critical Review of Research and Suggestions for Further Research. Pittsburgh: American Institutes for Research 1967 Report

BROCKMANN, R.J./HORTON, W./BROCK, K.: From Database to Hypertext Via Electronic Publishing: An Information Odyssey. In: Barrett, E. (ed): The Society of Text: Hypertext, Hypermedia, and the Social Construction of Information. Cambridge/London: M.I.T. Press (1989) 162-205

BROKKEN, F.B./BEEN, P.H.: Student Modeling in Intelligent Tutoring Systems: Acquisition of Cognitive Skill and Tutorial Interventions. First International Congress of Social Science Information Technology (1992, Amsterdam, Netherlands). In: Social Science Computer Review 3 11 (1993) 329-349

BRØNDMO, H.P./DAVENPORT, G.: Creating and Viewing the Elastic Charles. In: McAleese, R./Green, C. (eds): Hypertext: State of the Art. Norwood, NJ: Ablex Publishing (1990) 43-51

BROOKS, R.M.: Principles for Effective Hypermedia Design. In: Technical Communication: Journal of the Society for Technical Communication 3 40 (1993) 422-428

BROWN, A.L./CAMPIONE, J.C.: Interactive Learning Environments and the Teaching of Science and Mathematics. In: Gardner, M./Greeno, J.G. et al (eds): Toward a Scientific Practice of Science Education. Hillsdale, NJ u.a.: Lawrence Erlbaum Ass. (1990) 111-139

BROWN, A.L./PALINCSAR, A.S.: Guided, Cooperative Learning and Individual Knowledge Acquisition. In: Resnick, L.B. (ed): Knowing, Learning, and Instruction. Essays in Honor of Robert Glaser. Hillsdale, NJ u.a.: Lawrence Erlbaum Ass. (1989) 393-452

BROWN, E./CHIGNELL, M.H.: Learning by Linking: Pedagogical Environments for Hypermedia Authoring. In: Journal of Computing in Higher Education 1 5 (1993) 27-50

BROWN, H./COLE, F.: The Office Document Architecture and Hypermedia. In: Brown, H. (ed): Hypermedia/Hypertext and Object Oriented Databases. London: Chapman & Hall (1991) 237-256

BROWN, J.S.: Process versus Product: A Perspective on Tools for Communal and Informal Electronic Learning. In: Journal of Educational Computing Research 2 1 (1985) 179-201

BROWN, J.S./BURTON, R.R./BELL, A.G.: SOPHIE: A Sophisticated Instructional Environment for Teaching Electronic Troubleshooting (BBN Report; 2790) Cambridge, MA: Bolt, Beranek and Newman 1974

BROWN, J.S./BURTON, R.R./BELL, A.G.: SOPHIE: A Step Toward Creating a Reactive Learning Environment. In: International Journal of Man-Machine Studies 7 (1975) 675-696

BROWN, J.S./BURTON, R.R.: Diagnostic Models for Procedural Bugs in Basic Mathematical Skills. In: Cognitive Science 2 (1978) 155-192

BROWN, J.S./BURTON, R.R./DE KLEER, J.: Pedagogical, Natural Language, and Knowledge Engineering Techniques in SOPHIE I, II, and III. In: Sleeman, D./Brown, J.S. (eds): Intelligent Tutoring Systems. Boston u.a.: Academic Press (1982) 227-282

BROWN, J.S./COLLINS, A./DUGUID, P.: Situated Cognition and the Culture of Learning. In: Educational Researcher 1 18 (1989) 32-42

Brown, J.S. / Collins, A. / Duguid, P.: Situated Cognition and the Culture of Learning. In: Yazdani, M. / Lawler, R.W. (eds): Artificial Intelligence and Education. Principles and Case Studies. Vol. 2. Norwood, NJ : Ablex Publishing (1991) 245-268

BRUNER, J.S.: The Act of Discovery. In: Harvard Educational Review 31 (1961) 21-32

BRUNER, J.S.: Toward a Theory of Instruction. New York, NY: W.W. Norton 1966

BRUNER, J.S.: The Narrative Construction of Reality. In: Beilin, H./Pufall, P.B. (eds): Piaget's Theory: Prospects and Possibilities. Hillsdale, NJ u.a.: Lawrence Erlbaum Ass. (1992) 229-248

BRYAN, M.: Standards for Text and Hypermedia Processing. In: Information Services and Use 2 13 (1993) 93-102

BUENO, K.A./NELSON, W.A.: Collaborative Second Language Learning with a Contextualized Computer Environment. In: Journal of Educational Multimedia and Hypermedia 2 4 (1993) 177-208

BUI, K.P.: HyperLexicon, a Hypermedia-Based Lexicon for Vocabulary Acquisition. In: Maurer, H. (ed): Computer Assisted Learning. Proceedings 2 Int. Conf. ICCAL (Lecture Notes in Computer Science; 360) Berlin/Heidelberg: Springer (1989) 14-30

BURKE, R.: Intelligent Retrieval of Video Stories in a Social Simulation. In: Journal of Educational Multimedia and Hypermedia 4 2 (1993) 381-392

BURNETT, K.: Multimedia as Rhizome: Design Issues in a Network Environment. In: Networks, Telecommunications, and the Networked Information Resource Revolution, Albuquerque, NM, May 27-30, 1992 (Proceedings-of-the-ASIS-Mid-Year-Meeting) 1992, 24-36

BURNS, H.L./PARLETT, J.W./REDFIELD, C.L. (eds): Intelligent Tutoring Systems: Evolutions in Design. Hillsdale, NJ u.a.: Lawrence Erlbaum Ass. 1991

BURNS, H.L./PARLETT, J.W.: The Evolution of Intelligent Tutoring Systems: Dimensions of Design. In: Burns, H.L./Parlett, J.W./Redfield, C.L. (eds): Intelligent Tutoring Systems: Evolutions in Design. Hillsdale, NJ u.a.: Lawrence Erlbaum Ass. (1991) 1-11

BURTON, R.R.: Diagnosing Bugs in a Simple Procedural Skill. In: Sleeman, D./Brown, J.S. (eds): Intelligent Tutoring Systems. Boston u.a.: Academic Press (1982)

BURTON, R.R./BROWN, J.S.: An Investigation of Computer Coaching for Informal Learning Activities. In: International Journal of Man-Machine Studies 1 11 (1979) 5-24

BURTON, R.R./BROWN, J.S.: An Investigation of Computer Coaching for Informal Learning Activities. In: Sleeman, D./Brown, J.S. (eds): Intelligent Tutoring Systems. Boston u.a.: Academic Press (1982) 79-98

BURWELL, L.: The Interaction of Learning Styles with Learner Control Treatments in an Interactive Videodisc Lesson. In: Educational Technology 3 31 (1991) 37-43

BUSH, V.: As We May Think. In: Atlantic Monthly July 1945, 101-108. Reprint. In: Lambert, S./Ropiquet (eds): CD-ROM: The New Papyrus. Redmond, WA: Microsoft Press (1986) 3-20

BUXTON, B.: The »Natural« Language of Interaction: A Perspective on Nonverbal Dialogues. In: Laurel, B. (ed): The Art of Human-Computer Interface Design. Reading, MA. u.a.: Addison-Wesley (1990) 405-416

BYRUM, D.C.: Formative Evaluation of Computer Courseware: An Experimental Comparison of Two Methods. In: Journal of Educational Computing Research 1 8 (1992) 69-80

CADISCH, M./GLOOR, P.A. ET AL: A Knowledge-Based Hypermedia System for Molecular Spectroscopy. In: Frei, H.P./Schäuble, P. (eds): Hypermedia (Proceedings der Internationalen Hypermedia '93 Konferenz, Zürich, 2./3. März 1993). Berlin/Heidelberg: Springer (1993) 105-115

CAMPAGNONI, F.R./EHRLICH, K.: Information Retrieval Using a Hypertext-based Help System. In: ACM Transactions on Information Systems 3 7 (1989) 271-291

CAMPBELL, R./HANLON, P.: Grapevine Described. In: Berk, E./Devlin, J. (eds): Hypertext/Hypermedia Handbook. New York: McGraw-Hill (1991) 493-497

CAMPIONE, J.C./BROWN, A.L./JAY, M.: Computers in an Community of Learners. In: De Corte, E./Linn, M.C. et al (eds): Computer-Based Learning Environments and Problem Solving (NATO ASI Series. Series F: Computer and Systems Sciences; 84) Berlin/Heidelberg: Springer (1992) 163-188

CANELOS, J./BAKER, P. ET AL: External Pacing as an Instructional Strategy for the Design of Micro-Computer Based Instructional Programs to Improve Performance on Higher Level Instructional Objectives. In: Simonson, M./Coble, E./Hayward, J. (eds): Proceedings of Selected Research Paper Presentations at the 1986 Convention of the Association for Educational Communications and Technology. Ames, IA: Iowa State University (1986) 66-84

CANTER, D./POWELL, J. ET AL: User Navigation in Complex Database Systems. In: Behaviour and Information Technology 3 5 (1986) 249-257

CANTER, D./RIVERS, R./STORRS, G.: Characterizing User Navigation Through Complex Data Structures. In: Behaviour and Information Technology 2 4 (1985) 93-102

CANTWELL, S.: Multimedia Transforms Union Pacific's Training Strategy. In: TechTrends 6 38 (1993) 21-22

CAPLINGER, M.: Graphical Database Browsing. In: Proceedings of the 3rd ACM SIGOIS Conference on Office Information Systems. Providence (1986) 113-119

CARD, S.K./MORAN, T.P./NEWELL, A.: The Psychology of Human-Computer Interaction. Hillsdale, NJ u.a.: Lawrence Erlbaum Ass. 1983

CARLSON, P.A.: Hypertext: A Way of Incorporating User Feedback into Online Documentation. In: Barrett, E. (ed): Text, ConText, and Hypertext. Cambridge/London: M.I.T. Press (1988) 93-110

CARR, B./GOLDSTEIN, I.P.: Overlays: A Theory of Modeling for Computer-Aided Instruction. Cambridge, MA/London: M.I.T. Press 1977, 23 S. Manuskript

CARR, L./DAVIS, H./HALL, W.: Experimenting with HyTime Architectural Forms for Hypertext Interchange. In: Information Services and Use 2 13 (1993) 111-119

CARROLL, J.M.: The Nuremberg Funnel: Designing Minimalist Instruction for Practical Computer Skills. Cambridge/London: The M.I.T. Press 1990

CARROLL, J.M. (ed): Designing Interaction: Psychology at the Human-Computer Interface. Cambridge: Cambridge University Press 1991a

CARROLL, J.M.: History and Hysteresis in Theories and Frameworks for HCI. In: Diaper, D./Hammond, N. (eds): People and Computers VI. Proceedings of the HCI '91 Conference. (British Computer Society Conference Series; 3) Cambridge: Cambridge University Press (1991b) 47-55

CARROLL, J.M./MACK, R.L./KELLOGG, W.A.: Interface Metaphors and User Interface Design. In: Helander, M. (ed): Handbook of Human-Computer Interaction. Amsterdam: North-Holland (1988) 67-85

CASE, R./BEREITER, C. (eds): From Behaviorism to Cognitive Behaviorism to Cognitive Development: Steps in the Evolution of Instructional Design. In: Instructional Science 13 (1984) 141-158

CASEY, C.: Transactions and Answer Judging in Multimedia Instruction: A Way to Transact with Features Appearing in Video and Graphic Images. In: Journal of Computer-Based Instruction 4 19 (1992) 131-136

CASTLE, J.G., JR.: Design of Interactive Computer Systems for Educational Purposes: One View of the Proposal for the University of Illinois. In: Holtzman, W.H. (ed): Computer-Assisted Instruction, Testing, and Guidance. New York/Evanston/London: Harper & Row (1970) 30-38

CATES, W.M.: Fifteen Principles for Designing More Effective Instructional Hypermedia/Multimedia Products. In: Educational Technology 12 32 (1992) 5-11

CATLIN, T.J.O./BUSH, P.E./YANKELOVICH, N.: InterNote: Extending a Hypermedia Framework to Support Annotative Collaboration. In: Proceedings of the ACM Hypertext '89 Conference (Pittsburgh, PA, November 5-8, 1989) New York: ACM (1989) 365-378

CATLIN, T.J.O./SMITH, K.E.: Anchors for Shifting Tides: Designing a 'seaworthy' Hypermedia System. In: Proceedings of the Online Information '88 Conference London (1988) 15-25

CHABAY, R.W./SHERWOOD, B.A.: A Practical Guide for the Creation of Educational Software. In: Larkin, J.H./Chabay, R.W. (eds): Computer-Assisted Instruction and Intelligent Tutoring Systems. Shared Goals and Complementary Approaches. Hillsdale, NJ u.a.: Lawrence Erlbaum Ass. (1992) 151-186

CHADWICK, J.: The Development of a Museum Multimedia Program and the Effect of Audio on User Completion Rate. In: Journal of Educational Multimedia and Hypermedia 3 1 (1992) 331-340

CHAMBERS, J.A./SPRECHER, J.W.: Computer Assisted Instruction: Current Trends and Critical Issues. In: Communications of the ACM 6 23 (1980) 332-342

CHI, M.T.H./BASSOK, M.: Learning from Examples via Self-Explanations. In: Resnick, L.B. (ed): Knowing, Learning, and Instruction. Essays in Honor of Robert Glaser. Hillsdale, NJ u.a.: Lawrence Erlbaum Ass. (1989) 251-282

CHIMERA, R./SHNEIDERMAN, B.: An Exploratory Evaluation of Three Interfaces for Browsing Large Hierarchical Tables of Contents. In: ACM Transactions on Information Systems 4 12 (1994) 383-406

CHIOU, G.-F.: Situated Learning, Metaphors, and Computer-Based Learning Environments. In: Educational Technology 8 32 (1992) 7-11

CHOMSKY, C.: Books on Videodisc: Computers, Video, and Reading Aloud to Children. In: Nix, D./Spiro, R.J. (eds): Cognition, Education, and Multimedia. Exploring Ideas in High Technology. Hillsdale, NJ u.a.: Lawrence Erlbaum Ass. (1990) 31-47

CHRISTEL, M.G.: The Role of Visual Fidelity in Computer-Based Instruction. In: Human-Computer Interaction 2 9 (1994) 183-223

CHRISTENSEN, L.C./BODEY, M.R.: A Structure for Creating Quality Software. In: Collegiate Microcomputer 3 8 (1990) 201-209

CHRISTMANN, U.: Modelle der Textverarbeitung: Textbeschreibung als Textverstehen. (Arbeiten zur sozialwissenschaftlichen Psychologie; Heft 21) Münster: Aschendorff 1989

CHUNG, J./REIGELUTH, C.M.: Instructional Prescriptions for Learner Control. In: Educational Technology 10 32 (1992) 14-20

CLANCEY, W.J.: Tutoring Rules for Guiding a Case Method Dialogue. In: Sleeman, D./Brown, J.S. (eds): Intelligent Tutoring Systems. Boston u.a.: Academic Press (1982) 201-225

CLANCEY, W.J.: GUIDON. In: Journal of Computer-Based Instruction 1 10 (1983) 8-15

CLANCEY, W.J.: Methodology for Building an Intelligent Tutoring System. In: Kearsley, G.P. (ed): Artificial Intelligence and Instruction. Reading, MA. u.a.: Addison-Wesley (1987) 193-227

CLANCEY, W.J.: The Knowledge Engineer as Student: Metacognitive Bases for Asking Good Questions. In: Mandl, H./Lesgold, A.M. (eds): Learning Issues for Intelligent Tutoring Systems. Berlin/Heidelberg: Springer (1988a) 80-113

CLANCEY, W.J.: The Role of Qualitative Models in Instruction. In: Self, J. (ed): Artificial Intelligence and Human Learning: Intelligent Computer-Aided Instruction. London: Chapman & Hall (1988b) 49-68

CLANCEY, W.J.: Situated Cognition and Intelligent Tutoring Systems. In: Maurer, H. (ed): Computer Assisted Learning. Proceedings 2 Int. Conf. ICCAL. (Lecture Notes in Computer Science; 360) Berlin/Heidelberg: Springer (1989) 31-37

CLANCEY, W.J.: The Frame of Reference Problem in the Design of Intelligent Machines. In: VanLehn, K. (ed): Architectures for Intelligence. Hillsdale, NJ u.a.: Lawrence Erlbaum Ass. (1991)

CLANCEY, W.J.: Guidon-Manage Revisited: A Socio-Technical Systems Approach. In: Frasson, C./Gauthier, G./McCalla, G.I. (eds): Intelligent Tutoring Systems. Second International Conference ITS '92 (Lecture Notes in Computer Science; 608) Berlin/Heidelberg: Springer (1992) 21-36

CLANCEY, W.J.: Representations of Knowing: In Defense of Cognitive Apprenticeship. In: Journal of Artificial Intelligence in Education 2 3 (1992) 139-168

CLANCEY, W.J.: Guidon-Manage Revisited: A Socio-Technical Systems Approach. In: Journal of Artificial Intelligence in Education 1 4 (1993) 5-34

CLARK, R.E.: Reconsidering Research on Learning from Media. In: Review of Educational Research 4 52 (1983) 445-459

CLARK, R.E.: Confounding in Educational Computing Research. In: Journal of Educational Computing Research 2 1 (1985) 137-148

CLARK, R.E.: The Importance of Treatment Explication: A Reply to J. Kulik, C-L. Kulik and R. Bangert-Drowns. In: Journal of Educational Computing Research 4 1 (1985) 389-393

CLARK, R.E.: Evidence of Confounding in Computer-Based Instruction Studies: Analyzing the Meta-Analyses. In: Educational Communication and Technology Journal 4 33 (1986) 249-262

CLARK, R.E.: Current Progress and Future Directions for Research on Instructional Technology. In: Educational Technology, Research and Development 1 37 (1989) 57-66

CLARK, R.E.: Facilitating Domain-General Problem Solving: Computers, Cognitive Processes and Instruction. In: De Corte, E./Linn, M.C. et al (eds): Computer-Based Learning Environments and Problem Solving (NATO ASI Series. Series F: Computer and Systems Sciences; 84) Berlin/Heidelberg: Springer (1992) 265-285

CLARK, R.E./CRAIG, T.G.: Research and Theory on Multi-Media Learning Effects. In: Giardina, M. (ed): Interactive Multimedia Learning Environments. Human Factors and Technical Considerations on Design Issues (NATO ASI Series. Series F: Computer and Systems Sciences; 93) Berlin/Heidelberg: Springer (1992) 19-30

CLEMENT, J.: Learning via Model Construction and Criticism: Protocol Evidence on Sources of Creativity in Science. In: Glover, G./Ronning, R./Reynolds, C. (eds): Handbook of Creativity: Assessment, Theory and Research. New York: Plenum (1989) 341-381

COGNITION AND TECHNOLOGY GROUP AT VANDERBILT: An anchored instruction approach to cognitive skills acquisition and intelligent tutoring. In: Regian, J.W./Shute, V.J. (eds): Cognitive Approaches to Automated Instruction. Hillsdale, NJ u.a.: Lawrence Erlbaum Ass. (1992) 135-166

COGNITION AND TECHNOLOGY GROUP AT VANDERBILT: Designing Learning Environments That Support Thinking: The Jasper Series as a Case Study. In: Duffy, T.M./Lowyck, J./Jonassen, D.H. (eds): Designing Environments for Constructive Learning (NATO ASI Series. Series F: Computer and Systems Sciences; 105) Berlin/Heidelberg: Springer (1993) 9-36

COHEN, V.B.: A Reexamination of Feedback in Computer-Based Instruction: Implications for Instructional Design. In: Educational Technology 1 25 (1985) 33-37

COLLIER, G.H.: ThotH-II: Hypertext with Explicit Semantics. In: Proceedings of the ACM-Hypertext '87 Conference, Chapel Hill, NC (1987) 269-289

COLLINS, A./BROWN, J.S.: The Computer as a Tool for Learning Through Reflection. In: Mandl, H./Lesgold,

A.M. (eds): Learning Issues for Intelligent Tutoring Systems. Berlin/Heidelberg: Springer (1988) 1-18

COLLINS, A./BROWN, J.S./NEWMAN, S.E.: Cognitive Apprenticeship: Teaching the Crafts of Reading, Writing and Mathematics. In: Resnick, L.B. (ed): Knowing, Learning, and Instruction. Essays in Honor of Robert Glaser. Hillsdale, NJ u.a.: Lawrence Erlbaum Ass. (1989) 453-494

COLLIS, B.: Societal and Organizational Influences on Integration: What About Networking? In: Watson, D./ Tinsley, D. (eds): Integrating Information Technology into Education. London u.a.: Chapman & Hall (1995) 249-262

CONKLIN, J.: Hypertext: An Introduction and Survey. In: IEEE Computer Sept. 20 (1987) 17-41

CONKLIN, J./BEGEMAN, M.L.: gIBIS: A Hypertext Tool for Exploratory Policy Discussion. In: ACM Transactions on Office Information Systems 4 6 (1988) 303-331

COOK, E.K./KAZLAUSKAS, E.J.: The Cognitive and Behavioral Basis of an Instructional Design: Using CBT to Teach Technical Information and Learning Strategies. In: Journal of Educational Technology Systems 4 21 (1993) 287-302

COOK, P.: Multimedia Technology: An Encyclopedia Publisher's Perspective. In: Ambron, S./Hooper, K. (eds): Interactive Multimedia: Visions of Multimedia for Developers, Educators and Information Providers. Redmond: Microsoft Press (1988) 217-240

COOPER, P.A.: Paradigm Shifts in Designed Instruction: From Behaviorism to Cognitivism to Constructivism. In: Educational Technology 5 33 (1993) 12-19

CORDELL, B.J.: A Study of Learning Styles and Computer-Assisted Instruction. In: Computers and Education 2 16 (1991) 175-183

COSTA, E.: The Present and Future of Intelligent Tutoring Systems. In: Scanlon, E./O'Shea, T. (eds): New Directions in Educational Technology (NATO ASI Series. Series F: Computer and Systems Sciences; 96) Berlin/Heidelberg: Springer (1992) 97-106

CRANE, G./MYLONAS, E.: The Perseus Project: An Interactive Curriculum on Classical Greek Civilization. In: Educational Technology 11 28 (1988) 25-32

CRANE, G./MYLONAS, E.: Ancient Materials, Modern Media: Shaping the Study of Classics with Hypermedia. In: Delany, P./Landow, G. P. (eds): Hypermedia and Literary Studies. Cambridge/London: M.I.T. Press (1991) 205-220

CREECH, M.L./FREEZE, D.F./GRISS, M.L.: Using Hypertext in Selecting Reusable Software Components. In: Proceedings of the ACM Hypertext '91 Conference. San Antonio, TX, December 15-18, 1991, 25-38

CROFT, W.B./TURTLE, H.R.: Retrieval Strategies for Hypertext. In: Information Processing and Management 3 29 (1993) 313-324

CRONIN, M.W.: Teaching Listening Skills via Interactive Videodisc. In: T.H.E. Journal 5 21 (1993) 62-68

CRONIN, M.W./CRONIN, K.A.: Recent Empirical Studies of the Pedagogical Effects of Interactive Video Instruction in »Soft Skill« Areas. In: Journal of Computing in Higher Education 2 3 (1992) 53-85

CSSO 1994 (Council of Chief State School Officers): Improving Student Performance Through Learning Technologies. Policy Statement 1991. In: Ely, D.P./Minor, B.B. (eds): Educational Media and Technology Yearbook (Educational Media and Technology Yearbook; 19) Englewood, CO: Libraries Unlimited (1994) 74-81

CUNNINGHAM, D.J.: Assessing Constructions and Constructing Assessments: A Dialogue. In: Duffy, T.M./Jonassen, D.H. (eds): Constructivism and the Technology of Instruction: A Conversation. Hillsdale, NJ u.a.: Lawrence Erlbaum Ass. (1992) 35-44

CUNNINGHAM, D.J./DUFFY, T.M./KNUTH, R.A.: The Textbook of the Future. In: McKnight, C./Dillon, A./Richardson, J. (eds): Hypertext: A Psychological Perspective. Chichester, England: Ellis Horwood (1992) 19-50

CYRANEK, G.: Entwicklungsrichtungen von Lernumgebungen und die Versprechungen der Künstlichen Intelligenz. In: Landesinstitut für Schule und Weiterbildung (ed): Neue Technologien und Zukunftsperspektiven des Lernens. Soest: Soester Verlagskontor (1990) 116-137

CZIKO, G.A.: Unpredictability and Indeterminism in Human Behavior: Arguments and Implications for Educational Research. In: Educational Researcher 3 18 (1989) 17-25

DALTON, D.W.: The Effects of Cooperative Learning Strategies on Achievement and Attitudes during Interactive Video. In: Journal of Computer-Based Instruction 1 17 (1990) 8-16

DAVID, A.A./THIERY, O./CREHANGE, M.: Intelligent Hypermedia in Education. In: Maurer, H. (ed): Computer Assisted Learning. Proceedings 2 Int. Conf. ICCAL (Lecture Notes in Computer Science; 360) Berlin/Heidelberg: Springer (1989) 53-64

DAVIS, B.: Prototyping Multimedia: Lessons from the Visual Computing Group at Project Athena Center for Educational Computing Initiative. In: Barrett, E. (ed): Sociomedia: Multimedia, Hypermedia, and the Social Construction of Knowledge. Technical Communication and Information Systems. Cambridge/London: M.I.T. Press (1992) 391-411

DE BONO, E.: Teaching Thinking. London: Maurice Temple Smith 1976

DE CORTE, E./VERSCHAFFEL, L./SCHROOTEN, H.: Kognitive Effekte computergestützten Lernens: Zum Stand der Forschung. In: Unterrichtswissenschaft 1 20 (1992) 12-33

DE CORTE, E.: Toward the Integration of Computers in Powerful Learning Environments. In: Vosniadou, S./De Corte, E./Mandl, H. (eds): Technology-Based Learning Environments. Psychological and Educational Foundations. Berlin/Heidelberg: Springer (1994) 19-25

DE DIANA, I.P.F.: Electronic Study Book Platforms. In: Educational and Training Technology International 4 28 (1991) 347-354

DE HOOG, R./DE JONG, T./DE VRIES, F.: Interfaces for Instructional Use of Simulations. In: Education and Computing 6 (1991) 359-385

DE JONG, T./NJOO, M.: Learning and Instruction with Computer Simulations: Learning Processes Involved. In: De Corte, E./Linn, M.C. et al (eds): Computer-Based Learning Environments and Problem Solving (NATO ASI Series. Series F: Computer and Systems Sciences; 84) Berlin/Heidelberg: Springer (1992) 411-427

DE LA PASSARDIÈRE, B.: A CAL Environment for HyperCard. In: Maurer, H. (ed): Computer Assisted Learning. Proceedings 2 Int. Conf. ICCAL (Lecture Notes in Computer Science; 360) Berlin/Heidelberg: Springer (1989) 292-307

DE MOURA GUIMARÃES, A./DIAS, R.: Some Considerations for the Design and Implementation of an Instructional HyperCard-Based Simulation. In: Simulation Games for Learning 1 22 (1992) 16-31

DE VRIES, S.A./KOMMERS, P.A.M.: Concept Mapping as a Mind Tool for Exploratory Learning. In: Maurer, H. (ed): Educational Multimedia and Hypermedia Annual, 1993. Proceedings of ED-MEDIA 93 World Conference on Educational Media and Hypermedia (Orlando, Florida, June 23-26, 1993). Charlottesville, VA: Ass. for the Advancem. of Computing in Education (1993) 139-148

DE YOUNG, L.: Hypertext Challenges in the Auditing Domain. In: Proceedings of the ACM Hypertext '89 Conference (Pittsburgh, PA, November 5-8, 1989) New York: ACM (1989) 169-180

DE YOUNG, L.: Linking Considered Harmful. In: Rizk, A./Streitz, N.A./André, J. (eds): Hypertext: Concepts, Systems, and Applications. Proceedings of the ECHT'90 European Conference on Hypertext INRIA. Cambridge: Cambridge University Press (1990) 238-249

DECKER, R./HIRSHFIELD, S. ET AL: Computer-Assisted Instruction in the Liberal Arts Using a Simple Authoring System. In: Journal of Computing in Higher Education 1 1 (1989) 21-38

DEDE, C./NEWMAN, D.: Differentiating Between Intelligent Tutoring Systems and Intelligent Agents. In: Journal of Artificial Intelligence in Education 4 4 (1993) 305-307

DEGL'INNOCENTI, R./FERRARIS, M.: Database as a Tool for Promoting Research Activities in the Classroom: An Example in Teaching Humanities. In: Computers and Education 1 12 (1988) 157-162

DELANY, P./GILBERT, J.K.: HyperCard Stacks for Fielding's Joseph Andrews: Issues of Design and Content. In: Delany, P./Landow, G. P. (eds): Hypermedia and Literary Studies. Cambridge/London: M.I.T. Press (1991) 287-297

DEPOVER, C./QUINTIN, J.-J.: Learner Control versus Computer Control in a Professional Training Context. In: Giardina, M. (ed): Interactive Multimedia Learning Environments. Human Factors and Technical Considerations on Design Issues (NATO ASI Series. Series F: Computer and Systems Sciences; 93) Berlin/Heidelberg: Springer (1992) 234-247

DESSIPRIS, N.G./PANDERMALIS, D. ET AL: The Electronic Guide at the Museum of Dion. In: Information Services and Use 4 13 (1993) 313-322

DIAPER, D./ADDISON, M.: User Modelling: The Task Oriented Modelling (TOM) Approach to the Designer's Model. In: Diaper, D./Hammond, N. (eds): People and Computers VI. Proceedings of the HCI '91 Conference (British Computer Society Conference Series; 3) Cambridge: Cambridge University Press (1991) 387-402

DIAPER, D./RADA, R.: Expertext: Hyperizing Expert Systems and Expertizing Hypertext. In: Brown, H. (ed): Hypermedia/Hypertext and Object Oriented Databases. London: Chapman & Hall (1991) 125-163

DIAZ, L.: PathMAC: An Alternative Approach to Medical School Education at Cornell School of Medicine. In: Berk, E./Devlin, J. (eds): Hypertext/Hypermedia Handbook. New York: McGraw-Hill (1991) 488-492

DICK, W.: An Instructional Designer's View of Constructivism. In: Educational Technology 5 31 (1991) 41-44

DILLENBOURG, P.: The Computer as Constructorium: Tools for Observing One's Own Learning. In: Moyse, R./Elsom-Cook, M.T. (eds): Knowledge Negotiation. London: Academic Press (1992) 185-198

DILLENBOURG, P./MENDELSOHN, P.: A Genetic Structure for the Interaction Space. In: Costa, E. (ed): New Directions for Intelligent Tutoring Systems (NATO ASI Series. Series F: Computer and Systems Sciences; 91) Berlin/Heidelberg: Springer (1992) 15-27

DILLENBOURG, P./SCHNEIDER, D.: Designers did Not Wait for Situationists: A Response to Clancey's Viewpoint »Guidon-Manage Revisited: A Socio-Technical Systems Approach«. In: Journal of Artificial Intelligence in Education 1 4 (1993) 41-48

DILLENBOURG, P./SELF, J.: A Framework for Learner Modelling. In: Interactive Learning Environments 2 2 (1992) 111-137

DILLON, A.: Designing the Human-Computer Interface to Hypermedia Applications. In: Jonassen, D.H./ Mandl, H. (eds): Designing Hypermedia for Learning (NATO ASI Series. Series F: Computer and Systems Sciences; 67) Berlin/Heidelberg: Springer (1990) 185-195

DILLON, A.: Human Factors Issues in the Design of Hypermedia Interfaces. In: Brown, H. (ed): Hypermedia/ Hypertext and Object Oriented Databases. London: Chapman & Hall (1991b) 93-105

DILLON, A.: Readers' Models of Text Structures: The Case of Academic Articles. In: International Journal of Man-Machine Studies 6 35 (1991c) 913-925

DILLON, A./MCKNIGHT, C.: Towards a Classification of Text Types: A Repertory Grid Approach. In: International Journal of Man-Machine Studies 6 33 (1990) 623-636

DILLON, A./MCKNIGHT, C./RICHARDSON, J.: Navigation in Hypertext: A Critical Review of the Concept. In: Proceedings of the INTERACT '90 Third IFIP Conference on Human-Computer Interaction (Cambridge, UK, 27-31 August) 1990, 587-592

DILLON, A./MCKNIGHT, C./RICHARDSON, J.: Space – the Final Chapter or Why Physical Representations are not Semantic Intentions. In: McKnight, C./Dillon, A./Richardson, J. (eds): Hypertext: A Psychological Perspective. Chichester, England: Ellis Horwood (1992) 169-192

DILLON, A./MCKNIGHT, C.: Never Mind the Theory, Feel the Data: Observations on the Methodological Problems of User Interface Design. In: Schuler, W./Hannemann, J./Streitz, N.A. (eds): Designing User Interfaces for Hypermedia (Research Reports ESPRIT) Berlin/Heidelberg: Springer (1995) 117-125

DILLON, M. (ed): Interfaces for Information Retrieval and Online Systems: The State of the Art. New York: Greenwood Press 1991

DISESSA, A.A.: Social Niches for Future Software. In: Gardner, M./Greeno, J.G. et al (eds): Toward a Scientific Practice of Science Education. Hillsdale, NJ u.a.: Lawrence Erlbaum Ass. (1990) 301-322

DISESSA, A.A.: Images of Learning. In: De Corte, E./Linn, M.C. et al (eds): Computer-Based Learning Environments and Problem Solving (NATO ASI Series. Series F: Computer and Systems Sciences; 84) Berlin/ Heidelberg: Springer (1992) 19-40

DISIBIO, M.: Memory for Connected Discourse: A Constructivist View. In: Review of Educational Research 2 52 (1982) 149-174

DÖRNER, D.: Problemlösen als Informationsverarbeitung. Stuttgart: Kohlhammer 1976

DÖRNER, D./KRAUSIG, H.W. ET AL (eds): Lohhausen. Vom Umgang mit Unbestimmtheit und Komplexität. Bern/Stuttgart/Wien: Hans Huber 1983

DOWNS, R.M./STEA, D.: Cognitive Maps and Spatial Behaviour: Process and Product. In: Downs, R.M./Stea, D. (eds): Image and Environment. London: Edward Arnold (1973)

DREYFUS, A./JUNGWIRTH, E./ELIOVITCH, R.: Applying the »Cognitive Conflict« Strategy for Conceptual Change: Some Implications, Difficulties, and Problems. In: Science Education 5 74 (1990) 555-569

DREYFUS, H.L.: Die Grenzen künstlicher Intelligenz. Königstein: Athenäum/VVA 1985

DU BOULAY, B.: Towards More Versatile Tutors for Programming. In: Scanlon, E./O'Shea, T. (eds): New Directions in Educational Technology (NATO ASI Series. Series F: Computer and Systems Sciences; 96) Berlin/Heidelberg: Springer (1992) 191-198

DUCHASTEL, PH.C.: Knowledge-based Instructional Gaming: GEO. In: Journal of Educational Technology Systems 12 17 (1989) 189-203

DUCHASTEL, PH.C.: Integrating HyperMedia into Intelligent Tutoring. In: Giardina, M. (ed): Interactive Multimedia Learning Environments. Human Factors and Technical Considerations on Design Issues (NATO ASI Series. Series F: Computer and Systems Sciences; 93) Berlin/Heidelberg: Springer (1992a) 67-74

DUCHASTEL, PH.C.: Integrating HyperMedia into Intelligent Tutoring. In: Oliveira, A. (ed): Hypermedia Courseware: Structures of Communication and Intelligent Help (NATO ASI Series. Series F: Computer and Systems Sciences; 92) Berlin/Heidelberg: Springer (1992b) 198-204

DUCHASTEL, PH.C.: Towards Methodologies for Building Knowledge-Based Instructional Systems. In: Instructional Science 5/6 20 (1992c) 349-358

DUFFIELD, J.A.: Designing computer software for problem-solving instruction. In: Educational Technology, Research and Development 1 39 (1991) 50-62

DUFFY, T.M./BEDNAR, A.K.: Attempting to Come to Grips with Alternative Perspectives. In: Educational Technology 9 31 (1991) 12-15

DUFFY, T.M./JONASSEN, D.H. (eds): Constructivism and the Technology of Instruction: A Conversation. Hillsdale, NJ u.a.: Lawrence Erlbaum Ass. 1992

DUFFY, T.M./KNUTH, R.A.: Hypermedia and Instruction: Where is the Match? In: Jonassen, D.H./Mandl, H. (eds): Designing Hypermedia for Learning (NATO ASI Series. Series F: Computer and Systems Sciences; 67) Berlin/Heidelberg: Springer (1990) 199-225

DUFFY, T.M./LOWYCK, J./JONASSEN, D.H. (eds): Designing Environments for Constructive Learning (NATO ASI Series. Series F: Computer and Systems Sciences; 105) Berlin/Heidelberg: Springer 1993

DUNLAP, J.C./GRABINGER, R.S.: Cognitive Maps Before and After Using a Knowledge Construction Environment. In: Troutner, H. (ed): Proceedings of the 34th Annual International Conference of the Association for the Development of Computer-Based Instructional Systems. Norfork, VA (1992) 111-120

DUNLOP, M.D./VAN RIJSBERGEN, C.J.: Hypermedia and Free Text Retrieval. In: Information Processing and Management 3 29 (1993) 287-298

ECO, U.: Hypermedia for Teaching and Learning: A Multimedia Guide to the History of European Civilization (MuG). In: Lucarella, D./Nanard, J. et al (eds): Proceedings of the 4th ACM ECHT '92 Conference on Hypertext (Milano, Italy, November 30-December 4, 1992). New York: ACM (1992) 288

EDELSON, D.C.: Socrates, Aesops and the Computer: Questioning and Storytelling with Multimedia. In: Journal of Educational Multimedia and Hypermedia 4 2 (1993) 393-404

EDWARDS, A.D.N.: Redundancy and Adaptability. In: Edwards, A.D.N./Holland, S. (eds): Multimedia Interface Design in Education. 2. Aufl. 1994 (NATO ASI Series. Series F: Computer and Systems Sciences; 76) Berlin/Heidelberg: Springer (1992) 145-155

EDWARDS, D.M./HARDMAN, L.: 'Lost in Hyperspace': Cognitive Mapping and Navigation in a Hypertext Environment. In: McAleese, R. (ed): Hypertext: Theory into Practice. Oxford: Intellect Books (1989) 105-125

EDWARDS, D.M./HARDMAN, L.: 'Lost in hyperspace': cognitive mapping and navigation in a hypertext environment. In: McAleese, R. (ed): Hypertext: Theory into Practice. Oxford: Blackwell (1993) 90-105

EGAN, D.E./REMDE, J.R. ET AL (1989a): Acquiring Information in Books and SuperBooks. In: Machine-Mediated Learning 3 (1989) 259-277

EGAN, D.E./REMDE, J.R. ET AL (1989b): Behavioral Evaluation and Analysis of a Hypertext Browser. In: Byce, K./Clayton, L. (Eds): Proceedings of the CHI '89 'Wings for the Mind' Conference. Austin, TX, April 30-May 4 1989, 205-210

EGIDO, C./PATTERSON, J.F.: Pictures and Category Labels as Navigational Aids for Catalog Browsing. In: Soloway, E./Frye, D./Sheppard, S.B. (eds): Proceedings of the CHI'88: Human Factors in Computing Systems. Washington, DC: ACM Press (1988) 127-132

ELLIS, D./FORD, N./WOOD, F.: Hypertext and Learning Styles. In: The Electronic Library 1 11 (1993) 13-18

ELSHOUT, J.J.: Formal Education vs. Everyday Learning. In: De Corte, E./Linn, M.C. et al (eds): Computer-Based Learning Environments and Problem Solving (NATO ASI Series. Series F: Computer and Systems Sciences; 84) Berlin/Heidelberg: Springer (1992) 5-17

ELSOM-COOK, M.T.: Guided Discovery Tutoring and Bounded User Modelling. In: Self, J. (ed): Artificial Intelligence and Human Learning: Intelligent Computer-Aided Instruction. London: Chapman & Hall (1988) 165-178

ELSOM-COOK, M.T. (ed): Guided Discovery Tutoring. A Framework for ICAI Research. London: Paul Chapman Publ. 1990

ELSOM-COOK, M.T.: Multimedia: The Emperor's New Clothes [Editorial]. In: DLT News 6 (1991) 1-2

ELSOM-COOK, M.T.: Student Modelling in Intelligent Tutoring Systems. In: Artificial Intelligence Review 3-4 7 (1993) 227-240

ELSOM-COOK, M.T./O'MALLEY, C.E.: ECAL: Bridging the Gap between CAL and Intelligent Tutoring Systems. In: Computers and Education 1-3 15 (1990) 69-81

ELY, D.P./MINOR, B.B. (eds): Educational Media and Technology Yearbook (Educational Media and Technology Yearbook; 19) Englewood, CO: Libraries Unlimited 1994

ENGEL, F.L./BOUWHUIS, D.G. ET AL (eds): Cognitive Modelling and Interactive Environments in Language Learning (NATO ASI Series F: Computer and Systems Sciences; 87) Berlin/Heidelberg: Springer 1992

ENGELBART, D.: The Augmented Knowledge Workshop. In: Goldberg, A. (ed): A History of Personal Workstations. Reading, MA. u.a.: Addison-Wesley (1988) 187-236

ENTWISTLE, N.: Approaches to Teaching and Learning. In: Entwistle, N. (ed): Strategies for Research and Development in Higher Education. Amsterdam (1976) 9-26

ENTWISTLE, N./ENTWISTLE, A./TAIT, H.: Academic Understanding and Contexts to Enhance It: A Perspective from Research on Student Learning. In: Duffy, T.M./Lowyck, J./Jonassen, D.H. (eds): Designing Environments for Constructive Learning (NATO ASI Series. Series F: Computer and Systems Sciences; 105) Berlin/Heidelberg: Springer (1993) 331-357

ENTWISTLE, N./HOUNSELL, D. (eds): How Students Learn. Lancaster 1975

ESHELMAN, L.: MOLE: A Knowledge Acquisition Tool that Buries Certainty Factors. In: Boose, J.H./Gaines, B.R. (eds): The Foundations of Knowledge Acquisition (The Knowledge-Based Systems Series) Harcourt-Brace Jovanovich (1990) 203-218

ESLAND, G.M.: Teaching and Learning as the Organization of Knowledge. In: Young, M.F.D. (ed): Knowledge and Control. New Directions for the Sociology of Education. London: Collier Macmillan (1971) 70-117

ESPÉRET, E.: Hypertext Processing: Can We Forget Textual Psycholinguistics? In: Oliveira, A. (ed): Hypermedia Courseware: Structures of Communication and Intelligent Help (NATO ASI Series. Series F: Computer and Systems Sciences; 92) Berlin/Heidelberg: Springer (1992) 112-119

EULER, D.: Computerunterstütztes Lernen – Möglichkeiten und Grenzen aus didaktischer Sicht. In: Landesinstitut für Schule und Weiterbildung (ed): Neue Technologien und Zukunftsperspektiven des Lernens. Soest: Soester Verlagskontor (1990) 178-188

EULER, D./TWARDY, M.: Whatever the Orientation, Creativity is Demanded. In: Bernold, T./Finkelstein, J. (eds): Computer Assisted Approaches to Training. Amsterdam: North-Holland (1988) 91-104

EVENSON, S./RHEINFRANK/WULFF, W.: Towards a Design Language for Representing Hypermedia Clues. In: Proceedings of the ACM Hypertext '89 Conference (Pittsburgh, PA, November 5-8, 1989). New York: ACM (1989) 83-92

FAIRCHILD, K.M./MEREDITH, G./WEXELBLAT, A.: The Tourist Artificial Reality. In: Bice, K./Lewis, C. (eds): Proceedings of the CHI'89: Wings for the Mind. New York: ACM (1989) 299-304

FAIRCHILD, K.M./POLTROCK, S.: Soaring Through Knowledge Space: SemNet 2.1. Microelectronics and Computer Techn. Corp. (MCC): Austin, TX 1986 (Video)

FAIRCHILD, K.M./POLTROCK, S./FURNAS, G.W.: SemNet: Three-Dimensional Graphic Representations of Large Knowledge Bases. In: Guindon, R. (ed): Cognitive Science and its Applications for Human-Computer Interaction. Hillsdale, NJ u.a.: Lawrence Erlbaum Ass. (1988) 201-233

FANKHÄNEL, K./SCHLAGETER, G./STERN, W.: Lehrsysteme für Personal Computer. Autoren- und Tutorsysteme. Fernuniversität Hagen 1988 Manuskript (unveröffentl.)

FARMER, L.-S. J.: Research on Research Strategies Instruction: Computer vs. Lecture. In: Journal of Youth Services in Libraries 1 7 (1993) 74-76

FARR, M.J./PSOTKA, J. (eds): Intelligent Instruction by Computer: Theory and Practice. Philadelphia, PA: Taylor & Francis 1992

FAWVER, A.L./BRANCH, C.E. ET AL: A Comparison of Interactive Videodisc Instruction with Live Animal Laboratories. In: Advances in Physiology Education 1 4 (1990) 11-14

FEINER, S./MACINTYRE, B./SELIGMANN, D.: Knowledge-Based Augmented Reality. In: Communications of the ACM 7 36 (1993) 53-62

FELDMAN, T.: Multimedia. London, Glasgow u.a.: Blueprint 1994

FERGUSON, D.L.: Computers in Teaching and Learning: An Interpretation of Current Practices and Suggestions for Future Directions. In: Scanlon, E./O'Shea, T. (eds): New Directions in Educational Technology (NATO ASI Series F: Computer and Systems Sciences; 96) Berlin/Heidelberg: Springer (1992) 34-50

FERM, R./KINDBORG, M./KOLLERBAUR, A.: A Flexible Negotiable Interactive Learning Environment. In: Diaper, D./Winder, R. (eds): People and Computers III (British Computer Society Conference Series; 3) Cambridge: Cambridge University Press (1987) 103-113

FESTINGER, L.: A Theory of Cognitive Dissonance. Stanford, CA.: Stanford University Press 1968

FISCHER, P.M.: Wissenserwerb mit interaktiven Feedbacksystemen. In: Mandl, H./Fischer, P.M. (eds): Lernen im Dialog mit dem Computer. München/Wien/Baltimore: Urban & Schwarzenberg (1985) 68-82

FISCHER, P.M./MANDL, H.: Improvement of the Acquisition of Knowledge by Informing Feedback. In: Mandl, H./Lesgold, A.M. (eds): Learning Issues for Intelligent Tutoring Systems. Berlin/Heidelberg: Springer (1988) 187-241

FISCHER, P.M./MANDL, H.: Toward a Psychophysics of Hypermedia. In: Jonassen, D.H./Mandl, H. (eds): Designing Hypermedia for Learning (NATO ASI Series. Series F: Computer and Systems Sciences; 67) Berlin/Heidelberg: Springer (1990) XIX-XXV

FISHER, K.M.: SemNet: A Tool for Personal Knowledge Construction. In: Kommers, P.A.M./Jonassen, D.H./Mayes, J.T. (eds): Cognitive Tools for Learning (NATO ASI Series. Series F: Computer and Systems Sciences; 81) Berlin/Heidelberg: Springer (1992) 63-75

FLANDERS, B.: Multimedia Programs to Reach an MTV Generation. In: American Libraries 2 23 (1992)

FLECHSIG, K.-H.: Probleme der Entscheidungsfindung über Lernziele. In: Achtenhagen, F./Meyer, H.L. (eds): Curriculumrevision. Möglichkeiten und Grenzen. 2. Aufl. (1971) 243ff.

FLETCHER, J.D.: Intelligent Instructional Systems in Training. In: Andriole, S.A. (ed): Applications in Artificial Intelligence. Princeton, NJ: Petrocelli (1984)

FLETCHER, J.D.: The Effectiveness and Cost of Interactive Videodisc Instruction. In: Machine-Mediated Learning 4 3 (1989) 361-385

FLOYD, C.: Leitbilder für die Gestaltung interaktiver Systeme: Computer sind keine Partner für Menschen. In: Endres-Niggemeyer, B./Herrmann, T. et al (eds): Interaktion und Kommunikation mit dem Computer (Informatik-Fachberichte: Künstliche Intelligenz; 238) Berlin/Heidelberg: Springer (1990) 12-21

FORD, L.: Intelligent Computer Aided Instruction. In: Lawler, R.W./Yazdani, M. (eds): Artificial Intelligence and Education: Learning Environments and Tutoring Systems. Vol. 1. Norwood, NJ: Ablex Publishing (1987) 106-126

FORMAN, G./PUFALL, P.B. (eds): Constructivism in the Computer Age. Hillsdale, NJ u.a.: Lawrence Erlbaum Ass. 1988

FORRESTER, M.A.: A Conceptual Framework for Investigating Learning in Conversations. In: Computers and Education 1 17 (1991) 61-72

FOSNOT, C.: Constructing Constructivism. In: Duffy, T.M./Jonassen, D.H. (eds): Constructivism and the Technology of Instruction: A Conversation. Hillsdale, NJ u.a.: Lawrence Erlbaum Ass. (1992) 167-176

FOUNTAIN, A.M./HALL, W. ET AL: MICROCOSM: An Open Model for Hypermedia With Dynamic Linking. In: Rizk, A./Streitz, N.A./André, J. (eds): Hypertext: Concepts, Systems, and Applications. Proceedings of the ECHT'90 European Conference on Hypertext, INRIA. Cambridge: Cambridge University Press (1990) 298-311

FOX, E.A.: Advances in Interactive Digital Multimedia Systems. In: IEEE Computer 10 24 (1991) 9-21

FRANCL, L.J.: A Hypertext Glossary of Nematology. In: Journal of Natural Resources and Life Sciences Education 22 (1993) 153-155

FRASER, B.J.: Research syntheses on school and instructional effectiveness. In: International Journal of Educational Research 13 (1989) 707-718

FRAU, E./MIDORO, V./PEDEMONTE, G.M.: Do Hypermedia Systems Really Enhance Learning? A Case Study on Earthquake Education. In: Educational and Training Technology International 1 29 (1992) 42-51

FRIEDLANDER, L.: The Shakespeare Project: Experiments in Multimedia. In: Delany, P./Landow, G. P. (eds): Hypermedia and Literary Studies. Cambridge/London: M.I.T. Press (1991) 257-271

FRIEND, C.-L./COLE, C.-L.: Learner Control in Computer-Based Instruction: A Current Literature Review. In: Educational Technology 11 30 (1990) 47-49

FROHLICH, D.: The Design Space of Interfaces. In: Kjelldahl, L. (ed): Multimedia. Systems, Interaction and Applications. (Eurographic Seminars). Berlin/Heidelberg: Springer (1992) 53-69

FURHT, B.: Multimedia Systems: An Overview. In: IEEE Multimedia 1 (1994) 47-59

FURNAS, G.W.: Generalized Fish-Eye Views. In: Proceedings of the ACM CHI '86 Conference (Boston, MA 13-17 April, 1986) New York: ACM (1986) 16-23

GAGNÉ, R.M.: The Conditions of Learning and Theory of Instruction. 1. Aufl. New York, NY: Holt, Rinehart & Winston 1965

GAGNÉ, R.M./BRIGGS, L.J./WAGNER, R.: Principles of Instructional Design. 2.ed. New York, NY: Holt, Rinehart & Winston 1979

GALBREATH, J.: The Educational Buzzword of the 1990's: Multimedia, or is it Hypermedia, or Interactive Multimedia, or ...? In: Educational Technology 4 32 (1992) 15-19

GARDNER, N./DARBY, J.: Using Computers in University Teaching: A Perspective on Key Issues. In: Computers and Education 1-3 15 (1990) 27-32

GARRUD, P./CHAPMAN, I.R. ET AL: Non-verbal Communication: Evaluation of a Computer-Assisted Learning Package. In: Medical Education 6 27 (1993) 474-478

GARSON, G.D.: Social Science Computer Simulation: Its History, Design, and Future. In: Social Science Computer Review 1 12 (1994) 55-82

GARZOTTO, F./MAINETTI, L./PAOLINI, P.: Hypermedia Application Design: A Structured Approach. In: Schuler, W./Hannemann, J./Streitz, N.A. (eds): Designing User Interfaces for Hypermedia (Research Reports ESPRIT) Berlin/Heidelberg: Springer (1995) 5-17

GARZOTTO, F./SCHWABE, D./BERNSTEIN, M.: Tools for Designing Hyperdocuments. In: Berk, E./Devlin, J. (eds): Hypertext/Hypermedia Handbook. New York: McGraw-Hill (1991) 179-207

GAVER, W.: Auditory Icons: Using Sound in Computer Interfaces. In: Human-Computer Interaction 2 2 (1986) 167-177

GAY, G./MAZUR, F.E.: Combining and Recombining Multimedia Story Elements. In: Journal of Computing in Higher Education 2 2 (1991) 3-17

GAY, G./MAZUR, J.: The Utility of Computer Tracking Tools for User-Centered Design. In: Educational Technology 4 33 (1993) 45-59

GAY, G./TRUMBULL, D./SMITH, J.: Perceptions of Control and Use of Control Options in Computer-Assisted Video Instruction. In: TechTrends 5 33 (1988) 31-33

GAYESKI, D.M.: Enhancing the Acceptance and Cultural Validity of Interactive Multi-Media. In: Giardina, M. (ed): Interactive Multimedia Learning Environments. Human Factors and Technical Considerations on Design Issues (NATO ASI Series. Series F: Computer and Systems Sciences; 93) Berlin/Heidelberg: Springer (1992) 83-94

GENTNER, D.: Interfaces for Learning: Motivation and the Locus of Control. In: Engel, F.L./Bouwhuis, D.G. et al (eds): Cognitive Modelling and Interactive Environments in Language Learning (NATO ASI Series. Series F: Computer and Systems Sciences; 87) Berlin/Heidelberg: Springer (1992) 227-237

GENTNER, D./STEVENS, A.T. (eds): Mental Models. Hillsdale, NJ u.a.: Lawrence Erlbaum Ass. 1983

GIARDINA, M.: Interactivity an Intelligent Advisory Strategies in a Multimedia Learning Environment: Human Factors, Design Issues and Technical Considerations. In: Giardina, M. (ed): Interactive Multimedia

Learning Environments. Human Factors and Technical Considerations on Design Issues (NATO ASI Series. Series F: Computer and Systems Sciences; 93) Berlin/Heidelberg: Springer (1992) 48-66

GIBBS, S.J./TSICHRITZIS, D.C.: Multimedia Programming: Objects, Environments and Frameworks. Reading, MA.: Addison-Wesley 1994

GIELLMAN, R.: Rediscovering Pompeii. In: Berk, E./Devlin, J. (eds): Hypertext/Hypermedia Handbook. New York: McGraw-Hill (1991) 506-511

GLASER, R. (ED): Teaching Machines and Programmed Learning. Vol. 2: Data and directions. Washington: National Education Association of the United States 1965

GLASER, R.: The Reemergence of Learning Theory within Instructional Research. In: American Psychologist 1 45 (1990) 29-39

GLASER, R.: The Maturing of the Relationship Between the Science of Learning and Cognition and Educational Practice. In: Learning and Instruction 1 (1991) 129-144

GLASER, R./SCHAUBLE, L. ET AL: Scientific Reasoning Across Different Domains. In: De Corte, E./Linn, M.C. et al (eds): Computer-Based Learning Environments and Problem Solving (NATO ASI Series. Series F: Computer and Systems Sciences; 84) Berlin/Heidelberg: Springer (1992) 345-371

GLENN, B.T./CHIGNELL, M.H.: Hypermedia: Design for Browsing. In: Hartson, H.R./Hix, D. (eds): Advances in Human-Computer Interaction. (Advances in Human-Computer Interaction; 3) Norwood, NJ: Ablex Publishing (1992) 143-183

GLOOR, P.A.: Hypermedia-Anwendungsentwicklung. Eine Einführung mit HyperCard-Beispielen. Stuttgart: Teubner 1990

GLOOR, P.A./STREITZ, N.A. (eds): Hypertext und Hypermedia (Informatik-Fachberichte; 249) Berlin/Heidelberg: Springer 1990

GLOVER, D.M./GRAHAM, G.R. ET AL: The CCAT Videodisc – A New Resource for Physics Education. In: Physics Education 5 24 (1989) 304-308

GLOWALLA, U./HASEBROOK, J. ET AL: Das gezielte Wiederlernen von Wissen mit Hilfe des Hypermedia-Systems MEM. In: Cordes, R./Streitz, N.A. (eds): Hypertext und Multimedia. Berlin/Heidelberg: Springer (1992) 45-61

GLOWALLA, U./HASEBROOK, J. ET AL: The Hypermedia System MEM and its Application in Evaluating Learning and Relearning in Higher Education. In: Strube, G./Wender, K.F. (eds): The Cognitive Psychology of Knowledge (Advances in Psychology; 101) Amsterdam: North-Holland (1993a) 367-385

GLOWALLA, U./HASEBROOK, J./HÄFELE, G.: Implementation und Evaluation computergestützter Aus- und Weiterbildung mit dem Hypermedia-System MEM. In: Frei, H.P./Schäuble, P. (eds): Hypermedia (Proceedings der Internationalen Hypermedia '93 Konferenz, Zürich, 2./3. März 1993). Berlin/Heidelberg: Springer (1993b) 195-207

GLOWALLA, U./HASEBROOK, J.: An Evaluation Model Based on Experimental Methods Applied to the Design of Hypermedia User Interfaces. In: Schuler, W./Hannemann, J./Streitz, N.A. (eds): Designing User Interfaces for Hypermedia (Research Reports ESPRIT) Berlin/Heidelberg: Springer (1995) 99-116

GLUSHKO, R.J.: Transforming Text into Hypertext for a Compact Disc Encyclopedia. In: Bice, K./Lewis, C.(Eds): Proceedings of the CHI'89: Wings for the Mind. New York: ACM (1989) 293-298

GOLDENBERG, T.Y./TURNURE, J.E.: Transitions Between Short-term and Long-term Memory in Learning Meaningful Unrelated Paired Associates Using Computer-based Drills. In: Computers in Human Behavior 2 5 (1989) 119-135

GOLDMAN, R.D.: Effects of Logical Versus a Mnemonic Learning Strategy on Performance in Two Undergraduate Psychology Classes. In: Journal of Educational Psychology 63 (1972) 347-352

GOLDMAN-SEGALL, R.: Collaborative Virtual Communities: Using Learning Constellations, A Multimedia Ethnographic Research Tool. In: Barrett, E. (ed): Sociomedia: Multimedia, Hypermedia, and the Social Construction of Knowledge. Technical Communication and Information Systems. Cambridge/London: M.I.T. Press (1992) 257-296

GOLDSTEIN, I.P./PAPERT, S.: Artificial Intelligence, Language, and the Study of Knowledge. In: Cognitive Science 1 1 (1977) 1-21

GOMES, A./PEREIRA, D.C.: Towards a Hypertext Semiotics. In: Oliveira, A. (ed): Hypermedia Courseware: Structures of Communication and Intelligent Help (NATO ASI Series. Series F: Computer and Systems Sciences; 92) Berlin/Heidelberg: Springer (1992) 91-96

GOODYEAR, P.: A Knowledge-Based Approach to Supporting the Use of Simulation Programs. In: Computers and Education 1 16 (1991) 99-103

GOODYEAR, P.: The Provision of Tutorial Support for Learning with Computer-Based Simulations. In: De Corte, E./Linn, M.C. et al (eds): Computer-Based Learning Environments and Problem Solving (NATO ASI Series. Series F: Computer and Systems Sciences; 84) Berlin/Heidelberg: Springer (1992) 391-409

GOODYEAR, P./NJOO, M. ET AL: Learning Processes, Learner Attributes and Simulations. In: Education and Computing 6 (1991) 263-304

GOODYEAR, P./STONE, C.: Domain Knowledge, Epistemology and Intelligent Tutoring in Social Science. In: Moyse, R./Elsom-Cook, M.T. (eds): Knowledge Negotiation. London: Academic Press (1992) 69-96

GORDON, S./GUSTAVEL, J. ET AL: The Effects of Hypertexts on Reader Knowledge Representation. In: Proceedings of the Human Factors Society 32nd Annual Meeting (1988) 296-300

GORNY, P.: New Information Technologies in Education in the Federal Republic of Germany. In: European Journal of Education 17 (1982) 339ff.

GOULD, J.D./ALFARO, L. ET AL: Why Reading was Slower from CRT Displays than from Paper. In: Proceedings of the CHI + GI '87. Toronto (1987) 7-11

GOULD, J.D./GRISCHKOWSKY, N.: Doing the Same Work with Hard Copy and with Cathode Ray Tube (CRT) Computer Terminals. In: Human Factors 26 (1984) 323-337

GRABINGER, R.S.: Making Information Accessible--Part 4: Support Links. In: Performance and Instruction 3 32 (1993) 33-39

GRÄSEL, C./MANDL, H./PRENZEL, M.: Die Förderung diagnostischen Denkens durch fallbasierte Computerlernprogramme in der Medizin. In: Glowalla, U./Schoop, E. (eds): Hypertext und Multimedia. Neue Wege in der computerunterstützten Aus- und Weiterbildung. Berlin/Heidelberg: Springer (1992) 323-331

GRÄSEL, C./MANDL, H. ET AL: Vergebliche Designermüh? Interaktionsangebote in problemorientierten Computerlernprogrammen. In: Unterrichtswissenschaft 4 22 (1994) 312-333

GRAY, S.H.: Using Protocol Analyses and Drawings to Study Mental Model Construction During Hypertext Navigation. In: International Journal of Human-Computer Interaction 4 2 (1990) 359-377

GREDLER, M.B.: A Taxonomy of Computer Simulations. In: Educational Technology 4 26 (1986) 7-12

GREEN, T.R.G.: Describing Information Artifacts with Cognitive Dimensions and Structure Maps. In: Diaper, D./Hammond, N. (eds): People and Computers VI. Proceedings of the HCI '91 Conference (British Computer Society Conference Series; 3) Cambridge: Cambridge University Press (1991) 297-315

GREENO, J.G.: Situations, Mental Models, and Generative Knowledge. IRL Report 88-0005. Palo Alto, CA: Institute for Research on Learning 1988 Report

GREENO, J.G.: Productive Learning Environments. In: Lewis, R./Otsuki, (eds): Advanced Research on Computers in Education. Proceedings of the IFIP TC3 International Conference on Advanced Research on Computers in Education, Tokyo, Japan, 18-20 July, 1990. Amsterdam: North-Holland (1991) 3-13

GREENO, J.G./RILEY, M.S.: Processes and Development of Understanding. In: Weinert, F.E./Kluwe, R.H. (eds): Metacognition, Motivation, and Understanding. Hillsdale, NJ u.a.: Lawrence Erlbaum Ass. (1987) 289-316

GRICE, R.A./RIDGWAY, L.S.: Usability and Hypermedia: Toward a Set of Usability Criteria and Measures. In: Technical Communication: Journal of the Society for Technical Communication 3 40 (1993) 429-437

GRIEßHABER, W.: Fremdsprachenlernen mit Maus und Mikro. In: Bildungsarbeit 3 (1992) 107 - 113.

GRIMES, J./POTEL, M.: What is Multimedia? In: IEEE Computer Graphics & Applications 1 11 (1991) 49-52

GROPPER, G.L.: A Behavioral Approach to Instructional Prescription. In: Reigeluth, C.M. (ed): Instructional Design Theories and Models: An Overview of their Current Status. Hillsdale, NJ u.a.: Lawrence Erlbaum Ass. (1983) 101-161

GUINAN, C./SMEATON, A.F.: Information Retrieval from Hypertext Using Dynamically Planned Guided Tours. In: Lucarella, D./Nanard, J. et al (eds): Proceedings of the 4th ACM ECHT '92 Conference on Hypertext (Milano, Italy, November 30-December 4, 1992) New York: ACM (1992)

GUSTAFSON, K.L./REEVES, T.C.: IDioM: A Platform for a Course Development Expert System. In: Educational Technology. 3 30 (1990) 19-25

GUY, J.F./FRISBY, A.J.: Using Interactive Videodiscs to Teach Gross Anatomy to Undergraduates at the Ohio State University. In: Academic Medicine 2 67 (1992) 132-133

HABERMAS, J.: Erkenntnis und Interesse. Frankfurt/M.: Suhrkamp 1968

HABERMAS, J.: Nachtrag zu einer Kontroverse (1963): Analytische Wissenschaftstheorie und Dialektik. In: Habermas, J. (ed): Zur Logik der Sozialwissenschaften. Frankfurt/M.: Suhrkamp (1970) 9-38

HABERMAS, J.: Theorie des kommunikativen Handelns. Band 1: Handlungsrationalität und gesellschaftliche Rationalisierung. Frankfurt/M.: Suhrkamp 1981

HALASZ, F.G.: Reflections on NoteCards: Seven Issues for the Next Generation of Hypermedia Systems. In: Communications of the ACM. 31 (1988) 836-852

HALL, W./THOROGOOD, P. ET AL: Using Hypercard and Interactive Video in Education: An Application in Cell Biology. In: Educational and Training Technology International 3 26 (1989) 207-214

HAMBURGER, H./LODGHER, A.: Semantically Constrained Exploration and Heuristic Guidance. In: Machine-Mediated Learning 3 (1989) 81-105

HAMBURGER, H./LODGHER, A.: Semantically Constrained Exploration and Heuristic Guidance. In: Farr, M.J./Psotka, J. (eds): Intelligent Instruction by Computer: Theory and Practice. Philadelphia, PA: Taylor & Francis (1992) 153-177

HAMMOND, J.H.: Achieving Quality in University Teaching through Information Technology: A National Objective. In: Brunnstein, K./Raubold, E. (eds): Applications and Impacts. Information Processing '94. (IFIP Transactions A: Computer Science and Technology; 2) Amsterdam: North-Holland (1994) 666-671

HAMMOND, N.: Hypermedia and Learning: Who Guides Whom? In: Maurer, H. (ed): Computer Assisted Learning. Proceedings 2 Int. Conf. ICCAL (Lecture Notes in Computer Science; 360) Berlin/Heidelberg: Springer (1989) 167-181

HAMMOND, N.: Teaching with Hypermedia. In: Brown, H. (ed): Hypermedia/Hypertext and Object Oriented Databases. London: Chapman & Hall (1991) 107-124

HAMMOND, N.: Tailoring Hypertext for the Learner. In: Kommers, P.A.M./Jonassen, D.H./Mayes, J.T. (eds): Cognitive Tools for Learning (NATO ASI Series. Series F: Computer and Systems Sciences; 81) Berlin/Heidelberg: Springer (1992) 149-160

HAMMOND, N./ALLINSON, L.J.: The Travel Metaphor as Design Principle and Training Aid for Navigating around Complex Systems. In: Diaper, D./Winder, R. (eds): People and Computers III. (British Computer Society Conference Series; 3) Cambridge: Cambridge University Press (1987) 75-90

HAMMOND, N./ALLINSON, L.J.: Extending Hypertext for Learning: An Investigation of Access and Guidance Tools. In: Sutcliffe, A./Macaulay, L. (eds): People and Computers V (British Computer Society Conference Series; V) Cambridge: Cambridge University Press (1989) 293-304

HANKE, T.: Zur Gestaltung von Gebärdensprachlexika auf der Grundlage des Hamburger Notationssystems. Diplomarbeit. Universität Hamburg 1997

HANKE, T./PRILLWITZ, S.: syncWRITER. Integrating Video into the Transcription and Analysis of Sign Language. In: Bos, H./Schermer, T. (eds): Sign Language Research 1994: Proceedings of the Fourth European Congress on Sign Language Research, Munich, Sept. 1-3, 1994. Hamburg: Signum 1995

HANNE, K.-H.: Multimodal Communication, Natural Language and Direct Manipulation (Gestures) in Human-Computer Interaction. In: Edwards, A.D.N./Holland, S. (eds): Multimedia Interface Design in Education. 2. Aufl. 1994 (NATO ASI Series. Series F: Computer and Systems Sciences; 76) Berlin/Heidelberg: Springer (1992) 157-175

HANNE, K.-H./BULLINGER, H.J.: Multimodal Communication: Integrating Text and Gestures. In: Blattner, M.M./Dannenberg, R.B. (eds): Multimedia Interface Design. Reading, MA. u.a.: Addison-Wesley (1992) 127-138

HANNEMANN, J./THÜRING, M.: Das Hypermedia-Autorensystem SEPIA. In: Glowalla, U./Schoop, E. (eds): Hypertext und Multimedia. Neue Wege in der computerunterstützten Aus- und Weiterbildung. Berlin/Heidelberg: Springer (1992) 118-136

HANNEMANN, J./THÜRING, M.: What Matters in Developing Interfaces for Hyperdocument Presentation? In: Schuler, W./Hannemann, J./Streitz, N.A. (eds): Designing User Interfaces for Hypermedia. (Research Reports ESPRIT) Berlin/Heidelberg: Springer (1995) 29-42

HANSEN, W.J.: The Andrew Environment for Development of Educational Computing. In: Computers and Education 1 12 (1988) 231-239

HAPP, A.J./STANNERS, S.L.: Effect of Hypertext Cue Presentation on Knowledge Representation. In: Proceedings of the Human Factors Society 35th Annual Meeting (1991) 305-309

HARDMAN, L.: Hypertext Tips: Experiences in Developing a Hypertext Tutorial. In: Jones, D.M./Winder, R. (eds): People and Computers IV (British Computer Society Conference Series; 4) Cambridge: Cambridge University Press (1988) 437-451

HARDMAN, L.: Experiences in Authoring Hypermedia: Creating Better Presentations. In: Schuler, W./Hannemann, J./Streitz, N.A. (eds): Designing User Interfaces for Hypermedia (Research Reports ESPRIT) Berlin/Heidelberg: Springer (1995) 18-28

HAREL, I./PAPERT, S.: Software Design as a Learning Environment. In: Harel, I./Papert, (eds): Constructionism. Norwood, NJ: Ablex Publishing (1991) 41-84

HAREL, I./PAPERT, S. (eds): Constructionism. Norwood, NJ: Ablex Publishing 1991

HARLAND, M.: Learning Through Browsing: Observations on the Production of Self-directed Learning Systems for Language Students. In: Oliveira, A. (ed): Hypermedia Courseware: Structures of Communication and Intelligent Help (NATO ASI Series. Series F: Computer and Systems Sciences; 92) Berlin/Heidelberg: Springer (1992) 79-90

HARRIS, M./CADY, M.: The Dynamic Process of Creating Hypertext Literature. In: Educational Technology 11 28 (1988) 33-40

HARTLEY, S.S.: Meta-Analysis of the Effects of Individually Paced Instruction in Mathematics: University of Colorado 1977 (University Microfilms No. 77-29,926 Dissertation)

HARTMAN, H./STERNBERG, R.J.: A Broad BACEIS for Improving Thinking. In: Instructional Science 5 21 (1993) 401-425

HARTOG, R.: Qualitative Simulation and Knowledge Representation for Intelligent Tutoring. In: Maurer, H. (ed): Computer Assisted Learning. Proceedings 2 Int. Conf. ICCAL (Lecture Notes in Computer Science; 360) Berlin/Heidelberg: Springer (1989) 193-213

HASEBROOK, J.: Lernen mit Multimedia. In: Zeitschrift für Pädagogische Psychologie 6 9 (1995) 95-103

HASSELERHARM, E./LEEMKUIL, H.: The Relation between Instructional Control Strategies and Performance and Attitutes in Computer-Based Instruction. In: Pieters, J.M./Simons, P.R.J./De Leeuw, L. (eds): Research on Computer-Based Instruction. Amsterdam: Swets & Zeitlinger (1990) 67-80

HAUGELAND, J. (ed): Mind Design.: Bradford Books, The M.I.T. Press 1981

HAUGELAND, J.: Artificial Intelligence. The Very Idea. Cambridge, MA, London, UK: Bradford Books, The M.I.T. Press 1985

HAUGEN, H.: Multimedia Learning Environment: An Educational Challenge. In: Giardina, M. (ed): Interactive Multimedia Learning Environments. Human Factors and Technical Considerations on Design Issues (NATO ASI Series. Series F: Computer and Systems Sciences; 93) Berlin/Heidelberg: Springer (1992) 39-45

HAWKRIDGE, D.: The State of Computer-Based Training After 25 Years. In: Bernold, T./Finkelstein, J. (eds): Computer Assisted Approaches to Training. Amsterdam: North-Holland (1988) 25-43

HEDLEY, C.N./ELLSWORTH, N.: Critical Thinking with Computers: Drawings and Graphics. In: Reading and Writing: An Interdisciplinary Journal 1 9 (1993) 121-127

HELLER, R.S.: The Role of Hypermedia in Education: A Look at the Research Issues. In: Journal of Research on Computing in Education 4 22 (1990) 431-441

HELLER, R.S.: Evaluating Software: A Review of the Options. In: Computers and Education 4 17 (1991) 285-291

HERRMANN, T.: Zur Gestaltung der Mensch-Computer-Interaktion: Systemerklärung als kommunikatives Problem. Tübingen: Max Niemeyer Verlag 1986

HERRTWICH, R.G. (ed): Network and Operating System Support for Digital Audio and Video. Berlin/Heidelberg: Springer 1992

HEWETT, T.T.: The Drexel Disk: An Electronic »Guidebook«. In: Diaper, D./Winder, R. (eds): People and Computers III (British Computer Society Conference Series; 3) Cambridge: Cambridge University Press

(1987) 115-129

HEYWOOD-EVERETT, G.: Computer Instruction in the Classroom Context. Special Issue: Children, Teachers and Information Technology. In: Early Child-Development and Care 69 (1991) 71-79

HICKEN, S./SULLIVAN, H./KLEIN, J.D.: Learner Control Modes and Incentive Variations in Computer-Delivered Instruction. In: Educational Technology, Research and Development 4 40 (1992)

HILLINGER, M.L.: Computer Speech and Responsive Text: Hypermedia Support for Reading Instruction. In: Reading and Writing: An Interdisciplinary Journal 2 4 (1992) 219-229

HILTZ, S.R.: The Virtual Classroom: Software for Collaborative Learning. In: Barrett, E. (ed): Sociomedia: Multimedia, Hypermedia, and the Social Construction of Knowledge. Technical Communication and Information Systems. Cambridge/London: M.I.T. Press (1992) 347-368

HIRATA, K./HARA, Y. ET AL: Media-based Navigation for Hypermedia Systems. In: Proceedings of the ACM Hypertext'93 Conference (1993) 159-173

HODGES, M.E./SASNETT, R.M./ACKERMAN, M.S.: A Construction Set for Multimedia Applications. In: IEEE Software 1 6 (1989) 37-43

HODGES, M.E./SASNETT, R.M. (eds): Multimedia Computing: Case Studies from MIT Project ATHENA. Reading, MA. u.a.: Addison-Wesley 1993

HOELSCHER, K.J.: Bridging the Classroom and the Real World: A Videodisc Implementation Study at Harvard Law School. Paper presented at the Annual Meeting of the American Educational Research Association (Boston, MA, April 16-20, 1990) - Report

HOFMANN, M./LANGENDÖRFER, H. ET AL: The Principle of Locality Used for Hypertext Presentation: Navigation and Browsing in CONCORDE. In: Diaper, D./Hammond, N. (eds): People and Computers VI. Proceedings of the HCI '91 Conference (British Computer Society Conference Series; 3) Cambridge: Cambridge University Press (1991) 435-452

HOFMANN, M./SCHREIWEIS, U./LANGENDÖRFER, H.: An Integrated Approach of Knowledge Acquisition by the Hypertext System CONCORDE. In: Rizk, A./Streitz, N.A./André, J. (eds): Hypertext: Concepts, Systems, and Applications. Proceedings of the ECHT'90 European Conference on Hypertext INRIA. Cambridge: Cambridge University Press (1990) 166-179

HÖHNE, K.H./BOMANS, M. ET AL: A Volume-based Anatomical Atlas. In: IEEE Computer Graphics & Applications 4 12 (1992) 72-78

HOLDEN, L.: Carnegie Mellon's STUDIO for Creative Inquiry [and] The Interdisciplinary Teaching Network (ITeN) [and] Interactive Fiction [and] The Networked Virtual Art Museum. In: Bulletin of the American Society for Information Science 1 19 (1992) 9-14

HOLLAN, J.D./HUTCHINS, E.L./WEITZMAN, L.M.: STEAMER: An Interactive, Inspectable, Simulation-Based Training System (Nachdruck des Artikels aus The AI Magazine 1994). In: Kearsley, G.P. (ed): Artificial Intelligence and Instruction. Reading, MA. u.a.: Addison-Wesley (1987) 113-134

HOLMES, T.: Electronic Music Lover's Companion: An Interactive Guide to Classic Electronic Music. In: Berk, E./Devlin, J. (eds): Hypertext/Hypermedia Handbook. New York: McGraw-Hill (1991) 512-518

HONEBEIN, P.C./DUFFY, T.M./FISHMAN, B.J.: Constructivism and the Design of Learning Environments: Context and Authentic Activities for Learning. In: Duffy, T.M./Lowyck, J./Jonassen, D.H. (eds): Designing Environments for Constructive Learning (NATO ASI Series. Series F: Computer and Systems Sciences; 105) Berlin/Heidelberg: Springer (1993) 87-108

HOPTMAN, G.: The Virtual Museum and Related Epistemological Concerns. In: Barrett, E. (ed): Sociomedia: Multimedia, Hypermedia, and the Social Construction of Knowledge. Technical Communication and Information Systems. Cambridge/London: M.I.T. Press (1992) 141-159

HORNEY, M.A.: Case Studies of Navigational Patterns in Constructive Hypertext. In: Computers and Education 3 20 (1993) 257-270

HORTON, W.: Figures of Image: Aristotle and the Design of Icons and Hypermedia. In: Technical Communication: Journal of the Society for Technical Communication 3 40 (1993) 495-499

HOUNSELL, D.: Lehr- und Lernforschung im Hochschulbereich. In: Huber, L. (ed): Ausbildung und Sozialisation in der Hochschule (Enzyklopädie Erziehungswissenschaft; 10) Stuttgart: Klett-Cotta (1983) 355-366

HRIBAR, D.C./MAY, D.C. ET AL: Virtual Environment Training: Auxiliary Machinery Room (AMR) Watchstation Trainer. In: Journal of Instruction Delivery Systems 2 7 (1993) 9-17

HSU, J.J./CHAPELLE, C.A./THOMPSON, A.D.: Exploratory Learning Environments: What are They and Do Students Explore? In: Journal of Educational Computing Research 1 9 (1993) 1-15

HUANG, S.D./ALOI, J.: The Impact of Using Interactive Video in Teaching General Biology. In: American Biology Teacher 5 53 (1991) 281-284

HUDSON, T.J./HOLLAND, S.: Interactive Multimedia Instruction in Video Production Classes. In: Journalism Educator 3 47 (1992) 18-26

HUNKA, S.: Design Guidelines for CAI Authoring Systems. In: Educational Technology 11 29 (1989) 12-17

HÜSER, C./WEBER, A.: The Individualized Electronic Newspaper: An Application Challenging Hypertext Technology. In: Cordes, R./Streitz, N.A. (eds): Hypertext und Multimedia. Berlin/Heidelberg: Springer (1992) 62-74

HUTCHINGS, G.A./CARR, L./HALL, W.: Stackmaker: An Environment for Creating Hypermedia Learning Material. In: Hypermedia 3 4 (1992) 197-211

HUTCHINGS, G.A./HALL, W./COLBOURN, C.J.: Patterns of Students' Interactions with a Hypermedia System. In: Interacting with Computers 3 5 (1993) 295-313

HUTCHINS, E.L.: Metaphors for Interface Design. In: Taylor, M.M./Néel, F./Bouwhuis, D.G. (eds): The Structure of Multimodal Dialogue. Amsterdam/New York u.a.: North-Holland (1989) 11-28

INSTONE, K./TEASLEY, B.M./LEVENTHAL, L.M.: Empirically-Based Re-design of a Hypertext Encyclopedia. In: Proceedings of the ACM INTERCHI '93 Conference. Amsterdam (1993)

IRLER, W.J.: Selbsterklärendes kausales Netzwerk zur Hypothesenüberprüfung im Hypertext. In: Glowalla, U./Schoop, E. (eds): Hypertext und Multimedia. Neue Wege in der computerunterstützten Aus- und Weiterbildung. Berlin/Heidelberg: Springer (1992) 108-117

IRLER, W.J./BARBIERI, G.: Non-obstrusive Hypertext Anchors and Individual Colour Markings. In: Rizk, A./Streitz, N.A./André, J. (eds): Hypertext: Concepts, Systems, and Applications. Proceedings of the ECHT'90 European Conference on Hypertext INRIA. Cambridge: Cambridge University Press (1990) 261-273

ISBISTER, K./LAYTON, T.: Agents: What (or Who) are They? In: Nielsen, Jakob (ed): Advances in Human-Computer Interaction (Advances in Human-Computer Interaction; 5) Norwood, NJ: Ablex Publishing (1995) 67-85

ISSING, L.J./HAACK, J.: Bildverarbeitung und Bildrepräsentation im dialogischen Lernen. In: Mandl, H./Fischer, P.M. (eds): Lernen im Dialog mit dem Computer. München/Wien/Baltimore: Urban & Schwarzenberg (1985) 106-117

JACKSON, D./EDWARDS, B.J./BERGER, C.F.: The Design of Software Tools for Meaningful Learning by Experience: Flexibility and Feedback. In: Journal of Educational Computing Research. 3 9 (1993) 413-443

JACOBS, G.: Hypermedia and Discovery-Based Learning: A Historical Perspective. In: British Journal of Educational Technology. 2 23 (1992) 113-121

JACOBSON, M.J.: Issues in Hypertext and Hypermedia Research: Toward a Framework for Linking Theory-to-Design. In: Journal of Educational Multimedia and Hypermedia 2 3 (1994) 141-154

JACOBSON, M.J./SPIRO, R.J.: A Framework for the Contextual Analysis of Technology-Based Learning Environments. In: Journal of Computing in Higher Education 2 5 (1994) 3-32

JACQUES, R./NONNECKE, B. ET AL: Current Designs in HyperCard: What Can We Learn? In: Journal of Educational Multimedia and Hypermedia 3 2 (1993) 219-237

JANDA, K.: Multimedia in Political Science: Sobering Lessons from a Teaching Experiment. In: Journal of Educational Multimedia and Hypermedia 3 1 (1992) 341-354

JASPERS, F.: Interactivity or Instruction? A Reaction to Merrill. In: Educational Technology 3 31 (1991) 21-24

JIH, H.J./REEVES, T.C.: Mental Models: A Research Focus for Interactive Learning Systems. In: Educational Technology, Research and Development 3 40 (1992) 39-53

JOHNSON, D.W./JOHNSON, R.T.: Computer-Assisted Cooperative Learning. In: Educational Technology 1 26 (1986) 12-18

JOHNSON, L.W./SOLOWAY, E.: PROUST: An Automatic Debugger for Pascal Programs (Nachdruck des Artikels aus Byte, April 1985). In: Kearsley, G.P. (ed): Artificial Intelligence and Instruction. Reading, MA. u.a.: Addison-Wesley (1987) 49-67

JOHNSON-LAIRD, P.N.: Mental Models. Cambridge: Cambridge University Press 1983

JOHNSTON, V.M.: Attitudes towards Microcomputers in Learning: II. Teachers and Software for Language Development. In: Educational Research 2 29 (1987) 137-14

JOLICOEUR, K./BERGER, D.: Do We Really Know What Makes Educational Software Effective? A Call for Empirical Research. In: Educational Technology 12 26 (1986) 7-11

JONASSEN, D.H.: Interactive Lesson Designs: A Taxonomy. In: Educational Technology 6 25 (1985) 7-17

JONASSEN, D.H.: Hypertext Principles for Text and Courseware Design. In: Educational Psychologist 4 21 (1986) 269-292

JONASSEN, D.H. (ed): Instructional Designs for Microcomputer Courseware. Hillsdale, NJ u.a.: Lawrence Erlbaum Ass. 1988a

JONASSEN, D.H.: Integrating Learning Strategies into Courseware to Facilitate Deeper Processing. In: Jonassen, D.H. (ed): Instructional Designs for Microcomputer Courseware. Hillsdale, NJ u.a.: Lawrence Erlbaum Ass. (1988b) 151-181

JONASSEN, D.H.: Hypertext/Hypermedia. Englewood Cliffs, NJ: Educational Technology Publications 1989

JONASSEN, D.H.: Evaluating Constructivistic Learning. In: Educational Technology 9 31 (1991) 28-33

JONASSEN, D.H.: Evaluating Constructivistic Learning. In: Duffy, T.M./Jonassen, D.H. (eds): Constructivism and the Technology of Instruction: A Conversation. Hillsdale, NJ u.a.: Lawrence Erlbaum Ass. (1992) 137-148

JONASSEN, D.H.: Adding Intelligence to Hypertext with Expert Systems and Adding Usability to Expert Systems with Hypertext. In: Oliveira, A. (ed): Hypermedia Courseware: Structures of Communication and Intelligent Help (NATO ASI Series. Series F: Computer and Systems Sciences; 92) Berlin/Heidelberg: Springer (1992a) 188-197

JONASSEN, D.H.: Designing Hypertext for Learning. In: Scanlon, E./O'Shea, T. (eds): New Directions in Educational Technology (NATO ASI Series. Series F: Computer and Systems Sciences; 96) Berlin/Heidelberg: Springer (1992b) 123-130

JONASSEN, D.H.: Cognitive Flexibility Theory and its Implications for Designing CBI. In: Dijkstra, S./Krammer, H.P.M./van Merriënboer, J.J.G. (eds): Instructional Models in Computer-Based Learning Environments (NATO ASI Series. Series F: Computer and Systems Sciences; 104) Berlin/Heidelberg: Springer (1992c) 385-403

JONASSEN, D.H.: Effects of Semantically Structured Hypertext Knowledge Bases on User's Knowledge Structures. In: McKnight, C./ Dillon, A./Richardson, J. (eds): Hypertext: A Psychological Perspective. Chichester, England: Ellis Horwood (1992d) 153-168

JONASSEN, D.H.: Effects of Building Expert System Rule Bases on Cognitive Structures. In: Troutner, H. (ed): Proceedings of the 34th Annual International Conference of the Association for the Development of Computer-Based Instructional Systems. Norfork, VA (1992e) 499-507

JONASSEN, D.H.: Conceptual Frontiers in Hypermedia Environments for Learning. In: Journal of Educational Multimedia and Hypermedia 4 2 (1993) 331-335

JONASSEN, D.H./BEISSNER, K./YACCI, M.: Structural Knowledge: Techniques for Representing, Conveying and Acquiring Structural Knowledge. Hillsdale, NJ u.a.: Lawrence Erlbaum Ass. 1993

JONASSEN, D.H./GRABINGER, R.S.: Problems and Issues in Designing Hypertext/Hypermedia for Learning. In: Jonassen, D.H./Mandl, H. (eds): Designing Hypermedia for Learning (NATO ASI Series. Series F: Computer and Systems Sciences; 67) Berlin/Heidelberg: Springer (1990) 3-25

JONASSEN, D.H./MANDL, H. (eds): Designing Hypermedia for Learning (NATO ASI Series. Series F: Computer and Systems Sciences; 67) Berlin/Heidelberg: Springer 1990

JONASSEN, D.H./MAYES, J.T./MCALEESE, R.: A Manifesto for a Constructivist Approach to Uses of Technology in Higher Education. In: Duffy, T.M./Lowyck, J./Jonassen, D.H. (eds): Designing Environments for Constructive Learning (NATO ASI Series. Series F: Computer and Systems Sciences; 105) Berlin/Heidelberg: Springer (1993) 231-247

JONASSEN, D.H./WANG, S.: Acquiring Structural Knowledge from Semantically Structured Hypertext. In: Proceedings of Selected Research and Development Presentations at the Convention of the Association for Educational Communications and Technology (1992) 1-13

JONASSEN, D.H./WANG, S.: The Physics Tutor: Integrating Hypertext and Expert Systems. In: Journal of Educational Technology Systems 1 22 (1994) 19-28

JONES, B.F./KNUTH, R.A./DUFFY, T.M.: Components of Constructivist Learning Environments for Professional Development. In: Duffy, T.M./Lowyck, J./Jonassen, D.H. (eds): Designing Environments for Constructive Learning (NATO ASI Series. Series F: Computer and Systems Sciences; 105) Berlin/Heidelberg: Springer (1993)

JONES, B.T./MCCORMAC, K.: Empirical Evidence Shows that Measuring Users' Opinions is not a Satisfactory Way of Evaluating Computer-assisted Learning in Nurse Education. In: International Journal of Nursing Studies 4 29 (1992) 411-425

JONES, M.: Instructional Systems Need Instructional Theory: Comments on a Truism. In: Scanlon, E./O'Shea, T. (eds): New Directions in Educational Technology (NATO ASI Series. Series F: Computer and Systems Sciences; 96) Berlin/Heidelberg: Springer (1992) 1-13

JONES, M./LI, Z./MERRILL, M.D.: Domain Knowledge Representation for Instructional Analysis. In: Educational Technology 10 30 (1990)

JONES, T.: Incidental Learning During Information Retrieval: A Hypertext Experiment. In: Maurer, H. (ed): Computer Assisted Learning. Proceedings 2 Int. Conf. ICCAL (Lecture Notes in Computer Science; 360) Berlin/Heidelberg: Springer (1989)

JORDAN, D.S./RUSSELL, D.M. ET AL: Facilitating the Development of Representations in Hypertext with IDE. In: Proceedings of the ACM Hypertext '89 Conference (Pittsburgh, PA, November 5-8, 1989) New York: ACM (1989) 93-104

JÜNGST, K.L.: Studien zur didaktischen Nutzung von Concept Maps. In: Unterrichtswissenschaft 3.VJ 1995 (1995) 229-250

JÜNGST, K.L./STRITTMATTER, P.: Wissensstrukturdarstellung: Theoretische Ansätze und praktische Relevanz. In: Unterrichtswissenschaft 3.VJ 1995 (1995) 194-207

KAHN, P.: Webs, Trees, and Stacks: How Hypermedia System Design Effect Hypermedia Content. In: Salvendy, G./Smith, M.J. (eds): Designing and Using Human-Computer Interfaces and Knowledge Based Systems. Elsevier (1989) 443-449

KAHN, P./LANDOW, G. P.: The Pleasures of Possibilities: What is Disorientation in Hypertext? In: Journal of Computing in Higher Education 2 4 (1992) 57-78

KAHN, P./PETERS, R./LANDOW, G. P.: Three Fundamental Elements of Visual Rhetoric in Hypertext. In: Schuler, W./Hannemann, J./Streitz, N.A. (eds): Designing User Interfaces for Hypermedia. (Research Reports ESPRIT) Berlin/Heidelberg: Springer (1995) 167-178

KAPPE, F.: Spezielle Eigenschaften großer Hypermedia-Systeme. In: Maurer, H. (ed): Hypertext/Hypermedia '91 (Tagung der GI, SI und OCG, Graz, Mai 1991) (Informatik-Fachberichte; 276) Berlin/Heidelberg: Springer (1991) 164-173

KARAKE, Z.A.: Enhancing the Learning Process with Expert Systems. In: Computers and Education 6 15 (1990) 495-503

KASS, R.: Student Modeling in Intelligent Tutoring Systems – Implications for User Modeling. In: Kobsa, A./Wahlster, A. (eds): User Models in Dialog Systems (Symbolic Computation. Artificial Intelligence) Berlin/Heidelberg: Springer (1989) 386-410

KATZ, A./OCHS, J.: Profiling Student Activities with the Smithtown Discovery World Program. In: Social Science Computer Review 3 11 (1993) 366-378

KAY, A.C.: Computers, Networks and Education. In: Scientific American. Special Issue 3 265 (1991) 100-107

KAY, A.C./GOLDBERG, A.: Personal Dynamic Media. In: IEEE Computer 3 10 (1977) 31-41

KAY, A.C./GOLDBERG, A.: Personal Dynamic Media. Reprint aus: Computer 10, März 1977, 31-41. In: Goldberg, A. (ed): A History of Personal Workstations. Reading, MA. u.a.: Addison-Wesley (1988) 254-263

KEARSLEY, G.P. (ed): Artificial Intelligence and Instruction. Reading, MA. u.a.: Addison-Wesley 1987

KEARSLEY, G.P.: Intelligent Agents and Instructional Systems: Implications of a New Paradigm. In: Journal of Artificial Intelligence in Education 4 4 (1993) 295-304

KEARSLEY, G.P./FROST, J.: Design Factors for Successful Videodisc-Based Instruction. In: Educational Technology 3 25 (1985) 7-13

KEARSLEY, G.P./HUNTER, B./SEIDEL, R.J.: Two Decades of Computer Based Instruction Projects: What have We Learned? Part 1. In: T.H.E. Journal Januar (1983a) 90-94

KEARSLEY, G.P./HUNTER, B./SEIDEL, R.J.: Two Decades of Computer Based Instruction Projects: What Have We Learned? Part 2. In: T.H.E. Journal. February (1983b) 88-96

KELLER, J.M.: Motivational Design of Instruction. In: Reigeluth, C.M. (ed): Instructional Design Theories and Models: An Overview of their Current Status. Hillsdale, NJ u.a.: Lawrence Erlbaum Ass. (1983) 383-434

KELLEY, W.P., JR.: GPO's Vision for Access to Government Information in the Electronic Age. In: Electronic Networking: Research, Applications and Policy 2 2 (1992) 50-55

KENNY, R.F.: The Generative Effects of Graphic Organizers with Computer-Based Interactive Video by Global and Analytic Thinkers. 1991 (ED341378; IR015378 Report)

KIBBY, M.R./MAYES, J.T.: Towards Intelligent Hypertext. In: McAleese, R. (ed): Hypertext: Theory into Practice. Oxford: Blackwell (1993) 138-144

KINTSCH, W./VAN DIJK, T.A.: Toward a Model of Text Comprehension and Production. In: Psychological Review 85 (1978) 828-834

KINTSCH, W.: A Theory of Discourse Comprehension. In: Carretero, M. et al (eds): Learning and Instruction: European Research in an International Context. Vol. 3. Oxford: Pergamon Press (1991) 235-253

KINZIE, M.B.: The Effects of an Interactive Dissection Simulation on the Performance and Achievement of High School Biology Students. In: Proceedings of Selected Research and Development Presentations at the Convention of the Association for Educational Communications and Technology (15th, New Orleans, Louisiana, January 13-17, 1993) New Orleans (1993) 17pp.

KINZIE, M.B./FOSS, M.J./POWERS, S.M.: Use of Dissection-Related Courseware by Low-Ability High School Students: A Qualitative Inquiry. In: Educational Technology, Research and Development 3 41 (1993) 87-101

KINZIE, M.B./STRAUSS, R.T./FOSS, M.J.: The Effects of an Interactive Dissection Simulation on the Performance and Achievement of High School Students. In: Journal of Research in Science Teaching 8 30 (1993) 989-1000

KINZIE, M.B./SULLIVAN, H.J./BERDEL, R.L.: Motivational and Achievement Effects of Learner Control over Content Review within CAI. In: Journal of Educational Computing Research 1 8 (1992) 101-114

KLAHR, D./DUNBAR, K.: Dual Space Search During Scientific Discovery. In: Cognitive Science 12 (1988) 1-48

KLAR, R.: Hypertext und Expertensysteme. Protokoll. In: Glowalla, U./Schoop, E. (eds): Hypertext und Multimedia. Neue Wege in der computerunterstützten Aus- und Weiterbildung. Berlin/Heidelberg: Springer (1992) 43-44

KLAR, R./SCHRADER, U./ZAIß, A.W.: Textanalyse in medizinischer Software. In: Glowalla, U./Schoop, E. (eds): Hypertext und Multimedia. Neue Wege in der computerunterstützten Aus- und Weiterbildung. Berlin/Heidelberg: Springer (1992) 98-207

KNIERIEMEN, T.: Rechneraufbau am konkreten Beispiel. Dargestellt anhand der Macintosh II-Modellreihe. Braunschweig/Wiesbaden: Vieweg 1989

KNUSSEN, C.L.: An Approach to the Evaluation of Hypermedia. In: Computers and Education 1 16 (1991) 13-24

KNUTH, R.A./CUNNINGHAM, D.J.: Tools for Constructivism. In: Duffy, T.M./Lowyck, J./Jonassen, D.H. (eds): Designing Environments for Constructive Learning (NATO ASI Series. Series F: Computer and Systems Sciences; 105) Berlin/Heidelberg: Springer (1993) 163-188

KOBSA, A.: Benutzermodellierung in Dialogsystemen. (Informatik-Fachberichte: Künstliche Intelligenz; 115) Berlin/Heidelberg: Springer 1985

KOBSA, A./WAHLSTER, A. (eds): User Models in Dialog Systems. (Symbolic Computation. Artificial Intelligence) Berlin/Heidelberg: Springer 1989

KOEGEL BUFORD, J.F. (ed): Multimedia Systems. Reading, MA. u.a.: Addison-Wesley 1994a

KOEGEL BUFORD, J.F.: Architectures and Issues for Distributed Multimedia Systems. In: Koegel Buford, J.F. (ed): Multimedia Systems. Reading, MA. u.a.: Addison-Wesley (1994c) 45-64

KOMMERS, P.A.M./DE VRIES, S.A.: TextVision and the Visualisation of Knowledge: School-based Evaluation of its Acceptance at two Levels of Schooling. In: Kommers, P.A.M./Jonassen, D.H./Mayes, J.T. (eds):

Cognitive Tools for Learning (NATO ASI Series. Series F: Computer and Systems Sciences; 81) Berlin/Heidelberg: Springer (1992) 33-61

KOMMERS, P.A.M./JONASSEN, D.H./MAYES, J.T. (eds): Cognitive Tools for Learning (NATO ASI Series. Series F: Computer and Systems Sciences; 81) Berlin/Heidelberg: Springer 1992

KONRAD, R./KOLLIEN, S.: „Vorstellung–Wahn–Traum–Paranoia". Probleme und Lösungsversuche in der empirischen Gebärdensprachlexikographie am Beispiel des Fachgebärdenlexikons Psychologie. In: Das Zeichen 10 35 (1996) 74-86

KORNBROT, D./MACLEOD, M.: Monitoring and Analysis of Hypermedia Navigation. In: Diaper, D. (ed): Human-Computer Interaction – INTERACT '90. Amsterdam: North-Holland (1990) 401-406

KOVED, L./SHNEIDERMAN, B.: Embedded Menus: Selecting Items in Context. In: Communications of the ACM 4 29 (1986) 312-318

KOZMA, R.B.: The Implications of Cognitive Psychology for Computer-Based Learning Tools. In: Educational Technology 11 27 (1987) 20-25

KOZMA, R.B.: Learning with Media. In: Review of Educational Research 2 61 (1991) 179-211

KOZMA, R.B.: Constructing Knowledge with Learning Tool. In: Kommers, P.A.M./Jonassen, D.H./Mayes, J.T. (eds): Cognitive Tools for Learning (NATO ASI Series. Series F: Computer and Systems Sciences; 81) Berlin/Heidelberg: Springer (1992) 23-32

KRAMER, D.: Computer Center. Interactive Biology with Videodisc. In: American Biology Teacher 3 53 (1991) 185-188

KRAUSS, F.S./MIDDENDORF, K.A./WILLITS, L.S.: A Comparative Investigation of Hardcopy vs. Online Documentation. In: Proceedings of the Human Factors Society 35th Annual Meeting. (1991) 350-353

KREITZBERG, C.B.: Details on Demand: Hypertext Models for Coping with Information Overload. In: Dillon, M. (ed): Interfaces for Information Retrieval and Online Systems: The State of the Art. New York: Greenwood Press (1991) 169-176

KREITZBERG, C.B./SHNEIDERMAN, B. (EDS): Restructuring Knowledge for an Electronic Encyclopedia. In: Proceedings of the International Ergonomics Association's 10th Congress, Sidney, Australia. (1988)

KRENDL, K.A.: Assessing New Instructional Technologies: Interactive Video Learning Tools. In: Sprectrum 3 4 (1986) 3-7 [Educational Research Service, Inc., 1800 North Kent Street, Arlington, VA 22209]

KRENDL, K.A./BROIHIER, M.: Student Responses to Computers: A Longitudinal Study. In: Journal of Educational Computing Research 2 8 (1992) 215-227

KRENDL, K.A./LIEBERMAN, D.A.: Computers and Learning: A Review of Recent Research. In: Journal of Educational Computing Research 4 4 (1988) 367-389

KUHLEN, R.: Hypertext. Ein nicht-lineares Medium zwischen Buch und Wissensbank. Berlin/Heidelberg: Springer 1991

KUHN, A.D.: Quo Vadimus? The 21st Century and Multimedia. National Aeronautics and Space Administration, Washington, DC. Scientific and Technical Information Branch. Washington 1991 - Report

KUHN, K./RÖSNER, D. ET AL: Ein elektronisches Tutorsystem zur Aus- und Weiterbildung für die medzinische Ultraschalluntersuchung. In: Glowalla, U./Schoop, E. (eds): Hypertext und Multimedia. Neue Wege in der computerunterstützten Aus- und Weiterbildung. Berlin/Heidelberg: Springer (1992) 207-215

KULIK, C.-L.C./KULIK, J.A.: Effectiveness of Computer-Based Instruction: An Updated Analysis. In: Computers in Human Behavior 7 (1991) 75-94

KULIK, J.A./BANGERT, R.L./WILLIAMS, G.W.: Effects of Computer-Based Teaching on Secondary School Students. In: Journal of Educational Psychology 1 75 (1983) 19-26

KULIK, J.A./KULIK, C.-L.C./COHEN, P.A.: A Meta-Analysis of Outcome Studies of Keller's Personalized System of Instruction. In: American Psychologist 38 (1979) 307-318

KULIK, J.A./KULIK, C.-L.C./COHEN, P.A.: Effectiveness of Computer-based College Training: A Meta-Analysis of Findings. In: Review of Educational Research 4 50 (1980) 525-544

KULIK, J.A./KULIK, C.-L.C./BANGERT, R.L.: The Importance of Outcome Studies: A Reply to Clark. In: Journal of Educational Computing Research 4 1 (1985) 381-387

KULIK, J.A./KULIK, C.-L.C.: Meta-analysis in Education. In: International Journal of Educational Research 13

(1989) 221-340

KURTENBACH, G./HULTEEN, E.A.: Gestures in Human-Computer Communication. In: Laurel, B. (ed): The Art of Human-Computer Interface Design. Reading, MA. u.a.: Addison-Wesley (1990) 309-317

KURUP, M./GREER, J.E./MCCALLA, G.I.: The Fawlty Article Tutor. In: Frasson, C./Gauthier, G./McCalla, G.I. (eds): Intelligent Tutoring Systems. Second International Conference ITS '92 (Lecture Notes in Computer Science; 608) Berlin/Heidelberg: Springer (1992) 84-91

LA FOLLETTE, J.J.: Interactivity and Multimedia Instruction: Crucial Attributes for Design and Instruction. In: Proceedings of Selected Research and Development Presentations at the Convention of the Association for Educational Communications and Technology (15th, New Orleans, Louisiana, January 13-17, 1993). New Orleans (1993) 597-612

LAIRD, J./ROSENBLOOM, P./NEWELL, A.: Chunking in SOAR: The Anatomy of a General Learning Mechanism. In: Machine Learning 1 (1986) 11-46

LAJOIE, S.P./LESGOLD, A.M.: Apprenticeship training in the workplace: Computer-coached practice environment as a new form of apprenticeship. In: Farr, M.J./Psotka, J. (eds): Intelligent Instruction by Computer: Theory and Practice. Philadelphia, PA: Taylor & Francis (1992) 15-36

LAKOFF, G.: Women, Fire, and Dangerous Things: What Categories Reveal about the Mind. Chicago, IL.: University of Chicago Press 1987

LAKOFF, G./JOHNSON, M.: Metaphors We Live By. Chicago, IL.: University of Chicago Press 1980

LAMONTAGNE, C./BOURDEAU, J.: Towards an Epistemology for Guided Discovery Tutoring: The Popperian Connection. In: Frasson, C./Gauthier, G./McCalla, G.I. (eds): Intelligent Tutoring Systems. Second International Conference ITS '92 (Lecture Notes in Computer Science; 608) Berlin/Heidelberg: Springer (1992) 92-102

LANDA, L.N.: Descriptive and Prescriptive Theories of Learning and Instruction: An Analysis of their Relationships and Interactions. In: Reigeluth, C.M. (ed): Instructional Design Theories and Models: An Overview of their Current Status. Hillsdale, NJ u.a.: Lawrence Erlbaum Ass. (1983) 55-69

LANDA, L.N.: The Algo-Heuristic Theory of Instruction. In: Reigeluth, C.M. (ed): Instructional Design Theories and Models: An Overview of their Current Status. Hillsdale, NJ u.a.: Lawrence Erlbaum Ass. (1983) 163-211

LANDAUER, T.K.: Let's Get Real: A Position Paper on the Role of Cognitive Psychology in the Design of Humanly Useful and Usable Systems. In: Carroll, J.M. (ed): Designing Interaction: Psychology at the Human-Computer Interface. Cambridge: Cambridge University Press (1991) 60-73

LANDAUER, T.K./EGAN, D.E. ET AL: Enhancing the Usability of Text Through Computer Delivery and Formative Evaluation: The SuperBook Project. In: McKnight, C./Dillon, A./Richardson, J. (eds): Hypertext: A Psychological Perspective. Chichester, England: Ellis Horwood (1992) 71-136

LANDOW, G. P.: The Rhethoric of Hypertext: Some Rules for Authors. In: Journal of Computing in Higher Education 1 1 (1989a) 39-64

LANDOW, G. P.: Course Assignments Using Hypertext: The Example of Intermedia. In: Journal of Research on Computing in Education 3 21 (1989b) 349-363

LANDOW, G. P.: Popular Fallacies about Hypertext. In: Jonassen, D.H./Mandl, H. (eds): Designing Hypermedia for Learning (NATO ASI Series. Series F: Computer and Systems Sciences; 67) Berlin/Heidelberg: Springer (1990) 39-59

LANDOW, G. P.: Bootstrapping Hypertext: Student-created Documents, Intermedia, and the Social Construction of Knowledge. In: Barrett, E. (ed): Sociomedia: Multimedia, Hypermedia, and the Social Construction of Knowledge. Technical Communication and Information Systems. Cambridge/London: M.I.T. Press (1992b) 197-217

LANDOW, G. P.: Hypertext. The Convergence of Contemporary Critical Theory and Technology. Baltimore/London: John Hopkins University Press 1992c

LANDOW, G. P./DELANY, P.: Hypertext, Hypermedia and Literary Studies: the State of the Art. In: Delany, P./Landow, G. P. (eds): Hypermedia and Literary Studies. Cambridge/London: M.I.T. Press (1991) 3-50

LANDOW, G. P./KAHN, P.: Where's the Hypertext? The Dickens Web as a System-Independent Hypertext. In: Lucarella, D./Nanard, J. et al (eds): Proceedings of the 4th ACM ECHT '92 Conference on Hypertext (Milano, Italy, November 30-December 4, 1992). New York: ACM (1992) 149-160

LANGLEY, P.: A General Theory of Discrimination Learning. In: Klahr, D./Langley, P./Neches, R. (eds): Production System Models of Learning and Development. Cambridge/London: M.I.T. Press (1987) 99-162

LANGLEY, P./SIMON, H.A. ET AL: Scientific Discovery. Computational Explorations of the Creative Processes. Cambridge/London: M.I.T. Press 1987

LARKIN, J.H./CHABAY, R.W.: Research on Teaching Scientific Thinking: Implications for Computer-Based Instruction. In: Resnick, L.B./Klopfer, L.E. (eds): Toward the Thinking Curriculum: Current Cognitive Research. Alexandria, VA: ASCD (1989) 150-172

LAUNHARDT, J./KAHN, P.: The Educational Uses of Intermedia. In: Journal of Computing in Higher Education 1 4 (1992) 50-87

LAUREL, B.: A Taxonomy of Interactive Movies. In: Boston Society New Media News 1 3 (1989) 5-8

LAUREL, B.: Interface Agents: Metaphors with Characters. In: Laurel, B. (ed): The Art of Human-Computer Interface Design. Reading, MA. u.a.: Addison-Wesley (1990) 355-365

LAUREL, B.: Computers as Theatre. Reading, MA. u.a.: Addison-Wesley 1991

LAURILLARD, D.: The Processes of Student Learning. In: Higher Education 8 (1979) 395-409

LAURILLARD, D.: Computers and the Emancipation of Students: Giving Control to the Learner. In: Instructional Science 16 (1987) 3-18

LAVE, J.: Cognition in Practice. Mind, Mathematics and Culture in Everyday Life. Cambridge: Cambridge University Press 1988

LAVE, J./WENGER, E.: Situated Learning: Legitimate Peripheral Participation. Cambridge: Cambridge University Press 1991

LEE, S.S./WONG, C-H.: Adaptive Program vs. Learner Control Strategy on Computer Aided Learning of Gravimetric Stoichiometry Problems. In: Journal of Research on Computing in Education 4 21 (1989) 367-379

LEE, Y.B./LEHMAN, J.D.: Instructional Cuing in Hypermedia: A Study with Active and Passive Learners. In: Journal of Educational Multimedia and Hypermedia 1 2 (1993) 25-37

LEGGET, J.J./SCHNASE, J.L./KACMAR, C.J.: Hypertext for Learning. In: Jonassen, D.H./Mandl, H. (eds): Designing Hypermedia for Learning (NATO ASI Series. Series F: Computer and Systems Sciences; 67) Berlin/Heidelberg: Springer (1990) 27-37

LEIBLUM, M.D.: A Decade of CAL at a Dutch University. In: Computers and Education 1 10 (1986) 229-243

LEMKE, J.-L.: Intertextuality and Educational Research. In: Linguistics and Education 3-4 4 (1992) 257-267

LENNON, J./MAURER, H.: Lecturing Technology: A Future with Hypermedia. In: Educational Technology 4 34 (1994) 5-14

LEONARD, W.H.: A Comparison of Student Performance Following Instruction by Interactive Videodisc Versus Conventional Laboratory. In: Journal of Research in Science Teaching 1 29 (1992) 93-102

LEONG, C.K.: Text-to-Speech, Text, and Hypertext: Reading and Spelling with the Computer. In: Reading and Writing: An Interdisciplinary Journal 2 4 (1992) 95-105

LEPPER, M.R./CHABAY, R.W.: Socializing the Intelligent Tutor: Bringing Empathy to Computer Tutors. In: Mandl, H./Lesgold, A.M. (eds): Learning Issues for Intelligent Tutoring Systems. Berlin/Heidelberg: Springer (1988) 242-257

LESGOLD, A.M.: Intelligenter computerunterstützter Unterricht. In: Mandl, H./Spada, H. (eds): Wissenspsychologie. München: Psychologie Verlags Union (PVU) (1988) 554-569

LESGOLD, A.M.: Tying Development of Intelligent Tutors to Research on Theories of Learning. In: Mandl, H./De Corte, E. et al (eds): Learning and Instruction. European Research in an International Context. Vol. 2.1: Social and cognitive aspects of learning and instruction. Oxford: Pergamon Press (1990) 321-337

LESGOLD, A.M./KATZ, S. ET AL: Extensions of Intelligent Tutoring Paradigms to Support Collaborative Learning. In: Dijkstra, S./Krammer, H.P.M./van Merriënboer, J.J.G. (eds): Instructional Models in Computer-Based Learning Environments (NATO ASI Series. Series F: Computer and Systems Sciences; 104) Berlin/Heidelberg: Springer (1992) 291-311

LEVIN, J./REIL, M.M. ET AL: Muktuk Meets Jacuzzi: Computer Networks and Elementary School Writers. In: Freedman, S.W. (ed): The Acquisition of Written Language: Revision and Response. Norwood, NJ: Ablex Publishing (1985) 60-71

LEVIN, L.: The ALICE System: A Workbench for Learning and Using Language. In: CALICO Journal 1 9 (1991) 27-54

LEWIN, K./HEUBLEIN. U. ET AL: Bestandsaufnahme zur Organisation medienunterstützter Lehre an Hochschulen. In: HIS Kurzinformation A7/96. HIS: Hannover 1996a

LEWIN, K./HEUBLEIN. U. ET AL: Medienunterstützte Lehre an Hochschulen — Fallstudien. In: HIS Kurzinformation A9/96. HIS: Hannover 1996b

LEWIS, E.R./STERN, J.L./LINN, M.C.: The Effect of Computer Simulations on Introductory Thermodynamics Understanding. In: Educational Technology 1 33 (1993) 45-58

LI, Z./MERRILL, M.D.: Transaction Shells: A New Approach to Courseware Authoring. In: Journal of Research on Computing in Education 1 23 (1990) 72-86

LINN, M.C.: Perspectives of Research in Science Teaching: Using the Computer as Laboratory Partner. In: Mandl, H./De Corte, E. et al (eds): Learning and Instruction. European Research in an International Context. Vol. 2.1: Social and cognitive aspects of learning and instruction. Oxford: Pergamon Press (1990) 443-460

LINN, M.C./KATZ, M. ET AL: How Do Lisp Programmers Draw on Previous Experience to Solve Novel Problems? In: De Corte, E./Linn, M.C. et al (eds): Computer-Based Learning Environments and Problem Solving (NATO ASI Series F: Computer and Systems Sciences; 84) Berlin/Heidelberg: Springer (1992) 67-102

LIPPERT, R.C.: Expert Systems: Tutors, Tools and Tutees. In: Journal of Computer-Based Instruction 1 16 (1989) 11-19

LITTLEFORD, A.: Artificial Intelligence and Hypermedia. In: Berk, E./Devlin, J. (eds): Hypertext/Hypermedia Handbook. New York: McGraw-Hill (1991) 357-378

LITTMAN, D.C./SOLOWAY, E.: Evaluating ITSs: The Cognitive Perspective. In: Polson, M.C./Richardson, J./Soloway, E. (eds): Foundations of Intelligent Tutoring Systems. Hillsdale, NJ u.a.: Lawrence Erlbaum Ass. (1988) 209-242

LOCATIS, C./PARK, OK-CHOON: Some Uneasy Inquiries Into ID Expert Systems. In: Educational Technology, Research and Development 3 40 (1992) 87-94

LOOI,CHEE-KIT ET AL: Study of Button Theory in Structuring Human-Computer Interaction in a Multimedia System. In: Educational Multimedia and Hypermedia. Proceedings of ED-MEDIA 94-World Conference on Educational Multimedia and Hypermedia (Vancouver, British Columbia, Canada, June 25-30, 1994)

LOWYCK, J./ELEN, J.: Hypermedia for Learning Cognitive Instructional Design. In: Oliveira, A. (ed): Hypermedia Courseware: Structures of Communication and Intelligent Help (NATO ASI Series. Series F: Computer and Systems Sciences; 92) Berlin/Heidelberg: Springer (1992) 131-144

LOWYCK, J./ELEN, J.: Transitions in the Theoretical Foundation of Instructional Design. In: Duffy, T.M./Lowyck, J./Jonassen, D.H. (eds): Designing Environments for Constructive Learning (NATO ASI Series. Series F: Computer and Systems Sciences; 105) Berlin/Heidelberg: Springer (1993) 213-229

LUCARELLA, D./NANARD, J. ET AL (eds): Proceedings of the 4th ACM ECHT '92 Conference on Hypertext (Milano, Italy, November 30-December 4, 1992) New York: ACM 1992

LUCARELLA, D./ZANZI, A.: Information Retrieval from Hypertext: An Approach Using Plausible Inference. In: Information Processing and Management 3 29 (1993) 299-312

LUCAS, L.: Interactivity: What Is It and How Do You Use It? In: Journal of Educational Multimedia and Hypermedia 1 (1992) 7-10

LUMSDAINE, A.A./GLASER, R. (eds): Teaching Machines and Programmed Learning. Vol. 1: A Source Book. Washington, D.C.: National Education Association 1960

LUFF, P./GILBERT, N./FROHLICH, D. (eds): Computers and Conversation. London/New York u.a.: Academic Press 1990

LUTHER, A.C.: You are there... and in Control. In: IEEE Spectrum 9 25 (1988) 45-50

LUTHER, A.C.: Digital Video and Image Compression. In: Koegel Buford, J.F. (ed): Multimedia Systems. Reading, MA. u.a.: Addison-Wesley (1994) 143-174

MACLEOD, M.: Tools for Monitoring and Analysing the Use of Hypermedia Courseware. In: Oliveira, A. (ed): Hypermedia Courseware: Structures of Communication and Intelligent Help (NATO ASI Series. Series F: Computer and Systems Sciences; 92) Berlin/Heidelberg: Springer (1992) 19-33

MAGIN, D.J./REIZES, J.A.: Computer Simulation of Laboratory Experiments: An Unrealized Potential. In: Computers and Education 3 14 (1990) 263-270

MALAKOFF, G./PINCETL, P.S. ET AL: Computer-based Patient Simulations and their Effect on Standardized-Test Scores During a Medicine Clerkship. In: Academic Medicine 2 69 (1994) 155

MANDL, H./BOLLWAHN, J. ET AL: A Conceptual Overview on »SUOMO«. An Intelligent Learning Environment in the Physical Domain of Superposition of Motion. In: Mandl, H./De Corte, E. et al (eds): Learning and Instruction. European Research in an International Context. Vol. 2.1: Social and cognitive aspects of learning and instruction. Oxford: Pergamon Press (1990) 339-347

MANDL, H./GRUBER, H./RENKL, A.: Neue Lernkonzepte für die Hochschule. In: Das Hochschulwesen 3 41 (1993) 126-130

MANDL, H./HRON, A.: Lernen mit Intelligenten Tutoriellen Systemen. In: Landesinstitut für Schule und Weiterbildung (ed): Neue Technologien und Zukunftsperspektiven des Lernens. Soest: Soester Verlagskontor (1990) 18-35

MANDL, H./HUBER, G.L. (eds): Kognitive Komplexität. Bedeutung, Weiterentwicklung, Anwendung. Göttingen, Toronto, Zürich: Verlag für Psychologie Dr. C. J. Hogrefe 1978

MANDL, H./LESGOLD, A.M. (eds): Learning Issues for Intelligent Tutoring Systems. Berlin/Heidelberg: Springer 1988

MANDL, H./SCHNOTZ, W. ET AL: Knowledge Acquisition with Texts by Means of Flexible Computer-Assisted Information Access. In: Oliveira, A. (ed): Hypermedia Courseware: Structures of Communication and Intelligent Help (NATO ASI Series. Series F: Computer and Systems Sciences; 92) Berlin/Heidelberg: Springer (1992) 70-76

MANTEI, M.: A Study of Disorientation in ZOG.: University of Southern California 1982 Dissertation

MARCHIONINI, G.: Making the Transition from Print to Electronic Encyclopedia. In: International Journal of Man-Machine Studies 6 30 (1989) 591-618

MARCHIONINI, G./SHNEIDERMAN, B.: Finding Facts vs. Browsing Knowledge in Hypertext Systems. In: IEEE Computer 1 21 (1988) 70-80

MARCOULIDES, G.A.: An Intelligent Computer Based Learning Program. In: Collegiate Microcomputer 2 6 (1988) 123-126

MARRISON, D.L./FRICK, M.J.: The Effect of Agricultural Students' Learning Styles on Academic Achievement and Their Perceptions of Two Methods of Instruction. In: Journal of Agricultural Education 1 35 (1994) 26-30

MARSHALL, C.C./HALASZ, F.G. ET AL: Aquanet: A Hypertext Tool to Hold Your Knowledge in Place. In: Proceedings of the ACM Hypertext '91 Conference (San Antonio, TX, December 15-18, 1991). (1991) 261-275

MARSHALL, C.C./IRISH, P.M.: Guided Tours and On-Line Presentations: How Authors Make Existing Hypertext Intelligible for Readers. In: Proceedings of the ACM Hypertext '89 Conference (Pittsburgh, PA, November 5-8, 1989) New York: ACM (1989) 15-26

MARSHALL, C.C./ROGERS, R.A.: Two Years before the Mist: Experiences with Aquanet. In: Lucarella, D./Nanard, J. et al (eds): Proceedings of the 4th ACM ECHT '92 Conference on Hypertext (Milano, Italy, November 30-December 4, 1992) New York: ACM (1992) 53-62

MARSHALL, C.C./SHIPMAN, F.M.: Searching for the Missing Link: Discovering Implicit Structure in Spatial Hypertext. In: Proceedings of the ACM Hypertext'93 Conference (1993) 217-230

MARTIN, R.: Discis Books: Adventures in Learning. In: School Library Media Activities Monthly 10 8 (1992) 42-43

MARTON, F.: Beyond Individual Differences. In: Educational Psychology 3/4 3 (1983) 289-304

MARTON, F./HOUNSELL, D./ENTWISTLE, N. (eds): The Experience of Learning. Edinburgh: Scottish Academic Press 1984

MARTON, F./SÄLJÖ, R.: On Qualitative Differences in Learning: I – Outcome and Process. In: British Journal of Educational Psychology 1 46 (1976a)

MARTON, F./SÄLJÖ, R.: On Qualitative Differences in Learning: II – Outcome as Function of the Learner's Conception of the Task. In: British Journal of Educational Psychology 2 46 (1976b) 115-127

MATURANA, H.R./VARELA, F.J.: Der Baum der Erkenntnis. Die biologischen Wurzeln des menschlichen Erkennens. Bern und München: Scherz Verlag 1987 [Original 1984]

MAYBURY, M.T. (ed): Intelligent Multimedia Interfaces. Cambridge/London: M.I.T. Press 1993

MAYER, R.E.: Teaching for Transfer of Problem-Solving Skills in Computer Programming. In: De Corte, E./ Linn, M.C. et al (eds): Computer-Based Learning Environments and Problem Solving (NATO ASI Series. Series F: Computer and Systems Sciences; 84) Berlin/Heidelberg: Springer (1992) 193-206

MAYES, J.T.: The 'M-Word: Multimedia Interfaces and Their Role in Interactive Learning Systems. In: Edwards, A.D.N./Holland, S. (eds): Multimedia Interface Design in Education. 2. Aufl. 1994 (NATO ASI Series. Series F: Computer and Systems Sciences; 76) Berlin/Heidelberg: Springer (1992a) 1-22

MAYES, J.T.: Cognitive Tools: A Suitable Case for Learning. In: Kommers, P.A.M./Jonassen, D.H./Mayes, J.T. (eds): Cognitive Tools for Learning (NATO ASI Series. Series F: Computer and Systems Sciences; 81) Berlin/Heidelberg: Springer (1992b) 7-18

MAYES, J.T./DOLPHIN, C/BERZAL, J.S.: Critical M4I Issues. Promise Esprit Project No. 2397, Deliverable 37 (PRO/7 und PRO/7/3) 1989 Report

MAYES, J.T./DRAPER, S.W. ET AL: Information Flow in a User Interface: The Effect of Experience and Context on the Recall of MacWrite Screens. In: Jones, D.M./Winder, R. (eds): People and Computers IV. (British Computer Society Conference Series; 4) Cambridge: Cambridge University Press (1988)

MAYES, J.T./KIBBY, M.R./WATSON, H.: StrathTutor®: The Development and Evaluation of a Learning-by-Browsing System on the Macintosh. In: Computers and Education 1 12 (1988) 221-229

MAYES, J.T./KIBBY, M.R./ANDERSON, T.: Learning About Learning from Hypertext. In: Jonassen, D.H./ Mandl, H. (eds): Designing Hypermedia for Learning (NATO ASI Series. Series F: Computer and Systems Sciences; 67) Berlin/Heidelberg: Springer (1990) 227-250

MAYO, E.: The Human Problem of an Industrial Civilization. New York: Macmillan Publishing Co. 1933

MCALEESE, R. (ed): Hypertext: Theory into Practice. Oxford: Intellect Books 1989

MCALEESE, R.: The Acquisition and Representation of Domain Specific Knowledge Using NoteCards. In: Oliveira, A. (ed): Hypermedia Courseware: Structures of Communication and Intelligent Help (NATO ASI Series. Series F: Computer and Systems Sciences; 92) Berlin/Heidelberg: Springer (1992) 11-18

MCALEESE, R.: Navigation and Browsing in Hypertext. In: McAleese, R. (ed): Hypertext: Theory into Practice. Oxford: Blackwell (1993) 5-38

MCCALLA, G.I.: Intelligent Tutoring Systems: Navigating the Rocky Road to Success. In: Scanlon, E./O'Shea, T. (eds): New Directions in Educational Technology (NATO ASI Series. Series F: Computer and Systems Sciences; 96) Berlin/Heidelberg: Springer (1992a) 107-122

MCCALLA, G.I.: The Central Importance of Student Modelling to Intelligent Tutoring. In: Costa, E. (ed): New Directions for Intelligent Tutoring Systems (NATO ASI Series. Series F: Computer and Systems Sciences; 91) Berlin/Heidelberg: Springer (1992b) 107-131

MCCALLA, G.I./WASSON, B.: Negotiated Tutoring Needs, Student-Modelling and Instructional Planning. In: Moyse, R./Elsom-Cook, M.T. (eds): Knowledge Negotiation. London: Academic Press (1992) 41-68

MCCLELLAND, J.L./RUMELHART, D.E. (eds): Parallel Distributed Processing. Explorations in the Microstructure of Cognition. Vol.2: Psychological and Biological Models. Cambridge/London: M.I.T. Press 1986

MCCRACKEN, T.O./SPURGEON, T.L.: The Vesalius Project: Interactive Computers in Anatomical Instruction. In: Journal of Biocommunication 2 18 (1991) 40-44

MCDERMOTT HANNAFIN, K./MITZEL, H.E.: CBI Authoring in Postsecondary Institutions: A Review and Critical Examination. In: Computers and Education 3 14 (1990) 197-204

MCILVENNY, P.: Communicative Action and Computers. Re-embodying Conversation Analysis? In: Luff, P./ Gilbert, N./Frohlich, D. (eds): Computers and Conversation. London/New York u.a.: Academic Press (1990) 91-132

MCKEACHIE, W.J.: Research on Teaching at the University and College Level. In: Gagné, R.M.: Handbook of Research on Teaching. 5.Aufl. Chicago (1967) 1118ff.

MCKENZIE, M.W./KIMBERLIN, C.L. ET AL: Content, Preparation, and Formative Evaluation of an Interactive Videodisc System to Enhance Communication Skills in Pharmacy Students. In: American Journal of Pharmaceutical Education 3 57 (1993) 230-238

McKnight, C./Dillon, A./Richardson, J.: Problems in Hyperland? A Human Factors Perspective. In: Hypermedia 2 1 (1989) 167-178

McKnight, C./Dillon, A./Richardson, J.: Hypertext in Context. Cambridge: Cambridge University Press 1991

McKnight, C./Dillon, A./Richardson, J. (eds): Hypertext: A Psychological Perspective. Chichester, England: Ellis Horwood 1992

McLellan, H.: Hypertextual Tales: Story Models for Hypertext Design. In: Journal of Educational Multimedia and Hypermedia 3 2 (1993) 239-260

McMahon, H./O'Neill, W.: Computer-Mediated Zones of Engagement in Learning. In: Duffy, T.M./ Lowyck, J./Jonassen, D.H. (eds): Designing Environments for Constructive Learning (NATO ASI Series. Series F: Computer and Systems Sciences; 105) Berlin/Heidelberg: Springer (1993) 37-57

McNeil, B.J./Nelson, K.R.: Meta-Analysis of Interactive Video Instruction: A 10 Year Review of Achievement Effects. In: Journal of Computer-Based Instruction 1 18 (1991)

McTear, M.F.: User Modelling for Adaptive Computer Systems: A Survey of Recent Developments. Special Issue: User Modelling. In: Artificial Intelligence Review 3-4 7 (1993) 157-184

Medyckyj-Scott, D.J./Blades, M.: Cognitive Representations of Space in the Design and Use of Geographical Information Systems. In: Diaper, D./Hammond, N. (eds): People and Computers VI. Proceedings of the HCI '91 Conference (British Computer Society Conference Series; 3) Cambridge: Cambridge University Press (1991) 421-433

Megarry, J.: Hypertext and Compact Discs: The Challenge of Multi-Media Learning. In: British Journal of Educational Technology 3 19 (1988) 172-183

Mellar, H.G./Bliss, J.: Expressing the Student's Concepts versus Exploring the Teacher's: Issues in the Design of Microworlds for Teaching. In: Journal of Educational Computing Research 1 9 (1993) 89-113

Merrill, M.D.: Learner Control in Computer Based Learning. In: Computers and Education 4 (1980) 77-95

Merrill, M.D.: Component Display Theory. In: Reigeluth, C.M. (ed): Instructional Design Theories and Models: An Overview of their Current Status. Hillsdale, NJ u.a.: Lawrence Erlbaum Ass. (1983) 279-333

Merrill, M.D.: The New Component Design Theory: Instructional Design for Courseware Authoring. In: Instructional Science 1 16 (1987a) 19-34

Merrill, M.D.: Prescriptions for an Authoring System. In: Journal of Computer-Based Instruction. 1 14 (1987) 1-10

Merrill, M.D.: The Role of Tutorial and Experiential Models in Intelligent Tutoring Systems. In: Educational Technology 7 28 (1988a) 7-13

Merrill, M.D.: Applying Component Display Theory to the Design of Courseware. In: Jonassen, D.H. (ed): Instructional Designs for Microcomputer Courseware. Hillsdale, NJ u.a.: Lawrence Erlbaum Ass. (1988c) 61-95

Merrill, M.D.: Constructivism and Instructional Design. In: Educational Technology 5 31 (1991) 45-53

Merrill, M.D.: Constructivism and Instructional Design. In: Duffy, T.M./Jonassen, D.H. (eds): Constructivism and the Technology of Instruction: A Conversation. Hillsdale, NJ u.a.: Lawrence Erlbaum Ass. (1992) 99-114

Merrill, M.D./Li, Z.: An Instructional Design Expert System. In: Journal of Computer-Based Instruction. 3 16 (1989) 95-101

Merrill, M.D./Li, Z./Jones, M.K.: Limitations of First Generation Instructional Design. In: Educational Technology 1 30 (1990a) 7-12

Merrill, M.D./Li, Z./Jones, M.K.: The Second Generation Instructional Design Research Program. In: Educational Technology 3 30 (1990b) 26-31

Merrill, M.D./Li, Z./Jones, M.K.: ID_2 and Constructivist Theory. In: Educational Technology 12 30 (1990c) 52-55

Merrill, M.D./Li, Z./Jones, M.K.: Instructional Transaction Theory: An Introduction. In: Educational Technology 6 31 (1991) 7-12

Merrill, M.D./Li, Z./Jones, M.K.: An Introduction to Instructional Transaction Theory. In: Dijkstra, S./

Krammer, H.P.M./van Merriënboer, J.J.G. (eds): Instructional Models in Computer-Based Learning Environments (NATO ASI Series. Series F: Computer and Systems Sciences; 104) Berlin/Heidelberg: Springer (1992) 15-41

MESKILL, C.: ESL and Multimedia: A Study of the Dynamics of Paired Student Discourse. In: System 3 21 (1993) 323-341

MEURRENS, M.W.F.: G's Dynamic Learner Model. In: Dijkstra, S./Krammer, H.P.M./van Merriënboer, J.J.G. (eds): Instructional Models in Computer-Based Learning Environments (NATO ASI Series. Series F: Computer and Systems Sciences; 104) Berlin/Heidelberg: Springer (1992) 113-125

MEVARECH, Z.R.: Who Benefits from Cooperative Computer-Assisted Instruction? In: Journal of Educational Computing Research 4 9 (1993) 451-464

MEVARECH, Z.R./BEN-ARTZI, S.: Effects of CAI with Fixed and Adaptive Feedback on Children's Mathematics Anxiety and Achievement. In: Journal of Experimental Education 1 56 (1987) 42-46

MEYER, H.L.: Einführung in die Curriculum-Methodologie. München: Kösel-Verlag 1972

MEYROWITZ, N.: Intermedia: The Architecture and Construction of an Object-Oriented Hypermedia System and Applications Framework. In: Proceedings of the OOPSLA '86 Conf. Object-Oriented Programming Systems, Languages, and Applications. Portland, OR (1986) 186-201

MICARELLI, A./BALESTRA, P.: Intelligent Systems in Education. In: Oliveira, A. (ed): Hypermedia Courseware: Structures of Communication and Intelligent Help (NATO ASI Series. Series F: Computer and Systems Sciences; 92) Berlin/Heidelberg: Springer (1992) 213-223

MICHON, B.: Highly Iconic Interfaces. In: Blattner, M.M./Dannenberg, R.B. (eds): Multimedia Interface Design. Reading, MA. u.a.: Addison-Wesley (1992) 357-372

MIDORO, V./OLIMPO, G. ET AL: Interactive Video and Artificial Intelligence: A Convenient Marriage. In: Programmed Learning and Educational Technology 4 25 (1988) 299-309

MIDORO, V./OLIMPO, G. ET AL: Multimedia Navigable Systems and Artificial Intelligence. In: Lewis, R./Otsuki, (eds): Advanced Research on Computers in Education. Proceedings of the IFIP TC3 International Conference on Advanced Research on Computers in Education, Tokyo, Japan, 18-20 July, 1990. Amsterdam: North-Holland (1991) 179-184

MILHEIM, W.D.: The Effects of Pacing and Sequence Control in an Interactive Video Lesson. In: Educational and Training Technology International 1 27 (1990) 7-19

MILLER, R.S./OGBORN, J.M. ET AL: Towards a Tool to Support Semi-Quantitative Modelling. In: Lewis, R./Otsuki, (eds): Advanced Research on Computers in Education. Proceedings of the IFIP TC3 International Conference on Advanced Research on Computers in Education, Tokyo, Japan, 18-20 July, 1990. Amsterdam: North-Holland (1991) 185-190

MILLER, S.W./JACKSON, R.A.: A Comparison of a Multi-Media Instructional Module with a Traditional Lecture Format for Geriatric Pharmacy Training. In: American Journal of Pharmaceutical Education 2 49 (1985) 173-176

MILLS, C.B./WELDON, L.J.: Reading Text from Computer Screens. In: Computing Surveys 4 19 (1989) 329-358

MIN, F.B.M.: Parallel Instruction: A Theory for Educational Computer Simulation. In: Interactive Learning International 3 8 (1992) 177-183

MINSKY, M.: A Framework for Representing Knowledge. In: Haugeland, J. (ed): Mind Design. Bradford Books, The M.I.T. Press (1981) - S. 95-128

MINSKY, M.: Ein Rahmen für die Wissensrepräsentation. In: Münch, D. (ed): Kognitionswissenschaft. Grundlagen, Probleme, Perspektiven. (suhrkamp taschenbuch wissenschaft; 989) Frankfurt am Main: Suhrkamp Taschenbuch Verlag (1992) - S. 92-133

MINSKY, M.: first person: Marvin Minsky. The Society of Mind. In: New York: The Voyager Company 1994 (Software)

MISANCHUK, E.R./SCHWIER, R.A.: Representing Interactive Multimedia and Hypermedia Audit Trails. In: Journal of Educational Multimedia and Hypermedia 3 1 (1992) 355-372

MITCHELL, P.D./GROGONO, P.D.: Modelling Techniques for Tutoring Systems. In: Computers and Education 1 20 (1993) 55-61

MOAR, M./SPENSLEY, F. ET AL: Two Uses of Computers in Science Teaching: Horizontal Motion Simulation and Simulation Building. In: De Corte, E./Linn, M.C. et al (eds): Computer-Based Learning Environments and Problem Solving (NATO ASI Series. Series F: Computer and Systems Sciences; 84) Berlin/Heidelberg: Springer (1992) 429-443

MOLINE, J.: The User Interface: A Hypertext Model Linking Art Objects and Related Information. In: Dillon, M. (ed): Interfaces for Information Retrieval and Online Systems: The State of the Art. New York: Greenwood Press (1991) 133-147

MONK, A.: The Personal Browser: A Tool for Directed Navigation in Hypertext Systems. In: Interacting with Computers 2 1 (1989) 190-196

MONNARD, J./PASQUIER-BOLTUCK, J.: An Object-Oriented Scripting Environment for the WEBs Electronic Book System. In: Lucarella, D./Nanard, J. et al (eds): Proceedings of the 4th ACM ECHT '92 Conference on Hypertext (Milano, Italy, November 30-December 4, 1992) New York: ACM (1992) 81-90

MONTY, M.L./MORAN, T.P.: A Longitudinal Study of Authoring Using NoteCards. In: ACM SIGCHI Bulletin 2 18 (1986) 59-60

MORARIU, J./SHNEIDERMAN, B.: Design and Research on The Interactive Encyclopedia System (TIES). In: Proceedings of the 29th Conference of the Association for the Development of Computer Based Instructional Systems (1986) 19-21

MOULTHROP, S.: Toward a Rhetoric of Informating Texts. In: Lucarella, D./Nanard, J. et al (eds): Proceedings of the 4th ACM ECHT '92 Conference on Hypertext (Milano, Italy, November 30-December 4, 1992) New York: ACM (1992) 171-180

MOYSE, R.: Knowledge Negotiation Implies Multiple Viewpoints. In: Bierman, D.J./Breuker, J./Sandberg, J. (eds): Artificial Intelligence and Education. Proceedings of the 4th International Conference on AI and Education, 24-26 May 1989, Amsterdam) Amsterdam/Springfield, VA/Tokyo: IOS (1989) 141-149

MOYSE, R.: VIPER: The Design and Implementation of Multiple Viewpoints for Tutoring Systems. In: Moyse, R./Elsom-Cook, M.T. (eds): Knowledge Negotiation. London: Academic Press (1992) 97-134

MOYSE, R./ELSOM-COOK, M.T. (eds): Knowledge Negotiation. London: Academic Press 1992

MOYSE, R./ELSOM-COOK, M.T.: Knowledge Negotation: An Introduction. In: Moyse, R./Elsom-Cook, M.T. (eds): Knowledge Negotiation. London: Academic Press (1992) 1-20

MÜHLHÄUSER, M.: Requirements and Concepts for Networked Multimedia Courseware Engineering. In: Maurer, H. (ed): Computer Assisted Learning. Proceedings 2 Int. Conf. ICCAL (Lecture Notes in Computer Science; 360) Berlin/Heidelberg: Springer (1989) 400-419

MÜHLHÄUSER, M.: Hypermedia and Navigation as a Basis for Authoring/Learning Environments. In: Journal of Educational Multimedia and Hypermedia 1 1 (1992) 51-64

MÜLLER, J.: Einführung. In: Müller, J. (ed): Verteilte Künstliche Intelligenz. Methoden und Anwendungen. Mannheim/Leipzig u.a.: BI Wissenschaftsverlag (1993) 9-21

MÜNCH, D.: Computermodelle des Geistes. In: Münch, D. (ed): Kognitionswissenschaft. Grundlagen, Probleme, Perspektiven. (suhrkamp taschenbuch wissenschaft; 989) Frankfurt am Main: Suhrkamp Taschenbuch Verlag (1992) 7-53

MUKHERJEA, S./FOLEY, J.D./HUDSON, S.E.: Interactive Clustering for Navigating in Hypermedia Systems. In: Proceedings of the ECHT'94 European Conference on Hypermedia Technology. Edinburgh (1994) 136-145

MURAIDA, D.J./SPECTOR, J.M.: The Advanced Instructional Design Advisor. Special Issue: U.S. military developments in instructional technology. In: Instructional Science 4 21 (1992) 239-253

MURRAY, D.: A Survey of User Cognitive Modelling. National Physical Laboratory. Technical Report 1988

MURRAY, J.H.: Restructuring Space, Time, Story, and Text in Advanced Multimedia Learning Environments. In: Barrett, E. (ed): Sociomedia: Multimedia, Hypermedia, and the Social Construction of Knowledge. Technical Communication and Information Systems. Cambridge/London: M.I.T. Press (1992) 319-345

MURRAY, J.H./MALONE, S.A.: The Structure of Advanced Multimedia Learning Environments: Reconfiguring Space, Time, Story, and Text. In: Tomek, I. (ed): Computer Assisted Learning. Proceedings of the 4th International Conference ICCAL '92, Wolfville, Nova Scotia, Canada, June 17-20,1992. Berlin/Heidelberg: Springer (1992) 21-33

MYERS, B.A.: Demonstrational Interfaces: A Step Beyond Direct Manipulation. In: Diaper, D./Hammond, N. (eds): People and Computers VI. Proceedings of the HCI '91 Conference (British Computer Society Conference Series; 3) Cambridge: Cambridge University Press (1991) 11-30

MYLONAS, E.: An Interface to Classical Greek Civilization. In: Journal of the American Society for Information Science 2 43 (1992) 192-201

MYLONAS, E./HEATH, S.: Hypertext from the Data Point of View: Paths and Links in the Perseus Project. In: Rizk, A./Streitz, N.A./André, J. (eds): Hypertext: Concepts, Systems, and Applications. Proceedings of the ECHT'90 European Conference on Hypertext INRIA. Cambridge: Cambridge University Press (1990) 324-336

MYNATT, B.T./LEVENTHAL, L.M. ET AL: Hypertext or Book: Which is Better for Answering Questions? In: Proceedings of the ACM CHI '92 (1992) 19-25

NEAL, J.G./SHAPIRO, S.C.: Knowledge-Based Multimedia Systems. In: Koegel Buford, J.F. (ed): Multimedia Systems. Reading, MA. u.a.: Addison-Wesley (1994) 403-438

NECHES, R./LANGLEY, P./KLAHR, D.: Learning, Development, and Production Systems. In: Klahr, D./Langley, P./Neches, R. (eds): Production System Models of Learning and Development. Cambridge/London: M.I.T. Press (1987) 1-53

NEGROPONTE, N.: Being digital. London: Hodder & Stoughton 1995

NEISSER, U. (ED): Cognition and Reality. San Francisco, CA: Freeman 1976

NELSON, T.: Dream Machines: New Freedoms through Computer Screens – A Minority Report. Chicago, Ill: Hugo's Book Service 1974: Nachdruck in Ambron/Hooper (Microsoft Press) 1988

NELSON, T.H.: Getting It Out of Our System. In: Schecter, G. (ed): Information Retrieval: A Critical Review. Washington, DC: Thompson Books (1967) 191-210

NELSON, W.A.: Adaptive Hypermedia Instructional Systems: Possibilities for Learner Modeling. Paper presented at the Annual Meeting of the American Educational Research Association (San Francisco, CA, April 20-24, 1992) (ED347195; TM018690 Report)

NELSON, W.A./PALUMBO, D.B.: Learning, Instruction, and Hypermedia. In: Journal of Educational Multimedia and Hypermedia 3 1 (1992) 287-299

NESHER, P.: Microworlds in Mathematical Education: A Pedagogical Realism. In: Resnick, L.B. (ed): Knowing, Learning, and Instruction. Essays in Honor of Robert Glaser. Hillsdale, NJ u.a.: Lawrence Erlbaum Ass. (1989) 187-216

NEUWIRTH, C.M./CHANDHOK, R. ET AL: Annotations are not »for free«: The Need for Runtime Layer Support in Hypertext Engines. In: Schuler, W./Hannemann, J./Streitz, N.A. (eds): Designing User Interfaces for Hypermedia (Research Reports ESPRIT) Berlin/Heidelberg: Springer (1995) 156-166

NEWELL, A.: Artificial Intelligence and the Concept of Mind. In: Schank, R.C./Colby, K.M. (eds): Computer Models of Thought and Language. San Francisco: W.H. Freeman & Co. (1973) 1-60

NEWELL, A./SIMON, H.A.: Computer Science as Empirical Inquiry: Symbols and Search. In: Communications of the ACM. 19 (1976) 113-126; ebenfalls in: Haugeland, J. (ed): Mind Design. Cambridge, MA/London, UK: The M.I.T. Press (1981) 35-66; dt. Übers. als: Computerwissenschaft als empirische Forschung. In: Münch, D. (ed): Kognitionswissenschaft. Grundlagen, Probleme, Perspektiven. (suhrkamp taschenbuch wissenschaft; 989) Frankfurt am Main: Suhrkamp Taschenbuch Verlag (1992) 54-91

NEWMAN, D.: Is a Student Model necessary? Apprenticeship as a Model for ITS. In: Bierman, D.J./Breuker, J./Sandberg, J. (eds): Artificial Intelligence and Education. Proceedings of the 4th International Conference on AI and Education, 24-26 May 1989, Amsterdam. Amsterdam/Springfield, VA/Tokyo: IOS (1989) 177-184

NEWMAN, D.: Formative Experiments on the Coevolution of Technology and the Educational Environment. In: Scanlon, E./O'Shea, T. (eds): New Directions in Educational Technology (NATO ASI Series. Series F: Computer and Systems Sciences; 96) Berlin/Heidelberg: Springer (1992) 61-70

NICKERSON, R.S.: On Conversational Interaction with Computers. In: Baecker, R.M./Buxton, W.A.S. (eds): Readings in Human-Computer Interaction: A Multidisciplinary Approach. San Mateo, CA.: Morgan Kaufmann Publishers, Inc. (1987) 681-693

NICKERSON, R.S./ZODHIATES, P.P. (eds): Technology in Education: Looking Toward 2020. Hillsdale, NJ u.a.: Lawrence Erlbaum Ass. 1988

NICOL, A.: Interface Design for Hyperdata: Models, Maps and Cues. In: Proceedings of the Human Factors Society 32nd Annual Meeting (1988) 308-312

NIELSEN, JAKOB: Online Documentation and Reader Annotation. In: Proceedings of the 1st Conference on Work With Display Units. Stockholm (1986) 526-529

NIELSEN, JAKOB: The Matters that Really Matter for Hypertext Usability. In: Proceedings of the ACM Hypertext '89 Conference (Pittsburgh, PA, November 5-8, 1989) New York: ACM (1989) 239-248

NIELSEN, JAKOB: A Meta-model for Interacting with Computers. In: Interacting with Computers 2 (1990) 147-160

NIELSEN, JAKOB: Hypertext and Hypermedia. Boston u.a.: Academic Press 1990a

NIELSEN, JAKOB: Evaluating Hypertext Usability. In: Jonassen, D.H./Mandl, H. (eds): Designing Hypermedia for Learning (NATO ASI Series. Series F: Computer and Systems Sciences; 67) Berlin/Heidelberg: Springer (1990b) 147-168

NIELSEN, JAKOB: Review of BBC Interactive Television Unit's Ecodisk. In: Hypermedia 2 2 (1990c) 176-182

NIELSEN, JAKOB: Usability Considerations in Introducing Hypertext. In: Brown, H. (ed): Hypermedia/Hypertext and Object Oriented Databases. London: Chapman & Hall (1991) 3-13

NIELSEN, JAKOB (ed): Advances in Human-Computer Interaction. Norwood, NJ: Ablex Publishing 1995

NIELSEN, JAKOB: Multimedia and Hypertext. The Internet and Beyond. Boston u.a.: Academic Press 1995

NIELSEN, JANNI: Not the Computer but Human Interaction is the Basis for Cognitive Development and Education. In: Education and Computing 2 (1986) 53-61

NIEMIEC, R.P./WALBERG, H.J.: Comparative Effects of Computer-Assisted Instruction: A Synthesis of Reviews. In: Journal of Educational Computing Research 1 3 (1987) 19-35

NIEMIEC, R.P./WALBERG, H.J.: From Teaching Machines to Microcomputers: Some Milestones in the History of Computer-Based Instruction. In: Journal of Research on Computing in Education 3 21 (1989) 263-276

NISBETT, R.E./WILSON, T.D.: Telling More than We Know: Verbal Reports on Mental Processes. In: Psychological Review 84 (1977) 231-259

NISSAN, E.: Artificial Intelligence in Higher Education AI for Education. Present Trends, as Sources for a Concept of Knowledge-Presentation. In: Oosthoek, H./Vroeijenstijn, T. (eds): Higher Education and New Technologies. Oxford: Pergamon Press (1989) 67-98

NIX, D.: Should Computers Know What You Can Do With Them? In: Nix, D./Spiro, R.J. (eds): Cognition, Education, and Multimedia. Exploring Ideas in High Technology. Hillsdale, NJ u.a.: Lawrence Erlbaum Ass. (1990) 143-162

NYNS, R.R.: An Expert System in Computer Assisted Language Learning. In: Computers and Education 1-3 15 (1990) 99-103

O'CONNOR, J./SEYMOUR, J.: Neurolinguistisches Programmieren: Gelungene Kommunikation und persönliche Entfaltung. 2.Aufl. Freiburg: VAK-Verlag 1993

O'MALLEY, C.E./BAKER, M./ELSOM-COOK, M.T.: The Design and Evaluation of a Multimedia Authoring System. In: Computers and Education 1 17 (1991) 49-60

O'SHEA, T.: A Self-Improving Quadratic Tutor. In: Sleeman, D./Brown, J.S. (eds): Intelligent Tutoring Systems. Boston u.a.: Academic Press (1982) 309-336

O'SHEA, T./SELF, J.: Learning and Teaching with Computers: Artificial Intelligence in Education. In: O'Shea, T. (ed): Artificial Intelligence. Brighton: Harvester (1986)

OHLSSON, S.: Cognitive Science and Instruction: Why the Revolution is not Here (Yet). In: Mandl, H./De Corte, E. et al (eds): Learning and Instruction. Social and Cognitive Aspects of Learning and Instruction. (European Research in an International Context; 2.1) Oxford: Pergamon Press (1990) 561-600

OHLSSON, S.: Towards Intelligent Tutoring Systems that Teach Knowledge Rather than Skills: Five Research Questions. In: Scanlon, E./O'Shea, T. (eds): New Directions in Educational Technology (NATO ASI Series. Series F: Computer and Systems Sciences; 96) Berlin/Heidelberg: Springer (1992) 71-96

OHLSSON, S.: Impact of Cognitive Theory on the Practice of Courseware Authoring. In: Journal of Computer Assisted Learning 4 9 (1993) 194-221

OHLSSON, S./LANGLEY, P.: Psychological Evaluation of Path Hypotheses in Cognitive Diagnosis. In: Mandl, H./Lesgold, A.M. (eds): Learning Issues for Intelligent Tutoring Systems. Berlin/Heidelberg: Springer (1988) 42-62

OKEY, J.R./SANTIAGO, R.S.: Integrating Instructional and Motivational Design. In: Performance Improvement Quarterly 2 4 (1991) 11-21

OLIVEIRA, A.: Hypermedia and Multimedia. In: Oliveira, A. (ed): Hypermedia Courseware: Structures of Communication and Intelligent Help (NATO ASI Series. Series F: Computer and Systems Sciences; 92) Berlin/Heidelberg: Springer (1992) 3-10

OLSEN, D.R.: Bookmarks: An Enhanced Scrollbar. In: ACM Trans. Graphics 3 11 (1992) 291-295

OPPENHEIM, C.: Virtual Reality and the Virtual Library. In: Information Services and Use 13 (1993) 215-227

OREN, T./SALOMON, G. ET AL: Guides: Characterizing the Interface. In: Laurel, B. (ed): The Art of Human-Computer Interface Design. Reading, MA. u.a.: Addison-Wesley (1990) 367-381

OTTMANN, T.: Entwicklung und Einsatz computergestützter Unterrichtslektionen für den Informatikunterricht an der Hochschule. In: CAK Computer Anwendungen 4 (1987) 63ff.

PAGE, C.R.: The Nuffield Interactive Book System. In: Educational and Training Technology International 4 28 (1991) 334-340

PAIVIO, A.: A Dual-coding Approach to Perception and Cognition. In: Pick, H.L. Jr./Salzman, E. (eds): Modes of Perceiving and Processing Information. Hillsdale, NJ u.a.: Lawrence Erlbaum Ass. (1978) 39-51

PAIVIO, A.: The Empirical Case for Dual Coding. In: Yuille, J.C. (ed): Imagery, Memory and Cognition. Hillsdale, NJ u.a.: Lawrence Erlbaum Ass. (1983) 307-332

PAIVIO, A.: Mental Representations. A Dual-Coding Approach. New York, Oxford: Oxford University Press 1986

PALMITER, S./ELKERTON, J.: Animated Demonstrations for Learning Procedural Computer-Based Tasks. In: Human-Computer Interaction. 3 8 (1993) 193-216

PAPERT, S.: Mindstorms: Children, Computers, and Powerful Ideas. New York: Basic Books 1980

PAPERT, S.: The Children's Machine: Rethinking School in the Age of the Computer. New York: Basic Books 1992

PAQUETTE, G.: Discovery Tools for Rule-Based Knowledge Learning. In: Lewis, R./Otsuki, (eds): Advanced Research on Computers in Education. Proceedings of the IFIP TC3 International Conference on Advanced Research on Computers in Education, Tokyo, Japan, 18-20 July, 1990. Amsterdam: North-Holland (1991) 145-150

PARASCANDALO, R.: Multimedia Encyclopaedia of Philosophy Sciences. In: Lucarella, D./Nanard, J. et al (eds): Proceedings of the 4th ACM ECHT '92 Conference on Hypertext (Milano, Italy, November 30-December 4, 1992) New York: ACM (1992) 287

PARK, OK-CHOON/GITTELMAN, S.S.: Selective Use of Animation and Feedback in Computer-Based Instruction. In: Educational Technology, Research and Development 4 40 (1992) 27-38

PARK, OK-CHOON/HOPKINS, R.: Dynamic Visual Displays in Media-Based Instruction. In: Educational Technology 4 34 (1994) 21-25

PARK, OK-CHOON/PEREZ, R.S./SEIDEL, R.J.: Intelligent CAI: Old Wine in New Bottles, or a New Vintage? In: Kearsley, G.P. (ed): Artificial Intelligence and Instruction. Reading, MA. u.a.: Addison-Wesley (1987) 11-45

PARK, OK-CHOON/SEIDEL, R.J.: Instructional Design Principles and AI Techniques for Development of ICAI. In: Computers in Human Behavior 3-4 4 (1987) 273-287

PARKES, A.P.: Computer-Controlled Video for Intelligent Interactive Use: a Description Methodology. In: Edwards, A.D.N./Holland, S. (eds): Multimedia Interface Design in Education. 2. Aufl. 1994 (NATO ASI Series. Series F: Computer and Systems Sciences; 76) Berlin/Heidelberg: Springer (1992) 97-116

PARSAYE, K./CHIGNELL, M.H. ET AL (eds): Intelligent Databases. Object-Oriented, Deductive Hypermedia Technologies. New York: John Wiley & Sons, Inc. 1989

PASEMANN, F.: Repräsentation ohne Repräsentation. Überlegungen zu einer Neurodynamik modularer kognitiver Systeme. In: Rusch, G./Schmidt, S.J. et al (eds): Interne Repräsentationen. Neue Konzepte der Hirnforschung. DELFIN 1996(suhrkamp taschenbuch wissenschaft; 1277) Frankfurt/M.: Suhrkamp (1996) 42-91

PASK, G.: Styles and Strategies of Learning. In: British Journal of Educational Psychology 46 (1976) 128-148

PASK, G./SCOTT, B.C.E.: Learning Strategies and Individual Competence. In: International Journal of Man-

Machine Studies 4 (1972) 217-253

PATTERSON, J.F./EGIDO, C.: Video Browsing and System Response Time. In: Diaper, D./Winder, R. (eds): People and Computers III (British Computer Society Conference Series; 3) Cambridge: Cambridge University Press (1987) 189-198

PEA, R.D.: Putting Knowledge to Use. In: Nickerson, R.S./Zodhiates, P.P. (eds): Technology in Education: Looking Toward 2020. Hillsdale, NJ u.a.: Lawrence Erlbaum Ass. (1988) 169-212

PEA, R.D.: Augmenting the Discourse of Learning with Computer-Based Learning Environments. In: De Corte, E./Linn, M.C. et al (eds): Computer-Based Learning Environments and Problem Solving (NATO ASI Series. Series F: Computer and Systems Sciences; 84) Berlin/Heidelberg: Springer (1992) 313-343

PEA, R.D.: Seeing What We Build Together: Distributed Multimedia Learning Environments for Transformative Communications. Special Issue: Computer Support for Collaborative Learning. In: The Journal of the Learning Sciences 3 3 (1994) 285-299

PEA, R.D./GOMEZ, L.M.: Distributed Multimedia Learning Environments: Why and How? In: Interactive Learning Environments 2 2 (1992) 73-109

PEJTERSEN, A.M.: A Library System for Information Retrieval Based on a Cognitive TAsk Analysis and Supported by an Icon-Based Interface. In: Proceedings of the ACM SIGIR '89 12th Annual Conference on Research and Development in Information Retrieval (Cambridge, MA, 25-28 June 1989). New York: ACM 1989, 40-47

PEJTERSEN, A.M.: Designing Hypermedia Representations from Work Domain Properties. In: Frei, H.P./Schäuble, P. (eds): Hypermedia (Proceedings der Internationalen Hypermedia '93 Konferenz, Zürich, 2./3. März 1993) Berlin/Heidelberg: Springer (1993) 1-29

PENROSE, R.: Shadows of the Mind. London: Vintage 1995

PEPER, G.: Hypertext: Its Relation to, and Potential Impact on, Knowledged-based Systems. In: Impact Assessment Bulletin 1-2 9 (1991) 53-71

PEREIRA, D.C./OLIVEIRA, A./VAZ, J.C.G.: Hypermedia and ITS. In: Oliveira, A. (ed): Hypermedia Courseware: Structures of Communication and Intelligent Help (NATO ASI Series. Series F: Computer and Systems Sciences; 92) Berlin/Heidelberg: Springer (1992) 207-212

PERELMAN, L.J.: School's out. A Radical New Formula for the Revitalization of America's Educational System. New York: Avon Books 1992

PEREZ, R.S./GREGORY, M.R./MINIONIS, D.P.: Tools and Decision Aids for Training Development in the U.S. Army. Special Issue: U.S. Military Developments in Instructional Technology. In: Instructional Science 4 21 (1993) 225-237

PETRIE-BROWN, A.M.: Discourse and Dialogue: Concepts in Intelligent Tutoring Interactions. In: Journal of Artificial Intelligence in Education 2 1 (1989a) 21-29

PETRIE-BROWN, A.M.: Intelligent Tutoring Dialogue: The Structures of an Interaction. In: Bierman, D.J./Breuker, J./Sandberg, J. (eds): Artificial Intelligence and Education. Proceedings of the 4th International Conference on AI and Education, 24-26 May 1989, Amsterdam) Amsterdam/Springfield, VA/Tokyo: IOS (1989b) 195-201

PILOT, A.: TAIGA: Twente Advanced Interactive Graphic Authoring System. A New Concept in Computer Assisted Learning (CAL) and Educational Research. Doc 88-18. Paper presented at the Annual Meeting of the American Educational Research Association. New Orleans, LA 1988 - Report

PIROLLI, P.L.: Explanation, Analogy, and Transfer in an Intelligent Tutoring System Paradigm. In: Farr, M.J./Psotka, J. (eds): Intelligent Instruction by Computer: Theory and Practice. Philadelphia, PA: Taylor & Francis (1992) 65-84

PIROLLI, P.L./RUSSELL, D.M.: The Instructional Design Environment: Technology to Support Design Problem Solving. In: Instructional Science 2 19 (1990) 121-144

PLAISANT, C.: An Overview of Hyperties, its User Interface and Data Model. In: Brown, H. (ed): Hypermedia/Hypertext and Object Oriented Databases. London: Chapman & Hall (1991a) 17-31

PLAISANT, C.: Guide to Opportunities in Volunteer Archeology: Case Study on the Use of a Hypertext System in a Museum Exhibit. In: Berk, E./Devlin, J. (eds): Hypertext/Hypermedia Handbook. New York: McGraw-Hill (1991b) 498-505

PLÖTZNER, R./SPADA, H.: Analysis-based Learning on Multiple Levels of Mental Domain Representation. In:

De Corte, E./Linn, M.C. et al (eds): Computer-Based Learning Environments and Problem Solving (NATO ASI Series. Series F: Computer and Systems Sciences; 84) Berlin/Heidelberg: Springer (1992) 103-127

PLOWMAN, L.: The »Primitive Mode of Representation« and the Evolution of Interactive Multimedia. In: Journal of Educational Multimedia and Hypermedia 3/4 3 (1994) 275-293

POLSON, M.C./RICHARDSON, J./SOLOWAY, E. (eds): Foundations of Intelligent Tutoring Systems. Hillsdale, NJ u.a.: Lawrence Erlbaum Ass. 1988

Polya, G.: How to Solve It. New York: Doubleday 1957

POMMERT, A./RIEMER, M. ET AL: Knowledge-Based and 3D Imaging Systems in Medical Education. In: Brunnstein, K./Raubold, E. (eds): Applications and Impacts. Information Processing '94 (IFIP Transactions A: Computer Science and Technology; 2) Amsterdam: North-Holland (1994) 525-532

PONTECORVO, C./ZUCCHERMAGLIO, C.: Computer Use in Learning about Language. In: European Journal of Psychology of Education 1 6 (1991) 15-27

POPPEN, L./POPPEN, R.: The Use of Behavioral Principles in Educational Software. In: Educational Technology 2 28 (1988) 37-41

POTTER, W.D./TRUEBLOOD, R.P.: Traditional, Semantic, and Hyper-semantic Approaches to Data Modelling. In: IEEE Computer 6 21 (1988) 53-63

PRENZEL, M./MANDL, H.: Transfer of Learning from a Constructivist Perspective. In: Duffy, T.M./Lowyck, J./Jonassen, D.H. (eds): Designing Environments for Constructive Learning (NATO ASI Series. Series F: Computer and Systems Sciences; 105) Berlin/Heidelberg: Springer (1993) 315-329

PRICE, R.: An Historical Perspective on the Design of Computer-Assisted Instruction: Lessons from the Past. In: Computers in the Schools 1-2 6 (1989) 145-157

Pridemore, D.R./Klein, J.D.: Control of Feedback in Computer-Assisted Instruction. In: Educational Technology, Research and Development 4 39 (1991) 27-32

PRILLWITZ, S./ZIENERT, H.: Hamburger Notation System for Sign Language: Development of a sign writing computer application. In: Prillwitz, S./Vollhaber, T. (eds): Current Trends in European Sign Language Research. Proceedings of the 3rd European Congress on Sign Language Research. Hamburg July 26-29, 1989 (International Studies on Sign Language and the Communication of the Deaf; 9) Hamburg: Signum (1990) 355-380

PSILLOS, D./KOUMARAS, P.: Transforming Knowledge into Learnable Content. In: Dijkstra, S./Krammer, H.P.M./van Merriënboer, J.J.G. (eds): Instructional Models in Computer-Based Learning Environments (NATO ASI Series F: Computer and Systems Sciences; 104) Berlin/Heidelberg: Springer (1992) 83-96

PULLINGER, D.J./MAUDE, T.I./PARKER, J.: Software for Reading Text on Screen. In: Proceedings of the INTERACT'87 IFIP Conference. Stuttgart (1987) 899-904

PYLYSHYN, Z.W.: Some Remarks on the Theory-Praxis Gap. In: Carroll, J.M. (ed): Designing Interaction: Psychology at the Human-Computer Interface. Cambridge: Cambridge University Press (1991) 39-49

QIU, L.: Analytical Searching vs. Browsing in Hypertext Information Retrieval Systems. In: Canadian Journal of Information and Library Science 4 18 (1993a) 1-13

QIU, L.: Markov Models of Search State Patterns in a Hypertext Information Retrieval System. In: Journal of the American Society for Information Science 7 44 (1993b) 413-427

QIU, L.: Frequency Distributions of Hypertext Path Patterns: A Pragmatic Approach. In: Information Processing and Management 1 30 (1994) 131-140

QUADE, A.M.: An Assessment of the Effectiveness of a Hypertext Instructional Delivery System when Compared to a Traditional CAI Tutorial. In: Proceedings of Selected Research and Development Presentations at the Convention of the Association for Educational Communications and Technology (15th, New Orleans, Louisiana, January 13-17, 1993) New Orleans (1993) 809-818

RADA, R.: Hypertext: from Text to Expertext. London/New York u.a.: McGraw-Hill 1991

RADA, R./ACQUAH, S. ET AL: Collaborative Learning and the MUCH System. In: Computers and Education 3 20 (1993) 225-233

RADA, R./MURPHY, C.: Searching versus Browsing in Hypertext. In: Hypermedia 1 4 (1992) 1-30

RADA, R./WANG, W./BIRCHALL, A.: Retrieval Hierarchies in Hypertext. In: Information Processing and Management 3 29 (1993) 359-371

RAMAIAH, C.K.: Use of Hypertext for Teaching and Training: A Bibliography. In: The Electronic Library 6 11 (1993) 409-417

RANZIJN, F.J.A.: The Number of Video Examples and the Dispersion of Examples as Instructional Design Variables in Teaching Concepts. In: Journal of Experimental Education 4 59 (1991) 320-330

RAO, R./TUROFF, M.: Hypertext Functionality: A Theoretical Framework. In: International Journal of Human-Computer Interaction. 4 2 (1990) 333-357

RAPER, J./GREEN, N.: The Development of a Hypertext-Based Tutor for Geographical Information Systems. In: Educational Technology 3 20 (1989) 164-172

RAYWARD, W.B.: Visions of Xanadu: Paul Otlet (1868-1944) and Hypertext. In: Journal of the American Society for Information Science 4 45 (1994) 235-250

READER, W./HAMMOND, N.: Computer-Based Tools to Support Learning from Hypertext: Concept Mapping Tools and Beyond. In: Computers and Education 1/2 22 (1994) 99-106

REDISH, E.F./WILSON, J.M./McDANIEL, C.: The CUPLE Project: A Hyper- and Multimedia Approach to Restructuring Physics Education. In: Barrett, E. (ed): Sociomedia: Multimedia, Hypermedia, and the Social Construction of Knowledge. Technical Communication and Information Systems. Cambridge/London: M.I.T. Press (1992) 219-255

REES, J.: Interactive Multimedia: the Brancusi Project – an Exploration in International Collaboration. In: Information Services and Use 4 13 (1993) 297-302

REEVES, T.C.: Evaluating Interactive Multimedia. In: Educational Technology 5 32 (1992) 47-53

REHBEIN, J.: Komplexes Handeln. Elemente zur Handlungstheorie der Sprache. Stuttgart: J.B. Metzler 1977

REIGELUTH, C.M.: In Search of a Better Way to Organize Instruction: The Elaboration Theory. In: Journal of Instructional Development 2 (1979) 8-15

REIGELUTH, C.M.: Instructional Design: What Is It And Why Is It? In: Reigeluth, C.M. (ed): Instructional Design Theories and Models: An Overview of their Current Status. Hillsdale, NJ u.a.: Lawrence Erlbaum Ass. (1983) 3-36

REIGELUTH, C.M. (ed): Instructional Design Theories and Models: An Overview of their Current Status. Hillsdale, NJ u.a.: Lawrence Erlbaum Ass. 1983

REIGELUTH, C.M.: Reflections on the Implications of Constructivism for Educational Technology. In: Educational Technology 9 31 (1991) 34-37

REIGELUTH, C.M.: New Directions for Educational Technology. In: Scanlon, E./O'Shea, T. (eds): New Directions in Educational Technology (NATO ASI Series. Series F: Computer and Systems Sciences; 96) Berlin/Heidelberg: Springer (1992) 51-59

REIGELUTH, C.M./SCHWARTZ, E.: An Instructional Theory for the Design of Computer-Based Simulations. In: Journal of Computer-Based Instruction 1 16 (1989) 1-10

REIGELUTH, C.M./STEIN, F.S.: The Elaboration Theory of Instruction. In: Reigeluth, C.M. (ed): Instructional Design Theories and Models: An Overview of their Current Status. Hillsdale, NJ u.a.: Lawrence Erlbaum Ass. (1983)

REINHARDT, A.: New Ways to Learn. In: Byte 3 20 (1995) 50-72

REISEL, J.F./SHNEIDERMAN, B.: Is Bigger Better? The Effects of Display Size on Program Reading. In: Salvendy, G. (ed): Social, Ergonomic and Stress Aspects of Work with Computers.: Elsevier (1987) 113-122

REISER, B.J.: Problem Solving and Explanation in Intelligent Tutoring Systems: Issues for Future research. In: Scanlon, E./O'Shea, T. (eds): New Directions in Educational Technology (NATO ASI Series. Series F: Computer and Systems Sciences; 96) Berlin/Heidelberg: Springer (1992) 199-210

REISER, R.A./GAGNÉ, R.M.: Characteristics of Media Selection Models. In: Review of Educational Research 4 52 (1983) 499-512

RESNICK, L.B. (ed): Knowing, Learning, and Instruction. Essays in Honor of Robert Glaser. Hillsdale, NJ u.a.: Lawrence Erlbaum Ass. 1989

RESNICK, L.B./JOHNSON, A.: Intelligent Machines for Intelligent People: Cognitive Theory and the Future of Computer-Assisted Learning. In: Nickerson, R.S./Zodhiates, P.P. (eds): Technology in Education: Looking Toward 2020. Hillsdale, NJ u.a.: Lawrence Erlbaum Ass. (1988) 139-168

RESNICK, L.B./KLOPFER, L.E. (eds): Toward the Thinking Curriculum: Current Cognitive Research. Alexandria, VA: ASCD 1989

RESNICK, M.: Behavior Construction Kits. In: Communications of the ACM. 7 36 (1993) 64-71

REYNOLDS, S.B./DANSEREAU, D.F.: The Knowledge Hypermap: An Alternative to Hypertext. In: Computers and Education 5 14 (1990) 409-416

RHEINBERG, F.: Motivationsanalysen zur Interaktion mit Computern. In: Mandl, H./Fischer, P.M. (eds): Lernen im Dialog mit dem Computer. München/Wien/Baltimore: Urban & Schwarzenberg (1985) 83-105

RHODES, D.M./AZBELL, J.W.: Designing Interactive Video Instruction Professionally. In: Training and Development Journal 12 39 (1985) 31-33

RICHARDS, J./BAROWY, W. ET AL: Computer Simulations in the Science Classroom. In: Journal of Science Education and Technology 1 1 (1992) 67-80

RICHARDS, S.: Page Structures for Electronic Books. In: Educational and Training Technology International 4 28 (1991) 291-301

RICHER, M./CLANCEY, W.J.: GUIDON-WATCH: A Graphic Interface for Viewing a Knowledge-Based System. In: IEEE Computer Graphics & Applications 11 5 (1985) 51-64

RIDGWAY, J.: Of Course ICAI is Impossible …, Worse, Though, it Might be Seditious. In: Self, J. (ed): Artificial Intelligence and Human Learning: Intelligent Computer-Aided Instruction. London: Chapman & Hall (1988)

RIEBER, L.P.: Computer-Based Microworlds: A Bridge Between Constructivism and Direct Instruction. In: Educational Technology, Research and Development 1 40 (1992) 93-106

RIEBER, L.P./KINI, A.S.: Theoretical Foundations of Instructional Applications of Computer-Generated Animated Visuals. In: Journal of Computer-Based Instruction 3 18 (1991) 83-88

RIEHM, U./WINGERT, B.: Multimedia. Mythen, Chancen und Herausforderungen. (Arbeitsbericht; 33) Bonn 1995

RIESBECK, C./SCHANK, R.C.: Inside Case-Based Reasoning. Hillsdale, NJ u.a.: Lawrence Erlbaum Ass. 1989

RILEY, M.S./GREENO, J.G.: Developmental Analysis of Understanding Language About Quantities and of Solving Problems. In: Cognition & Instruction 1 5 (1988) 49-101

RIMMERSHAW, R.: A Discourse Repertoire for Negotiating Explanations. In: Moyse, R./Elsom-Cook, M.T. (eds): Knowledge Negotiation. London: Academic Press (1992) 241-276

RINGSTED, M.: On-Site Distance Learning: A Multimedia Full-Scale Experiment in Denmark. In: Edwards, A.D.N./Holland, S. (eds): Multimedia Interface Design in Education. 2. Aufl. 1994 (NATO ASI Series. Series F: Computer and Systems Sciences; 76) Berlin/Heidelberg: Springer (1992) 45-56

RIVERS, R./VOCKELL, E.: Computer Simulations to Stimulate Scientific Problem Solving. In: Journal of Research in Science Teaching 24 (1987) 403-415

RIZK, A./STREITZ, N.A./ANDRÉ, J. (eds): Hypertext: Concepts, Systems, and Applications. Proceedings of the ECHT'90 European Conference on Hypertext, INRIA. Cambridge: Cambridge University Press 1990

ROBERTSON, C.K./McCRACKEN, D./NEWELL, A.: The ZOG Approach to Man-Machine Communication. In: International Journal of Man-Machine Studies 14 (1981) 461-488

ROBERTSON, G.G./CARD, S.K./MACKINLAY, J.D.: Information Visualization Using 3D Interactive Animation. In: Communications of the ACM 4 36 (1993) 57-71

ROBERTSON, G.G./MACKINLAY, J.D./CARD, S.K.: Cone Trees: Animated 3D Visualizations of Hierarchical Information. In: Proceedings of the ACM CHI'91 Conference (1991) 189-194

ROBLYER, M.D.: Fundamental Problems and Principles of Designing Effective Courseware. In: Jonassen, D.H. (ed): Instructional Designs for Microcomputer Courseware. Hillsdale, NJ u.a.: Lawrence Erlbaum Ass. (1988) 7-33

ROBLYER, M.D./CASTING, W.H./KING, F.J.: Assessing the Impact of Computer-Based Instruction. New York: Haworth Press 1988

RODE, M./POIROT, J.: Authoring Systems–Are they Used? In: Journal of Research on Computing in Education. Winter 21 (1989) 191-198

ROETHLISBERGER, F.J./DICKSON, W.J.: Management and the Worker. Cambridge, MA: Harvard University

Press 1939

ROGOFF, B./LAVE, J. (eds): Everyday Cognition. Cambridge, MA: Harvard University Press 1984

ROMISZOWSKI, A./CHANG, E-CHEOL: Hypertext's Contribution to Computer-Mediated Communication: In Search of an Instructional Model. In: Giardina, M. (ed): Interactive Multimedia Learning Environments. Human Factors and Technical Considerations on Design Issues (NATO ASI Series. Series F: Computer and Systems Sciences; 93) Berlin/Heidelberg: Springer (1992) 111-130

ROSENBERG, R.: A Critical Analysis of Research on Intelligent Tutoring Systems. In: The Educational Technology Anthology Series: Expert Systems and Intelligent Computer-Aided Instruction. Englewood Cliffs, NJ: Educational Technology Publications (1990) 184-190

ROSENBLOOM, P./NEWELL, A.: Learning by Chunking: A Production System M odel of Practice. In: Klahr, D./ Langley, P./Neches, R. (eds): Production System Models of Learning and Development. Cambridge/London: M.I.T. Press (1987) 221-286

ROSENZWEIG, R.: Digitizing the Past: A History Book on CD-ROM. In: Information Services and Use 1 13 (1993) 35-40

ROSS, J.M./SHANK, G.D.: What Performance Technologists Should Know about Abductive Reasoning...and Why. In: Performance and Instruction 9 32 (1993) 6-10

ROTH, G.: Das Gehirn und seine Wirklichkeit. Kognitive Neurobiologie und ihre philosophischen Konsequenzen. (suhrkamp taschenbuch wissenschaft 1275) Frankfurt am Main: Suhrkamp 1997

ROUET, J.-F.: Interactive Text Processing by Inexperienced (Hyper-) Readers. In: Rizk, A./Streitz, N.A./André, J. (eds): Hypertext: Concepts, Systems, and Applications. Proceedings of the ECHT'90 European Conference on Hypertext, INRIA. Cambridge: Cambridge University Press (1990) 250-260

RUGE, G./SCHWARZ, C.: Linguistically based term association: A new semantic component for a hypertext system. In: Fugmann, R. (ed): Tools for Knowledge Organization and the Human Interface. Proceedings of the 1st International ISKO-Conference. Frankfurt: Indeks (1990) 88-95

RUMELHART, D.E.: Schemata: The Building Blocks of Cognition. In: Spiro, R.J./Bruce, B.C./Brewer, W.F. (eds): Theoretical Issues in Reading Comprehension. Hillsdale, NJ u.a.: Lawrence Erlbaum Ass. (1980) 33-59

RUMELHART, D.E./MCCLELLAND, J.L.: Parallel Distributed Processing. Explorations in the Microstructure of Cognition. Vol. I Foundation. Cambridge/London: M.I.T. Press 1986

RUMELHART, D.E./NORMAN, D.A.: Accretion, Tuning, and Restructuring: Three Modes of Learning. In: Cotton, J.W./Klutzky, R.L. (eds): Semantic Factors in Cognition. Hillsdale, NJ u.a.: Lawrence Erlbaum Ass. (1978) 37-53

RUOPP, R./GAL, S. ET AL: LabNet: Toward a Community of Practice. Hillsdale, NJ u.a.: Lawrence Erlbaum Ass. 1993

RUSSELL, D.M.: IDE: The Interpreter. In: Psotka, J./Massey, L.D./Mutter, S.A. (eds): Intelligent Tutoring Systems. Lessons Learned. Hillsdale, NJ u.a.: Lawrence Erlbaum Ass. (1988) 323-349

RUSSELL, D.M.: Alexandria: A Learning Resources Management Architecture. In: Jonassen, D.H./Mandl, H. (eds): Designing Hypermedia for Learning (NATO ASI Series. Series F: Computer and Systems Sciences; 67) Berlin/Heidelberg: Springer (1990) 439-457

RUSSELL, D.M./MORAN, T.P./JORDAN, D.S.: The Instructional Design Environment. In: Psotka, J./Massey, L.D./Mutter, S.A. (eds): Intelligent Tutoring Systems. Lessons Learned. Hillsdale, NJ u.a.: Lawrence Erlbaum Ass. (1988) 203-228

RUST, V.D./DALIN, P.: Computer Education Norwegian Style: A Comprehensive Approach. In: Educational Technology 6 25 (1985) 17-20

SADLER, L.M.: Is Browsing Really Instructional? The Use of Hypertext as a Supportive Device in Incidental Learning. In: Maurer, H. (ed): Educational Multimedia and Hypermedia Annual, 1993. Proceedings of ED-MEDIA 93 World Conference on Educational Media and Hypermedia (Orlando, Florida, June 23-26, 1993). Charlottesville, VA: Ass. for the Advancem. of Computing in Education (1993) 451-456

SAGA, H.: Evaluation of the »Bunkyo Museum of Literature«: A Hypercard-Based Interactive Video. Papers presented at the Annual Meetings of the Association for Educational Communications and Technology. Orlando and Anaheim 1991 - Report

SAGER, S.F.: Hypertext und Kontext. In: Jakobs, E.-M./Knorr, D./Molitor-Lübbert, (eds): Wissenschaftliche

Textproduktion mit und ohne Computer. Frankfurt/M., Berlin u.a.: Peter Lang Verlag (1995) 210-226

SALES, G.C./WILLIAMS, M.D.: The Effect of Adaptive Control of Feedback in Computer-based Instruction. In: Journal of Research on Computing in Education 1 21 (1988) 97-111

SALISBURY, D.F.: Cognitive Psychology and Its Implications for Designing Drill and Practice Programs for Computers. In: Journal of Computer-Based Instruction 1 17 (1990) 23-30

SALOMON, G.: AI in Reverse: Computer Tools that Turn Cognitive. In: Journal of Educational Computing Research 2 4 (1988) 123-139

SANDHOLTZ, J.H./RINGSTAFF, C./DWYER, D.C.: Teaching in High-Tech Environments: Classroom Management Revisited. In: Journal of Educational Computing Research 4 8 (1992) 479-505

SAVENYE, W.C.: Alternate Methods for Conducting Formative Evaluations of Interactive Instructional Technologies. In: Proceedings of Selected Research and Development Presentations at the Convention of the Association for Educational Communications and Technology. (1992)

SAXER, K.-H./GLOOR, P.A.: Navigation im Hyperraum: Fisheye Views in HyperCard. In: Gloor, P.A./Streitz, N.A. (eds): Hypertext und Hypermedia (Informatik-Fachberichte; 249) Berlin/Heidelberg: Springer (1990) 190-204

SCANDURA, J.M.: Structural Learning I: Theory and Research. London/New York: Gordon & Breach Science Publishers 1973

SCANDURA, J.M.: Problem Solving: A Structural/Process Approach with Instructional Implications. Boston u.a.: Academic Press 1977

SCANDURA, J.M.: Instructional Strategies Based on the Structural Learning Theory. In: Reigeluth, C.M. (ed): Instructional Design Theories and Models: An Overview of their Current Status. Hillsdale, NJ u.a.: Lawrence Erlbaum Ass. (1983) 213-246

SCANDURA, J.M.: Role of Relativistic Knowledge in Intelligent Tutoring. In: Computers in Human Behavior 1 4 (1988) 53-64

SCANDURA, J.M./SCANDURA, A.B.: A Structured Approach to Intelligent Tutoring. In: Jonassen, D.H. (ed): Instructional Designs for Microcomputer Courseware. Hillsdale, NJ u.a.: Lawrence Erlbaum Ass. (1988) 347-379

SCANLON, E./O'SHEA, T. (eds): New Directions in Educational Technology (NATO ASI Series. Series F: Computer and Systems Sciences; 96) Berlin/Heidelberg: Springer 1992

SCARDAMALIA, M./BEREITER, C.: An Architecture for Collaborative Knowledge Building. In: De Corte, E./ Linn, M.C. et al (eds): Computer-Based Learning Environments and Problem Solving (NATO ASI Series. Series F: Computer and Systems Sciences; 84) Berlin/Heidelberg: Springer (1992) 41-66

SCHAEFERMEYER, S.: Standards for Instructional Computing Software Design and Development. In: Educational Technology 6 30 (1990) 9-15

SCHANK, R.C./ABELSON, R.P.: Scripts Plans Goals and Understanding. Hillsdale, NJ u.a.: Lawrence Erlbaum Ass. 1977

SCHANK, R.C./JONA, M.Y.: Empowering the Student: New Perspectives on the Design of Teaching Systems. In: The Journal of the Learning Sciences 1 1 (1991) 7-36

SCHAUFELBERGER, W.: Design and Implementation of Interactive Programs for Education in Engineering and Natural Sciences. In: Maurer, H. (ed): Computer Assisted Learning. Proceedings 2 Int. Conf. ICCAL (Lecture Notes in Computer Science; 360) Berlin/Heidelberg: Springer (1989) 468-479

SCHELL, J.W./HARTMAN, D.K.: Flexible Cognition Theory: A Framework for Advanced Vocational Learning. In: Journal of Industrial Teacher Education 3 29 (1992) 39-59

SCHLOSS, P.J./WISNIEWSKI, L.A./CARTWRIGHT, G.P.: The Differential Effect of Learner Control and Feedback in College Students' Performance on CAI Modules. In: Journal of Educational Computing Research 2 4 (1988) 141-150

SCHLUSSELBERG, E./HARWARD, V.J.: Multimedia: Informational Alchemy or Conceptual Typography? In: Barrett, E. (ed): Sociomedia: Multimedia, Hypermedia, and the Social Construction of Knowledge. Technical Communication and Information Systems. Cambridge/London: M.I.T. Press (1992) 95-106

SCHMIDT, W.: Konzepte und Prototypen für die computergestützte Kommunikation im Hochschulbetrieb. Regensburg: S. Roderer Verlag 1995

SCHNOTZ, W.: Mentale Kohärenzbildung beim Textverstehen: Einflüsse der Textsequenzierung auf die Verstehensstrategien und die subjektiven Verstehenskriterien. Forschungsbericht 42. Universität Tübingen: Deutsches Institut für Fernstudien (DIFF) 1987 Report

SCHNUPP, P.: Hypertext. München: Oldenbourg 1992

SCHOOP, E.: Benutzernavigation im Hypermedia Lehr–/Lernsystem HERMES. In: Glowalla, U./Schoop, E. (eds): Hypertext und Multimedia. Neue Wege in der computerunterstützten Aus- und Weiterbildung. Berlin/ Heidelberg: Springer (1992) 149-166

SCHOOP, E./GLOWALLA, U.: Computer in der Aus– und Weiterbildung. Potentiale, Probleme und Perspektiven. In: Glowalla, U./Schoop, E. (eds): Hypertext und Multimedia. Neue Wege in der computerunterstützten Aus- und Weiterbildung. Berlin/Heidelberg: Springer (1992) 4-20

SCHRAGE, M.: Beware the Computer Technocrats. Hardware Won't Educate Our Kids. In: Ely, D.P./Minor, B.B. (eds): Educational Media and Technology Yearbook (Educational Media and Technology Yearbook; 19) Englewood, CO: Libraries Unlimited (1994) 64-65

SCHRODER, H.M./DRIVER, M.J./STREUFERT, S.: Human Information Processing. New York, NY: Holt, Rinehart & Winston 1967

SCHULMEISTER, R.: Methodological Problems in Measuring Teaching Effectiveness. In: Research in Education 20 (1978) 1-9

SCHULMEISTER, R. (ed): Angst vor Statistik. Empirische Untersuchungen zum Problem des Statistik-Lehrens und -Lernens. Hamburg: Arbeitsgemeinschaft für Hochschuldidaktik 1983

SCHULMEISTER, R.: Pädagogisch-psychologische Kriterien für den Hochschulunterricht. In: Huber, L. (ed): Ausbildung und Sozialisation in der Hochschule (Enzyklopädie Erziehungswissenschaft; 10) Stuttgart: Klett-Cotta (1983) 331-354

SCHULMEISTER, R. (ed): Computereinsatz im Hochschulunterricht. Beiträge zu einer Hochschuldidaktik des Computereinsatzes in der Lehre. Ammersbek b. Hamburg: Verlag an der Lottbek 1989

SCHULMEISTER, R.: Dictionary for Computer Terms with Signs. Hamburg: Signum 1993a (Software)

SCHULMEISTER, R.: Die Perspektive des Computers. In: Otto, G. (ed): Unterrichtsmedien. (Friedrich Jahresheft; 11) Hannover: Ehrhard Friedrich Verlag (1993b) 132-133

SCHULMEISTER, R.: Generierung und Erkennung der Gebärdensprache. In: ISI 92. Proceedings des 3. Internationalen Symposiums für Informationswissenschaft, Reden zur Eröffnung. Konstanz: Universitätsverlag (1993c)

SCHULMEISTER, R./BIRKHAN, G.: Untersuchung kognitiver Probleme beim Erlernen der Statistik: Denkniveaus und kognitive Komplexität. In: Schulmeister, R. (ed): Angst vor Statistik. Empirische Untersuchungen zum Problem des Statistik-Lehrens und -Lernens. Hamburg: Arbeitsgemeinschaft für Hochschuldidaktik (1983) 27-43

SCHULMEISTER, R./JACOBS, M.: LernSTATS: Ein Programm zur Einführung in die Statistik. Universität Hamburg 1994 (Software)

SCHULMEISTER, R./PRILLWITZ, S.: A Computer Dictionary for Subject Specific Signs. In: Elsendoom, B.A.G./ Coninx, F. (eds): Interactive Learning Technology for the Deaf (NATO ASI Series. Series F: Computer and Systems Sciences; 113) Berlin/Heidelberg: Springer (1993) 215-230

SCHVANENVELDT, R.W./ DURSO, F.T./DEARHOLT, D.W.: Pathfinder. Network structures in Proximity Data. In: Bower, G.: The Psychology of Learning and Motivation: Advances in Research and Theory. Boston/ New York u.a.: Academic Press (1989) 249-284

SCHWARTZ, S./GRIFFIN, T.: Comparing Different Types of Performance Feedback and Computer-based Instruction in Teaching Medical Students How to Diagnose Acute Abdominal Pain. In: Academic Medicine 11 68 (1993) 862-864

SCHWIER, R.A.: A Taxonomy of Interaction for Instructional Multimedia. Paper presented at the Annual Conference of the Association for Media and Technology in Education in Canada (Vancouver, British Columbia, Canada, June 13-17, 1992). Vancouver 1992 (ED352044; IR054266 Report)

SCHWIER, R.A.: Learning Environments and Interaction for Emerging Technologies: Implications for Learner Control and Practice. In: Canadian Journal of Educational Communication 3 22 (1993a) 163-76

SCHWIER, R.A.: Classifying Interaction for Emerging Technologies and Implications for Learner Control. In: Proceedings of Selected Research and Development Presentations at the 15th Annual Convention of the Association for Educational Communications and Technology (New Orleans, Louisiana, January 13-17, 1993) New Orleans (1993b) 881-893

SCULLEY, J.: The Relationship between Business and Higher Education. A Perspective on the 21st Century. In: Communications of the ACM 9 32 (1989) 1056-1061

SEABURY, B.A./MAPLE, F.F. JR.: Using Computers to Teach Practice Skills. In: Social Work 4 38 (1993) 430-439

SEARCH, P.: HyperGlyphs: Using Design and Language to Define Hypermedia Navigation. In: Technical Communication: Journal of the Society for Technical Communication 3 40 (1993) 414-421

SEARLE, J.: Geist, Gehirn und Programme. In: Münch, D. (ed): Kognitionswissenschaft. Grundlagen, Probleme, Perspektiven. (suhrkamp taschenbuch wissenschaft; 989) Frankfurt am Main: Suhrkamp Taschenbuch Verlag (1992) - S. 225-252

SEEL, N.M.: The Significance of Prescriptive Decision Theory for Instructional Design Expert Systems. In: Dijkstra, S./Krammer, H.P.M./van Merriënboer, J.J.G. (eds): Instructional Models in Computer-Based Learning Environments (NATO ASI Series. Series F: Computer and Systems Sciences; 104) Berlin/Heidelberg: Springer (1992) 61-81

SEELS, B.: The Instructional Design Movement in Educational Technology. In: Educational Researcher 5 18 (1989) 11-15

SELF, J.: Student Models: What Use Are They? In: Ercoli, P./Lewis, R. (eds): Proceedings of the IFIP Working Conference "Artificial Intelligence Tools in Education. Frascati, Italien". Amsterdam: Elsevier Science Publishers (North-Holland) (1987) 73-86

SELF, J. (ed): Artificial Intelligence and Human Learning: Intelligent Computer-Aided Instruction. London: Chapman & Hall 1988

SELF, J.: Computational Viewpoints. In: Moyse, R./Elsom-Cook, M.T. (eds): Knowledge Negotiation. London: Academic Press (1992) 21-40

SELF, J.: Unraveling the Learner Model Mystery. In: Engel, F.L./Bouwhuis, D.G. et al (eds): Cognitive Modelling and Interactive Environments in Language Learning (NATO ASI Series. Series F: Computer and Systems Sciences; 87) Berlin/Heidelberg: Springer (1992) 17-25

SEN, P.: Multimedia Services over the Public Network: Requirements, Architectures, and Protocols. In: Koegel Buford, J.F. (ed): Multimedia Systems. Reading, MA. u.a.: Addison-Wesley (1994) 305-322

SHACHAM, M./CUTLIP, M.-B.: Authoring Systems for Laboratory Experiment Simulators. In: Computers and Education 2 12 (1988) 277-282

SHARPLES, M./O'MALLEY, C.E.: A Framework for the Design of a Writer's Assistant. In: Self, J. (ed): Artificial Intelligence and Human Learning: Intelligent Computer-Aided Instruction. London: Chapman & Hall (1988) 276-290

SHERMAN, M./HANSEN, W.J. ET AL: Building Hypertext on a Multimedia Toolkit: An Overview of Andrew Toolkit Hypermedia Facilities. In: Rizk, A./Streitz, N.A./André, J. (eds): Hypertext: Concepts, Systems, and Applications. Proceedings of the ECHT'90 European Conference on Hypertext INRIA. Cambridge: Cambridge University Press (1990) 13-37

SHIRK, H.N.: Cognitive Architecture in Hypermedia Instruction. In: Barrett, E. (ed): Sociomedia: Multimedia, Hypermedia, and the Social Construction of Knowledge. Technical Communication and Information Systems. Cambridge/London: M.I.T. Press (1992) 79-93

SHIU, KA-FAI/SMALDINO, S.E.: A Pilot Study: Comparing the Use of Computer-Based Instruction Materials and Audio-Tape Materials in Practicing Chinese. In: Proceedings of Selected Research and Development Presentations at the Convention of the Association for Educational Communications and Technology (15th, New Orleans, Louisiana, January 13-17, 1993) New Orleans (1993) 949-951

SHLECHTER, T.M.: An examination of the research evidence for computer-based instruction. In: Hartson, H.R./Hix, D. (eds): Advances in Human-Computer Interaction, Vol. 2. Norwood, NJ: Ablex Publishing (1988) 316-367

SHNEIDERMAN, B.: Direct Manipulation: A Step Beyond Programming Languages. In: IEEE Computer 8 16 (1983) 57-69

SHNEIDERMAN, B.: Designing the User Interface: Strategies for Effective Human-Computer Interaction. Reading, MA. u.a.: Addison-Wesley 1986

SHNEIDERMAN, B.: Reflections on Authoring, Editing, and Managing Hypertext. In: Barrett, E. (ed): The Society of Text: Hypertext, Hypermedia, and the Social Construction of Information. Cambridge/London: M.I.T. Press (1989) 115-131

SHNEIDERMAN, B./KEARSLEY, G.P.: Hypertext Hands-on! Reading, MA.: Addison-Wesley 1989

SHNEIDERMAN, B./KREITZBERG, C.B./BERK, E.: Editing to Structure a Reader's Experience. In: Berk, E./Devlin, J. (eds): Hypertext/Hypermedia Handbook. New York: McGraw-Hill (1991) 143-164

SHORTLIFFE, E.H.: Computer-Based Medical Consultations: MYCIN. New York: Elsevier/North-Holland 1976

SHULMAN, L.S./KEISLAR, E.R. (eds): Learning by Discovery: A Critical Appraisal. Chicago: Rand McNally 1966

SHUM, S.: Real and Virtual Spaces: Mapping from Spatial Cognition to Hypertext. In: HYPERMEDIA 2 (1990) 133-158

SHUTE, V.J./GLASER, R./RAGHAVAN, K.: Inference and Discovery in an Exploratory Laboratory. In: Ackerman, P.L./Sternberg, R.J./Glaser, R. (eds): Learning and Individual Differences. San Francisco, CA: Freeman (1989) 279-326

SHUTE, V.J./GLASER, R.: A Large-Scale Evaluation of an Intelligent Discovery World: Smithtown. In: Interactive Learning Environments 1 (1990) 51-77

SHUTE, V.J./WOLTZ, D.J./REGIAN, J.W.: An Investigation of Learner Differences in an ITS Environment: There's No Such Thing as a Free Lunch. In: Bierman, D.J./Breuker, J./Sandberg, J. (eds): Artificial Intelligence and Education. Proceedings of the 4th International Conference on AI and Education, 24-26 May 1989, Amsterdam). Amsterdam/Springfield, VA/Tokyo: IOS (1989) 260-266

SHWALB, B.J.: Educational Technology in the Japanese Schools – a Meta-Analysis of Findings. In: Educational Technology Research 1-2 9 (1986) 13-30

SILVA, A.P.: Hypermedia: Influence of Interactive Freedom Degree in Learning Processes. In: Oliveira, A. (ed): Hypermedia Courseware: Structures of Communication and Intelligent Help (NATO ASI Series. Series F: Computer and Systems Sciences; 92) Berlin/Heidelberg: Springer (1992) 145-156

SIMON, H.A./HAYES, J.: Understanding Complex Task Instructions. In: Klahr, D. (ed): Cognition and Instruction. Hillsdale, NJ u.a.: Lawrence Erlbaum Ass. (1976) 269-285

SIMON, H.A./NEWELL, A.: Information Processing in Computer and Man. In: The American Scientist. 3 52 (1964) 281-300; deutsche Übersetzung als: Informationsverarbeitung in Computer und Mensch. In: Zimmerli, W.C./Wolf, S. (eds): Künstliche Intelligenz. Philosophische Probleme. (Universal-Bibliothek; 8922) Stuttgart: Philipp Reclam jun. (1994) 112-145

SIMONS, P.R.J.: Lernen, selbständig zu lernen – ein Rahmenmodell. In: Mandl, H./Friedrich, H.F. (eds): Lern- und Denkstrategien. Analyse und Intervention. Göttingen: Verl. f. Angew. Psychologie Dr. Hogrefe (1992) 251-264

SIMPSON, A./MCKNIGHT, C.: Navigation in Hypertext: Structural Cues and Mental Maps. In: McAleese, R./Green, C. (eds): Hypertext: State of the Art. Norwood, NJ: Ablex Publishing (1990)

SINGER, R.A.: Circuit II – A Conversational Graphical Interface. In: Computers and Education 1 20 (1993) 17-25

SKINNER, B.F.: The Science of Learning and the Art of Teaching. In: Harvard Educational Review 24 (1954) 86-97

SKINNER, B.F.: Teaching Machines. In: Science 128 (1958) 969-977

SLATIN, J.M.: Is there a Class in this Text? Creating Knowledge in the Electronic Classroom. In: Barrett, E. (ed): Sociomedia: Multimedia, Hypermedia, and the Social Construction of Knowledge. Technical Communication and Information Systems. Cambridge/London: M.I.T. Press (1992) 27-51

SLEEMAN, D.: PIXIE: A Shell for Developing Intelligent Tutoring Systems. In: Lawler, R.W./Yazdani, M. (eds): Artificial Intelligence and Education: Learning Environments and Tutoring Systems. Vol. 1. Norwood, NJ: Ablex Publishing (1987)

SLEEMAN, D./BROWN, J.S. (eds): Intelligent Tutoring Systems. Boston u.a.: Academic Press 1982

SMEATON, A.F.: Using Hypertext for Computer Based Learning. In: Computers and Education 3 17 (1991) 173-179

SMITH, D.C./IRBY, C. ET AL: Designing the Star User Interface. In: Byte 4 7 (1982) 242-282

SMITH, E.E./WESTHOFF, G.M.: The Taliesin Project: Multidisciplinary Education and Multimedia. In: Educational Technology 1 32 (1992) 15-23

SMITH, L.: Necessary Knowledge: Piagetian Perspectives on Constructivism. Hillsdale, NJ u.a.: Lawrence Erlbaum Ass. 1993

SMITH, L.M./POHLAND, P.A.: Education, Technology, and the Rural Highlands. In: Blomeyer, R.L., Jr./Martin, C.D. (eds): Case Studies in Computer Aided Learning. London/New York/Philadelphia: The Falmer Press (1991) 13-52

SMITH, P.A./WILSON, J.: Hypertext and Expert Systems: The Possibilities for Integration. In: Interacting with Computers 4 5 (1993) 371-384

SMITH, R.B.: An Alternate Reality Kit: An Animated Environment for Creating Interactive Simulations. In: Boyd-Barrett, O./Scanlon, E. (eds): Computers and Learning. Reading, MA. u.a.: Addison-Wesley (1990) 310-318

SNELBECKER, G.E.: Is Instructional Theory Alive and Well? In: Reigeluth, C.M. (ed): Instructional Design Theories and Models: An Overview of their Current Status. Hillsdale, NJ u.a.: Lawrence Erlbaum Ass. (1983) 437-472

SNOW, R.E./SWANSON, J.: Instructional Psychology: Aptitude, Adaptation, and Assessment. In: Annual Review of Psychology 43 (1992) 583-626

SPADA, H./OPWIS, K.: Intelligente tutorielle Systeme aus psychologischer Sicht. In: Mandl, H./Fischer, P.M. (eds): Lernen im Dialog mit dem Computer. München/Wien/Baltimore: Urban & Schwarzenberg (1985) 13-23

SPADA, H./OPWIS, K./STUMPF, M.: Wissenserwerb durch Hypothesenbildung: Computerisierte Modellierung, Diagnose und Förderung. Freiburg: Psychologisches Institut der Universität 1988 Report

SPADA, H./STUMPF, M./OPWIS, K.: The Constructive Process of Knowledge Acquisition: Student Modeling. In: Maurer, H. (ed): Computer Assisted Learning. Proceedings 2 Int. Conf. ICCAL (Lecture Notes in Computer Science; 360) Berlin/Heidelberg: Springer (1989) 486-499

SPÄTH, P.: Design Considerations in Hypermedia Tutorials. In: Oliveira, A. (ed): Hypermedia Courseware: Structures of Communication and Intelligent Help (NATO ASI Series. Series F: Computer and Systems Sciences; 92) Berlin/Heidelberg: Springer (1992) 39-50

SPIRO, R.J./COULSON, R.L. ET AL: Cognitive Flexibility Theory: Advanced Knowledge Acquisition in Ill-Structured Domains. In: Patel, V. (ed): Tenth Annual Conference of the Cognitive Science Society. Hillsdale, NJ u.a.: Lawrence Erlbaum Ass. (1988) 375-383

SPIRO, R.J./FELTOVICH, P.J. ET AL: Cognitive Flexibility, Constructivism, and Hypertext: Random Access Instruction for Advanced Knowledge Acquisition in Illstructured Domains. In: Educational Technology 5 31 (1991a) 24-33

SPIRO, R.J./FELTOVICH, P.J. ET AL: Knowledge Representation, Content Specification, and the Development of Skill in Situation-specific Knowledge Assembly: Some Constructivist Issues as they Relate to Cognitive Flexibility Theory and Hypertext. In: Educational Technology 9 31 (1991b) 22-25

SPIRO, R.J./FELTOVICH, P.J. ET AL: Cognitive Flexibility, Constructivism, and Hypertext: Random Access Instruction for Advanced Knowledge Acquisition in Illstructured Domains. In: Duffy, T.M./Jonassen, D.H. (eds): Constructivism and the Technology of Instruction: A Conversation. Hillsdale, NJ u.a.: Lawrence Erlbaum Ass. (1992) 57-75

SPIRO, R.J./JEHNG, J.-CH.: Cognitive Flexibility and Hypertext: Technology for the Nonlinear and Multidimensional Traversal of Complex Subject Matter. In: Nix, D./Spiro, R.J. (eds): Cognition, Education, and Multimedia. Exploring Ideas in High Technology. Hillsdale, NJ u.a.: Lawrence Erlbaum Ass. (1990) 163-205

SQUIRES, D./McDOUGALL, A.: Computer-Based Microworlds–A Definition to Aid Design. In: Computers and Education 3 10 (1986) 375-378

STAKE, B.E.: PLATO Mathematics: The Teacher and Fourth Grade Students Respond. In: Blomeyer, R.L., Jr./Martin, C.D. (eds): Case Studies in Computer Aided Learning. London/New York/Philadelphia: The Falmer Press (1991) 53-109

STANDISH, D.G.: The Use of CD-ROM Based Books To Improve Reading Comprehension in Second Grade Students. Practicum in Curriculum and Instruction, Wilmington College 1992 (ED352605; CS011101 Report)

STANTON, N.A./BABER, C.: An Investigation of Styles and Strategies in Self-Directed Learning. In: Journal of Educational Multimedia and Hypermedia 2 1 (1992) 147-167

STANTON, N.A./TAYLOR, R.G.: Maps as Navigational Aids in Hypertext Environments: An Empirical Evaluation. In: Journal of Educational Multimedia and Hypermedia 4 1 (1992) 431-444

STARKER, L./BOLT, R.A.: A Gaze-Responsive Self-Disclosing Display. In: Proceedings of the ACM CHI '90 Conference on Human Factors in Computing Systems (Seattle, WA) (1990) 3-9

STEBLER, R./REUSSER, K./PAULI, C.: Interaktive Lehr-Lern-Umgebungen: Didaktische Arrangements im Dienste des gründlichen Verstehens. In: Reusser, K./Reusser-Weyeneth, M. (eds): Verstehen. Psychologischer Prozeß und didaktische Aufgabe. Bern/Stuttgart/Wien: Hans Huber (1994) 227-259

STEINBERG, E.R.: Review of Student Control of Learning in Computer-Assisted Instruction. In: Journal of Computer-Based Instruction 3 3 (1977) 84-90

STEINBERG, E.R.: Cognition and Learner Control: A Literature Review 1977-1988. In: Journal of Computer-Based Instruction 4 16 (1989) 117-121

STEINMETZ, R.: Multimedia-Technologie: Einführung und Grundlagen. Berlin/Heidelberg: Springer 1993

STERMAN, N.T./ALLEN, B.S.: The Mediated Museum: Computer-Based Technology and Museum Infrastructure. In: Journal of Educational Technology Systems 1 19 (1991) 21-31

STERNBERG, M.L.: The American Sign Language Dictionary on CD-ROM. In: New York: Harper Collins 1994 (Software)

STEVENS, A.L./COLLINS, A./GOLDIN, S.: Misconceptions in Student's Understanding. In: Sleeman, D./Brown, J.S. (eds): Intelligent Tutoring Systems. Boston u.a.: Academic Press (1982)

STONIER, T.: Futures – the Personal Electronic Pocket-Book. In: Educational and Training Technology International 4 28 (1991) 364-368

STOTTS, P.D./FURUTA, R.: Adding Browsing Semantics to the Hypertext Model. In: Proceedings of the ACM Conference on Document Processing Systems (December 5-9, 1988, Santa Fe, NM). New York, NY: ACM (1988) 43-50

STOTTS, P.D./FURUTA, R.: Petri-Net-Based Hypertext: Document Structure with Browsing Semantics. In: ACM Transactions on Information Systems 1 7 (1989) 3-29

STOTTS, P.D./FURUTA, R.: Hierarchy, Composition, Scripting Languages, and Translators for Structured Hypertext. In: Rizk, A./Streitz, N.A./André, J. (eds): Hypertext: Concepts, Systems, and Applications. Proceedings of the ECHT'90 European Conference on Hypertext INRIA. Cambridge: Cambridge University Press (1990) 181-193

STRATIL, M.: Artificial Intelligence in Higher Education and CBT Technology. In: Educational and Training Technology International 3 27 (1989) 215-225

STRAUSS, R.T./KINZIE, M.B.: Hi-Tech Alternatives to Dissection. In: American Biology Teacher 3 53 (1991) 154-158

STRAWN, J.: Digital Audio Representation and Processing. In: Koegel Buford, J.F. (ed): Multimedia Systems. Reading, MA. u.a.: Addison-Wesley (1994) 65-107

STREITZ, N.A.: Kognitionspsychologische Aspekte der Gestaltung von Dialogstrukturen bei interaktiven Lehr-Lern-Systemen. In: Mandl, H./Fischer, P.M. (eds): Lernen im Dialog mit dem Computer. München/Wien/Baltimore: Urban & Schwarzenberg (1985) 54-67

STREITZ, N.A.: Mental Models and Metaphors: Implications for the Design of Adaptive User-System Interfaccs. In: Mandl, H./Lesgold, A.M. (eds): Learning Issues for Intelligent Tutoring Systems. Berlin/Heidelberg: Springer (1988) 165-186

STREITZ, N.A./HAAKE, J. ET AL: SEPIA: A Cooperative Hypermedia Authoring Environment. In: Lucarella, D./Nanard, J. et al (eds): Proceedings of the 4th ACM ECHT '92 Conference on Hypertext (Milano, Italy, November 30-December 4, 1992) New York: ACM (1992) 11-22

STREITZ, N.A./HANNEMANN, J.: Elaborating Arguments: Writing, Learning, and Reasoning in a Hypertext Based Environment for Authoring. In: Jonassen, D.H./Mandl, H. (eds): Designing Hypermedia for Learning (NATO ASI Series F: Computer and Systems Sciences; 67) Berlin/Heidelberg: Springer (1990) 407-437

STRITTMATTER, P./DÖRR, G. ET AL: Informelles Lernen: Bedingungen des Lernens mit Fernsehen. In: Unterrichtswissenschaft 16 (1988) 3-26

STUCKY, S.U.: Situated Cognition: A Strong Hypothesis. In: Engel, F.L./Bouwhuis, D.G. et al (eds): Cognitive Modelling and Interactive Environments in Language Learning (NATO ASI Series. Series F: Computer and Systems Sciences; 87) Berlin/Heidelberg: Springer (1992) 27-34

SUCHMAN, L.: Plans and Situated Actions. Cambridge: Cambridge University Press 1987

SUNDERMEYER, K.: Modellierung von Agentensystemen. In: Müller, J. (ed): Verteilte Künstliche Intelligenz. Methoden und Anwendungen. Mannheim/Leipzig u.a.: BI Wissenschaftsverlag (1993) 22-54

SUPPES, P./MORNINGSTAR, M.: Four Programs in Computer-assisted Instruction. In: Holtzman, W.H. (ed): Computer-Assisted Instruction, Testing, and Guidance. New York/Evanston/London: Harper & Row (1970) 233-265

SUPPES, P./MORNINGSTAR, M.: Computer-Assisted Instruction: Stanford, 1965-1966: Data, Models, and Evaluation of the Arithmetic Programs. New York/London: Academic Press 1972

SWAN, K.: The Teaching and Learning of Problem Solving through LOGO Programming. In: Bierman, D.J./Breuker, J./Sandberg, J. (eds): Artificial Intelligence and Education. Proceedings of the 4th International Conference on AI and Education, 24-26 May 1989, Amsterdam). Amsterdam/Springfield, VA/Tokyo: IOS (1989) 281-290

SWAN, K.: History, Hypermedia, and Criss-Crossed Conceptual Landscapes. In: Journal of Educational Multimedia and Hypermedia 2 3 (1994) 120-139

SWANSON, J.: The Effectiveness of Tutorial Strategies: An Experimental Evaluation. Paper presented at the AERA conference, Boston 1990

TAN, C.M.: Some Factors Influencing Student Performance in Laboratory Experimental Work in Physiology with Implications for Curriculum Deliberations and Instructional Design. In: Higher Education 19 (1990) 473-479

TANG, H./BARDEN, R./CLIFTON, C.: A New Learning Environment Based on Hypertext and its Techniques. In: Lewis, R./Otsuki, (eds): Advanced Research on Computers in Education. Proceedings of the IFIP TC3 International Conference on Advanced Research on Computers in Education, Tokyo, Japan, 18-20 July, 1990. Amsterdam: North-Holland (1991) 119-127

TAYLOR, C.D.: Choosing a Display Format for Instructional Multimedia: Two Screens vs. One. In: Proceedings of Selected Research and Development Presentations at the Convention of the Association for Educational Communications and Technology (1992) 761-785

TENNY, J.L.: Computer-supported Study Strategies for Purple People. In: Reading and Writing Quarterly Overcoming Learning Difficulties 4 8 (1992) 359-377

TENNYSON, R.D.: MAIS: A Computer-Based Integrated Instructional System. In: Behavior Research Methods, Instruments and Computers 2 25 (1993) 93-100

TENNYSON, R.D./CHRISTENSEN, D.L.: MAIS: An Intelligent Learning System. In: Jonassen, D.H. (ed): Instructional Designs for Microcomputer Courseware. Hillsdale, NJ u.a.: Lawrence Erlbaum Ass. (1988) 247-274

TENNYSON, R.D./ELMORE, R.L./SNYDER, L.: Advancements in Instructional Design Theory: Contextual Module Analysis and Integrated Instructional Strategies. Special Issue: Educational Technology: Four decades of research and theory. In: Educational Technology, Research and Development 2 40 (1992) 9-22

TENNYSON, R.D./RASCH, M.: Linking Cognitive Learning Theory to Instructional Prescriptions. In: Instructional Science 4 17 (1988) 369-385

TEODORO, V.D.: Direct Manipulation of Physical Concepts in a Computerized Exploratory Laboratory. In: De Corte, E./Linn, M.C. et al (eds): Computer-Based Learning Environments and Problem Solving (NATO ASI Series. Series F: Computer and Systems Sciences; 84) Berlin/Heidelberg: Springer (1992) 445-464

TEUFEL, S./SAUTER, C./MÜHLHERR, T./BAUKNECHT, K.: Computerunterstützung für die Gruppenarbeit. Bonn, PAris u.a.: Addison-Wesley 1995

THIEL, U.: Interaction in Hypermedia Systems: From Browsing to Conversation. In: Schuler, W./Hannemann, J./Streitz, N.A. (eds): Designing User Interfaces for Hypermedia (Research Reports ESPRIT) Berlin/Heidelberg: Springer (1995) 43-54

THOMAS, B.: If Monks had Macs.... In: Berk, E./Devlin, J. (eds): Hypertext/Hypermedia Handbook. New York: McGraw-Hill (1991) 519-523

THOMPSON, J.G./JORGENSEN, S.: How Interactive IS Instructional Technology? Alternative Models for Looking at Interactions Between Learners and Media. In: Educational Researcher 2 18 (1989) 24-27

THORNTON, R.K.: Tools for Scientific Thinking: Learning Physical Concepts with Real-Time Laboratory Measurement Tools. In: Scanlon, E./O'Shea, T. (eds): New Directions in Educational Technology (NATO ASI Series. Series F: Computer and Systems Sciences; 96) Berlin/Heidelberg: Springer (1992) 139-151

THURMAN, R.A.: Instructional Simulation from a Cognitive Psychology Viewpoint. In: Educational Technology, Research and Development 4 41 (1993) 75-89

TINKER, R.F./THORNTON, R.K.: Constructing Student Knowledge in Science. In: Scanlon, E./O'Shea, T. (eds): New Directions in Educational Technology (NATO ASI Series. Series F: Computer and Systems Sciences; 96) Berlin/Heidelberg: Springer (1992) 153-170

TOBIAS, S.: An Eclectic Eximanitaion of Some Issues in the Constructivist-ISD controversy. In: Duffy, T.M./ Jonassen, D.H. (eds): Constructivism and the Technology of Instruction: A Conversation. Hillsdale, NJ u.a.: Lawrence Erlbaum Ass. (1992) 205-209

TOMBAUGH, J./LICKORISH, A./WRIGHT, P.: Multi-Windows Displays for Readers of Lengthy Texts. In: International Journal of Man-Machine Studies 5 26 (1987) 597-615

TOMPSETT, C.P.: Contextual Browsing Within a Hypermedia Environment. In: Giardina, M. (ed): Interactive Multimedia Learning Environments. Human Factors and Technical Considerations on Design Issues (NATO ASI Series F: Computer and Systems Sciences; 93) Berlin/Heidelberg: Springer (1992) 95-110

TOVAR, M./COLDEVIN, G.: Effects of Orienting Activities and Instructional Control on Learning Facts and Procedures from Interactive Video. In: Journal of Educational Computing Research 4 8 (1992) 507-519

TOWNE, D.M./MUNRO, A.: Two Approaches to Simulation Composition for Training. In: Farr, M.J./Psotka, J. (eds): Intelligent Instruction by Computer: Theory and Practice. Philadelphia, PA: Taylor & Francis (1992) 105-126

TRIGG, R.H.: A Network-Based Approach to Text Handling for the Online Scientific Community. University of Maryland 1983 (University Microfilms #8429934 Dissertation)

TRIGG, R.H.: Guided Tours and Tabletops: Tools for Communicating in a Hypertext Environment. In: ACM Transactions on Office Information Systems 4 6 (1988) 398-414

TRUMBULL, D./GAY, G./MAZUR, J.: Students' Actual and Perceived Use of Navigational and Guidance Tools in a Hypermedia Program. In: Journal of Research on Computing in Education 3 24 (1992) 315-328

TURKLE, S.: Paradoxical Reactions and Powerful Ideas: Educational Computing in a Department of Physics. In: Barrett, E. (ed): Sociomedia: Multimedia, Hypermedia, and the Social Construction of Knowledge. Technical Communication and Information Systems. Cambridge/London: M.I.T. Press (1992) 547-578

TURKLE, S./PAPERT, S.: Epistemological Pluralism and the Revaluation of the Concrete. In: Harel, I./Papert, (eds): Constructionism. Norwood, NJ: Ablex Publishing (1991) 161-191

TUTTLE, D.M.: Interactive Instruction: Evolution, Convolution, Revolution. In: Giardina, M. (ed): Interactive Multimedia Learning Environments. Human Factors and Technical Considerations on Design Issues (NATO ASI Series F: Computer and Systems Sciences; 93) Berlin/Heidelberg: Springer (1992) 165-173

TWIDALE, M.B.: Redressing the Balance: The Advantages of Informal Evaluation Techniques for Intelligent Learning Environments. In: Journal of Artificial Intelligence in Education 2/3 4 (1993) 155-178

TWIDALE, M.B./RODDEN, T./SOMMERVILLE, I.: The Use of a Computational Tool to Support the Refinement of Ideas. In: Computers and Education 1/2 22 (1994) 107-118

UNDERVISNINGSMINISTERIET (Danish Ministry of Education) (ed): Technology-Supported Learning (Distance Learning). Report 1253. 1994

URDAN, T./BLUMENFELD, P. ET AL: IByD: Computer Support for Developing Unit Plans: A First Study. In: Dijkstra, S./Krammer, H.P.M./van Merriënboer, J.J.G. (eds): Instructional Models in Computer-Based Learning Environments (NATO ASI Series. Series F: Computer and Systems Sciences; 104) Berlin/Heidelberg: Springer (1992) 323-348

UTTING, K./YANKELOVICH, N.: Context and Orientation in Hypermedia Networks. In: ACM Transactions on Information Systems 1 7 (1989) 58-84

VACHERAND-REVEL, J./BESSIÈRE, CH.: 'Playing' Graphics in the Design and Use of Multimedia Courseware. In: Edwards, A.D.N./Holland, S. (eds): Multimedia Interface Design in Education. 2. Aufl. 1994 (NATO ASI Series. Series F: Computer and Systems Sciences; 76) Berlin/Heidelberg: Springer (1992) 57-82

VAN BERKUM, J.J.A./DE JONG, T.: Instructional Environments for Simulations. In: Education and Computing 6 (1991) 305-358

VAN DEN BERG, S./WATT, J.H.: Effects of Educational Setting on Student Responses to Structured Hypertext. In: Journal of Computer-Based Instruction 4 18 (1991) 118-124

VAN DER LINDEN, E.: Does Feedback Enhance Computer-Assisted Language Learning? In: Computers and Education 1/2 22 (1994) 61-65

VAN DER MAST, C./HARTEMINK, F./HENKENS, L.: Case Study of a National Educational Software Development Program in the Netherlands. In: Machine-Mediated Learning 3 (1989) 345-360

VAN JOOLINGEN, W.R./DE JONG, T.: Supporting Hypothesis Generation by Learners Exploring an Interactive Computer Simulation. In: Instructional Science 20 (1991) 389-404

VAN MERRIËNBOER, J.J.G./KRAMMER, H.P.M.: A Descriptive Model of Instructional Processes in Interactive Learning Environments for Elementary Computer Programming. In: Dijkstra, S./Krammer, H.P.M./van Merriënboer, J.J.G. (eds): Instructional Models in Computer-Based Learning Environments (NATO ASI Series. Series F: Computer and Systems Sciences; 104) Berlin/Heidelberg: Springer (1992) 213-228

VANLEHN, K.: Student Modeling. In: Polson, M.C./Richardson, J./Soloway, E. (eds): Foundations of Intelligent Tutoring Systems. Hillsdale, NJ u.a.: Lawrence Erlbaum Ass. (1988) 55-78

VANLEHN, K. (ed): Architectures for Intelligence. Hillsdale, NJ u.a.: Lawrence Erlbaum Ass. 1991

VANLEHN, K.: A Workbench for Discovering Task Specific Theories of Learning. In: Scanlon, E./O'Shea, T. (eds): New Directions in Educational Technology (NATO ASI Series. Series F: Computer and Systems Sciences; 96) Berlin/Heidelberg: Springer (1992) 23-31

VARELA, F.J.: Kognitionswissenschaft — Kognitionstechnik. Eine Skizze aktueller Perspektiven. (suhrkamp taschenbuch wissenschaft; 882) Frankfurt am Main: Suhrkamp Taschenbuch Verlag 1990

VAZQUEZ-ABAD, J./LAFLEUR, M.: Design of a Performance-Responsive Drill and Practice Algorithm for Computer-Based Training. In: Computers and Education 1 14 (1990) 43-52

VEEN, W.: Factors Affecting the Use of Computers in the Classroom: Four Case Studies. In: Watson, D./Tinsley, D. (eds): Integrating Information Technology into Education. London u.a.: Chapman & Hall (1995) 169-184

VEENMAN, M.V.J./ELSHOUT, J.J./BIERMAN, D.J.: Structure of Learning Environments and Individual Differences as Predictors of Learning. In: Kommers, P.A.M./Jonassen, D.H./Mayes, J.T. (eds): Cognitive Tools for Learning (NATO ASI Series. Series F: Computer and Systems Sciences; 81) Berlin/Heidelberg: Springer (1992) 227-239

VENTURA, C.A.: Why Switch from Paper to Electronic Manuals? In: Proceedings of the ACM Conference on Document Processing Systems. Santa Fe, NM (1988) 111-116

VERGNAUD, G.: Conceptual Fields, Problem Solving and Intelligent Computer Tools. In: De Corte, E./Linn, M.C. et al (eds): Computer-Based Learning Environments and Problem Solving (NATO ASI Series. Series F: Computer and Systems Sciences; 84) Berlin/Heidelberg: Springer (1992) 287-312

VERMUNT, J.D.H.M./VAN RIJSWIJK, F.A.W.M.: Analysis and Development of Students' Skill in Selfregulated Learning. In: Higher Education 17 (1988) 647-682

VESTER, F.: Neuland des Denkens. Vom technokratischen zum kybernetischen Zeitalter. 1. Aufl. Stuttgart: Deutsche Verlags-AG 1984

VON GLASERSFELD, E.: Radical Constructivism: A Way of Knowing and Learning. London/New York/Philadelphia: The Falmer Press 1995

VOOGT, J.: Courseware Evaluation by Teachers: An Implementation Perspective. In: Computers and Education 4 14 (1990) 299-307

VOSNIADOU, S.: Fostering Conceptual Change: The Role of Computer-Based Environments. In: De Corte, E. et al (eds): Computer-Based Learning Environments and Problem Solving. (NATO ASI Series. Series F: Computer and Systems Sciences; 84) Berlin/Heidelberg: Springer (1992) 149-162

VOSNIADOU, S.: From Cognitive Theory to Educational Technology. In: Vosniadou, S./De Corte, E./Mandl, H. (eds): Technology-Based Learning Environments. Psychological and Educational Foundations. Berlin/Heidelberg: Springer (1994) 11-18

VOSS, J.: Problem-Solving and Reasoning in Ill-Structured Domains. In: Antaki, C. (ed): Analysing Everyday

Explanation. London: Sage (1988) 74-93

WAGER, W./GAGNÉ, R.M.: Designing Computer-Aided Instruction. In: Jonassen, D.H. (ed): Instructional Designs for Microcomputer Courseware. Hillsdale, NJ u.a.: Lawrence Erlbaum Ass. (1988) 35-60

WAGER, W./POLKINGHORNE, S./POWLEY, R.: Simulations: Selection and development. In: Performance Improvement Quarterly 2 5 (1992) 47-64

WALLMANNSBERGER, J.: Ariadnefäden im Docuversum. Texte in globalen Netzwerken. In: Jakobs, E.-M./ Knorr, D./Molitor-Lübbert, (eds): Wissenschaftliche Textproduktion mit und ohne Computer. Frankfurt/M., Berlin u.a.: Peter Lang Verlag (1995) 227-243

WEIDENMANN, B.: Instruktionsmedien. (Gelbe Reihe: Arbeiten zur Empirischen Pädagogik und Pädagogischen Psychologie; 27) 1993

WEIDENMANN, B. (ed): Wissenserwerb mit Bildern. Bern/Göttingen/Toronto/Seattle: Verlag Hans Huber 1994

WEIMER, D./GANAPATHY, S.K.: Interaction Techniques Using Hand Tracking and Speech Recognition. In: Blattner, M.M./Dannenberg, R.B. (eds): Multimedia Interface Design. Reading, MA. u.a.: Addison-Wesley (1992) 109-126

WEIZENBAUM, J.: ELIZA – A Computer Program for the Study of Natural Language Communication Between Man and Machine. In: Communications of the ACM 1 9 (1966) 36-44

WEIZENBAUM, J.: Die Macht der Computer und die Ohnmacht der Vernunft. Frankfurt/M.: Suhrkamp 1977

WELLE-STRAND, A.: Evaluation of the Norwegian Program of Action: The Impact of Computers in the Classroom and How Schools Learn. In: Computers and Education 1 16 (1991) 29-35

WENGER, E.: Artificial Intelligence and Tutoring Systems: Computational and Cognitive Approaches to the Communication of Knowledge. Los Altos, CA.: Morgan Kaufmann Publishers, Inc. 1987

WENNEVOLD, S.: The Norwegian Plan for Action for Computer Technology in Schools. In: Kent, W.A./Lewis, R. (eds): Computer-Assisted Learning in the Humanities and Social Sciences. Oxford: Blackwell (1987) 195-200

WHITE, B./HORWITZ, P.: Computer Microworlds and Conceptual Change: A New Approach to Science Education. In: Boyd-Barrett, O./Scanlon, E. (eds): Computers and Learning. Reading, MA. u.a.: Addison-Wesley (1990) 51-63

WHITE, B.Y.: A Microworld Approach to Science Education. In: Scanlon, E./O'Shea, T. (eds): New Directions in Educational Technology (NATO ASI Series. Series F: Computer and Systems Sciences; 96) Berlin/Heidelberg: Springer (1992) 227-242

WIEBE, J.H./MARTIN, N.J.: The Impact of a Computer-based Adventure Game on Achievement and Attitudes in Geography. In: Journal of Computing in Childhood Education 1 5 (1994) 61-71

WILDMAN, T.M.: Cognitive Theory and the Design of Instruction. In: Educational Technology 7 21 (1981) 14-20

WILDMAN, T.M./BURTON, J.K.: Integrating Learning Theory with Instructional Design. In: Journal of Instructional Development 4 (1981) 5-14

WILLIAMS, M.D./DODGE, B.J.: Tracking and Analyzing Learner-Computer Interaction. In: Proceedings of Selected Research and Development Presentations at the Convention of the Association for Educational Communications and Technology (15th, New Orleans, Louisiana, January 13-17, 1993) New Orleans (1993) 1115-1129

WILLIAMS, M.D./HOLLAN, J.D./STEVENS, A.L.: Human Reasoning about a Simple Physical System. In: Gentner, D./Stevens, A.T. (eds): Mental Models. Hillsdale, NJ u.a.: Lawrence Erlbaum Ass. (1983) 131-153

WILSON, B./COLE, P.: A Review of Cognitive Teaching Models. In: Educational Technology, Research and Development 4 39 (1991) 47-64

WILSON, B.G./JONASSEN, D.H.: Automated Instructional Systems Design: A Review of Prototype Systems. In: Journal of Artificial Intelligence in Education. 2 (1990/91) 17-30

WILSON, K./TALLY, W.: Looking at Multimedia: Design Issues in Several Discovery-Oriented Programs. Technical Report No. 13. New York, NY: Center for Technology in Education 1991 Report

WILSON, K.S.: Palenque: An Interactive Multimedia Digital Video Interactive Prototype for Children. In: Soloway, E./Frye, D./Sheppard, S.B. (eds): Proceedings of the CHI'88: Human Factors in Computing Systems. Washington, DC: ACM Press (1988) 275-279

WILSON, K.S.: Discussions on Two Multimedia R & D Projects: The Palenque Project and the Interactive Video Project of the Museum Education Consortium. In: Giardina, M. (ed): Interactive Multimedia Learning Environments. Human Factors and Technical Considerations on Design Issues (NATO ASI Series. Series F: Computer and Systems Sciences; 93) Berlin/Heidelberg: Springer (1992) 186-196

WINN, W.: Instructional Design and Intelligent Systems: Shifts in the Designer's Decision-making Role. In: Instructional Science 1 16 (1987) 59-77

WINN, W.: Toward a Rationale and Theoretical Basis for Educational Technology. In: Educational Technology, Research and Development 1 37 (1989) 35-46

WINN, W.: Some Implications of Cognitive Theory for Instructional Design. In: Instructional Science 19 (1990) 53-69

WINN, W.: The Assumptions of Constructivism and Instructional Design. In: Educational Technology 31 (1991) 38-40

WINN, W.: A Constructivist Critique of the Assumptions of Instructional Design. In: Duffy, T.M./Lowyck, J./ Jonassen, D.H. (eds): Designing Environments for Constructive Learning (NATO ASI Series. Series F: Computer and Systems Sciences; 105) Berlin/Heidelberg: Springer (1993) 189-212

WINOGRAD, T.: Frame Representations and the Declarative/Procedural Controversy. In: Bobrow, D.G./Collins, A. (eds): Representation and Understanding. Boston/New York u.a.: Academic Press (1975)

WINOGRAD, T./FLORES, F.: Understanding Computers and Conceptual Change: A New Foundation for Design. Reading, MA. u.a.: Addison-Wesley 1987

WISHART, J./CANTER, D.: Variations in User Involvement with Educational Software. In: Computers and Education 3 12 (1988) 365-379

WOLF, D.P.: The Quality of Interaction: Domain Knowledge, Social Interchange, and Computer Learning. In: Forman, G./Pufall, P.B. (eds): Constructivism in the Computer Age. Hillsdale, NJ u.a.: Lawrence Erlbaum Ass. (1988) 203-215

WOLFE, C.R.: Using an Authoring System to Facilitate Student-Centered Discovery Oriented Learning. In: Computers and Education 4 19 (1992) 335-340

WOODHEAD, N.: Hypertext and Hypermedia. Theory and Applications. Reading, MA.: Addison-Wesley 1991

WOODWARD, D.D.: Modality, Extensionality, and Computability. In: Dillon, M. (ed): Interfaces for Information Retrieval and Online Systems: The State of the Art. New York: Greenwood Press (1991) 77-82

WOOFFITT, R.: On the Analysis of Interaction. An Introduction to Conversation Analysis. In: Luff, P./Gilbert, N./Frohlich, D. (eds): Computers and Conversation. London/New York u.a.: Academic Press (1990) 7-38

WOOLF, B.P.: Theoretical Frontiers in Building a Machine Tutor. In: Kearsley, G.P. (ed): Artificial Intelligence and Instruction. Reading, MA. u.a.: Addison-Wesley (1987) 229-267

WOOLF, B.P.: Representing Complex Knowledge in an Intelligent Machine Tutor. In: Self, J. (ed): Artificial Intelligence and Human Learning: Intelligent Computer-Aided Instruction. London: Chapman & Hall (1988) 3-27

WRIGHT, P.: Interface Alternatives for Hypertext. In: Hypermedia 2 1 (1989) 146-166

WRIGHT, P./LICKORISH, A.: An Empirical Comparison of Two Navigation Systems for Two Hypertexts. In: McAleese, R./Green, C. (eds): Hypertext: State of the Art. Norwood, NJ: Ablex Publishing (1990) 84-93

WURMAN, R.S.: Information Anxiety. Doubleday 1989

YACCI, M.: A Grounded Theory of Student Choice in Information-Rich Learning Environments. In: Journal of Educational Multimedia and Hypermedia 3/4 3 (1994) 327-350

YANKELOVICH, N./HAAN, B.J. ET AL: Intermedia: The Concept and the Construction of a Seamless Information Environment. In: IEEE Computer 1 21 (1988) 81-96

YANKELOVICH, N./MEYROWITZ, N./VAN DAM, A.: Reading and Writing the Electronic Book. In: IEEE Computer 10 18 (1985) 15-30

YILDIZ, R./ATKINS, M.J.: How To Evaluate Multimedia Simulations: Learning from the Past. Paper presented at the European Conference on Educational Research (Enschede, The Netherlands, June 22-25, 1992) Enschede 1992 - Report

YILDIZ, R./ATKINS, M.J.: Evaluating Multimedia Applications. In: Computers and Education 1/2 22 (1994)

133-139

YODER, E.: Preferred Learning Style and Educational Technology: Linear vs. Interactive Video. In: Nursing and Health Care 3 15 (1994) 128-132

YODER, E./AKSCYN, R./MCCRACKEN, D.: Collaboration in KMS, A Shared Hypermedia System. In: Byce, K./ Clayton, L. (Eds): Proceedings of the CHI ´89 ´Wings for the Mind´ Conference. Austin, TX, April 30-May 4 1989, 37-42

YOUNG, M.F.D.: Instructional Design for Situated Learning. In: Educational Technology, Research and Development 1 41 (1993) 43-58

YUNG-BIN, B.L.: Effects of Learning Style in a Hypermedia Instructional System. In: Proceedings of Selected Research and Development Presentations at the Convention of the Association for Educational Communications and Technology (1992) 537-540

ZEMKE, R.: Shell Scores with Interactive Video. In: Training 9 28 (1991) 33-38

ZIEGFELD, R./HAWKINS, R. ET AL: Preparing for a Successful Large-Scale Courseware Development Project. In: Barrett, E. (ed): Text, ConText, and Hypertext. Cambridge/London: M.I.T. Press (1988) 211-226

Autorenverzeichnis

A

B

C

S

T

Y

Z

Sachregister

Programme

A

B

C

D

E

ABBILDUNGSVERZEICHNIS